アルベルティ

イタリア・ルネサンスの構築者

Leon Battista Alberti Master Builder of the Italian Renaissance

アンソニー・グラフトン
森 雅彦・足達 薫
石澤靖典・佐々木千佳 訳

白水社

アルベルティ

イタリア・ルネサンスの構築者

アルベルティ《自刻像》1435年頃　ワシントン　ナショナル・ギャラリー　サミュエル・H・クレス・コレクション

LEON BATTISTA ALBERTI
Master Builder of the Italian Renaissance
by Anthony Grafton

Published by arrangement with Farrar, Straus & Giroux, LLC., New York through Tuttle-Mori Agency, Inc., Tokyo

アンナに捧げる

目次

謝辞

本書のための調査は、プリンストン大学のファイアストン図書館とマルカン図書館、コロンビア大学のエイブリー図書館とバトラー図書館、ヴァティカン図書館、フランス国立図書館、大英図書館、ロンドン大学のヴァールブルク研究所、ベルリン自由大学とハンブルク大学の諸図書館、ベルリン芸術図書館、リッカルディ図書館、カリフォルニア大学バークレー校図書館で行なわれた。またベルリン高等研究所、ハンブルクのヴァールブルク・ハウス、パリ高等師範学校、そしてプリンストン大学は、わたしに仕事を進める時間を与えて下さった。しかしわたしの最大の恩義は、一九九六–九七年の時期にメイヤー・シャピロ客員教授としてわたしを招待してくれたコロンビア大学の美術史・考古学研究室と、特にアルベルティに対する一連の公開講義を行なうよう奨めてくれたジョゼフ・コナーにある。コロンビアのわたしの友人たちは、共通点のない一連の研究企画と思われたものを、アルベルティとその世界をめぐる物語にするための理想的な機会を与えてくれた。彼らの質問は——コロンビアでのわたしのゼミに参加してくれた大学院生たちに尋ねられた質問同様——誤りを正し、多くの点についてわたしの考えを明確にするのに役立った。高等師範学校での一連の講義で、アルベルティに関するわたしの発見のいくばくかを公表するよう招待してくれたピエール・プチマンガンと、それを聴講して下さった方々、特にジャン゠ルイ・フェラリ、フランソワ・アルトク、フランソワーズ・ヴァケ、アンリ・ゼルネールにも、その質疑応答に対して感謝申し上げたい。

どんな歴史家にせよ、アルベルティの関心領域のすべてを——あるいはその大部分さえ——じかに知ってはいない。ルネサンスの人文主義と自然哲学に何年も集中した後で、わたしは部外者としてここで論じられた様々な問題や主題に近づくようになった。それゆえ、わたしは多くの分野の学者たちに特別の恩義を感じている。アルベルティの仕事とそのコンテクストに関する彼らの詳細な研究がなければ、彼の生涯をこんな風に解釈してみることは不可能だったであろう。多くの優れた文献学者は、アルベルティの作品のテクスト史を跡づけ、また彼の作品を編集し、近代語に翻訳してきた。第二次世界大戦後に限っても、故セシル・グレイソン、エウジェニオ・ガレン、ジョヴァンニ・オルランディ、パオロ・ポルトゲージ、ラウラ・ゴッジ・カロッティ、ルチア・チェザリーニ・マルティネッリ、ジョゼフ・ライクヴァート、リッカルド・フビーニ、アンナ・メンチ・ガッロリーニ、ルネ・ニュー・ワトキンス、デイヴィット・マーシュ、ルチア・ベルトリーニ、マッシモ・ダンツィ、ロベルト・カルディーニ、そしてその他多くの学者たちが、多数のアルベルティ作品の信頼できるテクストや翻訳を提供したばかりでない。アルベルティはラテン語とイタリア語による著作者としての仕事をいかに実践したかをめぐるわたしたちの理解をも、大きく変えたのである。と同時に、美術史家や建築史家たちは、アルベルティの建造物、自刻像、絵画・建築の理論に関する著作を分析し、それらをコンテクストのうちに位置づけ、またその特質やインパクトを究明してきた。アーウィン・パノフスキー、ルドルフ・ウイットコウアー、リチャード・クラウトハイマー、トゥルード・クラウトハイマー＝ヘス、チャールズ・ミッチェル、ジョン・スペンサー、E・H・ゴンブリッチ、マイケル・バクサンドール、チャールズ・デンプシー、チャールズ・ホープ、ジョゼフ・ライクヴァート、ロバート・タヴァナー、チャールズ・バローの仕事は、様々な仕方でわたしの思考に感化した。また多数の美術史家は寛大にも、その著作を通しての恩恵のみならず批評の恩恵をもわたしに与えてくれた。そうした美術史家であるキャサリン・ヴァイル＝ガリス・ブラント、カロライン・エラム、エリザベス・クロッパー、キース・クリスチャンセン、マーヴィン・トラクテンバーグには、しばしば調子《トーン》においては鋭く、また内容においては建設的なコメントをして下さったことに対して、心から感謝しておきたい。

本書の様々なセクションでは、アルベルティの生涯と思想は一連の異なる都市環境の中に置かれている。わたし自身の恩師エリック・コクレインは、わたしに初めて、マキャヴェッリのひとつの書簡ですら、過去の街角で演じられた社会を生き生きとした色合いで明らかにしてくれるものだと、教えてくれた。ハンス・バロン、フェリックス・ギルバート、ニコライ・ルビンシュタイン、ジーン・ブラッカーのような学者たちによって建設・創造されたフィレンツェをめぐる歴史記述《ヒストリオグラフィ》の偉大な伝統と、かの素晴らしい企画『ルネサンスのローマ』と関係したマッシモ・ミリオ、シルヴィア・マッダロ、アンナ・モジリアーニその他の学者たちによって近年完成された、ローマ史に関するきわめて独創性に満ちた仕事は、永久に啓発的なものである。プリンストンの学部学生のための「ヨーロピアン・カルチュラル・スタディーズ計画」の中で都市の文化史について教えるという経験は、カール・ショースキーやジェロルド・ジーゲルによって呈示された都市史の実例と同様に、思考のための多くの糧を与えてくれた。

パトリシア・ブラウンとジョン・ピントは、寛大にも草稿で本書の実質部分を読み、わたしにとって十分に有益な多くの示唆を与える時間を取ってくれた。またレナード・バーカン、ファビオ・バリー、クリストファー・セレンサ、ブライアン・カラン、マーチン・ディヴィス、アーサー・フィールド、フランシスコ・ファーラン、トマス・ダコスタ・カウフマン、ジル・クライ、デイヴィット・マーシュ、エリザベス・マッカヒル、イングリッド・ローランド、ジョヴァンニ・ザノヴェッロは、十五世紀の人文主義と諸芸術に関する深い知識でわたしを益してくれた。アルベルティの仕事《キャリア》をルネサンスの科学や工学《エンジニアリング》と結びつけている本書のセクションは、ノエル・スワードローの教示や、マイク・マホニー、トム・クーン、ニコラス・アダムスとの議論を参考にしている。デボラ・クローン、ピーター・ミラー、ナンシー・シライシは精神上の――いやそれ以上の――支援を提供してくれた。アルベルティや、その他多くの事柄をめぐるデイヴィット・クイントとの議論は、ほぼ三十年ほど前にイリノイ州のザイオンで始まったが、それ以来ずっと、継続してわたしの利益となっている。ローレン・オズボーンと彼女の同僚たちは、本書の草稿を冷静な思いやりと十全な注意を払って取り扱ってくれた。彼女らの編集の仕事は――多くの同僚たちの提供してくれた支援や批評同様に――アルベルティが対話者たちに要求した、そしていつも得られるとは限らなかった類の知的、文学的共同作業の見事な実例を提供してくれることになった。

プリンストン、NJ
二〇〇〇年三月二十一日

アルベルティ　イタリア・ルネサンスの構築者

第一章

レオン・バッティスタ・アルベルティとは何者ぞ？――一四三〇年代における自己《アイデンティティ》の形成

舞台は十五世紀、イタリアの都市の広場。プロセニアム〔額縁舞台〕の後ろの、書割と舞台の両袖には、家々の石造りのファサードとタイル張りの屋根が、簡素にして古典的に描き出されている。いくつかの家の屋根はテラスの上を覆うほど伸ばされ、いくつかの家の地上階には街路に通じるロッジアまである。また粗い仕上げを施された石によって、外から完全に閉ざされた家もある。それらのうちのある家の前には、石造りの一本の門柱が立っている。何世紀にもわたる風雨に耐えてきたこの門柱の上に聳《そび》え立つのは、地下を統《す》べるローマ神、プルートーの彫像である。この家の一方の脇には、宿屋に通じる小道がある。もう一方の脇には、小さな広場に上がる階段がある。この広場に上がると、黄金の大文字で書かれたラテン語の格言を載せた紋章が、一軒の見事な造りの大邸宅《ヴィッラ》の前面に現れる。一瞬、あたかも古代ローマがよみがえったかのようである。(1)

男優たちが舞台に登場する。男の衣装の者もいれば、若い女の衣装の者もいる。また社会的に高い地位にあることを告げる、良質の布地で仕立てられた衣服を着ている者もいれば、明らかに奴隷や召使のいでたちの者もいる。形式化された身のこなしで、他人の存在を意識して自らに威厳を与えるやり方で立って会話を交わす、その彼らの語る言葉は、日常生活で用いるイタリア語でもなければ、中世の教会や大学で用いられた新しい《モダン》、機能的なラテン語でもない。ローマ時代の喜劇で用いられた古代のラテン語である。つまるところ、この戯曲を書いた脚本家は、男優たちのためにこの言語を再構築しなければならなかったのだ。男優たちは複雑で、どちらかといえば難解な物語――若きフィロドクスス〔「栄光を愛する者」〕が、彼の奴隷であるフロネウス（「知性」）の助けを借りながら、いかにして若い女ドクシア（「栄光」）を手に入れようとするかという逸話――を演じている。もうひとりの若者、ティシアの養子フォルトゥニウス（「幸運」）もまたドクシアを、彼の方は力ずくで手に入れようと望んでいる。彼女を見つけることができないので、彼は妹であるフィミア（「名声」）を連れている。さらに他の登場人物たちも現れ、彼らの動きによって話は何度も方向転換する。最後に、アリティア（「真実」）の父親であるクロノス（「時」）は手をうって、フィロドクスとドクシアを添いとげさせるのである。(2)

この要約が物語るように、この戯曲の粗筋《プロット》はひとつの寓意であって、しかるべきときにしかるべき道徳を生み出すように考案された、音を鳴らしながら動く時計仕掛けの装置のようなものである。登場人物たちは皆、彼らの名前が物語るように、具体的な人物を具現するのではなく、抽象的な特性を擬人化している。彼らは会話よりも、自己主張に多くの時間を費やす。二十歳でこの台本の最初の草稿《ヴァージョン》を書いたレオン・バッティスタ・アルベルティは、ある註釈の中でこう告白している。「この戯曲の主題は人間の行ないである。なぜなら、この戯曲は、学問に打ち込み、過酷な仕事をする者は、豊かで幸運に恵まれた者に匹敵する栄光を獲得しうるという教訓を伝えるからである」

その道徳主義にもかかわらず、アルベルティのこの戯曲は、人の心に触れるいくつかの新鮮な特徴を有している。まず挙げられるのは、その豊かで首尾一貫した古典的な様式である。彼以前のルネサンスの学者たちは、ローマの喜劇詩人プラウトゥスやテレンティウスに基づくやり方と語法で、戯曲を組み立てようと試みていたとはいえ、統一された古典的な舞台《セッティング》を作り、戯曲を上演するというアルベルティの努力に先駆しえた者は、誰ひとりとしていない。さらに、アルベルティの抽象的な登場人物の演じる場面のいくつかは、きわめて重大な文学的、道徳的問題を辛辣に批判した。ドクシアは愛の関心の対象として、当然のように美しい。しかし、戯曲の最初の方で、奴隷のポテンティオは、フィロドクスの恋敵フォルトゥニウスに彼女のことを、ある種の類型《セット・ピース》の中に組み込み、対照をなす言い回し《クローズ》による脆くも優雅な作り物として語っている。その言い回しは、彼女を称える言葉とその道徳的含意の間で巧みなバランスを取り、美とその性格を、また美のあからさまな誇示と慎重に自己を保つ慎ましさ――それによって女性の善良な性格は逆説的に明らかにされる――を対比させているのである。

フォルトゥニウス　彼女は美しいか？

ポテンティオ　彼女はとても美しく、とても善良ですので、彼女にこれ以上つけ加えることは何もないほどですし、これ以上望まれることもありません。実際、わたしは、彼女はヴィーナスよりも美しい、あるいはヴィーナスにそっくりだとさえ考えます。彼女の頭部は輝かしく、彼女の顔は愛らしく、彼女の表情は明るく、彼女の歩きぶりは慎ましやかです。彼女は慎み深く身を御し、尊敬に値する婦人として、またローマ市民として、まさにそれにふさわしい身のこなしをいたします。

美と適正さ《デコールム》――ひとりの若い女の肉体的な美貌と魅力、そして男たちの悪い行ないからそれらの特質を守り通しうる厳しい訓練――は、彼の作中人物と同様に、若き著作者自身にとっても重要な関心事だったのである。

　アルベルティの戯曲の最初の草稿では、フィロドクススがドクシアからもたらされた影響を語るが、その際の彼の雄弁は、巧妙に組み立てられたエロティシズムでそのクライマックスを迎える。彼は自らを、夜、彼女を照らすための明かりを手にした一体の彫像のイメージに置き換え、彼女を「規律からも幻想からも自由なあなたが、そのローブと髪で、あるがままにそこにいる」と賛美し、さらにこう叫ぶ。「ああ、神よ、わたしはあなたの竪琴《リラ》になりたい。そしてあなたがわたしを演奏している間、わたしは喜ばしく調和に満ちた甘い調べを奏でるだろう。……ああ、神々よ、そうなったら、わたしはいかに幸せなことだろう」。しかし、この幻想はアルベルティの第二の草稿からは消されてしまった。草稿の手直しの途上においても、まさにこの台詞と同様に、自己研鑽が欲望を打ち負かして勝利を得たのである。

　対話篇におけるアルベルティの実験は、経験の浅い優男の感情のみならず、もっと年上の男女の間で交わされる、抜け目なく互いに値踏みするような会話にも及んでいる。たとえば、フロンティシス（「思考力」）は女中のムニミア（「記憶」）と顔を合わせる。そのとき彼女は自らの不幸な結婚の悲しい物語を丸ごと語り、その過ちは彼女自身の罪でもあると認める。

ムニミア　ああ、わたしときたら。運命が決めたことだから、わたしたちにはそうなるしかありません。神々が命じるのですから、わたしたちはそうなるよう望まねばなりません。

フロンティシス　なら、なぜそこに立っているのかね。もう家に帰ったらどうかね。

ムニミア　ひどいことをおっしゃいます。わたしは今、多くのことを思い出しているところです。違っていたらよかったこともありますが、その通りでよかった、むしろそうであると願いたいこともあります。
ソロンティシス　それが人間の条件だ。願うこと、そして願わないこと。賢い男は、いかにしてそれにふさわしい正しいときに何かを願ったり、願わなかったりするべきかを熟知している。望まなければならないものを望まないこと、あるいは手にしえないものを欲しがること、これは自分のことばかり考え、あらゆるものを自分だけのものにしたがる連中のやることだ。罪ある者は常にそんな匂い、罪の匂いを発するものだ。その匂いはあらゆる場所で彼らにとりつき、罪人であることを暴きたて、それにふさわしい罰を引き起こす。だから、これが復讐されないはずはないのだよ。
ムニミア　あなた様のおっしゃる通りだと思います。しかしわたしは夫と意見が合わずについかっとなってしまったことで、自分を責めてもおります。夫とは三年前にアテネで口論いたしました。わたしは夫に金の印章指輪を返すことを拒んだのです。それは夫がわたしに大事に保管するようにと預けていたものでした。わたしは、わたしたち愚かな女が、特に愛らしかったりすると、往々にしてやってしまうようなことを、いたしました。わたしは愚かな女たちのことを彼に認めてほしかったのです。しかし翌日、夫は出て行きました。今、あなた様の名前がわたしの心の中に夫をよみがえらせました。もしあんなことをしなければ、わたしは農民として、むしろ贅沢な生活を送っていたでしょう。そして今も続けているこんな過ちはしていないはずです(3)。

ある台詞の中で、ムニミアは当節、世間で問題とされていることをいくつか数え上げている。結婚、財産関係、女性の身体美、そして女性の生まれながらの道徳的欠陥などである。ある場面では、登場人物のひとりである独身女性の辛辣な舌鋒から、鋭い社会観察と伝統的な女性嫌悪《ミソジニー》の魅惑的な混合物すら立ち現れる。彼女の攻撃的な機知は、当時のイタリアの都市を牛耳っていたブルジョワたちの姿を痛烈に、はっきりと描き出している。「吝嗇《りんしょく》な男は、未婚の女や未亡人と関係を持つとき、とりわけふてぶてしくなるものです」

二十世紀への転換期の戯曲作家アルフレッド・ジャリにとって、高校時代に書いた科学教師をめぐる笑劇は生涯の強迫観念となり、やがて作品『ユビュ王』へと結実した。

ジャリと同様に、アルベルティもまた、この若き日の喜劇の中に、その後の生涯にわたって彼を支配することとなるいくつかの主題と問題、つまりは美とその特質、古代の状況と当代《モダン》の家族、眼で見える世界とそれを線や色彩によって表象するための方法、社会という世界とそれを言葉によって分析するための方法の輪郭線を描き出していた。ジャリのようにアルベルティもまた、美術と文学の実験に捧げる生涯に必要な霊感源を、その若い頃の経験の中で――そこには俗物たちとの勇敢な闘いとともに、根本的に新しい美術の諸形式との息を呑むような遭遇も含まれる――発見していたのである。そして最後に、ジャリ同様、アルベルティはそれ以前には別個のものとしてとらえられていたイメージと観念、そして表現のレベルと芸術上のモティーフをひとまとめにすることによって、同時代人たちを驚嘆させ魅了した。まだ経験の浅い戯曲作家は、この後たちまちのうちに、十五世紀の前衛《アヴァン・ギャルド》の創造者となる。では彼は、いったいいかなる人物だったのであろう。

文字通りの意味でなら、この疑問に答えるのは驚くほど簡単に見える。数多くの歴史的証言が、学者、著作者、建築家としてのアルベルティの代表的な業績を証明しているし、彼の築き上げた輝かしい交流関係の実体を教えてくれる証言も多く残されている。それらの証言はわたしたちに、アルベルティが一四〇四年にジェノヴァで、フィレンツェ出身の商人ロレンツォ・アルベルティの二人の庶子のひとりとして生まれたことを教える。アルベルティ家は――イタリアの都市政治における、危険ないちかばちかのゲームで道を誤まった多くの大氏族の例にもれず――フィレンツェ共和国政府の支配者アルビッツィ家とその仲間たちによって、故郷の都市から追放されたのである。

まだ勢いを失っていない頃、アルベルティ家は手広い商売取引を営み、家族経営でそれを維持していた。またその各地の支社は、西はフランスやイギリスまで、東はギリシアの島々およびビザンティン帝国まで広がった貿易ネットワークをつなぐ、結節点の役割を担っていた。レオン・バッティスタと彼の兄カルロは私生児だったとはいえ、父親は彼らを嫡子同然に扱い、高い教育を施した。レオン・バッティスタは、当時有名だったパドヴァのガスパリーノ・バルツィッツァの学校で、ラテン語の古典と、おそらくいくつかのギリシア語の古典をも学び、この学校にはおおそ一四一六年から一四一八年にかけて通い続けた。さらにこの頃の多くの野心的な若者の例にもれず、アルベルティもまた由緒あるボローニャ大学で法律を学んだ。彼は出世を約束された職業に就き、おそらくは裁判官か法学教授になるように思われた。しかし、大学初年度が終わる頃、父親が亡くなったため、彼は保護と財政的支援を受けられなくなってしまった。そのうえ、その直後、勉強のしすぎから来る重圧によって、彼は健康を損なってしまう。そして彼は、自然学と視覚芸術の研究——生涯にわたって彼を魅了し、夢中にさせることになる領域——へと転向する。また彼はゆっくりとではあったが、著述を開始した——最初はおそらく、彼が文章を作ることのできた最盛期の古典ラテン語を用いて、形式化された断章を書くことから始めたのであろう。

一四三〇年代初頭に、レオン・バッティスタは、やがて仕えることになる多くの宮廷のうちの、最初のそれに加わった。彼は教皇庁（教皇権によって統括された各種運営部門からなる組織）で職を得たのである。教皇庁でアルベルティは文書官の任務に就き、自らの洗練された文学的技巧を、影響力の高い高位聖職者たちの集団のために役立てた。彼はラテン語のみならずイタリア語でも書き始め、それら二つの言語による彼の対話篇は読者を獲得し始めた。教会の聖職禄職——地所からの収入をともなう聖職——は、彼に多少とも財政的な自立を許した（彼が得た最初の、そして重要な聖職は、フィレンツェ郊外の町を見下ろす小高い丘の上にあるゴシック様式の聖堂、サン・マルティーノ・イン・ガンガランディ聖堂の主任司祭だった）。フィレンツェ政府がアルベルティ家への追放令を解いた一四二八年以後のある時期、レオン・バッティスタは、かつて祖先たちの住んでいた都市に初めて足を踏み入れた。一四三〇年代の中葉に、彼は民衆のデモ行為によってローマを脱出せざるをえなくなった教皇エウゲニウス四世に同行して、今度はフィレンツェに移った。その後すぐさま、彼はフィレンツェ大聖堂の参事会会員となる。それ以後、彼の生涯は、この都市の歴史と関わり続けることになるであろう。

一四三五年から一四五二年にかけて、アルベルティの創造的エネルギーは、驚くほど多様な方向で爆発した。彼はフィレンツェの画家たちの実践や、フィレンツェの大氏族の生活に関する、輝かしくも独創的な論考を書いたり書き直したりした。彼は公式の詩の競技会を組織し（とはいえこの競技会は明らかに失敗に終わった）、イタリア語による韻文と散文の可能性について実験を繰り返し、トスカーナ俗語の歴史とその構造についての優れた分析を行なった。ローマでも他のどこでも、彼は古代美術および古代建築の遺物に関するイタリアの三人の指導的専門家のひとりとして頭角を現し、古代の建物や彫像に関連するあらゆる文章を古典のテクストから蒐集し、さらに彼が足を運べる限りのあらゆる場所で瓦礫《がれき》を掘り返した。十五世紀半ばまでに、彼は彼の全著作の中でもっとも野心的な作品を書き始めていた。それは古典建築に関する史上最初の近代《モダン》的な手引書で、建物と都市計画に関するウィトルウィウスによる規範的な古代の著作の好敵手となるように、それどころかもし可能ならそれと取って代わるように意図された作品であった。この頃から、彼の周囲のフィレンツェ人たちの吝嗇ぶりが、彼に疎外感を与えるようになったのは確かである。そうした気持ちは、新しいものを作り出そうとする彼の努力の多くに対して、彼らの発した辛辣な批評によってますます固められ、深められていった。しかし、当時流行の話題を扱った活力あふれる彼の野心的な著作群は、同僚の学者たち、美術のパトロンたち、そして中部イタリアおよび北イタリアの何人かの美術家たちの注目を引きつけたのであった。

アルベルティの生涯は、イタリアの都市世界の変容と一致していた。フェッラーラ、マントヴァ、ウルビーノといった小さな独立都市国家を支配した傭兵隊長や処世術に長けた外交家たちは、文化のパトロネージを必要不可欠なことと見なすようになったが、それは単に自分たちの興味や趣味を表明するためだけではなく、もともと彼らが正統に継承したわけではない地位やその合法性を強化するためでもあった。それゆえ、ついには、一連の教皇たちでさえ、普通のキリスト教徒たちの信仰をカトリック教会のうちに保っておくために、見栄えのする建物や美術を利用しようと考えるようになった。他の誰よりも大規模なかたちでそうした保護を行なったのはメディチ家であった――この一族は、コジモ・デ・メディチが一四三〇年代初頭の短期間の政治的追放を経て、フィレンツェに帰還して後、この都市を支配するようになったのである。十五世紀半ばには、いくつかのイタリアの宮廷が、新しい美術と建築の形式を支援した。様々な主題について助言しながら、なお傲慢にも卑屈にも見られないことをレオン・バッティスタに許した彼の教養、恐れを知らない大胆さ、そして社会的な処世術は、それらの宮廷において彼を貴重な助言者、美的な問題について非の打ち所のない趣味を持つ、博識な相談役へと押し上げたのである。

まもなく彼は、自己《おのれ》の裁量で大きな建築計画を立ち上げることができる設計者として、建築家たちや建築技師を統括する立場を固めていく。彼が統括したそれらの事業は、フェッラーラのエステ家、リミニのシジスモンド・マラテスタ、ウルビーノのフェデリゴ・ダ・モンテフェルトロのような、明敏で冷酷な軍人君主たちからも高く評価された。彼はおそらく、ローマの都市再興計画に関して、教皇エウゲニウス四世とその後継者ニコラウス五世に助言を与えた。さらに後に、彼が十五世紀のもっとも学識ある教皇ピウス二世のために同じことを行なったのは確実である。マントヴァの伝説によれば、カメラ・デリ・スポージにおけるマンテーニャの偉大なフレスコ画連作中の一点で、この都市の支配者ルドヴィコ・ゴンザーガの耳元に何事かを囁いている年長の男はアルベルティであるという。この伝説の真偽のほどはともあれ、彼がマントヴァその他の都市の輝かしい宮廷の常連となっていたことは確かである。それらの宮廷では、足の細い慇懃無礼な若者たちが、宴会の席や戦場で、国家や教会の名士たちの傍らに付き添ったのである。

フィレンツェにおける文化のパトロネージはかねてから、野心的かつ贅沢で、公的性格を持つという伝統を有していた。しかし、一四三四年以降この都市を支配するようになったメディチ家の下で、文化消費をめぐる価値とパターンは変化していった。以前のフィレンツェでは、市民たちの疑念や税金の増加を避けるために富をひけらかさず、むしろ隠す方がよいとされていたものの、都市の支配者たちおよびその体制の支持者たちは、次第にそうした古いやり方から離れ、見ごたえのある景観、大きな建物、そして並外れた宴に高い価値を見出すようになっていく——この頃にはどの宮廷でも、そうした生活のあり方の変化が生じていた。古い伝統とは対照的に、メディチ家とその仲間たちは、「寛大さ」というアリストテレス的な徳を実践することを賞賛し、享受したのである。古典的建築は、まもなく、この徳を実践するためにうってつけの方法のひとつと見なされるようになった。ついにアルベルティは、偉大な事業家ジョヴァンニ・ルチェッライの人柄の中に、パトロンとともに友人を見出す。リミニやフェッラーラと同じように、フィレンツェでもアルベルティの古代世界に対する趣味とその古代世界像は広範に受け入れられ、好まれたのであった。

十五世紀半ばから一四七二年の死に至るまで、アルベルティは、フィレンツェを離れて、彼の好みの宮廷——たとえばウルビーノのような——に赴く、ほぼ規則だった移動生活を続けた。彼はウルビーノでは一年のうちの暖かい季節を、友人の博識な軍人君主フェデリゴ・ダ・モンテフェルトロとともにすごした。彼は十五世紀のもっとも独創的でもっとも影響力をふるった建物のいくつかを設計したり、その設計に協力したりした。リミニのテンピオ・マラテスティアーノ、フィレンツェのサンタ・マリア・ノヴェッラ聖堂とルチェッライ宮、マントヴァのサン・タンドレア聖堂などである。同時に彼は、建築に関する総合的な論考である『建築論』をまとめ、彫刻から道徳哲学、さらに暗号術に至る様々な領域の小著作を書き続けた。彼は名声とともにこの世を去った。彼の名声はその独創性と多芸多才ゆえに得られたものであり、そのためにこそ、彼は人を動かせる多くの友人やパトロンに恵まれたのである。彼が書いた書物はその名を死後に伝え、北ヨーロッパにまで古典様式を愛好する趣味を広め、イタリア人と北ヨーロッパ人がともに美術作品を批評的に論じることができるひとつの言語を形成するのに、大いに寄与することとなった。クリストフォロ・ランディーノやアンジェロ・ポリツィアーノのような強い影響力をふるったフィレンツェの著作者たちが、アルベルティの知性と博識を賞賛する際に、きらめくような比喩を多用したことには、何の不思議もないのである。(4)

　とはいえ、アルベルティの生涯に関する様々な情報が簡単に集められ提示されるのとは対照的に、彼が達成したものは――そして彼の仕事において破格の重要性を持つ多くの細部は――今でも論議の的となっている。あれほど多くの領域で多くのものを達成することのできた彼の能力は、いかにして説明されるのか。彼の著作者としての作品を、美術家および建築家としての実践的努力に結びつける共通のテーマや方法は存在したのか。一世紀以上前、バーゼルの歴史家ヤコプ・ブルクハルトは、この問題に対して、今でももっとも影響力のある非凡な答えを提出した。ブルクハルトの眩惑するような研究『イタリア・ルネサンスの文化』は、近代におけるルネサンス研究の嚆矢《こうし》となった。確かにブルクハルト以後、アルベルティの生涯、作品そして歴史的文脈に関する研究者たちの知識ははかり知れないほど様変わりしたが、ブルクハルトが共感を込めて描き出したアルベルティの肖像は、その後になされた多くの研究の基礎をかたち作った。最近に至るまで、二十世紀の研究者たちが新たに発見したアルベルティに関する新しい素材の多くは、ブルクハルトが作り出した鋳型の中に溶かし込まれてきたのである。

　忘れがたい輝きと情熱を込めて、ブルクハルトはアルベルティを、知識人と運動選手の理想的な組み合わせ、「万能人《ユニヴァーサル・マン》」の完全な手本として描き出した。彼は、とてつもない暴れ馬を乗りこなすことができ、じっと立ったままの位置で、側に立っている男の頭を飛び越えることすらできた。病の後で記憶力が衰えると、アルベルティは自然および自然哲学の研究へと方向を変えた。彼は教皇庁で用いられた暗号のような、役立つ意匠を発明した。彼は荘厳な「見世物箱《ショー・ボックス》」〔視覚の暗箱のこと〕を考案し、その中に空と風景を見世物のように効果的に描き出すものを作り出した。さらに彼は、イタリア語でもラテン語でもあらゆる文学ジャンルで著作を行なった。また彼はあらゆる美術を実践した。彼は敬虔な僧侶から人文主義のポルノ作家まで、根本的に異なる種類の多くの人々と実りある友情を育む才能に恵まれていた。

要するにアルベルティは中世の宮廷人が持っていた伝統的な技すべてと、ルネサンスの知識人の新しい技すべてを極めたのである。同時に、彼は、日常生活における自己提示を、自立したひとつの新しい技へと変えた。アルベルティは、ブルクハルトが強調したように、散歩、乗馬、さらに魅力的な口調で会話することを体系的に習得することを——そしてそれを行なうために必要だった努力を微塵も他に見せないことを——自らに課した。そのようにして彼は、宮廷人の厳格で微妙な自己研鑽の訓練、優雅でときには死ぬほど退屈な演技の技を予示していた。その技はいずれ、アルベルティの死からずっと後に、バルダッサーレ・カスティリオーネがその著作『宮廷人』の中ではっきりと記述することになるものである。ともあれ、この厳しい自己訓練がどれほど厳しいものであったとしても、アルベルティの感性の鋭さを鈍らせることはなかった。むしろ逆に、アルベルティはあらゆる状況に対して、感情によって反応した。彼は、たとえ春の花や秋の果物が彼を憂鬱で満たし、その気持ちを非生産的にしてしまうとしても、それでもやはり郊外の景色を愛したし、徳に満ちた老人たちと一緒にいることに喜びを感じた。要するに、彼は絵画、建築、社会に関する論考——それらについての最初の近代的《モダン》な論考ともいえる——においてだけでなく、日常生活においても、ひとつの新しい創造的理念を表現したのである。世界との「内なる接触」は、彼に未来を予言することさえ可能にした、とブルクハルトは主張した。彼はフェッラーラでエステ家を見舞う恐るべき危機を予見し、さらに数年後には、いずれフィレンツェとローマが味わう苦難の未来を言い当て、知人たちの人相からその性格を読み取った。これらのあらゆる特性を統合していたのは、他に類のない意志の力であった。アルベルティは、「やる意志さえあるなら」人間は何でもできると信じていたのである。(5)

さらにブルクハルトにとって、アルベルティの優先事項である名声への渇望——および名声を得るために兼ね備えておかなければならないあらゆる才能を発展させようとして、彼の行なった訓練と情熱——は、彼が住んでいた、そして彼が自ら適応しなければならなかった環境から直接的に生じたものであった。ルネサンス期のイタリアでは、王権を正式に継承する権利のない僭主たちが次から次へと新たな国家を立てて権力を手にしたので、そうした状況が進めば進むほど、政治的、社会的地位を確立し維持することはきわめて難しくなっていた。氏や素性ではなく才能のみが、危機に際して血を流しうる残酷な迅速さを売り物としていた軍人君主の注目と愛情を勝ち取ることを、芸術家たちに許したのである。危険は巧妙な処世術を後押しした。こうした宮廷において鮫の泳ぐプールの上で綱渡りをすることは、人に自己の持つあらゆる感覚と強さを進化させることを強いた。腕力と文筆をともに身につける訓練をしたアルベルティは、その時代の精髄ともいえる奇跡の所産であった。彼の鉄のような意志ですら、それを可能にしたのは、彼の仲間のすべての市民たちに影響を与えた諸条件あってのことであった——事実、それらの条件は、アルベルティの死後、第二の「万能人」を生み出すことになる。アルベルティが好事家《ディレッタント》だったとすれば、技に通じた名手《ヴィルトゥオーゾ》レオナルド・ダ・ヴィンチのことである。

　ブルクハルトの描いたアルベルティの美しい横顔は、あらゆる読者の記憶に焼きつき、アルベルティ研究に霊感を与え続けた。アルベルティの生涯の細部を今日知られるようなものとしてまとめたのは、博識なイタリアの研究者ジロラモ・マンチーニによる古文書資料と文学テクストの卓越した調査で、マンチーニはアルベルティが多くの領域でなしとげた様々な達成が、いかに彼の時代の要請に正確に一致していたかを示そうと試みた。また一九六〇年代には、社会史と文化史の草分けである歴史家のジョーン・ガドールが、ブルクハルトを霊感源としながら、アルベルティの仕事と思想のあらゆる領域を互いに結びつけようと試みた。アルベルティの学問的業績と彼の科学的著作との間の本質的なつながりを、たゆみなく追い求める過程で、ガドールは、テクスト研究においても知的判断においてもあらゆる困難を回避することなく立ち向かい、多くの新しい研究領域、特にアルベルティによる遠近法と実用算術の仕事の中に新たな領野を切り開いた。マンチーニの詳細で有益な伝記と同じく、ガドールの豊かな研究書『レオン・バッティスタ・アルベルティ——初期ルネサンスの万能人』は今も基本研究となっているが、この研究を貫く霊感は、アルベルティの多岐にわたる達成は彼が知る世界に対する首尾一貫した反応をかたち作っていたという信念である。同様のことは、アルベルティの様々な探求の中に、それらを統合しているものを見出そうとした、フランスの研究者ポール＝アンリ・ミシェルの該博な著作についてもいえる。もっとも、彼が特筆した、アルベルティ思想の多くの箇所に残る中世的な要素の持続という考え方は、後の多くの研究者によっても追求されることになったのだけれども。(6)

　とはいえ、ガドールの仕事は当時としては異例なものであった。十九世紀後半から二十世紀にかけて、歴史研究は次第に専門性を深め、断片化すらしていった。美術史、ルネサンス思想史、イタリア文学の歴史は（他の領域の中でも特に）それぞれ独立した学問的営為として自立し、固有の方法、基準となる考え方、そして急速に増大する学術文献を生んでいく。ドイツの研究者たちは、活気あるイタリアの街角の社会生活を知りたいという気持ちに加えて、いまだ開拓されていない古文書館に魅了され、イタリアになだれ込んだ。イタリア人たちの方は、ドイツ帝国の国家的団結と挑戦とに対し、堅固な資料に基づく歴史を作り上げることは基本的な愛国的責務であると宣言して、これに対応した。二十世紀初頭の頃までには、冒険心に突き動かされたアメリカ人やイギリス人もまた、調査に貢献するようになった。第二次世界大戦後は、オーストラリア人、ニュージーランド人、そしてカナダ人もこれに加わった。

　アルベルティの生涯と仕事の様々な側面は、あらゆる領域の専門家たちの注目を引きつけた。しかし、ほとんどの学者たちは、アルベルティの探求の眩いほどに豊かな広がりを取り扱うために必要とされる、すべての技量を身につけることはできなかった。アルベルティに関する特定分野《モノグラフ》の研究は増加していった――しかし、増えれば増えるほど、アルベルティの生涯と仕事の統合を確立する可能性は、ますますとらえどころを失っていった。専門に特化された新しい研究は、ルネサンス文化の中心部でアルベルティの果たした役割を――劇的な役割といってもよい――ますます高めるようになった。一九二〇年代以降、ドイツの偉大な美術史家アーウィン・パノフスキーは、遠近法の研究を進めた。美術と科学の両者にまたがる遠近法の複雑な伝統は、幾何学と光学の双方に基づいており、十五世紀初頭の画家と彫刻家たちに、史上初めて、二次元の絵画や低浮彫りの中に三次元空間の迫真的なイリュージョンを創造することを可能としたひとつの表現形式である。アルベルティの達成――それはこの非常に重要な応用幾何学の一形式を新たに発明することではなく、その諸原理を説明する首尾一貫した記述を初めて書いたことにある――は、ルネサンスの歴史の中で巨大な、中心的でさえある場所を占めている。パノフスキーの議論によれば、十四世紀から十五世紀にかけての人文主義的な学者たちは、ひとつの固定された点から――彼ら自身の時代の点から――古代世界を見る方法を同時代人たちに示した。史上初めて、彼らは、キケロやウェルギリウスの時代と彼ら自身の属する時代の間の隔たりを、完全な年代上の距離としてとらえ、さらにその間に生じた大きな社会的、政治的変化を把握した。アルベルティはこれと同じ方法で、つまりはひとつの固定された視点から、論理的に首尾一貫した語彙を用いて、視覚世界を見る方法を同時代人たちに示したのである。ルネサンス絵画の「空間」——そして実際のところルネサンスの科学における「空間」——は、人文主義的学問における「時間」の概念と同じ文化的起源を反映していた。歴史的時間は厳格な文献学を条件とするのと同じように、アルベルティの空間は厳格な幾何学を必要とした。アルベルティは近代世界の創造者のひとりとして立ち現れたのである。[7]

ルドルフ・ウィットコウアーもまた〔パノフスキーと同じく〕ドイツの優れた美術史家であり、彼のイギリスとアメリカ合衆国への移住は、まことに多岐にわたる活発な研究によって、当地の人文科学を変容させた。ウィットコウアーは、アルベルティと建築に関して、パノフスキーと同様の命題を提示した。彼の議論によれば、アルベルティは古典的様式による同時代の建築のための視覚言語を考案した——それは凱旋門と円蓋《ドーム》型建築のような古代的形式の辞典であり、それらの建築のプロポーションと形態は、音楽のハーモニーを支えるものと同様の厳格な数学的比例関係によって規定されている。この体系はアルベルティ自身の実践の中で発展させられ、さらにアンドレア・パラーディオやセバスティアーノ・セルリオのような後代の建築家たちによって完成させられたが、その過程において新しい種類の聖堂と邸宅を生み出した——それはアルベルティの遠近法と同様、根本的に新しい建築なのである。[8]さらに第三のドイツの偉大な学者、リチャード・クラウトハイマーは、アルベルティの世界と彼が実践した様々な技芸との間を逍遥し、アルベルティ自身のテクストから彼がそれらを著したフィレンツェとローマの歴史的文脈に至るまで、アルベルティが接触したあらゆるものに光を当てた。

これらの詳細な研究とそれらに霊感を受けてなされた他の無数の研究は、いつしか、アルベルティの生涯と仕事の個々の側面をますます明確に示して余りあるほどになった。しかし、それらの研究はまた、意見の相違をも浮上させていて、そのいくつかは根本的な問題に関わっているのである。第一に、これらの研究によって、アルベルティの達成したものすべてを、ひとつの首尾一貫したやり方でまとめあげるようにして把握することはますます困難となった。多作で知られ、強い影響力をふるった二十世紀前半のウィーンの美術史家ユリウス・フォン・シュロッサーは、古代およびそれ以降に学者や哲学者たちによって記された視覚芸術に関する正規の論考や註解の類に、深い情熱的な関心を持っていた。彼はテクストを蒐集し、改定を繰り返しながら、今なおそれらを扱う基本研究となっている作品——偉大にして不可欠な研究『美術文献』を著した。

『絵画論』、『彫刻論』、『建築論』の先駆的著者であるアルベルティは、シュロッサーの登場人物一覧の中で、当然のように際立った場所を与えられた。この歴史家兼批評家はアルベルティを熱烈に賞賛したが、それは単にアルベルティの野心や学識のためばかりでなく、彼が美術の実践に熟練していたためでもあった。アルベルティの美術上の実践は、何かを創造する際に焦点となる中心的諸問題を定式化することを可能とし、その定式化の方法は、その後何世紀にもわたって刺激を与え続けることになった。しかし、シュロッサーはアルベルティと美術に関する研究を続けるうちに、アルベルティの著作だけでなくその建造物をも含めて研究しようとしたとき、かつてブルクハルトを強く印象づけたはずの統一性を、もはやどこにも識別できなくなってしまったことを自覚した。シュロッサーにとって、結局のところアルベルティは「万能人」ではなく、知的な好事家《ディレッタント》であった。あらゆる美術と学問について著すばかりでなく、それらを発展させようとする試みにおいて、アルベルティは自身の美術の才能が破滅的なほど欠けていることを――皆無だったとはいわないまでも、せいぜい批評家としての才能があったにすぎない――示したのである。リミニでマラテスタのために彼の建てた神殿は「こけおどし」だった。マントヴァのサン・タンドレア聖堂は、「まったく装飾的な形式であり、ほとんど芝居の舞台背景のようなもの」にすぎなかった。[9]

シュロッサーはアルベルティの諸論考が豊かな情報を伝え、歴史的に重要なものであることは認めた。しかし彼は、アルベルティの建築作品を衒学《げんがく》的で首尾一貫性を欠いたものとする低い評価を与え、アルベルティ自身は美術史において、何ら意味ある役割を演じはしなかったと主張した。アルベルティは野心を持ちすぎた学者であり、その仕事が美術史家にとって意味があるとすれば、その理由は彼の仕事の中に隠された統一性があるからではなく、どう理解したらよいかという諸問題を提示したことにあるのだ、と。

最近は、アルベルティの仕事のこれらの側面すべてに――他の側面も含めて――関する特定分野《モノグラフ》の研究が増えてきた。研究者たちはアルベルティのテクストの多くを検討し編集してきたが、今日ではそれらのほとんどは原典批判版《クリティカル・エディション》としては通用しなくなっている。またアルベルティの全著作集を上梓する現在進行形の二つの企画があるが、それらはいずれもいつ完成するか分からないという状況である。しかし、この骨の折れる必要不可欠な仕事は、明確な見通しも意見の一致も生み出してはいない。何人かの尊敬すべき研究者たちは、アルベルティは実際に仕事をしていた美術家たちと知り合いであり、彼らとともに仕事をしたと強く信じている。しかし他の研究者たちは、アルベルティは本質的に理論家に留まり、実践の世界からは遠く離れていた（そしてそれゆえ、実践の世界もまたアルベルティから遠く離れていた）と論じている。さらにまた、アルベルティの論考は画家や彫刻家たちに強い影響を与えたと考える者もいれば、ほとんど影響を与えなかった、あるいはまったく与えなかったと論じる者もいる。何人かの研究者たちはきわめて多くの建物を、アルベルティ自身ないしはアルベルティに指導された建築家の作品と見なしている。しかし他の研究者たちは、現存しているどの建物も、設計者および設計の技の達人としてのアルベルティの確固たる活動を反映してはいないと主張する。

ある学派——今日もっとも優勢な学派である——は、アルベルティの建築作品や文学作品の滑らかな古典的装いの下に——特に宮廷生活についての風刺や『モムス』、短い対話篇の集積である『食間作品集』などの中に——皮肉と自虐に彩られた暗くて謎めいた世界があることを見出した[10]。これらの学者たちの探求によって、ブルクハルトがアルベルティに与えた滑らかで明るい自己とは反する痛烈な裂け目が明らかになった。かつて、多くの歴史家たちはアルベルティを、教皇ニコラウス五世とともにローマを豪華な理想都市として再建するために熱心に働いた、楽観主義的な都市設計家であり建築家であると見なしていた。しかし、イタリアの主導的なルネサンス思想史家であるエウジェニオ・ガレンや、建築史の優れた論客として知られるマンフレード・タフーリの指摘するように、アルベルティは『モムス』を、それらの壮大な建築計画すべてについての自己犠牲的な風刺に捧げた。これまで長きにわたって器用で強い意志を持つ宮廷人と見なされてきたアルベルティは、おそらく彼が仕えた当の支配者たちに対する反抗的で過激な感情を、心に隠し持っていたと判明したのである。

アルベルティは、楽観主義者であると同時に、ときには深く悲観主義者でもあった。巨大な橋を創造する方法について書き、自然を支配し使いこなすための人間の力を賞賛したこのエンジニアは、現代の環境保護論者が感じるような恐怖とともに、人間が無垢なる自然世界に行使する、悪魔的ともいえる過剰なエネルギーによって引き起こされる破壊について注意を喚起した。あらゆる個人はいかに困難であろうと、自分自身で何かを実現できると考えたこの心温かい理想主義者は、自らの属する大一族、アルベルティ家が彼に対して拒絶した愛と支援を渇望してもいた。彼は荘厳な散文の中でその悲しみを表現している——彼らアルベルティ家が彼を一族の正式な一員として扱うのを拒んだときのことである。ブルクハルトの描いたアルベルティという栄光の夏は、このもっと新しいアルベルティの不満感という終わりなき冬に、常にまとわりつかれていたのである。

とすれば、この魅力的で適応力に富む情熱的な人間の肖像の統一性を取り戻す——あるいは部分同士の首尾一貫性を再びなぞる——ためには、どうすればいいのだろう。ひとつの方法は、率直にブルクハルトと彼が最初に向き合った原典資料に立ち帰り、ブルクハルトはこの懸案の人物を取り扱った道とはまた別の異なる道をたどりえたかどうかと——あるいは切り開くことができたかどうかと——問うてみることである。ブルクハルトの教え子たち、なかんずく、魅力的な七巻本のブルクハルトの伝記を書いた偉大なバーゼルの学者ヴェルナー・ケーギは、ブルクハルトの用いた素材の多くを集め直している。それらの素材から明らかになったのは、ブルクハルトの眩いほど凝縮されたアルベルティについての文章は、アルベルティについて彼の知悉《ちしつ》していたことの大部分を、実質的に省いていたということである。

ブルクハルトが自ら『イタリア・ルネサンスの文化』についての「試論」と呼んだものを書き始めたのは一八五〇年代半ばだが、その頃までに彼は、歴史学と人文科学研究における革新の抜きん出た中心地であるベルリン大学において、古代史、中世史、近代史、美術史の分野で高度な訓練を積んでいた。彼は彼自身の眩いばかりに独創的な歴史学の方法を開発した。その方法はすでに、彼にローマ皇帝コンスタンティヌスの後期古代世界をめぐる、革新的な研究を生み出すことを可能にしていたのである。ブルクハルトの理解していた通り、イタリア・ルネサンスの文化史を研究するには、二つのことが必要だった。ひとつはイタリアへの長年にわたる旅行である。イタリアで彼はルネサンス時代の美術と建築について、ひとつひとつ作品ごとに習熟し、行く先々でスケッチを行なった。もうひとつは、長期にわたる一次資料の体系的な掘り起こしという仕事である。彼はそれらの一次資料を、単一の信頼できる物語に還元するためではなく、あたかも湯にひたされたティーバッグのように、それらを生み出した時代の匂いと色を一次資料から滲み出させるために読んだ。コンスタンティヌスについての研究のために彼が欲したのは、日々コンスタンティヌスが行なったことについて知ることではなく、コンスタンティヌスとその同時代人たちがいかに考え、感じたかを知ることであった。ルネサンスをめぐる書物のために行なったこともまた、同様だったのである。

ブルクハルトは五年間にわたる断続的な作業を経て『イタリア・ルネサンスの文化』を準備するに至ったが、そうしたのはまさしくルネサンスの人文主義者たち――なかんずくアルベルティ――から、直接に継承した手法を用いたためだった。彼は一次資料を読み、そこから慎重にノートを取った。彼は後にそれらのノートを、魅力あふれる細部からなるきらびやかなモザイクへとまとめ上げた。それらの素材は、公的生活それ自体が芸術としての性格を持っていたこと、女性は他から独立した役割を担っていたこと、そして万能人の急増などに関する彼の主張を支えていた。一八五八年の友人パウル・ハイゼ宛の有名な書簡は、ブルクハルトの作業方法の本質を鮮やかに伝えている。

たとえば昨日、わたしは、以前ノートブックの中に書き写しておいたヴァザーリからの引用のみを切り取って、七百枚の小さな紙葉を作りました。そしてわたしはそれらを、主題に基づく順序に配置するように並べ替えました。他の著作者からは、美術については四つ折版でだいたい千ページの抜粋、文化については二千ページほどの抜粋をしています。わたしの実際に吟味できるのは、このすべてのうちのいかほどになることでしょう。

彼は、こうした大規模な調査に割く時間を持っているのは資本家たちだけなのに、彼らはその時間を別の活動に費やしている、と悲しげな省察を行なっている(11)。

ブルクハルトのアルベルティの著作からの抜粋は注意深く、しかも十分に行なわれた。実際、ルネサンスに関するノートのうち現存する最初期の三冊組のひとつを、ブルクハルトはアルベルティに捧げていた。彼のノートは正確で洞察にあふれている。彼は特有の先見の明によって、一四二〇年代から一四三〇年代にかけてのフィレンツェの新美術に対するアルベルティの全般的賞賛、美術家は新しい社会的地位と知的地位を得ることを主張すべきだとするアルベルティの信念、そして風によって動きを与えられた髪や衣装を美術で表象することについてのアルベルティの関心を、ノートに書き留めている。

ゲルマンの時代〔いわゆるゴシックのこと〕は終わった。彼はルネサンスを発見する。それはすでに五人の偉大な代表者たち〔ブルクハルトの要約していた、アルベルティのブルネレスキへの献呈書簡の中で賞賛されている美術家たちのこと〕のうちに進行していた。名声をめぐる近代意識……「魂の動き」……髪の毛、四肢、衣装の動き――ジョットでさえそれらを垂れ下がるままにしていた――〔空気の中での〕動きというモティーフは、単一の風という神によって引き起こされたのである。[12]

これらのテーマすべては、アルベルティの思想をめぐるいかなる近代的《モダン》な分析においても、注意深い議論を必要とするものである。しかしブルクハルトはこれらの色鮮やかな細部――それらは一世代後に、もうひとりの偉大な美術史家、文化史家であるアビ・ヴァールブルクが、おそらくブルクハルトの抜粋のことを知らぬままに注目し、取り上げることになるものと、まさしく一致している――のみでなく、もっと無味乾燥な細部をも、同じようにノートに記している。彼は、建築は絵画から派生したとするアルベルティの議論を記録し、アルベルティ自身が建築に関する著作の中で提示している、諸美術をめぐるまったく異なる歴史と、それを比較した。彼はこの著作の土台を築いた古代の様々な場所に関するアルベルティの注意深い調査について注目し、そこで見出された様々な示唆を、アルベルティ自身の建物と比べ、その鍵となる美学用語として「コンキンニタス」(各部分と全体との調和)に注意を促した。ブルクハルトは何年もたってから、細部にわたる自著『ルネサンス建築史』の中でこれらのノートを用いた。そこでの彼は、アルベルティの知っていた古代や同時代の建造物をデッサンするほど注意深く、アルベルティの論著『建築論』を研究していたことを示している。

しかし、『イタリア・ルネサンスの文化』というテクストの中で、ブルクハルトはそうした細部を省いたのである――この試論に必須の要素としてもともと意図していた、視覚芸術の詳細な検討を省いてしまったのと、まさに同様にである。ブルクハルトは、人格の十全な美的発展を、ルネサンスの達成したもっとも高度な創造物と考えた。正確なテクストの分析というよりはむしろ、美術作品のように生きられた生活の探求こそ、彼の研究を支配するものであった。何年も後に、彼はある歴史家にこう語っている。ルネサンスに関する彼の仕事の真の霊感源は、一八四七年のローマで、十五世紀フィレンツェの出版業者ヴェスパシアーノ・ダ・ビスティッチの書いた、同時代人たちの色鮮やかな逸話に満ちた伝記集を読んだ際に、彼に訪れたのだ、と。[13]

ルネサンス人の理想型の探求は、何よりも伝記――歴史家パオロ・ジョーヴィオによる著名人たちへの『賛辞集』や、画家ジョルジョ・ヴァザーリによる『美術家列伝』のような、いずれも十六世紀に書かれた伝記――を読むことを意味した。ジョーヴィオはアルベルティについては何も語らなかったし、ヴァザーリもほとんど語っていない。しかしブルクハルトは、不思議なほど細部まで豊かに描かれた伝記的証言を発見した。ブルクハルトによるアルベルティの性格についての記述は、アルベルティ自身の〔間違いなく〕書いたもの——彼自身の建築物については断るまでもない——ではなく、三人称によって匿名で書かれた、ラテン語による短いアルベルティの伝記に基づいていた。この伝記はイタリア語にも翻訳され、後にアルベルティがイタリア語で書いたものを集めた最初の版本の中で公刊された[14]。その作品集を編集したアニリオ・ボヌッチは、アルベルティ自身がこの伝記を書いたと推測した。そしてブルクハルトも、この推測はありうると〔『匿名伝』は、今日でも自伝と推測されている〕考えたようである。

ブルクハルトが、アルベルティの身体的、知的能力についてこの短い伝記の語る大げさな物語すべてを、詳細に繰り返したのは、奇異に思われるかもしれない。しかしブルクハルトは、自身の行なっていることの意味を正しく理解していた。彼はアルベルティの『匿名伝』の中に、十全な経験に富む個人の人格の完成を見出したのだ。明らかに、アルベルティは他の何よりも栄光を追い求め、彼のあらゆる才能を完成させることを、その大いなる探求に着手するための当然の方法と見なした。このテクストの伝えるアルベルティの高い望みは、正真正銘この時代特有の理想だったという限りにおいて、ブルクハルトは、それらの望みをいかに実現したかをめぐるアルベルティの説明の中に、何らかの誇張が入り込んだとしてもかまわないと考えたのである。

ブルクハルトはまさしく、現代の分析家がひとりの人格を理解するために、当てにならない物語や面談に頼るように、このテクストに頼った。しかし彼はその読解の過程で素材の取捨選択をも行なっており、自らの大局的な議論の支えにならなかったり、劇的な性格を加えないような細部は省略してしまっている。たとえば、ブルクハルトは『匿名伝』の中で繰り返し言及されているひとつの事実に触れなかった。すなわち、アルベルティは彼の一族の他の構成員たちから援助を受けるために果敢な努力を試み、それらの試みがすべて失敗に終わったときに感じた苦痛を鮮明に書き記した。あらゆる諸芸と技を学ばんとする学生アルベルティは、創造的な仕事を生み出せないという悲しみや恐れに繰り返し苛まれる鬱屈した人物として、自身を描き出していた。輝かしい運動選手であり、公衆を魅了する演者でもあった彼は、ときには他者とのあらゆる関わりに絶望して引きこもり、他者の高望みを、悪意をもって嘲笑した。『匿名伝』の中で、これらの要素は、ブルクハルトの選び出した要素とまったく変わらないほど顕著なのに、ブルクハルトによる輝かしくも偏ったこのテクストの要約の中では、まったく言及されていないのである。

ブルクハルトがきわめて明確に見ていたように、アルベルティは一四三〇年代に個人的な意味でも職業的な意味でも、ひとつのアイデンティティを必死になって確立しようとした。この時期に彼が『匿名伝』を書いたことは、ほとんど確実である（早咲きの自伝であるこのテクストは、一四三八年に書かれたらしい）。若きバルザックの造形した登場人物と同様に、アルベルティは一切の頼りもない、危険きわまりない大都会へと出かけて生活した。大きな一族の子孫だったにもかかわらず、彼は自らの生活を安定させるために必要な身分も金も、そして望ましい地位にすぐさま登りつめさせてくれるような縁故も一切ない状態から、大人の暮らしを始めた。人生の出発点でこのような傷を負ったなら、誰しもこれを埋め合わせる必要を感じるに相違ない。その時代の他の多くの者たちと同様、アルベルティもまた人生の収支会計における出発点での欠落の復讐を、知性の領域において果たそうとしたのである。

　これまでのところ、ブルクハルトの分析はその鋭い正確な洞察のすべてを、損なうことなく保っている。しかし、アルベルティの『匿名伝』を――その内容と構成のいずれをも――さらに間近から観察すると、アルベルティはまったく事実無根に自分自身を作り出したわけではないことが明らかになる。アルベルティは、既存の様々な種類の文化資源を参照していたのであり、彼の人生芝居は――大部分の人生芝居と同じく――周囲の状況への技を凝らした創造的な適応過程として演じられたのである。結局のところ、そうすることによって、彼はおびただしい障害を乗り越え、とほうもない欠落を埋め合わせることができた――しかし、ブルクハルトが彼に帰した、ほころびのない完全な自我を創造しえたわけではなかったのである。

　ブルクハルトがそうしたように、われわれも中年時代のアルベルティから話を始めよう。アルベルティの自伝は、確かにブルクハルトが考えたように、輝かしい人物の肖像を描き出している。その三人称の語りに従えば、アルベルティはひとつの卓越した自我の中に、人間の潜在能力の十全な広がりを示してみせた。彼は確信に満ちた禁欲主義者《ストイック》としての自己訓練を示すことを、自らに課していた。十五世紀の人々の経験としてはごく当たり前だった、厳しい身体的苦痛と不快な出来事に立ち向かうため、彼は身体を療養させると同時に、自らに道徳的な治療を施した。「彼は痛み、寒さ、暑さに耐えることができた。かつてまだ十五歳になる前、彼は脚にひどい怪我を負った。医術の方途に従って、裂けてしまった脚の部分を縫合する際、医者は針で皮を縫い合わせなければならなかった。それどころか、彼はひどい痛みにもかかわらず、一言もうめき声を上げなかった。それどころか、彼はひどい痛みにもかかわらず、自分を治している医者を、両手を使って手伝いさえし、その傷を自分で治療したのである」。アルベルティは楽師たちを雇って、自らひどい冷や汗を我慢しようとした。どんなに寒くて風の強い天気でも、帽子をかぶることを拒んだ。蜂蜜とニンニクを自分の傍らに置いておく訓練さえ行なった。彼はもともとその二つのものが大嫌いだったのである。「彼は、自分の嫌悪するものを見つめ、それを扱う訓練を通じて、自分自身に打ち勝った。その訓練のおかげで、それらのものは彼を苛むことをやめたのである。このように彼は、人は望みさえすれば、自らをいかなるものにもすることができると証明する模範を示したのである」[15]。ニンニクを我慢できるようになることは、自我の柔軟性を証明するものであった。アルベルティの社会的、身体的な傷ゆえのひどい脆さには、安定した状態を確立するための粘り強い努力が伴っていた。悪魔たちに脅かされながらも、アルベルティは高く張られた綱の上に留まり、ダンスしたのである。

アルベルティの『匿名伝』や彼の人生そのものを通じて、釣り合い《バランス》というモティーフが何度も現れる。イギリスの美術史家マイケル・バクサンドールは素晴らしい独創性と洞察をもって、アルベルティが成熟に至った世界の知に関する様々な実践を再創造してみせたが、特にこの点についての優れたエッセイをものしている。バクサンドールは、アルベルティが、両極端なもの同士が和解しうる場所、あるいは少なくとも互いに釣り合いを保つことができる場所を人生の中で見つけ、さらにまた彼の技によって作り出そうとして、体系的な奮闘を試みたことを明らかにしている[16]。

アルベルティの苛烈な自己鍛錬と厳しい人格の再形成にもかかわらず、そしてまた自らを鍛え、甲冑のように硬く何ものをも跳ね返す外皮を自らに与えようとする努力にもかかわらず、彼の感覚と感受性は衰えることなく保たれた。彼が見るものすべては彼を感動させ、それらの観察の中には、世界は秩序だった美しいものであるという感覚を与えて、深い喜びで満たすものもあった。「彼は何らかの美を有するものを見ることに、特別の喜びを感じた。彼は威厳や健康を授かった老人を見て驚嘆するのが大好きであり、自然のもたらす奇跡としてそうした老人たちを敬うと宣言した。彼が語るには、大いなる美しさを持つ四足獣、鳥、そしてその他の動物は、人間による温かい愛情にふさわしい価値がある。なぜなら、自然はそれらの動物に、それぞれ特別の優雅さを付与したからである。彼は、自分のかわいい犬が死ぬと、その埋葬のための演説を書いた」。宝石、花、そして美しい風景を眺めることは、アルベルティの健康を回復さえしえた——これは美による精神療法《セラピー》の一形態であり、フィレンツェの哲学者にして医師のマルシリオ・フィチーノが、後にヨーロッパでベスト・セラーとなった書物の中で定式化することになるものである。

友情を愛惜したアルベルティは、自分の実際の財産も知的財産もともに、他の人々と共有した。彼はフィレンツェにいる親族たちとも、同じような結びつきを持とうと最善を尽くした。しかし彼の努力のすべて、あるいはそのほとんどは無駄だった——少なくとも後年になってから彼はそのように顚末を語っている。彼は自分が一族から拒絶され、彼が行なうことすべてのあら探しをする批判者たちに取り囲まれていると感じていた。そうした人々の侮辱に反論することは拒否したものの、彼はしばしば彼らとのつきあいを修復することは不可能だと感じていた。この心の広い人物は、辛辣でよそよそしい敵たちに取り囲まれていたのである。

アルベルティの知的生活は両極端なものの間を橋渡ししてもいた。一方で、彼は力を抜く《リラックス》ことを愛した。彼は「文学と学問」についての尽きない議論のために友人たちを招いた。彼は野外で厳しく身体を動かすこと、特に登山に打ち興じた。さらに、彼は植物や動物、姿の美しい老人たちを眺めることに時間を割いた。しかし、彼は多くの者に非社交的だと思われるほど、執拗に仕事に打ち込みもした。「彼は瞑想と着想から離れた時間を持たなかった。何も考案せずに街から帰宅することは稀だったし、食事のときですらそうだった。結果として、彼はいくらか無口で孤独に見えるようになり、その見た目は少し鼻につくものとなってしまった」。何かを創造するためのこのような継続的な努力にもかかわらず、アルベルティは自身が何も生み出していないとして、絶えず自分を咎めた。すると今度は、精神療法《セラピー》も逆方向に火を噴くようになる。たとえば、田舎を散歩しても、必ずしも期待した効果はない。春に咲く花を見ても秋に実る果実を見ても、彼は鬱屈した気持にとらわれ、フットボールのコーチを思わせるやけっぱちの決まり文句で、自分を励まそうとすることになる。「バッティスタよ、今度はお前が人類のために何らかの実りをもたらす約束をする番だ」。自らの性格を印章のように明確に刻もうと努力したこの偉大な好事家《ディレッタント》は、生涯を通じて、過剰なほどの創造的活動と力を失わせる抑鬱との間を行ったり来たりする溶けた蠟に、自己のそうした姿かたちを押し続けたのである。

アルベルティのもっとも感動的で目覚ましい知的達成で

さえ、深く内在する分裂と矛盾を孕《はら》んでいた。少なくとも、自伝の三人称の語り手による客観的意見のふりをして彼自身はそう疑っていた。未来を予言することによって――彼はそうした予言の才能をかなり持っていると自負していた――「彼は学問と知性を占いの技と組み合わせた」。いくつかの場合、アルベルティは明らかに占星術の技を用いており、彼は有名な占星術師パオロ・トスカネッリと教皇権の未来について手紙のやり取りを行なっている。しかしそれ以外の場合、彼は個人的な予言の才能、つまりは一目で他人の性格と意図を理解することを可能とする「心の中の光線」に頼っていた。(17) 訓練された星々の読み手だったアルベルティは、傑出した魂の読み手でもあった。こうして彼は、テクストの詳細な研究や、緻密に定式化された規則や実施要綱《プロトコル》の適用に根ざす医者の科学的手さばきを、年長の同時代人であるベルナルディーノ・ダ・シエナのような聖者たちに通常見出されるカリスマ的才能と――ベルナルディーノは彼の説教を聞く者たちの注意力が散漫になったり、決心が鈍るのを感じ取る能力によって、彼らを驚かせた――結びつけたのである。

アルベルティは古典文学を愛し、パドヴァとボローニャでその研究に身を投じた。しかしボローニャの学生だった一四二〇年代に、彼は勉強のしすぎで体を壊し、親友たちの名前さえ忘れてしまうほどだった。花の咲き誇る喜びの庭と常に見なしてきたはずの、愛惜してやまない本のページに書かれた言葉でさえ、彼を脅かすものに変わってしまった。本の中のそれらの言葉は、さそりのかたちと化した――それは、アルベルティが写本画で馴染んでいた、右手に花を持ち左手にさそりを持つ論理学のイメージ、つまりは理性によって語る技のイメージの輝かしくも恐ろしい変身である。(18) と同時に、彼の耳は怖ろしい雑音で鳴り響いていた。常に視覚芸術を愛したアルベルティは、今度は「自然と医術の技」へと方向転換した。なぜなら、彼はこれ以上自分の記憶力を疲弊させることなく、それらを実践できると考えたからである。この卓越した人文主義者は同時に自然への傾倒者であり、強迫観念にとらわれたかのようにそれを愛する学者でもあった。気分のよいとき、アルベルティは自分の多芸多才を徳と見なした。たとえば、彼は教師につかずに独学で音楽を学んだけれども、熟練した音楽家たちも彼を賞賛し、彼に助言を求めたほどだったと自慢している。他方、彼は、自ら「彼の義務」と呼んだものを実践するために――それが何であるかは説明していないけれども――急いで帰宅したりもした。

ときにアルベルティは、彼の同時代人たちがたいそう重要視した生活の技すべてを修めた達人として自らを示すこともあった。彼は自分の身振りのすべてを使って、応用美学のレッスンを施そうとした。「それゆえ、彼は、彼の生活のあらゆる側面、あらゆる身振り、そしてあらゆる発言において、他人の愛にふさわしい価値のある者であること、そしてそのような者に見えることを望んだ。とりわけ、彼は、人は最大限の技を三つのものに用いなければならないと語った。それは街の散策、乗馬、会話である。というのも、それらのいずれにおいても、すべての人を喜ばせることをめざさなければならないからである。しかし、さらなる技がその三つのものに加えられなければならない。すなわち、それらのいずれも、これ見よがしになされたとは見えないようにしなければならない」(19)。言い換えれば、彼は自らを宮廷人中の宮廷人として描き出したのである。それはあらゆる言葉と動きにおける優雅の化身である。また、どんな批判をも駆逐しえるほど、美しく洗練された外観を保持する者である。さらに、常に自分の聴衆のことを念頭に置く、完璧な機敏さと典雅さを有する演技者でもある。しかし同時に、彼は自分の脆さをためらうことなく認めてもいた。なぜなら、彼の繊細な心と身体は、自然によって統べられる存在を見ることと、同胞たちによる侮蔑の双方に直接反応したからである。自分を守ろうとするあらゆる努力にもかかわらず、彼の被った苦痛と病は、彼の行なった深甚な自己研鑽のどれをもってしても、乗り越えがたいほど辛いものだった。彼の一族による拒絶によって刻みつけられた傷は、とりわけ痛いものであった。

自らを達人であると同時に犠牲者として、また崇高な禁欲主義者であり、かつ敵対者たちの犠牲者であると同時に愛すべき性格の人間として描き出すことによって、アルベルティは何を達成しようと望んでいたのだろう。彼が著作活動を行なった一四三〇年代には、他の著作者たちはすでに学者たちの伝記を著し始めていた——戦場や議会でというよりも、むしろ精神や著述の世界で業績のあった人々に捧げられた、入念な文学作品である。アルベルティ自身よく知悉していたフィレンツェの優れた学者にして政治家のレオナルド・ブルーニは、アルベルティがラテン語で自伝を書く直前に、ダンテ、ペトラルカ、ボッカッチョの生涯をイタリア語で書いた。ブルーニはまた、ダンテが重要な役割を担った血なまぐさい政治闘争や、ペトラルカが最初に回復させようとした古典的学芸の衰退を仔細に描き出すなど、主人公たちを彼らの生きていた世界の中に位置づけることをも行なった。ブルーニは対象とする人物たちの生涯を物語るばかりでなく、さらに彼らについての深甚にして真剣な評価を提示した。たとえば彼は、人は二つのまったく異なる方法で詩人になりうるということを詳しく説明した。ひとつは、神との神秘的合一の状態を達成した聖フランチェスコのように、「内部に隠された何らかの力によって個人の才知を刺激し、動かすことを通じて」である。またもうひとつは、「知識と研究を通じて、学習や技や思慮を通じて」である。ブルーニは最初の詩的経歴の形態こそ「もっとも高度でもっとも完全である」と記述すること──あるいはダンテを「第二のタイプ」の例として浮彫りにすること──を、ためらわなかった[20]。

そしてついに、ブルーニは彼の二人の英雄ダンテとペトラルカの比較を行ない、文化的業績と政治的業績の関係についての長い考察へと進んでいく。彼の見たダンテは明らかに「活動的生活、市民的生活ではペトラルカよりも偉大である。なぜなら、彼は自分の国を守るための軍役でも共和国の政治でも賞賛に値する仕事をしたからである」。これとは対照的に、ペトラルカは「穏やかで余暇を大切にする生活」に専念し、ダンテの到達しえなかったラテン語とラテン文学の習得に時間を割くことによって、自らの英智を示した。しかしどちらの人物も、「それぞれ独自の優秀性」を持っている。ペトラルカのラテン語による著作はダンテのそれを超えたとしても、ダンテのこの上なく卓越したイタリア語の著作はペトラルカのそれを超えている。ブルーニによる性格や文脈、才能や伝統についての緻密な研究は、アルベルティによる独自の自己分析の試みの刺激になったかもしれない──もっとも、他の誰についてでもなく自分自身について書くというアルベルティの決心は、自らの性格や運命への劇的ともいえる集中を物語るもので、こうしたことをブルーニも共有していたとは思われないけれども[21]。

他の誰かの像ではなく自画像を生み出すことに決めたとき、アルベルティはダンテとペトラルカに霊感を与えた古代の源泉のいくつかと同様に、ダンテとペトラルカそのものをも範例として念頭に置いていたかもしれない。彼らは二人とも、注目に値する自伝や自己分析の作品を書き残した──それらは彼らの生涯の物語を数え上げるのみならず、同時代および後世の読者たちに、自分たちの精神や感情の歴史を告白したテクストである。たとえば、ペトラルカはヴァントゥー山への登山についての書簡の中で、安らぎと徳を実現するための彼の努力を寓意的解釈へと作り変えている。また彼は同じような苦闘の中の様々な瞬間に、長くて入念に組み立てられた論考や対話篇を捧げてもいる。

ペトラルカはアルベルティに、さらに別の意味でも手本《モデル》となるものを与えたかもしれない。自らの分裂した自我を劇的に脚色し始めたとき、ペトラルカは古代の文学的手本と対戦することとなった。ヴァントゥー山に関する書簡の中で、彼はアウグスティヌスの語った自己改心のドラマ（『告白』第八書および第九書）を、意図的に反響させるような用語を用いている。アウグスティヌスのように、ペトラルカは絶望のうちにいる治癒しがたい自我と向き合った。彼の自我はキリスト教徒にふさわしい、ひたむきな信仰心を感じとれなかったのである。危機の時を迎えた際、アウグスティヌスは庭の中にいて「取って《トーレ》、読んで《レーゲ》」という子供の歌うような声を聞いた。そこで取り上げて熟読した聖アントニウスの伝記からの一節は、彼をキリスト教信仰へと向かわせた。書物が人に衝撃を与えたのである。これとは対照的に、ペトラルカは、山頂に座りながら、携えてきたアウグスティヌスの『告白』の携帯版のページを開き、内なる自我ではなく自然を探求することへと人を向かわせる好奇心を非難した一節を見出した。これは彼の身を、自己診断と自己批判の痙攣へと投げ出した。彼の主張するところによれば、彼は気持ちが変わらないようにしようとして、すぐさま自分の考えを文学の形式へとあつらえた。しかし、ペトラルカの生涯はアウグスティヌスのそれとは異なり、根源的な逸脱をすることはなかった。アウグスティヌスに匹敵するような、ドラマの瞬間においてさえそうだった。ペトラルカは、キリスト教徒になったときにアウグスティヌスの獲得した全身の安らぎや決心を見出すことはなかったし、おそらく見出そうともしなかったであろう。言い換えれば、内面生活についてのペトラルカの劇的な説明は、その手本となった著者〔アウグスティヌス〕を激怒させ、嫌悪させたことであろう。[22]

自画像を描き出したとき、アルベルティはペトラルカと同じように、古代の顔料を創造的なやり方で用いた。一四二〇年代後半から一四三〇年代前半にかけて、ディオゲネス・ラエルティオスという人物に帰され、おそらくは紀元三世紀に編纂された『哲学者伝』なる長大で奇妙な著作が、イタリアの学者たちの様々なサークルで多大の関心を引きつけていた。この重要な作品は、短い伝記のみならず、初期の賢人タレスやソロン以降、エピクロスまで続くギリシア哲学者たちの興味深い逸話と簡略な教説のまとめを、豊富に、そして幅広く含んでいた。ディオゲネスは哲学者同士の関係を要約し、彼らの意見を深く分析するというよりもむしろ彼らにまつわる物語を語ったにすぎなかったとはいえ、彼は有名なテクストで言及されたり引用されているものの、後世まで著作の伝わらなかった思想家たちの知性と歴史の横顔を浮かび上がらせた。ディオゲネスの作品はタレスやソロンのようなギリシアの賢人たちが哲学を創造したことを示す巨大な証拠を提供した——このようなとらえ方は、やはり古代において広く流布していた見解、すなわちヘルメス・トリスメギストスやゾロアスターのような古代中近東の著作者たちこそ最初の賢人たちだったとする見解に対抗して、引用しうるものでもあった。ディオゲネスの作品の完全なテクストは中世にはギリシア語でのみ保存されており、そのため西ヨーロッパではほとんど知られていなかった。しかし一四三〇年代になると、カマルドリ会修道士アンブロージョ・トラヴェルサーリはこのテクスト全体をラテン語に翻訳し、アルベルティの友人ラーポ・ダ・カスティリオンキオもタレスの生涯をラテン語に訳することになった。まもなくディオゲネスは、好意的な読者たちを獲得した。

多くの点に見られる平行関係からすると、アルベルティは『匿名伝』を書くための主要な手本として、ディオゲネスによるタレス伝を用いたと分かる。ディオゲネスのテクストと同様に、アルベルティのテクストもまた、年代記的な秩序を持つ物語としてではなく、一連の逸話と機知に富む言葉の集成として成り立っている。アルベルティは自身を独学者として提示している。それと同様に、ディオゲネスも、タレスはエジプトまで訪問しに行った何人かの神秘的な司祭たち以外には、「誰からも教えを受けなかった」と言明している。アルベルティと同じように、タレスは未来を予言した――「彼はオリーヴの豊作になる季節であることを見抜くと、すべてのオリーヴ搾油機を借り上げ、そうやって財産を蓄積した」。タレスは明らかに思慮ある個人生活を送り、自分の子供を持つことを注意深く回避した。彼もまた興味の対象を変え、「政治に携わった後で、自然に関心を持つようになった」[23]

何よりも明らかなのは、ディオゲネスがタレスに帰した挑発的でときに謎めいた言葉と、アルベルティが自らに帰した同様の言葉との間の関係である。いずれのテクストも、首尾一貫した議論ではなく、もともとの文脈から取り出した短い冗談のやりとりと短い質疑応答を記録している。おそらくそのどちらとも、想定される読者を驚かせ、からかうために提示されているのである。二人は、間髪をいれずに相手を粉砕する応答に長けた名人のように見える。「タレスは」、とディオゲネスは言っている。「死は生と違わないものだと考えていた。そこで誰かが〈あなたはなぜ死なないのですか〉と尋ねた。〈なぜなら〉、と彼は答えて言った。〈違いがないからだ〉」。『匿名伝』によれば、アルベルティは真面目な意見も笑える意見も、ともに即興で多彩に作り出し、他の者たちはそれを蒐集したという。たとえば、「正義の施行されている場所に行くには、どの道を行けばよいかと外国人が問うたとき、彼は、〈友よ、わたしには分からない〉、と答えた。するとその場に居合わせたアルベルティの同国人は、〈まさかあなたは共和国の政庁を知らないのですか〉と尋ねた。それに対して彼はこう答えた。〈友人たちよ、わたしは正義がそこに住んでいることを忘れていた〉」

あるときには、アルベルティは実際にタレスを引用してもいる。もっとも彼は件《くだん》のように、その古典の典拠――この場合はディオゲネス・ラエルティオスではなく、彼よりもやや前の時代の伝記作者にして随筆家のプルタルコスである――が語っていたはずのことを、それを用いた時点で変えている。プルタルコスによれば、エジプト王アマシスがひとりのエチオピア人に質問をぶつけると、彼は不満足なやり方でそれらに答えた。「もっとも年老いたものは何か。時間です。もっとも大きいものは何か。宇宙です。もっとも賢いものは何か。真理です。もっとも美しいものは何か。光です。もっとも共通するものは何か。死です。もっとも助けになるものは何か。神です。もっとも有害なものは何か。悪魔です。もっとも厳しいものは何か。運命です。もっとも簡単なものは何か。快楽です」。しかるにタレスは、それらと同じ質問に対して、もっと深遠に答えた。「もっとも大きなものは何か。空間です……。もっとも賢いものは何か。時間です……。もっとも共通するものは何か。希望です」

すでに見てきたように、ディオゲネスによれば、タレスは生と死の間には何の違いもないと喝破していた。アルベルティは『匿名伝』の中で、同じような一連の謎かけに対する独自の答えを記述した。「あらゆる死すべき定めのものの中で、もっとも大きなものは何だろうと問われ、彼は〈希望である〉と答えた。もっとも小さなものを問われると、彼は〈人間とその死体の間の違いである〉と語った。さらにあらゆるものの中でもっとも甘いものはといえば、〈時間である。それは辛さを逃れさせる〉。すなわち、より後の作品で彼の説明するように、時間は辛い経験を目覚めさせると同時に、それからわたしたちを自由にしてくれるのである[24]」

言い換えれば、アルベルティは自身の人生の軌跡を、ギリシアの古代の賢者たちのひとりの人生の軌跡に調和させたのである。そうすることによって、彼は自分自身の地位を力強く要求した。彼は自身を独立心に富む強い男として描いている。その自画像は、様々な問題を解決できるばかりでなく、人をからかうゆとりと確信によって生み出された、謎めいた機知に富む言葉で、同時代人たちを驚嘆させることもできる思想家だった。彼は自らを多くの職業を身につけた達人であり、また自らを独学者として際立たせた。

と同時に、彼は精神的に彼とよく似た古代の人につきまとっている、神秘のいくばくかを自らの身にまとわせた。ブルクハルトが考えたように、確かにアルベルティは自らを、深く鋭い洞察力、広いヴィジョンと野心を持つ人間として記述した。しかし、彼は古代のテクストから取られた既成の鋳型に自らを溶かし込むことで、そうしたのである。彼の作品の――さらに彼自身が理解していたように、彼の人生の――独創性は、様々な挑戦に対する臨機応変な反応の速度と巧みさ、それぞれの知的仕事のための適切な道具を理解して適用する彼の目覚ましい能力に起因するものである。

昔のテクストから取られた様々な断片を巧みにまとめあげることで、アルベルティは彼自身の中心にあった真実を明らかにした。人づきあいを得ることに熱心で、尊敬を勝ち取ることに専心しつつも、自身の一族の中に堅固な社会的、政治的基盤を欠いた、本質的に孤立した人間として自らを描き出すことによって、彼は自分の置かれていた状況、そしてこれからも続くであろう状況を記述したのである。生涯を通じて、彼は独身の聖職者であることを貫いた。そのうえ、ときに著作者および建築家としての印象深い仕事を行なったにしても、彼は何かひとつの組織の中に留まることはついになかったし、メディチ家のフィレンツェ、リミニやフェッラーラ、ウルビーノ、マントヴァの宮廷、そして教皇庁の間をせわしなく動き回り、あらゆるところで歓迎されたものの、そのどこにも落ち着くことはなかった。多くの集団の中の価値ある重要な構成員でありながら、彼はそれらのいずれにおいても中心的な位置に就くことはなかった。

このことよりもさらにアルベルティの本質を明らかにしているのは、『匿名伝』を創造するために彼の用いた方法である。彼は――彼自身の言葉によれば――修辞家、すなわち自らを技術に長けた演技者と見なす者であり、この演技者の言語使用は、実際上、自然に見えるように計算されたものだった。アルベルティは、これから見ることになるように、アテネやローマのような古代都市の政治的、法的生活の中できわめて重要な役割を担い、十四、十五世紀の学者たちが自分たち自身の政治や文化を再活性化しようとの希望の下で復活させた、弁論術の規範を習得していた。修辞家たちは――古代の理論と実践の巨大な領域から理解されるように――文学、歴史、哲学にまたがって、広範な文化と関わっていた。修辞家は公の場で語るのに必要なあらゆる技能を学ばなければならなかった――それらの部門は全部で五つあり、主題を見つけること、それを適切な順序で並べること、固有の様式でそれを飾ること、それを記憶すること、そして演じることを含んでいた。修辞家はまた、文学を参照することや、歴史へのほのめかしを用いる方法も知らなければならなかった。それらはどちらも、聴衆たちと彼が共有する制度や伝統を思い出させるための灯火として利用しえたし、彼の擁護する計画や判決への賛同を勝ち取るための手助けともなった。さらに修辞家は、公的生活において問題となりうるあらゆる主題を、あらかじめ準備していたそぶりなど見せずに取り扱えねばならなかった。アルベルティは——自ら『匿名伝』の中で明らかにしているように——公の場所で自分はどのように見えるかということ、すなわち、街の中を歩き、乗馬し、会話をしたり、公衆の前で通常なされるあらゆる活動を行なう際に彼自身の与える印象に、深い注意を払っていた。弁論術は、それについての一連の膨大な著作を著したキケロが認識していたように、そしてまたクィンティリアヌスが詳細な手引書『弁論家の教育』の中で教示していたように、まさに修辞家に必要とされる適切な言論と動作を行なうための技能を提供したのである。(25)

アルベルティは高度の修辞学的訓練を楽しんだ。彼は若い弁論家たちのための、手引書の草稿さえしたためている。それは、実際上の問題を扱うテクストにとってきわめて重要な点と彼が見なしたものを、車輪のかたちの図式として輪郭づけたものである。この車輪自体、中世の先達たちから借用されたものだとはいえ、この車輪を回転させるだけで、学び手は自分の議論しなければならない美徳と悪徳、利便性と費用、容易さと困難さを保管した「論題/場所(loci)」を見つけることだろう。これらの用語は曖昧に響いたし、変わりやすくすらあったものの、だからこそ生き生きとしていたのである。哲学者なら、暗示されるものの中に深く入り込み、日常会話で担うものとはかなり異なる意味で言葉を使うことによって、それらの用語によって導かれるあらゆる問題を探求することだろう。しかし、弁論家は、用語の通常の意味合いを念頭に留めておくばかりではなく、読んだり知ったりするものを、すでに自らの車輪に配分された諸範疇のうちに組織化することも必要とされた——そしてその上で、実際上の配慮が彼に要求される場合はいつでも、自分の語る素材を動員して結集させる必要があった。そうすることによって彼は、もっとも明るい光のうちに、自分自身とその知恵《ポリシー》を提示することができたのである。(26)

アルベルティのように、近代《モダン》の世界において古代の典拠と修辞学の技法を用いた弁論家は、自らが新しい時代に生きていることを意識せざるをえなかったことであろう。周囲を取り巻く状況は、弁論家が直面する局面を本質的に変化させた。たとえば、兄弟の誰かの未亡人と結婚しなければならないという旧約聖書の要求のような、かつてはきわめて道徳的だった実践は、時間とともに望まれなくなったり、あるいは不道徳なものと化しえたのである。しかし、もし弁論家が率直に適切な素材を集めて、自分自身を取り巻く状況にふさわしい観点に基づいてそれらを用いるなら、彼の語ることはその表情を際立たせ、そのジャンルを支配する慣習が可能とする程度には明快かつ効果的にして、独創的でもあるものとして立ち現れるはずである。アルベルティによる自己賛美、賢明に選び抜かれた古代の模範に基礎を置いた『匿名伝』は、まさにこの点における輝かしい例であった。

アルベルティは修辞学が伝統的に道徳性と結びつけられてきたことを知っていたし、いくつかの作品の中でそれらの関係に関するキケロの古典的議論に反応してもいる。しかし、彼の弁論家たちへの手引書では、弁論家の目的、あるいはその性格の良し悪しの問題については注意しなかった。このありのままの事実は、『匿名伝』の中であれほどまであからさまに誇示されているような、アルベルティ本人の性格の矛盾と謎のいくつかを説明するための手助けとなるかもしれない。アルベルティは自らを、感情的でありかつ道徳的な軽業師、両極端の間で釣り合いを保った達人として描いた。彼は、穏やかな気持ちの瞬間には本性のすべてを懐の中に入れることができるし、身体的に傷つけられたときには、まるで点のような大きさの、小さなボールの中に引きこもれるような男というわけである。そうしえたのは、新しい状況へと入り込んでいくたびに彼の性格は持続的に軌道修正され、その複数の側面はしばし現実に、あるいはテクストの中に残存することを許されたからである。誇り高く質素で、自立的で独立心に富むアルベルティは、結果よりも手段を優先した。さらに、他者たちの尊敬をつかみ取ること——拍手喝采を勝ち取り，賛同の意を高めること——のみが、所与の仕事において彼の成功したことを示しえたのである。

修辞家としてのアルベルティは、彼の聴衆たちの反応に意識を集中した。『匿名伝』で告白しているように、彼は巧みな身振りと会話によって、彼を見る者すべてにスリルを与えることに努めた。ブルクハルトが正しく強調したように、アルベルティは喉から手が出るほど栄光を望んだ。しかし栄光は常に他者から与えられる贈り物である。それを勝ち取るために、この修辞家は彼の聴衆について知り抜き、自らの技を磨き上げ、常に〔この聴衆と技の〕両者を適合させなければならなかった。多くの異なる集団に関与したので、アルベルティは、彼らの用いる特殊な専門用語を用いて語り合うために、多くの種類の文化資源に頼らなければならなかった。さらに、それらの集団に関与することは、それぞれに問題を引き起こすものだったから、アルベルティは少なくとも自身の生み出すものが好意的に受け入れられる準備を、整えなければならなかった。アルベルティの努力したあらゆる鍛錬や追求において、彼は聴衆たちの最初の反応を見る機会を設け、そこから学ぶことを出発点とした。彼は、必要の際には彼を元気づけ、また正してくれるような聴衆と読者、批評家からなる共同体を築いた。しかし、それらの共同体同士でも意志疎通はなされなければならない。それゆえ、彼は、これから見ていくように、生涯の多くの時間を割いて、それまで存在していなかった言語、つまりはそれを用いる者が様々に異なる技の実践を自由に支配することのできる言語を構築することに努めた。こうして要するに、アルベルティは、古典的劇場ばかりか、仮想のものから現実の諸制度までを含む一連の世界、すなわち学者、文学者、画家、建築家、そしてパトロンからなる共同体をも生み出した。なぜなら、この弁論家自身知っていたように、個人の構想したテクスト、イメージ、あるいは建物の価値を認めたり、それを改良するのに役立ちうるのは集団だけだからである。アルベルティは上演するばかりでなく、他者も同じものを上演できる、一連のあらゆる舞台場を創造することを出発点とした。しばしば驚かされることながら、彼は古典文化の資源を適切に配置しながら、この自己に課した野心的な仕事に成功した。それは単に草分けのような建築家になるためばかりではない、もっとはるかに広い意味での主任建築家《マスター・ビルダー》——新しい文化体系と制度の創造者となるためなのであった。

ブルクハルトのアプローチを補足するひとつのアプローチが、アルベルティの様々な戦略の複雑な絡み合いと、それらを形成した条件の範囲の公正な評価にあることは、おそらく間違いない。彼個人に関する一次資料の欠如——たとえばアルベルティの手紙は一握りほどしか残されていない——は、アルベルティの感受性や気持ちの不断の推移を正しく評価するような、日ごとの詳細な伝記を書くことを、不可能ではないにせよ、困難にしている。しかしそれとは対照的に、アルベルティの着手した知的な仕事の様々に異なる形式を持つ一連の研究、さらに彼がそれらに着手した際の環境や共同体を探求した研究は、自身の修辞的な車輪を回転させる彼の姿をわたしたちに見させてくれる。彼は様々に異なる慣習を用いながら、常に創造的に、彼の時代に開花しつつあった学識ある絵画と古典的建築のような新しい文化実践を調整するための社会制度を構築しようと試みていたのである。

それらの任務は決して簡単ではなかった。アルベルティは繰り返し、著作者として直面した困難を強く主張した。『匿名伝』で彼は、古典文学の探求と新しい《モダン》文学形式の考案への自らの没頭、さらに同時代の辛辣な読者たちから彼の著作へ寄せられた侮蔑を回想している——もっとも、彼は、有益な批評であったとその辛辣な読者たちに感謝を捧げてもいるけれども。彼は、研究と応用の諸領域全体を変化させるための、力強い疾走を強調した。彼は文芸の研究から自然〔本性〕の研究へ、言葉による芸術から視覚の芸術へという移行について、またあらゆる新たな活動分野を習得しようとする情熱や、音楽から手技による仕事への移行について詳しく書いている。彼は美術家および手でものを作る職人としての成功について、彼の創造した革命的な工夫と聴衆たちに喚起した反応について長々と記述した——それらは、ディオゲネスによるタレスの生涯よりも、プルタルコスによるアルキメデスの生涯を思い起こさせる、実践に満ちた実験や経験の集積である。さらに、彼は一族から被った傷を鮮明な言葉で表現した。彼の一族は対話篇『家族論』について、他の読者たちはそれらに本当の愛情を示したというのに、その「題名を読む手間さえ惜しんだのである」

自伝は決して透明ではない。しかし、そこに示された様々なテーマを、アルベルティ本人の想い秘めていた見解を表明するものととらえることは、理に適っているように思われる。ラーポ・ダ・カスティリオンキオは、一四三八年に友人アルベルティの業績をまとめようとして、『匿名伝』と同様の力強さをもって、技能と独創性を用いて新しい関心を探求するアルベルティの類まれな才覚を強調した。「彼は、いかなる探求に着手したとしても、他の誰よりもはるかに容易に、はるかに素早くできるようになる種類の人である」[27]。言い換えれば、ラーポは友人を記述するのに、アルベルティ自身の用いた範疇に属する表現を使うことに、容易さを感じたのである。それゆえわたしたちは、アルベルティ自身の生涯の形成を彼が見たようにたどり直すことで、彼の一四三〇年代半ばを振り返ることから始めよう。その時期は、特殊な著作者および学者としての、そしてさらに異例の美術家および発明家としての成功を勝ち取るための野心的な努力——同時にアルベルティ家の正式な一員として、また同時代のフィレンツェの洞察力に富む観察者としての容認を勝ち取ろうと努めながら——によって占められていた。それらの領域のそれぞれに入り込んでアルベルティを追跡する際、わたしたちは、彼の自伝のみならず、彼の友人や敵たち、彼の批判者や支持者たちによって作られた広範な資料や素材をも検討することにしよう。それらの資料や素材は、念入りに作り上げられた仮面の背後にある真の人間を暴露するとまではいかないにせよ、少なくとも、彼が生き、実現したものについてのアルベルティ自身の意識の何がしかを再創造することを、可能にしてくれる。

完璧な自画像としてのアルベルティの自伝を、伝統的な成分と斬新な成分へと分解することによって、わたしたちは彼の個人的才能が伝統を再形成する重層的な方法――それによって伝統は、彼の個人的才能を開く可能性を形成した――について、多少の理解を得ることになった。そうするに際して、わたしたちは、アルベルティ自身の重視していた方法を逆転させて用いた。すなわち、わたしたちは彼がいかなる「論題／場所」に触れ、またそれらの内容はいかなるものだったのかを発見しようとして、修辞的な車輪を逆回転させてみた。この後に続く各研究でも、わたしたちは同様の方法を適用し、そして彼の実際の巧妙な作品同様に、はっきりと自発性にあふれるアルベルティの技を正しく味わうことにしよう。

第二章

人文主義──学問のもたらす利益と不利益

アルベルティは、古典を学ぶ学生、およびラテン語による著作者として初期の経歴となる忘れがたい報告書を書き上げたとき、まだ二十代だった。その彼は永遠に関心を引き続ける主題──少なくとも日常生活にとっての、人文学の無益さと人文主義者たちの適性の欠如──を取り上げ、ラテン語で皮肉な調子の非難を行なっている。彼の兄カルロに捧げた苛烈なまでの小品『文芸研究の利益と不利益』(執筆年代は一四二八年から一四三〇年代初頭まで様々に想定されている)のことで、この小品は、知的な時限爆弾だったと後に判明することになった。アルベルティの時代から何世紀もたって、彼の著作は、専門職としての学問についてのもうひとりの皮肉な批判者フリードリヒ・ニーチェに注目され、ニーチェは歴史を個人の生に当てはめて考えることの利益と不利益に関する彼自身の論考の中で、アルベルティの作品を模倣したのである。

ニーチェのように、アルベルティは、自ら古典を愛していることについて、読者に一切の疑問を抱かせない。しかしやはりニーチェのように、アルベルティは、古典学者の風采をまことに惨めなものとして描き出した。衣服のセンスは酷く、落ち着きなく、一日中閉じこもって死んだ動物の皮に書かれた本とつきあっている学者たちは、読む技の達人ではあるかもしれないが、生きるための技については彼らから学ぶこともできなかった。これらの学者たちの身体的特徴の率直な観察は──人相学が性格分析のための鍵を提供した時代における──知識の探求のために彼らの陥っている、哀れな状態を明らかにするだろう。

わたしたちは彼らが少年時代から学芸に身を投じ、写本の読書に縛りつけられ、孤独の虜囚になりはてる姿を知っている。彼らは、規則と教師たちによって、また学ぶ努力、常に読み、再読し、著述することによってすり減っていき、ついには完全にすり減ってしまう。事実、彼らはしばしば、少年としては普通よりはるかに無感動に見える。そして若者となる。彼らの顔はあなた方に、彼らがそれをいかに喜ばしく嬉しいことだと見なしているかを示すだろう。彼らがいかに青白いか、身体がいかにたるみ、学校と図書館という長い間閉じ込められてきた牢獄から出てきたばかりのように、押しつぶされているかを見てみればよい。

このような脆弱な存在は、若い女性たちを楽しませることも、自分たちの意志を力強い男性たちに課すこともできない。彼らはまた高い身分の若者たちにふさわしい、いかなる形式の気晴らしや運動にも没頭できない。「もし彼らの誰かが、馬に乗ったり、犬を訓練したり、体操場で運動したり、自由人にふさわしい他の活動の何かをやり通そうという気持ちになったとしたら、彼らがいかに惨めな存在になるかを考えてほしい。彼らは若くして、図書館の惨めな暗がりの中に自分を隠すために、若者を魅力的にするすべてを諦めることを強いられたのである」[1]。人文主義研究に反論した後の時代の誰よりも鋭い舌鋒で、アルベルティは、孤立し干からびた、ぶざまな学者のパロディのような像を定式化しているのである。

踊りも乗馬も旅行もできず――とアルベルティは続けている――訓詁学的な豆知識の追求にとりつかれているこうした衒学者は、富も力も実現することはできない。さらにまずいことに、彼はおそらく、自身の属するアカデミックな社会を支える、不安定で弱々しい支柱の一本になることさえできない。何千もの若い学者たちのうち、三十代――頭角を現すのに必要な最低限の年齢――に到達するのはおそらく三百人のみであろう。その三百人のうち、自らの人文主義の関心を保ち続けるのは百人のみ、さらにその百人のうち十人のみが、実際に興味を引く仕事をするだろう――そしてその十人のうち三人のみが、名声を勝ち得るであろう。これに比べれば、今日《モダン》の大学生たちの見通しはずいぶんばら色のように見える[2]。

アカデミックな成功とは逆の目に賭けたアルベルティは、自分が何について語っているかを知り抜いていた。フィレンツェの大一族の御曹司であったがゆえに、彼は若い頃には大きな将来への期待を膨らませていた。しかし彼の父親の死と彼の親族たちの貪欲さと無視、あるいは彼がそう感じたものは、楽な道を歩むための私的な手段を彼から奪い取ってしまった。彼以前および以後の多くの野心的な若者と同じように、アルベルティもまた、自分が根深い階層構造に統《す》べられた社会に生きていること、自分自身の位置は低いということを知っていた。実際、彼の立脚する社会的世界は、自身の直面する事実に注目することを強いた。人々の衣服の質、色、形状、およびその他の容易に識別できる外的な表徴が、前近代《プレモダン》のヨーロッパ社会におけるあらゆる個人の位置を定めていたのである。王子であることを示す紫の服を着たり、学者の長いガウンを着たりして服装を他の者と区別する者は、異なる社会秩序の一員であることを主張し、そこに属する特権を手にした(3)。暮らしやすい家、仕込まれた仕草、召使や従者たちの存在は、本物の力を手にした人間であることを直截に物語っていた。アルベルティは大一族の出身であり、彼は思い出の中では、富と地位に付随して眼に見えるものすべてを享受した。フランス大使が記録しているところによると、一四〇八年、彼の父親ロレンツォがジェノヴァで結婚したとき、国家はその結婚祝宴がピアッツァ・デ・バンキ〔銀行広場〕で、それにふさわしい豪華さで行なえるよう、銀行家たちに三日間閉店することを命じたほとである。贅沢を禁じる法律も一時的に廃止され、それによって女性たちは「所望する数の本物の真珠」や、いかなる色と質の絹のドレスをも好きなだけ身につけることができた(4)。レオン・バッティスタは、この輝かしい結婚式が行なわれたとき四歳だった。彼は特権階級の子供だったのである。しかし、ボローニャで法学を学んでいた間に父親が死んだとき、彼は何の遺産も相続しなかった。私生児で孤児となったレオン・バッティスタは、自分で自身の道を切り開かなければならないことを知ったのだった。

その後、若者となったレオン・バッティスタは、この状況をいかに激しく慨嘆したかをはっきりと示している。「裕福な人が散歩に出かけるときは」——と、彼は兄のカルロに語っていた——「友人や召使の長蛇の列が彼につき従うし、彼は堂々と振舞い、自尊心がはっきりと分かるような態度を示すものだ(5)」。アルベルティは何とかして立身出世する道を見出さなければならなかった——さもなければ、野心的な若者にとって何よりも受け入れがたい運命、つまりは貧困や無名のままでいることを甘受しなければならなかった。地位と尊厳の追求は、フィレンツェに戻ってからの彼にとって、とりわけ強い課題となっている。彼の親族たちはそこで自分たちの繁栄を見せつけただけでなく、レオン・バッティスタに圧力をかけて、カルロ——彼もまた才能に恵まれた学者であり著作者である——を見習って、アルベルティ家の従兄弟たちによって牛耳られた会社に渋々雇われるようにしようとしたらしい(6)。しかしアルベルティは、高い給料をもたらす仕事の申し出を、はっきりと断った。それらの仕事は、彼が愛した知的な暮らしを捨てることを強いたからである。

もし問題が明確だったなら、ありうる落ち着きどころは明確だった。父親が死んだときに、アルベルティがすでに心がけていた職業のことである。イタリアの都市は様々な大学を育んでいた——それらの大学は、洗練された商業社会と独立した都市政府の要求する、骨のおれるある種の仕事を行なうことができる専門家を作るために設計された組織であった(7)。学生たちは、通常はやはりイタリアの都市国家《コミューン》が支援した公立学校で、ラテン語の文法を習得し、ラテン語のテクストを読み書きすることを学ぶことから始めた(8)。その後、彼らは三つの正式な訓練に、正式なかたちで専念できるようになる。そのうちの二つは、より高度な大学の各学部で教えられた。理論の上では、知識を追求する者は知識の追求それ自体を目的とした。「知識は」——ことわざが語るように——「神の贈り物であり、したがって金では買えない」のである。しかし実際には、アルベルティはそれらの研究が「身体や運命の財産としてのみ役立ち、それらの技は利の追求のために有機的に結びつけられている」と語っている(9)。

どちらかといえば金も時間も足りない若者でも、公証人にはなりえた。公証人とは、契約書、遺言書、その他の法的文書、また公私いずれもの書簡の専門的な執筆者である。十五世紀初頭には、公証人はイタリアの都市の中に深く地歩を固め、公私いずれものために用いられる膨大な数の文書を生み出した。フィレンツェの書記官長を務めた博識な学者にして、学者たちのパトロンだったコルッチョ・サルターティ、機知と雄弁に長けた教皇秘書官にして、ラテン語の論文や対話篇の著者だったジャン・フランチェスコ・ポッジョ・ブラッチョリーニは、いずれも、感銘を与える公的仕事を行ない国家的運命を左右する道を、公証人の技を学ぶことによって切り開き、公証人の同業組合の一員となって、栄えある公僕としての自己を確立するために、その身につけた外面《フォーマル》の技術を利用した。これらの人々——彼らはまた自分たちを雇用した国家のための公的歴史や宣伝を書きもした——は、莫大な収入とともに、はなはだしい名声を享受した(10)。

さらに、もっと時間と金を費やす意志を持ち、またそうすることのできる若者なら、法学や医学の正規の学習に挑戦することもできた。そのためには、彼はまず最初に、大学の学部で形式的推論を精妙かつ厳密に連鎖させる仕方を学び、論理の通った議論を習得しなければならない。彼は、それらの推論の前提と、それらの推論を互いに結びつける方法を、「哲学者」アリストテレスやギリシア、アラビア、ラテン語のアリストテレス註釈家の規範的なテクスト群の中に見出したことであろう。そして、より高度な学部に進んでからは、もっと専門化されたテクストの体系を習得することだろう。法律家ならまずは、「ローマ法大全《コルプス・イウリス》」を、民法の基礎の役割を果たしたアックルシウスやその他の中世の註釈者たちによる註解とともに自分のものにし、さらに教会法を成文化したグラティアヌスによる十二世紀の教会法集成を、自分のものにしなければならなかった（中世のヨーロッパでは、教会とその法典は結婚、遺言、さらに多くの様々なことを規制していた）。また医学生たちは、必要不可欠であると同時に晦渋な医学体系を乗り越えて進まなければならなかった――そのうえ、その体系の主要な権威であるガレノスとアリストテレスの間に一見したところ生じる矛盾に悩まされもした。医学生たちは古代の医学に関する著作ばかりなく、アラビアの哲学者アヴィケンナや、規範的テクスト群の中に見出される明らかな矛盾を解決しようとした十四世紀のスコラ学者ピエトロ・ダバノのような、より後代の註釈書や教科書をも読まなければならなかった。[11]

とまれ、若者がいずれの博識を要求される職業を選んだとしても、彼はひとつの基礎能力を持つ必要があった。古代のテクストを現代《モダン》の問題に適用する方法についての知識である。彼は、異教徒によってはるか以前に書かれた作品が、彼自身の世界に直接に関連する諸原理を提供すると見なすように教えられた（たとえば、異教の神殿の財産に関する法律は、キリスト教の聖堂のためにも適用しうる）。彼はまた、技に長けた論客として、規範となる法令集についての自分の読解とその適用を正当化する、論理の技術を駆使できるよう訓練された。ひとたび博士号を取得すれば、彼は高く尊敬され、たいていは実際の専門職業と教授を兼ねて、その生活する地域で高給をとるエリートの一員になれたのである。成功した医師のタッデオ・アルデロッティや大法律家サッソフェッラートのバルトルスは、彼らの能力を駆使して、彼らの知己を苦しめた病気について、さらに教皇や皇帝たちが、自分たちの統治からの独立を主張していたイタリアの諸都市に提示した法律・政治問題についての公式見解をまとめた『意見集《コンシリア》』を書いている。[12]少なからぬ若い学者が、より高次の段階の研究へと自らを駆り立てたのは知的好奇心ではなく剝き出しの野心であることを認めていた。それはちょうど、アルベルティの友人だったシチリア出身の詩人、アントニオ・ベッカデッリ、通称パノルミータがこう語っている通りであった。

わたしが安らかに死せるときに訪れる名声には、
わたしの頭に雑音を響かせないようにおいで願いたい。
慎ましい文章家のわたしは、ただで書きはしない、
才能を法廷で売り、高き報酬を得るために書くのだ。[13]

ベッカデッリが示唆するように、法律家には力、知識、そして高貴な地位があった。医者は——汚物の標本を分析したり、死体を調査する職業上の任務のせいで、法律家より社会的地位は低かったにせよ——法律家と同じくらい豊かな富を享受した。しかし、法律や医学で博士号を取得するには、多くの年月と多くの費用を要した。アルベルティはとあるボローニャ人の父親の不平を記している。彼の息子は待望の博士の学位をついに勝ち得たものの、その学位に値する以上の莫大な金を父親に使わせたという。父親は息子に適った衣服を新たに購入し、手の込んだ宴会の費用を支払い、息子の新しい地位に釣り合うように家を建て直しさえした。「もしも息子の本と衣服のために葬り去られた金がまともな使い道に使われていたら」——と、彼は不平を語った——「たいそうな利益を生んだはずです。わたしは息子のために費やした金をまだ手にしていたでしょうし、年利を得ることにもなったでしょう」[14]。学問への道は——野心を適えるための他の道と同様に——知的資源とともに財政的資源をも必要としたのであり、アルベルティはここでも、学問の発展がそのような俗なやり方で賞賛されることを要求する、くだらない社会的俗物根性に幻滅したのであった。

しかしそれにもかかわらず、アルベルティは一四二八年にボローニャで、教会法と民法の博士号を取得した。そうした彼の訓練はおそらく、教皇庁の秘書官としての地位を得るための手助けになった。さらに法律を学ぶことは、少なくとも、それがもたらす財政上の報酬と同じくらい多くの技術上の課題をも提示した。法律で用いられる言語それ自体——イェシーバー〔タルムードを解釈し教授する教室のこと〕で語られるイディッシュ語と同じくらい厳密で、実用的で、細目にわたる言語——は、専門家以外の者にとってはとても歯が立たないと思われていた。法律家が相談室の中で、これ見よがしに回転式本棚に飾っていた膨大な数の註釈つきテクストは、アルベルティを含む多くの同時代人にとっては、啓蒙のためというよりはむしろ煙に巻くための源泉に見えた。それらのテクストは、専門職の権威を外に示す象徴物であり、頻繁に用いたため指の跡でくぼんでしまった知識人の仕事道具というよりは、現代の法律家や

医者の職場の壁に額縁に入れて掲げられた学位証書に似ていた。[15] 絶え間なく法律の技術言語を語り、書き、その概念的・言語学的展開に遅れずについていく者だけが、法律の語彙の指揮権を保持しえた。アルベルティの初期の著作『文芸研究の利益と不利益』は、すでに法律家たちへのある種の不満を表明している。アルベルティは、法律家たちは学んだはずのローマ法にほとんど関心を持たず、ましてそれを宮廷での地位実現のために用いる者はひとりもいないと記している。学位取得から十年ほど後の一四三七年にこの作品を書きながら、アルベルティは、自分は「法律を常に念頭に置き、研究するという、それを仕事として営んでいる者たちの必要とする法的能力」をすでに失っていると主張した。[16] さらに彼は、正義を追求するための説得力ある緻密な計画を提案している――この計画は、形式上の首尾一貫性において印象的であると同時に、イタリアの都市におけるローマ法の日常実践にとっては、不適切なものでもあった。言い換えれば、法学はアルベルティに、自らが正当な権利を持つと見なした社会的・文化的地位に至らしめる王道を提供しなかったのである。

アルベルティが円熟にさしかかっていた時期のイタリアでは、〔公証人、法律家、医者に続く〕第四の技法の領域も、ようやく固有の場所を占めるようになり始めていた。[17] 十二、十三世紀において、神学――法学、医学と並ぶ第三の高度な学問――は、イタリアの大学よりも北ヨーロッパの大学の得意とする領域だった。パリはピエール・アベラールからイタリアのドメニコ修道会士トマス・アクイナスまで、もっとも才能に恵まれた若い神学者たちを魅了し、彼らは鋭い挑発から穏やかな統合に至る幅広いやり方でキリスト教の教義を教授した。これとは対照的に、イタリアの大学は、法学と医学、つまりはイタリアの洗練された都市で実用のために必要とされた高度な学問に集中していた。しかし、十四、十五世紀になると、ドメニコ修道会とフランチェスコ修道会――その托鉢修道士たちは聖堂、路上、広場で、新しい商業社会の道徳的乱れや、新たに登場してきた賢い平信徒や反体制的な聖職者たちの神学上の異端に抗う説教を行なった――は、イタリアの大学にも研究施設を設立するようになった。[18] かくして、すさまじく厳格なラテン語で鋳造され、北方中世に特徴的な著しく形式的な方法で論じられた神学に関する公式の著作が、北イタリアでも中部イタリアでも書かれ、学ばれ始めたのである。[19] フランチェスコ修道会の精力的な説教士、ベルナルディーノ・ダ・シエナのようなアルベルティの同時代人たちは、何千もの聴衆を魅了した説教の中で、神学の教えはイタリアの都市社会における経済的・社会的な区分にいかにして適用されるかを示した。[20] 北イタリアや中部イタリア中の男女はやがて、信仰の共同体の中に入って静かな瞑想生活をするか、そうでなければローマ教会の構造やその中心をなす信仰の妥当性について、公的に論争する騒がしい経歴へと身を捧げるようになる。アルベルティはキリスト教の教えを真剣に受け取り、教会のための奉仕に身を捧げ、教会の慣習や制度の多くを厳しく批判した。しかし彼は、神学に魅力を感じたことも、あるいは神学を正式に学ぼうと考えたこともなかったようである。

しかしもうひとつ別の道が残されていた。この道もまた比較的新しいものだとはいえ、実は中世に根ざしてもいた。十四世紀に、ペトラルカや他の多くの学者たちはラテン語の古典文献の研究に身を捧げた。ペトラルカは、アルベルティと同じように、南フランスで法学を学ぼうと努力した。しかし、彼もまた、それに深く失望した。確かに彼は、法学のテクストの中に埋め込まれていると思われた、ローマの歴史と生活に関する多くの事実を愛していた。しかし、それらの古代の著作を新しい《モダン》生活に時代錯誤的に適用することは、彼を知的にも感情的にも釈然としない思いで満たした。ペトラルカは古代ローマで書かれたテクストや［その時期に］通用した法規が、自ら絶望とともに暮らしている新しい《モダン》世界に適用されうるという原則を、受容することはできなかった。かくして法学の勉学を続ける代わりに、彼は偉大なローマの作家たちの厳密な研究と、彼らを体系的に模倣することへと身を転じたのである。

ペトラルカは、彼の時代でもっとも豊かな、並外れた図書館を築いた。彼は蔵書の余白を几帳面な註釈で埋め尽くし、手写本と原典に当たることでテクスト上の誤謬を訂正し、書誌学や歴史に関わる問題を解決した。さらに古代人についての彼自身の理解を、道徳や実践に関わる問題に適用した。まもなく、彼は学者としての、またラテン語の書簡や詩、対話、論考の書き手としての名声を確立し、多くの読者はそれらの作品をキケロやウェルギリウスの作品と同じほど力強いと認めた。これらローマの著作者たちへの彼の憧れは彼らに宛てて手紙を書くほど深く、その中でペトラルカは、彼らの生涯と著作を分析し、賞賛し、批評した。しかし、彼はまた、古代ローマの作家たちに競争を挑みもした——彼は自ら、後世の読者たちにとっての古典たろうとしたのである。彼はさらにローマの詩人オウィディウスが自ら想像する未来の読者たちに宛てて、つまりは「後世の人々へ」宛てて書いた韻文の書簡を模範として、別の手紙をも書き始めた。それらの書簡においてペトラルカは、後世の読者が、彼自身が古代人に対して感じているのと同種の、彼の著作への関心なり、彼の生活への興味なりを抱くよう期待していると、明らかにしている。[21] 彼は古代を模範とする文学的経歴の探求への温かい支援を、他の学者のみならず、コロンナ家のような大きな聖職者の一族、ローマで彼に月桂冠を授けたナポリ王ロベール、さらには彼のパトロンとなるパドヴァのカッラーラ家のようなイタリア諸都市の支配者たちに見出した。と同時に、ペトラルカは、この頃のイタリアでますます流行するようになっていたスコラ学的な方法を断固として拒絶した。それどころか彼は、テクスト解釈のためにスコラ学的方法を用いる教会博士たちに対しては、法律家たちに対する以上の軽蔑を隠さなかった。次第に彼は文学的・書誌学的探求に根ざす知的経歴のための新しいモデルを創造していく。アルベルティ――彼もまた未来の読者たちとコミュニケーションをとるために多大な努力を費やした――は、ペトラルカに非常に多くを負うているけれども、特に古典研究の伝統における〔ペトラルカという〕個人の範例を借りているのである。[22]

しかしペトラルカとその追随者たちはさらに、ひとつの文化スタイルと経歴のパターンをもアルベルティに提供した。というのも、古代の著作への関心を真剣に追求した十四世紀のイタリアの知識人は、ペトラルカ以外にもいたからである。一三七四年に亡くなった頃、ペトラルカは多くの同盟者と追随者たちを有しており、その何人かは――コルッチョ・サルターティのように――影響力の強い位置を占めていた（サルターティの場合は、フィレンツェの書記官長だった）。その後に続く二世代で、独立した個人としてペトラルカの育んだ新しい文芸文化は、恒久の制度形式を確立する。[23] 教皇、君主、さらに貴族たちは、古典ラテン語の書き手ならば、ますますめざとくなってきたヨーロッパの公衆に対して、彼らの政治状態についての公式見解を語りうると認識したのである。それをうまく取り入れることのできたあらゆるイタリアの政府はまもなく、サルターティのような人文主義者の書記官長を持つことを誇りにするようになった。彼は公式記録をまとめあげ、論文や布告を作成するのみならず、効果ある政治文書《プロパガンダ》や公式の歴史をも著した。ヨーロッパ中の支配者や司教たち、修道院や諸大学との関係維持を余儀なくされる教皇庁は、世俗の政府よりもはるかに多くの達者な書き手を必要とした――とりわけ、まもなく見ることになるように、アルベルティの生涯の前半とさらにそれ以後の時期を含む、長く続いた危機の時代においてはなおさらのことであった。

こうした新しい古典文化の登場以前でさえ、イタリアの大学や都市はラテン語文法を公に教える教師たちを雇用していた。[24] 十五世紀を通じて、そうした仕事はますます人文主義者たちに与えられるようになる――彼らはペトラルカを模範とする古典学者たちであり、彼らは中世を通じて細部へ過度にこだわることなく教えられていたラテン語文法の基礎のみならず、新たにアクセスできるようになった古代ラテン語の修辞学、歴史、道徳哲学の秘密をも若者たちに伝えたのである。これらの教師たちの中でも、もっとも有能な者は著名人となった。彼らの書いた教科書は新しい、もうひとつの選択肢としてのカリキュラムの基礎を形成した。彼らの請けあうところによれば、彼らの学校は若者たちを、個別の明確な専門家としての役割を演じうるよう訓練するばかりか、有能な万能家――つまり、彼ら教師たち自身が模範とした古代の弁論家と同じように、公の生活のあらゆる局面で歴史と道徳の知識を展開する準備をととのえた実行力ある学者――になるようにも訓練するものであった。成功した医者や法律家に比較しうる収入を稼いだり、彼らに匹敵しうる名声を得た人文主義者はほとんどいなかった。しかし、彼らは、自分たちの研究は高給取りの専門家たちの研究とは異なり、身体とともに精神を育むのであると論じて、物質的な欠落を精神の領域で埋め合わせることができた。法律家や医者の鬱々とした鍛錬とは異なり――ペトラルカとその仲間たちはこう主張した――彼らが古代人たちから集めてきた歴史の中の前例や道徳的指示は、正しい振舞いの道を示すばかりか、読者や聴衆たちがめつさと人文主義者の世間離れをともに鋭く非難する手紙を彼自身で書き始めた頃には、アルベルティは様々な職業の地位についての活発な現在進行形の論争――すでにペトラルカ、サルターティや多くの他の者を巻き込んだ論争――に貢献し始めていたのである。[25]

法律の学校に通うようになる前でさえ、アルベルティは一四一六年から一四一八年頃まで、もっとも有能で広く尊敬された人文主義者の教師のひとり、ガスパリーノ・バルツィッツァに師事し、パドヴァで古典を学んでいた。[26]バルツィッツァとすごした時間は彼に生涯消えることないしるしを与えたようであり、そのしるしは法学生としての後の時代のそれよりも、はるかに深いものでさえあった。アルベルティは、バルツィッツァが提供したはずの技術上の訓練を学び、実際に優秀な成績を収めた。しかし、彼はまた、恩師との緊密な交流を発展させもした。それはいずれ、将来学者たちと大いに交流するための模範ともなったし、アルベルティはこうした学者たちの博識な助言と道徳面での支えに依存したのである。彼の父親ロレンツォが疫病の流行に瀕してもヴェネツィアを離れることを拒んだとき、心配で気が狂ったようになったアルベルティは、恩師の元を

「泣きべそをかきながら、夜の二時頃に」訪問し、ロレンツォを説得する手紙を書いて、安全な場所に避難するよう依頼してもらうことに成功した(27)。

バルツィッツァとの研鑽は同人仲間の文化への加入を意味していた。バルツィッツァは名声を確立した学者と教師からなる、正式のものではないにせよ緊密なひとつのネットワークに属していた。彼らは新しい古典テクストの発見をできるだけ早く互いに教えあい、できるだけ早く彼らの仕事の中で用いることができるように融通した。たとえば、アルベルティの友人ベッカデッリもまた、バルツィッツァに師事したようである(28)。ベッカデッリは、彼自身の著作『ヘルマフロディトス』の中で、マルティアリスやカトゥルスのようなローマの詩人たちの、エロティックで糞尿譚的な語彙を巧みに採用したために拍手喝采を浴びた――この作品は、ラテン語による機知に富んだ際どい猥文集であり、ウェルギリウスに帰されていた男根崇拝的にして、猥褻ですらある詩におおよそ基づいていた。ベッカデッリが本の題名にそれを選んだのは、彼の語ったところによれば、ヘルマフロディトス〔両性具有神〕は男性器と女性器をともに持っていたからである(29)。初期帝政時代のローマに生きた都会派の詩人たちは、自分たちの粗野でエロティックな生活、夜を明かしての酒飲み、大食い、男女とのセックスを称揚した。彼らの語彙――生殖器とその使用法についての用語を豊富に含む――は、フィレンツェの街路や娼家で自ら乱痴気騒ぎに打ち興じたベッカデッリのような洗練された当世風《モダン》の者にとって、便利なもの《レディ・メイド》だったのである。ベッカデッリは『ヘルマフロディトス』の末尾に自作の詩を掲げて、このように読者に命じている。

フィレンツェに行きたまえ。その堅固な城壁の中にひとたび入れば、
美しく喜ばしい場所がそこにある、
まさに遊歩道の交差点に、それはすぐに見つかるはず、
どのようにしてそこに行けばよいかを今から語ろう。
まずサンタ・レパラータ聖堂を探したまえ、つまり聖ヨハネ、
子羊をたずさえた洗礼者の聖堂を。そして次に、
そこからまっすぐ右へ向かって、できうる限りきびきびと歩みを進めたまえ、
そうすればほら、君はあの素敵な古き市場〔メルカート・ヴェッキオのこと〕を見つけるはず。
そこには楽しい売春宿があり、女たちはわたしの歌を愛するだろう。
心配するな、その匂いで君にそれと知らせてくれるは

ず。

ベッカデッリはこれに続けて、この本は売春婦たちからこぞって歓迎されるだろうと記述している（「腰のひねりに長けた金髪のエレナと甘美なマティルダ」、「いつも子犬を引き連れたジャンネッタ」、「絵の具で塗られたかのように鮮やかな乳首を剝き出しにするクローディア」）[30]。『ヘルマフロディトス』は、古典の研究に不審の念を抱いていた厳格な聖職者たちを怯えさせた――あるいは、人文主義者たちを魅了したことには何の不思議もない。人文主義者たちはこの本の写本を作らせ、友人たちに配布した。再発見されたそれらの古典のラテン語は、社会的かつ知的な前衛《アヴァン・ギャルド》の特殊な言語と化した――それは実験的で、女性嫌悪を陽気に謳いあげることに適した、あからさまに性的な言語であった。

バルツィッツァの指導のおかげで、アルベルティはこの言語を上手に操れた。ベッカデッリは『ヘルマフロディトス』の中の詩のひとつをアルベルティに献呈しさえしている。ベッカデッリはそこで、レオン・バッティスタの高貴な生まれ、純粋な性格、そして学識を賞賛した上で、自分の愛人と上手につきあう方法はないものか、アルベルティに助言を求めている。

もしわたしの貯金が十フローリンあったとしても、
ウルサならあっという間にそれを使い果たすに違いない。
もしわたしが十冊も二十冊もそれこそ何十冊も本を持っていたとしても、
ウルサならほんの一日でそれらすべてを質屋に入れてしまうだろう。
わたしの精液がどんなにたくさん飛び出したとしても、
ウルサなら肉体の手桶でそれを飲み干すに違いない。
もしわたしが巨人になり、鼻が人間の大きさになったとしても、
わたしの鼻を詰まらせるには彼女の匂いがあればいい[31]。

ベッカデッリの詩は、アルベルティにとって、味わい深いとはいえないまでも鮮明なパスポート、生まれたばかりの文学という共和国での市民権を保証する文学上の身分証明書を提供した。その共和国で、仲間として認知したという合図を手に入れたのは、才能ある若者のみであった。アルベルティは、人文主義者たちのネットワークの中

で、あっという間に自分自身の立ち位置を見つけた。バルツィッツァの世界を席巻したテクスト上の発見のすべてが文字通りに性的であったわけではない。異例の興奮をもたらした事件のひとつは、一四二一年に起こった。このとき、ローディの大聖堂の文書庫で、キケロによる修辞学についての数多くのテクストが発見されたのである。それには、『弁論家について』と『ブルートゥス』の二つの対話篇の完全なテクストが含まれていた。これらの著作の中でキケロは、修辞学という人文主義者の愛惜する技の歴史と、その使用と乱用をめぐる複雑かつ洞察に満ちた省察を読者に提供した。アルベルティもまもなく、『ブルートゥス』の写しを手に入れた（その写しは現在でも残っている）。そうしたテクストを読み、自らの個性の中にとりこむための最適な教育を施されていたアルベルティは、その手稿を自分好みの典拠として用いるばかりでなく、座右の書として用いた。アルベルティは、この本の末尾の空欄に入念に選んだ日記をしたため、彼の家の召使に子供たちが生まれたことや、その他の家の中での出来事を記している(32)。またアルベルティは、文学研究をめぐる自らの論考の中でも、キケロの著作に言及しているが、その言及の仕方はまぎれもなく人文主義の当事者たちにふさわしいものである。レオン・バッティスタはこう書いている。彼の父ロレンツォは息子たちに常に怠けることなかれと語ったものである――その結果、レオン・バッティスタ自身、何かを読んだり書いたりせずに一日をすごす習慣を身につけることはなかった、と(33)。これは一見したところでは、アルベルティ自身の仕事の習慣を自伝的に記述したものである。しかし実際には、その中核はキケロがホルテンシウスについて語ったことの引用なのである。キケロによれば、ホルテンシウスは、広場で語らったり、広場の外で熱心に演説を続けることをせずには一日たりともすごさなかった(34)。読むことと書くことは、解きほぐすことができないほど緊密に結びついていたのである。

　アルベルティによる古典テクストの相互作用的使用法は、彼の学校の指導体制から自然に生み出されたものである。実用主義的性格《プラクティカリティ》を育むことに熱心だったバルツィッツァは、学生たちと古典テクストを通読する以上の教育を行なった。彼は学生たちに、古代人たちから引き出した感情や逸話を、自分たちの新たに書くものの中で再利用するように、厳密な指導を施したのである――まさに、ベッカデッリがローマ時代の路上詩人たちを利用したようにである。短くもパンチの効いた論考『模倣について』の中でバルツィッツァは、目覚しいほど公然と、ラテン語を学ぶ若者たちはいかにして模倣という自らの基本的課題をこなすべきかを説明している。「模倣は、四つの方法で理解され、行なわれうる――すなわち、追加、除去、入れ換え、そして変形によってである」――しかしもちろん、露骨なまね《コピー》によってではない。ときには、比較的単純な改変が、古典的感情を、その質を落とすことなく新しいものに変えることさえある。「もしキケロが〈ブルートゥスはそのことを的確に語った〉と語るなら、わたしはそこに、〈我らの友ブルートゥスはそのことを的確かつ優雅に語った〉と言葉を追加するだろう」。古典の典拠の改変には、さらに野心的な戦略も含まれていた。「わたしたちの模倣せんとするキケロ自身が、誰かを天の高みにまで賛美したとすれば、わたしたちはその誰かを奈落の底まで非難することもできるはずである」(35)

バルツィッツァはこれらの模倣の規則を几帳面に実践に移した。たとえば、レオン・バッティスタの依頼に応じて、この自分の学生の父親ロレンツォがヴェネツィアに留まることで疫病を患う危険を犯さないように説得する手紙を書いたとき、バルツィッツァはこの緊急を要する個人的な嘆願を、高度に技巧的なラテン語の散文で書き上げた。バルツィッツァは、彼が必要だと考えていたよりも実際にはさらに豊富な文学的意匠のコレクションを開陳し、そこから引き出された数多くの入念な隠喩を積み重ねている。

「あなたはこのような大いなる危険から遠ざかるべきであり、わたしたちをこのような大いなる恐れから救いだすべきです。あなたひとりが難破を経験してはなりません。あなたに属するすべてのものがあなたと同じ船に乗っているのです。あなたの子供たちも、あなたの奥様も、あなたの家の召使たちも、あなたの友人たちもです。あなたは彼らの保護者《パトロン》なのですから、もし、目下の状況について完全に把握し、知り抜いているあなたが、すぐに安全な港を探すことができるにもかかわらず、危険な波と嵐の真っ只中に航海を続けることを好むなら、それは恥ずべきことです」(36)。バルツィッツァの学生たちはあっという間にこう理解したことだろう――彼らがどんなに簡単で実際的なメッセージを送らなければならないときであっても、現代世界において雄弁を構築するには、古典の構成要素の熟練した再利用を必要とするのだ、と。

古典テクストによって与えられた情報を検討し、またそれらの文体モデルを吸収するために、学生たちは体系的なノートを作る技を学んだ。そのノートブックは、「論題／場所（loci）」（英語の「項目」や「場所」にあたる）によって組織化されていた。それらのトピックは、彼らが証拠立てて証明しなければならないいかなる場合でも、関連する素材に迅速にアクセスすることを許すであろう(37)。たとえば、偉大な教師、グァリーノ・ダ・ヴェローナは、フェッラーラ出身の弟子レオネッロ・デステ（彼は後にアルベルティのもっとも親しい友人にして、彼のパトロンとなる）にこう指導している。「読書するときにはいつでも……一冊のノートを準備したまえ。そのノートの中に君は、その書物から選び出したあらゆるものを書き取り、さらにそこから引き出して集めた素材の一覧票を作りたまえ。そうすれば、感動を与えてくれた文章を見直そうと思い立ったどんな場合でも、君はその書物の膨大なページをまた最初から繰る必要などなくなるだろう。それゆえ、そのノートをあたかも勤勉で注意深い召使のように手元に置きたまえ。さすれば、君に必要なものが手に入る」

　グァリーノが別の弟子に宛てたもうひとつの手紙は、そのようなノートがどのようにして実際に用いられたかを明らかにしている。

> 田舎を賛美したり都会を批判する場合、賞賛や非難の理由は四つの「論題／場所」から引き出されるということを忘れないようにしたまえ。すなわち、田舎に属する利便性、喜び、徳、素晴らしさを示したまえ。またこれに対して、都会に属する損害、悲惨、欠点、弱点を示したまえ。わたし自身、ある二行連句の中で、これらの規範を実際に用いたことを覚えている。君はこれを注意深く読み、覚えたまえ。そうすれば君はそれを常に手元に置くことになるだろう。
>
> 　あらゆる論題を褒め称えるには四つのもので十分だ、
> 　徳と利便性、喜びと善性を示せばそれでよい。[38]

　オンラインのニュース・サーヴィスによって最新の事件報告《リポート》に精通する現代の報道記者のように、若き人文主義者の課題は完全に新しい何かを作り出すことではなく、質の高い既存の構成要素を用いて、独自の新しい形式をともなうモザイクを構成することである。[39]すでに見たように、人生の終わり頃、アルベルティもまたこれらの実践をコード化するために、彼独自の修辞学に関する短い手引書を書いていた。

　アルベルティはまた、これらの実践をあらゆる機会をとらえて行なってもいる。彼の感情のこもった公然たる自伝は、いくつもの古典の手本を採用し、独特なやり方で古典の典拠を結合させている。彼の最初のオリジナル作品、フィロドクススをめぐる戯曲は、実のところ、プラウトゥスとテレンティウスの古代喜劇から引き出された台詞の注意深い模造品《パスティーシュ》に他ならなかった――そのモザイクはあまりに詳細に組み立てられているため、アルベルティの友人ベッカデッリがその「無修正版」の写しを仲間内で（アルベルティの意志に反して）回覧させた際、多くの読者はそれを正真正銘の古典テクストと見なしたほどであった。[40] アルベルティは後にこう回想している。「わたしは、古代の喜劇ジャンルの強烈な香りと、一種の奥深い古代らしさに圧倒されたのである」[41]。自らの模倣の大成功の権利を放棄するため、アルベルティはその戯曲に、短い散文の序文をつけ加えた。そこで彼はその作品をレピドゥス某の作としたものの、いずれテクストの作者は彼自身であることを主張することのできるような、いくつもの露骨なヒントを残している。その上で彼は太鼓判を押してこの作品を公の場に提示した。そこでは、「あらゆる人がこの上ない賞賛とともにそれを読み、多くの人がそれを暗記するほど熟読し、少なからぬ人がそれを写すために多くの時間を費やした」。その喜劇を書いたのはアルベルティではないかと疑った読者たちでさえ、創造的な方法でこの冗談に参加した。彼らは新しい猥褻な文章をこの中に挿入したのである。最終的には、「その戯曲が〔古代の〕喜劇の正しい理解を示していることを知らない人はいなくなった」。これ以上の成功を収めた模倣の実践例は想像さえできない。中年時代のアルベルティがこのモザイクの技を彼自身の書く技の隠喩として用いたことに、何ら不思議はないのである。[42]

若きアルベルティは、音楽の音階や練習に匹敵するこれらの文学上の実践を楽しみながら演じていた。バルツィッツァのそばで習得し、ずっと用いていたこの模倣と議論構成の形式的技術に関するアルベルティの自覚的言及は、とりわけ初期作品の中に見出される。しかしそれにもかかわらず、彼はこう主張した。彼は、単に自分のノートすべてを『文芸研究の利益と不利益』のページに流し込んだのではなく、形式的に関連しあうごくわずかの論題／場所を厳選して扱ったのだ、と。「これらの事柄について論じる際、わたしは簡潔になるようにあらゆる努力を払った。ほんのわずかの時間さえ立ち止まることなく数多くの「論題／場所（loci）」を駆け巡り、証拠立てる例を示すことなく各議論を読者にゆだね、修辞を練り上げることなく説得するために多くの努力を払ったのである」

アルベルティは繰り返し、この文学的ツールとしての論題／場所に立ち戻った。『文芸研究の利益と不利益』のある箇所で、彼はお気に入りの人文主義の問題を取り上げている。公証人、法律家、そして医者たちは他人の不幸や死から利益をあげるという純然たる事実、それは彼らを非難するのに十分な理由となるかどうか、というものである。省略——論じたくないと主張するまさにそのことのうちに、ひとつの論題／場所を提示する文学的技巧——を巧妙に用いることによって、彼は、提示は可能だが意図的に持ち出していない当のあらゆる細目を熟知しているという、それを持ち出したのと変わらない信頼を得ることに成功したのである。

わたしは、文学研究への不信感をいや増すかもしれない膨大な素材の衒学的な羅列を行なっているという印象をもたらさないように、この論題／場所（locus）については通り過ぎることにしたい。それゆえわたしは、彼らの欺瞞性、不実、偽の目撃者の用意、契約書や遺言書の偽造については何も語るまい——彼らの毒薬の投与、かえって熱のあがる注射、病気の原因となる処方と薬の使用についても何も語るまい。さらにわたしは、貪欲な公証人たちや医者たちの多くの恥ずべき犯罪についても何も語るまい。

これと同じような効果を持つ巧妙な文章の転倒は、明らかにベッカデッリと共有していた感情のはけ口を見つけることをアルベルティに可能にした。「しかし、女性の本性と愚かさについては公然と触れるよりも、言及しないのが得策だろう。それは非常に大きな主題であり、よく知られているものでもある」[43]。言い換えれば、アルベルティは、自分の文学工房を読者に覗き見させ、書くものの中に読書の知識を反映させる自分の能力を誇示することを楽しんでいるように見える。今日からすれば、彼の技術はややメカニカルなものに見えるかもしれない——しかし、人文主義的文化やこのように特殊な過去の創造的応用に深く傾倒していたことについては疑問の余地がない。後に見るように、その後の年月において、彼はこれらと同じ方法を自覚的な手腕と誇りをもって適用し続けたのである。

古典に集中するアルベルティの決意は、彼の人生に知的で創造的な方向性をもたらした。しかし、その決意が、彼の明らかに期待していた実際的結果を即座にもたらすことはなかった。彼の主張によれば、彼の書いた最初期の文学作品は、孤児および親族から無視された人間として被った難問を慰めるために採用した自己研鑽の一部である。つまり彼の最初期の文学作品は、一種の学問的・文学的自己救済なのである[44]。しかし、本質的かつ才気煥発な文学的ラテン語による作品を生み出した人々の多くは、アルベルティ自身も熟知していたように、少なくとももう二つの異なる理由によってその仕事をなしとげた。彼らは自らの力を試す、あるいは証明したかったのであり、また彼らがその労作を捧げた仲間の学者たちや学識あるパトロンとの関係を築きたかったのである。

アルベルティ自身もこれら二つの目的を追い求めた。だが、彼の技量と学識にもかかわらず、彼自身が兄に告白しているように、彼は単純であると同時に痛烈でもある問題に直面した。すなわち、彼の文学的な奉納物がいかに独創的なものであろうとも、彼の意図したような生計を立てるに足るものを彼にもたらす効果はなかったのである。彼は暗澹とした細部にわたって、人文主義者が彼らの普通行なっている文学の奉仕なるものを通して得ると期待しうるものが、いかに少ないかを明らかにしている。とめどなくあふれ出る自らの言葉の流れに我を忘れてしまい、彼は法律と医学はほとんど報酬をもたらさないとさえ論じている——もっともこの見解は、この作品の他の箇所では彼自身によって否定されてはいるけれども。

学び手よ、わたしに教えてくれないか。少年に教え、小品の何がしかを出版し、訴訟事件で弁護し、熱病を治療し、あるいは法律問題について長々と語って得られるわずかな報酬で、あなたは金持ちになろうとするのだろうか。このようにして実現される利益はあまりにつつましく、毎日の生活費にも足りないはずである。そしてそれらの利益はいかなる財産を築くにも足りず、そうするには少なくとも無闇に長い年月を要するはずである。

アルベルティがつらい経験から学んだように、「学者《スカラー》」は「金銭《ダラー》」と現実には韻を踏まないのである。「簡略に述べよう。学識ある人は豊かにならない。あるいはもし文学の追求によって豊かになったら、彼らの財産の源は恥ずべきものである」[45]。言い換えれば、一四二〇年代の終わり頃までに、アルベルティは当時最新の様式で書くことのできる高度に熟達した古典主義者になっていた。しかし、彼の学識が爾後の人生にどれほど適い、また適っているのかどうかは、いまだ明確ではなかった。『文芸研究の利益と不利益』は、理念的にではあったにせよ、生涯の方向性についての根本的な不確実性によって、アルベルティを動揺させた。彼の利他的な古典への愛情、愛ゆえに彼の本を読む人文主義者たちの、利益ゆえに本を読む法律家や医者たちに対する優越性を称揚するあらゆる文章は、真の学者が手に入れた哀れな見返りについての辛辣な不満を述べた文章の隣に置かれていた。眼がかすみ、実際的経験を持つ男たちの仲間に加わることをためらう浮世離れした学者たちは、ドーミエを思わせる鋭利な筆で描かれた一種の自画像である――しかしこの自画像は、特に目覚めの悪い朝に鏡に映った自らのイメージのようにアルベルティを苛んでいたように見える。

さらにアルベルティはときには、ラテン語の文章家としての彼の努力の結果として得られた価値の高い技量に、喜びを見出しえないことさえあった。形式を模倣する彼の訓練は、古代人たちはあらゆる点で卓越していたとする前提に根ざしていた――古代人たちはあまりに卓越しているので、現代の著作者は古代人たちからの引用の寄せ集めを構築することでしか自己表現できないとする前提である。『文芸研究の利益と不利益』の冒頭で、彼は兄にこう語っている。どれほど「しばしば、どのようなものを書くことができるようになったら、わたしはわたしの知性の力を証明し、わが親族の者たちを満足させることができるかと、考え込んだものである」。それを適えるための道を見つけることは難しかったと彼は認めている。なぜなら、「古代人たちが輝かしいやり方で扱っていないようなどんな主題も、わたしには思いつかなかったからである……古代人たちはあらゆる話題を愉快にも真面目にも扱ったのであり、それゆえ彼らはわたしたちに、彼らの巧みな作品を読んで賞賛することと以外に、やることを残さなかったのである」。さらに彼は、彼以前の現代《モダン》の学者たちは古代人たちの取り組まなかった主題を扱うことで、賛美を勝ち取ろうと図ったと記している。そうしたやり方を断念したアルベルティは、自らに、そして他の若い著作者たちに、歴史のごとき真面目な題材を取り扱う権利とは言わないまでも、少なくともより年長の人々や目上の人たちを喜ばせうる「手習い《エクササイズ》」を生み出す権利を要求している。他の何よりもまず行動を賞賛した若者は、このようにして、自らが停滞の可能性に直面していることに気づいた――いやおそらく彼は、別種の行動領域を探すように強いられたのである。その領域では、親戚たちの無視も彼が模範とした〔古代の〕手本の卓越性も、前進するためのあらゆる自由を彼から奪い去ることはないであろう。

アルベルティに前進するためのもっとも明確な機会を提供したのは、二つの特異な組織――教皇庁およびフィレンツェの書記官局――であった。十五世紀初期には、教皇権それ自体があらゆる方面からの批判と怒号を浴びていた。フランス国王フィリップ端麗王と教皇ボニファキウス八世の間の対立が後者の屈従によって終止符を打った後、前世紀の大部分の間、教皇たちはローマの由緒正しい座に座らず、現在のフランスの領土にあったアヴィニョンにいたからである（もっともこの当時はナポリのアンジュー家の王たちの所領だった）。教皇たちは一三〇八年から一三七七年のいわゆるアヴィニョンでのバビロン捕囚の時期を利用して、教皇庁の組織を再編成したとはいえ、この改革は、教皇庁が贅沢になり、堕落し、フランス王権に隷属したと感じた人々からの辛辣な批判を受けることとなった。一三七〇年代になって教皇権がローマに戻った後も、教皇庁の抱えた問題は続いた。教皇たちは、バビロン捕囚の間に他のイタリアの諸勢力がかすめ取っていた世俗の領地、教皇領のかつての大きさを奪還するため、非常に苦しい戦争を続けることを余儀なくされた。さらにまずいことには、教皇権を所有する権利を持つと主張する少なからぬライバルたちが、教会の中枢にいる人々から支持されていた。というのも、多数のフランス人の枢機卿たちは教皇権のローマへの帰還に抵抗して、一三七八年九月二十日には彼ら独自のフランス人の教皇クレメンス七世を選出し、ローマに居を構えたナポリ人の教皇ウルバヌス六世と対立していたからである。かくして始まった教会大分裂は一四一七年まで続くことになった。一四〇九年以後の一時期には、三人の教皇がペテロの座の権利を主張した。もっとも影響力のある神学者たちは、教会の最高権威は個人でも、教皇ですらもなく、公会議によって代表される教会全体によって占められるべきだと考えた。しかし、多くの公会議至上主義者たちもまた気づいたように、正統派の公会議を召集できるのは教皇のみであり、この原則は大分裂の時代に特に深刻な様々の問題を引き起こしたのである。十五世紀初頭に開催された公会議——反体制派の枢機卿たちによって召集されたピサ公会議（一四〇九年）や、神聖ローマ帝国皇帝ジギスムントによって招集されたコンスタンツ公会議（一四一四−一八年）——は、偉大な神学者たち、教皇権を制御し懲罰を与える必要があると考える極端な意見を持つ過激な聖職者たち、さらに自分たちの国家の教会の自由を保持しようと願う世俗の国家から派遣された使節たちを惹きつけた。

コンスタンツ公会議は多くのことを実現した。この公会議は、教皇と目される三人を退位させ、ローマの大貴族、コロンナ家の一員を選出し、マルティヌス五世として彼らの後を継承させたのである。イギリスのジョン・ウィクリフやボヘミアのヤン・フスの追随者たちのような大規模な異端派は、聖書の使用法から平信徒たちの聖体拝領の形式に至るまでの信仰の根本の領域で、教会の教説上の権威と祈禱の実践に抗議した。コンスタンツ公会議はフスその人を火刑に処し、正統派の教義を主張することでこれらの問題に対抗した。さらにこの公会議は、未来の定例公会議によって教会を管理するのに用いられることになるシステムを制定した。

しかし、教皇権は異なるかたちの反発にも直面していた。それらの反発の多くは収拾するのも困難で、鎮圧するのは不可能だった。大論争は、真のキリスト教的清貧の本性のような問題をめぐって定期的に噴出した——それらの論争は大きな宗派を対立する諸集団へと分裂させた。俗人と女性たちからなる公式、非公式の集団は、過去の確立された宗派よりももっと純粋で、もっと内的な形式を持つ宗教生活を提供するよう主張した。ビザンティン帝国の総主教によって先導されたギリシア正教会は、ローマの至上性を認めることを拒否し、キリスト教信仰の根本に関わるそれ以外にも様々な問題についてカトリック派に距離を置いた。ローマにおける教皇庁の在所区域であるボルゴは十四世紀の繁栄を取り戻し始め、教皇庁の力はマルティヌス五世の時代以降再び高まり始めていたとはいえ、公会議は召集され続け、一四三一年にはバーゼルで、一四三八年から一四三九年にかけてはフェッラーラとフィレンツェで開催された。教皇冠を載せる頭には、落ち着く時間はほとんどなかった。(46)

教皇や高位聖職者たちの直面する問題が深刻になればなるほど、そして明白になればなるほど、若い人文主義者たちに与えられる機会は豊かになっていった。教会内でのあらゆる論争では、教皇および他の権威ある人物たちに必要なのは公式の立場を取ることであり、そうした立場は歯切れのよい効果的なラテン語による説明を受けるべきものであった。こうした論争はしばしば、革新的な文学作品の誕生の刺激となった。その一例は、人文主義者ポッジョ・ブラッチョリーニが吝嗇という論争テーマに捧げた対話篇である。教会の公会議——ヨーロッパ中から集められた高位聖職者たちの荘厳な舞台上での会議——は教皇の権威に挑戦するばかりか、教会の富と権力に酔いしれさせるような雰囲気をもたらした。公会議では、学者たちは根本的に異なる世界からやってきた同僚たちに出会うことができ、長い間忘れられていたテクストの手写本からキリスト教信仰における敬虔の問題をめぐる考えに至る、あらゆることについて意見を交換した。技量ある著作者たちや歯切れのよいラテン語の話し手たちは友人を作り、テクストを交換し合い、価値ある情報を手にすることができた。と同時に、彼らは教皇庁自身や、多くの衛星のように教皇を取り巻いていた枢機卿の家に請われて登用されることもありえた。枢機卿たちの宮廷は大きさでは教皇庁にかなわないにせよ、その富はときには教皇のそれに匹敵していたのである。

尚書院として知られる教皇庁の行政機関は、教皇の公開大勅書や、それよりは公的性格の少ない小勅書として知られる文書の草稿を書く「書記官《スクリプトル》」や、教皇の大勅書の公式の要約版を作る「文書官《アップレヴィアトル》」を雇い入れた。尚書院も、教皇庁の財政を監督する財政評議会も、「秘書官」を雇い入れた――彼らの中には、教皇の「私設秘書」ないし「家政秘書」、つまりは個人的なアシスタントになる者もいた。枢機卿たちも自分たちの秘書官を持ち、彼らに気に入られた者たちの教皇庁での就職の道を助けることができた。もちろん、これらの仕事すべてが人文主義者に与えられたわけではない。血のつながり――知的ネットワークよりも古く、力強く、そしてより深く浸透していた――は、威力ある一族の構成員たちがその学問水準に見合う以上の地位を得ることを保証していた。[47] にもかかわらず、選ばれる可能性は魅力あるものだった。アルベルティの友人ラーポ・ダ・カスティリオンキオは教皇庁の贅沢と性的放縦を嫌悪したとはいえ、教皇庁が仕事と学問のために提供する多くの機会については賞賛を隠さなかった。「毎日、手紙や伝言、噂によって新しい知らせがもたらされる。一年のうちで、何か新しいことが起こらない日は一日もないし、それどころか一時間さえない。世界全体で行なわれていることで、教皇庁にすぐに知れ渡らないものは何もない。……それゆえ、教皇庁のどこにいても、何がしかの知らせを聞きつけるのである[48]」

教皇庁と同じくらい興奮を誘ったのは、市の書記官局を中心とするフィレンツェの知的世界である。書記官局は、この都市の公式の書簡、政治宣伝文書《プロパガンダ》、さらに歴史記述を作成した。フィレンツェは十四世紀には、国家財政の破綻と疫病で経済的に困窮を極め、さらに一四〇〇年前後にはミラノとナポリによる厳しい侵略にさらされていた。しかしその後、フィレンツェは再び繁栄し始め、この地域の中心地となり、ピサやルッカのようなかつての独立国家を支配するようになった。フィレンツェ人たちは彼らの都市を、輝かしい産業と膨大な消費、政治力を兼ね備え、すべてが象徴的に神の恩寵に浸されている一種の城として飾り立てた[49]。彼らは六月二十四日の聖ヨハネの祝日にこの都市の力を称揚した。その大きな儀礼の際には、あらゆる属国は山車《だし》の行列を提供し、豪華な祝祭に貢献しなければならなかった。フィレンツェの商人たち、および高価な衣装に身を包んだその妻や娘たちは、その日ばかりは閉めた店の前に彼らのもっとも高価な売り物とともに座り、厳粛な面持ちでその行列を見物した。しかし、フィレンツェもまた、その宣伝文を書き、その伝統を賞賛する人文主義者たちを必要とした。さらにサルターティの時代以降（彼は一三七五年から一四〇六年にかけて書記官長であった）、書記官局は公式の文書作成のみならず、学問や文学についての議論の中心地ともなった。博識で慈愛に満ちた書記官長の監視の下で、あらゆる種類の手写本が学ばれ、複製《コピー》された。学者と書記たちは、古典的装いを持つ新しい書式の開発に協力し、彼らはそれを古代のテクストのために用いた。またこの都市の歴史それ自体も解釈され、さらに繰り返し再解釈されたのである。[50]

教皇庁と書記官局の間の結びつきは緊密だった——それは単に、いにしえのグェルフ派、つまり親教皇派の存在を誇りと考えていたフィレンツェが教皇庁への古くからの忠節を新たに宣言し、教皇庁へきわめて実際的な影響をもたらしたからではない（もっとも教皇庁とフィレンツェは、一三七〇年代には戦争による衝突を繰り返していた）。若い学者たちはこの公的な二つの社会《コミュニティ》の間を容易に行き来した。[51] ブルーニとポッジョはいずれもその職業生活の大部分をローマですごしたとはいえ、彼らはフィレンツェに資産を持っており、最後にはフィレンツェに戻って、今度は共和国の書記官長として奉仕した。さらに、聖職者としての務めで北ヨーロッパの道をうんざりしながら旅していた頃、ポッジョは、フィレンツェの大蔵書家ニッコロ・ニッコリの学問的方向を踏襲してもいた。ポッジョは、彼の友人が稀覯本や有名な著作のより優れた手写本が眠っているかもしれないという噂を聞いていた修道院の図書館を渉猟したのである。イタリアの知的前衛《アヴァン・ギャルド》はその枝を多くの地方に伸ばし、それにはナポリやミラノ、フェッラーラやウルビーノの宮廷が含まれていた。アルベルティの友人ベッカデッリは『ヘルマフロディトス』の醜聞——この作品は、すでにイタリア中の学者たちによって楽しく読まれていたにもかかわらず、いくつかの都市では公の執行人によって焚書にされた——を乗り越えて、ナポリのアラゴン家の宮廷で、王家の栄えある秘書官および外交官としての輝かしい経歴を開始した。そこで彼は、いくつもの文学党派からなる、活力にあふれ、ときには暴力的なほどの世界の創造に一役買った。[52] しかし、一四二〇年代には、フィレンツェをローマに結びつけた知的なパイプラインは、他の地では容易には見つけられない素早い昇進の可能性を提供していたのである。

とはいえ人文主義者なら誰しもブルーニやポッジョのように、たやすくこれらの道を進んだわけではない。ローマやフィレンツェよりもはるかに魅力に乏しい場所でくすぶっていた技量ある人文主義者たちもいた。アルベルティの十年後にバルツィッツァに師事したソンチーノ出身のステファノ・フィエスキは、ラテン語の用法の核心をなす領域についての教科書を書き、輝かしい成功を収めた人物である。彼はラグーサの人文主義学校の理事および校長として働いた——これは辛い仕事ではまったくなかったし、後からそう見えるほど人文主義のネットワークの周縁に属するものでもなかったとはいえ、それでも驚くほどの威光に裏打ちされた地位ではなかった。[53] アルベルティの友人にして賛美者だったベネディクト会修道士ジロラモ・アリオッティは、ポッジョやその他の影響力のある学者たちとの交流を育んだ人物である。しかしアリオッティは、自分自身は教皇庁の閉ざされた扉の前に座り続けていると感じていたし、あらゆる場所で出くわす無関心を繰り返し罵った。[54] ラーポは、「栄光を手にすることからわたしを遠ざけようとたくらむばかりでなく、わたしを侮辱し徹底的に破壊したがる犯罪者や邪な人々の悪意」について、辛辣な不満を述べた。[55] ラーポは地位を得ようと——あるいは、彼自身、上記のそれとは別の書簡の中で半ば諦めつつ主張したように、「有名で博識な人々の一員となり、そしてそれ相応の名声と地位を享受しようと」——手をこまねいているうちに疫病でこの世を去ったのである。[56] 多くの組織はたいがい家族の絆に依存していたし、またそこに出入りすることを許された大物たちによる個人的なパトロネージに依存していたため、それらの組織に入り込めるのは、その王国へ入るための鍵（出自と金）をすでに備えているか、それらの鍵を見つける方法について非常に現実的な感覚を身につけている者たちだけであった。それらの組織はもちろん「才能ある者に開かれた仕事」を提供することもなかった。そこで仕事を探す人文主義者は、自らを売り込む相手である大物たちと同じように、「あらゆる人間の営みを実現し、支配するのは運である」と知っていたのである。[57]

さらに悪いことに、人文主義者たちにもっとも豊かな機会を提供した機関は、もっとも怖ろしい危険をも提供した。教皇が死ぬたびに、その教皇に追随していた者たちがいにしえの入念な儀式にのっとって喪に服しているときですら、ローマ市民たちは教皇の住いを襲って品々を略奪したのである。しかし、「空の座」として知られた教皇の空位期間中には、混乱はさらに別の領域でも同じように起こった。先代の教皇の従者たちの中に加わっていた人文主義者は、その座を継いだ新教皇の好意を勝ち取るか、仕事を諦めるかを大急ぎで決めなければならなかった。「ある者たちは——ある人文主義者はこのように冷静に書いている——人間の英知の当然の成り行きとして、死せる教皇を悲しんでいる。なぜなら、彼らは偉大な父であり主人である方の喪失に打ちのめされているからである。しかし、私利私欲の希望を失ったから悲しんでいる者たちもいる」[58]

さらにまた、人文主義者たちが支援の確保を余儀なくさせられた環境すら、いつも公平なわけでも好意的なわけでもなかった。一四二〇、一四三〇年代の大半の時期、教皇庁やフィレンツェにおいて教皇庁と結びついたサークルは、いわばひとつの煮えたぎる坩堝《るつぼ》と化し、たいそう知的でも社会的でもあるその重圧の下で、様々な知的・文化的流行は形成されていった。[59]後に、有名なラテン語の冗談集を出版したとき、ポッジョ・ブラッチョリーニは、彼とアントニオ・ロスキ、そしてその他の教皇庁の知識人たちが「嘘の工房《ブジャーレ》」と呼んだものを創造した歳月のことを、プルーストを思わせるような郷愁に満ちた筆致で回想している。その工房で、彼らは誰はばかることなく、あらゆる性的、文学的ゴシップを論じ合った。

マルティヌス五世の時代、わたしたちは教皇庁のきわめて私的な場所に集まることにしていたものである。最新情報はそこで報告され、わたしたちはあらゆる種類のものについて会話したものだった。たいていの場合、わたしたちの目的は気晴らしのためだったが、ときには深刻に論じ合った。そこでわたしたちは誰はばかることなく、わたしたちの是認できないあらゆるものの正体を暴露し続けたし、わたしたちの批判は実にしばしば教皇その人から始まったものである。だから多くの者が、自分たちへの批判から始まるのではないかと恐れることになったのだろう。主要な役割はラゼッロ・ダ・ボローニャによってなされた。彼は素晴らしい会話上手で、彼の逸話のいくつかをわたしはこの選集に収めた。アントニオ・ロスキはとても機知に富む人物で、彼もここに頻繁に顔を出している。さらにチェンチオ・ロマーノ、彼は冗談のために生まれてきたような男である。わたしはまた、まずまずのわたし自身の物語も多くつけ加えた。わたしはそれらにも趣がないわけではないと思ったのである。今日、彼らの多くは世を去ってしまい、嘘の工房はなくなってしまった。この機知に富む会話の実践が消えうせてしまったのは、時間と人間たち双方の過ちである。[60]

これらの教皇庁の役人たちは、手写本や古代遺物を蒐集し、同時代の道徳や政治に関わる問題について議論した。とりわけ熱を帯びた論争になってくると、彼らは床に転がり、互いに睾丸を握り合い、眼をつつきあったという。[61]おびただしい数の猥褻な詩、鋭い風刺、無知で好色な僧侶たちをめぐる冗談――ヴァティカンは今日に至るまで、世界でもっとも豊かな反聖職者的ユーモアの泉である――は、彼らの肖像、あるいは少なくとも彼らの精彩に富む戯画を今に伝えている。このきわめて競争的な世界で抜きん出るのは誰にとっても容易なことではなかった——重要な人脈などをほとんど持たない若者にとっては、なおさらだったはずである。

注目されるためには書かなければならなかった。説得力豊かな古典ラテン語でテクストを書くしかなかったのである。だが、技巧的なラテン語で散文や韻文を書く作家が直面した困難はきわめて特殊なものであり、その種の困難は、今日ではフランス語やドイツ語のような高度に形式化された第二外国語で出版物を書く人々にのみ知られている。ペトラルカ以降、人文主義者たちは、彼らのもっとも高く評価した古代の著作者たちのそれに匹敵するラテン語を書くことを望んだ。しかしそれを適えるには、彼らは学ぶばかりではなく、母語として話す者《ネイティヴ・スピーカー》が死に絶えてしまった、失われた文学的言語の再構築をも実現しなければならなかった。(62)

必要となる道具のいくつかは容易に見つけられた。古代の語彙や用例は欠くことのできない手助けになったとはいえ、必ずしもそのすべてが基礎となるものではなかった。セルウィウスやプリスキアヌスのような後期古代の文法学者たちは、すでにキケロやウェルギリウスとはまったく異なるラテン語を日常生活で用いる学生たちを相手にしていた。その彼らの教科書と註釈書は、語の用法や統語法の古典的パターンをよみがえらせる際の手がかりとして用いられたのである。(63) 残念ながら、これらの有益なテクストは多くの誤りをも含んでいた。古典テクストを詳細に研究すればするほど、人文主義者たちは古典時代以後の教科書を信用することはできないと感じるようになっていった——人文主義者たち自身、軽蔑しつつ剽窃《ひょうせつ》した中世の教科書にいたっては、なおさらのことであった。あらゆる人文主義者は、ほとんどの学校や大学で話され書かれていたラテン語——洗練をきわめながらも、完全に新しい《モダン》、アカデミックな専門用語《ジャーゴン》に成り果てていた——が、自分の単語の選択や構文にずっと強い影響を与えていることを知っていた。アルベルティは、対話篇『家族論』の中で、登場人物にこう宣言させている。すなわち父親は、息子たちがラテン語を学んだのは「プリスキアヌスやセルウィウスからであり、彼らは初歩ラテン語集《カルトゥーレ》やギリシア式《グレジスミ》〔十三世紀のラテン語文法書〕よりも、キケロやリウィウスやサルスティウスに親しみを感じるようになった」ことを確認しなければならない、と。このときアルベルティは、彼の属する時代にもいまだに広く用いられていた——そして誤りを流布していた——中世のテクストのことを示唆していたのである。アルベルティと彼の仲間たちは、自分たちの大部分が少年時代にそうした中世のテクスト類から学んだ二重母音を用いない綴り、不明瞭な文法、誤まった語の使用を捨て去ることがいかに難しいかを知っていた(64)。

あらゆる人文主義者はまもなく、ラテン語で書く際に公然と誤りを犯すことは、熱湯の中に突き落とされるほどの恥であると学んでいく。ポッジョ・ブラッチョリーニは、もうひとりの人文主義者ロレンツォ・ヴァッラとの辛辣な論争の途上で、この厳しい文学的事実に直面した。ヴァッラが書いた舌鋒鋭い対話篇では、偉大な教師でもあったグアリーノ・ダ・ヴェローナに仕えたコックと馬番の少年が、ポッジョのラテン語を音読して詳細に吟味する。彼らはドイツ人であり、それゆえ無知な蛮人のはずであるにもかかわらず、この従者たちはイタリアの人文主義者の何十個もの誤りを指摘する——たとえば、「退屈する」という非人称動詞は、正しくは属格と対格で使用すべきところを、ポッジョは主格の主語と、対格の目的語で用いているのである。「対格／非難すべき《アキュザティヴ》」という言葉の〔二重の〕意味をもじりながら、コックは、「ならばわたしたちも彼を非難し《アキューズ》よう」と語る。これに対して、馬番の少年ドローモはこう答える。いや、「むしろ彼を鞭で叩こう」。つまり、文法上の過ちを犯した生徒に加えられる標準的な罰を与えるべきだと主張しているのである(65)。

内容についての誤り——神話上の人物を誤まった場所に置いたり、歴史上の人物を誤まった時代に置いたり、あるいは古代史を疑わしい方法で解釈すること——は、ときにはまさしく破滅の呼び声になりえた。ミラノの学者、アンジェロ・デチェンブリオによる対話篇は、ウゴリーノ・ピザーニに降りかかった怖ろしい運命を記録している。ピザーニが書いたのは、鍋とフライパンを登場人物とするラテン語の対話篇であり、彼はその写しを一部、教養ある君主レオネッロ・デステに進呈しようと試みた。ところが、デチェンブリオによれば、ピザーニの得た報酬は、フェッラーラの大胆不敵な若きラテン語詩人ティート・ヴェスパシアーノ・ストロッツィの手による公然たる侮辱であった。ヴェスパシアーノ・ストロッツィは、ピザーニの犯した多くの趣味上の誤りと節度ある表現を無視する態度を、逐一すべて串刺しにして悦にいったのである(66)。これに類した批判的な議論——アラゴン家のアルフォンソのナポリ宮廷でもこのような議論は起きており、そこでは博識な王アルフォンソ自身が宮廷に学者たちを招集して公式の「読書会」を催し、互いにラテン語の散文を切り刻み、ずたずたに酷評するのを、喜んで聞き入った——は、その目的と効果の点で、純粋に破壊だけを目指すことさえありえた。参加者は相手をつぶすために読んだのである(67)。

ペトラルカ以降、こうして鞭で打たれることを避けようとした人文主義者は、自分の読書とともにその著作をも、体系的で長期にわたる学問的営みとしなければならなくなる。たとえば、ペトラルカ自身、新しい規則と際立った変化に気づくたびに、自らの著作を書き直した。彼が改訂を加えるたび、詩的な実名詞は散文的な実名詞に、仮定法は直説法に、従属構文は並列構文に取って代わっていった。[68]彼はクィンティリアヌスによるローマ時代の修辞学教本の中で、弁論家は下書きを「校訂」しなければならないので、書くために用いる蠟板には追加と訂正のための十分な余白を取るべきであるということを読んでいた。クィンティリアヌスの警告によれば、そのための余白を少なくしすぎると、書き直しはいい加減となりうる。「わたしは経験から、このことはたいそう真実であると知っている」とペトラルカは書いている——それもまさに彼の所有していたクィンティリアヌスの写本の欄外余白にである。[69]彼は『自らの無知と、他の多くの人々の無知について』の分厚い増補版を、友人であるドナート・デリ・アルバンツァーニに誇らしげに贈呈し、さらに献呈の辞をしたためた手紙の中でその事実を記している。彼はまるで皇帝ネロのごとく、自らが多くのものを「並べ替え、挿入し、行を積み重ねた」と自慢げに語っている。そうすることで彼は、そのテクストのみならず写本の著作権をも自ら所有していることを証明しようとした——そして苦労して改訂したその版本に注目を促したのである。[70]

一四〇〇年以前から、何人かの人文主義者は「校訂」を、自分たちの著作を構成する際の通常の一段階としてばかりでなく、他者に提供しうる専門的な奉仕活動でもあると見なし始めていた。サルターティ——彼はフィレンツェ共和国の先行きに身を捧げたのと同じくらい、少なくとも、ラテン語の適切な綴りと発音の訓練を他者に伝えることに身を捧げた——は、フィリッポ・ヴィッラーニによるフィレンツェの歴史についてのラテン語の著作を改訂し、その中にサルターティ自身の伝記の最初のヴァージョンを加えた。[71]より後の世代に属する博識な好古家フラヴィオ・ビオンドは、異なる三都市に住む三人の博識な友人たちに著作のひとつを送り、彼ら全員がそれを読み評価を下すまでは公の眼に触れさせないように指定した。[72]しかし彼の警戒は裏切られることになる。彼の死後、卓越したラテン語の書き手でもあった人文主義者の教皇ピウス二世は、博識なビオンドは「自分の書いたものを十分に慎重に見直さなかった」と同情するようなふりをして嘆き、もっと熟練した著作者がいつか「ビオンドの著作を校訂し、飾り立てて」ほしいと希望を述べている。[73]

校訂は劇的に重要なものとなった。校訂は、人文主義者各自の演じなければならない、形式的な男性同士の友情ゲームにおける、ひとつの絵駒と化した。ビオンドが自らのイタリア史をラーポ・ダ・カスティリオンキオに送り「読んで、さらに批判的に再読してほしい」と頼んだとき、ラーポは、ビオンドがまだ会ったこともない学者である彼に対して、異例の敬意を払っていると思った。「なぜなら、わたしたちは通例、長い間固い友情を結んできた、頼りになると知っている親しい者同士以外とは、そのようなきわめて大切で個人的な努力を共有しないからです」。結果的に、ラーポはビオンドの著作を読むうちに、「わたしに向けるあなたの想いを語る誓いと証言」の虜になっていったことを自覚し、「それゆえわたしも、わたしたちの間の友情を望みます。その友情はこのようにして始まりながら、永遠に、あるいは少なくともこれから長い間続くはずでしょう」[74]と言っている。彼らは二人ともアルベルティの友人だった。アルベルティはビオンドの身振りとラーポによるその解釈を知っていたことであろう。

さらに、十五世紀の最初の十年間において、熟練した編集技術の細部および慣習は論争の的となり、また文学作品をめぐるテーマとして自立するようになっていく。強い影響力を誇ったサルターティ、そしてブルーニやポッジョのようなサルターティのサークルにいた若者たちも、著者は自らのことを「わたし」と呼ぶべきかそれとも「わたしたち」と呼ぶべきかを定めることに身を捧げた。彼らは普通に用いられるラテン語の単語の綴りについて、尽きることなく悩んだ。今日では、「無《ニヒル》（nihil）」と書くべきか「無《ニキル》（nichil）」と書くべきかをめぐる議論は無駄騒ぎに思われるかもしれない。しかし、それらの一見したところ瑣末な議論は、人生と芸術をめぐるひとつの全体様式に関する、もっと大きな論争を反映していた。その論争の主役たちは、最初の近代的な美学運動に似た何ものかを形成したのであり、その結果の中には、きわめて基本的な技である書くことそれ自体の変容すら含まれていたのである。[75]テクストの創造的な訂正——当代《モダン》におけるラテン語による書き方の体系的改良——は、人文主義者たちにはたいそう刺激的なものに思われ、その結果彼らは、テクスト編集に含まれる魅惑的な側面、ないしは醜聞的な側面を文学作品の中に組み込むようになっていった。すでに見たように、ヴァッラはポッジョを「校訂する」召使たちを描いた。彼はさらに、自らの個人的かつ学問的な厳しい論争相手であるベッカデッリをも登場させ、プラトンによって語られたある逸話を「校訂」させる役を与えている。[76]

古典古代のラテン語の著作者たちも、ときとして文学作品の校訂について記述している。たとえば、タキトゥスは、役に立つ批評をしてもらうことを期待して、大声で自作を朗読した弁論家から詩人に転向したある人物について描写している。[77] 一四二〇年代にドイツのヘルスフェルトにあった一修道院で発見されたこの作品は、アンジェロ・ポリツィアーノのようなフィレンツェの読者を興奮させ、人文主義者たちのテクストを作りだす手続きに役立つ、古代の先例が存在したことを確かに示した。[78] しかし、一四二〇年代および一四三〇年代の人文主義者たちは、タキトゥスの『弁論術についての対話』を知らなかった。詳細な逐語的編集の様々な側面は、それの喚起しうるサディスティックでもマゾヒスティックでもある歓びすべてとともに、人文主義者たちがもっとも賛美した古典テクストにおけるよりもはるかに顕著なかたちで、ルネサンス文学の一部と化したのである。明らかに、校訂はこの頃、新機軸と流行の魅力によって輝いたのであり、おそらくそうした実践を今日担うのは、たとえばネットサーフィンやウェブ・サイトのデザインのようなものであろう。

フィレンツェの文化生活の中心人物のひとり、ニッコロ・ニッコリが最初に有名になったのは、当代《モダン》のいかなる著作者も実際のところラテン語のまともな作品を書くことができないので、編集作業は無益であると強く主張したときである。ニッコリはある種の権威とともに語ることができた。なぜなら彼は精神的にも物質的にも、頼るべき豊かな資源を持っていたからである。彼は八百点ほどの古典の手写本のコレクションを作るために、ポッジョや他の本の渉猟者たちとの共同作業に費用を費やした。このコレクションは後に、ルネサンスの最初の公共図書館、サン・マルコ図書館と化した。[79] 彼はまた、古代の貨幣や彫像をも蒐集し、自分の家を最初期の古代美術館のひとつへと変え、そこで彼は宝石やカメオを扱い、またその価値を査定した。[80] ニッコリの伝記を書いた博学な「カルトライオ」、すなわち書籍商のヴェスパシアーノ・ダ・ビスティッチは、老人ニッコリが古代ローマ人と同じように彼の輝かしい水晶の皿で食事するのを見るのは「洗練された歓び」だと思っていた。[81]

古典的なものの鑑定家として認められていたニッコリは、いかなる現代《モダン》の学問も雄弁も、古典に匹敵する価値を持つとは認められえないと繰り返し主張した。F・R・リーヴィス〔二十世紀のイギリスの文芸批評家〕のルネサンス版でもあるかのように、ニッコリは、何かをつけ加えようとするあらゆる努力を根絶やしにすることで、文学的伝統を守ろうとしたのである。ニッコリに対して寄せられた少なからぬ酷評――彼は多くの人を魅了もした――は、この卓越した批評家の活動の鮮明な肖像画を提供している。それらの酷評は、まだ高く評価されていたニッコリの傑作のひとつの名声を台無しにしてしまったほどである。[82] レオナルド・ブルーニは、有名な二部構成の対話篇の第一書にニッコリを登場させた。ブルーニが描いたニッコリは、フィレンツェの古典——ダンテ、ペトラルカ、ボッカッチョ——を賛美する代わりに、文法上の正しさと修辞学的礼節を修正できないほど歪めてしまったという理由で彼らを糾弾した。たとえば、ダンテは、ウェルギリウスのテクストを誤解したばかりか、大きな歴史的・文学的誤りをも犯した。「ダンテは市民戦争で非業の死をとげたマルクス・カトーを、長い白い髭をたくわえた、とても年老いた老人として記述した——これは明らかに無知の証である。なぜなら、マルクス・カトーが人生を終えたのはウティカにて四十八歳のときであり、人生の絶頂期だったからである」。さらに悪いことに、ダンテはローマの自由を守るためにカエサルを殺したという理由で英雄ブルートゥスを地獄に追いやって罰を加えた——ダンテはローマの君主制を終わらせたそれ以前のブルートゥスについては、理想郷に位置づけたにもかかわらずである。ニッコリによる批判は、「フィレンツェの三人の栄冠」を、「ラテン語らしさ」を欠いた人文主義時代の最悪の文学的罪であるとして否定した。歴史的・文学的な礼節をめぐるニッコリの意識をさかなでするこれらの例は、彼らの著作への非難へと結実したのである。[83]

しかし、ブルーニの著作の第二書では、ニッコリは——史実の個人ではなく、文学の登場人物として——自らの攻撃を撤回し、現代人《モダンズ》も価値ある何かを書くことができるというテーゼを気乗り薄ながらも支持する発言をしている。[84] そして事実、一四二〇年代と一四三〇年代には、生は芸術を〔つまり実像は虚像を〕模倣することになった。F・R・リーヴィスはマックスウェル・パーキンス〔ヘミングウェイやトマス・ウルフを世に送り出したカリスマ的編集者〕になったのである。ニッコリはポッジョや他の著作者たちと共同作業を開始し、彼自身の古ぼけた修辞学的・哲学的基準によっても受け入れられうる作品を作り出そうと試みた。著作者および書家についての鑑識眼に優れたヴェスパシアーノは、ニッコリが専門的な編集者のような何かに変わっていったと回想している——彼は、多くの著作者が探し求める存在になったのである。もっともニッコリは、わずかの著作者と仕事することのみを選んだのだけれども。

　ある日、ひとりの学者が自分の書いたいくつかの作品を彼〔ニッコリ〕の下に届けに来たことがあった。しかしそれらの作品の主題も様式もニッコロの好みではなかった。取り分けられたその一部を読み終えた頃、それを書いた学者はニッコロの意見を尋ねた。しかしニッコロはそれを渋り、彼を怒らせる気になれず、こう答えた。「わたしはあなたの著作を考慮する前に、すでに名声ある著者たちによる何百冊もの著作を棚上げしているのです」(なぜならその頃のあらゆる著作者は、彼に自分の作品を読んで意見を述べてくれと頼んだからである)。そして取り分けられた手写本をその書き手に返した。書き手はたいへん驚愕し、彼の評価はいかなるものであるかを知ることはできなかった。(85)

ポッジョの描き出したニッコリの肖像は、これに比べるとあまり友好的ではない。

多くの者がわたしを悩ませ、彼らの愚かさをわたしに誉めさせようとする。彼らは自分たちが生み出した何かを持参する——味気ないものもあるし、混沌としたもの、下品なもの、厠《かわや》に持っていく以外に価値のないものもある——そして彼らはわたしの意見を求める。わたしは率直に語るのが常であり——なぜならわたしは悪い詩人を誉めることなどできないのである——真実を語る。わたしは彼らにそれを公刊してはならないと警告し、それを禁じ、その作品の欠陥を暴露し、彼らの書くものは雄弁でもなく、重みもなく、様式にも節度にも欠けており、よいラテン語、あるいは正しいラテン語で書かれてもいないと強く主張する。しかし、自分を過大評価する厚顔無恥な者たちもいて、彼らは怒り狂い、わたしが嫉妬に駆られているなどと、こそこそ噂して不満を語るのである。(86)

明らかに、誠実にニッコリを賛美した者たちでさえ、彼を外交術に長けた編集者とは見なしていなかったのである。

ポッジョはニッコリの編集方法を間近で知っていた。吝嗇という緊急を要する同時代的問題についての対話篇を完成させたとき、ポッジョはそれらの対話篇をニッコリに送って批評を願い出た。(87) しばらくたっても、ポッジョには何の音沙汰もなかったため、もちろん彼は神経質に震え上がった。ニッコリの評価が返ってくると、不安は絶望へと変わった。ポッジョの友人は、対話の登場人物たちに与えた名前から、採用したラテン語の文体に至るまで、すべてに大改訂を加えなければならないと答えたのである。編集者からの厳しい手紙に答える現代の作家のように、ポッジョは、他の博識な人文主義者たちは彼の作品を読んで「認めた」と悲しげに返事を書き送った。しかししばらくすると、彼はニッコリの正しさを認めるようになった。「すべては、あなたの意に適うよう磨き上げられなければならない」[88]。編集者という存在が求められるようになったのは――あるいはその分野で働く人たちが自分たちは「飲んだり遊んだりばかりしているわけではない」と文句を主張しはじめるようになったのは――印刷技術が発明されてから、というわけではなかったのである。

　これに応じて、人文主義の著作者たちは、自らの作品の何がしかを公刊するやいなや、鋭い批判を待ち受けるようになった。少なくともフィレンツェでは、そのような議論は力強い建設的な目的を目指して行なわれると語られていたのは確かである。だがそこにおいてさえも、訂正は――ポッジョによって賛美された機知に富む会話のように――潜在的には社会的リスクを伴っていた。他の人文主義者の批判に自らの作品を委ねた学者は、アルベルティの友人ラーポが語ったように、そうすることによって「愛情を公然と明かした」のである。誰かの「個人的で自前の研究」を共有することは弱みを作った――そしてそうすることは他者への信頼を宣言することでもあった。しかし、卓越した、アルベルティのもうひとりの友人レオナルド・ダーティのような批評家でさえ、容赦なく鋭い論評を加えた場合、助言を求めてきた人々に対して弁明しなければならないと自覚していた[89]。批評が臆病な著作者たちに好意的ではないのは――十五世紀のフィレンツェから一九五〇年代のアメリカに至るまで――どの世代でも変わらないのである。

　アルベルティもまた彼らと同じように、人文主義の著作者になるための危うい地盤を歩んでいるという自覚を持っていた。それゆえ彼は、いつものように警戒を怠らないやり方で歩みを進めた。つまり彼は、比較的短い、実験的な小品を散文と詩で書くことから始めたのである。それらの小品は読者としても著作者としてもアルベルティが強い力を持っていることを証明した。彼はまもなく、ギリシアの著作者ルキアノスの作品群の中に、開拓するに値する特に肥沃な一領域を見出した[90]。ルキアノスの風刺的テクストは十五世紀にはたいそうな人気を得ていた。ルキアノスの短い対話篇はギリシア語の学習を始めた学生たちにとっては理想的な教本となった。それらの対話篇は、巧みに書かれた古典ギリシア語の例と、有益な歴史的・神話学的情報の宝を同時に提供した。ルキアノスがもっとも力を込めた風刺作品は、人間の愚かさの辛辣で忌憚《きたん》のない肖像と、男女の神々および信仰や実践についての生気に満ちた記述を含む豊かな源泉、ノートに書き写すことができ、さらに新しい目的のために適用することができる素材集だったのである。

　アルベルティの入手できたルキアノスの新作は、通常はグァリーノやラーポらの手によって実現された新鮮なラテン語訳であり、それが届くたびアルベルティは繰り返し、それに対する競争を挑むための作品を書きたいという衝動に駆られた。グァリーノが翻訳したばかりの蠅を賛美するルキアノスの弁論を読んだとき、アルベルティはその面白さのせいでわずらっていた熱が下がったと述べ、同じ話題をめぐる自分自身の著作を書いた――それはまばゆいばかりに見事な英雄茶化しの演説《スピーチ》であり、その中では蠅の慈悲心と英雄的陶酔がとめどなく賛美されている(91)。

　このルキアノスの方向に沿ったアルベルティ初期の実験的作品は、たいていの場合、短い対話篇や物語の体裁をとるのが常だった。これらの作品を彼はいずれ『食間作品集《インテルケナレス》』と題してまとめることになるが、これらは明確に娯楽を目的としていた。彼はそれらを「宴会や酒席のたびに、もっと簡単に読まれるようにすべく、短篇集として」まとめたと説明した。それ以前のラテン語での著述と同様に、ここでもアルベルティは、人文主義者の仕事としての形式的悪戯の価値を認めていたことを明らかにした。初期の「食間作品」の一編「病める者」では、アルベルティは、不満家の知識人が幽霊になって自分の葬式を眺めるという体験を記述しているが、アルベルティはその主人公に弔辞それ自体を批判させた。そうすることによって彼は、そうした文章を書く自らの腕前を誇示したのである。

> 　わたしの学識、知識、才能、自由学芸の研究、剛毅、持続性、慎ましさ、抑制、貞潔、思慮、判断力、歴史の知識、賢明について、彼は一言も語らなかった。彼はわたしの高潔さと尊厳のあらゆる側面を語らずに通り過ぎた。

　このひどい状況をさらに辱めたのは、この弔辞を語る司教が、書くこともさることながら演説もそれに劣らずへたくそだったことであり、司教は「夜警に助けを求める者のように大声で」わめき、腕を振り回した(92)。これに限らず、アルベルティの初期作品は総じて、どこか型にはまった登場人物の趣を留めている。それらの作品はたしかに入念に書かれてはいるが、最近になってようやく形式的訓練を終えたばかりの人間の仕事であることもまた事実なのである。

　しかし時とともに、短い対話篇形式はアルベルティの手にかかると、きわめて柔軟性に富むものになると判明した。彼はこの形式を多岐にわたる多様な話題を扱うために使用した。それらの話題のいくつかは、彼が直接に関わった社会的・文化的環境における激しい論争の焦点となった。十五世紀の人文主義者たちは、次第に、高徳な世俗的生活という古代的概念を再生させていった。それは世界の中で生活し、自らの幸運を建設的な目的のために用いる堅実な人の生活である。レオナルド・ブルーニたちは、家庭の維持について議論し財産の生産的な使用を擁護したアリストテレスとクセノフォンの古代の著作を翻訳して、それに註釈を加えた。[93] 一四二〇年代には、少なからぬ人文主義者が、そうした論争の焦点となる一連のテーマに自著を捧げた。ある者は、金銭の追求を反社会的ないし罪深い行為として否定した。またある者はそれを、社会を維持するための生命線として擁護した。さらにある者は――長大な対話篇を吝嗇に捧げたポッジョのように――いずれの立場の意見をも、また他の意見をもこき下ろした。[94]

アルベルティは『食間作品集』のある作品の中で、いまだ傷ついた孤児としての苦々しさをふんだんに盛り込んでこれらの問題を扱っている――あるいは少なくとも、自らの感じた苦々しさを、彼の代弁者として用いた祖父ベネデットの口に語らせている。追放され、死の床に横たわったベネデットは、友人たちから遺言を残すように促される。ベネデットは友人たちに、遺言には何を含めればいいのかを尋ねた。すると友人たちは、ベネデットはトスカーナで最も裕福な人間なのだから、土地と財産を処分するべきだと答えた。

彼〔ベネデット〕は語った。「わたしがこれまで知らなかったり、存在に気づいていない財産は何もないことを君に保証する。君の言わんとしている財産については、わたしは今やわたしの所有物だとは思っていない。しかし若い頃のわたしは、誤まった考え方をして長年働いたし、すべてを自分のものと見なした。それらは、広くひとりの人間に属すると考えられている。わたしは同郷人たちの一般的な使用法を踏襲していたし、人々がそうするように、わたしの土地、わたしの財産、わたしの富と呼んだ」

「しかしそれらはあなたのものではありませんか」と彼の友人たちは尋ねた。

「そうではない」とわたしの祖父は答えた。「さらに君たちを驚かせるかもしれないとしても、わたしは長い間、わたしの心を閉じ込めているこの身体さえも、実はわたしのものではないと考えてきた。なぜなら、どれほどこの四肢がわたしの意志に反して冷たさに、熱に、あるいは様々な苦痛に屈してきたか、そしてどれほどわたしの高貴な意図や願いを妨げたり、対立してきたかを覚えているからである。どれほどこの身体が飢えや渇き、あるいはそれ以外の辛く野蛮な必要に駆られつづけてきたかを忘れることはできない。そしてわたしはこう考えるのである。ある日、わたしたち人間の細事の支配者である運命は、わたしからあらゆる富と所有物を剝奪し、さらに故郷さえ奪い去り、わたしを追放したのである。ならば、過去も現在もあわせて、わたしのものであると呼ぶことのできるものなど、あろうはずもない」

「今では、人間生活における富は球技の試合のようなものである。なぜなら、長い間球を手で摑んでいてはならず、技を駆使して球を投げ、正確に戻すことこそ、勝利の手助けともなるのだから。そうだとすれば、幸せに寄与するのは富を所有することではなく、富を使用することなのだとわたしは判断する」

アルベルティがここで切り出した問題——家庭の富の使用法と市民生活、人間の振舞いを支配する運命の力、存在の基盤が簡単に失われてしまうこと——は、すべて、彼のその後の執筆活動の中に頻繁に現れるはずである。それが彼の文学的方法だった。その方法によれば、念入りに組み立てられた議論ではなく、むしろ精彩に富む隠喩が、人間存在のあらゆる脆さと暗さを浮き彫りにする。食間作品の中には精彩を欠くものもある——たとえば、たいていの女性は一般に悪行に惹かれる癖を持ち、特に性的な不実を常とするという信念をアルベルティが頑固に展開した作品などである。しかしそれ以外のものでは、アルベルティは力強い新しいイメージを作り出した——たとえば、とあるトスカーナ地方の聖堂を支える礎石たちが「自分たちの背中を圧迫する不遜で怠惰な石たち」への隷属に対して反抗する短いテクストはその一例である。礎石たちは支配を打破することに成功し、光と太陽を手に入れる——しかしその瞬間に聖堂はすべて倒壊してしまうのである。残骸を掃除した石工たちは、かつての礎石たちをモルタルの材料にするため粉々にしたり、組み立て直して、縫子の使う寝台にしてしまった。革命を企てた石たちは嘆き悲しみ、他の石たちにこう警告する。「たとえ有害で不正なことだとしても、変化を追いかけるよりは、古代の慣習を許容するほうがずっとましである。変化を追いかけたせいで、お前たちとその他の石たちは捨てられてしまったり、壊されてしまうことさえあるのだから」——少なくとも後から読み直してみればの話ながら、これは実に挑発的な発言である。

なぜならこの将来の建築家はいずれ、彼の一族の富と地位を根絶やしにした、もっぱら自分たちのためだけに財産を消費する類の市民生活にふけったフィレンツェの悪癖を否定することになるからである。[95] 文学の価値と厳格な家計維持、産業の死活的重要性、そして占星術師たちの蒙昧——これら、そしてそれ以外の様々な政治的・社会的話題が、アルベルティの小品では説得力ある議論として提示されている。彼はおそらく一四四〇年代初頭にそれらをまとめた選集を作るけれども、それ以前にもすでにいくつかの小品を公刊していた。

だが、『食間作品集』全体を通じてもっとも際立つ特徴のひとつは、実に多くの紙面を割いて、著者は著作者の道を失敗だったととらえ、不安定な境遇を嘆く自分の感情を表明し、より多岐にわたる条件に照らしてそれらの問題を分析していることである。ときにアルベルティは、あらゆる努力の末に結局は破滅にしか導かれなかった神経質で性急な人物、レピドゥスとして自らを描き出した。

> なぜなら何らかの運命のため、誕生してからずっと、わたしが望むたびに少なからぬ事件が起きたからである。あらゆるものがわたしの希望や予期に反して生じるのがまことに不思議である。わたしが誠実と愛情によって友人を作ろうとすると、敵を作ってしまう。自由学芸の研究によって人々から愛されようとすると、妬みによって返される。平穏に慎ましく、誰も攻撃することのないようにと心がければ、中傷者、批判者、隠れた攻撃者、そしてわたしの計画や立案を台無しにする不心得な裏切り者たちに出会う。要するに、わたしが引き受けたり追求したりするものはすべて、わたしの望むようには立ち行かないのである。

食間作品のひとつ「指輪」では、アルベルティは、古い素材を手本にして新しい芸術作品を作りだすための方法を確立しようと試みる芸術家、フィロポニウスとして自らを描き出した。フィロポニウスは視覚芸術の一形式に携わる実践者であり、著作者としてのアルベルティと見事に平行している。「ミネルヴァよ、人々はわたしにこう約束した」として、フィロポニウスはこう不満を述べる。

> 聖なる泉から石を精選して拾い集め、それらの汚れを取って磨き上げ、それらを祭壇に捧げて子孫たちの燭台を飾ることによって、わたしはあなたの好意を勝ち得るだろうと。わたしは何か仕損じただろうか。わたしの努力はまだ足りないだろうか。三十日目になって

ようやくわたしは三十個以上の貴重で美しい石を集めることができたことを、あなたは否定できるだろうか。しかしわたしの手にした報酬はいかなるものだったかを忘れまい。わたしは清められ、磨きぬかれ、様々な切子面に刻まれたいくつかの石を差し出した。どちらかといえば慎ましいものだったそれらを貶《おとし》めたり、公然とあざける人は誰もいなかった。しかし彼らはこう文句をこぼしたのである。すなわち「これらは古い真珠には比べようもないし、多くは傷がついている」。そして彼らは立ち去っていった。他の例も語ろうか。どれほどしばしば、困難な時期と悪人たちが（できればわたしにいかなる神をも攻撃させないでほしい）この仕事を選んだことをわたしに後悔させたことだろう。誰もがこれらは間違っていると同情してくれたのであり、わたしをこれほど多くの障害に直面させるあなたを憎んでも仕方がないではないか。それなのに、あなたはわたしを苦しめる新たな計画を立て、聖なる泉から砂金を集めるように促した。わたしは従った。あなたは指輪を作るようわたしに命じた。わたしは従った。あなたはその指輪に銘文を刻み、模様を刻むように命じた。わたしは従った。あなたはわたしにそれらを展示しろ、それが売れたら貧しさの厳しい足かせから逃れることができると促した。さらに、わたしの仕事がいかに馬鹿げていて、いかに無益かをわたし自身が知っていたにもかかわらず、なおわたしは、わたしが頑固であると難じるあなたの非難を避けることに同意した。しかし、市場、劇場、会館、交差点、さらに宿屋までわたしが足を運んだ際に、何が起こったか。夕暮れになっても、誰ひとりとしてわたしの作った細工など身につけておらず、ほとんど誰も見向きもせず、そんな金など売れるはずはないと否定する人さえいた。そしてわたしの宝石たちを否定しなかった者などいただろうか。「これは粗雑だ」と彼らは語り、誰も手にしようとしなかったのである。

このテクストでアルベルティは、自らの分身の文化的ペシミズムを根拠薄弱なものとして取り扱っている。もうひとりの登場人物である「忠告」の寓意像は、フィロポニウスに文学の市場〔のような識者のつどう場所〕へ出て行くことを、しきりに薦めるのである。

わたしは黙っていることができず、あなたに語らなければならない。フィロポニウスよ、あなたは完全に間違っている。わたしは常々あなたに、あなたの友人たちがあなたに与えたあらゆるものを語り聞かせてきた。わたしはあなたに繰り返し、あなたは数多くの貴重で価値あるものを所有していると語ってきた。あなたがそれらを持っていることを示しさえすれば、それらは、それらを欲しがる人たちによってあなたの考える以上に高く見積もられるだろう。この泉から、あなたはどれほど多種多様の優雅な石を手に入れることだろうか。まさかあなたがその数を知らないなどとは、わたしを殺す気なのだろうか。だがいかなる特質のものであっても、あなたはそれを公のもとに示さなければならない。無知なる民があなたを賞賛しないだろうというわけか。哀れな者たちは買ってくれないだろうというわけか。そのような者たちは、あなたの宝石の価値にいささかの傷をもつけないはずである。もしあなたが賢明ならば、あなたはあなたのなすことすべてに最善を尽くすだろう。自分自身を裏切ってはならない。それらを外に出して、示したまえ。

　最後には「才気」、「忠告」、「自信」、そしてミネルヴァがフィロポニウスをなだめすかして、「博識な人々」と「専門家たち」の待ち受ける「バジリカ」の中へ入るよう、彼を説得あるいは強要することに成功する。「博識な者は博識を手放さないだろう、もし彼らが本当に博識ならば」と「自信」は語る――これはレオナルド・ブルーニがラテン語に翻訳したギリシアの著作者プルタルコスの『アントニウスの生涯』の一文を引用したものである。この引用は、自らの作品群がローマとフィレンツェにいる熟練した読者たちから歓迎されるだろうというアルベルティの希望を表現している。[96]

　しかしたいていの場合、アルベルティの初期作品に染みわたっているのは、落ち着いた自信や正当化された誇りではなく、傷つきやすさと絶望の調子である。彼はたびたび、なぜ文学の力が社会的・文化的成功を彼にもたらすと確信しているかを明らかにしている。彼の議論によれば、彼が仕事をした環境を性格づけていたのは、著作者間のしのぎを削る競争、批評家たちの側の熾烈な厳しさ、あらゆるライバルたちを凌駕しようとする意識的な努力、すべての当代《モダン》の著作者たちとその作品に、きわめて高度なひとつの標準――それも同時代のいかなる著作者にとっても高望みとなるほどの標準――を適用しようとする、過剰なほどの固執である。アルベルティは自分が書いたものを尊敬する批評家たちの判断に委ねるため、彼らに送ることを習慣としていた。彼は兄のカルロに『文芸研究の利益と不利益』を校訂してくれるように頼んだ。さらにアルベルティはレオナルド・ブルーニを促して、『食間作品集』の第二書を読み直して校訂してもらった。アルベルティはさらに数年後には、自らの書いたイソップ風寓話についてのイソップ自身による見解を求めさえした。イソップはそれに好意的に答えた——少なくともアルベルティがイソップの名でしたためた返事から判断すれば[97]。

しかし、批評家たちはそれらの新しいテクストをきわめて批判的に読み、しかもその著者の意図にはほとんど関心を持たなかったため、彼らの判断はアルベルティを憤慨させるだけであった。「判断が際立っている学者、あるいは他の人々の意見と相容れるような判断をする学者はひとりとしていない。誇大な表現だけで大喜びの者もいれば、小品はすべて辛辣で厳しいものだと見なす者もいる。さらに他の者たちは、花のような装飾、優雅に屈曲する句、そして読んでいくほどに回転する句点を摘み取って蓄える。だがほとんどの者は、著者の才気の力やその技における方法に注意を払わない」。アルベルティはこう不満をぶつける。すなわち、これらの条件の下では、たとえキケロであっても「どうやって語ればいいのかを忘れてしまうに違いない」。批評は、アルベルティの雄弁を研ぎ澄ますにはほど遠く、それどころか彼を沈黙させるほど脅かした。フィレンツェの知識人たちの世界が発展させた集団的著作権の認定は、誤りを防いで標準を確立するための方法というよりもむしろ、怒り狂う愚者たちによる陰謀の方にはるかに似ていたのである。

アルベルティは知的な執筆活動を台無しにしてしまうという理由で、批評家全般を叱責しているばかりではない。彼は同時に、自らの念頭にあった批評家の姿をも明確に示している。少なからぬ作品において、彼はとりわけ批評的で無愛想な環境としてトスカーナを記述した。そしてトスカーナでも特にアルベルティはニッコリという批評家中の批評家を誰よりも危険な存在と見なした。一四三〇年代のはじめ頃、アルベルティはすでに「食間作品」のひとつ「病める者」の中でニッコリをからかいだしている。死者である主人公は、貴重な図書館、古代コレクション、「銀で装飾された多くの輝かしくも豪華なギリシア語とラテン語の巻本」、そして「わたしに喜びを与えてくれた、わたしの彫像、絵、その他の作品」を彼の後継者たちが売り払ってしまったことへの辛辣な不満を述べている。だが、彼が執筆途中だったテクストの運命については、より大きな嘆きを語ってさえいる——それは「大雑把でまだ彫琢されていないまま」の歴史書だったが、彼の親族たちはそのページをばらばらにし、やはり彼が遺産として残した特に貴重な膏薬の包み紙に転用してしまったのである。アルベルティはこれ以上に明確に、ニッコリの姿を髣髴とさせることはできなかったはずである――ニッコリもまた偉大な愛書家、蒐集家、病的なほど自己批判的な学者であり、自らの書いたものを公刊しようという気を一切起こさなかったからである。

あるいは、少なくともこの二年後までは、このニッコリ像を超えるものをアルベルティは示しえなかったというべきかもしれない。この二年後、アルベルティはしばらくフィレンツェに滞在していた。他の多くの人々と同じくアルベルティもまた、深く知れば知るほど、ますますニッコリには耐えかねると思い知らされるようになった。その結果、アルベルティはひとつのテクスト集を、ニッコリの名声を打ち砕くために捧げたのである。レピドゥス（アルベルティ）とリブリペータ（「本の猟犬」ことニッコリ）との間で語られるこれらの対話篇で、ニッコリは本を読むことではなく本を買い集めることにのみ専心する、不信心で皮肉な人間として登場する。身の毛もよだつような対話篇のひとつでは、リブリペータ（ニッコリ）は下水道の中から現れる。レピドゥスは、この蒐集家は下水道の中に価値ある本が沈んでいるという噂を聞いたに違いないとほのめかす。しかしリブリペータの説明によれば、実は夢想家たちの島から戻ったばかりだったのである。その際、彼は人間たちの顔によって作られた、奇妙に固い河を越えなければならなかった。その顔たちは渡ろうとするあらゆる人に噛みつき、それ自体で球のように転がり、辺りを走り回るのである。「もしわたしが、自分の歯によって人を傷つけることに慣れておらず、さらに――そうリブリペータは語る――絶え間ない侮辱と喧嘩のため、かまれ続けたわたしの皮膚が鍛えられていなければ、君はわたしの四肢が切り刻まれてばらばらになった姿を見ただろう。しかし天に感謝したい。なぜなら、わたしはその河を無傷で渡りえたからである」[98]。この批評家は少なくとも厚い皮膚という美徳を持っていたわけである。だが他のところでは、ニッコリは野蛮で厭世的な衒学者として登場する。他人の著作への絶え間ない彼の批判は、改善のためではなく、著者たちの自信を破壊することを目的としていた。しかし、多数の若い人文主義者たちにはこれと戦うために必要とされる芸術的手腕や文学的武器、鎧を自信に満ちて操作する能力があったにもかかわらず、アルベルティの対話篇群もまた、そうした戦いによってもたらされた知的損害を強く印象づけている――その知的損害とはつまり、偉大で他に譲りえない古典の存在ばかりか、批評家たちによる中傷によっても強いられた傷つきやすさと憂鬱である。兄カルロに『文芸研究の利益と不利益』を編集し校訂してくれるよう頼み、ポッジョやブルーニ、さらに数学者パオロ・トスカネッリのようなフィレンツェの人文主義者たちに『食間作品集』の修正を依頼したとき、アルベルティは、自らが現実的な被害として被っていたものに対する防御幕を探していたのである。

あらゆる困難を乗り越えて、アルベルティはかろうじて書き続けた――そして、「指輪」の架空の主人公と実によく似て、古代の素材を洗練された新しい方法で結びつけ、改善することに成功した。彼はさらに重要な物質的支援をも手に入れた。教皇エウゲニウス四世は彼をフィレンツェ郊外の小修道院の院長に取り立て、私生児として生まれたにもかかわらず聖職者の位階に加わることを許す勅令を発行した（勅令がなければ、そのハンディキャップのために、アルベルティが司祭になることは妨げられたはずである）。まもなく彼はフィレンツェ大聖堂の司教座聖堂参事会員となった。アルベルティが受け取ったこれらの尊敬の証および収入源は、教皇庁の重要人物たちが彼の能力を発見したことを告げるしるしである。彼はまもなく自分の地盤が固まったと感じるようになった――その地盤は、論争を仕掛けてきたある友人に対して次のように示唆することができるほど堅固なものだった。アルベルティはその友人に、今は財政的な安定を楽しんでいるし、教皇庁の尚書院長グラード大司教ビアジョ・モリンとともに、「通詞官《インタープリター》」という有益な仕事に就くことさえ叶えられたのだから、と語っている[99]。

一四三二年末から一四三四年の三月までのある時点で、モリンはアルベルティに、ローマ皇帝ユリアヌスによって死刑に処せられたポティトゥスの生涯から始まる初期キリスト教の殉教者たちの伝記集を書くように依頼した。モリンはおそらく、文書官としてのキャリアを歩みだした若者たちに文学的パフォーマンスを行なうよう命じる権威を持っていたのであろう。この場合、モリンに従うことはアルベルティに、当時新しい種類の研究として目立ち始めていた流行に飛び込むことを要求した。一四二〇年代を通じて、ローマの一族から選出されたローマ教皇マルティヌス五世の下で、ポッジョとその友人たちは、その都市の過去を探求することを教皇庁で流行させた。彼らは古代の凱旋門、神殿、公共の建物を吟味し、古代の広場《フォルム》を含む広大な荒地をさ迷い歩いて、興味深いローマ時代の銘文を探したのである[100]。もちろん、その探求の多くは共和政期および帝政期のローマばかりではなく、キリスト教信仰の初期の発展に対しても捧げられた。それらの学者たちの何人かは、アルベルティと同じように、歴史的批評主義という新しい道具をこの都市と教会の初期の歴史を示す原典資料に適用し、当該の出来事が本当に起こったことなのか、そしていつどこで、どのようにして起こったのかを問いただした――そしてそのような攻撃的な問いは、長い間信じられてきた原典資料や物語が虚構であることを暴露することに気づいてもいた[101]。

モリンへの回答の中で、アルベルティは自分の慎ましさを強調し、多くの人々がそうした依頼を断ってきただろうと述べている。「なぜなら彼らは、自らの新しい努力を誇示することによって古代人たちの書いたものの価値を傷つけんとする愚か者、あるいは無知な者のように見えないよう努めたはずだからです」。しかしアルベルティはこうも認めた。「わたしの考えでは、たとえそうであっても、あなたがその種の仕事を実現するようにわたしに命じるなら、あなたの依頼を一切断ることはできないでしょう」。結果として彼は、仕事をするための殉教者をひとり選んでくれること、そしてできあがったものを修正してほしいとモリンに依頼している[102]。ここでも『文芸研究の利益と不利益』と同じように、アルベルティは、自らを傷つけることもあると熟知していた文学批評のシステムを、生産的に用いようと努力している。ポッジョと同じように、アルベルティもまた、最初の読者たちによってもたらされた批評は、その後のより広範な読者たちによる攻撃を寄せつけない、あるいは少なくともそれらに耐えうるテクストを生み出すことを可能にするだろうと期待していたのである。

アルベルティは彼の上司に編集上の手助けを頼んだばかりでなく、彼に助言してくれる同時代人をも見つけた――その同時代人の文学的助言と個人的な交流に、アルベルティは残りの人生四十年間ずっと頼り続けるはずである。アルベルティよりも二、三歳若いフィレンツェ人、レオナルド・ダーティである。ダーティは、強い影響力を振るったベネディクト会隠修士にして学者、翻訳者のアンブロージョ・トラヴェルサーリをパトロンにしていた。トラヴェルサーリはダーティをさらに枢機卿ジョルダーノ・オルシーニに結びつけた。ダーティは司祭になり、一四三一年には、ローマでオルシーニの配下に加わった。続く数年間、彼はローマに留まり、ポッジョ、ロスキ、そしてその他の人文主義者たちと交流しながら、古典を研究し、エロティックな詩を書き、聖職録を蓄え始めた[103]。アルベルティとダーティが友人になったのは、どうやら、モリンが、殉教者列伝の最初の企画として、アルベルティの最初に挑むべき相手をポティトゥスに決めたときのようである。ダーティは他人の書いたものを読んで批評することを楽しんだ建設的で騒々しい人文主義者のひとりだった――そしてアルベルティはダーティの編集能力を上手に用いたのである。

友人ダーティへの詳細な手紙の中で、アルベルティは、自らの仕事が骨の折れるものであること、厄介でさえあることに気づいたと告白している。ポティトゥスについて残っていた原典資料の大部分は俗語で書かれた簡素な伝記類であり、それらは奇跡をめぐる敬虔な物語に満ち溢れていた――それは啓発的目的を持つ伝統的な一形式であり、民衆的で非古典的だった。多くの人文主義者たちは、暴君たちの劇的な死を告げる兆しを記述する場合を除き、この形式を歴史叙述から排除することを長いこと希望してきた。[104]アルベルティは歴史的調査の方法を熟知していた。そのことは、優れた歴史叙述を行なうために必要となる「論題／場所」を彼独自のやり方で列挙することによって、自ら明らかにしている。「わたしの念頭にあるのは、歴史を扱う際に学者たちは多くのことを要求されるということです。学者たちは出来事の原因、出来事自体、その場所、時間、そして主役たちの完全な尊厳をすべて記述しようとするのです」。しかし、典拠を蒐集して比較した後、アルベルティは、ポティトゥスの生涯を伝える証拠が異例なほど些少であることを告白するよう強いられる。

> わたしは、わたしよりも古い著作者たちは使徒行伝および教皇たちと殉教者たちの生涯の記述を明確かつ完全に記述していたことを知りました。わたしはまた、このポティトゥスの生涯の記述はとても雑駁であり、その生涯を書き上げたのはそれらの偉大な学者たちではなく、無能者だったと容易に結論づける人さえいるだろうと思います。

つまりアルベルティは、博識な読者なら、その物語はすべて史実だというわけではなく作り話であると見なすかもしれないと危惧していたのである。

結果的にアルベルティはやっとの思いでこの人物を固有の場所と時間に結びつけることに成功する。初期キリスト教時代の著作者タティアヌスは、ポティトゥスという人物について言及している。さらに、ギリシア教父のひとりエウセビオスは『教会史』（五世紀）の中でキリスト教信仰に殉じたリヨンの殉教者たちの手紙を引用しているが、それらの手紙には、ポティトゥスという人物が彼らと運命をともにしたという記録が残されている。これらにおいて語られるポティトゥスと、ユリアヌスによって処刑されたポティトゥスはおそらく同一人物であり、それぞれの文献の著者の誤解によって別人として書かれてしまったのである。アルベルティは自らの文献学的勝利を次のように誇っている。その口調はあたかもアルキメデスの学者版のようである。「ついにわたしはこのポティトゥスにたどり着いた。彼の生没年や行ないは、アントニヌスの時代に正確に一致している。そしてこれらの手紙はアントニヌスの時代に書かれたのである」。それゆえアルベルティは、「この物語は作り話であると見なす人々の判断」を、もはや恐れることはないと主張するに至る——もっとも彼が用いることを強いられた原典資料の杜撰《ずさん》さについては不平を語り続けたけれども。

最終的にアルベルティが書いたテクストは彼の文学的才能をまことに効果的に知らしめた。闘技場で死んだキリスト教の殉教者の物語『聖ポティトゥス伝』は、アルベルティに、修辞学的な書割《セット・ピース》を組み立てる機会を与えた。アルベルティの次のような主張は示唆的である。「引き起こした数々の奇跡で知られるこの若者の不変性は、彼を賞賛しようとする著者に、話を広げることを許す豊富な素材と、広範な注目を勝ち取る好機を同時にもたらした」。それゆえアルベルティは、いくつかの短い逸話をつむぎだした。たとえばそのひとつでは、異教神たちを崇拝することを父親から奨められたポティトゥスが、鋭い偶像破壊的口調でこう答える。「石で作られた偽物の偶像を礼拝したり、人間の手で作られた像《イメージ》に犠牲を捧げることをわたしに強制することのできる人間などいるでしょうか」

アルベルティはまた、一連の機会をとらえて、この殉教者の生涯における事件をあたかも絵画のように描写し、さらにそれらを解釈しさえしている。あたかもアルベルティはこの時点ですでに、画家たちが自らの主題を選択して仕上げる方法——この後まもなく彼の思索の中心となるテーマ——について考え始めていたかのようである。ラテン語の対話篇でアルベルティが提出していたのと同じ道徳的話題が、このテクストでも登場している。しかしこちらの場合は、容易に解読しうる道徳的標章《エンブレム》の形式を身にまとうことで近づきやすさが増している。ひとりの悪魔がポティトゥスを誘惑しようと試みたことがあった。その際、この若いキリスト教徒は悪魔の囁きの真意を喝破した。するとその「幻像《ファンタズム》」は十五キュビットの大きさに巨大化してから消えうせた。アルベルティはこれについてこう註釈している。

おお、何と見事な、事物のはかなさを示す情景《イメージ》だろう！　なぜならこれによってあなたは、運次第の財産を求める場合、その財産によっていかに多くの被害がもたらされるかを意識するのは難しいということを知るからである。さらにあなたはこれによって、もし人が神の助けを得て、そうした財産から身を引き、また軽蔑することにかろうじて成功するなら、人間の強さをはるかに上回るその疫病〔財産〕以上に恐るべきものは存在しないということをも理解するだろう。他方、この若者がその恐るべき怪物を見たとき、彼はそれを吹き飛ばして消してしまったとも語られている。このこともまたわたしたちの絵姿《ピクチャー》にきわめて正確に一致する。なぜなら、死ぬときには例外なく、わたしたちは人生で蓄えてきたあらゆるものを一呼吸で失ってしまうからである。あるいは、死ぬ以前、生きているうちでも、それらの財産は運命の一吹きで壊滅する。(105)

このように、アルベルティによるこの短い『聖ポティトゥス伝』は、少なくとも部分的には、古代においてキケロが定義し、ルネサンスの多くの人文主義者たちも今なお理解していた歴史叙述の中心課題——読者が模倣したり回避すべき善悪双方の振舞いの例を提示し、効果的な弁論と道徳哲学のための事実に根ざした根拠を提供すること——を扱うことに成功しているのである。(106)

アルベルティは同時にいくつかの奇跡物語をも語った。いかにして闘技場でポティトゥスに差し向けられた動物たちが彼を噛み殺さず、それどころか彼を尊敬したか。いかにして少年ポティトゥスが拷問され、殴られ、眼と舌を抜かれたにもかかわらず、神の助けを得て彼の真の信仰を告白し続けることができたか。これらの文章は、読者に模倣的追体験を強いるためではなく、瞑想を促すために計算されて書かれている。そのような深く、暖かく、内的な慈悲の感情は、十五世紀ヨーロッパの神秘主義的で敬虔な俗信徒たちが意識的に努力して獲得しようとしていた感情に他ならない。(107)アルベルティが描いた最も鮮明な言葉による絵画〔視覚効果に満ちた叙述〕のいくつかは、単なる道徳的感傷というよりも、むしろ宗教的感傷を具現化している。ポティトゥスが異教徒たちの神殿の中に連れ込まれ、殴られ、傷つけられたとき、あらゆる偶像は朽ち果て、数多《あまた》の胸を貫かれた吸血鬼たちのごとく消えうせてしまうのである。

しかし、いくつかの場合、アルベルティはポティトゥスの生涯を、自ら渉猟することのできた逸話によって構成した図式枠組みとしてではなく、むしろ首尾一貫性に乏しい説話的物語として扱っている。それらの逸話のいくつかは、アルベルティ自身の個人的意見を強く表明しすぎたため、聖人伝の試み全体の妥当性への疑問を読者に喚起するほどである。わたしたち自身すでに見てきたように、アルベルティは少年時代から青年時代にかけて、パドヴァとボローニャの街路で眼にした偉人たちの虚栄と驕りに怒りを感じていた。同時代の教会もその虚栄と驕りを少なからず共有していたし、初期のキリスト教に思いをはせることは――たとえポティトゥスの生涯についての原典資料の中ではあいまいで問題的なかたちをとっていたにせよ――当代《モダン》の教会の諸欠陥をなおさら際立たせる結果となったのである。「利益のために働く人もあれば」――アルベルティは不満を述べている――「軍役について奉仕することばかりに気をとられる人もいるし、あるいは飢え死にしそうになりながら夜を徹して文学を学ぶ人もいる。しかし彼らすべては、他人の眼に映って有名になるためにそうしているのであり、神の御許での栄光を勝ち取るためではない[108]」

古代の模範を当節の時代に適用する、この種の余談は、アルベルティ独自の明快な語り口が異例なほど鋭く、ざっくばらんであるとしても、歴史的に見た場合には何ら新しいものではない。しかし別の場所では常に、アルベルティの鋭い筆は何らかの現実的な被害をもたらすほどの力を存分に発揮している。十五世紀のイタリアでは、すでに見たように、金の価値はこれまでにないほど緊急を要する道徳的問題と化していた。この商人社会は、それ以前および以後の他の商人社会と同様に、社会的理由からも神学的理由からも、しばしば、富の追求を恥ずかしいことであると感じていた[109]。僧侶や托鉢修道士たちの提示した私有財産を持たず神のためにのみ捧げるという人生の模範は、彼らを支援した裕福な男女を恥じ入らせた――特に、厳格さで抜きん出ていたのはフランチェスコ会の修道士たちで、というのも修道会の開祖は修道士なら文字通り「翌日については何も考えてはならない」ことに固執したからである。しかし、実際には修道会自体もまた、そこで暮らす個々人は貧しいとしても、組織全体として見れば十分裕福であるように見えた。アルベルティは、わたしたちがすでに見たように、偶像崇拝的なものを嫌悪し、彼自身一日たりとも何も書かずにはすごさなかったと主張している。とすれば、アルベルティが、他ならぬローマ皇帝アントニヌスの口を借りて、キリスト教の僧侶たちによる偶像崇拝を否定する堂々たる告発を語ったとしても、何ら不思議ではない。「わたしは言おう……この者ども〔キリスト教の僧侶たち〕より劣る人種は存在しない。彼らは自らの人生すべてを偶像崇拝に捧げることに決め、何も生産せず仕事もしない。彼らは価値ある技すべてを――軍事教練、文《ふみ》、人間の生活を飾るその他あらゆるものを忌避し、卑しめ、嫌悪するのである」。このような余談がアルベルティの読者すべてを喜ばせたはずはない。アルベルティ自身、もうひとりの権威者マリーノ・グァダーニに自作を送る際に、不安感を表明しているほどである[110]。とはいえ、少なくともフィレンツェでは、アルベルティはどうやら聖人伝の満足な書き手として

の名声を得たようである。(111)

これとは異なるより古典的な領域でも、アルベルティの絶え間ない実験は成果を挙げた。彼の築いたテクスト群は、形式と内容の両面において無視しえない独創性と洞察を誇示した。少なからぬ数の食間作品に含まれていた文学的刷新、たとえば芸術作品を記述する長い書割《セット・ピース》は、『聖ポティトゥス伝』における以上に、広範かつ体系的なものであった。マイケル・バクサンドールが素晴らしい独創性と卓見にあふれた著作の中で示したように、ヘレニズム世界とローマ帝国世界において美術をめぐる散文の重要な要素となっていたそうした作品記述が、ルネサンス期のイタリアで再生したのである。(112)人文主義者たちは現実および空想の絵、建物、都市を記述し始めるようになる。彼らは多様な様式でそうした記述を行なった。彼らはそれら多様な様式を――自らの技巧を凝らして――個別の美術家とパトロンの様式に一致するように適合させることさえできた。

「絵画」と題された食間作品で、アルベルティは幸運と悪運の神殿を記述している。この神殿は「裸行者の国」にあると想定されている――それはインドの苦行僧たちの国であり、ギリシアおよびローマの著作者たちは概して彼らを博識な司祭層《バラモン》と見なし、さらに多くの著作者は彼らを自分たちに先立つ思想家たちの種族の一例として取り上げ、ギリシア人たちの哲学は彼らに由来すると考えていた。アルベルティはその建物自体の輝かしい装飾については駆け足で通り過ぎてしまう――パロス島の大理石から切り出された柱頭とアーキトレーヴは多様な種類を誇り、それらに付された壺や大鍋、金や宝石は、想定されるこの神殿の創造者たちの禁欲とは奇妙に矛盾しているように思われる。しかしアルベルティは、二十枚の擬人化された善と悪の絵については仔細に記述している。これらの絵は向かい合う二つの壁に左右対称的に配列されている――たとえば、「人間性」の擬人像はこうである。

　第一の場所に描かれているのは、ひとりの女性の類まれな姿である。彼女の首のまわりには、若い顔、老いた顔、悲しい顔、喜んでいる顔、まじめな顔など、様々な顔が集まっている。彼女の背中からはおびただしい数の手が伸び、ペンを握る手もあれば、竪琴《リラ》を持つ手もある。磨かれた宝石を持つ手もあれば、描かれたり刻まれたりした標章《エンブレム》を持つ手もある。さらに様々な算術器具を持つ手もあれば、本を持つ手もある。彼女の上にはこう書かれている。母たる人間性。

このように異様なほどの身体的特徴を全身に付与された

のと同様のイメージによって、「悲嘆」、「悲惨」、「平和」、「幸福」の本性も表現されているのである。

アルベルティは彼のテクストの冒頭において、読者たちに、これらの作品を、テクストの提供する豪華絢爛たる視覚的細部の充実および具現する道徳的教訓という双方の点で、模範的なものと見なしていたことを、はっきりと示している。「読者はこれらの絵画の多様性と美術家の発明に喜びを感じるばかりか、このわたしたちの作品の中に賢明に暮らすための心地よく楽しい助言を見出したときには、感謝しさえするだろう」。作品の末尾では、善く暮らすためのまじめな助言を与えるために、あえてこの読みやすくて鮮明な形式を用いたことが繰り返し述べられている。「これらの絵画によって、わたしたちが道を踏み外すことがないように、快適かつ幸せに暮らすための何らかの喜びと何らかの助言を読者に提供してきた。これを実現するためにわたしたちは研究を続け、この上なく偉大でこの上なく望ましい見返りを手にしてきたのである。学者たちよ、誇りを持て!」[113] ここでアルベルティがすでに視覚芸術を——歴史と同じように——善および善い生活をめぐる基本的な真実を伝える特に効果的な媒体と見なしていたことは明らかである。

アルベルティの大胆な、ときには過激なラテン語の著作は多くの読者の関心を喚起した。個々の食間作品およびそれらを集めた短いアンソロジーは広い範囲で回し読みされた。『聖ポティトゥス伝』はひとりの敬虔な人文主義者を明らかに興奮させた。すなわち、ベネディクト会修道士にして人文主義者だったジロラモ・アリオッティは、第二の聖人伝の仕事をアルベルティに書かせるために尽力したのである。また、小修道院を手に入れたおかげで、アルベルティは、学問と文体を安んじて探求するために必要な基本的収入を入手できた。だが、アルベルティは自身の置かれた状況にも自らの進展の度合いにも不満を感じていた。もし——最近ある研究者が提唱したように——アルベルティが彼の論考『文芸研究の利益と不利益』を書いた(あるいは改訂した)のが一四二〇年代末ではなく、一四三〇年代初頭であったとしたら、アルベルティが様々な困難に取り囲まれ追いかけられていると感じていたという仮説を補強する証拠となるだろう。自らの運命を変えることのできる人間の力を信じ、常に精力的なアルベルティは、先に進むための新しい道を発見した。彼のもっとも独創的な初期作品は、元来は別個の二つの仕事と文化〔文学と美術〕を融合させるという野心的な努力から生み出されたものだと考えられるのである。

第三章

新技術から美術へ——エンジニアたちの間のアルベルティ

一四三六年七月以前のある時期、アルベルティはその書物『絵画論』のイタリア語版テクストをフィリッポ・ブルネレスキに捧げた。[1] 古典と化すことになる彼の最初期の完成作品たるこの書物は、多くの理由によって有名である。彼は『絵画論』をラテン語、イタリア語という二つの言語で著した。とはいえ、この作品に対する彼自身の言及も、二つの版に関する資料も、オリジナルはそのいずれであるかを決定的に示してはくれない。[2]『絵画論』の最初の部分は、一貫して体系だった遠近法空間を二次元に創出する方法の、もっとも早い時期に書かれた正確な記述となっている。残りの部分で供されているのは、新たな種類に属する学知ある芸術家なるものはいかに訓練されるべきか、またひとたび専門知識や学識を身につけたなら、その技量をいかに絵画や他の仕事に適用すべきかをめぐってなされた、いっそう洗練された記述である。永続して影響を与え続けているこの作品と、アルベルティの生涯と世界におけるその文脈については、いくつかの視点からの検討を必要とする。初めて作品と直面する際の最良の方途は、おそらく、アルベルティ自身がイタリア語版テクストの読者に望んだように、雄弁で喚起力ある彼の献辞の書簡から始めることである。アルベルティはいかにして絵画に関する作品を著すことになったのかを解明すべく献辞を用いた後で、次章においてテクスト自体を検討することとしよう。

初めて一読すると、献辞は紀行譚にも似ている。アルベルティは、ローマからやってきた旅行者ならオルトラルノ地区を過ぎ、ポンテ・ヴェッキオで河を渡り、オル・サン・ミケーレを通って大聖堂へと向かう際に出くわすであろうようなやり方で、最近のフィレンツェ美術と建築の驚異についての説明を行なっている。

わたしはいつも驚きもし、同時に嘆きもしていたものです。それは、その作品および歴史記録によって、あの素晴らしい過ぎ去った古代におびただしく存在したと知られる多くの優秀で神聖な芸術や科学は、今や消え去り、ほとんど失われてしまったことなのです。画家、彫刻家、建築家、音楽家、幾何学者、修辞学者、占卜者などのまことに高貴で不可思議な知恵は、今日ではごくまれにしか見当たりません。まして賞賛すべきものはほとんどありません。それゆえ、多くの人々が言ったように、万物の女主人である自然は、きっと年老いてしまったため、彼女のあの青春時代、もっとも輝かしかった時代に、驚くほど膨大に生み出してきた多くの巨人や天才を、もはや生まなくなってしまったのだと、わたしは思ったものです。しかしわたしは、われわれアルベルティ家が久しく送ってきた長い亡命生活から、この他のどの都市よりも美しく装飾されているわれわれの故郷に帰還して以来、数多くの人々の中で誰よりもまず、フィリッポ、あなたのうちに、またわれわれの親友である彫刻家ドナテッロ、その他ネンチョ［ギベルティ］やルカ［・デラ・ロッビア］、マザッチオのうちに、あらゆる賞賛に値する天分が存在していることに気づいたのです。そのようなわけで、これらの人々はそれら諸芸において名声を獲得している古代人たちに決して見劣りしまいと思うのです。けれども、すべての芸術や科学において、それらがあらゆる賞賛を獲得できるのは、自然と時代の恩恵によるよりも、われわれの勤勉と刻苦によるのだというのがわたしの考えです。わたしの考えをはっきり申し上げればこうです。あの古代人たちは、模倣すべき手本を持っていた、それから学ぶことができたので、あの至上の芸術の知識に到達することもあまり困難ではなかったのです。しかし今日のわれわれにとってはきわめて困難です。しかし、それだけに、模倣すべき先達も何の手本も持たないわれわれが、見たことも聞いたこともないような芸術や科学を見出すとするなら、われわれの名声は古代人よりももっと大きくならねばならないと思うのです。当地で、あの偉大な建造物を見て、建築家フィリッポを賞賛しないほど頑迷な、もしくは嫉妬深い人などひとりだっているものではありません。その建物たるや天高くそびえ、その影をもって全トスカーナ人を覆うほど広く、梁や多くの木材の助けもなしに作られているのです。まったく何

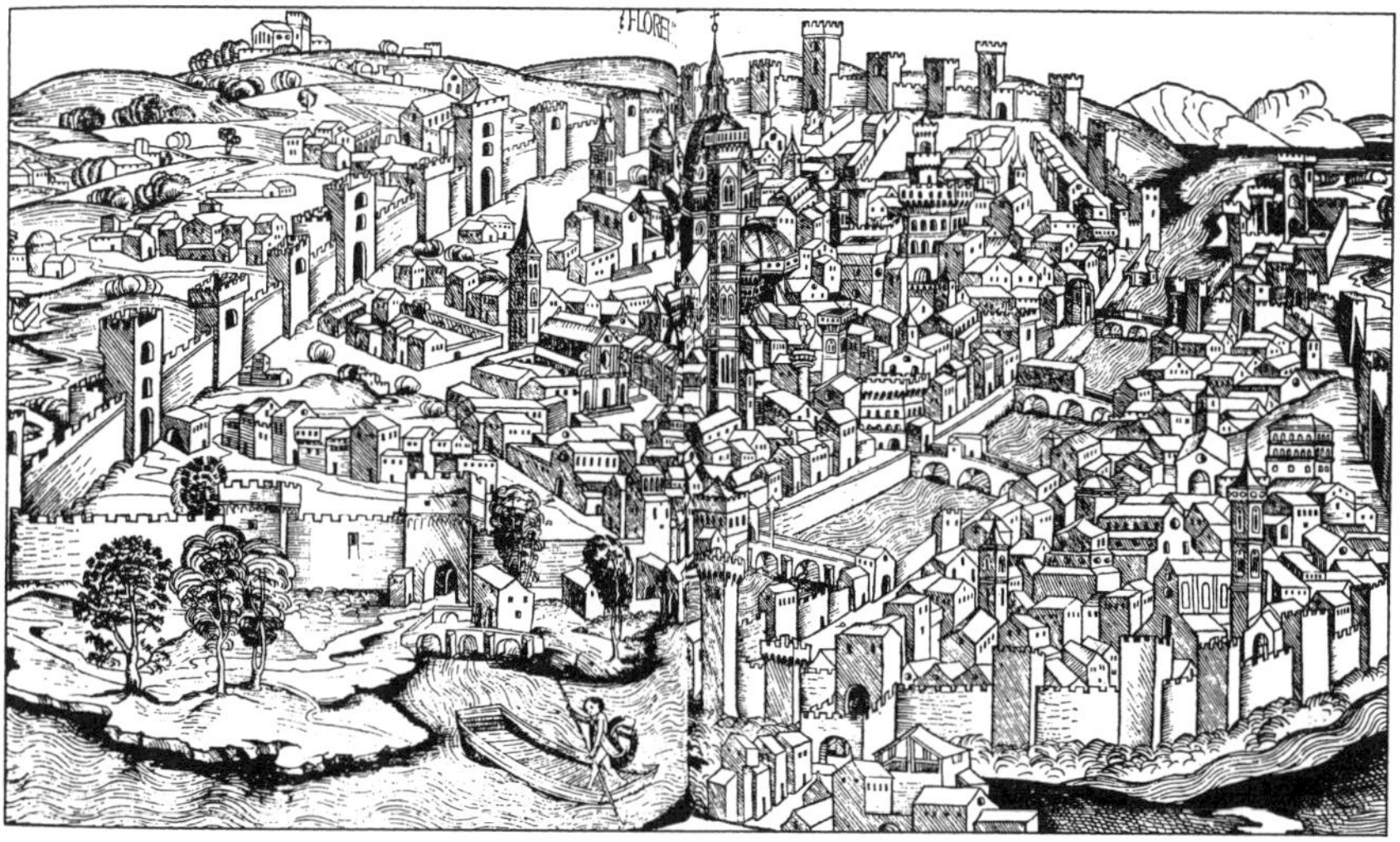

[図1] フィレンツェ景観　ハルトマン・シェーデル　『ニュルンベルク年代記』　プリンストン大学　稀覯書・特別蒐集部

[図2] フィレンツェ大聖堂

たる工学《エンジニアリング》の粋を尽くしていることでしょう。わたしの間違いでなければ、現代において、こういう仕事ができるとは信じられなかったし、おそらく古代人にあっては、知られも考えられてもいなかったと思うのです。……もしときどき暇でもあったら、わたしのこのささやかな「絵画について」を紐解いてくれると嬉しく存じます。あなたのためにトスカーナ語で書きました。……それではどうか念入りにわたしの本を読んで下さい。そして何か訂正すべきことなどあるようでしたら、直して下さい。深い教養のある友だちが役に立たなかったというほど博学な著作者は、いまだかつてひとりもいなかったのです。それでわたしはあら探し屋にかれこれ言われないよう、まず誰よりもあなたが直してくれることを願っている次第です(3)。

　アルベルティの書簡は、パッチワークを生み出すために古典の典拠を縫い合わせ、古代の材料に新たな意味を付与するという、以前から彼の熟達していた文学実践のよい例である。至るところで、アルベルティは〔プリニウスとルクレティウスという〕最近発見された二つの古典の典拠を、巧みに並置している。小プリニウス――叔父は古代美術史のあらゆる文学典拠のうちでもっとも豊かな『博物誌』の著者であった――は、彼の書簡のひとつで、喜劇詩人ウェルギリウス・ロマヌスによってなされた公の朗読について記している。プリニウスは、ウェルギリウスの作品は古代ギリシアの喜劇作家たちの優れた模倣なので、それ自体文学の手本として役立ちうると考えている(4)。エピキュロス派の哲学者ルクレティウスはその偉大な詩『事物の本性について』、すなわちウェルギリウスに熱烈に賞賛されたものの、中世にはほとんど読まれなくなり、ごく最近、一四一〇年代になって人文主義者たちに再発見された作品の中で、より悲観的な見解を表明していた。ルクレティウスによれば、時間とともに衰退する自然は、もはや巨人を生み出したりはしない。かつて巨大な動物を産出した大地は、ちっぽけな生き物を生み出すことすら困難なのである(5)。

　プリニウスのように、アルベルティは人間の創造性を、世界は年老いていないことを証明するものと受け取っている。またルクレティウスのように、アルベルティは、創造の壮大な物的《フィジカル》次元を、その高い芸術性の質というよりは、人間が自然それ自体と分かちあう創造的な力の証拠として受け取っている(6)。二つの章句を合わせることで、彼はそれらのひとつ（ルクレティウスのそれ）を手際よく根本的に違ったかたちへとねじ曲げ、また他方（プリニウス）を著者の意図した以上に、いっそう先鋭なものとすることがで

[図3] ロレンツォ・ギベルティ 《北側門》 フィレンツェ洗礼堂

きた。プリニウスが主張したのはただ、彼自身の時代と未来の人々は、なお古代の手本に基づく著作の伝統を継続しうるということだけである。これに対してアルベルティは、ブルネレスキは古代人を凌駕したと示唆した。そのうえ、彼は従うべき手本や先達の手助けもなしにそうしたのだ。[7]さらにまた、文芸活動に関する以前のテクストにおけると同様、アルベルティはよく知られた古代の書物ばかりでなく、彼のサークルに属する人文主義の学識ある書物の狩人たちによる、最新の発見をも使用した。[8]もっとも〔パドヴァで彼の師事した〕バルツィッツァ自身は、洗練されたスタイルに役立つ創造的な過去利用《アナクロニズム》の巧みな実例を供しえたわけではなかったかもしれない。アルベルティの引用に満ちたテクストは――アルベルティがその典拠に鳴り響かせた変更を認識できるほど、堅実な古典の教育を受けた読者にとってだけは（ブルネレスキはそうではない）――すぐさま、彼を特殊な種類の人文主義者だと考えさせたかもしれなかった。

書簡の形式もまた暗号《コード》同然で、その暗号の象徴的な伏線は人文主義者なら見抜くのが容易と思えるものだったかもしれない。テクストの末尾で、アルベルティはブルネレスキに編集者として役立ってくれるよう要請している。まさに彼の作品を読んで同意するのではなくそれを訂正してくれること、またそうすることによって中傷者たちから著者を守ってくれるよう依頼しているのである。周知のように、こうした要請を行なうに際して、アルベルティは彼自身の習慣や、フィレンツェの文芸生活におけるごく一般の規範を踏襲している――ただしひとつの重要な点を除いては、である。通常、人文主義者はこうした書簡をその仲間に向けて書いた。アルベルティの好んだ言い方によれば、「学識ある者は学識ある者によって守られる」と信じていたからである。[9]ブルネレスキを博学な人と認めテクニカルな助言を求めたとき、アルベルティは彼らの関係を学者と学者の間の関係だと示唆している。さらにまた、彼は芸術家ブルネレスキに対する友情を明言し、ブルネレスキの鋭い言葉に対して進んで身をさらそうとしている。彼は、同時代のいかなる人文主義者も見逃しえない言葉によって、建築家を特殊な形態をした知的な仕事仲間と見ていることを明らかにしているのである。アルベルティは、つましいラテン語の知識しかなかったブルネレスキが彼と同じ意味で人文主義者だと言いたかったわけではなかろう。むしろ、彼は懸命になって、ブルネレスキもまた知性の使用を必要とする（ブルネレスキ自身二年前に、ギルドの分担金を支払うのを拒絶した際に強調した点である）[10]、ひとつのあるいはひとつ以上の自由学芸を実践していると認めている。と同時に、アルベルティは自身のあり様《アイデンティティ》を、第一には学者とする他、さらに第二に――ブルネレスキの優位性を認めながらもなお彼と同等の仲間性を主張して――テクノロジーの領域に精通した者でもあると申し立てている。中年になっているにもかかわらず、アルベルティは大胆にも、自分は新しい領域に踏み出していると主張すべく、序文に書簡を用いているのである。

　書簡に秘められた暗示もその慣例に倣った形式も、必ずしもブルネレスキにとって重要なものではなかった。建築家、彫刻家、エンジニアである彼は実践の人であり、イタリア語の読み書きに通じ、また公証人の息子として、おそらくラテン語を読むことはできても、アルベルティのような高度に熟練した人文主義者と比肩しうるレベルの立場にあるわけではなかった(11)。こうした点に関して、アルベルティや彼の同時代人の作品研究のパイオニアであった美術史家E・H・ゴンブリッチは、ずいぶん前に、アルベルティの引き出した典拠を発見し、またそれはきわめて限定された目的に役立っているだけであると指摘した。このことから、われわれは彼がいかにテクストを作り、様々な断片をどう作り変えて新しく素晴らしいかたちにしていったのかをよく理解できる――すなわち、形式ではなく構成物《コンポジション》〔文章〕という意味でのモザイクのパーツを、継ぎ目もないほど一体化してまとめあげるので、それらのパーツを見抜けるのは専門家だけなのである。またこのことは、アルベルティが新しい知的な仕事に適った専門用語を創造すべく、いかに巧妙に古典の読書を生かしたかをも物語っている。とはいえ、アルベルティの典拠を探して同定することも、重要な問題の手助けになってくれるわけではない。すなわち、この書簡はブルネレスキや彼の仲間たちに対して何を意味したのかを理解するという問題のことである。構成物《コンポジション》の様々な規則は必ずしも解釈をする側の規則として用いられうるとは限らない――特に社会的な境界と知的な境界を交差させるために書かれたテクストの場合にはそうである。異なる背景――ブルネレスキ自身の社会的世界と彼の専門の世界のような――で読まれるなら、書簡は異なる色彩を帯びるし、その色彩はブルネレスキや彼のような他の人々には確実に見抜けたかもしれないのである。

　冒頭で、アルベルティは、自然はもはや「画家、彫刻家、建築家、音楽家、幾何学者、修辞学者、占卜者」などを生み出すようには見えないとしている。職業を記したこのタイトル一覧は恣意的に響くけれども、しかし二重の論理を有している。第一に、アルベルティの挙げた様々な実践《ディシプリン》は、絵画から予言まで、自らその能力を主張していたものに他ならない。彼を知っていた読者なら、彼は書簡の末尾でも冒頭でも、彼自身強く喚起してきた諸学芸の「再生《ルネサンス》」において重要な役割を演じたと主張しているのだと気づかないわけはなかったろう。第二に、いっそう重要なことながら、アルベルティはこうした実践をひとつに集めた最初の人物ではない。絵画や彫刻といった手工《クラフツ》を幾何学や占星術〔天文学〕という自由学芸と、またこれら一対をなす両活動〔絵画・建築と幾何学・天文学のこと〕を、建築と結びつけた際、彼は自らを技術・社会革命——建築や美術品を創出する社会構造と、そこから帰結する生産物を根本から変えた革命——に関連させたのである。この革命の主人公は、かつてのヤコプ・ブルクハルトの示唆によれば、ブルネレスキのようなエンジニアたちであり、ブルクハルトの見るところ、ブルネレスキは、その特徴をなす多彩な分野や技への関心追求という意味において、アルベルティに近い存在なのであった。[12]

新たなテクノロジーはアルベルティの時代のずっと前から発展し始めた。十二世紀以降、西洋人は一連の新しい専門家たちが天に挑むほど巨大な聖堂を建て、かつては渡れなかった河に石橋を架け、自然の力を活用するために風車や水車を用いたりするのを、驚嘆の念を抱いて見ていた。パイオニアのひとりヴィラール・ドンヌクールは、魅力ある画帳を残しているが、それはしばしば詳細をきわめた奇妙な図解《ダイアグラム》で、建造物や技術上の工夫、人体図、動物図、その他多様な題材を記録している。ヴィラールは何度も、自らの技量や経験の広さを強調しつつ、自分はライオンや聖堂のスケッチを実物から行なったと主張していた。[13] しかし彼もまた、彼の関与している建築は知的な探求の仕事なのだと明言する。彼は言っている——彼と他の工匠たちは〈inter se disputando〉、すなわち「互いに議論して」いくつかの点を決めた、と。ヴィラールは彼の技芸〔建築術〕もまた、体系だった議論として適用しうる堅固な知的原理に基づいているという事実を強調しようとして、長らく学校において通常は形式的な論議を意味するものだった専門用語を用いているのである。[14] 彼はまた、読者は幾何学的な素描術やそのようにして記された機械の有用性を学ぶことだろうと自慢げに述べている。[15] 名前の分からなくなった他の多くの人々も、こうした大きな運動に関与しており、それはヨーロッパ中の都市景観や居住形態を作り変えた。そして少なからぬ人々が、精神の仕事は手仕事とはまったく別物で、手仕事よりも高尚なのだという信念に対するヴィラールの挑戦に、徐々に賛同するようになっていった。[16]

十四、十五世紀初頭までに、こうしたテクノロジーの運動は新たな段階に入った。[17] 一四〇〇年の前半頃にイタリアで働いていた、ドイツやイタリアのエンジニアたちは、あらゆる領域で驚くような革新をなしとげた。彼らは、ルネサンスの都市や宮廷で華やかに演じられた見世物《ページェント》のために、見てそれと分かるような牽引する動物などなくても動く壮麗な山車《だし》を考案した——それは、国家あるいは支配者の権力は隠された〔動物の〕力を制御できるということを物語る、きわめて鮮明な示威行為でもあった。また領邦国家を建設しようとミラノ、フィレンツェ、ナポリ、その他の中心勢力が力にまかせて、同時期のイタリアの大地に連綿と生じさせた険しい戦争の間に、エンジニアたちは要塞を築き、河の進路を変え、強力に見える巨大な大砲を鋳造した。大砲はこの時点ではまだ十分に効果的なものではなかったとしても、ヨーロッパの諸国家が進んで持とうとした、最新のもっとも恐ろしい武器であった。[18]

注目を引くこうした分野に技量を発揮するエンジニアたちは、権力の座にある者たちの加護を受け、軍事上の重要な問題の解決を託された。一四〇三年に軍隊における旗手のひとりとしての役職を担った富裕なフィレンツェ商人ブオナッコルソ・ピッティは、フィレンツェの軍事問題を担当していた戦争十人委員会がいかにして、ある僧侶を通して、ピサの市壁にある古い城門は〔城門以外の〕残りの外観と水平になるよう塞がれているにもかかわらず、内側は空洞で無防備だと知ったかを思い起こしている。「十人委員会はこの件に関して賢明なエンジニアと相談した。聞き及んだ彼は密かに壁の状態を調べに出かけ、足場の支えのために外側に残された穴を見て、それは実際に空洞なのに違いないと結論づけた」。エンジニアはフィレンツェ軍がピサに入れるよう、穴を火薬で満たして、壁を引き倒すことを約束した。この大胆な計画は、アルノ河の行路を変えることでそれに依存しているピサ人を打ち負かすという、ブルネレスキのいっそう有名な試み同様、結局のところ果たされなかった。ピサ人はフィレンツェ軍の攻撃を阻止しようとして、古い門の前に塹壕を掘って歩哨を配した。[19]しかしたとえこの機会には失敗したとしても、エンジニアの様々な能力《スキル》は町の手堅い行政家《マネージャー》たちから公的な評価を受けていたことは明らかである。エンジニアたちの使用する〔エンジニアという〕肩書自体、彼らの輝きを高めるものであった。彼の職業名である〈ingeniator〉あるいは〈engignour〉は、パン屋や縄製造者のようにその仕事と関わる物《マテリアル》に由来するのではなく、彼の英知すなわち〈ingenium〉の輝きや、彼に創造を可能にさせる手段や創意工夫（〈ingenia〉とも呼ばれた）の賢明な才能《クレバーネス》に由来するのである。[20]

新たなテクノロジーの力は、大理石で建造されていたかつての壮麗なる東地中海の諸都市をよく知っていた観察者たちにも、感銘を与えた。一四三九年にローマ教会〔カトリック教会〕の枢機卿となったトレビゾンド出身の博学なギリシア人ベッサリオンは、古代の書物に見出される真理への情熱において同時代の誰にも負けない学識ある哲学者であった。彼がヴェネツィア市に寄贈した素晴らしいギリシア語写本は、マルチアーナ図書館の核となっている。しかし彼が第二の祖国としたイタリアで見た新しい道具や創意工夫は、もっとも豊かな古典のテクストと同じくらい深く、彼に感銘を与えた——またそれは、彼には少なくとも彼の生まれ故郷の防衛のために同じくらい重要なものと思われた。モレアの独立ギリシア国家を支配していたコンスタンティノス・パレオロゴスに宛てた書簡で、彼はイタリア人の実践している新しい重要な技能を学ぶべく、ギリシアからイタリアに四人ないしは八人の若者を派遣するよう説得している。「板は自動的に挽かれ、粉引き車は可能な限り速く、しかも正確に回転いたします。冶金術では、ふいごは人の手で触らなくとも、膨らんだり縮んだりします し、溶融中の金属と鉱滓を分離いたします」。鋳鉄、武器製造、造船——トルコに対抗してギリシア・キリスト教世界に留まる者たちを守るために重要なこれらすべての技能は、イタリアで学べるし、それを持ち帰ってギリシア人たちに教えることもできるのである。[21] 何百年もの間、コンスタンティノポリスに旅した西方の人々は、てこを動かすだけで上下する皇帝の玉座や鳥のように歌う自動機械をつけた皇帝の人工の樹木から、敵艦を破壊するための水上で燃えるギリシアの砲弾に至るまで、宮廷で注意深く保持されてきた古代末期のテクノロジーを呆然として見ていた。しかし今や、西ヨーロッパは古代人の知らなかった強力なテクノロジーを持てるようになった。オスマン帝国のスルタンが巨大な攻略砲を作るために、キリスト教徒の銃火器鋳造家や、キリスト教から宗旨替えした鋳造家たちを熱心に雇っていたことから判断すると、非キリスト教の観察者たちもそのことには同意していたのであった。[22]

この新種のエンジニアと建築家は、建造や銃火器鋳造のような実践的な研究を、音楽や幾何学のような理論的な研究と結びつけ、彼らの実践的な目的を支えるために理論的な研究を用いるよう努力した。たとえば、一四〇〇年頃、ミラノ大聖堂の建造が中断したとき、計画に関わっていた建築家たちは、どんな形態のアーチが最強なのかをめぐる激しい公的な論争に巻き込まれた。両派ともはっきりさせていたのは、こうした議論は数学やアリストテレスの自然学を引き合いに出さなければ、厳密な展開などできないと考えていることであった。おそらく彼らは、たいていの場合、建築現場で学んだ伝統的な規則に基づいて仕事をした。しかし彼らは、自然の力を活用したり自然の物質《マテリアル》を用いたりする際の彼らの革新的な努力を、広い理論的、宇宙論的文脈に置いていた。十四世紀に存在したもっとも厳密で広範な説明体系である占星術は、彼らに重要な道具を提供した。イタリアで活動した神聖ローマ帝国出身の識者コンラート・キーザーや、シエナのエンジニアで、神聖ローマ皇帝ジギスムントのような重要な顧客のために軍事上の創意工夫を記した、タッコラことマリアーノ・ディ・ヤコポは、軍事の専門家は占星術を知らなければならないと論じている。こうした予言の科学を用いることで、支配者は敵方の長所と短所を評定しうるし、出陣するのに適った時期を決定しうるのである。[23] 要するに、エンジニアは数学者や芸術家にして占卜者なのであり、こうした事実こそ、アルベルティによって〔書簡中で〕表明され、〔まずはその衰退を〕慨嘆し、それから賞賛することになる一連の実践《ディシプリン》を列挙した所以を説明してくれるものである。彼らは、絵画や彫刻のように今日なら美術と呼ばれるであろうものと、橋築術のような応用技術の間に細かい差異を設けたりはしなかった。逆に、同じ人物がこうした分野のすべての企画に関わることもしばしばだった。言い換えれば、アルベルティの書簡はブルネレスキとの同等性ばかりでなく、両者が分かち持つ関心や能力の分野をも主張している。アルベルティの〔言葉を選ぶ巧みな〕演技を見た大部分の人々はすぐさま、彼はどんな役割を演じたがっているかを、おそらく認識したことであろう。[24]

アルベルティはそれとなく、一方の書くという技と他方の手による技を結合して再生させることに共感した論陣を張っている。彼の立場はラジカルに響く。彼は名家出身者によってなされる古典に基礎を置く抽象的な活動と、自分自身の手で行なう汗臭く絵の具で汚れてしまう技芸を、同一のレベルに置いている。とはいえ、ここでも彼はエンジニアの伝統の領域内に留まっている。五十年ほど前、アーウィン・パノフスキーはある優れた論考の中で、ルネサンスは様々な障壁《バリア》の崩壊を目撃することになったと論じた――すなわち、学者たちが思考する書物や観想の都市と、職人が石や木を切る労働と活力《エネルギー》の都市との間の交通を、何世紀にもわたって塞いできた障壁のことである。たとえば、美術家は医者同様に、人体解剖を行なうようになった。何人かの美術家――特にレオナルド・ダ・ヴィンチ――は、著作者以上に鮮明かつ有益に観察の結果を記録することを可能にする遠近法や短縮法、その他の芸術技法の熟達は、彼ら美術家を伝統的な学者や医者よりも自然のいっそう有能かつ奥深い探究者にすると主張するまでに至っている。パノフスキーは、図とテクストの豊かで限りなく創造的な相互作用を有するレオナルドの有名な手稿を用いて、新たな社会的、知的地位を占めんとする美術家の主張を証拠づけたのである。[25]

レオナルドは画家、図案家であるとともにエンジニアでもあった。実際、ルドヴィコ・スフォルツァに仕えることを申し出た際、彼は〔その自推状において〕自分の作れる戦車その他の軍事装置を記すことから始め、末尾になってやっと自分の芸術上の才能に言及している。こうした彼の活動の組み合わせ方は、何も特異なものではなかった。むろん、一般化の危険なことは事実である。イタリアの宮廷は、大きさにおいてもその流儀においてもきわめて多様であった。ある場合は、フェッラーラの宮廷のように、パトロネージの主要な担い手は君主であった。他の宮廷では、役人や地方貴族も様々な邸宅、教会、要塞、橋を建造するエンジニアや芸術家を選ぶのに参画した。革新的な技術仕事の提供者には、自らを専門家として自認したり、されたりした者もいた。またレオナルドのように、考えられる限りの仕事に――また想像できないようなものにも――手を染めることを申し出る者もいた。ともあれ、明らかなのは、十五世紀の宮廷はテクノロジカルな技量を有する人々に、新たな領域を探索する広大な機会を提供したということである。[26] そこで安定した地位を得て働く芸術家たちは、実際上の仕事にも携わった。今日道化師ゴネッラの奇妙な、しかし素晴らしい肖像で知られるジャン・フーケは、モデナのエステ家のために火薬や武器を製造した。[27] もとより、高い地位に対するレオナルドの主張は、ものを書くこと〔著述〕によって地位を高めるという決定的なやり方を行なったために、特によく知られている。たいそう彼らしい見事な書き方は、人間の関節と人工の機械の間の関係や、空気の運動と水の運動をめぐる強固で持続した探索を記録するために、言葉とイメージを融合させた。レオナルドは実際的でも知的でもあるこうした膨大な努力を、自分の好奇心を満足させるためにのみ行なったわけではない。書物を生み出すことで、芸術家は学識者なのだという彼の主張をはっきりさせたのである。レオナルドは手稿の長大な部分を、同様の主題を扱ったアルベルティその他の学識者たちの検討に費やしたとき、まさにこうした観点から自身の行なっていることを、よく認識していたのであった。

さらにこの点においても、レオナルドはすでに他の人々が用意していた道を踏襲した。十四世紀以来、エンジニアたちはレオナルドのものと著しく類似するテクストを生み出していた。説明書き《キャプション》ないしはもっと長いテクストを持つ、メカニカルな装置のことを記した手稿のことである。こうしたものの中には、船を引いたり重量物を持ち上げたり時刻を知らせたりする機械のための、概略風な図解《ダイアグラム》もあった。またひとたび実際に使用されればそれらしく見える、軍事、輸送用の装置に関わる想像上の素描で読者を魅了する工学《エンジニアリング》の書物もあった。たとえば、タッコラは読者に、後のエンジニアたちが何世紀にもわたって模写し利用することになるほど実用性のある、サイフォンその他の装置の図解を提供した反面、確かに戦場では決して使われることのない装置の生き生きとした素描をも描いている。タッコラのもっとも奇妙な創意の中には、長い綱で塔頂の鐘につながれた犬もあった。届く範囲の先にある餌や水を求める絶望した犬の努力のおかげで鐘が鳴り、こうして放棄された要塞がなお領有されているという幻想を生み出したのである。[28]

　アルベルティはこうした応用科学の世界を内側から知っていた。彼は今日に伝わる実用幾何学〔図学〕に関する論考や、重量、計測に関する失われた論考を著した。[29] 彼は工学《エンジニアリング》の伝統に属する言語を使用し、その決まり文句《クリシエ》を繰り返すことすらしたけれども、そうした伝統は、同様の計画を実践し自ら天文時計その他のメカニカルな装置を考案していた、北イタリアの世俗の人々のみならず北ヨーロッパの僧侶や修道士たちによって、過去二世紀間にかたち作られたものであった。アルベルティはその伝記〔『匿名伝』〕の中で、職人《クラフツマン》たちと有していた緊密な関係を強調している。「職人や建築家、造船工、さらには靴屋や洋服仕立て屋からでさえ、こうした特別な技芸の孕《はら》む密かでまれな知識を得んと、彼は学ぶように努めた」。アルベルティは繰り返し、彼らの活力や勤勉さに対する感嘆を表明し、またそれを見習おうとしている。「彼は精神をリフレッシュし、町に出て工房で勤勉に働いているあらゆる職人たちを見ようと家を出発した。そして、厳格な先生に〈わたしたちもまた、〔職人たち同様に〕果たすよう努めてきた職務を行なわなければならない〉と言って注意でもされたかのように、急いで戻ってきたものだった」[30]

　ここでアルベルティは、彼の同時代者なら知っていたような、工学《エンジニアリング》とテクノロジーの伝統では長らく周知のものだった言い回しを用いている。アリストテレスの再発見は、他の多くの事柄とともども、人間と自然は同じように作動するという理解の仕方をもたらした。すなわち、人間の様々な技芸と自然の過程《プロセス》は同じ法に従っており、人間の活力や英知は、正しく適用されるならば、実際に自然を完璧にしうるのである。[31] ロジャー・ベーコンは、アルベルティより二世紀も前に、技芸の知識の有用性を強調してこう述べていた。「わたしに関する限り、しばしば、もっとも有名な博士たちよりも、大学では名前も知られていない、たいそうつましい状態にある人々から非常に有益なことを学んでいる」、と。彼は自らの主張が真実である証拠となるアリストテレスを呼び起こしつつ、こうした見解の表明には正統《クラシカル》な先達がいたことを明らかにしている。[32] 人間による操作に対して開かれた強い力の世界――すなわちテクノロジーが模倣し飼い慣らしうる力の世界――としての、ベーコンの有名な自然の喚起は、労働経験の価値についてのアリストテレスの主張を、頭脳と手を結合させる必要性を説くアルベルティの主張と結びつけるものであった。すでに見たように、多くの証拠が物語るところでは、アルベルティは古典の常套句やテクストを用いる見事な能力にもかかわらず、〔創作者は先行者の影響の下でしか活動できないという〕いわゆる「影響の不安」の深刻な発作に陥りやすかった。紙の上で古代人の完全性と向かい合うことは、常に恐怖心を抱かせることであった。そのため、もしも彼自身の立場に役立つ古典の議論を招集できるのであれば、ますます好都合だったのである。

エンジニアたちはまた、伝統の価値を主張した。彼らは機械に関する古代、中世のテクストを、個人的な経験を集積するのと同じくらい熱心に、集めたり盗用したりした。しかし人間の活力や前進運動〔進歩してやまない動向〕を際立たせたテクノロジーの伝統の言語は、もっぱらポジティヴで呑気な趣を有していた。アルベルティはプリニウスやルクレティウスから献辞〔書簡〕の言い回しのいくつかを引き出したけれども、彼の踏襲した議論の輪郭は古代のテクストではなく、明瞭な考えを持つ職人たちによる議論の過程でかたちをなしてきた、当代《モダン》の世俗の伝統に由来するものであった。[33]

さらにアルベルティはエンジニアの言語を用いる以上のことを行なった。彼はいわば生まれながらのエンジニアとなるように努めたのである。その後二十年ほどの間に、彼はエンジニアや都市に住む他の実践タイプの専門家などの世俗世界を直接の源とする、一連の全テクストを書くこととなる。一四四〇年代に書かれた計測、測量、弾道学の問題に関するテクストである『数学遊戯』は、タッコラのようなエンジニアの骨の折れる〔難解な〕論考ばかりでなく、イタリアの子供たちが都市の学校で学んだ実用数学に関するつつましい手引書、いわゆる算術書とも似ている。[34] アルベルティがこの著作で解決した問題の多くは伝統的《コンヴエンシヨナル》なものである。たとえば、遠くにある塔の高さを測るために相似三角形を用いたとき、アルベルティはそれに取り組む前から多数の数学テクストで話題になっていた問題を解いたのである。土地測量の問題のために彼が用いたいっそう複雑な問題は、十三世紀の数学者レオナルド・フィボナッチその他に由来している。[35] しかし『数学遊戯』はまた、エンジニアの伝統と関連する広範な徴候をも示している。アルベルティ自身の手稿は現存しないとはいえ、伝わっているものからは、かつてタッコラその他のエンジニアたちが行なったように、彼はテクストにテクニカルな図解《ダイアグラム》をちりばめ、説明文〔テクスト〕においてそれらに言及していたことが分かる。(36)アルベルティの都市ローマの地図作成は、『数学遊戯』の完成以前に着手したものながら、やがて見るように、〔『数学遊戯』と〕同じ測量技法をいくつか使用している。また彼の建築書の多くの章は、直截に技術上の仕事――たとえば、専門のエンジニアが行なうのとまったく同じ種類の測量、計測といった仕事――に基づいている。アルベルティが橋脚建造のために念のいった考察を捧げたとき、彼はタッコラもまたローマで助言を与えるエンジニアとして関わっていた問題に、直面したのである。

多様な問題に対して数学的にアプローチすることへのアルベルティの関心は、早くから定着していたように見える。たとえば、文芸研究に関する小著の中で、彼はあたかも彼や彼の読者は文学テクストを読むことばかりでなく、計算や図解《ダイアグラム》を解読するのに慣れているかのように、単純な計算をすれば、機会《ライフ・チャンス》にめぐまれる人文主義者〔の割合〕は明らかになると説いている。(37)アルベルティが若い頃に北イタリアで実践的な工学《エンジニアリング》の伝統と出会ったといったことは、確かにありうることである。たとえば、パドヴァは十四世紀には〔天文時計で名高い〕ジョヴァンニ・ドンディ・デル・オロロジオの著名な工学活動の地であった。一四二〇年代にはジョヴァンニ・フォンターナもまたそこで活躍しており、彼の不可解に暗号化された手稿類は、自動式乗り物や大砲の設計《デザイン》において、幻覚を起こさせるほど奇妙で素晴らしい経験を記録している。(38)

ある点において、アルベルティは通常の多くの器具や、それらの利用法を知っていた。あいにくなことに、そうすべくどれほど学んだかを物語るのは、断片的な証拠だけである。彼はフィレンツェの医師・天文学者であるパオロ・トスカネッリと太陽軌道の観察を行なった。この経験は発展性《フォーマティヴ》のあるものだった。こうした観察のための標準器具である四分儀は、測量技師、エンジニアとしてのアルベルティの実践の基礎のひとつとなった。たとえば、彼はそれをローマの地図を作成するために使用している。(39)アルベルティは、こうした工夫に熟達するようになった。(40)しかし測量の問題のためにこうした特別の天文学器具を用いるのは、伝統から離れるということではない。たとえば、タッコラは一四二〇年代の論考の中で、似たような測量器具の使用についての正確な指示や鮮明な図版を提供している。(41)言い換えれば、アルベルティは工学《エンジニアリング》実践のあらゆる側面において革新的だったのではない。彼は広範囲にわたる、技術を蓄積した。彼はそうした技術を、器具製作者や測量技師の世界に解き放たれた文人なら当然所有すべきものと見なし、それに強いプライドを持っていた。アルベルティは一四六〇年代になってもなお、『彫刻論』の中で、小型の器具を用いて夜に行なう天文学の観察を正確に記録することの困難を、さりげない意見のかたちで明確に記していた。[42]

アルベルティによる工学《エンジニアリング》上の仕事のスタイルは、その実質ともども、ブルネレスキその他の同時代者の仕事と緊密に関連している。アルベルティは『絵画論』の中で、彼自身「われわれによってなされた際、友人たちは驚嘆して『絵画の奇跡』と称することになった絵画の実演《デモンストレーション》」と呼ぶものに、手短に言及している。[43] 自伝において、アルベルティは三人称のかたちで、これらの奇跡を詳細に記していた。

彼は絵画についての小著を著した。そして当の絵画術で、それらを見た者には信じがたい、これまで聞いたこともないようなものを作り出し、それらをごく小さな穴のある小箱の中で見せるようにした。そこには、巨大な山や広い田舎、それらを取り囲む広大な海、視界がかすむほど眼から遠いところにある地域が見られたであろう。彼はそれらのものを「実演」と呼んだけれども、それは専門家も素人も、描かれたものではなく自然の実物を見たと主張するほどのものであった。実演には二種類あって、彼は日中のもの、夜のものと呼んでいた。夜のものには、北極星、プレアデス、オリオンやそういった輝かしい星々、また岸壁や山の高い頂きから昇る月を見ることになるし、他方、夜明け前に現れる星々は明るく輝いている。昼の実演では、ホメロスの言うような夜明け後に現れる輝きは、あらゆるものを明るくし、広大な世界の至るところを照らしている。[44]

アルベルティは彼の発見を言葉だけでなく、創意工夫に満ちた、公衆の前で見せる呼び物としても例証した。そうすることで、彼は革新的なテクノロジストや芸術家たちの標準テストとなっていたもの——すなわち通常は、専門家やパトロンたちからなる審査員団を前にして、開かれた議論の下でなされるコンテストに基づく集団の判断〔公衆の判断〕に、従ったのである。[45]

遅くとも十五世紀初頭以来、洗礼堂——大聖堂の主入

[図4] フィリッポ・ブルネレスキ 《イサクの犠牲》 国立バルジェッロ美術館 フィレンツェ

[図5] ロレンツォ・ギベルティ 《イサクの犠牲》 国立バルジェッロ美術館 フィレンツェ

口に面して、フィレンツェの中心に建っていた十二世紀の対称型《シンメトリカル》をなす聖堂で、十五世紀にはローマのマルス神殿を転用したものと考えられていた——の門扉のような、フィレンツェの主要な企画の委嘱はコンテストによって決められた。この〔洗礼堂をめぐる〕コンクールに関する資料——断片的で、偏っており、またいくぶん矛盾している——は、出来事の全過程を明らかにしてくれるものではない。しかしながら、多数の金細工師が聖堂に必要なブロンズの浮彫り門扉のための提案を行なったようである。ブルネレスキとギベルティは最終予選者《セミファイナリスト》に選ばれ、試作品を制作するためのブロンズを与えられた。大多数は職人だった三十四人からなる審査委員会が、コンクールの帰趨を決定した。彼らは単純にギベルティに委託を委ねたのか——ギベルティは後にそう主張している——それともブルネレスキとギベルティに一緒に仕事をするよう要請したものの、ブルネレスキの拒絶にあう結果になったのかは、なお確実でない。しかしながら、明らかなことは、芸術において自らのしるしを作ろうと願った人々——この場合は、フィレンツェは高貴な古代ローマに起源を有することを証するという、イデオロギーの負荷のかかった重要な建造物に、永遠の付属物を作ろうと願った人々——は、進んで自らの革新的な技術を展示《ディスプレイ》しなければならなかったということである。[46]

技術の分野で公衆を魅了するこうした仕事は、彫刻家や画家に限られた領域というわけではなかった。十四、十五世紀のエンジニアたちは意識して、自身の仕事で名声を確立しパトロネージを獲得しうるような、公衆を引きつける演劇じみた効果を得ることを狙っていた。メカニカルな歯車の模型で天体の運動を装ったドンディの脱進機つき天文時計は、パドヴァの呼び物のひとつであった。ブルネレスキは大聖堂のクーポラを建造した際の昇降機その他の工夫で有名になったのと同じくらい、昇天祭の劇でイエスに扮した若者をサンタ・マリア・デル・カルミネ聖堂の屋根まで持ち上げた、浮遊する「マンドルラ」すなわちアーモンド型のパネルによっても有名になった。[47]こうした見世物《ディスプレイ》のすべては二種類の観衆に、同時にアピールした。制作された巧妙な技術を評価しうる有能な者たちの小共同体と、それらの優雅さ、機知、意外性に感嘆させられる可能性のある広範な市民たちの集団である。たとえば、ドンディは専門の天文学者に正確な情報を与え、また専門でない人々が天体の運行を理解するのを助けるべく、時計を設計したと言明している。[48]十五世紀《クアットロチェント》における演劇じみた工学《エンジニアリング》文化は、いっそう有名な次世紀の発明家たちが——密かな水道を配して、不注意な人々をびしょぬれにする庭園や人工《グロ》洞窟《ッタ》を創ったり、隠されたふいごを用いて、洗った牛の腸を注意深くふくらまし、巨大で透明な球体として宮廷人を隅に押し込めたりする――踏襲した先例を、刻印していたのである[49]。

公衆への展示《ディスプレイ》は重要な反面、危険でもあった。作業の雛型《モデル》を示すことによってのみ、発明家は知的所有権を主張できたし、芸術家は聖書の場面を適切に表現できる能力を証明できた。しかし雛型を生み出すことは、創作者を嘲笑や剽窃の危険――あるいは同時にその両方の危険――に、さらすことでもあった。ブルネレスキは彼よりずっと若い仲間のタッコラに、辛辣に毒づいている。「君の創意を多数の人々と分かち合うな、ただ学芸を理解し愛する少数者とのみ分かち合え」。ある者は発明家の仕事を批判する、そして結局のところ、数か月、一年後にはそれを自分のものとしてしまう。またエンジニアに対してこう言いながら、単純にこの種の新しい創意工夫を嘲笑する、頭の回転の鈍い者もいる。「こうしたものについては黙ってくれたまえ、でないと君は獣だと思われるだろう」[50]。これらの不平に恭しく耳を傾け、またそれを露呈させたタッコラは、自身の発明を記述した手稿を作っていたことから見て、明らかにブルネレスキに同意してはいなかった。しかしタッコラもまた、読者との慎重な秘匿ゲームを演じ、魅力あるように制作されてはいてもわざと不正確な図版で創意工夫を図示し、いかなる場合でも専門家であればさらなる説明を必要としない所見で読者を黙らせた[51]。実際、テクストを読んだ専門家がいかに牛を納得させて、タッコラの軍事装置のひとつ――すなわち敵軍を攻める際に、この動物が馬具で運ぶことになっている煮えたぎった釜――を配備したのかは、今なお不明瞭なままなのである[52]。

ブルネレスキやタッコラのように、アルベルティは自身のエンジニアとしての仕事において、展示《ディスプレイ》の要素をさほど重視しなかった。自伝の中で、彼は「栄光よりは精神に仕えることに惹かれていたため、こうしたことを知らせるよりも探求することに取り組んだ」と、簡潔に述べている[53]。にもかかわらず、彼自身も言っているように、「専門家からも門外漢からも等しく」驚愕を呼び起こす工夫をしたときには、彼は自らを重要な者に見せたがるエンジニアの伝統に従ってもいた。二、三年後、『数学遊戯』の中で彼は再三再四、水時計を作り、都市の図面を作成するための彼の驚くべき工夫が、それらを眼にした者たちに喚起した「喜び」について記している[54]。アルベルティの「絵画の奇跡」は、エンジニアが委嘱を獲得したり失ったりする、厳しい競争環境によって形成された、きわめて特殊な、演劇じみたテクノロジー文化に属していたわけである。

アルベルティの視覚装置はしばしば、イメージ投影器具であるカメラ・オブスクーラのようなかたちで記されている。しかしながら、『匿名伝』のテクストはこうした解釈を確証してくれるものではない。テクストによれば、アルベルティは「ごく小さな穴のある小箱」を作り、観者はその中を覗き込んだという。これはおそらくは〔一種の覗きからくりのような〕「見世物箱《ショー・ボックス》」で、それを用いる者は誰でも、一定の距離からイメージを眺められるようにする装置であった。『絵画論』における装置についてのアルベルティの簡潔な記述は、「絵画中の〔描かれた〕いかなる事物も、見る者から一定の距離になければ、本物のように現れることはない」という言明に引き続くものである。(55) 換言すれば、わたしたちは一方の側に見るための接眼レンズを持ち、反対側に様々な小画像《イメージ》——おそらく光を入れるためにガラスに描かれた——のある、適度な大きさの箱を想像してみるべきである。観者は三次元のイリュージョン効果を作るために必要とされる距離から正確に像を見ることができる、そのように考案された装置なのであった。(56)

　こうした分析から分かるのは、アルベルティの実演のための画像《デモンストレーション・ピース》は小さなものだった——おそらくは写本の彩飾画ほども大きくない——ということである。注目すべきことながら、十五世紀中葉に制作され、アルベルティのもっとも記念すべき建築企画のひとつと密接に関連している一連の彩飾画は、テクストによっても、また視覚によっても詳細に、実演《デモンストレーション》を記録しているように見える。一四四九年、人文主義者のバジニオ・ダ・パルマはリミニに到来し、そこで宮廷詩人として仕えた。長編詩『ヘスペリス』の中で、彼は君主シジスモンド・マラテスタの偉業を称え、それをテンピオ・マラテスティアーノの建造の事績で終えている。この寺院はキリスト教聖堂にローマの凱旋門ときわめてよく似たファサードを配するという、アルベルティの企画《デザイン》に基づいて、中世の聖堂を根本からの革新性をもって再建造したものである。とまれ、この〔バジニオに〕委嘱された叙事詩のオリジナル写本はリミニにあったものの、失われたように思われる。しかし摸本《コピー》は三点、オックスフォード、パリ、ヴァティカンに現存する。これらすべてはジョヴァンニ・ダ・ファーノなる芸術家の手で彩飾されており、彼の多数のミニアチュール——イタリアの写本画の規範とは著しく〔違って〕際立った画像である——は、アルベルティの〔絵画の〕「奇跡」を図示しているようである。(57) それらのうちの四つは、図版A、B、C、Dである。

　ジョヴァンニのもっとも有名なミニアチュールは、アルベルティの古典的な石の外殻で覆われたリミニのゴシック大聖堂を描いている。この彩飾家はたいそうアルベルティ

［図6］ジョヴァンニ・ベッティーニ・ダ・ファーノ
《建造中のテンピオ・マラテスティアーノの光景》
オックスフォード大学　ボドレイアン図書館

風な細部を施して、建設従業者の技量やテクノロジーを賞賛した。また当の寺院に対して——寺院の前に置かれた石材ブロックに対してではないにしても——彼は厳密な一点透視図法のシステムを用いた。寺院正面に垂直なあらゆる線は、ちょうど中央扉口の高さにある、絵の左側の消失点に収斂する。これは当代の彩飾画ではまれな特質である。アルベルティ的な芸術はアルベルティ的な構造——芸術家に対する何とも巧妙な策略《トリック》——を賞賛する。

他のミニアチュールはいっそう見事に新生面を切り開いた。一連の作品は海洋の船を描いている。これはまれな題材であろう。最初のミニアチュール［図A］はきわめて詳細に船体、帆、無傷な船の索具《リギング》を再創造している。絵の中心をかたち作る小さな屋根は遠近法構成の几帳面な練習《フォーマル・エクササイズ》で、サンタ・マリア・ノヴェッラ聖堂の緑の回廊にあるパオロ・ウッチェッロのフレスコ画《ノアの泥酔》のつる棚を想起させる、印象深い描画である。二番目のもの［図B］は劇的に見えるように低い視点から、船の難破を描いている。彩飾家は水面の荒々しい波の動きに特別の注意を払っている。ジョヴァンニは明らかに造船技術の詳細や水の動きに関心を抱いており、そうした関心は彼とトスカーナのテクノロジストたちの共有していた情熱であった。ブルネレスキは軍事目的のために河の流れる向きを変えようとし

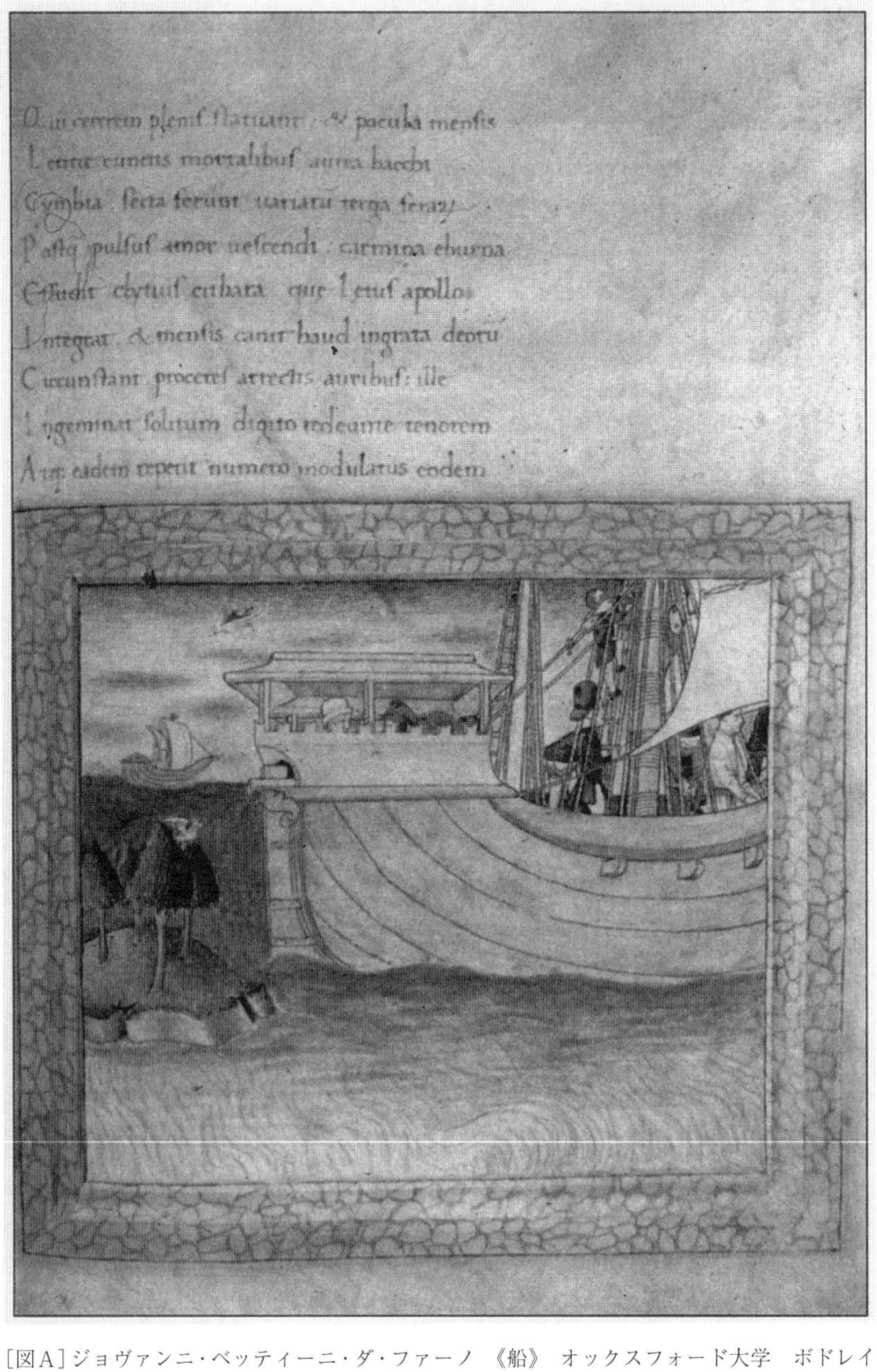
Qui cererem plenis satiant et pocula mensis
Laetitiae cunctis mortalibus aurea bacchi
Cymbia secta ferunt variatis terga feraz
Postq pulsus amor vescendi carmina eburna
Effudit clytius cithara que laetus apollo
Integrat et mensis canit haud ingrata deoru
Circunstant proceres arrectis auribus: ille
Ingeminat solitum digito redeunte tenorem
Atque eadem repetit numero modulatus eodem

［図A］ジョヴァンニ・ベッティーニ・ダ・ファーノ《船》オックスフォード大学 ボドレイアン図書館

［図Ｂ］ジョヴァンニ・ベッティーニ・ダ・ファーノ　《難破》　オックスフォード大学　ボドレイアン図書館

たし、さらには造船技術や波止場の建造に広く関与していた(58)。

同様に意味深いのは十五世紀初頭の中心問題——光自体の活動《アクション》をいかに再現するかという問題——を解決しようとする、芸術家の努力である。アルベルティは『絵画論』の中で、彼の「絵画の実演《デモンストレーション》」はいかに「光線は水の表面に達すると、上に反射して家の梁を突き刺す」ものかを示せたと述べている(59)。ジョヴァンニの島の沖合いを通過する船の画像《イメージ》では、太陽は光線を直接下方に注ぎ、小さな屋根の下や舷側の手すりに沿って影を作り出す。と同時に、水面から上に反射した光は、船体や通過する小島の海岸をまぶしく照らしている。またその水面自体、船体の通過していくところでは著しく色を変化させている。

しかしながら、もっとも印象深いのは、一四二〇年代のもっとも影響力あるフィレンツェの画家たち二人の革新と関わる——アルベルティはこの画家たちの作品をローマで見たことがあったかもしれない——他の二点の画像《イメージ》である。二点の画像のうちのひとつで、ジョヴァンニは特に難しい技術上の問題に挑んでいる。観者に対して様々な距離で航海するガレー船［図C］を、高い視点から描くという問題である。彼が適用した解決法は、《貢の銭》のフレスコ画で、群像を円環状に配して表すためにマザッチオによって工夫された解決法と、本質上は同じものだ——この工夫は、忘れがたくも「水平等頭性《ホライズン・ライン・アイソセファリー》」（諸人物像の頭部を同一レベルに描く特質のこと）と命名されている(60)。アルベルティは『絵画論』で、当の問題を明快な例を挙げて説明している。「わたしたちは聖堂の中に、だいたい同じ高さで動き、歩き回る人々の頭部を見るけれども、ずっと遠くにいる人々の足は、もっと前にいる人々の膝のレベルと照応するようである」(61)。ジョヴァンニはこの反直観的だがきわめて重要なイリュージョニスムの技法を、巧みに船の帆柱《マスト》に適用した。それはたとえば、フラ・アンジェリコがまさに同時代の《聖ニコラウス伝》の諸場面では行なわなかったようなことなのである。

さらにジョヴァンニは、シジスモンドの軍隊が夜に海岸を進んでいる二点目の画像《イメージ》［図D］で、夜空を表現するという色彩の問題に挑んだ。彼は星空とその下で起こっている場面の光彩《イリュミネーション》を表現するために、ジェンティーレ・ダ・ファブリアーノによって考案されたやり方《コンヴェンション》を用いた。ジョヴァンニは細心の注意を払って、海面への星の反射や、月の作り出すほとんど影のない鮮明な光彩を示そうとしている。言い換えれば、こうした一連のものとして見られるミニアチュールは、『絵画論』そのものと同様、一四二〇年代におけるフィレンツェの諸発見を部分的に垣間見せる要説《スンマ》も同然のものである――それらはまずはローマで、さらにはフィレンツェでアルベルティの眼に触れたかのようでもある。

一見したところ、これらの写本をアルベルティと関連させることは理に適ったことに思われる。それらはリミニとその周辺でアルベルティを登用した明敏な専制君主の公的支援の下に実現されたし、もっとも魅力ある最後の彩飾画は、彼の傑作テンピオ・マラテスティアーノを賞賛している。しかし『匿名伝』に記された証言は、問題の解決を決定的なものにしている。

> 彼は海のことをよく知っているギリシアの船長たちから大きな賞賛を引き出した。というのも、この人工の世界の広大さを、わたしが言った通り、小さな穴を通して彼らに示し、そこに何が見えるかと尋ねたとき、彼らはこう応答したのであった。「ああ」と彼らは言った。「波のまっただ中にいる船隊が見えます。それは、東雲や接近しつつあるひどい嵐が止めなければ、真昼までにはここに着いているでしょう。また海は荒々しくなり、危険の前兆は海から強く反射する太陽光線であることも見てとれます[62]」

『ヘスペリス』におけるジョヴァンニ・ダ・ファーノの彩飾画のように、アルベルティの実演《デモンストレーション》は、遠くから近づいてくる船を、専門の船員をも喜ばせるような仕方で表現している。それらは接近しつつある嵐の説得力ある肖像を提供している――「海は荒々しくなった」と、ギリシアの船長たちは叫んだのである。またそれらは、海水はいかに光を反射するかを示そうと多大の努力を払っている。彩飾画はアルベルティの記述と緊密に対応する、歴史的に明確な一連の遠近法効果や色彩効果を提供している。それらは、箱の覗き穴を通してアルベルティはどんなものを見せたのかについて、わたしたちの持ちうる最良の感触を与えてくれるのである。

アルベルティの見世物箱《ショー・ボックス》は、彼の他のいかなる実践的な企画以上に、一四一〇年代、一四二〇年代におけるブルネレスキの仕事との強い平行性を示している。こうした時期に、ブルネレスキ――建築家であり、それゆえおそらくは測量、平面・立面図制作、そして所定の構造が観者に与える視覚効果を予測するといった仕事に熟達していた――は、アルベルティを魅了したのと同じ再現問題の実験を自ら行なっていた。彼は二点の板絵を制作している。一点は洗礼堂を、他の一点はシニョリーア広場を表しており、二

［図C］ジョヴァンニ・ベッティーニ・ダ・ファーノ 《海上のガレー船》 オックスフォード大学 ボドレイアン図書館

［図D］ジョヴァンニ・ベッティーニ・ダ・ファーノ 《夜間に行進する軍隊》 オックスフォード大学　ボドレイアン図書館

点の作品において幾何学的な絵画空間や消失線の注意深い使用は、並外れて効果的な三次元のイリュージョンを創出していた。さらに彼は他の芸術家たちに、賢明な工夫《トリック》を用いて彼が行なったことを提示してみせた。たとえば、洗礼堂を描いた板絵の場合、その消失点に穿たれた穴を通して、絵の前の定まった距離で〔観者の〕持つ鏡に映った〔板絵の〕画像を彼ら観者に見せるようにする、そしてそれからおそらく、鏡を動かして鏡の背後にある実際の建物の姿を現出するようにさせたのである。アルベルティによる〔絵画の〕「奇跡」同様、ブルネレスキの実演《デモンストレーション》は洗礼堂に面したフィレンツェ大聖堂の階段の上で、またシニョリーア広場において印象的に上演されたけれども、これら二つの場所は歴史的、イデオロギー的にフィレンツェにおいてもっとも重要な意味を担っている空間であった。さらにまた、アルベルティによる「奇跡」同様、ブルネレスキの実演は明らかに驚嘆の的となり、同様の効果を獲得しようという他の芸術家たちの試みを刺激した。世紀の終わりにアントニオ・マネッティはこう思い起こしている。「その後パオロ・ウッチェッロやその他の画家たちは」ブルネレスキによるシニョリーア広場の景観を「まねたり模倣したりしようと」することになった、と。なかんずくブルネレスキはアルベルティ同様、芸術問題――建造物や一連の建造物を効果的に再現するやり方――を、技法の問題、すなわち視覚的に説得力のある絵画空間を産出する幾何学的な技法をいかにして創造するかという問題に変容させることになった。(63)

アルベルティによる「絵画の奇跡」の成功について、わたしたちが知っているのは彼が語ったこと（そしてジョヴァンニ・ダ・ファーノが示してくれたこと）のみである。しかしブルネレスキのそれについては、もっと知られている。一四一〇年代から一四三〇年代まで、ブルネレスキの行なった方法は、アルベルティの〔ブルネレスキへの〕献辞によるなら、まさに彼のもっとも賞賛した美術家たちによる様々な企画に適用されていたからである。たとえばギベルティは、洗礼堂門扉の第二の企画で、眼も眩むような効果を出すためにそれらを利用しているし、ドナテッロは小規模な石の浮彫りで見事に応用している。さらにマザッチオの場合、彼はそれらをサンタ・マリア・ノヴェッラ聖堂やカルミネ聖堂における自身の実験的なフレスコ画の基盤に据えているのである。(64) したがってアルベルティが、二次元の平面に三次元の現実的なイリュージョンをどのようにして創造するかについて、すでに幾何学論考をものしており――またそのようなイリュージョンを作り出すことを美術家のもっとも重要な仕事と位置づけていたからには

[図7] フィレンツェ洗礼堂

[図8] パラッツォ・ヴェッキオ　フィレンツェ

——自身の理想とする最初の読者として、またおそらくはその判断を仰ぐとともに欠点を補ってくれるべき人物として、ブルネレスキを選んだことは驚くにあたらない。

アルベルティがその献辞において展開している文化の興隆と没落についての議論は、その古典的なスタイルにもかかわらず、かくして、学識あるエンジニアであれば誰しも知悉《ちしつ》している議論を繰り返したものである。それはブルネレスキの関心を引き彼を喜ばすための努力をも、十分に反映していたかもしれない。一般に、職人は伝統に執着することによって評価を勝ち得たのに対して、技術者は何かを行なうための新たな方法を導入することによって名声を得た。この両者の競合精神を孕んだ実演《デモンストレーション》は、革新性のある入念な視覚的修辞によって、見物人がその結果を素晴らしいと見なすときにのみ、成功を勝ち得たのである。換言すれば、工学《エンジニアリング》の実践は、様々な技芸にある種の進歩が起こりうるという想定の上に成り立っている。ブルネレスキはそれを固く信じ、また様々な分野における自身の仕事をその適切な力強い事例と見なした。彼はフィレンツェ大聖堂の円蓋《ドーム》のような、巨大で驚くべく困難な企画を遂行するために、新たな方法をためらうことなく提案した。他の親方たちに狂人呼ばわりされ、大聖堂の工事を担当する委員会である事業監督局《オペライ》の部下たちによって、二度会議から引きずり出されたときでさえ、彼は考えを変えなかった。[65] 彼はまた彼の考案のひとつにこれまでで初めての特許権を獲得し、それによって知的財産を守るとともに、いっそう強力な法的かつ社会的な技術を一度に創造した。[66] 商標と特許権はこの時期、急速に拡大した。[67] 知的財産権——そしてそうした権利を補強し、刷新を行なうための人間の能力——は、野心的なイタリアのエンジニアや商人たちの心をとらえた。要するに、ある意味において、先人がなし得なかったことをなし得るという主張と、自分自身の創意によって利益を得る権利を認められることへの要求とは、硬貨の裏表に他ならない。開明的なパトロンたちはそのことを理解していた。一四四五年、レオネッロ・デステは、水車の車輪を専門とする、際立って優れた才能に恵まれたエンジニアたるグルノーブルのアントワーヌ・マランを、フェッラーラに招聘したいと考えた。その際、レオネッロはマランの仕事を「たとえいにしえの車輪製作者のそれを凌駕しないとしても、少なくともそれと同等である」と称えた。そしてマランに住居や税の免除、また彼の車輪や「彼が発見するかもしれない通常の方法とは異なる、新たな考案のいかなるもの」に対しても、専売特許を約束した。[68] 同様に、アルベルティにとって透視図法という主題についてブルネレスキを指名するということは、「新しさ」

[図9]（左）ロレンツォ・ギベルティ 《天国の門》 フィレンツェ洗礼堂

[図10]（下）マザッチオ 《貢の銭》 ブランカッチ礼拝堂 サンタ・マリア・デル・カルミネ聖堂 フィレンツェ

の正統性を確信し、またそれに取りつかれてさえいる読者と向き合うことに他ならなかった。技芸における進歩なら、感受性に富み気分を害しやすい献辞の相手とのよい話の種になる、とアルベルティが考えたとしても驚くほどのことではなかったのである。

文化の動向やその方向の問題に関心を抱いたのは、エンジニアたちばかりではない。アルベルティが、近代《モダン》の知識人は過去の重荷によって力を削がれてはならないと論じるとき、彼はブルネレスキのみならずフィレンツェの他の多くの知識人が長らく懸案としてきた問題に立ち返っている。すでに見てきたように、ニッコロ・ニッコリは、近代のいかなる人も、またダンテやペトラルカですら、古代人の著作に比較しうるような何ものかをものすることは期待しえないと公然と主張し、またレオナルド・ブルーニをはじめとする他の者たちは公然と彼に反駁した。反論を主張するために科学技術の領域を選択しつつ、アルベルティは他の人文主義者たちが教皇庁をはじめとする場所で弁護するような論点を推し進めた。たとえば比類なき古典主義者であるロレンツォ・ヴァッラは、古典ラテン語の統語法と使用法をマスターすべく当代の著作者は全力を尽くすべきであると主張して、それを詳述した。しかしながら彼は、多数のイタリア都市に見られる時を告げる大きな鐘を備えた脱進機つき時計は、近代の創案であることを認め、そのために古典語ではない語（horologium）をそれに当ててすらいる。したがってアルベルティが、近代人が古代人以上のものを達成したのは科学技術の分野だと考えることを、他の学者たちから学んだことも、ともかくありうることなのである。[69]

しかし学識あるエンジニアたちは、こうした問題に関するアルベルティの対応の先例を――また工学《エンジニアリング》と視覚芸術と文芸の併置に関しても――すでに作っていた。ペトラルカの親友ジョヴァンニ・ドンディ・デル・オロロジオは、十四世紀にパヴィアとパドヴァで医学と占星術を教授した。著作においてドンディは、近代人は古代人に匹敵することを望みうるかという問いに、繰り返し取り組んでいる。そしてときに、彼は肯定的な見解を示している。たとえば、彼は天文時計の説明に入る際に、天文学は古代の権威――プトレマイオスの著作――と、近代《モダン》の観察結果――中世のアラブ人やラテン人の天文学者たち――の双方の上に築かれていると指摘している。[70] しかしながらドンディは、クレモナのフランチェスコ会士グリエルモ・チェントゥエリへの書簡の中で、極端に異なった態度を打ち出している。ベーコンや他の多くのスコラ学者たちと同様に、チェントゥエリは、中世後期の大学の硬質な哲学や神学は、総じて古代人たちが提示しなければならなかったものに勝っていると主張して、近代性《モダニティ》を賞賛した。ドンディはこれに対抗し、よき古典主義者として、「われわれの精神は、古代人のそれより質的に劣っている」と論じている。近代の詩人でウェルギリウスに匹敵しうる者などいないし、近代の歴史家でリウィウスに対抗しうる者はいない。「一時代をともにし、アウグスティヌスが会った」一群の限られた知識人たちでさえ、近代の著作者すべてに勝る。ペトラルカ自身、そのように認めていたのである。彼自身の『牧歌』がウェルギリウスの『牧歌』と一緒に製本された合本の手稿を吟味しながら、彼は辛辣にこう述べていた。「この本の中では、灰色のぼろ切れは深紅の布と一緒になっている」

「古代の天才の芸術的所産は」とドンディは続け、同じ論点をおそらくはいっそう生き生きと検証している。

> わたしは古代の建造物や彫像そして彫刻、またその他のこの種のものについて語っている。当代の芸術家たちがあの時代の制作物を注意深く精査するなら、驚嘆の念に打たれる。わたしは大理石を巧みに操るある人物を知っていたけれども、彼はイタリアが当時擁していた者の中でも、その技芸においてその能力ゆえに名高く、ことに人物像の創造に優れていた。……彼はよくこう語っていた。あるとき、その種の〔古代の〕像を見ることのできる〔ローマの〕場所の傍らを友人たちと歩いていたところ、歩みを止めて、それらの像の類なさを驚愕のうちに見、連れの者たちを忘れてしまい、なおあまりに長い間立ち止まっていたために、連れの者たちは五百歩、またそれ以上も先まで歩みを進めてしまっていた、と。(71)

ドンディの記している古典を手本としていた美術家が誰であったかは、今なお分かっていない(72)。しかしこの資料の大まかな趣旨は、目下の関心事にとって、実際の真実であるかないかの問題よりも重要である。その当時のもっとも輝かしい科学技術者であり、学識豊かな学者にして熟練した著作者でもあったドンディは、半世紀後にアルベルティが携わることになるのと同じ問題を提起していた。ドンディは古典のテクストにさえ依拠した。ことに、ローマ帝国において彼を取り巻くすべてを衰微・腐敗のしるしととらえて建築作品を糾弾した、ストア派の哲学者セネカの書簡である(73)。文化的衰退に関するドンディの、専門的な情報に裏打ちされしかも博学な表現は、アルベルティがその献辞を案出する方法を――むろん、アルベルティが問題の議論を展開するその方向とは異なったものであったけれども——多くの点で先取りしていた。

　アルベルティがその書簡において古代、権威そして創造性という問題を取り上げた際、彼は自らそのひとりであると公言した専門のエンジニアたちの領域に留まっている。ブルネレスキもまた、こうした問題を考えていたようである。アントニオ・マネッティは、彼の晩年の、しかしときに優れた情報を含む伝記において、ブルネレスキは透視図法の法則を「再発見したのかそれとも創案したのか」という問いを明確に提起しているからである。[74] 換言すれば、アルベルティがフィレンツェで遭遇した新しい芸術と建築に対する熱烈な関心は、学識ある読者を魅了するだけでなく、特段には学のない読者の心をつかむために仕立てられたものなのであった。

　自身の実験を書き記したアルベルティのやり方の一面については、少なくとも同様に言える。ラテン語版ではなくイタリア語版の『絵画論』の中で、アルベルティはローマにおいて——すなわちフィレンツェ大聖堂の工房ではなく、教皇庁において——これら「絵画の奇跡《ミラーコリ・デッラ・ピットゥーラ》」をなしとげたと特記している。[75] 言い換えれば、アルベルティは、あまり通暁していないローマの聴衆を前に、彼のもっとも劇的な実演《デモンストレーション》を行なったのである。彼はブルネレスキに、実演のことを書きはしたものの、それを〔彼のために〕再現してはいない。彼は実演を、技術の分野で有能な集団《コミュニティ》の一員として知らしめるために利用したのであり、ブルネレスキの高名な洗礼堂、シニョリーア広場の展覧《ディスプレイ》作品に対抗しようとしたわけではなかった。

　アルベルティが自らをまず何よりもエンジニアと見なしていたとするなら、これまで長く歴史家たちの興味をそそり、また当惑させてきた彼の著作『絵画論』の多くの特徴は、これまでよりはるかに説明しやすいものとなる。ラテン語にせよイタリア語にせよ、専門用語を創造しようとするアルベルティの努力は、消失点を設定したり、後退するように見える床面あるいは広場を配置したり、また人体解剖に熟達したりするのと同じほど複雑なプロセスを記述しうるということに他ならず、それはタッコラのようなエンジニアたちの文学上の努力と、非常によく似ている。彼らはまた彼らの関わっていた技芸について書き記しているけれども、それは彼ら自身と彼らが実践している分野《ディシプリン》の地位《ステイタス》をともに上昇させる方途としてであった。[76] 彼らは特定の装置をデザインするためだけでなく、それらの構造や用途を明快に記述しうるような専門用語を創造するために、多大な努力を傾けたのである。

　工学《エンジニアリング》や実用上の技芸に関する論考は、タッコラによる短い説明文を付した挿図（それは明らかに、何よりも自身の制作品を宣伝するために意図されている）から、ドンディによる緻密な論考（彼の時計を現代に再現しうるに十分なほど精密な機械構造のデッサンを提供している）に至るまで、様々な形式を用いている。同様に、現存する絵画に関する初期の二つの論考、すなわちチェンニーノ・チェンニーニの絵画手引書とアルベルティによる論考は、共通する企図の内側にある異なった取り組み方を反映している。チェンニーニは、アルベルティが『絵画論』に従事するほぼ一世代前に、その書を完成させた。彼の著作は、その大部分において、職人の手引書の中世的伝統の終焉を示している。彼は絵画の実際の制作プロセス――フレスコ画のために顔料を見出して準備し、漆喰壁を準備するなど――に関心を注いでいる。アルベルティはそれとは対照的に、絵画空間の幾何学や美学の法則を強調している。チェンニーニは、困難な肉体労働が絵画において果たす役割を、アダムの罪深い状態を継承する人間が、自ら糧を得るためにすべきあらゆる手仕事の場合と同様のものとして強調する。アルベルティは絵画を、彫刻よりも肉体の負荷の少ないもの――それゆえいっそう高貴なもの――と見なし、あまり知的でない手仕事については語らない。チェンニーニは美術家の仕事や使命感に深い畏敬の念を抱いていたけれども、過去の巨匠であるジョットが芸術の頂点を代表していると確信していた。他方、アルベルティはジョットの仕事を知っており、また賞賛もしているものの、ジョットの時代以来、進歩はありえたし、また実際起こったと見なしてもいた。[77]

しかしながら、両者が合意しているのは、画家は学識ある人間だということである。実際、チェンニーニは著作の冒頭で、まさしくこの点を強調している。彼はそこで、詩人たちは自らの有する知識のおかげで、彼らの喜ぶどのような要素をも「彼らの意思が命じるままに」作り上げ、また結びつける権利を有すると論じている。まさに同じようにして、画家は「彼の想像力《ファンタジア》に従って、半人半馬の」像を創造する自由を有するのである。[78] ここでチェンニーニは古典の常套表現である詩と絵画の比較論を繰り返し、よく知られ、また傑出した古典の文献典拠でもある、古代ローマの詩人ホラティウスの『詩論』さえ引用している。ブルネレスキとタッコラと同様、アルベルティとチェンニーニは、異なってはいるけれども、同一地点のいくつかを通過するような道をとっている。しかしチェンニーニは絵画を、人類の堕落以降の人間に運命づけられた多数の労働の形式のひとつとして取り扱っている。彼の神学的な見地は、アルベルティよりもダンテのそれにいっそう近い――それは、詩と絵画における「想像力」の卓越した重要性を強調している点にも見られた通りである。

工学《エンジニアリング》の伝統と実用上の技芸の伝統との類比は、イタリア語とラテン語という二つのテクストを記すというアルベルティの決断は何も異例なものではないことを示唆している。たとえば、タッコラは彼の論考『機械論』を二つのかたちで行なっている。タッコラが著し、また挿図を付したラテン語版が現存している。しかし彼はイタリア語のテクストをも著していたのであった。こちらの方は、オリジナルなかたちにおいてではないものの、ラテン語よりも近づきやすいと見なしたように思われる美術家やエンジニアたちの手になる、部分的あるいは全体的な多数の写しによって伝わっている。[79] 後代のアルベルティの多くの読者たちは、十六世紀に彼の手稿のひとつを所蔵した不詳の人物から、二十世紀の美術史家マイケル・バクサンドールに至るまで、アルベルティはラテン語版を主として学識ある読者や諸技芸のパトロンたちに、またイタリア語版を主に美術家や手職人たちに向けて照準を定めていたものと示唆してきた。[80]

しかしながら、わずかな手稿本の示唆するところでは、人文主義者の修辞学に十分精通することなくラテン語テクストに向き合う読者を締め出してしまうほどに、言語の障壁も高かったわけではないようである。一四七六年二月十一日、工学《エンジニアリング》や透視図法を学ぶブリュッセルのアルナルドは、ナポリにおいて、アルベルティが『絵画論』のやや後にまとめた小論『絵画の初程』を書き写すために、夜明け前に起床して徹夜した。アルナルドは、光学、透視図法、実用算術、度量衡に関する論考とともに、これを綴じ込んだ――これは彼がその〔アルベルティの〕著作を、工学や応用数学の世界と結びつけていたことの明らかな証拠である。[81] ラテン語で書きはしなかったものの、こうした主題に関するラテン語の論考を研究していた別の読者たち――たとえばロレンツォ・ギベルティ――は、ラテン語版のアルベルティを同じように十分読むことができたのであり、アルベルティが彼らの精通している問題を扱った際には、ことのほかにそうなのであった。[82]

それでもなお、アルベルティがイタリア語版を画家やその他の技芸の実践者たちに向けて書いたのはほとんど確実であるように見える。アルベルティはブルネレスキに宛てた序文の書簡において、この建築家の手になるフィレンツェ大聖堂ための円蓋《ドーム》は彼が「驚愕すべき天賦の才〈ingegno〉」の所有者であることを証明していると特筆している。この〈ingegno〉は語源であるラテン語の〈ingenium〉と同様に、当時多くの意味を有していた。[83] しかしすでに見たように、ブルネレスキの世界において、これは二つの主要な意味を帯びている。すなわち、エンジニアに特有の優れた才能と、彼の創造する斬新な創意である。アルベルティによって注意深く選択されたこの用語法は、彼自身イタリア語版によって喚起しようと目論んだ、一連の特別な連想を明らかにしているのである。

少なくとも他のひとつの古い証拠は、〔イタリア語版の〕『絵画論』は美術家向けのものであったことを確かなものにしている。アルベルティの友人ジロラモ・アリオッティは、アレッツォ出身のベネディクト会の著作者にして写本筆耕者である。彼はフィレンツェに多くの知人を持ち、イタリア語の『鋳造論』という作者不詳の著作をある程度読んでいた。彼はフィレンツェの友人に対して、「君の〔知っている〕画家、彫刻家たちのうちで」この著作の作者は誰かを調べてくれるよう依頼している。アリオッティは、友人なら彼の持っているものよりもかなり正確なテクスト版本を提供できるのでは、と期待した。とりわけ、著者はラテン語版を所蔵している、と彼は推測していた。最後に、彼は自分の自然な疑問をこう述べた。作者不詳の著者とは、まさしく「バッティスタ・アルベルティ氏」かもしれません、と。[84]アリオッティ自身、このテクストは『絵画論』とずいぶん共通したところがあると信じていたことは明らかである。そしてこのことは、流通のネットワークとして、二つの異なる版本――もっぱら美術家の工房で読まれるイタリア語版と、通常の人文主義者の書物というかたちで入手できるラテン語版――がありうることを物語っている。アルベルティはおそらく、二つの異なる読者層の間に彼の書物を流布させるものとして、二つの形態を見越していたのであろう――実際の受容は、彼の期待した以上に複雑なものだと判明したのではあったけれども。

しかしさらなる不可解さも残っている。アルベルティが――『数学遊戯』、『彫刻論』、そして『絵画論』と似た透視図法に関する小論には挿図を付したにもかかわらず――『絵画論』の場合にはなぜ、技術色の濃密な第一書をいっそう近づきやすいようにするような図解《ダイアグラム》を付さなかったのかは不明である。[85]さらにこの書物を読んだブルネレスキはどう反応したのかもよく分からない（この問題については次章で立ち返ることにする）。とはいえ、アルベルティが手技の芸術の世界に対する新たな彼の献身を、一時的なものではないと見なしていたことはまったく明らかだと思われる。

実際、『絵画論』を完成し美術の実践家としての自身の位置を堂々と宣言してすぐ、アルベルティはある芸術企画を完了し、その中で一四三〇年代に身につけた技術を、彼をたいそう魅了していた仕事のひとつに適用した。とらえがたい自己の、力強くまた見事なイメージを創造することである。自伝の中で、アルベルティは――再び専門家ばかりでなく、特別な経験のない若者に対しても完全に近づきやすい程度に――絵を描くばかりでなく、彫刻をも行なう自身の能力を称えている。

彼は友人たちを招き、彼らと文芸や哲学について際限のない議論をしたものであった。また彼らのひとりの肖像を描いたり蠟の雛型を作ったりしながら、これらの友人たちに小品を口述したりもした。ヴェネツィアで彼は、一年数か月も会っていないフィレンツェの友人たちの顔の雛型を作った。彼は若い少年に彼の描いている人像《イメージ》が分かるかどうかをよく尋ねたものであった。そしてもし子供に分からないのだったら、絵が本物の美術品であるとは認めなかった。彼は自分自身の顔かたちや特徴を表そうと努め、こうして、描かれたり雛型にされた人像のおかげで、彼はすでに、彼を見知らぬため彼を呼び出そうとする人々にも知られているのだった。[86]

アルベルティは再度、人前で「奇跡」をやってのけた。大多数の美術史家は、〔ワシントンの〕ナショナル・ギャラリーのクレス・コレクションにある、大きなアルベルティの金属板《プラケット》の肖像を印象深い手際を発揮して彼自身が制作した人像《イメージ》のひとつと見なしている[87]（二頁目の図版を参照のこと）。

この金属板《プラケット》はたいそう大きく、高さはほぼ二十センチで、かたちは不規則な楕円形になっている。そこに表された作者は、中年に入った人の活力、力強い横顔、著しく際立つ決然たる眼や口を示している。古典的に盛装しつつ、彼は明らかに社会的、知的に高い地位《ステイタス》にあることを主張している。[88]顔の左側には、アルベルティが標章《エンブレム》として用いていた有翼の眼が見られる。右側には、彼の最初の頭文字《イニシャル》と、彼の二番目の名前の最初の三文字である〈L.BAP〉と記され、大きな眼を小さく複製したものによって引き立たされている。これは多くの点で芸術上の注目すべき業績である。すなわち、ルネサンスの美術家による最初の独立した自刻像にして、美術家に古代ローマ人の装いをさせた初めての作品であり、またたとえばマザッチオの《聖三位一体》のフレスコ画に見られる寄進者たちのような、当時の進んだ美術家の手になる多くの肖像以上にきわめて個性的な人像《イメージ》でもある。なかんずく、それは美術家に対して横顔の胸像という形態を用いているけれども、こうした形態は「初期ルネサンスにおいては、威厳や権力を暗号化したものであり、モデル個人の威厳や彼の家系《ダイナスティ》の持続を示唆する」ものなのであった。[89]

アルベルティの実演《デモンストレーション》同様、彼の肖像メダルは新たな仕方で、それと分かる様々な要素を結びつけている。人文主義者たちはたびたび、自らの肖像を宣伝の一形式として用いた。装飾を施した大きなタイトルページに配したり、テクストの最初の頭文字《イニシャル》に挿入する、あるいは独立した像として見せたりする人文主義者の肖像は――たとえページにおける位置はしばしば彼を、文字通り、いっそう大きく堂々としたパトロンの像に従属させているとしても――著者としての重要性を主張している。こうした人文主義者の肖像は、まさにアルベルティ自身、彼のメダルに求めたのと同様の機能を有していた。そうした肖像は、そこに表されている人々の像を、生身の彼らを知らない潜在的なパトロンを含めた読者に、生き生きと感知させるものであった。[90]

さらにまた自身のメダルのために、こうした特別に古典的な形態を選択することで、アルベルティは意識して、フィレンツェや北イタリアといった地域で優勢な趣味を満足させることを狙っていた。十四世紀初頭以来、北イタリアの学者たちは、歴史家の記してきた英雄のような皇帝や恐るべき皇帝の鮮明な像を得ようとして、ローマ帝国の硬貨《コイン》や宝玉を研究していた。ヴェローナの古物研究家ジョヴァンニ・デ・マトキイスはその帝国史を、硬貨に由来する堅苦しいとはいえ優雅な、多数の皇帝を描いた横顔の素描で飾った。やや後に、ペトラルカは文献上の証拠と古銭学の証拠を比べ始めるようになった。彼は、もしゴルディアヌスが『ローマ皇帝群像《ヒストリア・アウグスタ》』が述べるように、実際に見栄えのよい人だったのなら、「彼には悪い彫刻家しかいなかったのに違いない」と不平をもらしている。[91] 硬貨や宝玉は、アルベルティが初期のフィレンツェ、フェッラーラ滞在期に訪れた、フィレンツェや北イタリアの仲間たちの間に深い興味を引き起こしていた。影響力のある学者にして〔古典の〕翻訳家だったアンブロージョ・トラヴェルサーリは、アルベルティも参加したフェッラーラ／フィレンツェの公会議の列席者の中でも重要な人物であった。彼は一四三三年にヴェネツィアで、冒険好きな古物研究家チリアコ・ダンコーナと硬貨や宝玉について――トラヴェルサーリ自身、縞瑪瑙《しまめのう》に彫られた「たいそう優雅な」小スキピオの像としてニッコリに書き送ったものを含めて――議論している。[92] ヴェスパシアーノ〔ダ・ビスティッチ〕によると、フィレンツェの知識人ニッコロ・ニッコリは、こうした古物の半ば専門家に近い目利きになったという。それゆえ、ルネサンスにおけるもっとも高名な古代宝玉のひとつ、すなわちメディチの紅カメオ《コーネリアン》の価値を認めた最初の人物は彼だったとしても、驚くほどのことではない——ちなみに、ギベルティはこの宝玉を再度取り上げて、うまくはいかなかったものの、その意味を解釈しようとした。[93] とまれ、アルベルティによる、古代ローマのカメオや宝玉に見られる肖像を利用するというやり方は、地域の古物研究家の集団に感銘を与えるべく、巧みに企図されたものであり、ニッコリの例からも分かるように、その仲間たちは古典に依拠する美術家やエンジニアたちの仕事に対して、アルベルティと関心を共有していたのである。

付随する標章《エンブレム》を有翼の眼にするというアルベルティの選択も、注意深く計算されたものである。彼は象徴イメージというものを、力強く、凝縮された形態のうちに深いメッセージを封じ込めるものと見ていた。彼はこうした観念を、具体性のあるメダルというかたちの他に、学識ある読者たちの間に流布したラテン語作品のひとつでも展開している。食間作品のひとつ「隠された格言《コンヴェラータ》」〔隠された二重の意味のある言葉というほどの意〕の中で、アルベルティは長い一連の含蓄あるアフォリズムを引用し、解釈してみせた。彼はこうしたアフォリズムをピュタゴラスその他の古代賢人たちのものとし、こうしてルネサンスでもっとも成功した文芸流儀《ファッション》のひとつとなるものが始まるのに、寄与することとなった。すなわち、哲学の基本教義を結晶化したような短い格言を蒐集し、コメントするという試みである。[94] こうした陳述に関するアルベルティの註解は、明らかに、倫理化した解釈を行なうとともに、彼によって「哲学者」と見なされている——おそらくは彼自身あるいはタレスのような——解釈者の聡明さを示すということに向けられていた。たとえば、ある点において、哲学者ははっきりとした道徳上の意味などまったくない、ピュタゴラスの一連の「シュンボラ」を説明してみせる。

わたしは「人の足跡を剣で突き刺すな」という格言を、きつい言葉で人の思い出をずたずたにしてはならないという意味だと解釈する。わたしは「火にすべてのまき束を置くな」という格言を、ただひとつの重大な企てにすべての富を賭けたりしてはならないという意味だと解釈する。わたしは「家を離れるときは眉を掻け、戻るときには頭の後ろを掻け」という格言を、朝にはわれわれの着手するすべてのことに警戒や注意の気持ちを喚起させねばならず、夕には日中に行なったどんなことであれ、心の中で点検し吟味しなければならないという意味だと解釈する。

アルベルティは、この種の象徴的に凝縮された格言は不明瞭なものになりうると認識していた。読者は、哲学者がさらしてみせる難解な意見と、アルベルティがそれらに読み取った逆説的な教えを結びつけるのは困難、あるいは不可能と思ったかもしれない。そのため、彼はテクストをこの種の哲学的寓意の形式的な弁護から始めている。実際、アルベルティの意見では、こうした寓意は教育的観点から見れば、直截な教示よりもいっそう効果的なのである。哲学的寓意という際立った形態は、それらを、そしてそれらの教示する倫理を、聞く者、読む者の記憶にしっかりと留めさせうるのである。

> わたしは、こうした格言は迷信じみて見えるというそれだけの理由で、老人の妄想から生まれたと考えてほしくない。それらはわれわれに生きるための高貴で優雅な指針を提供してくれるものであって、わたしの意見では、偉大な哲学者たちはいわばヴェールで覆われた〔隠された〕仕方で述べることを選んだのだ。こうすることで、人々は畏怖の念に打たれるし、注意深く耳を傾けるわけなのである。日常生活において、こうした指針で述べられたこととたまたま出会うとき、彼らは哲学者たちの聡明な忠告を記憶に留めることになる。こうした教示法は古代人にたいそう尊重されていたので、彼らのうちの何人かはヴェールで覆われた法を広めることにすらなったのである。かくして、ローマ王のヌマ・ポンピリウスは僧侶たちに、泉で儀式を行なうときは、強くこぶしを握るよう命じた。哲学者たちのまねをして、彼は秘密裡になされるならこうした素朴な犠牲《サクリファイス》の行為は神々に大いに歓迎されると思いたかったのである。[95]

ここでアルベルティは、十五世紀後半や十六世紀の学識ある多くの著作者につきものの情熱となるものをスケッチしている。「プラトン的教育」を実践する、エラスムスやアンドレア・アルチャーティといった影響力のある学者たちの考えによれば、手短で覚えやすくしかもやや謎めいたかたちであつらえられた倫理の教示——たとえば、エラスムスが著し註解した『格言集』や、アルチャーティが創案した絵と言葉の組み合わせによる『標章図象集《エンブレマータ》』——は、単純で紋切型のもの言いをした道徳よりも、いっそう効果的に若者の記憶に訴えその行動を感化するのである。学者詩人のアンジェロ・ポリツィアーノやラジカルな折衷主義の哲学者ピコ・デラ・ミランドラは、これと同種の異教秘儀を論じ、また解明してその用途を問うことに長大な記述を捧げた。少なくともこの場合、アルベルティは、ラテン語の述作において新たなジャンルの標準となるものの基礎を築いたのである。(96)

象徴は言葉による具現化のみならず視覚による具現化をも求めた。アルベルティの代役のようなフィロポニウスの労作に対して捧げた食間作品「指輪」の中で、芸術家の商品〔フィロポニウスの作った作品のこと〕は「卑俗だ」として拒絶されている。問題の作品は通常の意味でのテクストではなく、アルベルティのような「哲学者」が説明する「ヴェールで覆われた格言」の類でもない。そうではなく、ここではフィロポニウスが制作して象徴を彫り込んだ指輪なのである。テクストはそれらをこう詳細に記している。

クリスタル製の他の指輪は船乗りたちが風を観察する風見を表しています。各々の側に書いてある文字を見て下さい。「それの・押す・ごとく」。すべてのうちでもっとも素晴らしい次の指輪にあるのは、完全な円です。その中には、「汝自身・汝のため・そして神のため」と記されています。円の外には鉤《かぎ》と燃えさかる炎があります。

「忠告」〔失望した芸術家を助け導こうとする登場者のひとり〕の発言は、ここでもまたアルベルティは運命の力や自立した人間意思の限界に関する重要な教示を与えようとしていたことを明らかにしている。

船乗りたちが嵐のような出来事や不確かな状況に投げ込まれるように、わたしたちは用心深い航海者でなければなりません。わたしたちはその時々に応じて帆の向きを変え、威厳を持って避難所を探し、波間の安全な航路をたどらなければならないのです。船乗りの風見はそれ自体で動くものではありません。むしろ、様々な風や微風に押されるかたちで、抵抗なく楽に動きを生じさせたり、それに従ったりするのです。風にはそよ風もあれば、嵐もあります。わたしたちはそよ風を友人の助言や忠告に、嵐を悲惨な不運にたとえられるかもしれません。わたしたちは躊躇したり、ぐらついたりすべきではないのです。むしろ、わたしたちは事の成り行きや友人の助言に対して、我を張らずに素直であるべきですし、自身の意見や決心に対する自尊心からは根気よく距離を保つようにしなければなりません。この指輪をお取りなさい。円ほど包容力のあるもの、完全なもの、永続するものは他にありません。それはあらゆる点で、様々な打撃をはねつけるのにまったく適しているし、その動きはすべてのかたち《フィギュア》の中でもっとも自由です。わたしたちは安全で自由な理性の円の内部、つまりは人間性の内部にいなければなりません。というのも、徳は人間性に、神は徳に結びついており、徳は神に由来するものだからです。

「才気」（もうひとり別の忠告者）は、故意の反対者《つむじまがり》の役割を演じている。この場合、「才気」は、「忠告」が構築した寓意の構造を問題にするわけではなく、よりいっそう詳細な説明を求めている。「忠告」はその説明をあっさりと提供すると同時に、その詳細は最初に説明したものほど重要ではないとも論じている。

（「才気」） 君はあまりにせっかちすぎるんだ、「忠告」さん。手短であろうとして、君は不完全になっている。鉤と炎については〔これは対話篇では七つ目の指輪に当たる〕、どうなんです。また四つ目の指輪〔実際には五つ目〕について、君は燭台の意味を説明するのを忘れている。

（「忠告」） それらは些細な細部です。その指輪では、安定してまっすぐな燭台はどちらの側にも傾いていません。あらゆる方向に輝き、すべてを照らしているのです。このように、わたしたちは普遍の徳以上に、ある人、あるいは他の人を愛しているそぶりをすべきではないのです。[97]

「指輪」において、アルベルティは深い真実の視覚的提示についての自己の信念を、謎《パズル》や謎の与える刺激に対する好みと融合する方途を見出した。ここでもまた、彼は古代について考察する新たな当世風《ファッショナブル》のやり方に触れ、またおそらくはそれを流布させる手助けを行なっている。たとえば、執筆のまさに数年前、フィレンツェ人旅行家クリストフォロ・ブオンデルモンティはエーゲ海から、ホラポッロの手になるエジプトのヒエログリフに関する古代後期のギリシア語テクストを持ち帰っており、それはエジプト文字を象徴言語ととらえ、またかなり多数のエジプト文字について説明を施したものであった。また同じ頃、ポッジョとニッコリは、発見されてまもない古代ローマの歴史家アンミアヌス・マルケリヌスのテクストを研究していたけれども、彼らはローマのオベリスクに見出されるエジプトのヒエログリフに関する彼の詳細な記述を読んでいた。ポッジョをはじめとする人々はローマ市中を歩きまわり、アウグストゥス霊廟の傍らの倒れたオベリスクにあらわれている鳥や動物の奇妙な像を、たいそうな興味を抱いて眺め、また古代のこの奥深い絵画言語の意味について思いを巡らした。彼らはホラポッロに示唆を得て、エジプト人は直接的な視覚的方法で観念を表したのだと結論づけた。というのも、エジプト人の言語においては、各々の文字は何ものかを指し示しているだけでなく、何ものかを表象してもいるからである。[98] アルベルティもまた明らかに「指輪」において、古代のヒエログリフに対する近代の対応物、すなわち謎めいた短いテクストと結びついた視覚的象徴によって道徳的教示を直接的に表象する言語を創造することに着手しようとしていた。それは哲学のためのいわば光学言語に他ならなかった。

　有翼の眼と謎めいた問いである〈Quid tum?〉、すなわち「それで何だというのだ?」〔それで何らかまわないの意〕を自己のイメージにつけ加えつつ、アルベルティは再度、もっとも当世風な知的スタイルのひたむきな信奉者——自ら創造を手助けする者——として自らを示している。アルベルティの標章《エンブレム》の正確な意味は、とらえがたい。彼の食間作品「指輪」の中でアルベルティ自身示唆しているように、眼は神の敏捷さや栄光、そしてあまねき警戒の力を表象しうるし、またそれは神のごとき創造性豊かな芸術家にも同様に適用できるのである。さらにまたそれは、象徴自体そうしうるように、神と神のごとき創造者との両者を同時に喚起できるし、それを眺める者に、言葉によって伝えうる単独のメッセージ以上に持続した思考を誘発する。アルベルティの座右の銘《モットー》はウェルギリウスからの引用のようで〔一説に『牧歌』第十歌の「アミュンタスが色黒かろうと、それで何だというのでしょう?」に由来するという〕、それによって彼は自らの非嫡出子としての出生をとるに足らないものに見せようとしたのである。しかしそれは、彼が頻繁に遭遇した敵対者に対する、彼自身の侮蔑的反抗のキケロ主義的な表現でありえたかもしれない。いずれにせよ、メダルは近代の象徴言語を創造するために、美学的にも学問的にも、フィレンツェの様々な流行《ファッション》と古典の伝統を融合しているのである。[99]

　おそらくアルベルティは蠟で頭部の模型を作り、それからそれを鋳造したのだろう。大きな二つの瑕《きず》——ひとつは首に、もうひとつは頰を駆け上がってこめかみを通り越している——は、材料を扱うさなかのある時点で失敗が生じたことを物語っている。さらに深刻な失敗が確かに彼自身の頭部の処理に影響を及ぼしている。アルベルティは不規則にかたち作られた金属板《プラケット》の上に像を詰め込んでいる。専門のメダル制作者なら一四三〇年代後半から一四四〇年代に通常行なったように、像を眼と銘文を伴った調和ある構図の一部をなすようにするけれども、そうはしていないのである。彼はまた像の肉付けを非常に平板なままにした。横顔の諸要素は注意深く把握され、力強く表現されているにもかかわらず、皮膚の下の頭蓋骨や顔の平面図はスケッチ的にさえ示されていない。アルベルティの耳はほとんど盛り上がった浮彫りに見える——しかしながらこの耳はそれゆえに全体としての構図を奇妙に支配しているのである。

　こうした瑕のため、何人かの高名な目利きたちはメダルを「好事家的《ディレッタント》」な性格のものだと主張するに至っている[100]。またアルベルティ自身、そうした見方に反対しなかったかもしれない。すでに見たように、彼は『匿名伝』において、型取りをしつつ、それと同時に口述を行なっていたと明確に述べている。また『絵画論』において、彼は「彫刻は絵画よりも容易であり、また確実でもある……浮彫り効果は絵画よりも、彫刻によっていっそう容易に見出される」と主張している[101]。彼の示唆によれば、顔の際立った構造を強調しないかたちの肖像は、おそらく喉や皺を極端に詮索したかたちよりも魅力的なものになるという。さらに彼は「表面がぴったりと合体しているために、好ましい光が心地よい影へと徐々に移行し、またあまり鋭い角がない」イメージに対して、格別の賞賛の念を抱いていた[102]。こうした彼のコメントは、アルベルティがドナテッロ流のやり方で自分自身の顔を深く露わにするような像を制作しようとしていたわけではないことを示唆している。むしろ彼は器用に課題《エクササイズ》に取り組んでいる——すなわちそれは、表された〔顔かたちの〕特徴においても、また明らかにそれを作り上げた迅速さや気安さにおいても、その創造者を露わにする自画像に他ならない。視覚《ヴィジョン》の問題や反射の問題の実験家だったアルベルティは、自身の横顔をとらえるためにメカニカルな方法を用いたことも、実際上ありうるように見える。パッラ・ルチェッライの屋敷でヴァザーリの見たアルベルティの自画像は、鏡を使って作られていた[103]。芸術家による創造された自己としての報告〔芸術家の自己表象のこと〕は（著作者の似たような報告と同様に）、格別の自己イメージを投影するために芸術家の払う努力と、実際の芸術家の営み《プラクティス》とを、暗黙にあるいは明確に、しばしば区別している。アルベルティのメダルはこの区別に挑んでいる。その制作は、いわばそうした一致《マッチング》の一部を形成している。彼の見事な創意（ingegno）——金属板《プラケット》——は、その主題であるとともにその制作者でもある当人の優れた才能（ingegno）——秀でた才気《ブリリアンス》——をも露わにしているのである[104]。

　アルベルティのメダルは、彼の知人だった二人のメダル制作の専門家ピサネッロとマッテオ・デ・パスティが、一四四〇年代、一四五〇年代に制作することになる君主や学者の肖像メダルを、明らかに先取りしており、それらの源泉となったのかもしれない。ただし後年のメダルと違って、アルベルティの肖像メダルは片面しか刻印されていない。とはいえ、それは二つの補完的なやり方で主題を肖像化している点において、後年のメダルと類似する。すなわち、その身体としての肖像を通じて視覚的に、また入念に選択された標章《エンブレム》を通して精神的に肖像化しているのであり、後者のこの種のものは後年のメダルの裏面に登場するのである。たとえば、偉大なる教師グァリーノ・ダ・ヴェローナのためのデ・パスティによるメダルは、表面に堂々たる態度でローマ風の衣装をまとった学者の姿を表し、裏面に噴水の頂上にバランスをとった仕草で立っている裸体の青年の優美な姿を表している。英雄の頭部にふさわしいものとしてのアルベルティによる側面観の強調は、メダル制作者同様、画家たちにも強烈なインパクトを与えたことだろう。そのきわめて印象深い横顔は、フェデリゴ・ダ・モンテフェルトロの荘厳にして鋭利な横顔のような、十五世紀半ばに規範化する英雄像のいくつかを先取りしている。[105] それはまた、アルベルティが論考『文芸研究の利益と不利益』において簡潔に記している、世間ののけ者としての学者の印象深くも身の毛のよだつような肖像に対する、もっともラジカルな反証を表象する作品ともなっている。

アルベルティのメダルは、彼をはじめとするエンジニアや芸術家たちの、高い社会的、知的地位《ステイタス》に対する新たな要求に、現実に眼に見える《フィジカル》かたちで応え、凛然たる新奇な芸術形式を賦与した。その当時、硬貨やカメオで知られていた古代の像は支配者を表すもので、著作者ではなかった。そうした像は、支配者の横顔のうちにその勇気を称えたのであって、学識や雄弁を称えたわけではなかった。それは、写本における彼らの当代《モダン》の再現についても同様であった。当代の知識人もまたブロンズによって不滅化されるに値すると判断しつつ、アルベルティはその古代的形式に根本的に新しい機能を与えた。彼はそれを芸術家や知識人を英雄として表現するために用いた――それはその後の芸術家たちによって、文字通りにも創造的にも踏襲される範例となった。しかし彼はまた、学者の精神を表すのに適った視覚イメージを生み出すことの不可能性を強調するために、自刻像に付した標章《エンブレム》という構成要素を活用した――これも後にデューラーをはじめとする多くの芸術家たちによって探求されることになる問題であった。こうして彼は、ルネサンス美術の長期にわたるパラドクシカルな仕事のうちの二つを誕生させたのである。しかも彼は、古典的であると同時に近代的《モダン》であり、伝統的であると同時に革新的な芸術形

［図11］マッテオ・デ・パスティ《グァリーノ・ダ・ヴェローナの肖像メダル》（グァリーノは1374-1460年の人文主義者） 1446年頃 サミュエル・H・クレス・コレクション

式を創造することによって、それを行なったのであった。

　著述のような、アルベルティの実際の仕事は、テクストあるいはイメージを完全に伝統的な材料から作り上げることを潔しとしなかったことを、一貫して示している。むしろ彼は伝統的な材料を、〔彼自身の置かれた〕個々の新たな環境の中で把握した新奇さと合体させた。ブルネレスキの仲間であると自称しつつ、彼はイタリアの工学《エンジニアリング》の伝統を、観察者、著作者としての自身の果敢さと結びつけるのはむろんのこと、フィレンツェの美術家たちの独特な業績とも結びつけた。また創案者としての自身の果敢さを見せつけつつ、彼は透視図法や光の特性に関する自身の仕事を、マザッチオやジェンティーレ〔・ダ・ファブリアーノ〕の発見と結びつけた。しかし彼は、自身の行なったことの意義を説明しようとして、該博なテクストを作り上げた。それは諸芸術の進歩に関する新しく力強いイメージ群を創造すべく、ドンディの著作や彼自身の古典の読書を基にしたものであった。自身が演じたい役割を編みだすに際して、アルベルティはたった今出会ったばかりの技術に、彼がすでに携えていた素材を合体させたのである。

　技術者、美術家としてのもっとも力強い仕事においてさえ、アルベルティは周囲の美術家たちと競合しようとはしなかった。むしろ彼は自身の個性を強調し、またそれと同時に周囲の美術家たちに刺激を与えた。彼はこうした二つの企てに、明らかに成功した。アルベルティは「絵画の奇跡」によって、イタリアの技術家の手法や業績によく精通していることを示した――とはいえ、彼は慎重にもそれらをフィレンツェではなく、ローマやヴェネツィアで誇示してみせたのである。彼は美術家という以上に、自身を諸芸術の世界における独特な人物に作り上げた。すなわち、芸術について外部からも内部からも語りうるという存在である。そうすることで彼は、自身が留まりたいと望む上層の様々な社会的、芸術的仲間《サークル》の間を、自由に動き回れると理解した。彼の革新をメダル制作者が利用したことは、自身の占める位置《ポジショニング》について彼が成功したことの、具体的な証拠である。アルベルティにとって、こうしたポジショニングは創造的な行為であり、それは彼が観察し批判した当の諸芸術を、ときに変えもしたのであった。

畢竟《ひっきょう》するに、アルベルティの死後、友人のランディーノが評したように、彼は〔レオンという名前通りの〕ライオンだったというよりもカメレオンであった――彼もまたカメレオンのように、探求する変幻自在な背景の色彩に合わせて常にその色を変える被造物だったからである。人文主義者が諸芸術について書き始めるようになった頃、彼は内部からその本質を学ぼうとする者としてそうしたのであった。アルベルティが新たな環境に自己を順応させたその明敏さ、才気、そして独創性に関しては、ブルネレスキ宛の献辞書簡が導入《プレリュード》としての役を果たしている絵画に関する論考〔『絵画論』〕ほど、明白に現れているところは他にないのである。

第四章

絵画論——アルベルティと批評の起源

一四三三年九月末から十月初頭の間に、古物研究家のチリアコ・ダンコーナはフィレンツェを訪問した。優れた観察者だったチリアコは、生彩に富んだ記録類や、ぎこちないながらも新鮮な素描類を携えていた。その大多数は「覚書」、あるいはノートブックとしていたもので、彼は旅行の際にそれを携帯していたのである。チリアコは、ナポリ、ローマからアレクサンドリア、キュジコス、コンスタンティノポリスに至る、もっとも壮麗な古代美術、建築のいくつかの作品を、じかに見知っていた。(1) しかしまた、書籍蒐集家のベッサリオン枢機卿や、他のよく知られた旅行者たち同様、彼は自分自身の時代に打ち立てられた世界をも古代世界と等しく印象深いものと思っていた。

チリアコの見るところ、十五世紀初頭のフィレンツェは、建築や彫刻において革命をなしとげつつあった。彼はブルネレスキが大聖堂の上にそびえさせた、巨大な新しいクーポラに格別の関心を抱いた。建築家自身がチリアコに、進捗中の仕事を見せてくれたのである。熱心な古物研究家として、チリアコはむろん洗礼堂も訪問した。彼はそれを大多数のフィレンツェ人同様、古代のマルス神殿をキリスト教の聖堂に転用したものと思っていた。しかしながら、洗礼堂の建物について、彼に強い印象を与えたのは、その古代風の構造ではない。「一部は偉大な芸術家ネンチョ〔ギベルティ〕の手になる、聖なる物語を表した、きわめて美しく彫刻された三つのブロンズ門扉」に他ならなかった。(2)

フィレンツェの芸術シーンを洞察し記録する際に、チリアコが行なった選択は、彼が正真正銘、探訪者の技量を発揮したことを証している。正確にして選択眼のある観察者だった彼は、フィレンツェの工芸産品の多彩な織物〔様々な芸術作品のこと〕から、二、三本の糸を引き抜き、その後を追ってみたのである。彼は自分の見聞したことについて、注意深い思考を反映するようなやり方で、それらを選別した。後年、チリアコは友人のフランチェスコ・スカラモンティに、「大理石でいとも見事に装飾を施された鐘楼とも ども、天まで円蓋《ドーム》のそびえる美しく偉大なサンタ・レパラータ聖堂〔フィレンツェ大聖堂のこと〕、すなわちいとも卓越した建築家フィリッポの案内で、彼自身〔チリアコのこと〕詳細に検分した驚嘆すべき建造物」をどんな風に見たかについて語っている。さらに彼は何度も、自分の関心は――古典を改善しようと、学的、芸術的な努力を払うことに夢中になっていた革新的な彫刻家たちと同じく――古代や現代の芸術作品にあったと明言している。「彼はまた、ドナテッロやギベルティの館で多数の彫像、すなわち古代作品や、ブロンズ、大理石による彼ら自身の作品をも見た」と(3)。

ブルネレスキ、ギベルティ、ドナテッロは、フィレンツェにおいて質の高い作品を生み出していると認知された、唯一の工人《アルチザン》というわけではなかったし、また彼らの革新的な様式は、事情通のあらゆる顧客の関心を獲得していたわけでもなかった。一四二〇年代にフレスコ画を制作していたマザッチオとマゾリーノは、重要な点で彫刻家たちの作品にたいそうよく似た、絵画上の革新をなしとげていた。たとえば、サンタ・マリア・ノヴェッラ聖堂のトリニタ礼拝堂にあるマザッチオのフレスコ画は、一四三〇年代のドナテッロの浮彫り彫刻で適用されたものにも似た遠近法の技法を使用しつつ、三次元空間の力強いイリュージョンを創造していた。しかし成功した他の画家たちは――ローマに移る前に、やはり一四二〇年代のフィレンツェでたいへんな評価を得ていたジェンティーレ・ダ・ファブリアーノのように――〔マザッチオたちとは〕たいそう異なるやり方で顧客を印象づけていた。マザッチオの厳格な技術革新よりも、きめ《テクステュア》や人物像の大いなる多様性を再現する実験、洗練された光との戯れ、豊かな装飾によって、フィレンツェ人はジェンティーレを評価するようになっていた。さらに、こうした趣味や実践の多様性は、当然のことでもあった。チリアコの最初のフィレンツェ見聞の一世代後、この都市には木彫・寄木象眼細工《インタルジア》を専門とする八十四の工房、大理石その他の石材で装飾品を制作する五十四ものアトリエ、そして四十四人もの金銀細工師すら存在した〔比較のために言えば、七十人の屠殺業者、六十六人の香辛料商がいて、フィレンツェ住民の、より実際的な必要に適っていた〕。またどんな職業にあっても、その従事する企画や仕事《プラティクス》は広くまた多彩であった。たとえば、画家の工房は、巨大で革新的なフレスコ画から、つましく絵を施されたレディメイドの婚礼用木製長櫃（フィレンツェ特産の「カッソーネ」）に至るまで、何でも生産した。多様な様式は、絵画においても建築や彫刻においても互いに競い合った。[4]フィレンツェ人に明快な創意とラジカルな古典主義の二重の衝撃を突きつけることで、新しいものを創出しつつあった芸術家たちを見分けるには、訓練された鑑識家の眼と、工房の雑談に開かれた耳を持つ、事情通の観察者を必要としたのである。

おそらくのところ、アルベルティはチリアコよりしばらく前に、初めてフィレンツェに到来した。さらに彼はチリアコの訪問からそう時を経ずして、教皇エウゲニウス四世の随員としてフィレンツェに戻った。彼もまた〔チリアコ同様に〕研ぎ澄まされた視覚能力と精妙なラテン語の文体を持つ、訓練の行き届いた観察者であった。そして彼もまた、すでに見てきたように、自分の先祖の町で遭遇した、様々な新建造物や美術品の視覚的衝撃を雄弁に書き記したのである。ともあれ、アルベルティとは別に、チリアコもブルネレスキ、ドナテッロ、ギベルティと関係を持っていたことは、ことのほかに啓発的な事実であろう。明らかに、二人は自分たちに固有の特異な見方を伝えたのではない。工房で見聞きしたことを伝えたのである。少なくとも美術史の区分を教え込まれた現代の観者の眼にとって、様式上のラジカルな相違からすれば、これらの芸術家はお互い分け隔たっている。しかしながら一四三〇年代にあって、彼らは唯一の前衛集団と目されていたように——また彼ら自身、そう記していたようにすら——見える。新しい芸術家に対するアルベルティの基準《カノン》は、歴史的な根拠に根ざしていた。これは『絵画論』の解釈にとって重要な帰結を有する事実である。『絵画論』は、同時代人の眼を通してその時代の芸術を見る際に、わたしたちの手助けとなるものなのである。

チリアコと同様、アルベルティは、とりわけ新しい革新的な芸術家たちの集団全体を結びつけているのは、彼ら個々人の相違からして、実際は共通の関心や興味だと信じていた。またチリアコと同様、彼は現代芸術と古典の手本《モデル》との関係に特別の関心を抱いていた。そして最後に、チリアコと同様、彼はブルネレスキの円蓋《ドーム》のうちにきわめて格別な業績、すなわち知識を有する訪問者であるならばたいそうな注意を要するほど、その規模や困難性の点で茫然自失とさせずにはおかない作品であることを看取っていた。チリアコやアルベルティのような博識な学者を、ブルネレスキやギベルティのような芸術家と結びつけるゆるやかな類似性の存在は明らかであろう。

とはいえチリアコなら自己の見たものをメモし、後にそれを書き記した〔にすぎなかった〕ところに、アルベルティは霊感を覚え、フィレンツェの〔芸術〕シーンの包括的な歴史的、文化的解釈を提供することとなった。ブルネレスキ宛書簡の中で、彼は一群の芸術家たちの作品を――歴史自体が、その方向を転換したのだとしつつ――事実上規範《カノニカル》となるものとして扱っている。自然はなおも、時代の終焉の近づきとしての消耗の兆しをまったく示すことなく、以前に経験したいかなるものよりも偉大な人々、そしてものを生み出す人々を産出できたのだ、と。この書簡を書き添えたテクスト、すなわち彼の『絵画論』イタリア語版テクストの中で、アルベルティはそれ以上のことすら行なっている。彼は画家たちに最初の近代的なマニュアル、最初の体系立った近代的な芸術論をもたらしたのである。ある種の芸術と、ある種の観察者〔アルベルティ〕の間にある類縁は、宣言のような著作に霊感を与えたという次第なのだ。

　アルベルティのこの小著作は、学問芸術の歴史において伝説に満ちたひとつの時期に対する、歯切れのよい生気あふれるモニュメントとして屹立している。一四三〇年代中葉のイタリア全土の学者たちは、写本の狩人ポッジョ〔・ブラッチョリーニ〕の発見した最新の写本を読んだり、〔アンブロージョ・〕トラヴェルサーリの学識ある話を聞いたり、フィレンツェの芸術家たちの創造した、一連の眼もあやな新建造物、彫刻、絵画を見るために、フィレンツェを訪問していた。またコジモ・デ・メディチが一四三三―三四年にわたる国外追放から帰還したため、フィレンツェの寡頭一族に属する大勢の人々――視覚芸術に強い関心を抱いてもいた――は、故郷の町に戻れることとなった〔アルベルティ家もこのとき帰国し、彼も一時フィレンツェに戻ったと言われる〕。さらに一四三八年以降開催されたフェッラーラ／フィレンツェの公会議の準備のために、ヨーロッパ内外の高名な教会人やその随行団は、フィレンツェに到来するようになっていた(5)。

　こうした高揚した時期、すなわちフィレンツェの知的競技場も新たなメッセージの余剰物ですでに過熱化していた時期に、アルベルティは人文主義者の道具を用いて、芸術家たちの作品を記述し、それにかたちを与えようとした。自分は新しいことをなしつつあるのだと、彼はよく知っていた。芸術に関するもっとも洗練された古代テクストは大プリニウスの『博物誌』であった。それは絵画や彫刻の発展を詳細にたどった、自然と人間の作り出すもの《ヒューマン・インダストリー》の驚異をめぐる百科全書のごとき著作であり、諸芸術〔さらにはそれ以上のもの〕に関する情報を探究する際の中世や初期ルネサンスの学者たちにとって、お気に入りの典拠であった。[6] しかしながら、アルベルティは素っ気なくこの古代の先達を退ける。「わたしはプリニウスのように、絵画の歴史を書いているのではなく、芸術のまったく新しい論考を書いている。わたしの見てきた限り、このことに関する古代のテクストは今日まったく存在しない」と。[7] プリニウスならば物語——魅力的でつぼを得た物語——を語るところで、アルベルティは絵画の体系的で首尾一貫した、詳細な原理を提示しようとする（また彼の考えていることの生彩あふれる実例を挙げるために、『博物誌』から好き勝手に盗用しようとする）。[8] 色彩に関する議論の場合も同様で、彼は建築に関する古代ローマの著作者ウィトルウィウスによってなされた類の、最良の顔料をどこで見出すべきかといったことについて——こうしたきわめてローカルで実践的な情報を、チェンニーニの場合は読者に対して惜しみなく与えていた[9]——詳細な教示は行なわない旨を明言している。むしろ彼は、色彩スケールや絵画におけるその使用といった理論的な議論を提示する。近代世界におけるこの最初の芸術宣言、またアルベルティがそれを著した際の高揚した、明快きわまりない公的論争の環境——こうしたことはしばしば、現代の読者に、ボードレールその他がオスマン男爵時代に、ガラスの壁と、明るく照らし出されたパリのカフェの中で書いた、絵画をめぐる批評テクストを想起させるとしても、驚くほどのことではない。アルベルティは、ある都会《メトロポリタン》の社会と文化について、コスモポリタンなテクストを書いたのだから。彼は新芸術をめぐる話題に耳を傾けたばかりでなく、新芸術を検討した。彼はその二つに、褪せることのない著作というかたちを付与することに着手したのである。[10]

とはいえ、アルベルティのフィレンツェのモダニスムと、マネのパリのモダニスムとの類似は、限定された有効性を持つにすぎない。彼らの美学と、専門職能をめぐる状況や関心は根本的に異なっている。アルベルティは絵画を伝統的な技芸から、学識ある芸術に変容させることに着手した。彼は主張する。画家の仕事の本質は、画家の使用する材料の価値や優美さ——自分自身を、画家が伝統的な技芸に習熟するための助言者と見なしていた、チェンニーニの主張する判断基準[11]——にあるわけではないのだ、と。パレットの高価な顔料や棚板の金箔ではなく——こうした単なる奢侈《しゃし》に対する厳格な否認は、社会的、倫理的問題に関する同時期のアルベルティの他の著作にも、多くの類例を有している——画家の巧みなる手と教養ある知性こそ、彼の業績を規定するのである。さらにまた、金箔や美しいウルトラマリンでは不可能な効果を生み出すべく、精神や手を訓練するために、画家は理論に従うあらゆる一連の技ともども、当の理論を熟知しなければならなかった。アルベルティが記しているように、それらは工房での実践における規範、フォーマルな訓練となったのである[12]。

芸術家の技法の根幹をなす目的は、とアルベルティは説明する――特殊な種類のイリュージョンを創造することである、と。「〔画家の任務とは〕ある距離において、中心光線のある定められた位置では、君の眼にする、描かれたいかなるものでも浮き上がって見え、また当の物体とそっくりそのままに見えるようにすべく、ある所与の物体の表面に線をもって描写し、色彩をもって彩ることである」[13]。それに成功すれば、画家のなすことは表現対象《サブジェクト》について、劇的な効果を及ぼすであろう。「絵画は〔友情についてそうであるのと同様に〕不在の人を現前させるばかりでなく、死んだ人を何世紀後にも生きているかのようにする真に神のごとき力を有している。その人々は芸術家に対する絶大な賞賛と喜びを持って、観者たちに認知される。……絵画によって、すでに死せる人々の顔は長い生命を保つのである」[14]。こうした高度な目的に到達すべく、画家はそれに付随する一連の仕事を成就しなければならない。彼は光学の規則や幾何学の特別な技法を用いて、説得力のある三次元の絵画空間を構成することを学ばねばならないのである。こうした舞台の上に、彼は三次元の、量感あふれる肉体――その皮膚は骨や筋肉を覆うとともに、また本物そっくりに、つかの間の空気の流れの中でうごめく衣装によって覆われてもいる――を描かねばならない。彼はこれらの肉体に、人物の喉のくぼみを常に体重を支える足の〔親指の〕ふくらみの真上に置くなどして、それと思わせる確かな仕草をとらせねばならない。そして最後に画家は、空間的、感情的、歴史的に一貫した物語を演ずるよう、これらの肉体を方向づけてやらねばならないし、こうした物語はおのずと、観者にそれ固有の感情――画家自身、あらかじめ抱いていた感情――を引き起こすことであろう。しかしいつもと同様に、アルベルティは極端を威嚇的なものと見なし、中庸を見出そうとしている[15]。他の場合同様、この場合〔人物を配置する場合〕も、彼の必要とする用語や道具を提供したのは、アルベルティ自身巧みにこなした古代修辞学の言語である。絵画に生命や動きを付与するには、画家は単にそれらをごちゃごちゃに集めるのではなく、十全な「多様性」と「豊かさ」を実現しなければならないのだ、と[16]。

画家の仕事に関するこうした総合的な議論を生み出そうとして、アルベルティは自らの専門知識、すなわち修辞学の訓練を経た人文学者としての知識と、自然界を扱う経験に長けたエンジニアとしての知識に頼ることとなった。さらに彼は、彼の関心をもっとも引きつけ、また刺激するフィレンツェの芸術家たちを熱心に研究した。アルベルティは当代の特定の芸術について、詳細に記述したりはしなかった。こうした決心は、ルネサンス美術に対する時代の反応を詮索する、現代の多数の読者を失望させてきた。しかしながら彼は、新たな芸術――彼の知るフィレンツェにおいて実践されていた、いかなる絵画形態とも一致しない新芸術――となるであろうものの創造を希求したのと同様に、当代の芸術実践や当時存在していた批評用語の特徴を、繰り返し引き出している。結局のところ、彼は芸術生活や実践の新たな社会モデル――彼の見るところ、伝統的な処方箋に従う単なる職人ではなく、厳しい学芸規範の実践者たる新しい学識ある芸術家の地位にふさわしいモデル――となるものを練り上げた。そうすることで、アルベルティは理想の芸術家を、該博で創造的なエンジニアにして、人文主義の著作者や批評家の教養、批判の資質《ミリウ》といった特徴を分かち持つ人物として思い描いたのである。彼の生み出そうとした新たな芸術家は、現行の〔芸術家〕タイプの結合であるとともにその変容なのであった。

すでに見てきたように、アルベルティはフィレンツェに来る以前に、人文主義者のラテン語法の世界、正規の散文構成法を深く知悉《ちしつ》していた。実際、美術史家たちは、一連の古典と化した研究の中で、画家の技芸を再構築するために彼の使用したのは修辞学――人文主義者の中心をなす学問であり、彼自身その偉大な実践者だった――で長く確立された前提や暗喩であること、さらに後の批評家たちもその点で彼を踏襲してきたことを明らかにしてきた。絵画の主要な価値は絵画の喚起する感情にあると主張するとき、アルベルティは明らかに修辞学の伝統を想起している。実際、アリストテレス以降の修辞学の著作者たちは、アルベルティ同様、常に語り手や聞き手の心理を強調してきた。彼らは常に、よき弁説とは効果的で感情に訴えるものであると規定している。最良の弁説とは、聞く者の感情をかき立て、正しい行為をする気にさせるもののことである。感情に訴えかける技というアルベルティの絵画の定義は、その後何世紀にもわたって論じ発展させられる、芸術に関する著作の中心テーマであり続けることになる。(17)

さらにまた、絵画と〔修辞学の〕著作《ライティング》の間の類縁は、一般的な目的のレベルに限られているわけではない。アルベルティは手本のひとつとして、クィンティリアヌスの『弁論家の教育』を用いている。この紀元一世紀に著された詳細で包括的な作品は、大部分は不備なかたちで中世に流布していた。しかし一四一六年、ポッジョはスイスのザンクト・ガレン修道院でその完全なテクストを発見した。[18] 実際上、アルベルティは彼の古代の先駆者と同じくらい、首尾一貫した完璧な絵画に関する序説風の著作を産出するために、多くはクィンティリアヌスの著作に基づいて、逐一クィンティリアヌスに――アルベルティはキケロの『発想論』や『ブルートゥス』、文学伝統に由来する他の幅広いテクストをも利用しているとはいえ――つき従っている。[19] 弁論術に関する古代の著作者たちは、彼らの言う「語ることに長けた良き人（bonus homo dicendi peritus）」、すなわち効果的な政治的弁説の修練を積み、歴史と道徳の訓練を身につけ、うまく聡明に語る人を生み出そうと試みていた。アルベルティも同様に、「描くことに長けた良き人（bonus homo pingendi peritus）」の訓練のためのマニュアルを作成し、そこに芸術とその実践者、そして彼の教育をきわめて詳細に記述したのである。

　しかしアルベルティは純粋主義者などではない。彼はクィンティリアヌスを利用したのと同様に、詩の構成に関する規則を提供したホラティウスをも広範に利用している。彼は両者〔修辞学と詩〕の間にはっきりとした差異を設けなかった。とはいえ、彼は多くの場合、詩を一般的な修辞学の用語で、詩を実践する各々の者の学ぶべき、正確な規則を有するフォーマルな構成の技法と見ている。そうすることで、彼は彼の時代に確立していた伝統、すなわち古代の学校や註釈家の文化に深い根を持つ中から成育してきた伝統に従っているのである。古代の詩人たちは、しばしば言語芸術と視覚芸術の間に類似性を認めてきた。ホラティウスはギリシアの詩人シモニデスを引用して「詩は絵画のごとく（ut pictura poesis）」と記し、この言葉は、やがて万人に引用されるようになった。[20] ペトラルカ以降の近世の学者たちは、こうしたあれこれのテクストを時代の条件に合うように順応させ、たとえば絵画の効果と感銘を与える言語の効果の間に、洗練された平行関係を引き出した。その著作の大部分を、壁の準備法、顔料の作成法といったきわめて実際的な問題に費やしたフィレンツェの芸術家チェンニーニですら、芸術家は自然自身と同じように、想像力の中で新たな存在を創造しうるという見解を証拠立てるために――アルベルティの新理論と部分的に近い理論――ホラティウスを引用しているのである。[21]

　古代修辞学のひとつの原理は、アルベルティの作品の中で、特に中心的な役割を演じている。適正さ《デコールム》である。古代世界の修辞学とは、時宜《モメント》と状況の技術《アート》であった。弁論家は常に、彼自身の年齢と立場、扱うべき主題、話しかける聴衆に適ったように語らねばならない。そのように選び抜かれていない言葉、イメージ、身振りは、それ自体いかに魅力的に見えようとも、聴衆を感動させないし、弁論家の実際の目的をなしとげることもないであろう。ききめを発揮する弁論家は、首尾一貫して、自身、依頼人、敵を、その行為の正、不正とは別に、彼らの周知の個性や性格と合致した、それと分かるタイプで表現するのである。その説得力は、文化の枠内における、すなわち弁説者と聴衆の分か ち持つ、適切性についての詳細な制度の内部における、慣習の巧妙な操作によってもたらされる。[22]アルベルティはこの原理を絵画に適用した。それは、彼の作品に統一性を付与する枠組みの多くを提供するほど、きわめて柔軟なものだと理解したのである。

適正さ《デコールム》——こうした規範のために通常使用される言葉——の要請するところによれば、画家は所与の肢体の各部位を、年齢、テクスチュア、大きさ、色彩において、その他の部位と適合するようにしなければならない。絵画中にある各々の肢体は、語られるべき物語の中で役割を演じる。その各々の身振りは、芸術にふさわしい「魅惑と優雅さ」を保っている。また芸術家は人体の表層だけでなくその解剖をも知らなければならない、とアルベルティは主張する。彼の論じるところ、それは三次元のリアリティを再現する必要のためばかりでなく、適正さ《デコールム》という文芸の原理の必要のためにも要請される。解剖学上の正確さを観察しそこなえば、芸術家が作品の人物像に不適切な部位や表情を付与するのと同じく、作品の全体としての一貫性に亀裂をもたらしてしまうであろう。「肢体の構図にあっては、肢体はたがいによく釣り合って見えるよう、格別に留意しなければならない」。この原理は、とアルベルティは説明する、肢体の表層を研究しようとするだけでなく、そのもとにある骨や筋肉を研究しようとする芸術家によってのみ活用されうるものである、と。芸術家は人体を機械として扱わねばならないと論じるときほど、アルベルティ自身直接の自然研究に固執し、実際的に聞こえることはない。腕の動きは、と彼は説明する、片足の拮抗する動きでバランスを取られていなければならない。とはいえ、この場合においても、彼の要請を動機づけているのはもともとの適正さ《デコールム》の文芸理論であることを、彼は明確にしている。アルベルティが肉体をひとつのメカニズムとして分析したとすれば、それはうごめく腕や脚を描写する際の行き過ぎを回避する仕方を教えたかったからなのである。

修辞学と絵画の間の類似性は、このように、アルベルティに利用すべき魅力的な着想以上のものを与えてくれた。さらにそれは、知的枠組みや形式上の語彙をも提供している。こうした枠組みや語彙のおかげで、彼は言葉で定式化することのきわめて困難な多数の再現の問題を、整然と首尾一貫したやり方で、論じえたのである。たとえば、動きの描写を分析するに際して、アルベルティはクィンティリアヌスから、ありうる七つの運動タイプの——弁論家が作り出さねばならない、そして画家が再現するはずであろうところの——分類を借りてきている。上に、下に、右に、左に、前の方へ、後ろの方へ、そしてまわりを回ることである。[23] その後、彼は毛髪や衣装〔の襞《ひだ》〕、すなわち人体と深く結びついた生命のない事物でありながら、芸術家ならその動きを喚起しなければならない事物の、芸術的な再現について考察している。そこでもまた、アルベルティに分類の基礎を与えてくれたのは、クィンティリアヌスの七種類の動きである——もっとも、彼自身のしごく発達した絵画のセンスや、蓄積しておいた〔語彙の〕隠喩のおかげで、クィンティリアヌス自身の予期していなかった仕方で展開させられてはいるけれども。

わたしは、先に述べた七つの運動形態を、毛髪においても見てみたい。結び目を作って旋回させる、炎をまねて波のようにただよわせる、またしばしば、蛇のようにおさげ髪の下でからまらせて、一部はこちらの方向に、一部はあちらの方向へと伸びている。[24]

　こうした色彩豊かな描写は、彼の「見てみたい〔見てみたかった〕」現実の実践に基づくことを、アルベルティは明確にしている。実際、彼はある特定の時期の、芸術実践の姿かたちを思い描いていたらしいと、大いに思えてくる。『絵画論』を著していた一四三〇年代中葉、ルカ・デラ・ロッビアは、フィレンツェ大聖堂の《カントリア》(唱歌壇)のための浮彫り彫刻を制作中であった。またその同時期、ドナテッロはプラート大聖堂の外側にある説教壇のための浮彫りの制作に携わっていた。ルカ・デラ・ロッビアの細部に意を用いた表面と、ドナテッロの際立った荒削りとの差異にもかかわらず、両者とも、彼らの表現する人物像に生命感や躍動感を付与するために、アルベルティによって潑剌と記されたような方法による、七種類すべて〔の表現〕で運動する、毛髪や衣装を提示してみせている。[25] 修辞学の専門用語のおかげで、アルベルティは、芸術家たちの工房で生じているのを目撃したことを定義するための、正確な言葉の形式を見出せたのである。エンジニアたちと同様に、アルベルティは、人間の新たな創意の形態を明確かつ具体的に論じるための、言語を創造しなければならなかった。しかしながら、タッコラたちとは違って、彼は修辞学の語彙や理論から、彼の必要とする言葉の装備品の大部分を借用できたのである。

このように、修辞学の手本を使用することによって、アルベルティは、論理的で体系的なマニュアルであると同時に、挑発的で首尾一貫した絵画理論でもあるものを創造できた。そのうえ、彼はしばしば自身を画家や実践家ではなく弁論家であるかのように見なしつつ、自らの専門ではない視覚実践の世界について、巧みな言葉を用いて註釈しながら、述作している。彼は雄弁に、絵画によって自分にもたらされた快楽について記し、自己の「閑暇《オツイオ》」に時間を割いて絵を描く際には、意識することもなく三、四時間過ぎ去ってしまっていたことにしばしば気づいたと語っている。それはまさに専門家ではなく愛好家〔の口〕から予想される言葉であり、絵画というものを、収入を得るための辛く、ときに不潔でもある源というよりは、歓喜の源泉と見ていた者の言葉である。[26] 光学理論の細部について書きながら、アルベルティは、画家たちのうちには視覚の理論的分析といった類のことや、彼の行なった再現方法を提供しうる者などほとんどいないと、きわめて率直に指摘している。しかし彼は、読者のうちの画家たちに対して、彼の助言を関係ないなどと見なして否認しないようにとも要請している。

> もしも画家たちに、彼らの描いている画面で何をなそうとしているのかと尋ねるならば、彼らはその意図について、答え以外のどんなことをも、よくなしうるものである。それゆえ、自身の芸術について深甚な関心を抱いている画家たちは、わたしの言うことを傾聴するように願いたい。どんな教師からであれ、知っておくに値することを学ぶことは、決して恥ずかしいことでなどなかったのだから。

『絵画論』の最後においても、アルベルティは画家たちに、彼の書物を有益だと思ったら、作品の中に彼の顔を描いて報いてもらいたいと要請している。こうした要求を行なうに際して、アルベルティは、彼のもっとも敬愛するフィレンツェの芸術家たちの、通常のやり方に訴えている。たとえば、マザッチオはブランカッチ礼拝堂のフレスコ画の中に、個々の寄進者たちの肖像のみならず、書記官長だった人文主義者コルッチョ・サルターティや他の際だった人々の肖像を描き込んでいた。しかしアルベルティは、画家の行なっていることに関する彼らの説明に対して言ったように、専門仲間としてではなく部外者として、すなわち自分自身のものではない技芸について註釈する著作者として、こうした実践に言及したのである。

とはいえ、アルベルティは多くの部分において、自己を芸術家の実践にコメントする博学な著作者ではなく、「絵画芸術の基礎を調べる、画家に（語りかける）画家」のようにも描いてもいる。「われわれ画家は」、と他のある箇所では述べている、「四肢の動きによって、心の感情を表現しようとする」と。[27] こうした箇所その他でのアルベルティの言葉は、まるでほとんど彫刻家ギベルティ――すなわちアペレスとプロトゲネスによる、できるだけ細い線を引くための競争をめぐるプリニウスの名高い記述に、取って替わるものをほのめかそうとしたギベルティの言葉のように聞こえる。ギベルティは、誇らしげな自意識を込めて、単なる学者としてではなく「わたしは彫刻家として語る」と書き留めていたからである。[28] こうした主張は、当然の知的帰結を伴っていた。アルベルティは――ブルネレスキ宛書簡で明言したように――芸術家の一般的な教養や訓練ともども、芸術家の技術手段について語ろうとした。『絵画論』冒頭で、提示として彼がよく用いる用語や幾何学概念を示した際、彼は厳密な技術上の細部にわたって、絵画芸術の幾何学上の基礎を築くとも請けあっていた。事実、彼はその第一書を、「完全に数学として取り上げた」と記している。

　とはいえ、それと同時に、アルベルティは、当の数学的問題に実際的な視座から接近している。エンジニアと同様に、彼は純粋数学ではなく応用数学に通じていた。彼は、自ら述べているように、〔『絵画論』を〕「数学者としてではなく、画家として」著したのである。[29] したがって、アルベルティは――小論『画家における点と線』ではっきりと明確化しているように――単に想像上《メンタル》のものにすぎない点や線に対して、通常の幾何学用語を、一般の抽象的な方法で適用したのではない。画家として、幾何学用語を現実世界の中で、画家の描く線や点に対して適用したのである。〔『画家における点と線』によれば〕「画家の用いる点や線は、数学者によって用いられる点や線ではない。数学者にとって、各々の線は無限の点を含んでいる。われわれの定義からは、点とはしるしである。画家はそれを数学的な点と、おそらくは原子のように計測可能な量との中間にあるものとして考える」。[30] このように、アルベルティは、普通なら厳格に行なわれた定義に依拠する技芸たる幾何学の問題を論じるときですら、柔軟を特徴とした言葉で自身を記している。終始変わらぬカメレオンである彼は、与えられた必須科目としての画家の技芸への、外部の観察者にして奥義を授かった関係者〔という役割〕を演じてみせているのである。こうした態度は、エンジニアとしての彼の位置――すなわち、知的原理と実際的な探究の、革新的な実践家という位置――にも合致するものであった。

　アルベルティは、壮語する以上のことを行なった。彼はそれを提示したのである。ひとかたならず、彼の著作は、既存の技法に詳細な言及を施している。様々な表面が光を帯びるやり方を議論しつつ、彼はこう言及する。「平坦な面にあっては、色彩はどんな位置にあっても均一である。他方、凹面や凸面においては、色彩は変化を受ける」[31]。アルベルティはこうした現象を自然の中で観察していたのかもしれない。しかしジョット、すなわちはっきりとアルベルティの賞賛していたひとりの当代の画家もまた、「外気中では、通常は平坦な面に色調の推移はない」[32]という原理を観察し、それを適用していた。正確に制作された絵画において、距離の異なる人物たちはどう現れるようでなければならないかを論じつつ、すでに見たように、アルベルティは、彼らの顔は同一線上に留まり、もっとも遠くの足は様々な頭部の方へと縮減し、身体は距離とともに、小さくなっていくと留意している[33]。一四二〇年代以降、フィレンツェ人はブランカッチ礼拝堂の中に、こうした原理が巧みに用いられているのを眼にしえた。マザッチオは聖ペテロとその貢の銭を描いたフレスコ画において、円陣の中に立つ人々の、視覚的にも説得力のあるイメージを創造すべく、それを使用していた。言い換えれば、アルベルティは彼の言及した実践に関する具体的な事例として、この数十年間に制作された一連の絵画を参考にしたのである。

実際のところ、アルベルティの記述や処方箋は、たいそう当世風《アップ・トゥ・デート》である。彼は、芸術家たるものは裸体をスケッチする専門家となって、骨、筋肉、皮膚の下の腱や衣装の下の裸体を描けるのだと主張した[34]。量感と凝集性のある人体を再現しようと大いに努めたフィレンツェの美術家たちの裸体スケッチは、明らかに、アルベルティ自身そう書いてから二、三年のうちに始まった。おそらくアルベルティの処方箋は、書き物や口伝えで広まって、芸術の実践を変えるのに役立ったのである。とはいえ、ピサネッロやジェンティーレ・ダ・ファブリアーノの写生帳といった、現存する分析的な素描訓練のようなものを思い描いていた——あるいは、今日失われた他の裸体スケッチのようなものを思い描いていたということもありうることではある[35]。

同様に、『絵画論』第三書において、彼は美術家に、彼のいわゆる「歴史画（historia）」——複雑で議論の多い言葉であり、通常は何人かの人物たちの登場する重要な美術作品を意味する——の構成法について語っている。

歴史画《ヒストリア》を描かねばならない場合、まずはそれを美しく見せる方途と順序を考えねばならない。そしてはじめに歴史画の全体と各部分についてのわれわれの構想と下絵を作り、それからそれについて、あらゆる友人たちの意見を求めることにしよう。このようにした後、われわれはまずあらゆる部分について、自分の頭の中で十分に想を練り、作品のうちに各々がどのようになされ、またいかに配置されるべきか、自分で分からぬものがないように努めよう。そして何よりも十分に確実さを保つために、下絵を平行線によって区切ろう。そうしたならば、公の仕事において、われわれは格言や引用を私用の註釈書から引き出すかのように、下絵から引き出し、対象のあらゆる大きさと位置とを定めることができる。(36)

ここでアルベルティは、かつてバルツィッツァの学校で学んだような、人文主義的修辞学の中心的な実践を、いかに絵画の領域に移し変えるかについて、簡潔に示している。すなわち、「その実践とは」最終テクストを生み出す前に、入念な準備を行ない、ノートブックの中にそれを集積しておくようにすることである。しかし一四三五年にこうした言葉を起草したとき、アルベルティはきわめて実際的な何かを思い描いてもいた。フレスコ画ないしは他の大規模な、公的に委嘱された作品の制作のことである。ここで最後に記された「歴史画《ヒストリア》」をめぐる彼の記述は、「公の仕事」(37)、観者に即座にアクセスできる作品の記述となっている。これとほとんど同じ時期、ウッチェッロはフィレンツェ大聖堂のジョン・ホークウッドの絵画モニュメントのために、今日ウフィツィ美術館にある準備スケッチを制作していた。その交差する平行線は、彼がフレスコ画の段取りを決める際に、当のスケッチに基づいていたことを強く示唆している。

アルベルティのテクストとウッチェッロの絵画作品の間にある、年代的《クロノロジカル》な照応は顕著なものである。彼らの実質上の相関性も、そうである。ウッチェッロの素描は、ホークウッドの乗る馬に厳格で図案に則った幾何学を課している。たとえば、その尻は円弧を形成する。逆にフレスコ画では、頭と首のはっきりとした円弧に力強いコントラストを与えつつ、馬の輪郭は平坦になっている。ウッチェッロは意識して素描の神秘的な優美さを溶解させて、最終作品に見られるような、曖昧な自然主義としている。馬の輪郭は明らかにウッチェッロを魅了していたから、《サン・ロマーノの戦い》や《狩り》において、彼はこれと非常に異なるいっそう様式化した馬をも制作した。おそらく、彼は素描や板絵といった小さな領域で制作するとき、幾何学の抽象性を強調することを魅力あることと考えていた。しかし騎馬像モニュメントというたいそう大規模なものの場合、逆に彫刻家の技量と張り合おうとして、彼独自の厳格な〔幾何学〕線の美よりも、前に動く馬の筋力の方を強調したのである。[38]

アルベルティは個々の技法を記述したり、それを列挙したりすることに留まってはいなかった。高度な知識のおかげで、彼は一四二〇年代のフィレンツェの美術家たちによって創造された、きわめて重要な革新のひとつと直接に対面することすらできた。一四一〇年代以降、ブルネレスキ、マザッチオ、ドナテッロ、ギベルティによって考案され、適用されてきた、三次元の世界を二次元の平面に説得力をもって再現するというシステムのことである。アルベルティは、画家のテクニカルな仕事を定義するに際し——画家の感情の領域に関わる目的とは対蹠的なものながら——平坦で曖昧な平面あるいは低浮彫りを、それとは違った何ものかに見せることを狙ったこれらの新技法の用語を用いた。「画家の務めとは」と、彼は書いている。「ある画板や壁のうちに、どんな物体《もの》であれ、それと似たように見える面を、線で描写し色彩で彩ることであって、そうすればある距離や中心〔中心光線〕のある位置にあって、〔描かれたものは〕浮き上がったように見え、また本物と非常にそっくりに見えるのである」。識者であれ無知な者であれ、絵画を判断する者たちはこう認めてきた、と彼は主張する。もっとも心地よく描かれた顔とは「あたかも彫刻されたかのように、画板から外に抜け出て見える」顔のことであって、単に輪郭で縁取られているものではない。再現する対象を、平らな平面から突出するように見せる画家の才能は、豪華な装飾で平面を飾る能力以上に、作品に主要な付加価値を与えてきたのである、と。

いっそう重要なことに、アルベルティはこうした目的をなしとげるための正確な助言をも開陳している。画家たるもの、と彼は勧めている、視覚光線のピラミッドは再現しようと思う対象《もの》から画家の眼の方へ向かっていると想像しなければならない——実際、それはピラミッドの源泉なのである。絵画はある点においてこのピラミッドを裁断する窓の上に現出するものを、正確に再現しなければならない。[39] こうした想像上の場面とよく似た絵画面を創造するために、画家はアルベルティの提示する規則の習得を必要とする。彼は消失点——これは中心光線、すなわちもっとも強力な光線が、対象から発して観者の眼で出会う点である——を設定しなければならない。こうした点を、画家は通常、多かれ少なかれ、想定している観者の眼の高さに固定させねばならない。絵画面に垂直なあらゆる線は、すべてそれに収斂せねばならない。また絵画面に平行な線はすべて、定まった幾何学の規則に従って収縮する間隔をとって現出せねばならない。幾何学的に描かれた〔アルベルティ流の〕桝目状の床は、イリュージョンの力を高め、幾何学的証明をするのに有効となった。こうした床を対角線状に横断して引かれた線が当の桝目《タイル》のかどを貫通するなら、その〔床の〕再現表象はアルベルティの幾何学を正しく適用したことの証に他ならなかったのである。

　とはいえ、学問上の多くの問題はなお開かれたままであって、そのいくつかは今なお、きわめて重要である。アルベルティはこうした規則を提示した際に、いかなる典拠を参照したのだろう？「光学《パースペクティヴ》」――幾何学の観点からする厳格な視の研究――は、パドヴァ大学で行なわれていたスコラ自然哲学の学問伝統の一部をなしていたし、フィレンツェでも広く研究されていた。アルベルティは視覚ピラミッドに関する理論を提示するために、光学の伝統に見られる概念用語を使用し、それは彼の遠近法に理論上の基礎を与えた。彼は眼に始まるもの、眼から出ていく光線として視のプロセスを分析し、それらは見られる対象《もの》に触れるべく、錐体を構成していると考えた。「中心光線」――眼の中心と対象の中心の間を結ぶ線――は、他の光線よりも強力であった。それはおそらく消失点を定めるというその力の所以を説明するものであった。さらにある意味で、再現された絵画とは所与の点において視覚錐体から取り出された、想像上の断面《スライス》以上のものではない。それは数学用語を用いて遠近法や短縮法に関する理論を強調するアルベルティ自身を正統化する、きわめて賢明なやり方であった。またこうした趣旨の技術文献を参考にする際、アルベルティはなお工学《エンジニアリング》や実践芸術の伝統の、規範の内部に留まっていた（ちなみにギベルティも広く光学に関する中世の文献を読み、『覚書』でそれらを参考にしていた）[40]。

　しかしながらアルベルティのテクストは、こうした理論的な議論――絵画は自由学芸であるという主張のために、進んでその基礎を提供した――と、説得力のある絵画空間を創出すべく実際に使用される技法との間の、明快かつ厳格な関係を作り上げたというわけではない。彼の提案は、「視の遠近法理論の、単にたいそう簡素な枠組み、数学的なスケルトン」に基づいている[41]。また彼自身の初期の遠近法実験（第三章で検討した）は、古くからの様々な定理を証明したり、それらを新しく発展させるというよりも、〔公衆に向けて〕印象深い見世物《スペクタクル》を生み出すためになされた実際的なものに他ならなかった。

　『絵画論』は他のやり方でも、たとえば真の〔純粋〕幾何学ではなく実用幾何学を教示すると主張するなど、この著者の実用主義の方向性を映し出している。アルベルティは、工匠《クラフツマン》として、体系立った遠近法の創出に関わる技法革新の長い伝統に親しんでいた。実用幾何学は、きわめて厳格かつ正確な用語で、大きすぎたり遠くにありすぎて計りがたいものを計測するための、一連のあらゆる技術を提供していた。いわゆる算術書、すなわち十四世紀以来イタリアの数学者たちによって著され、アルベルティ自身も幾何学のテクストブックを著すときに参照した数学書は、しばしば幾何学を計測問題に応用した部分を含んでいた。アルベルティ自身の『数学遊戯』は、物理空間をリアルに表現しようと試みる画家たちに立ちはだかる問題とそれに関連する多くの問題を——たとえまったく同じ問題ではないにせよ——提示し、また解決している。一例として、〔君は〕規模は分からないものの、その基部は了解可能な塔の高さを求めたいものとせよ。地面に垂直な棒を立てなさい、とアルベルティは言う。それから棒に対してざっと横になり、塔の頂点に照準を合わせなさい。君の視線と塔の頂点の出会う棒の上に、わずかな蠟を置きなさい。そうすれば、蠟から棒の底部までの距離〔蠟から下の棒の高さ〕と、棒の底部から君の眼までの距離〔棒を打ち込んだ点から眼までの長さ〕の割合は、塔の頂点から底部までの距離〔塔の高さ〕と、塔の底部から君の眼までの距離〔塔の下から眼までの長さ〕の割合と同じになるであろう(42)。こうした相似二角形は、現実世界を効果的に計測する際の基礎として、頻繁にアルベルティの役に立っている。ブルネレスキは同様の技巧を知っており、自ら研究した古代建築の平面図や立面図の制作——それらはまだ遠近法で描かれてはいない——から、観察者がそうした構造物を見る見方をめぐる考察へと徐々に移っていくに従って、それらを利用したように見える。そしてついにブルネレスキは、遠近法が見るものの経験をどれほど研ぎ澄ますかに留意した鋭い眼をもって、自己の建造物を設計したのである(43)。

　アルベルティもブルネレスキと同様に、当時よく知られた計測技術を使用することから、それらを再現の問題に応用することへと移っていったようである。彼は一連の三角形が計測のために使用できるなら、ともに光学上のピラミッドをかたち作る多くの三角形もまた同様に使用できるだろうと示唆しつつ、広く用いられ《ヴァナキュラー》ていた伝統的な測量幾何学を、自身もまた明確に研究していた学問的な幾何光学と結びつけたのである。垂直な棒は塔を計測する視の三角形を切り取って通訳したりする〔理解を容易にする〕、それと同様にアルベルティが画家に視覚ピラミッドを裁断するよう語るその当の平面もまた、世界のイメージを切り取って通訳するであろう——これはフィラレーテやデューラーのように、アルベルティの著作を読んだ芸術家の何人かをはっきりと魅了した考え方であった(44)。新たな遠近法は、新しい世界観を提示したわけでも、二次元平面の上に現にあるような三次元世界を把握する方法を提示したわけでもなく、むしろ前世紀以前から進展していた実用的な方法を用いて、伝統的な視覚理論と幾何学とを見事に融合させたものに他ならない――それゆえ、こうした遠近法の限界や広範な文化的意味は、後代の解釈者たちによって見出されることになったのである[45]。

現存する証拠によって、遠近法に関するアルベルティの仕事をより正確に復元することはできない。しかしこうした証拠は、絵画のなすべきことをめぐる新たな考えに、彼自身いかに真摯に関与していたかを物語っている。たとえば、光は変化し、風は髪や衣装を動かし、モデルは位置を替える。そうである以上、アルベルティは、若い画家にとって場面をもっともらしく再現する際の困難は、どれほどのものであるかを知っていた。伝統的に美術家たちは、古い師匠たちの作品を模倣することで自己の仕事を学習しつつ、こうした困難を回避してきた。たとえば、チェンニーニは確信をもって、こうした方法を推奨している[46]。アルベルティも「他者の作品を模倣することは手助けとなる、なぜならそれらは生きたものよりもいっそう不動の外観をしているからである」と認めた[47]。しかし彼はそうしたい画家には、いかによい作品であろうとも絵画よりは彫刻を――たとえ凡庸なものであろうと――模写するよう勧めている。なぜなら彫刻を模写することで、彼は正確に似せることばかりでなく、三次元の表現対象《サブジェクト》の上に、光のさす様子についても学ぶだろうからである。模倣するにあたって、画家は三次元のものを二次元のものに蒸留するという、彼固有の魔法を演じなければならないのである。

さらにいっそう重要なことに、アルベルティは若い美術家に新たな問題解決法だったと思われるものを提供していた。アルベルティは画家に対して、画家自身と再現しようとする物体《もの》ないしは対象の間のある点に吊るしうる、きわめて繊細な糸でできた網ないしはヴェールを作るようにと示唆した。画家の描こうとする対象の切片はヴェールのいかなる区画にあたるかを観察することによって、画家は正確に対象の位置を定め、間違いを犯すことなくそれらを模写できる。画家はこうした工夫によって、表現対象《サブジェクト》と画家に対するその布置《オリエンテーション》をめぐる、とらえどころのない空間関係の――たとえ変化する光や影はそれを恐ろしく混乱させがちだとしても――明晰な感覚を保持できるであろう。「周知のように」、とアルベルティは説明する、「同じ様相を持続して提示しないものを描くことはほとんど不可能である」。いっそう実用性のあることとして、ヴェールによって画家は消失点の位置を設定できるし、消失点の移動は残りの絵画面にいかに影響するかを見ることもできる。ヴェールのおかげで、画家は表現対象となるもののあらゆる部分を、「この平行線の中には額を、あの平行線のうちには鼻を、他のそれには額を、下のそれには顎をというように、あらゆるものをその適当な場所に」設定できるであろうし、錯誤の可能性を持つことなく、それらを矩形の絵画面上で対応する場所へと転移できるであろう。ヴェールは、画家の眼にする丸く浮き上がった表面を、平坦な面に移し定着する際などに、画家の実際の仕事の中できわめて困難なものを実現する手助けともなろう。アルベルティはヴェールを自ら使用してもいた。彼はこう記している、「判断力と経験」はその有用性を証明した、と。彼はそれを発明したのかもしれなかった[48]。ヴェールは確かに、後代の著作者たちやデューラー以降の芸術家たちの適用するごく普通の工夫となった——もっとも画家たちは木や漆喰《しっくい》〔板絵やフレスコ画のこと〕の上にではなく、やはり織られているという点ではヴェールと形式上の特性を共有するカンヴァスの上に描き始めるや、それを違った風に理解したようではあるけれども[49]。

『絵画論』は、言い換えれば、彼の学者仲間に対する説得力にあふれ、近づきやすくも見えるテクストというかたちをとって、アルベルティの教養《カルチャー》の文学的、技術的な糸を織りなすものであった。しかも彼はテクストの基礎を——自ら繰り返し主張したように——画家の制作法に関する直接の詳細な研究に置いていた。とはいえ、彼の考慮していたのは、ただ単にあるがままの芸術の説明を提供する以上のことであった。後代の多くの宣言文の作者同様、アルベルティは再現の世界を解釈しようとしただけでなく、それを変えようと望んでいたのである。

アルベルティは画家に、自己の「もっとも広大」で「もっとも高貴な」仕事を実現するよう自ら準備すべきであると語った。すなわち、歴史画を描くことである。その言葉〈historia〉や、イタリア語の同義語である〈storia〉、〈istoria〉に対して補足した彼の多くの言及から明らかなように、アルベルティは相当数の登場人物の現れる〔理想的には九人〕、注意深く構成された絵画のことを考えていた。彼はいかに歴史画を企画し、どこに歴史画の適切な主題を見出すべきか、またいかに趣味の過ちを避け、いかに美的目標を設定すべきかについて、画家に語っている。歴史画という言葉は、アルベルティの著作において中心をなすものとなった。歴史画がアルベルティにとって何を意味したかを吟味すれば、彼がいかに既存の言語や芸術実践を変えようと試みたかは、はっきりと露呈する。そうした試みを行なうに際して、彼は人文主義的修辞学の源泉のみならず、既存の芸術言語（たとえ初発段階のものだったとはいえ）をも参考にし、いっそう正確な新用語——特別の美的プログラムを体現すべく注意深く練り上げられた用語——を案出したのである。[50]

アルベルティによって使用された「歴史画（historia）」というラテン語は、人文主義的修辞学の中心的所産のひとつを想起させる。王国、君主政体、あるいは戦いの様々な由来について書かれた物語＝説話《ナラティヴ》のことである。キケロは歴史を「弁論家の最大の作品《オプス・オラトリウム・マクシメ》」と記したけれども、アルベルティは「歴史画《ヒストリア》」をたびたび「画家の最大の作品」と呼んで、この定義を想起していたことを明らかにしている。人文主義者の件《くだん》の歴史は、偉大な事跡や、華やかな行進、刺激あふれる戦いを伴っており、それらのすべては均一な古典的文体へと鋳造され、読者の心を突き動かし教化するよう企図されていた。そうした歴史は、少なくともその理想の様式や意図した効果に関する限り、描かれた「歴史画」に関するアルベルティの記述と多くの共通性を有している。アルベルティの引用した現代《モダン》の「歴史画」に関する唯一の具体事例——ヴァティカンにあるジョットの《ナヴィチェッラ》、すなわちイエスと小舟に乗る弟子たちを描いたモザイク画——は、古典的なものというよりも宗教的なものだとはいえ、意義深い物語＝説話を表している。[51]アルベルティは以前から、物語＝説話に言及するために「歴史」という言葉を用いていた。たとえば、殉教者ポティトゥスの既存の「歴史」は不正確だと不満をもらしているし、文芸の使用をめぐる論考〔『文芸研究の利益と不利益』のこと〕の中では、自分はなお経験不足なため十全な歴史を書くことはできないと認めている。[52]そしてこの〔歴史という〕言葉を絵画に適用するに際して、アルベルティは再度、画家の技芸と弁論家の技芸の間にある類似性を強調したのである。

しかしこうした古典文芸的な意味での歴史という言葉も、アルベルティの絵画理論における「歴史画（historia）」の意味をすべて言い尽くしているわけではない。このラテン語の言葉は、ギリシア語におけるその同類語同様、何らかの探究のかたち、あるいは物語＝説話《ナラティヴ》のかたちをも意味しうる。そしてプリニウスのような「芸術の歴史」を作る意図はないと言うとき、アルベルティはこうした意味で「歴史画《ヒストリア》」という言葉を用いているのである。[53]実際、アルベルティは彼のラテン語テクストを紐解く人文主義に明るい読者に対して、自分は古典の使用法に縛られる気はないと明かしている。アルベルティは自ら、「歴史画」にふさわしい主題だと考えたものの詳細な記述を提供した。そのうちのひとつは〔歴史の〕実際の出来事などではなく、精妙な寓意画（古代の美術家アペレスの手になる《誹謗》）

に関わっている。これと同様に他の事例でも、アルベルティは古代神話に言及するために「歴史画」という言葉を用いている。こうした使用法は、ラテン語散文ではなくラテン語の詩においてなされていたものである。実際、キケロは〈historia〉と〈fabula〉〔すなわち歴史と、物語＝神話〕はまったく異なると主張しているものの、アルベルティはそれらを同一視しがちなのである。[54] 明らかにアルベルティはキケロが行なったように〈historia〉という言葉を用いたばかりでなく、それに一連の新たな意味を付与しようともしていたのである。

少なからざる研究者たちによって近年論じられてきたように、アルベルティは確かに、少なくともひとつのさらなる「歴史」の意味を考慮していた。古代末期のギリシア語、ラテン語においても、十四、十五世紀のトスカーナ語やフランス語においても、〈storia〉や〈istoria〉はすでに美術作品の類に関わっていた。たとえば、十四世紀の著作者フランコ・サッケッティは〔『トレチェント・ノヴェッレ』の〕第七十五話の中で、ジョットについての話を語っている。慣習に従って、ジョットはその月の最初の日曜日に男女の「遊び仲間《ブリガータ》」と連れだって、サン・ガッロ聖堂へと赴いた。そこで聖母とヨセフの〈storia〉を眼にすると、友人のひとりはこう尋ねるのだった。「ねえ、ジョット、なぜヨセフはいつもこう憂鬱そうに描かれるんだろう？」。「理由などないと思うかい？」と、画家は応えた。「彼は妻が孕んでいるのを見ている、でも彼は誰が父親なのかを知らないんだ」。この場合──他の多数の事例でも同じことながら──〈storia〉はただ、ジョット自身その専門家だった大規模な物語＝説話画のタイプに関連しているにすぎない。[55] アルベルティもこうした類の使用法を考慮していたと考えるのは、理に適っているのである。

しかしラテン語の〈historia〉や、そのイタリア語の同類語は、フィレンツェの既存の芸術言語の中では別の意味をも有していた──それは、ラテン語ないしはイタリア語で視覚芸術についてのテクストを読むトスカーナ人の心に、まずもって想起されたかもしれないものである。すなわち、〈historia〉は絵画に限らず、何人かの人物たちの登場する浮彫りパネルでもありえたのである。『煉獄篇』第十歌のダンテは、こうした意味でこの言葉を使用し、そこで彼は生き生きとした岩に刻まれた一連の素晴らしい〈storie〉のことを記している。こうした意味での「歴史」という言葉は、アルベルティ時代のトスカーナでは普通に流布していた。[56] 特に頻出するのはフィレンツェの美術家たちの、実際に実践していたことに関わる記録においてであり、その言葉は普通、何人かの人物像を含む浮彫り彫刻と関連している。すなわち、〈figurae〉と呼ばれるか、〈storiae〉と呼ばれるかを決定しているのは、様式ではなく内容なのである。[57] たとえば、フィレンツェ大聖堂事業監督局は、唱歌壇のための〈storiae〉を制作するようにとルカ・デラ・ロッビアに委嘱を行なっている。明らかにこの言葉は、公的な契約書の領域外でもある程度流布していた。たとえば一四三四年、才能にめぐまれながらも気まぐれだった高名な楽器制作者マッテオ・デリ・オルガニは、プラート大聖堂事業監督局に、ある書簡を送っている。その中で彼は、プラートの戸外説教壇の浮彫り制作に長期間たずさわっていたドナテッロを擁護している。マッテオは指摘している。ドナテッロの〈storia〉は、専門審査員たちから熱狂あふれる賞賛を享受いたしました、と。そう言うことで、マッテオは明らかに、ドナテッロが完成したばかりの浮彫りパネルのことに触れているのである。[58] またギベルティがその『覚書』の中に、《天国の門》の「人物像でたいそう豊かに満たされたイストリエ〔istorie molto copiose di figure〕」は「旧約聖書によるイストリエであった〔erano istorie del testamento uecchio〕」と記したとき、彼はこの言葉の両義性〔浮彫りパネルという意味と、聖書の歴史物語という意味〕と戯れていたのである。[59]

アルベルティのような学識ある人文主義者は、芸術作品を論じる際の語彙の一部として、こうしたポスト古代的、技術的な意味で、決まったように〈historia〉や〈storia〉という言葉を用いた。一四二四年、レオナルド・ブルーニは第二の洗礼堂ブロンズ門扉のために二十の題材を提案していた。

> わたしは、貴職におかれて旧約聖書から選ばれることになると決定された二十の歴史＝浮彫りパネル〔原資料は〈historie〉〕は、主として二つのものを有するべきであると考えます。ひとつは煌々としているということ、もうひとつは意義深いということであります。煌々としているということでわたしの申すのは、それらは意匠の多様性によって眼を楽しませなければならないということ、また意義深いということで、わたしは記憶に残るほどにたいそう重要でなければならないということを申しております。……それを描かねばならない誰にとっても、人物そしてそこで起こる行為の両方をうまく配しうるよう、各々の歴史＝浮彫りパネルはしっかりと教示されているべきですし、またそれらをよく装飾できるよう彼はある種の優美を持っているべきでもありましょう。……とまれ、わたしは、各々の物語の担う意味を把握させるべく、それを描かねばな

らない者のそば近くにおりたいと念じる次第なのです。[60]

ブルーニの草案はやがてギベルティの用いることになったものよりも因習的だとはいえ、しかしその語彙は際だったものである。おそらくこの町の主導的な人文主義者であったブルーニは、『絵画論』が書かれる十年前に、すぐにでもきわめて重要な美術作品の美的特質を詳細に述べることができると感じていた。彼が議論のために要請されていると感じていたものは、物語《ナラティヴ》＝説話としての表現を帯びることになる浮彫りパネルであった。彼はそれらが持つべきと考えた諸特性を記述した。そして――アルベルティもそうであるだろうように――観者に対する効果、多様性の必要、それらを補塡するものとしての、表される人物像の選択や制作に際しての適正《デコールム》さの必要性を強調した。さらに彼は明らかに確立されていた用語を用いて、これらの表象を〈historie〉――「歴史＝浮彫りパネル」――と呼んだ。むろん彼もまた、それらの表す物語＝説話のためにもその用語を使用したわけである。

要するに、アルベルティによって用いられた当時の〈historia〉や〈storia〉は柔軟な言葉なのであった。ちょうど〈pictor〉――文字通りには「画家」――がどんな種類の美術家にも関連しうるのと同様に、それは画家の作品にも彫刻家の作品にも関連しえた。なるほどアルベルティ自身は、絵画は彫刻よりも優れている、と論じがちであった。というのもそれは、単に浮彫りを生み出すという以上に、浮彫りのイリュージョンを伝えるものだからである。しかしながら彼もまた『絵画論』の中で、描いたり鋳造したり彫ったりできる作品としての〈historia〉に言及している。[61]〈historia〉について語る人々は、そうすることで芸術通、芸術の練達というオーラを生み出すことを期待していた。それは、大聖堂事業監督局に仕える商人や聖職者たちが、自分たちもまた芸術や芸術家たちについて何ものかを理解していると示すために使用するであろうような種類の言葉であった。アルベルティはこの言葉を創造したのではなく、修辞学的な絵画理論と直接に関連づけた際に、その美的潜在力を豊かにしたのである。

ブルネレスキ宛書簡の中でアルベルティが賞賛のために特定した五人の美術家たちのうち、三人は彼がフィレンツェに来て『絵画論』を書いていた一四三四年以降の時期に、浮彫りパネルを制作していた。しばしば指摘されてきたように、一四二〇年代、一四三〇年代の浮彫りパネルは同時期のいかなる絵画よりも――マザッチオのフレスコ画は例外である――アルベルティの要請と緊密に照応している。芸術家は三次元空間を産出するように、とアルベルティは要求した。洗礼堂門扉のためのギベルティの《イサク》や《ヨセフ》のパネル、さらにヘロデとサロメを表したドナテッロの浮彫りは、その相違にもかかわらず、すべて遠近法のイリュージョンを創出する精妙な実験、しかも当の物語主題によって要請されているわけではない実験を含んでいる[62]。アルベルティは芸術家に、解剖学的に正しい三次元の人物像が素早い動きの中にできるだけ多くいるような作品にすることを求めた。「人体の表現を生きたように見せようとする画家は、あらゆる部分はそれ固有の動きをすることを理解しなければならない」。彼はこうした特質を観者に伝えるために、風にたなびく薄い衣装や毛髪を使用することは重要だと強調した。彼は画家たちに色を使いすぎないよう、金箔を避けるよう勧め、さらに絵画に彫刻と似た様子を生み出す倹約手段を取るようにと勧めた。結局のところ、古代テクストの読書ではなく彼自身の実見に基づいて、唯一の実例としてアルベルティの挙げた古代美術品は、古代ローマの〈historia〉、すなわちメレアグロスを表した石棺浮彫りであった[63]。

　アルベルティはマザッチオを賞賛し、おそらくは彼を自身の卓越性の基準に適う、唯一の描かれた「歴史」〔歴史画〕の創造者と見ていたが、マザッチオすら実現しなかった類の作品が制作されることをも求めていた。浮彫り彫刻に見られた技法革新を体現し、しかもアペレスの《誹謗》や三美神のような神話主題を表した世俗画のことである。ドナテッロやルカ・デラ・ロッビアの浮彫りは、様々の細部、様式、内容の点でこうした記述に適う多くの人物像を含んでいた[64]。彼らはアルベルティの理想の画家のように、古典的な様式を適用した――彼らは髪や衣装を用いて、その下に包まれた人体の動きを表した。また過剰とみすぼらしさという両極端を注意深く避け、アルベルティの処方に適った作品を制作した。彼らの作品は豊かにして多様であり、それでいて人物像や出来事で混雑しあってはいなかった。

　言い換えれば、アルベルティは「歴史」という言葉を、古代修辞学によってそれに付与された本来の正確な意味で使用したわけでも、イタリアの俗語の中に出現してきた、いっそう一般的な意味で使用したわけでもなかった。むしろ彼は今なお十全な意味では存在しなかった類の絵画の創造を求めて、この言葉を使用したのであった――ブルネレスキとマザッチオの技術革新、すなわち彼らが再現することを学んだ新たな三次元空間と、古典的主題や浮彫り彫刻の古典化された様式を結合した絵画のことである。後代の多くの宣言文がそうであるように、アルベルティの宣言は記述的であると同時に予言的なものでもあった。世紀後半

[図12] ドナテッロ
《ヘロデの饗宴》 洗礼檀
シエナ洗礼堂

[図13] ロレンツォ・ギベルティ 《ヨセフの物語》
フィレンツェ洗礼堂

にかけて、マンテーニャ、カスターニョ、ベッリーニ、ボッティチェッリが、彼の要求と深く対応する作品を制作することになる所以でもある。

『絵画論』はラテン語版にせよ、イタリア語版のそれにせよ、言語のテクスチュアにおいて、既存の言葉のレパートリーを活用している。アルベルティは単に芸術上の達成ばかりでなく、一四三〇年代に彼が出会ったトスカーナ文化の語彙資源を用いて仕事をしている。全体としての彼の批評体系同様、彼の批評言語もまた、現にある実践を反映し、しかも新たなかたちをした古典的な語彙を見出そうとする意識的な努力に基づいている――つまりは、現行の実践や話法を、アルベルティの高度なラテン文芸文化と総合したものを見出そうとすることなのである。しかし彼は、彼の扱っている俗語や古典語の慣習に制約されることを拒否した。アルベルティが〈historia〉という言葉を定義し、使用したやり方は、ここでもやはり意味深いものである。キケロが〈historia〉と〈fabula〉を区別したとき、彼はその修辞的な効果の差異を強調したのではなく――どちらにしても聴衆にとっては楽しく有益なのであるから――事実内容の差異を強調したのである。ローマの歴史家サルスティウスは、ある有名な一節の中で、英雄的な祖先を表した死者の蠟マスクはローマ人の心を燃え上がらせる、それは「蠟やそれらのかたちがそれ自身のうちにそんな力を持っているからではない、有徳の人々の胸に炎を起こすのは出来事の記憶である」[65]と主張した。しかしながらアルベルティは神話も歴史も、どちらも等しく、描かれた〈historia〉に適った主題だと見なしたのである。実際、後に見るように、彼の範例として挙げる〈historia〉は神話の領域に由来している。これまでの何人《なんびと》も、弁論術や絵画を定義するに際して、これほど強く感情の至高性――より一般的には、効果に満ちた表現――を強調してはいなかった。また教養ある読者なら、こうしたことを強調するアルベルティを見逃すことはできなかったろう。文脈《コンテクスト》はアルベルティが著作にいそしんだ際のやり方や、彼が用いた材料を説明する助けとなる。しかしそれでは、彼の思考の特異性や彼が伝統を作り直した独創性の説明はできない。

なかんずくひとつの側面で、『絵画論』は通常そのモデルとされる修辞学の論考とは似ていない。アルベルティは絵画を演ずる技芸《パフォーマンス》ではなく、産出する技芸《プロダクション》として記している。彼の見解によれば、画家は素早く流暢に仕事をしなければならない。しかし彼の制作物はフレスコ画や板絵として公的な領域に供される以前に、まえもって考案され、私的なノートに詳細に準備されていなければならない。最終作品として現に表現することは、アルベルティによって

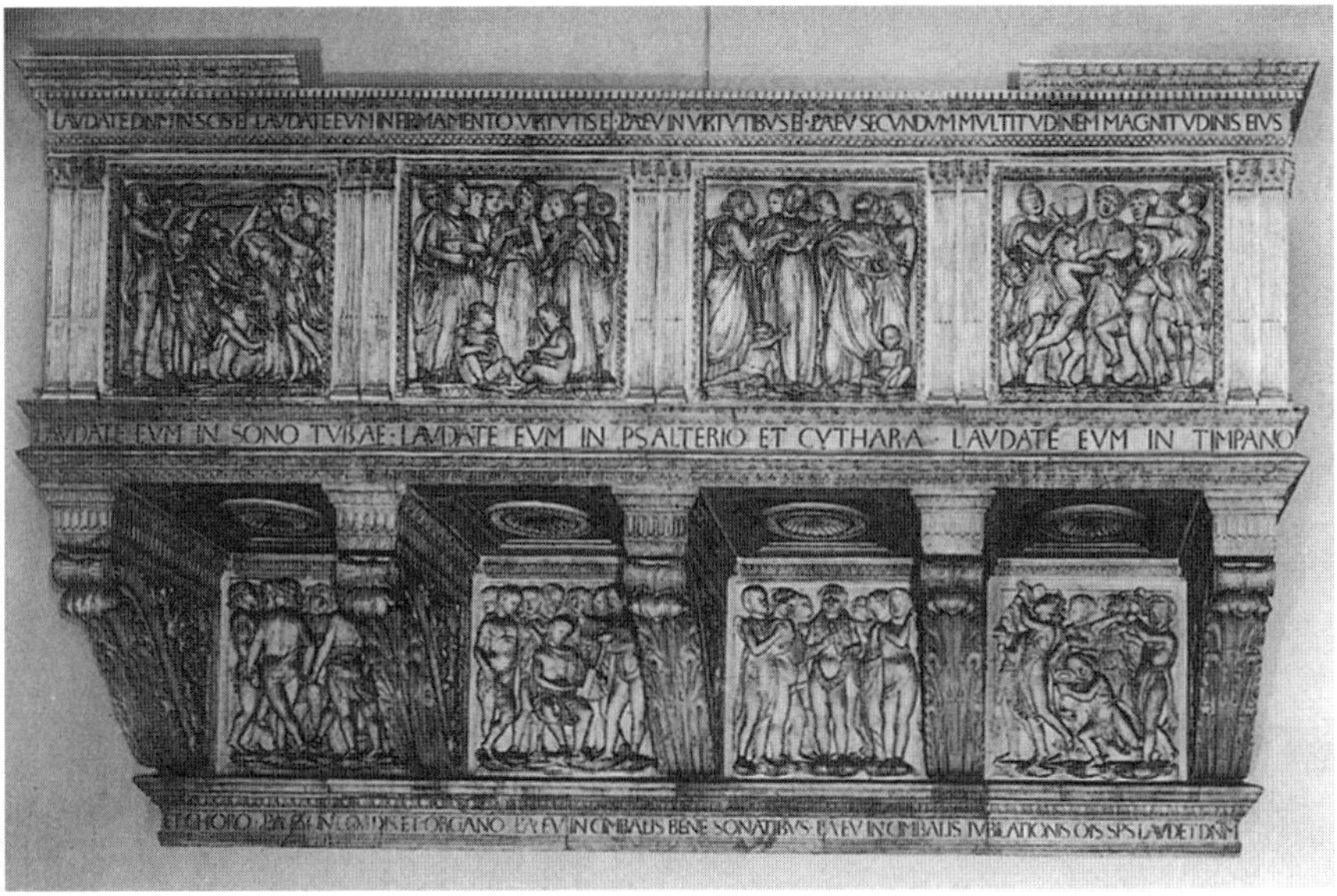

［図14］ルカ・デラ・ロッビア　《唱歌檀》　フィレンツェ大聖堂付属美術館

芸術家の知性の高度な働きと見なされたものに、物質的なかたちを付与するだけである。専門用語で言えば、創意（適切な主題を選ぶこと）は、雄弁、記憶、行為（創意を正しいイメージで飾り立て、それらを公衆に効果的に用いること）以上のものなのである。

弁論術は――クィンティリアヌスその他が、アルベルティが依拠した当の著作で記しているように――絵画とは根本的に相違する。弁論家は特定の聴衆に向けて、特定の時間に特定の場所で話をする。彼は、たとえば法廷において予期せぬ証言や新しい論議に応答せねばならないときには、自発的に振舞えなければならない。確かに、公の仕事を行なうには、画家も弁論家も私的な準備をしておかねばならない。大規模な企画を成就しうる前に、自然を把握する方途《すべ》を下書きしておかねばならないアルベルティにとっての画家同様、クィンティリアヌスの弁論家は、立ちあがって賛辞を披瀝できる前に、題目ごとに整理されたノートに多数の文体上の工夫や効果的な逸話を蓄積しておかねばならない。しかしながらクィンティリアヌスは、書き物を準備のための私的な技術《スキル》――弁論家を公衆に対してより感銘を与えられる話者とするための技術であり、外見だけでも自然な構成のように見えることを求める役割にある――として低く見ている。[66]

ことに、クィンティリアヌスもキケロも、『絵画論』第二、第三書での発言——そこでアルベルティは、画家は自己の仕事を定義し、それを実現する援助を与えてくれるようパトロンや批評家たちを招待すべきであるとしてその方途を記している——のための、十全な典拠を提供したわけではなかった。ここで彼はなかんずく幾何学や自由学芸に通じた者として、理想の画家を特徴づけている。画家は可能な限り多くの時間、「詩人や弁論家」の仲間とすごさなければならない。アルベルティは説明する。こうした「文人たち」は、絵画主題のためのアイデアを、多数蓄積している、と——また修辞学的な用語を使用して「創意《インウエンティオ》」とアルベルティの呼ぶ主題の選択は、絵画の主要な利点をなすものである、と。

著作同様、絵画においても、アルベルティは明らかに古代を、画家の引き出すべき主要な典拠と見なしていた。第三書で、彼は愛惜する古代作家のひとりであるルキアノスを参照し、詩人や弁論家として画家の創意を援助できる類の「歴史画《ヒストリア》」について示唆を与えている。アルベルティはルキアノスからアペレスの絵画の詳細な説明を引き出した——作品自体はもはや現存しないため、このテクストは彼の唯一の典拠にあたっている。

人々は、ルキアノスの物語る、アペレスによって描かれた「誹謗」の記述を読んで感心する。わたしには、画家はこうした着想に関して特段に留意しなければならないということを忠告するために、ここでそのことを物語るのは、われわれの本筋からはずれたこととも思われない。この絵には、とてつもなく大きな耳を持った男がおり、その両側には「無知」と「猜疑」と呼ばれる、二人の女が立っていた。向こうの方から、「誹謗」がやって来た。それは見るからに美しい女性だとはいえ、その顔にはあまりにも狡猾な様子がうかがえた。彼女は右手に松明《たいまつ》を持ち、もう一方の手で、両手を高く天の方へさし伸ばした少年の髪の毛をつかんで、引きずっていた。そこにはまた、青白く、醜く、すっかり汚れて、見るからに邪悪な様子の男がいた。彼は戦陣での長い苦労から痩せさらばえて干からびた人に、たとえられるかもしれない。この男は「誹謗」の案内人で、「嫉妬」と呼ばれた。さらに「誹謗」のお供で、彼女の装身具や衣装を直す二人の女がいた。彼女たちは、「背信」と「欺瞞」と呼ばれていた。これらの背後には、喪服を着た女性「悔悟」がいたが、彼女は身も心も千々に乱れてしまったかのようだった。彼女の背後には、「真理」と呼ばれる、恥ずかし

［図15］サンドロ・ボッティチェッリ　《アペレスの誹謗》　ウフィツィ美術館　フィレンツェ

げで内気な少女が続いた。こうした物語は読むだけでさえ愉しいのに、アペレスの手で描かれているのを見たら、どれほどの美しさや愉しさがあるものか、考えてもみたまえ。(67)

ここでアルベルティの記している失われた絵画は、教養人の世界において生き生きとした論議の対象だったものである。アルベルティの要約したルキアノスのテクストは、彼の仲間たちの中で愛惜されていた。グァリーノ・ダ・ヴェローナは世紀初頭にそれを翻訳したし、アルベルティの友人ラーポは一四三六年に新しい版本を作成した。(68)アルベルティの提示するテクスト版からは、十五世紀の観察者は、たとえ学識者であるにせよ、どうやって絵画の登場人物たちを同定できたのか、またそもそも同定できたのかどうかも、はっきりしない――ましてやそのメッセージの一般的な意味を解読できたかどうかは、いっそう分からない。実際、ルキアノスすら彼のためにイメージを説明したのは「案内者」であったとしている。これまでも逆説的だと指摘されてきたように、アルベルティによって手本とされた絵画は、付随テクストなしには理解しがたいものだったのである。(69)しかしここに記された手のこんだ寓意場面を魅力的と見たのはアルベルティのような理論家だけではなかった。

一四九五年、すでにその大きさや複雑さにおいて宗教画にも匹肩する古代神話の表現を創出していたボッティチェッリは、アルベルティの記述に則って、この場面の微に入り細に入った詳細な作品〔《アペレスの誹謗》〕を生み出したのだった(70)。

要するに、学識ある画家は文人の中のたいそう学識ある友人から、適切な主題を学ばなければならないのである。しかし彼は友人その他に、自己の制作する絵画のやり方についても評言を請わなければならない。実際、「絵を描いている間は、来る人には誰にでも門を開き、各人の意見に耳を傾けねばならない」。現代の画家は偉大な古代の画家たちのように、彼の作品に対してなされる反応を聞き、完成に至るにつれて、それらを考慮するようでなければならない。

> 伝えるところによると、アペレスはよく自分の絵の背後に隠れていた。観者がもっと気ままに語り、また彼らが作品の欠陥を探しまわる際に、自身ももっと謙虚に聞けるようにそうしたわけである。だからわたしは、画家たるものはしばしば率直に質問し、各人の意見に耳を傾けてもらいたい。これはなかんずく、画家が恩顧を得るのにも役立つであろう。誰しも、他人の作品に自分の意見を述べることを名誉と思うものである。なお、あら探しや妬む人の判断が画家の名声を傷つけるなどと恐れる必要はまったくない。画家の長所は公のもので、万人に知られているし、自身の立派にできた作品を自らの行為の証言者として呼ぶこともできる。それゆえ、各人の言葉に耳を傾け、まずもって事の次第を自ら熟考した後は、訂正を施すべきである。そして各人の意見を聞いたときは、そのうちいっそう練達な者の意見に従うべきである(71)。

換言すれば、画家の仕事は共同作業のようなものである。幾何学や解剖に関する画家の熟練は、文学や歴史に関する弁論家の熟練同様、彼個人のものである。しかし画家は完成作品というかたちでの適合性については、批評眼のあるできるだけ多くの観者の判断に委ねなければならない。こうした批評家の何人かは専門家であろう。作品を「校訂〔改善〕する」際には、画家は何よりも彼らに従わねばならない。芸術生産の経済学は、貨幣のみならず意見の交換なしには機能しえないのである。

アペレスの物語について語ったとき、アルベルティは人文主義者も芸術家もともに知っていたであろう古典の典拠を利用した。絵画芸術の分析ではなく、単なる歴史にすぎないとして、他の箇所では捨象していたプリニウスの『博物誌』である。ギベルティは『博物誌』を大いに参考にして、『覚書』の中で絵画の歴史を略説している[73]。アペレスの事例について、プリニウスは「完成した作品をバルコニーで通行人に見せることは、彼の習慣でもあり、彼は絵の後ろに隠れるようにして、指摘される欠陥に耳をそばだてたものであった。公衆は自分自身よりもよい批評家だと見なしていたのである」と書いている。アルベルティの理想の芸術家同様、アペレスは「普通の人」を招いて、自己の制作したものを判断してもらっていたのである。

しかしながらやはり、アルベルティは古代の典拠を単純に繰り返したわけではなかった。彼はそれにきわめて個人的なひねりを加えた。プリニウスははっきりと、アペレスは芸術家ならざる観察者の美的判断を評価したのではなく、技術的判断を評価したのだと言うところまで、行っていたからである。

> こういう話がある。〔アペレスがある人物のサンダルを描いた際のこと〕ある靴屋がサンダルの内側の環がひとつ足りないというわけで、アペレスに小言を言ったところ、彼はその過ちを訂正した。これに鼻高々になった靴屋は、翌日、さらに脚について小言を言った。これに対して、アペレスは、〔その絵の背後から〕腹立たしげに顔を突き出し、靴屋を叱って「サンダルより先のことまで批評してはならぬ」と言った。この言葉も広まってひとつのことわざになった。彼の態度はたいへん慇懃だったので、アレクサンドロス大王のお気に入りとなったし、大王はしばしば彼の仕事場を訪れた。というのも……大王は他のいずれの画家も彼の肖像を描くことを禁ずる布告を出していたほどであったから。その仕事場で大王は絵についてよく長々とおしゃべりしたけれども、実は彼は絵については何も分かっていなかった。アペレスは楽しげに、絵の具をひいている助手たちはあなたを笑っていますよと言って、大王に沈黙するよう勧めた。彼の個性たるや、普段は怒りっぽい気質の大王に対しても、たいした威力を持っていたのだ[73]。

プリニウスは至高の画家を冷静なままにし、批評家たちが——アペレスよりも彼らがよく知っている側面に限っては——現実を模倣する際の技術的な誤りのささいな訂正を指摘することを許している。これとは逆に、アルベルティは創造的エネルギーと批評的見解の間の持続せる相互作用の必要性を強調していたのである。

こうした議論において、用語法それ自体においてと同様、アルベルティは、彼以前には分離していた実践と理念を融合している。アルベルティの求めた芸術を生産する公的な共同世界は、ある程度、現実に存在していた。わたしたちが前に一度引用した記録資料、すなわちマッテオ・デリ・オルガニがドナテッロを擁護している一四三四年六月の書簡は、ある種の芸術をめぐる語り口の生き生きとした様子を披瀝してくれる。

親愛なる方々、この書簡をしたためる理由《わけ》は、ドナテッロが大理石の「物語浮彫り（storia）」を完成したためで、わたしはあなた方に、この地域のあらゆる専門家が、こうした「物語浮彫り」はこれまで決して見られたためしはないと異口同音に申しているとお誓いいたします。彼はあなた方によく仕える、よい意欲を持っているようにわたしには見えます……。彼はこの「聖ヨハネの」祝日の間に、どうか使用する金を送るのを忘れないよう、あなた方に書いてほしいと、わたしに請うております。そのようになさるようお願いいたします。さらにまた、彼はどんなつましい食事でも、それで十分な男です。彼はどんなことにでも満足するのです[74]。

マッテオ——彼自身もまた、少なくとも大聖堂事業監督局との関係においては、きわめて気難しい人物だった——は、アルベルティの一年前に、まさしく『絵画論』第三書に記述された〔のと同じ〕世界を、喚起していた。重要な公の委嘱に関わっている芸術家は、批評家たちに取り囲まれていることに気づく。その批評家たちのある者は専門家、「識者」として認知されたり、あるいはそう自己認知している。彼らは芸術家の生活様式から芸術能力に至る、すべてのことについて論じる。彼らは芸術家を、何かトラブルの源泉のようなものとして——マルシリオ・フィチーノが一世代後に説明することになるように——サトゥルヌスの知的な星の下に生まれた者、要求することあまりに多く、働くことあまりに少ない者と見なしている。しかし彼らはまた、芸術家が用いる素材よりは、彼の個人的な才能のうちに、彼をライバルたちから際立たせているものを見て取る。アルベルティの言う芸術家——そして芸術家自身が助言を求める「洗練されすぎた《オーバーカルティヴェイテド》」公衆——は、アルベルティがフィレンツェに到来したときには、すでに存在していた。何人かの芸術家は彼らの知る社会を、非常に似たような言葉で記している。たとえば、ギベルティは多数の「彫刻術、金工術、絵画術の通人や識者」について語っている。

彼らは、シエナで発見されたヴィーナス像を、「古典化した一種のどんちゃん騒ぎ《シャリヴァリ》のようにして」カンポ広場に運び、そこに展示した——もっとも、それを不信心なものと考えた無学な者たちによって、結果として破壊されることになったのだけれども。[75]

しかしながら、アルベルティは〔芸術家と批評家の〕混交に、新たな要素を付け加えた。多くの歴史家たちの説得力ある議論によれば、彼は『絵画論』において、画家——少なくとも最良の画家——と著作者の平等性を強調しようとした。つまりは、絵画を自由学芸、知的な学芸として定義しようとしたのである。[76]とはいえ、そうすることで、アルベルティは、現代の歴史研究が推測したように、抽象的で時間を超越した著作者の理想を思い描いていたわけでも、あるいはローマの修辞学者の特定の歴史的人物を思い描いていたわけでもない。むしろ彼は特定の文芸システム——一四三〇年代に彼自身知的に熟達しようと苦闘したまさにそのもの——を思い描いていた。このシステムは、すでに見たように、アルベルティが結びつけた芸術委嘱のシステムと同じく、創造性は個人的な過程《プロセス》ではなく社会的なものであるという前提に結びついていると同様に、形態において共同作業に基づいていた。

ポッジョのように、アルベルティは彼の要請に、文字通りの意味をも、比喩的な意味をも持たせた。「校訂」は彼が非常に重く受け取ったプロセスであった。聖職者の生活とその欠陥を扱った対話篇『司教《ポンティフェクス》』の中で、彼は、一家の高潔な父親はいかに彼が責任を持つ者たちの行為を「校訂〔矯正〕」しなければならないかを説明している。こうした文学用語を、これと同様に道徳化した使用法は、彼の友人ラーポの著作にも見られる。[77]芸術性の高いラテン語の著作者としての経歴において、アルベルティは繰り返し、彼の作品を「校訂」してくれる友人や仲間たちの援助を求めた。彼の親友の何人かは、ベッカデッリのように、他人の作品に対する批評家としての技量によって有名になった。[78]アルベルティ自身、特別の批評的反応——ニッコリのそれのような——によってげんなりさせられたときですら、文芸生産に関する共同作業的な社会システムが、まったく個人的なシステムよりもよりよい結果をもたらすという理想に対する信仰を失うことはなかった。アルベルティが批評家たちに芸術作品に対する「校訂」を求め、そしてブルネレスキその他の芸術家たちに彼自身の論考の「校訂」を要請した際、彼は空虚な決まり文句を繰り返していたわけではない。むしろ彼は、同時期の彼自身の著作者としての努力を特徴づけた知的に開かれているという美徳、慎重ゆえのもろさの実例たろうと試みていたのである。

要するに、アルベルティが『絵画論』で描いた芸術生産の共同作業システムは、修辞学や詩学の古典的な理論の伝統を保持していたテクストのみならず、現存するモデルにも基づいていた。すでに確立していた人文主義書籍の生産システムのことである。アルベルティが芸術家とパトロンの間の関係を再構成し始めたとき、彼は芸術家を特別な仕方で働いている者として――きわめて特殊な歴史的意味では、著作者と似ている何者かとして――心に思い描いていた。アルベルティはまた、批評家を特殊な種類の知的助言者としてイメージしていた。批評家の機能《やくわり》は、もとより、図像の梗概《スキーム》の提供を含んでいる。しかし、それは批評家に様式上の誤り――趣味、一貫性、仕上げをめぐる誤り――を看取し、訂正することをも求めていた。数多くのニッコリたちのように、アルベルティの考える批評家は、よき「構成《コンポジティオ》」――要するに、各芸術作品はその属するジャンルや扱う主題によって課される規則を順守しているということ――にこだわるはずであった。なかんずく――と、彼は示唆している――よい絵画はよい演説《スピーチ》同様、あらゆる部分においてその主題内容と完全な照応を示しつつ、適正さ《デコールム》の原理を順守しなければならない。所与のテクストで用いられるあらゆる言葉は、同一の文体の範囲内になければならないのと同様に、所与の肉体のあらゆる部分は、その人の性、年齢、性格に適っていなければならない。「もしもヘレネやイピゲネイアの手が老いさらばえてごつごつしていたり、あるいはもしもネストルが若々しい胸や華奢な首をしていたり、ガニュメデスが皺だらけの額や運動家のような太腿をしていたとするなら、あるいはもしもきわめて屈強なミロが痩せてきゃしゃな脇腹をしていたりするとするなら、何ともおかしなことであろう。潑刺として滑らかな顔の人に、痩せて骨ばった腕やしなびた手を与えたりするなら、これまた不似合いなことだろう」[79]。画家は、著作者と同様に、ラテン性《ラティニティ》なるものの視覚的等価物を欠いてはならない――すなわち、厳格な規則《プロトコル》によって規定された表現システムの中で、流麗さを発揮することである。

個々人の衣装や態度も、アルベルティの議論によれば、同じ適正さ《デコールム》の原理を守らなければならない。ポッジョの不親切ながらも信頼しうる文芸上の助言者だったニッコリは、ポッジョの対話篇『吝嗇論』において、以下のことに反対した。登場人物たちに教皇庁の彼の同僚たちの名前を割り振っていること、ベルナルディーノ・ダ・シエナに言及していること、そしてギリシア語テクストの中世、現代ラテン語訳を用いていること――というのも、そうしたことは、適正さ《デコールム》に違反するものだからである[80]。アルベルティもまた、まったく同じように、画家はその登場人物たちを、彼らに適った衣装や物腰で描かなければならないと主張している。「ヴィーナスやミネルヴァに、兵隊のまとうようなマントを着せるのは、マルスやユピテルに女性の着物を着せるのと同じくらい似つかわしくないことであろう。古代の画家たちは、カストルとポリュックスを描く際、二人とも兄弟のように見え、ひとりには喧嘩早い性質があり、他のひとりには機敏さが表れるようにすることに注意を払った。さらに彼らは、ウルカヌスを描くのに、その外衣の下でも、足の障害を思わせるように表現したものである。どんなものを描くにも、彼らはその機能、趣向、気品を表現するのにたいへんな研究をしていたのである」

アルベルティは「人体の構成」——絵画全体における人物像の配置——を、同様に厳格な適正《デコールム》さの規範に従わせている。ある異例なほど生き生きとした詳細なコメントの中で、アルベルティは同時代の芸術に対する批判をラジカルに暗示している。「わたしがしばしば眼にすることは特別の留意に値する。すなわち、人々は、座ることもほとんどあたわず、丸くなって、まるで蓋をした小箱の中にいるかのように建物の中に描かれているということだ。すべての人体は、その大きさにせよ役割にせよ、扱われている物語と合致しなければならないのである」[81]。アルベルティ流の批評家は、議論の余地なく、流行の絵画《イメージ》を非難したことであろう——〔そうした作品にあって〕ジェンティーレ・ダ・ファブリアーノ、その他の画家たちは、当代の衣装や大きさ《スケール》の一貫性を考慮するのに何の努力も払っていなかったからである。チェンニーノ・チェンニーニの勧めたような、ジェンティーレや他の同時代の芸術家たちが金箔を用いて魅惑に満ちた作品装飾《ディスプレイ》を行なったことも、まったくと言ってよいほどアルベルティの共感を呼ばなかった。貴重な材料をそんな風に用いることは、絵画の適正《デコールム》さを傷つけるものである。そうしたやり方は、描かれるものを、堅固に具体的に提示するのではなく、作り物のように再現することだからである[82]。修辞学を訓練したおかげで、批評家は制作における似たような過ちを明らかにし、画家や彫刻家がそれらを修正する手助けを行なうという、輝かしい地位を享受することになる。言い換えれば、批評家の助言は、絵画を着想《コンセプション》することばかりでなく、その制作においても主要な役割を演じることになるのである。

画家と活動をともにするこうした批評家は、文芸共和国とも緊密に結びついた、空想の芸術共和国の仲裁者となるであろう。厳格な基準を課すことで、彼らは、著作者同様、画家たちに過ちとその結果生まれる公的な恥辱——競争心や批判的な態度に満ちた〔社会〕環境の中では、大いにありうる宿命である——を避けるようにさせる。近年、美術史家たちは、学識者は画家たちに学識ある作品主題を提供しうるというアルベルティの見解に留意しつつ、こうした見解こそ、彼自身のような人文主義者が美術作品を生み出す際に果たすと思っていた主要な役割に他ならないと考えようとしている。[83] しかし十九世紀にあって、やがて古代美術の爾後の生を研究する学問の開拓者となったアビ・ヴァールブルクは、アルベルティの作品を別様に見ていた。ヴァールブルクはアルベルティの様式上の示唆——たとえば、髪や衣装の特有な動きをめぐる記述のような——を、たいそう興味深いものと見なし、ボッティチェッリ、その他の十五世紀の美術家たちは似たような美学を体現したのだと論じた。テクストもコンテクストも、こうした考えを確証している。アルベルティの空想の批評家共同体は——ちょうど、ラテン語による著作において互いにそうしたように——美術家たちに深遠な主題を示唆するばかりでなく、顔料、石、ブロンズによる美術家たちの制作を批判したり改善したりする役割をも担っていた。[84] アルベルティは一貫して、文人たちと美術家たちの間の共同作業という彼の見解《ヴィジョン》は、現に存在する著作者たちの間の共同作業システムと類似するものだと暗示した——そして『絵画論』では以下のような結論、すなわち弁論家や修辞学者たちが古代において彼らの技芸を育んだように、芸術をめぐる将来の著作者たちに、「間違いを校訂〔改善〕」し、「絵画芸術を完全かつ完璧なものにする」ことで、画家たちを援助することを求めた。[85]

アルベルティ自身のものを含む多くの修辞学の便覧《ハンドブック》と同様に、『絵画論』は、簡潔な実例を与えるに留めたり、特別に必要性のある際は規範からの逸脱もありうると想定しつつも、もっとも一般的な場合に対する規則を提供している。にもかかわらず、アルベルティの教示と美術家の特別な実践の間にある著しい照応は、明らかなものとなっている。「歴史画《ヒストリア》」をめぐる議論のある箇所で、アルベルティは、強い感情表現を行なう際に、好都合な省略は、ときに直截な表現を狙うよりもいっそう効果的であると論じている。「キプロスのティマンテスはコロテスにまさった絵画によって賞賛されている。彼はイピゲネイアの犠牲の際に、カルカス〔神官〕を悲しげに、またオデュッセウスをいっそう悲しげに描き、また悲しみに打ちひしがれたメネラオスを描くのにあらゆる技量を使いはたしたけれども、悲嘆にくれる父親の表情を表す適当な方法を見出せなかった。そこで、彼は頭に布をかぶせて、眼にしうる以上に彼の悲しみを黙想させるようにした」[86]、と。

他の箇所と同様ここでも、アルベルティは有名な話を引

［図16］ジェンティーレ・ダ・ファブリアーノ　《東方三博士の礼拝》　ウフィツィ美術館　フィレンツェ

用し、それを自己流に解釈している。プリニウスによると、ティマンテスは父親の顔を布で覆ったものの、それは「適切なやり方では描けなかった」からであった。ギリシア、ローマ史から様々な実例を収集した著作者のヴァレリウス・マクシムスも〔『記憶すべき事蹟と言葉について』の中で〕この話に触れ、そこから芸術としての絵画の限界に関する似たような教訓を引き出している。「アガメムノンの頭に布をかぶせたとき」――と、ヴァレリウスは修辞的に問うている――「彼は、芸術はもっとも深い悲しみを表現しうるものではないと告白したのではなかろうか」[87]。これとは対照的に、修辞学における古代の権威であったキケロとクインティリアヌスは、工匠としてのティマンテス〔の技〕を賞賛している。キケロの強調する事実によれば、画家はよき弁論家のように、見苦しい激情以上の品格ある抑制を選んだのである。クインティリアヌスの指摘では、ティマンテスは、直截に描くには強すぎる父親の感情を観者の想像力に委ねることによって、一見したところ解決しがたい技術上の問題を解決した。彼は弁論家にも、同じように行なうよう推奨している[88]。アルベルティはこの二人の修辞学者に従い、彼らと同じように、ティマンテスは失敗したわけではなく、彼の技芸の実践において成功したのだと論じたのである。しかし、彼はそれ以上に踏み込んだ。クインティリアヌスは、画家は観者たちに父親の感情を「推測する」ようにさせていると単にそう述べているのに対し、アルベルティは、画家は彼らに「黙想する《メディテート》」ようにさせていると説明した――この動詞は、十五世紀には、宗教イメージの喚起する類の思考や感情のために使用されていたのである。(89)

他の多くの場合と同様この場合も、アルベルティははっきりと自らを様式上の助言を提供する者と見なしている。ドナテッロが――《キリストへの哀悼》（現在ロンドンにある〔ヴィクトリア・アンド・アルバート美術館蔵〕）や《磔刑》（フィレンツェ、サン・ロレンツォ聖堂）のような後期の作品において――強い感情にさらされる人物たちの顔を覆わせているのは、たいそう印象深いことであろう。アルベルティのテクストは、仕草や感情を表現する能力に長けたことでもっとも名高かったフィレンツェの美術家〔ドナテッロ〕の実践を反映している。(90)アルベルティは、再び、修辞学の技術的な言語のおかげで、同時代の実践を記述し分析することができたのである。

現存する証拠から明らかでないことは、アルベルティの考えがどの程度フィレンツェの美術家たちの間に、それを読んだり耳を傾けたりする者を見出したかということである。彼の作とされている詩「舞踏に来たれ」――月桂樹の周りで踊り、眼と眼を交わし合う魅力的なほど多様な男女の群を思い起こさせる――は、愛の園を描いた小さなフィレンツェ絵画（プリンストン大学付属美術館蔵）と結びつけられてきた。この優美にして生き生きとした小絵画には、十二人の人物像と犬が登場し、彼らは典雅な様子の装いをしている。このしとやかなイメージは、アルベルティの好んだ類の絵画の一翻案を体現しているのかもしれない。(91)

おそらく、ここで提示した分析の光の下に、アルベルティの遠近法ではなく、画家、批評家、その他の間におけるアルベルティの相互交渉のあり様を見定めることは、いっそう有益であろう。たとえば、アルベルティはイタリア語版の彼の書物〔『絵画論』〕をブルネレスキに捧げている。アルベルティがそうしたのは、ブルネレスキが画家組合によってしばらく前に確立された規則にとらわれず、自ら法的に自由に行動できるようにしようとした際に、法の影響に苦しんだ時期のことであった。実際、一四三五年、テスト・ケースとして彫刻家は拘置された。(92)アルベルティのテクストは、〔ブルネレスキのような〕アルベルティ風の人物に提供されたものであり、いつものアルベルティらしく、ブルネレスキに『絵画論』に見出した過ちを「校訂〔改善〕する」よう要請したとき、それによって彼は、彼とこの建築家の社会的同等性、あるいは建築家の優越性を認めてい

[図17] 作者不詳　《愛の園》　フィレンツェ派　1430年頃　プリンストン大学付属美術館　フランク・ジュエット・マザー遺贈作品

[図18] パオロ・ウッチェッロ　《ジョン・ホークウッド騎馬像》　フィレンツェ大聖堂

る。手技《クラフト》ではなく、幾何学に基礎を置き修辞学に手本を仰ぐ自由学芸の実践者というブルネレスキの地位《スティタス》に対するこの明快な言及ほど、きわめてアルベルティらしい言明は想像しがたいであろう。

　パオロ・ウッチェッロの事例も示唆的である。一四三六年五月、大聖堂事業監督局は彼にフレスコでジョン・ホークウッドの記念像を描くよう委嘱した——それは、それ自体アルベルティ的な企画であり、画家の遠近法、解剖学、色彩に関する技量は、それほどの費用を要することなく、ブロンズ製の騎馬像に匹敵する印象深い作品を生み出すはずであった。しかし六月二十八日、事業監督局は、「適切に描かれていないから」という明らかに様式上の理由に基づいて、フレスコ画を取り去る指示を下した。七月初旬、彼らはウッチェッロに再び描き始めるようにと申し述べている[93]。明らかに事業監督局は、彼の仕事を基本的には優れたものと認めていた。しかしその制作の何らかの主要な特徴に対して反対だった。ウッチェッロは何よりもまず、フレスコ画を遠近法や短縮法を実演してみせる作品、すなわち、下から見た、三次元の台座の上に乗る三次元の彫像であるという強いイリュージョンを与える作品として思い描いていた。おそらく、これまでも推測されてきたように、彼は当初、ホークウッド像を台座と視覚的に一貫するようなかたちで、短縮させて描いた。そしてその結果、騎馬像は床面から見ると奇妙なものとなったのであろう。馬が完全に騎士を支配することになってしまった。事業監督局はこうした結果に満足せず、ウッチェッロに新たな作品を制作させた——こうして、彼は台座を下から見たように表現する一方で、馬と人物像をいっそう荘厳に、直接に側面観で見たような視点で表してみせた[94]。こうしたことは、重要な様式の選択に適用されて当の作品の「校訂〔改善〕」へと帰結することになる、アルベルティ流の批評実践にとってのよい事例なのかもしれない。しかしブルネレスキの場合と同様、この場合も、相互関係はアルベルティの書物とはまったく独立したものである。問題はアルベルティ自身どんな影響を喚起したかではない。彼自身はっきりと述べているように、抽象的な理論ではなく実際に現れるような世界に捧げられた作品の中で、彼がたいへん詳細に、またきめ細かく、記述し分析しようとした具体的な現象とは何かということである。

　自身の学識あるラテン語の諸著作への攻撃を防御しようとするアルベルティの努力は、すべて成功したというわけではない。アルベルティは、彼ともっとも関係のある読者たちから厳しい批評を受けていた。『絵画論』のイタリア語版テクストも、当初は似たような運命を甘受したようである。アルベルティの〔ブルネレスキへの〕献辞は、その受け手〔ブルネレスキのこと〕の気持ちをなだめることができたわけではない。ブルネレスキは知的属性についてはきわめて過敏な人で、アルベルティの作品が遠近法に関する長い議論を含んでいるにもかかわらず、ブルネレスキについても彼の手本となったパネル画についても言及がないと知った際には、おそらく彼の件のいらだちをもって反応したことであろう。一四四〇年代に、洗礼堂門扉を制作する委嘱をめぐって一四〇一年にギベルティと争ったコンクールについて述べながら、ブルネレスキは自身の語る話を、アルベルティの学者と芸術家の共和国に関する、困惑させるようなパロディとして用いている。

ギベルティは――と、今やブルネレスキはこう物語る――《イサクの犠牲》の試作品を制作する際に、意図してフィレンツェのあらゆる彫金師や彫刻家に相談した。「彼は聡い男だったので、才覚で匹敵しようと考え、比較した際に自分の作が及ばないということのないように、それを判断すべき専門家たちで、彼の尊敬するすべての人々、彫金師や画家、その他の彫刻家などに卑下して助言を求めた」。ギベルティは彼らの教示に沿うよう、繰り返し作品を手直しすることまで行なった。そのため、彼らはギベルティの作品を、古代の彫刻家ポリュクレイトスすら凌駕しえない、比類なき傑作と見なすことになった。彼らは最終決定を任されていた三十四人の審査員たちに対して、熱心にその作品をほめそやした[95]。ブルネレスキは――と、マネッティはこう話を続けている――「意のままになる技芸を持っていたので、作品を短期間で制作した」、そして「わたしが言ったように、自惚家ではなかったので、ほとんど誰ともそれについて話したがらなかった」。そのため、専門家たちは、ブルネレスキのコンクールのための試作品の方が実際にはよかったにもかかわらず、本当にギベルティのものよりもよいとは信じられなかった。彼らは、二人で委嘱を分かちあうよう提案した――それは屈辱的な提案であり、当然ながらブルネレスキは拒絶した。要するに、この事例の場合、アルベルティの批評家と芸術家のネットワークは、派閥以上の何ものでもないことを露呈したのである。アルベルティの絵画理論は、ブルネレスキ、その他の人々が実践の領域で革命をもたらしたような芸術を、理論として力強く有益に組織化したものではなく、彼の建築に関する著作同様、ごく一般的な考えに基づいて組み立てられたものだったのである。

しかしながら、時間とともに、アルベルティの書物は多くの場において、読者を見出すことになった。ミラノの人文主義者アンジェロ・デチェンブリオのような学者たちは、彼の作品を読んで、その抜粋を作ったし、アルベルティの書物は芸術をめぐる学識あふれる議論のための主要な典拠となった[96]。さらにより注目すべきこととして、それは芸術家たちによっても読まれ研究された。フィラレーテの名で知られるアントニオ・アヴェッリーノ、レオナルド・ダ・ヴィンチ、アルブレヒト・デューラーといった十五、十六世紀のもっとも雄弁な画家、彫刻家たちはすべて、アルベルティの努力、すなわち絵画の理論的な基礎や、理論が有効に表現されうる美学的言語を創出しようとする努力に参画した。彼らの大多数は、アルベルティが提起した特殊な問題——たとえば、絵画と彫刻のいずれが、より知的で美的な地位を主張しうるかといった、やっかいな問題——と格闘した。また彼らのすべては、アルベルティが初めて周到に作り上げた用語や考えを参考にしたのである。

いっそう古代風のひとつの逸話——ゼウクシスとクロトンの娘たちの物語——は、アルベルティのテクストがどんな風に芸術言語の源泉となったかを明らかにしている。アルベルティはこう語っている。

もっとも習練を積んだ人々でさえ、ほとんど認識しがたい美の理念は、まだ経験の浅い人々からは逃れていってしまう。もっとも秀で、他の人々に抜きん出て習練を積んだ画家ゼウクシスは、クロトンの近く、ルキナ神殿に公に捧げられる絵を制作するため、今日のあらゆる画家のように、自分の才能に見境なく頼ろうとはしなかった。彼はただひとりの身体のうちには自分の求めるだけの美しさを発見できないし、そうした美しさは、自然によってただひとりの者に授けられるものではないと考えた。そこで、彼はその土地の妙齢の女性すべての中から、もっとも美しい五人の娘たちを選びだし、その五人の各々からもっとも賞賛に値する美しいところを取って描いた。彼は賢明な画家であった。画家たちは追従する自然の手本のない場合、自身の才能のみによって美というものをとらえようとする。それで、どんなに多くの努力を払っても、彼らは決して求める美を発見しえないことになりやすい。彼らの身につけた悪い癖は、たとえ捨てようと欲しても、どうしても捨てられなくなってしまう[97]。

アルベルティは古代の材料を、はっきりと自分自身のものになるまで切ったり磨きあげたりしながら、彼のいつもの方法で、この一節を仕立てあげている。彼はこの逸話の骨子を、キケロの『発想論』とプリニウスの『博物誌』という、愛惜する二つの典拠の中に見出した[98]。彼は物語をキケロのようにクロトンに設定した〔プリニウスはアグリジエントに置いている〕。しかし彼はプリニウスのテクストの誤った読解に従って、ゼウクシスにルキナ神殿のための作品を制作させている。[99]これらの両テクストは、アルベルティの目的にたいそう適ったものであった。キケロは、画家のモデルに対する折衷的なアプローチの上に、彼自身の折衷的な方法――『発想論』において、以前の多様な修辞学テクストから借用することを可能とした方法――を型どってみせた。プリニウスは広範な書誌に触れた著書の最初の方で、彼もまたきわめて膨大なギリシア、ローマの著作者たちを折衷的に作り直したことを明らかにしている。上記の一節は、アルベルティのもっとも精妙に作り上げたモザイクとして位置づけられる。彼は決して、これよりもいっそう適切な〔モザイク細工のための〕石片を選択することはなかったであろう。[100]

いつもと同様に、アルベルティは典拠を溶解させつつ、変えもした。キケロによれば、ゼウクシスは、自身の作品はクロトンのもっとも美しい娘たちを直接研究することに基づかねばならないと決心した。彼は裸体の娘たちを見たいと依頼した。しかし、画家に委嘱した市民たちはこの要請を拒絶する。彼らは画家をレスリングする若者たちのいる体育場《ギムナジウム》に連れていき、彼にハンサムな多数の少年たちを見せた。市民たちはゼウクシスに、これらの少年の姉妹たちはとても愛らしいと伝えてこう言った――あなたは兄弟たちの男性美から彼女らの特別な美を推察せねばならない、と。やっとのことで、ゼウクシスは彼女たちの真実の姿を「無声のイメージ」に変えるのに必要な間だけ、五人のもっとも美しい娘たちを見る許可を得た。要するに、キケロはこの物語を通して〔折衷的な方法による〕彼の著作者としての実践を正当化しているばかりでなく、テクニカルで無味乾燥なテクストブックの出だしを活性化するために、〔わざとおかしい〕小話を語っているのである。しかしまた、ローマの弁論家キケロのこの物語は、裸体を描くために画家は裸のモデルを見るのを必要としたということを知った彼の困惑ぶりをも示している。芸術の最高度の達成は、官能との結合や社会の転倒を引き起こす――あるいは要求する――ものかもしれない。[101]キケロの物語は、それ自身のうちに性の瀬戸際の要素を有していたのである。[102]

アルベルティは注意深く、官能を示唆するあらゆる痕跡を物語から除いて清めている。画家の仕事を、感情を表現し生成させるものとして定義した作品全体を通して、アルベルティはこう主張する――適正さ《デコールム》という几帳面な規律《レジーム》は常に、注意深く定義された範囲内でのみ情念を保持するのでなければならない、と。性の欲動は明らかにこうした範囲の外にある。彼の見解では、女性の裸体像は官能的な内容を裸体像から取り除く象徴的な価値を持っていた――それは優雅なやり方でアルベルティの強調した点である。すでに見たように、アルベルティは「歴史画《ヒストリア》」のサンプルを記述し始める際に、アペレスの「誹謗」の精妙な寓意画に関するルキアノスの記述を要約した。彼の愛惜する著作者のひとりだったルキアノスは、「悔悟」の人物像を黒い衣装を着、泣き、恥でいっぱいになって「真理」の方を振り向いている女性として記述していた。アルベルティはちょっとした、しかしきわめて意味深い属性《アトリビュート》の変更を行なった。彼は「悔悟」ではなく「真理」を「恥ずかしげで内気」と記している。(103) そうすることで、彼は「真理」を「ウェヌス・プディカ〔貞潔のヴィーナス〕に属するタイプの裸体像」――裸体であることで、彼女の清い性格を指し示している寓意像――として見ていることを示唆している。(104) こうして彼は、「むきだしの真実」の像――長期にわたって芸術家や標章《エンブレム》の考案者たちの間で人気を保った擬人像――を生み出したのである。

「むきだしの真実《ヌーダ・ウエリタス》」の考案者は、画家が性的な暗示をしたり、倫理的に問題があるように裸の女性の肉体を描いた際には、読者がそれを見るのを妨げようと望んでいた。言い換えれば、アルベルティはキケロやプリニウスを使用したというばかりでなく、浄化すら行ない、元来ほのめかしじみていたゼウクシスの物語に、彼の倫理的、美学的なプログラムを体現させた。そして実際上、アルベルティ以後、芸術について語ったり書いたりする者は誰しも、彼の指示に従い、アルベルティ自身がかたちを変えて語ったように、その物語を引用してきたのである。

画家たちにとって、普通は最後の結果《プロダクト》だけで十分であった。古典的伝統を学問的というよりは基本的に実際的《プラグマティック》に用いていた人々にとって、重要なのは〔到着するための〕行路ではない、到着したことそれ自体であった〔大切なのは古典的伝統のできあがるプロセスではなく、最後の結果のみだったということ〕。そのためゼウクシスの物語をめぐるアルベルティの翻案は、工房での談笑や芸術文献の標準的な構成要素と化した。画家たちはそれを決まったように、また様々に異なる意図を持って引用した。彼らはときに、ここでのアルベルティと同様に、自然に基づいて直接に研究することの生き生きとした重要性の証として、それを解釈した。またときには、アルベルティの後の作品である『彫刻論』の場合と同様に、芸術家は自然研究のおかげで、いかなる人間の個性よりもいっそう高いところにある美の普遍的な理想に接近できる証として、それを解釈することもあった。たとえば、ラファエッロはカスティリオーネ宛書簡の中で、アルベルティの頼ろうとした経験による研究よりも「イデア」を重視しつつ、件《くだん》の一節を見事にリライトしてみせている。「美しい女性を描くために、わたしは多くの美しい女性を見なければなりません。それも貴下におかれて、よりよい選択をする手助けをして下さるという条件の下においてです。しかしよき審査者も美しい女性たちもごくわずかですから、わたしは脳裡に浮かぶある種のイデアを用いるのです[105]」。これとは逆に、ヴァザーリは、アレッツォにあるヴァザーリ邸の壁面に、物語をいっそう字義通りに翻案したフレスコ画を制作していた。

　アルベルティは彼自身の時代以降、何十年また何世紀にもわたって、芸術について語る人々の世界にあって、大きな存在であり続けた。しかしフレスコ画に自分の顔を留めおかれたいという、アルベルティの希望を満足させた芸術家の存在は定かでない[106]。とはいえ、彼の明晰で特異な書物は、結局のところ、著者の主要な目的を達成したことは明らかである。それは新たな芸術と新たな種類の芸術家にとって、パワフルな〔話題の〕実例を作り上げたし、またそれ自身の権利において正統教義《オーソドクシー》となるほどパワフルでもあった。ギベルティのように、アルベルティをよく思う特別な理由のない人々ですら、『絵画論』を読み、またそれから学んだようである[107]。さらに専門性に秀でた彫刻家兼建築家である、フィラレーテの名で周知のアントニオ・アヴェッリーノは、遠近法の視覚上の基礎——彼自身アルベルティをはっきり権威として引用している——ばかりでなく、色彩理論からナルキッソスの神話（ただし彼はアルベルティの言わんとしたことを誤解している）に至るあらゆる情報に関して、アルベルティの作品を自由に参考にしていた[108]。

　意地悪く、アルベルティに対抗してアルベルティを用いることすら可能であった。一五二〇年九月、神聖ローマ皇帝カール五世は、透明な衣装を着て松明《たいまつ》を掲げる女性たちの間を行進しながら、アントウェルペンへの凱旋入場を派手に演じた。そのときのこと、このいかめしいハプスブルクの皇帝は、両眼をじっと正面の方に向けていた。できるだけ綿密に若い女性たちを観察する機会を得た芸術家アルブレヒト・デューラーは、皇帝のようなまねはしなかった。「わたしは」、と後に彼は思い起こしている。「わたしは画家だったので、彼女たちをそう内気にもならずに吟味した[109]」。ここでデューラーは、画家は裸体の女性を直接に研究しなければならないというアルベルティ流の原理を引用している——この話に関する彼の語り方が示すように、そうすることで彼は適正さ《デコールム》というアルベルティの原理をも同様に汚していることを知っていたのだろう。種々のアカデミーが形成され、美学が理論に関心を持つ芸術家や文人たち双方の主要な議論の主題になった十六世紀イタリアにおいて、アルベルティが夢見た芸術の共和国のようなものは生まれ、そして彼が古代や当代の典拠から創出した言語は、彼らの議論のための媒体となった。彼の死後ずっと経って、彼自身のラテン語や〔彼自身の編集した〕イタリア語のテクストではなく、通常は後代のイタリア語の翻訳で読まれるようになったとき、逆説的なことに、アルベルティは彼が常々そうありたいと望んでいたものの一部を獲得した。すなわち、芸術を議論する際の言語を独占者のように支配することはできなかったけれども――こうした〔芸術に関する〕言語は持続的に発展し、拡大していくものである――知的生産性の高い、一般に広まって魅力ある企てとなったものの、少なくとも創始者としての主要な取り分は獲得したのである(110)。

第五章

フィレンツェを解釈する——読解から復元へ

一四〇四年一月一日。わたしは、この哀れな人生には、われわれの罪のためにたくさんの魂の苦難と肉体の受難が存在すると知っている。またわれわれの心の弱さを強くし、精神を教化し、意志を支えてくれる神の恩寵とご慈悲なくしては、われわれは日ごと朽ち果ててしまうことだろう。

わたしはまた、四十年前にこの世に生を受けてこの方、神の戒めをまったく心に留めたことがないことに気づいている。わたし自身に悔い改める力があるかは疑わしいところだとはいえ、徳の道を少しずつ歩んでいきたいと願っているので、本日以降、神聖な教会の祭日には、仕事場に行き職務を行なうこと、あるいは他人をわたしのために働かせたり、世俗の富を求めたりするのをやめることとする。どうしても必要な場合に例外とするときはいつでも、その翌日には貧しき者たちに一フローリン金貨の施しをすることを約束しよう。わたしは、自分自身の約束を思い出し、もしそれを破るようなことがあれば、そのことを恥じるためにこれを書き留めた。

またその贖《あがな》いによってわれわれを解放し救済し、恩寵と慈悲によって罪深い受苦からお護り下さる主イエス・キリストの受難を哀悼し、わたしは今日のこの日から永遠に、翌晩も含めた金曜日を、肉体的愉しみを行なわないまったくの貞節の日とすることにする。神はわたしに約束を守るための恩寵を与えて下さるだろうが、もし怠慢からそれを破るようなことがあれば、貧しき者たちへ一回ごとに二十ソルディの施しを与え、主の祈りと天使の祝詞を二十回唱えることを約束

する。(1)

商人にして歴史家であるゴーロ・ダーティによる、このきわめて魅力的な告白から、わたしたちはすぐさま見覚えのある世界へといざなわれる。すなわち、ひとりの十五世紀のフィレンツェの家長が書斎に座り、日付がつけられ整然とした一続きの覚書の中に、注意深く自らの内面の思考を記録しているところである。彼は、長く強烈な一連の葛藤について記述する。それは、良心という無情な光明にとらえられ、身体の欲求や、職務上の問題、魂の切望によって同時にいくつかの方向へと駆り立てられながら、ロープの上でバランスを取るという必死の行為である。彼は、教会が求めるように、一週間を世俗と聖なる部分とに分けることを自分自身に課すことで、自らの時間の使い方を計画し、抑制することによって自分を律しようとしているのである。彼ははじめから自分が失敗することを分かっている。そして商人的な救済方法、すなわち過ちを犯すのをほとんど避けえないという罪に対して、体のよい弁解ではなく、正当な支払いを行なうのである。その近代性はわたしたちに先んじるものであろう。(2)

わたしたちは、それらが何世紀にもわたりお馴染みのものであり続けたという理由から、部分的にダーティの境遇のあり様を理解する。しかしまたそれらを、アルベルティの〔『家族論』での〕教示に従って、少なくともこの十五世紀のフィレンツェに特有の文脈の中で見ることにもなる。アルベルティの『家族論』四書は、その当時は限られた読者しか持っていなかった。オリジナル・テクストの後世の翻案を含む他のものに加えて、三冊の完全な写本といくつかの部分的な写本が現存するのみである。それは一八四三年まで印刷されることはなかった。(3)しかし、アニリオ・ボヌッチが最初の完全版となるアルベルティ著作集に『家族論』を加えるやいなや、それは人々の関心を引くこととなったのである。かつてのアルベルティと同じように、抑圧され、変化し続ける社会的、知的環境の中に生きていると自身を見ていた歴史家たちは、作品の解釈について際立った意見の相違があったとはいえ、ほどなくして作品を深みのあるものと見なしたのだった。

『ブデンブローク家の人々』の時代には、近代技術はドイツ産業に驚くべき速度で広まり、神聖ローマ帝国とハンザ同盟に属していた都市の古い貴族の家系を経済的な周縁部へと追いやった。もっとも独創的なドイツの社会思想家たちは、近代性という鉄の檻を、バーゼルという古いヨーロッパの楽園の変質へと眼を向けたブルクハルトの著作に見られる、あらゆる魅力と比較した。近代の資本主義を近代たるものとしたのは何だったのだろう。アルベルティはその問題について、何らかの光を投じるように思われたのだ。

資本主義の起源についての偉大な研究者である、経済学者のウェルナー・ゾンバルトは、異なる発展の結節のうちに資本主義の興隆の説明を見出した。すなわち、貨幣経済の発展、代数簿記技術の普及、誠実さと勤勉な仕事、そして合理的な時間の使い方を説くブルジョワ精神の成熟である。ルネサンスのフィレンツェは、こうしたあらゆる概念と技術が融合した最初の場所であった、とゾンバルトは論じている。彼はアルベルティを「その時代のブルジョワの完全な典型」と見なし、「彼の作品は、中産市民の時代の展望をかいま見ることのできる情報の宝庫である」と述べた。[4] さらに、先駆的な社会学者にして社会史家だったマックス・ウェーバーは、アルベルティに触れつつ、真の資本主義は宗教改革の後になって初めて生まれたという彼自身の命題を確認した。カルヴァン主義によって生み出された世俗の「召命」という新しい感覚と、カルヴァンの要求した「世俗の禁欲主義」こそが、資本家を作り上げたのである。アルベルティについては、「かの偉大で万能のルネサンスの天才は、数学、彫刻、絵画、建築、そして愛（彼は個人的には女性嫌いであったけれども）に関する理論的な論考に加え、四書からなる家庭経営についての作品を著した」とし、またアルベルティは先祖を尊重することと、「すべての清教徒の眼には、人間として罪深い礼賛に見え、ベンジャミン・フランクリンの眼には、理解できない貴族の愚行の表現として映ったであろう」怠惰な田園生活について説いた、と述べている。[5] 経済史と文化史の両方を研究し、フィレンツェの原典史料に他の誰よりも通じていたアルフレッド・ドーレンは、ゾンバルトに同意した。彼は『家族論』を「ペリシテ人の憲章」として記述し、アルベルティをまぎれもないブルジョワと見なしたのであった。[6]

第二次世界大戦後、ヨーロッパ社会に関する才気あふれる復古的歴史家オットー・ブルンナーは、アルベルティの作品について、まったく異なる読解を行なった。忘れられた十七世紀の男爵の著作に光を当てた草分け的な書物の中で、ブルンナーは中世からルネサンスを通じてその後へと至る、ヨーロッパの有力家系の長い歴史を強調したのである。ブルンナーにとって『家族論』は、新しい経済や経済上の態度を体現したものではなく、古代ギリシアに始まり、中世に繁栄をきわめた伝統としての家庭経営に関する、ヨーロッパの思考の長い歴史の一段階を表したものであった。[7]『家族論』についての今日の主要な研究者のひとりマッシモ・ダンツィは、ブルンナーの中にアルベルティ作品の新たな解釈のための発想を見出した――それは、これまでのどの解釈よりも、著作の作られた時間や場所へとより強固に結びつけるものであった[8]。

一九六〇年代、そしてそれ以後、フィレンツェの古文書への攻略に着手した多数の仏・英・米・豪出身の社会史家たちは、統計的で人類学的な調査結果を、丁寧にアルベルティの著作と照合した。今日まで、フィレンツェの主要な館に居を構えた家族の思考と感情に関心を示したすべての学者たちは、アルベルティによる生き生きとした会話——なかんずく第三書の会話において、登場人物たちは、有力家系の人口学的、経済的安定を維持する方法を詳細に検討している——を参照してきた[9]。さらに今日に至るまで、そのテクストの解釈は鋭く異なっている。

それでも、多くのアルベルティの解釈者たちは今や、彼の登場人物や精神の中に、対立する価値と関心事の間の、劇的で真に迫った抗争の存在、またゴーロ・ダーティが喚起したのと同じくらいに強烈な矛盾の存在を認めているのである。アルベルティは『絵画論』において、フィレンツェの芸術家たちのある特定の世代の美意識について記述している。また『家族論』では、都市間の戦争で闘い、都市の建造物を建て、一三七〇年代と一四三〇年代の間に政権を担ったフィレンツェの貴紳家系の家庭内のドラマを描き出した。わずかに開かれた窓を通して聞こえてくる家庭内の会話のように、彼の作品は注意を引かれずにはおれないものであり、過去への魅惑的な親近感を提供してくれるものである。しかし実際には、『家族論』はきわめて技巧的な作品であり、フィレンツェの伝統や制度、都市の構造に自らが順応するための、アルベルティの生涯を貫く努力のいくつかの段階のひとつを表しているにすぎないのである。ひとたび対話を知的で伝記的な文脈へと置き換えれば、そのルポルタージュとしての価値と、論議される関心の両方はより評価しやすくなるだろう。

アルベルティの『家族論』をめぐる初期の歴史——そして彼のフィレンツェ自体への関与の歴史——は、決して明らかになってはいない。自伝〔『匿名伝』〕の中で、アルベルティは、フィレンツェにやって来る以前の一四三四年までに最初の三冊を書いていたと述べている。

> 彼は三十歳になる前に作品を著した。ラテン語を解さない親族たちでも読めるように、彼らのために『家族論』の第一、二、三書を先祖の言葉であるトスカーナ語で書いた。彼はそれらを、着手してから九十日目にローマで書き終えた。しかし、それらは洗練されていない粗雑なもので、どの点をとっても完璧なトスカーナ語ではなかった。というのも、彼はアルベルティ家の

長い放浪中に他の土地で育ったために祖国の言葉を習得していなかったのである。まさに正しく使い始めたばかりの言葉を、優美に、洗練さをもって書くのは困難だった。それでも、短期間のうちに、並々ならぬ努力と勤勉によって、素晴らしい成功を収められた。議会で雄弁の評判を得ることを願っていた同郷市民たちは、自分たちの演説に光彩を添えるために、いつも彼の著作の数々から多くの文飾を借用していたと告白したものであった。[10]

この話は十分信頼してよいように思われる。アルベルティは、フィレンツェの町を直截によく知る前に、フィレンツェに関するもっとも精緻な作品を書いたのである。彼は自ら序文で述べているように、彼の見聞と教訓を、ある部分では「古代の偉大な作家たち」の典拠から部分的に引用し、ある部分では「わがアルベルティ家の先祖の素晴らしい慣例」から引き出した。言葉による困難にもかかわらず、彼は作品に固執し続け、それを完成させたのである。現在フィレンツェに保管されている最初期の写本は、概してこうした説明を裏づけている。部分的なものであれ完全なものであれ、それらのテクストには、アルベルティ自身によるおびただしい修正の痕跡が見られる——それは、彼が直面した困難を物語っている証拠であるといっても過言ではない。

とはいえ、後に自伝の中で、アルベルティは、最初のフィレンツェの読者層による作品の評価について、いっそう複雑な言葉を残している。

> 彼は『家族論』の第一書、二書、三書を親族たちへ読むように渡したものの、自由な時間をたくさん持ち合わせていたアルベルティ家の者たちの中には——諸外国では、こうした著作は熱心に求められているにもかかわらず——作品の題目に眼を通すことですら、価値があると考えた者はほとんどいなかった。このことは彼にとって面白くなかった。そのうえ、親族のうちの何人かが、作品全体と著者の仕事を無益であると公然とあざ笑っているのを眼にしたとき、彼はほとんど激情を抑えることはできなかった。これらの中傷によって、アルベルティは完成させた三つの著作を燃やしてしまおうと決めたものの、何人かの有力者たちがこれをなだめた。結局、彼は義務感によってその憤りを克服した。三年後には最初の三書を発表し［一四三七年までに?］、こうした恩知らずの者たちに向けて第四書を発表し、彼らに対してこう言った。「もしあなた

方が信義を重んじる方々であればわたしを愛するでしょう。そしてもし無節操ならば、あなた方自身の邪《よこしま》な心はあなた方を憎むべき対象としてしまうでしょう」。これらの著作の魅力は、多くの無学の同郷市民を、熱心な文学の徒へと変えてしまうほどであった[11]。

作品の評判についてのこうした説明は、それが結局のところ読み手を得たことを主張している点で、最初の説明と重なっている。しかしそれは、もともとアルベルティ自身が述べていたように、彼が単純に優れたトスカーナ語の散文作品を作るよう励んだわけではないことをも示唆している。むしろ、修正と加筆の奮闘は、彼のフィレンツェの親族たちが最初の版を眼にした際の嘲りに対する反応を表してもいたのである。

『家族論』はさらに、きわめて個人的な動機が制作に影響を与えたことをも示している。アルベルティは人口統計学的な視点から、家族を健全に維持することの困難について詳細に議論した。そして、アルベルティ一族と他の一族を消耗させた家族間の抗争を嘆いたばかりでなく、養子縁組が、その問題に対する分別ある解決法となるだろうということをも論じた。とすれば、アルベルティが個人的な出来事の覚書としてこの作品を意図していたということも、おおいにありそうなことである。熱烈な郷愁に満ちたアルベルティ一族の集団肖像画は、アルベルティ家の人々にそのことを公に認めてもらうための嘆願書であったのかもしれない[12]。そうだったのであれば、それは失敗であった。彼のシンボルである有翼の眼と彼の座右の銘《モットー》〈Quid tum?〉〔それで何だというのだ?〕を、改訂テクストであるフィレンツェの写本に書き入れた際、アルベルティはこのことを認識していたように思われる。〈Quid tum?〉という問いは、ウェルギリウスの『牧歌』第十歌に遡る。そこで、パンの神(あるいは詩人ガルス)は、自身の望む相手についてこう述べている。「アミュンタスが色黒かろうと、それで何だというのでしょう? スミレは黒いし、またヒヤシンスも黒いのです[13]」。つまり身分の低さが、魅力的な人物に惹きつけられるのをやめさせることはない、とパンの神は主張しているのである。有翼の眼(アルベルティは他所では、神の英知の象徴として解釈している)は、おそらく家族が彼に与えるのを拒んだ地位ですら創造的な能力によって築けるのだという主張を表現したものであろう[14]。

それでは、アルベルティはどのようにして祖国である都市の社会を読み解き、記述したのだろうか。また彼が想定していた読者たちは、なぜ作品になじめないものを感じたのだろうか。『家族論』は、一四二一年五月のある日にパドヴァで行なわれた一連の議論を詳述している。父の亡命先であったパドヴァには、アルベルティ家の人々が、レオン・バッティスタとカルロの父ロレンツォ・アルベルティの臨終の床へと見舞いに来ていたのである。その議論は、セックスや父権から子育て、出世に至る幅広い話題にわたっている。それらは、子供を養い、若者を教育するための最良の方法といった、アルベルティの世代と前世代の人文主義者たちにとって切実な多くの主題を含んでいる。フランチェスコ・ダルトビアンコ・アルベルティに献呈した第三書への序文の手紙の中で、アルベルティ自身、作品の全体の展開について十分に述べていた。

> フランチェスコよ、あなたもご存知のように、わたしはすでに二書を書きました。そのうち第一書では、よく統制のとれた家庭では、年長者は若者を修練する際にいかに注意と分別を行使すべきかを、また逆に若者たちはいかに年長者に対してしかるべく義務を負って振舞うべきかを、学ばれたはずです。あなたは、父親や母親が子供たちを善い振舞いと気高い資質に育て上げるためには、どのような勤勉さが必要とされるのか、お分かりになったことでしょう。第二書では、結婚における主要な懸案とは何であるかを説き、青年たちにとっての適切な活動について議論いたしました。そのようにして、これまでのところわれわれは家族を大きくし、成功の道へと導いてきたのです。そこで、今や、富をしっかり享受しようと思えば、よい管理はきわめて重要なことと考えられるので、ここにこの第三書があるのです。あなたは本書に適切な家長《パテル・ファミリアス》の説明を見出すでありましょう。[15]

結婚と子供の養育、家庭経営と資産は、手本としてアリストテレスその他の道徳的な著作を詳しく調べたアルベルティの世代の人文主義者たちにとっては、格別に興味深いものであった。しかしアルベルティの性格描写の才は、教訓的な下地の中に異例の道〔やり方〕を切り開くことを可能にした。学識ある独身男性のリオナルドが全編を通じて主導的な役割を担い、異なる対話者がそれぞれの書で彼と討論するというものである。彼の従姉妹の夫アドヴァルドが第一書、若いバッティスタ自身が第二書、そして第三書では忘れがたい六十四歳のジャンノッツォが登場し、「わたしは教養がない《イオ・ノン・ソ・レッテレ》」というレオナルド〔・ダ・ヴィンチ〕やマキャヴェッリによる有名な言い回しを予示する言葉で、「わたしは教養がなく、人生においては人々が言ったことからではなく、経験によってものごとを知ろうと努めてきた」と主張している。[16] 作品は概して、ルネサンスの対話篇にたびたび登場する、サイズの異なるアメリカン・ツーリスター社の旅行鞄のように整然と並んではいるものの、中身のない人物よりもむしろ十分に現実感のある個人的特徴をもつ登場人物たちを読者の眼前に立たせる。[17] そしてアルベルティは、道徳と社会の問題についての人文主義的な著作で広く議論された話題――結婚の目的、婚姻関係の適切な形式、子供の養育――を取り扱ってはいるものの、きわめて鮮やかな個人的なやり方によって、明らかに彼の困難な時代に様々な場所でかたち作られた文体を用いてそれを書いたのである。

　多くの個々の節は、時代と場所の特徴をはっきりと映し出している。たとえば第二書では、リオナルドは子を授かるための最良の方法を詳細に記述している。彼の助言によれば、夫は子供に悪い影響を与えかねない「怒り、恐れ、あるいは他のいくつかの心をかき乱すような種類の感情によって」心を乱されることなく、穏やかな雰囲気で妻に近づくべきであるという。また夫は健康であるべきで、さもなければ子供に「らい病、癲癇持ち、奇形、または手足の不完全や欠陥」が現れる可能性があるという。天候は暑すぎても寒すぎてもいけない。たとえこれらすべての条件が整ったとしても、夫は「空腹でも、ろくでもない食べ物で満腹でもない、消化の始まった後の時間」までは、妻に近づいてはならない。それから、可能なら「女性に強く求められる」ように努めるべきである。冷静沈着な男性が、情熱的な女性と穏やかで効率的なセックスを行なうという、こうした空想的なイメージは、アルベルティの時代、特にそうした話題に専門的な興味を持っていた医師たちによって広く信じられていた考えと重なっている。またそのことは、アルベルティの一族の他の多くの側面にも当てはまる。そこでは男性は、現実の生活で実現するのは難しかったと思われる、疑いようのない権威で、明らかに家族を統制していた。それにもかかわらず、リオナルドは二度にわたって、こうした微妙な話題を取り上げることや、「ヴェールに包んだ」「簡潔な」方法であってもそれについて議論することを詫びている。ここでも、アルベルティの適正《デコールム》さの基準は守られているのである。

　けれども、もし性の話題が若い知識人を当惑させるのであれば、もうひとつの話題は、文字通り顔を赤らめさせるようなものである。この世では、人は成功のために競争しなければならないと述べつつ、リオナルドは、子供が産まれた後に財産の貯蓄について議論する必要があると述べている。「おそらく、だんだんと暗くなってゆく夕方のこの時間は」と彼は説明している、「この話題にはまさにうってつけでしょう。というのも、気高く鷹揚な心の持ち主から見れば、どんな活動と比べても、富を蓄えるために行なわれる活動ほど輝かしいものはないと思われるからです[18]」。この一節は、洞察力のある読者をも当惑させてしまうだろう。日没と財産に何の関係があるのだろうか、と。とはいえ、わたしの敬愛するシカゴ大学の恩師のひとりであり、ドイツ移民の名前を持つクリスチャン・マッカウアーは、それを節約と優美さに関連づけて説明した。性について語ることが、アルベルティや対話における彼の理想的人物リオナルドをいささか困らせたとすれば、金銭について語ることは、彼ら二人をぞっとさせたことだろう。十五世紀初頭のフィレンツェで解釈されていたようなキリスト教道徳の慣例《コード》から、多くの商業上の基準と銀行の実務は非難を受けていた。多くの貴族たちの熱望した名誉という封建的な慣例は、別の理由からも同様の作用を及ぼした[19]。ライオネル・トリリングが、商業社会に住むことを余儀なくされた敏感な個人の感情に特徴的であると考えた「不安、自意識、自己防御」、そして「これは必ずしも現実ではないという感覚」にとらわれて、夜がリオナルドと聞き手の赤くなった顔を覆い隠してしまうまで、リオナルドは金銭の「強欲な隠された現実」を探し求めるのをためらっている[20]。しかしそれとは逆に、彼は性についてはあからさまに分析していた。こうした鮮明にして簡潔な特質は、『家族論』に、まさしくポッジョの光彩を放つ対話篇『吝嗇論』のような競争相手たちとは一線を画する、高度な虚構という性格を与えている。ポッジョの対話篇では、ひとりの登場人物が、大胆にも文明化を可能にする感情としての強欲について、見事にそして熱烈に擁護しているのであった。

『家族論』に見られる豊富さと複雑さは、その歴史的な解釈をなおもいっそう困難にしている。たとえば、この著書はアルベルティの時代の現実の家庭生活を描いているのか、あるいは失われた過去への回帰を示しているのだろうか。歴史家たちは、アルベルティによるフィレンツェの上流階層《エリート》についての記述を他の多くの証拠となる文書と照合し、ときおりそこに直接的な対応関係を見出したりもした。とはいえその結果はたいてい曖昧なものである。アルベルティの登場人物たちは、今や遠く過ぎ去った日々を嘆いており、そうした日々、家族全体は大きなひとつ屋根の下に暮らし、兄弟たちは成熟し結婚した後でさえも暖かい家族の団欒を分かち合っていた。そこで、何よりも経済上の証拠を重視する経済史家のリチャード・ゴールドスウェイトは、アルベルティの時代、実際にフィレンツェの家族は核家族へと細分化していたと論じた。失われた過去への郷愁に満ちた旅人のような追憶は、社会秩序の中にある現実の変化を反映していたわけである。とはいえ、こちらもフィレンツェの一族とその世界についての学識あふれる独創的な研究者であるF・W・ケントは、経済的なものと感情的なものという、まったく異なる一対の関係性を再構築してみせた。そのうちのひとつは、なおも強固であった兄弟や姉妹の結束である。ケントの研究した一族の者たちは、友好関係と婚姻による同盟という、堅く結ばれた関係を作り上げ、もはやひとつの大きな家に住まなくなった後でも、共同でロッジアを建て、都市の真中に居を構えていた。ケントには、アルベルティの登場人物たちを結びつけていた愛情深い絆は、歴史的記録と照らし合わせてみたときに、あらゆるものへの変化と衰退に対する悲嘆の叫び以上に、いっそう真実味を持って響いたのだった。こうした概して都合のよい議論は、明確な解決を見ることなく一世代もの間続けられたけれども、その際、アルベルティはどちらの見方に対しても才気ある専門の証人として役立ったのである。[21]

事実、アルベルティは十五世紀初頭にフィレンツェを支配していた貴紳男性の教訓を込めた言語の数々を、作品に導入していた。たとえば、第三書の大部分で実践的な助言を行なっている長老ジャンノッツォは、若いリオナルドにいくつかの先祖の知恵を教えている。メッセール・ベネデット・アルベルティは「公職だけでなく、個人的な市民生活のどんな側面においても賢明な人物であって、その彼は、商人は常に指をインクで汚しているのがよいしるしであると言っていた」。リオナルドが当惑したため、ジャンノッツォはいっそう分かりやすく、こう説明した。

彼〔ベネデット〕は、多数の人々と取引を行なう商人あるいは誰にとっても、常にすべてを書き留め、あらゆる取引について控え、また店に出入りするあらゆる品物を記録しておくことは不可欠であると考えたのです。仕事を監視するためには、ほとんどいつでもペンを持っているべきなのだと。わたし自身このことを有用な教えであると思います。もしも事柄を今日から明日へと延期してしまえば、あなたはそれを見すごし、忘れてしまうことになるでしょう。そして社員は不誠実になったり、主人と同じく不注意になったりする、恰好の言い訳と機会を見出すでしょう。

そのような記録は、貴重すぎて自分の妻にも見せることはできないものだ、とジャンノッツォは説明する。彼はそれらを「わたしの書斎の中に鍵をかけ、ほとんど聖なる宗教的な物品のようにきちんと整頓して」保管していた。[22] 商人は、「経済人（homo oeconomicus）」であるばかりではなく「文人（homo litterarius）」でもあり、著作者および算術家としての技術によって、彼の世間での主な役割は詳細に定義されるようになっていた。

フィレンツェの家長たちは、アルベルティの架空の年長者が教えたこととまさに同じことを行なっていたのである。彼らは定期的に備忘録——公証記録、家系図、勘定書、日記帳の要素が結びついた多様な形式の文書——をつけていた。十四世紀から十六世紀に書かれたこの類の文書は、百以上現存している。それらは実に様々な点で異なってはいるが、ジャンノッツォ・アルベルティによって述べられたように、来たるべき次世代のために、家族の任務と個人的な出来事の詳細を記録することに関心を示しているという点では共通していた。[23] そしてそれらの作成者たちは、人間と財務上の明細をめぐる強迫観念じみた記録が、商人として成功するための核となる役割を果たすだろうという点では、メッセール・ベネデット・アルベルティに同意していたのである。

公的な文書を書くときにはいつでも、日付、公証人と立会人、契約しようとする相手の名前を記した冊子を持っているかどうか確かめるようにしなさい。……人々はしばしばあなたに危険な結果をもたらす嘘をつくのです。このようなことを避けるためには、いつも自分の文書を上手に整理しておくことです。それらを収納箱に保管するようにするのです。[24]

こうした教えに心から従ったコジモ・デ・メディチは、お金を蓄える様々な方法を記録することに楽しみを見出していた。たとえば彼は、賄賂のきく役人に——依頼するのに十分抜け目ない役人だったならば——牢獄から出してもらうために、はるかに額の大きな袖の下を喜んで与えたであろう、と書き留めていた。

アルベルティは、そこに住む人々が時間とその経過を鋭敏に感じ取り、一瞬の機会をとらえることに気を配る世界を想定していた。それは、溶解力ある貨幣の力が伝統的な価値を蝕んでいく、前近代都市の変わりゆく世界であった。ライプニッツの宇宙のように、この世界は原子の単位、つまりはその上に安寧な社会が基づいている家族という単位に分けられるのである。アルベルティは、こうした各々の家族の中心に新しい人物を設定した。すなわち家長のことで、彼は壮麗な比喩で描かれたために、やっかいでほとんど異様な統制者の姿にまで膨れ上がっている。家長は家庭に影響を与える可能性のある、あらゆるものごとについて力強く注意を促し、またあらゆる困難と挑戦に対処する準備がしっかりとできているのである。長老ジャンノッツォは、皮肉と尊敬を特徴的に織り交ぜつつ、「文人」は人間社会を解き明かすために、ときおり動物世界との類似を例として用いると述べる。蟻は先を見越した行動と未来への備えの、蜂は従順と協働の素晴らしい手本である。「それゆえ、わたしは」、と彼は続ける。

尊敬すべき高貴なあなたたちの習慣に倣わさせていただきます。蜘蛛がどのようにして巣を作るかはご存知でしょう。すべての糸が放射状に広げられ、どんなに長くともそのそれぞれの中心には、起点、いや言ってみれば、根元あるいは発生地があります。そこから各々の蜘蛛の糸は始まり、外へと広がっています。それから一番の働き者がその場所に自ら身を構え、そこを住み家とするのです。彼はひとたび糸を吐いて巣を作ったらその場所に留まり、細くてもっとも遠いところにある糸に欠陥があれば、すぐにそれを感知し、すぐさまその場所へ出向いて、素早く状況に対処できるよう気を配り警戒し続けています。家族の父もかくありたいものです。家族全員がただ彼のみを家長として敬い、全員が彼に従い、彼が安心できる場所を皆に与えることができるよう、彼に仕事と居場所を整えさせなさい。家族の父は、中心に住み、注意深くあらゆるものをただちに感じ取り、観察して、介入が必要なときはいつでもそれにただちに対応できるよう、備えていなくてはならないのです。(25)

リオナルドは、この隠喩が体現している「方法と勤勉さ」に深く感銘を受けたことを明言している。とはいえ彼でさえも、ジャンノッツォの蜘蛛の隠喩がさらに伝えている、監督と迅速な対応というイメージには留意していない。言い換えれば、テクストはしばしば、明らかな文脈のみでは気づかない、豊かな示唆に満ちているのである。

アルベルティは、率直なルポルタージュ作品を書こうと意図していたのではなかったし——たとえそうした対応関係が実際にあったとしても——文学と現実生活の単純な一致をそこに見出すことは愚かなことであろう。彼は、ますます労力と費用を要するようになっていた戦争の時代にあって、共和国〔フィレンツェ〕が生き残りを期待して行なった昨今の公的財源の転換といった、フィレンツェのすべての家族が経験した重要な事実の全領域を省いていた。長年続いていた問題から、彼が作品を書いたわずか十年前には、フィレンツェのすべての家庭の資産と借方についての綿密な調査に基づく財産納税申告である「カタスト」のシステムが作られていた。このシステムは、該当資産のおおまかな見積りに基づく強制公債を使用していた初期のシステムに、取って替わることとなった。それによって、各家庭は家族構成、投資、保有財産、またその他の細かな資産を報告することが求められた(26)。ブルクハルトはその際立った洞察力で、この財政システムを生じさせた統計学的な意識を、ルネサンスによって都市はひとつの芸術作品になったという彼自身の議論の証拠として取り扱った(27)。より近年の古文書調査によって、一族の影響力やパトロネージのおかげで多くの人々が本来の義務から逃れるなど、カタストの施行はその構想よりも無計画なものであったことが分かっている。しかし、穴だらけの税金システムですらも、公的な役人団体の拡充や政府権力の増大を必要とした。アルベルティは、作品を一四二一年に設定しているため、フィレンツェの新しい税金システムには触れていない。このことは、パドヴァを舞台に設定したこれらの架空の対話が、当のフィレンツェ——実際の執筆場所であり、彼はこの都市のために書いた——とは別の場所で行なわれているものとして脚色されていることを、明白に物語っている(28)。

より重要なことに、アルベルティは、対話部分では何よりも馴染み深い文体の一連の試みを行なったと明言している。彼は第三書の序文で、フランチェスコ・ダルトビアンコ・アルベルティに向けてこう書いている。「あなたは文体の飾り気のない簡潔さにお気づきになるでしょう。またこの点で、わたしは魅力的で快いギリシアの著作者クセノフォンを模倣しようと最善を尽くしたことが、お分かりになるでしょう。常にわたしに親愛の情を抱いて下さり、またわたしの作品をお気に召して下さったフランチェスコ様であれば、このとき家長《パテル・ファミリアス》の書をお読みになり、その姿から何よりもあなた自身の人格を、そしてあなたの持ち物の各々をいかに統制し維持すべきかを学ぶでしょう」(29)。要するにアルベルティは、古代ギリシアのテクストを彼の中心的話題に適用したのである。すなわちソクラテスの弟子にして歴史家、兵士であるクセノフォンによる家庭経営についての対話篇『家政論《オイコノミクス》』のことである。アルベルティは、意図的に彼自身のテクストの第三書を、文体的表記という点で、クセノフォンのテクストに類似させた俗語で書くことを構想したのである。

当代の父親に求められるものについて述べるため、家庭経営についての古典的作品を使用する際に、アルベルティは人文主義の手法に従った。たとえば、甚大な影響力のあったブルーニは、一四二〇年代初頭に同じ主題の偽アリストテレスの論考に関する翻訳と註解を行なっていた。クセノフォンと同じく、アリストテレスは今日的な意味での経済ではなく、家庭経営について取り扱った。それは、家族つまり古代ギリシア社会の中核を成した「オイコス」を維持するために求められた技術である。これらの技術は、ひとつの家庭を組織するための規範、男女の役割の定義、そして財産を獲得し維持するための方法のみならず、「オイコス」は自給自足をめざしていたがゆえに農業についての豊富な情報をも含んでいた[30]。ブルーニは、家と家族へ十分に出費することの正当性といった、きわめて重要な当代の話題について述べるために、アリストテレスのテクストを使用した。そのうえ、フィレンツェ市民が何を読みたがっているのかについて、鋭い眼識をもってそれを行なったため、ブルーニの作品は印刷される以前にベストセラーとなったのだった。その写本は二百以上現存するが、その元来の所有者たちはイタリアの学識者、平信徒、聖職者のまさに縮図をなしている。実際、アルベルティもまた、アリストテレスのテクストの翻訳よりもむしろ翻案を提供していた。ブルーニもまたしばしば同様のことを行なった——たとえば、ブルーニはギリシア語の原著を、様々な程度の創作を加えて、第一次カルタゴ戦争、紀元前五世紀末と四世紀初頭のスパルタとアテネの戦争の歴史、そしてゴート族に対するイタリアの戦争の歴史を書いた彼のラテン語の著作へと翻案している[31]。プルタルコスの『道徳論集《モラリア》』からの論考を、結婚に関する諸問題についての作品（社会・文化史家のマーガレット・キングによって、より大きな文脈へと組み込まれた）へと改作した、ヴェネツィア人フランチェスコ・バルバロのような、前世代のイタリアの人文主義者たちも同様であった[32]。要するに、アルベルティは第三書をまったく新しいものというよりも、むしろ既成のものとして提示した点で先例に倣っていたのである。それでも、アルベルティは当代の変化した世界の状況に適合させるため、いつものように根本からそのテクストを変形させた。彼は、必要とあらばそれらすべてを改めながら、他の古代の典拠をも同様に参照した。クセノフォンのテクストとアルベルティの翻案を——同様の問題について論じた十五世紀の他の文献をも含めて——詳しく比較することによってのみ、アルベルティの意図の全体像は見えてくるし、フィレンツェの一族の一生についての彼の見解の特色を明らかにするのにも役立つであろう[33]。

　アルベルティの著作とその古典の原型《プロトタイプ》との関係は、一見直接的であるように思われる。どちらも伝聞による対話を詳述している。またどちらも経験ある重要人物を、主要部分に割り当てている。理想的なアテネ人の家庭経営の方法をソクラテスに語るクセノフォンの〔登場人物〕イスコマコスは、アルベルティのジャンノッツォに多くの点で類似している。どちらも若くはないものの、年齢が二人に経験の重みを与えている。活発で、極度に活動的ですらある彼らは、常に力を行使し、ジェレミー・ベンサムのパノプティコンでの理想的な監視役のように、細心の関心を払って家族を見渡している。そして一般的に、二十世紀の人間としてピカソが例に挙げられるような、力強い永遠の地中海人のタイプを具現化している。両者ともに、どのようにして無垢な若い妻たちを監督し訓練したか、そして彼女たちを活動的でありながら、家業では従順なパートナーであるようにしたかを説明するのである。両者は、肥沃な庭で家族が自給自足できるようにする一方、部屋が異なった機能に使えるよう配置し、季節ごとに使用できるようにした理想的な田舎の家を考案している。

　しかしながら、こうした類似点から、アルベルティの作品はクセノフォンの模作であると言うことはできない。繰り返し見てきたように、アルベルティは、創造性の定義をまったくの新しい何かを作ることではなく、古典の思想や主題を新たなやり方で再利用することとしていたからである。一四四〇年代初頭に書かれた俗語の対話篇の中で、彼は雄弁な話者を、モザイクで床張りすることを創案した者と比較した。彼は、立派な大理石の円柱や青銅の屋根を創造した人々と張り合うことはできないと考えたのである。

> そこで、床を装飾し、それを神殿の他の表面と区別するために、彼は建物全体から余った大理石、斑岩、碧玉の破片を手に取ったのです。それらを色やかたちに合わせて一緒に嵌め込み、下絵の上から絵を組み立てて床全体を壮麗に仕上げました。この仕事は建物の他の素晴らしい部分と同じくらい人々を喜ばせたのです。同様のことは文学者たちの間にも起こりました。アジアと、とりわけギリシアの知識人たちは、長い期間にわたってすべての技芸と学問分野を創り上げました。彼らは著作によって一種のパラス神殿を建造したのです。

　アルベルティの登場人物の説明によれば、当代《モダン》の著作者は、古代の宮殿から材料《マテリアル》となるものを苦心して探し出した。それらを集めて、「色彩がもともとのかたちや絵柄と調和し、そこに眼に見える不釣り合いや醜い欠点のないようにできれば、それは喜ばしいことです」[34]。かくして、歴史家の務めは、アルベルティが文学上の熟練によって表立って見えないように望んだ、いくつかの欠点や不釣り合いを探し出すことにあるだろう。

そうしたもののうちのいくつかを見つけるのに、長くはかからない。クセノフォンの登場人物イスコマコスは、行動的な市民の原型《モデル》であり、また家族の経営者の原型でもある。イスコマコスは、都市という公共空間と家庭という私的空間の両方に居を構え、両者の役割を相互補完的なものと見なしている。しかしアルベルティの作品では、イスコマコスは二つの分離した姿で描かれる。すなわち、分別ある人間は、家庭の仕事に専念するために公的生活の煩わしさを避けるべきであると主張する、年老いた実践的な商人ジャンノッツォと、「栄光とは公共の広場で獲得されるものである」と主張する、年若い机上の学識者リオナルドという二重の姿で再登場するのである。(35) クセノフォンにおいて統一していた人物は、二面的で正反対ですらある姿として現れる。明らかに、アルベルティは、彼の時代では、クセノフォンの時代と違って、賢明な私的生活と名誉ある公的生活を同時に送ることにはかなりの困難を見出すであろうと感じ取っていた。家庭人として親戚や友人たちに対して忠誠を重んじることと、政治的人間として公的な関心に対する忠誠と折り合いをつけることは、ほとんど不可能となっていたのである。

またアルベルティの登場人物たちは、クセノフォンの人物たちと同じく男性社会の住人である。女性からの声は聞こえてこない。第二書の中でリオナルドが出産について記述する際、また第三書の中でジャンノッツォがフィレンツェ人の理想的な結婚を描写する際、アルベルティの登場人物の意見は、著者の意見と同じくらい明らかに男性側の視点に彩られている。彼らはときおりクセノフォンのイスコマコスの助言を繰り返す、あるいは繰り返しているように見える。たとえば、イスコマコスもジャンノッツォも、どのようにして妻に化粧品の使用を思いとどまらせたかについて、思う存分に語っている。イスコマコスは、こう物語る。「ところでソクラテス様。かつてわたしは、彼女が実際よりも自分の顔を青白く見せるための白粉と、本来の顔色よりもずっとばら色の肌色に見せるための多量の赤色を顔に化粧していたのを眼にしました。さらに彼女は、実際の自分よりも背を高く見せるために、厚底の靴を履いていたのです」。イスコマコスは、適切な装いと振舞いの慣例に反するこうした愚かしい行為に、巧みなやり方で対処した。イスコマコスは妻に、もしも自分が実際よりも裕福なふりをしたり、実際の自分よりも端正に見えるように化粧品やアイシャドーを使ったらどう思うかと尋ねた。すぐに彼女は、自分の好きなのは、どんな偽りよりもありのままの彼の方だと応えた。イスコマコスは、彼もまた彼女について同じように感じていたと説明した。すると彼女はただちに、二度と化粧品を使わないと約束したのだった。[36]

一方、アルベルティのジャンノッツォは、かかとの高い靴を履いた妻に対して、それが高いベルハット型の帽子とともに、フィレンツェ政府が売春婦に義務づけようとした服装のひとつだったからといって、[37]妻を責めたりはしなかった。しかし彼は、イスコマコスがしたように、彼女に化粧品は人間の顔を本当には飾ってくれないことを説明した。ジャンノッツォの妻は、ただ河の水だけで顔を洗い、生き生きとした血色を保っていたアルベルティ家の若い女性たちに倣うことに同意した。しかしながら、ギリシア人の先例とは違って、彼女は再び過ちを犯してしまったのである。ときおり、舞踏の際に、彼女の顔は実際の顔色にしてはあまりに赤いように見えた。一度彼女は、復活祭の晩餐会の準備をするのに磨き粉で顔を塗りたくるという間違いをしでかしてしまった。ジャンノッツォは、客人らが到着したら「皆にからかわれてしまうだろう」と彼女を見つめた。「わたしは二人きりになるまで待ちました。それから彼女に微笑みかけて、こう言ったのです。〈ああ、どうやってそんなに顔を汚くしたのですか。ひょっとして平鍋にでもぶつけたのですか。皆がお前を笑いものにしてしまう前に、早く顔を洗っておいでなさい。家庭の主婦にして母である者は、家族の他の者に礼儀正しく謙虚に振舞うことを学んでほしいと思うなら、いつでも小ざっぱりと身ぎれいにしていなければならないのです〉」[38]。この屈辱的なやり方は効を奏した。ジャンノッツォの妻はすぐ泣き出した。彼はその涙と化粧も一緒に洗い流させ、それから彼女は二度とそのようなことはしなかったのである。

この二つの逸話は同じ教訓を伝えているとはいえ、その伝え方はきわめて対照的である。それぞれに、年上の男性は年下の女性に適切な振舞いについて説明する。しかしイスコマコスは妻を、改心させる必要のある劣った者ながらも、道理をわきまえた人間として扱っている。一方、ジャンノッツォは、説得することでは妻を完全には従わせられないと考え、辛辣な皮肉という鋭い攻撃手段に訴えている。明らかに彼は、妻の教育を、服従という遊戯に変えることを楽しんでいるのである。十五世紀のフィレンツェ人はフェミニストではなかったのである。人々は、ベルナルディーノ・ダ・シエナが、体にぴったりの衣装やみだらな仕草、またきらびやかな化粧によって、男性を誘惑しようと努力する女性を非難するのを聴くために、大聖堂に押し寄せた。奢侈禁止令は、売春婦とユダヤ人を名家の女性たちとは区別して適用する一方で、風紀監察官は、袖やガウンから許容範囲を越えて肌の見えている女性たちを、一様に取り締まっていたのである。[39]確かにアルベルティの古典の原型《モデル》からの逸脱のいくつかは、彼の描く社会にあって、クセノフォンの二つの側面の原型――すなわちひとつは男性側、もう一方は女性側の、それぞれ重要な仕方で独立した価値を持つ原型――も、そのままではそっくり当てはまらないように思われたという事実に由来するものであろう。ある程度まで、アルベルティは、名家の女性たちが家に縛られ、〔風紀をめぐって〕刑罰ざたを引き起こしかねない重要な公的活動にはますます奥手になっていた、変わりゆく都市社会を正確に描き出したのである。(40)

しかし、アルベルティの〔古典の〕翻案は、単純にアテネ人の盲目的な愛国主義《ショーヴィニズム》の強さを、いっそう抑圧的であったフィレンツェ人の基準で表現したものではなかった。アルベルティの時代の、フィレンツェの上流階級のあらゆる男性が、彼のように女性を見ていたわけではないのである。ジョヴァンニ・モレッリは、彼の自伝の有名な一節において、姉妹のメアは「ブロンドと白」の肌色をし、「ジョットの手で描かれたかのような、美しく象牙のような手」をしていたと回想している。彼女が恵まれていたのは身体だけではなかった。「彼女は、男性と同じように読み書きし、舞踊と歌の完璧なやり方を知っており」、男性が同席しても、また女性が同席していても、上品に礼儀正しく食卓に仕えることができた。家庭経営の節約にも熟練していたため、決して浅ましくなく、浪費することも物を所望することもなかった。そして家庭全体を、堅い規律と腕利きの社交術を織り交ぜて運営し、「不面目や怒りや憂鬱を感じている人がいるのに気づくと、言葉をかけたり世話をやいたりする」ことをすぐさま行なった。(41) ジョヴァンニの姉妹の美しさへの追想は、彼自身の創作ではなく、十五世紀の『トロイア小史《イストリエッタ・トロイアーナ》』におけるエレナの描写から引用した、よく選び出された一節である。しかし、女性たちがフィレンツェの有力な一族の社会システムにおいて果たした、出費を管理し不調和をなだめるという経営上そして社交上の役割についての注意深い説明は、イリス・オリーゴからシャロン・ストロッキアとレオニダ・パンディミリオに至る歴史家たちによって明らかにされた、様々な現実を反映しているのである。(42) ヴェスパシアーノは同じく――フィレンツェの婚礼用長櫃《カッソーネ》の画家たちのように――未婚の少女たちが、その当時支配的だった考え方では認めることができないような方法で公の場に現れることを知っていた。たとえば、婚礼やもてなしの席では、少女たちは積極的な役割を果たしていた。すなわち、彼女たちは入念に着飾り、〔彼女たちに〕ふさわしい社会的地位の男性たちと舞踏したのである。(43)

活気に満ち、ときには矛盾した世界であるフィレンツェ社会と比較すると、アルベルティの想定した都市はしばしば、絵画に関する論考〔『絵画論』〕と同じように、現にある慣例の描写ではなく、その改善への要求であることが明らかになってくる。たとえば、女性の本分について描写するのに、彼は長老ジャンノッツォを利用した。そして「教養のない人間」であると言っているにもかかわらず、アルベルティは自分の見方をジャンノッツォに述べさせるのである。ジャンノッツォとして語ることによって、アルベルティは彼のお気に入りの文学的、美学的な原則であった適正さ《デコールム》を、女性の振舞いの問題へと当てはめた。彼は、妻にあらゆるものごとにおいて適正さ《デコールム》を維持するように説いたことを、長老ジャンノッツォに説明させている。適正さ《デコールム》には、『絵画論』の中で女性にふさわしいものとして扱った、荘重な会話や身振りが求められた。家の外では静粛に、家の中では不断の秩序立った活動を行なうことが必要とされたのである。

　良妻は良き夫と同じく絶えず活動的でなければならない――「何にしろ、怠けることなく常に働いていなさい」。それでも、多忙な妻は決してでしゃばったりしてはならない。また何よりも、召使やその他の者と口論してはならない。なぜなら、そんなことをしたりすれば、行動に走り、女性としてそうした身分にふさわしくない振舞いをしてしまうのは避けられないからである。「醜いことだ」、とジャンノッツォは言っている――「愛しい妻よ、あなたのように気高く尊敬に値する女性が、口を歪め、眼を怒らせ、金切り声を出したり、おどしをかけたり、また腕を振り回したりするのは」。家庭における理想的な母は、父と同じくらい多くの領域で責任を持たなければならない。ここでもまた、適正さ《デコールム》は支配的である。良妻は、ジャンノッツォの無垢な妻が純真にも提案したように、宝石やガウンから亜麻布や雛鳥に至るすべての家庭の品々を、ただ単純に集めて錠をかけるようなことはしない。それよりもむしろ、あらゆるものを分類し、それぞれの家庭の品を「絶対に安全な場所であると同時に、利用しやすく、手の届く場所に置く一方で、できる限り家をふさいでしまわないようにする」のである。[44]

　小ぎれいで、整理され、ふさわしい職務を全うしている威厳ある人物たちの住む、ジャンノッツォとその親族の家庭は、アルベルティによって記述された画家たちの描いた非常に多くの家庭の「物語」〔歴史画〕に似ているだろう。画家の「歴史画《ヒストリア》」のように、アルベルティの模範的な家族は明らかに、理想的なものとして模倣されるべき手本《モデル》であった。しかし現実生活は、高級芸術よりもやっかいなものであり、毎日の感情と長期にわたって確立された慣例によって、大部分の家族は、アルベルティが指示したように管理されることはなかったであろう。芸術上の翻案は目標とするための理想を提供するものであった。たとえば、アルベルティが（リオナルドの声を通じて）母親は自分の子供に授乳しなければならないと主張するとき、彼はフィレンツェの現実世界からかけ離れていることを明らかにしている。裕福なフィレンツェ人の子供は、通常最初の二年間あるいはそれより長い間、父親によって入念に選ばれた乳母から授乳される。このシステムのおかげで、乳母が妊娠して母親と仲違いをしたり、より高い賃金を要求したりといった、終わりのない問題が生じた。またそれは、子供の死亡率を上げることにもつながったのである。しかしそれは通常のことであり、その話題に対するリオナルドの議論は改善への願いの表れだったのである[45]。

ルネサンス期にアリストテレスの作に帰されていた、家庭経営に関する論考——アルベルティもまた読んでいた偽アリストテレスの『家政論』——は、クセノフォンの作品よりも、「オイコス」をめぐるいっそう階級性《ヒエラルキカル》の強い翻案であった。実際、アリストテレスは非常にヒエラルキカルであったため、彼の解釈者たちは際立ったやり方で彼の分析を和らげようとした。たとえば、ブルーニはその註解において、嫡出子の権力の限界をこう強調した。「男性は家族の長であり、いわば自分の家の王です……彼は召使と子供たちに対して力を及ぼすのに、どんな古代の掟にも縛られることはありません。しかし、アリストテレスの言うように、夫は妻に対して同じように権威を持ってはいないようです。それどころか、妻に対して男性の守らなければならないいくつかの掟があります。もしそれらを侵したら、彼女に対して不義を働いたことになってしまうのです」。アリストテレスは、妻と家畜を同等のものと見なしつつ、ひとつの家族は「ひとつの家、ひとりの女性、そして畑を耕す一頭の雄牛」を必要とするという意味でヘシオドスを引用した。この言及に対して、ブルーニは「ヘシオドスは妻のことではなく、奴隷の少女のことを言っていたのだ」と主張した。古代の哲学者の名声を保つために、ブルーニは、アリストテレスは——後代のダンテのように——詩人の句を歪曲してまで適用したと言ったのである。要するにブルーニは、アルベルティがいっそう家父長的にした、まさにその点において、古代のテクストをいっそう和らげた[46]。言い換えれば、アルベルティは、自身の展開した主題について、きわめて個人的な解釈の枠組みを持たせていたのである。

『家族論』の他の部分は、教皇庁の学識ある人文主義者たちの間に起こった議論を、フィレンツェの文化的伝統へと置き換えている。フランチェスコ・ダルトビアンコ・アルベルティに向けて彼の意図を説明した第三書への序文において、レオン・バッティスタは『家族論』を、きわめて学究的な言語上の取り組みとして記述している。アルベルティ家の年長の家族たちは――と、彼は書いている――家族の美しい庭でこう議論するのを常とした。「わたしたちの古代のもっとも広大な帝国〔すなわちローマ帝国〕の陥落、あるいはわたしたちの古代のもっとも美しい言語〔すなわちラテン語〕が廃れつつあるのは大きな損失である」。二つ目はより悪いことのように思われる。しかしそれはまた、最初の出来事の必然的な結果でもある。蛮族の侵入によって、ガリア人、ゴート人、ランゴバルト人、ヴァンダル人たちといった新しい民族がイタリアにやって来た。意思疎通の必要性から現地の民と蛮族は互いに話すことを余儀なくされ、そしてこの「混合によって……わたしたちのもともとの上品で洗練された言語は、徐々に粗野な、悪しきものになっていった」。俗語はつまるところラテン語に由来し、また古代の言葉に欠けていた多くの異邦的要素を含んでいた。

　実を言えば、多くの学者たちはこうした説明を否定し、イタリアは常に二つの言語《バイリンガル》を使用していたと主張していた。このような純粋主義者たちは、自分たち自身がラテン語を正しく書くことがいかに困難であるかを認識しているために、活用や語形変化といった「現代のもっとも学識ある学者たちにとってさえも不確かで難解なものを、その時代の女性たちが身につけていた、と信じること」を拒否したのである。彼らは、ラテン語はいつも「学術的で技巧的な創造物であり続けてきたし、理解はされていたにしても、多くの人々によって実際に使用されてはいなかった」と考えた。古代ローマの学者たちでさえも、妻や召使たちとは、より簡単な、イタリア語の直接の先祖である第二の言語で意思疎通を行なっていたのだ、と。アルベルティは、このような純粋主義者たちは誤っており、古代のすべての人は、今日の人の俗語のように、ありとあらゆる目的のためにラテン語を使用していたと主張した。「その当時のどれだけの女性が、正しいラテン語を話しているとして褒められたことであろう」と。さらに俗語でさえも、たとえば外国人の奴隷たちには習得するのが非常に困難であると思われていた、独自の文法を持っていた。そして、アルベルティ自身のトスカーナ方言で書かれた最初の派生的な作品――彼以前にダンテ、ペトラルカ、そしてボッカチョによって使用された言語でもある――は、一般大衆に向けて、複雑な道徳や実践的問題について述べるのに、平易な言語〔俗語〕を使用できるということを証明した。その一方で、キケロがラテン語を読み書きできる当時の公衆のためにラテン語で行なったように、アルベルティはもっとも難解で優れた古典作家たちを利用してもいたのである。(47)

　こうした立場を維持しながらも、アルベルティはフィレンツェの伝統を提示したというよりはむしろ、教皇庁の人文主義者たちとフィレンツェの書記官たちとを真っ二つに分けた、学識ある議論の側に身を置いていた。一四三五年の春、教皇の控えの間に集っていた人文主義者の秘書官たちの間で、ラテン語に関する議論が起こった。ポッジョのこよなく愛好した、「嘘の工房《ブジアーレ》」に集ったこの虚構好みの才人たちのサークルで、言語の起源についての意見が交わされたのである。レオナルド・ブルーニは、古代の人々は、書き言葉にして学識ある言語たるラテン語ではなく、第二の「俗語」を話していたと述べた。フラヴィオ・ビオンドは、この仮説に反論した。また他の者も議論に加わった。そうして議論が結論を迎える前に、ブルーニは教皇のもとへと召集されたため、ビオンドは、すべてのローマ人は――読み書きのできる男性同様、読み書きのできない女性や子供、召使までも――ラテン語を話していたと論じた、短い論考を著したのであった。それは、蛮族の侵入と言語的、社会的混乱の数世紀を経て、もともとひとつであった言語は何世紀もかけて俗語へと変化した、というものである。(48) 数週間後、ブルーニは書面で回答し、学識あるローマ人でさえも、学識のない人々と話すときには、成文化された文法もない言語を使っていたと主張した。ブルーニは、キケロの演説を聞く大部分の聴衆は詳細を理解せずとも――まさしく当代のカトリック信者たちですら、その詳細を理解していないとしても、音楽と典礼文の力によって心を奪われるように――それを楽しんでいたと示唆してこう述べている。「パン屋や羊毛職人、またその類の人々は、ちょうど現在の人々がミサを理解するように、演説者の言葉を理解していたのであろう」と。

　さて、ブルーニとビオンドにはいくつかの共通する前提があった。両者とも、古代のラテン語は、ある程度外国の侵入を免れた地域に生き続いていたことに同意していた。またブルーニは、ローマの女性が、やはり男性よりも「混じり気のない、生粋のローマ言葉」(49)を話していたことを認めている。ブルーニはその議論が起こった一年後、「それぞれの言葉はそれぞれによいところ、独自の音、洗練された学識ある言い回しがある」と声高に主張した。それは、俗語にはラテン語と同じくそれ自体の文法があることを明確に認めたものといえる。(50) ブルーニは、彼が平凡であると見なしていたボッカッチョの伝記に代わって、ペトラルカとダンテの伝記を俗語で書くことさえも行なっている。とはいえ、どちらも自身と友人たちが古典古代のラテン語で行なった学識ある議論のために、俗語が有効な手段となりうることまでは論じなかったように思われる(51)。

アルベルティは、道徳と家庭経営の諸問題についての大規模な作品を俗語で書くことによって、暗にブルーニに挑戦し、同様の問題に関する同じ貴紳の読者にとってより近づきやすい助言として、彼らの話しているトスカーナ方言で表現したのである。またアルベルティは、ブルーニが自身の文学活動を正当化するために長い間果たしてきた立場と同様に、市民の目線でそれを行なった。言い換えれば、当時一般的に使われていた言葉で書くことによって、彼は「少数」よりも「多数」の利にあずかるようにしたのである。アルベルティは、ブルーニが概略を示した俗語の歴史についての、アルベルティ自身の発言を冒頭に据え、登場人物の意見に前置きすることによって、作品の議論の要点を誰しも見逃さないようにしたのだった。

さらに、アルベルティはある点において、この議論に貢献した他の者たちよりもいっそう前に歩を進めた。ブルーニは、ローマ人は教養ある言語と世俗の言語という二つの言葉を使用していたと主張した。しかし彼は、ローマ人の俗語を当代の「俗語《ヴォルガーレ》」、すなわちイタリア語と結びつけることはしなかった。一方ビオンドは、中世そして当代のイタリアで使われていた「俗語」は、ローマ帝国の滅亡後に生まれたと述べたものの、その文学的な品質や可能性については明言しなかった。これに対してアルベルティは、トスカーナ語は「もともと優雅で洗練」されており、蛮族の侵入によって悪しき言葉になったと指摘したのである(52)。そうすることでアルベルティは、ダンテやペトラルカ、そしてボッカッチョによって洗練された言語へと引き戻された当代の俗語は、新しいものではなく、古い言語を再創造したものであったと強く示唆した。すなわち、ローマ人以前にトスカーナに住んでいたエトルリア人に由来する言語の復活だというわけである。こうして、アルベルティは「エトルリア神話」をトスカーナの文学的伝統に適応させるという新たな系譜——後にフィレンツェの学者たちが継承し、過分に美化することとなる——を提示した(53)。それと同時に、彼は初期の雄弁な俗語の話し方の名残を改善するための、明快で実践的な構想を提示した。また古典古代の原著をじかに翻案することで、こうした古代の言語の洗練を取り戻すこともできるだろうと述べた。アルベルティが議論を尽くし、論証しようとしたところによると、俗語は、ラテン語に由来するもっとも難解な形式のひとつ、すなわちキケロ流の哲学的対話に適用する一手段を、叙情詩と叙事詩ですでに使われていたように難なく供しうるものなのであった。

アルベルティは重要な地位と評判とともにフィレンツェへと到着した。俗語とラテン語の議論が始まった五年後の一四四〇年の四月には、著名な学者アンブロージョ・トラヴェルサーリが（彼の墓の上に奇跡的に百合が咲いたという意味において）文字通りに聖なる芳香のうちに、この世を去っている。その際ジロラモ・アリオッティは、卓越した人文主義者のカルロ・マルズッピーニに、亡き偉大な人物の伝記を書かせようと目論んだ。マルズッピーニが曖昧な返事をすると、アリオッティはすぐさま書簡をしたためて、それをアルベルティに依頼するのだった。「それは疑いなく存分に価値のある仕事であり、貴下の評判を高めてくれるでしょう。その主題は非常に幅広く、貴下の才能に値するものです」。アリオッティはアルベルティを熱心に説得しようとしたが、その提案は実現することはなかった。いずれにしてもこの逸話は、アルベルティがラテン語の著作者として、またおそらく伝記作家として得ていた評価を物語るものであろう。(54) にもかかわらず、俗語文学での評価を得るためのアルベルティの努力は、人文主義者たちの間で根気強く獲得した彼の立場をまもなく揺るがすことになるのである。

アルベルティはたびたび知的な仕事において他者と協働しようとした。『家族論』への最終的な加筆をしていた一四四〇年から一四四一年の間に、彼はトスカーナ語に関する作品の制作を、組織化した集団で行なう取り組みへと変えている。アルベルティはすでに、かなりの数の俗語散文詩と韻文を書いており、そのいくつかは伝統的な愛の主題に関する徹底して経験に基づいたものだった。(55) そしてピエロ・デ・メディチからの経済的な支援を得て、今度は、「桂冠競技会《チエルタメ・コロナリオ》」とアルベルティが呼んだ、勝利者に銀の桂冠が授与される、公的な俗語詩のコンクールを催したのである。アルベルティとピエロは、ローマ帝国に対して何らかの貢献を行なった者に報酬としてオークまたは桂の冠を授けたという古代の慣習を心に思い描いていた。また、古代に作られ、中世に厚みを増していっそう複雑になった詩人の桂冠に関する、豊かで複雑な多数の伝説についても脳裡に浮かんでいたことだろう。(56) しかし、このコンクールの形式は、フィレンツェの伝統と多分に結びついており、アルベルティを魅了し悩ませもした、作品委嘱のための芸術家のコンクールから部分的に取り入れられたものであったのだろう。この場合もまた、芸術家によるコンクールと同じく主題が決められ、競技者たちは友愛の主題についてトスカーナ語で詩を作ることになった。そこには、アルベルティの親戚フランチェスコ・ダルトビアンコ・アルベルティのようなフィレンツェ人のみならず、チリアコ・ダンコーナのようなトスカーナ人以外の人々もいて、多くの名高い著作者たちが自分の腕を競ったのだった[57]。

アルベルティが『家族論』執筆中に行なったように、競技者である詩人たちは、感情を呼び起こすような神話、引用するための典拠、それらを当てはめることのできるモデルをくまなく探した。たとえばアントニオ・デリ・アッリは、古代後期の新プラトン主義者で神秘主義者である偽ディオニュシオス・アレオパギタを引いた。それは、どの場所も中心であり、境界線を持たないその円の中に、「わたしは聖なる泉、友愛の模範を眼にしました」という言葉であった。デリ・アッリはまた、愛が誤った対象に思い焦がれたときに、いかに人間を野獣の範疇へと落としうるかを説明するために、メドゥーサとキルケーという神話上の人物を用いた。一方、より高次の穢《けが》れない愛の種類を例証するためには、「空へと運び去られた」プロメテウスを引き合いに出した。また、マリオット・ダッリーゴ・ダヴァンツァーティは、異教の哲学者であるソクラテス、アリストテレス、テオフラストス、ピュタゴラスらの友愛についての意見を要約し、アウグスティヌスが支持した見解でそのリストを締めくくった。それは、「『神の国』における、聖アンブロシウスの価値ある遺産は、人は自分の内にある魂のように友人を愛するべきであると考えたことであった」（これはおそらく現存していた選集からの誤った引用である）というものだった。また、アルベルティの友人レオナルド・ダーティは、ウェルギリウスの一節から「花の寺院」（フィレンツェ大聖堂）を適用したけれども、それはコンクールの舞台と重ね合わせて幸運を持った場所という意図を込めていた。「おお、幸福な場所よ」――と、ダーティは詠んだ――そこへ集った詩人たちが「隠されたもの」、つまりは友愛をとらえようと励んだように、そこは「天上の住人たち《チェリコリ》」にとって愛しい場所となるだろう、と[58]。

いつものように、アルベルティは自分の計画の重要な役割を、専門的批評家たちへと委ねた。一四三五年のラテン語と俗語の歴史に関する議論に参加していた何人かを含む、教皇庁の十人の秘書官たち――洗礼堂門扉のためにギベルティのモデルを選んだ審判団にも似ていた――が審査員を引き受けた。一四四一年十月二十二日、競技者はサンタ・マリア・デル・フィオーレ大聖堂で熱心な聴衆を前に自らの詩を朗読した。テクストの模写――アルベルティによると二百以上――がたちまちに出回り、王侯の図書館へと届けられ、イタリア中の知識人から賞賛を受けた[59]。また、続く第二回目のコンクールは、「嫉妬」を主題にその翌年に計画された。ビオンドのような、ラテン語や俗語の歴史に関する人文主義の学者たちは、アルベルティによる、ブルーニという巨大な文化的、個人的権威への挑戦を支持しながら、当代の言語（トスカーナ語）を古典化するというアルベルティの試みを評価するのにやぶさかではないように思われたのだった。

　ところが不幸なことに、アルベルティの審判団への委任は、合意どころかむしろ鋭い議論を呼ぶ結果となった。十人の審査員たちは、学識ある詩人たちのいずれにも冠を与えることを拒否したのである。確かに、彼らはすべての競技者たちが修辞学（アルベルティと同じく、彼らは修辞学を詩学と密接に関連したものと見なしていた）の主要な構成要素をよくこなしている――「構想は非常に豊かで、うまく組み立てられ、装飾されている」――と認めていた。しかし、審査員たちは、当代の翻案のすべては「それらの質の高さにもかかわらず、論旨においていくつかの作品に凌駕されてしまっている」[60]と述べ、彼らがその文脈を引用した古典古代の作品には及ばないと主張したのだった。そうした意味では、詩人たちは自分の草稿を無駄にしてしまったか、少なくともそのように見えた。詩人たちがラテン語原文を改訂した俗語の詩句は、あまりに価値が乏しいものをつけ足してしまったという理由から賞に値しないとされた。しかしこうした決定は、それほど驚くべきものではない。キケロのもっとも広く読まれていた対話篇の主題のひとつである「友愛」という古典的な主題を、俗語で、つまり「蛮族の」韻律で表現するという構想そのものは、ビオンドとポッジョにとってさえ衝撃的であったかもしれなかった。ビオンドのように、俗語のトスカーナ方言を古典言語に取って代わるものと見なそうなどとは露ほども望まずに、もっともうまく話された俗語はよいラテン語の要素を含んだものであるということだけなら認めることはできたであろう。それに、多くの人々はブルーニの感情を損ねたくなかったに違いない。彼は、多くの主題はやはり「俗語では」十分に満足のいくように作ることはできないと、公的にも著作においても明言していたからである。

　審査員たちは、慎重にも個人ではなく、大聖堂の宝物庫へ冠を授けた。怒ったアルベルティは壮大な「抗議文《プロテスタ》」を書き、審査員たちはそれを求めていた人々に対し、有益な批評を最良の人文主義的伝統の下に与えるという、彼らの職務を全うしなかったと糾弾した。また「あなたがたの中には、われわれのこの文学上の先導を攻撃し、俗語がきわめて高尚な文学上の言語に対して競い合うことには価値がないという理由で、このような競技会は禁止すべきだと主張している者がいる」という疑念を表明した。そして、「われわれは皆ユピテルに由来し、皆他の者と同じだけ塩を買う」者であることを明らかに忘れていた人々に対し、痛烈な皮肉を振りまいたのだった。しかし彼はまた、審査員たちがいかに自分たちの歴史的な役割を理解していなかったかについても正確に説明した。ラテン語が非常に洗練された段階に到達する以前、ローマ人たちは、「おそらく才気はあっても技巧に欠けると考えていた、最初期の詩人たちに満足していた」と説明したのである。それと同様に、良識ある当代の批評家たちは、初期の努力の未熟さを非難せずに、同時代人の言葉を弁護し、啓蒙するのを助けるべきであると主張した。アルベルティは、技術と視覚芸術の世界と同様、文学の世界においても、同時代の正統性に対する自らの主張が支持されることを望んでいた。しかし、このときはそれも適わなかったのである。[61]

アルベルティの抗議は、その前後に書かれた批評へのおおかたの返答とさほど変わらず、目立った反響はなかった。そこで、彼はとうとうブルーニを挑発した。ブルーニは、フィレンツェ共和国の書記局を支配していたばかりでなく、財産と権力を持った人物であり、並外れた学者でもあった。写本の世界でも、彼は学識者たちの多大な関心の的だった。三千四百という並外れた数の、彼の作品の写本が現存しているほどである。ジョヴァンニ・ルチェッライは、ブルーニはヨーロッパにおいてもっとも学識ある人物であり続けたと回想している。ブルーニがアルベルティのもっとも親しい友人のひとりであるレオナルド・ダーティに送った書簡は、この大人物がアルベルティの取り組みについてどう感じていたかを物語っている。ダーティは、二回目に企画された競技会の主題である嫉妬についての作品を制作していたものの、ブルーニはそれに対してそっけなくこう批評した。「わたしはあなたの嫉妬についてのテクストを眼にし、あなたの才能を賞賛しましたし、今もしています。しかしながら、嫉妬に対してよりも、愚鈍についていささか多く述べられたとわたしには思われます。確かにどちらも悪徳ではあるが、愚鈍はより悪いものです」。ある日、アルベルティはサンタ・クローチェ聖堂で思い切ってブルーニに言葉をかけ、書記官長としてブルーニの後を継ぐことになる年若の人文主義者カルロ・マルズッピーニの悪意というかたちで、外交の駆け引きにも似た試みのうちに、ブルーニの著したものへの不満を述べた。ブルーニは、アルベルティの不平を理解できないと言い、文学上の諍いを避けるようにと助言した。後にブルーニは、ヤコポ・アンマンナーティに勧められ、アルベルティに冷静な調子のラテン語の書簡を送っている。そこでブルーニは、自身の「単純さ」をはっきりと示した上で、年下の人物に、彼の友人たちのことを――おそらくはブルーニ自身を意味する――それほど悪く思わないでほしいと促していた。[62]

言い換えれば、フィレンツェにおけるフィレンツェ人とは何かを文化的、言語的に定義しようという一四四二年までのアルベルティの試みは、尻すぼみに終わったように思われる。彼の公的なトスカーナ語称揚は、屈辱的な機会へと転じてしまったのである。ブルーニの置かれていた状況は、ケンブリッジ大学の古典学者、F・M・コーンフォードが『学の小宇宙誌《ミクロコスモグラフィア・アカデミカ》』の中で、「はるか下方からあなた方は先を急ぐ若者たちの怒号を聞くでしょう……彼らはあなた方を追い出そうと急いでいるのです」と記述した、そうした状況であった。そしてブルーニは、あらゆる文化的、社会的な手段を行使しつつ、自らの文化的な蓄積を低下させずに、年下の若者に勝利を収めた。他方、アルベルティは困難な状況下にある人文主義者に特徴的な窮境へと自らが陥っていることに気づいた。そして自制というストア派哲学の規律が、実際に傷ついた自己を癒すのに十分に働いてくれることを信じようとしたのだった。後年になって、アルベルティの革新的な俗語詩は、ロレンツォ・デ・メディチ治下のフィレンツェと、フェッラーラやナポリのより広汎なサークルの中でさかんに模倣されるようになる。振り返ってみれば、アルベルティは、その豊かな語彙と撞着語法に加えて、ロレンツォとその他の人々が深く感銘を受けた様式に従い、ペトラルカの伝統を当世風にすることによって、イタリアの詩作の伝統における中心的役割を演じたのだった。しかし、イタリア文学史におけるアルベルティの位置は、今日でさえもなお引用や引喩《アリュージョン》からの再構築を要するのである。一四四〇年代にはまだ、後にそのように多くの理解ある読者を得るようになることなど、彼は知る由もなかったであろう。[63]

自らの気力と方途を取り戻した後に、アルベルティは――フィレンツェ以外の宮廷のパトロンたちとの関係を深めていたにもかかわらず――再び攻勢へと戻った。彼は、フィレンツェの言葉と生活の迷宮の中を先導してくれる専門的助言者、案内人役を、レオナルド・ダーティという個人のうちに求めた。[64] 教皇庁の慣習についての専門家であったダーティは、詩の競技会の主催や他の多くの仕事において、アルベルティに協力した。一四四三年、アルベルティは『家族論』をダーティとトンマーゾ・チェッフィの校訂へと委ねることとした。ダーティは、専門家ニッコリと同様、鋭敏で経験を積んだ校閲者であり、多くの著作が彼に委託されていた。ニッコロ・デラ・ルーナは、ダーティに「桂冠競技会《チェルタメ・コロナリオ》」のための友愛についてのテクストを「ただ修正するだけでなく校訂する」よう依頼したし、マッテオ・パルミエーリは、壮大で異端的な俗語詩『生命の都市』を彼の判断に委ねている。ダーティの批評は、ニッコリと同様、酷評と言っていいほどすべてが辛辣なものであった。アルベルティ作品の校訂の協力者であったチェッフィに対し、彼の註解のうちのひとつが気に障るとして立腹することさえあった。ともあれ、ダーティとチェッフィは『家族論』において、アルベルティが切実に彼らの編集上の助力を必要としていることを悟った。アルベルティは、「あたかも彼らの作品を読んだことがないかのように、あるいは、引用文を自ら作り出したかのように、その名前に触れることなく、空白にしたままにして」あまりに多くの著作者たちから引用していたのである。また彼の「文体はあまりに高尚で、しかも粗さがあるので、フィレンツェの言葉とうまく調和せず、一般読者はそれに不満を覚えるかもしれません。これは特に最初の部分に顕著なのです」とも言っている。(65)

そこでアルベルティは、少なくとも彼の批評家たちが示した部分のいくつかを改めた。しかし彼はなおもフィレンツェ方言の研究や育成へと立ち戻り、初のトスカーナ語の文法書の編集まで行なったのである――その中で彼は、フィレンツェ方言は実際にラテン語の多くの要素を含み、古典言語の変則的な派生物ではないことを論じている。彼は一度もフィレンツェの地図を製作しなかったとしても、フィレンツェ方言の名詞と動詞の範例という地図を初めて提供したのだった。詩人にして学者、また錬金術師のジョヴァンニ・アウグレッロが、アルベルティの死の二、三年後に語ったように、アルベルティはトスカーナ語を発音通りに表現するために「ラテン語からいくつかの文字を拾い、他のいくつかを加えて新しいアルファベットを創案した」折に、並外れた考案の才を見せたのである。アウグレッロは、「今日われわれの言うように、ラテン語はラテン語圏の人々に共有されていたわけではなく、一部の学識ある学者たちのものだったと主張する人々は、思うに、この小さな文法書を見ればそうした誤りを捨てるでしょう」と述べた。アルベルティは「偉大で学識ある知識人たち」がギリシアで、それからローマで、古代言語のために作り出した文法とちょうど同じような文法がトスカーナ語にも供しうることを明らかにしたのである。そして、当代におけるトスカーナ語法の詳細で正確な説明を編纂し、〈essere〉(「……である」の意味)という動詞の完了時制形で、〈fussi〉を〈fossi〉に、そして〈fusti〉を〈fosti〉に代用するといった比較的最近の発展形についても、しばしば記述した。(66) それは、修正し規則性を付与するという、アルベルティに特徴的な欲求にときに駆り立てられた、観察と成文化という点で顕著な偉業だったといえる。とはいえ残念なことに、アルベルティの公的な失敗は、俗語の分野での真の業績への名声を彼から奪ってしまった。すなわち、この作品は何世紀も忘れられたままだったのである。

しかし『家族論』改訂へのアルベルティの努力はついに、少なくとも間接的なかたちで日の目を見ることになる。理想的な家族と家長について長老ジャンノッツォの述べた第三書の改訂版は、フィレンツェの有力一族の間に広く普及し、実際それによって原著者からも文脈からも乖離するようになっていった。多くの模本にあって、老齢で経験豊富な人物の役割はジャンノッツォ・アルベルティではなく、アーニョロ・パンドルフィーニ（またパッツィの名を採っているものもある）へと変更された。またテクストは模写されるだけでなく、広汎に読まれた。たとえば、ジョヴァンニ・ルチェッライは長い抜粋を、有名な『雑記帳《ジバルドーネ・クアレジマーレ》』に書き写している(67)。

さらに、アルベルティは最後の改訂版では注目に値する統合をなしとげた。何年も彼を苦しめてきた社会的、道徳的問題へと立ち戻り、力強い市民の言葉の響きをもって記述するという方法を見出したのである。すでに見たように、彼自身将来への大きな期待を失って以降、アルベルティは運命の力に深く悩まされ続けてきた——アルベルティ家のように、多数の貴紳の家系を廃止するかたちで現れた環境の力である。ラテン語の短篇である『食間作品集』の何篇かにおいて、彼は、人間は運命にいかに立ち向かえるのかという問いを投げかけている。もっとも印象的な作品のひとつ「宿命と運命について」では、人生を万人がそこに身を投じなければならない河として思い描いた。うきをつかんでいる者たちは高い波に乗り、結局は波の力で岩にぶつかり、それを誇示したために罰せられる。一方、かろうじて泳いでいるように見える者たちは、「河の流れで運ばれてきたボートあるいは厚板が近づいてくるのを待つために、いつ休息をとるべきかを知っているし、岩を避け、いつ堂々と岸へと飛び移るための力を使うべきかを知っている」。またある者たちは、他の者のためにボートを修繕し、その舵を取ることで、支配者としての栄光を勝ち取る。一方で、羽と羽のついたサンダルを身につけ、水面を滑るように進んでいる者もいる。彼らは、真実の探求者であり自由学芸の考案者である。もし対話篇の寓意が明白と思われるのであれば、そこに見えてくる教訓はいくぶん当惑させられるものであろう。すなわち、支配者たちは常に危機に直面しているもので、彼らの船に乗り組んでいる怠惰な連中がその権威に逆らうなら、残りの者たちを救うためにはその無用な者たちを水中に放り出さなければならないのである。真実を探求し新しい知識を創造しようとする人々には、疑問の余地のない卓越性が与えられる。とはいえ、それ以外の者たちには、誰にも安全な航海は保証されていない。結局、その対話篇の哲学者は、人間の徳と勤勉は価値あるものである、しかし災難に対しては不公平な助けにしかならないと、こう考察するのである。

河に落ちたとしても、そこで完全な厚板あるいはボートへとたどり着く機会がある人々に、運命はより優しいとわたしは思いました。ところが、河に投げ込まれ、同時に泳ぐことによって何度も波に打ち勝たなければならないわれわれのような者にとって、運命は過酷なものであるということに気づいたのです。それでもわれわれは、賢明と勤勉が人間の活動において大きな価値を持っていることを見逃すべきではありません。(68)

時間と機会、宿命と運命がすべての者を待ち受けている。そして精神の勝利のみが永遠を約束してくれると説かれているかのようである。

アルベルティはここで、明快で静穏な整った体系としてではなく、不和と競合の闘技場としての、根本的に競争的な人間社会の様相を描き出している。人間のなすべきことは、はっきりとは現れない——人は家庭経営に執着すべきなのか、あるいは国家を統御し救済しようとすべきなのか。哲学者の省察は、答えを与える代わりにこうした疑問を引き起こすのである。実践的な職業、または政治的な職業を選択しても、この世もしくは来世において、確かな報酬を手にすることはできないのだ、と。

一四三〇年代と一四四〇年代のフィレンツェ商人たちは、アルベルティのイメージが驚くべき正確さで映し出した世界に住むようになっていた。社会の伝統的なヒエラルキーに基づく世界という説明は、かつての高貴な血統が「豪族」と宣告され、政治的権利を奪われていった都市にあっては、必然的にその意味をなさなくなった。宗教はある程度の慰めを提供したとはいえ、もっとも普及していた権威ある見解のいくつかは、フィレンツェ人自身を富ませることになった商取引や銀行業の基本的な形式を糾弾していた。著名なフランチェスコ会説教師であったベルナルディーノ・ダ・シエナは、富の追求を非難した。ベルナルディーノは一家を維持したり貧しい者を助けたりする意図で、「誠実な目的のために」、控えめな規模で行なわれる取引については容認できると同意したものの、自分自身のための利益追求については非難し、こう説いた。「もしある者が家族を支える、あるいは負債を返す、また娘を結婚させるために行なうのであれば、それは正当なものです。しかし、そのような必要もないのに懸命にそれを行なおうとする者については何と言うべきでしょう。……貧しい人のためにそれを行なうのでないならば、はなはだ罪深いと申しましょう」。ベルナルディーノはピエール・ド・ジャン・オリーヴィ〔フランス十三世紀のフランチェスコ会の神学者〕の著作から、商取引において利益を得るための多様な種類の自由を許すことを学んでいたとはいえ、彼の説教の修辞学は、利息を取る金貸しを非難し、またそれを通貨交換や国家自体に供給するための営みと見せかけているときには、いっそう激しさを増した。たとえベルナルディーノが「必要とするだけの財産を持っている者」はいるかと尋ねたときに、誰ひとりとしてすすんで手を挙げようとはしなかったとしても、やって来た聴衆はむさぼるように耳を傾けていたのである[69]。

本章をその言葉によって始めたゴーロ・ダーティのように思想の明確な貴紳は、社会的、政治的な力の土台をなす基本的営みは、宗教の教えとは矛盾して見えることを知っていた。彼はまた（アルベルティもまたそれに気づいていたように）、貯蓄を失うことほど簡単なことはないということをも知っていた。成功はそれ自体問題を引き起こすものであった。国家や同胞市民たちは熱心にその総資産を知ろうとした。賢明な父親は、息子たちに貧困を申し立ててぼろを身にまとい、片田舎に財産を隠すようしきりに促した。そしてどんな成功も永遠には続かなかった。王侯一家や有力者たちは、負債の支払いを拒絶し、そのため有力な銀行や、戦争と通商のための遠征に融資を行なっていた一般の人々を破産させている。政治権力は予測不可能なほど移り変わった。本当に力のある家族との同盟のみが、一般市民が災難から逃れる方法であり、またそうした場合であっても——十五世紀初頭にフィレンツェを支配していたものの、後に戻ってきたメディチ家に追い出されることになったアルビッツィ家の支配体制下にいた多くの従者たちに起こったように——放浪やいっそう悪い境遇に陥る可能性があった。さらに、商業経済の基礎的な手段である貨幣自体さえも、深刻な問題を引き起こした。「裕福であるなどということを公言してはなりません」、とジョヴァンニ・モレッリは記している。「その代わり、その反対のことを行ないなさい。もし千フローリンを得たのなら、五百フローリンを稼いだと言いなさい。……そしてこれはきわめて正当なことなのです。なぜなら、他人から盗むためにそう言うのではなく、むしろ財産が不当に奪われないようにするために嘘をついているからです」[70]。アルベルティの対話篇の中でアドヴァルド・アルベルティが繰り返したように、「［貨幣ほど］どこかに消えてしまい、保持するのに苦労し、扱いが危険で、取り戻すには係争がつきもので、容易に霧散し、消費され、煙のように消えてしまうものは他にあるでしょうか。貨幣ほどこうしたことすべてのせいで、なくなってしまうものは他にあるでしょうか。これ以上に不安定で不確かなものは何もないのです[71]」

当代の都市生活に特徴的な、移ろいゆく土台や互いに対立し合う戒律は——アビ・ヴァールブルクが、より鋭敏なフィレンツェ商人たちについてずっと以前に指摘したように——強力な心理的効果を持っていた。商人たちはなおもキリスト教徒として、他の多くの聖人たちへ帰依するように、ドメニコやフランチェスコに信仰を捧げていた。しかし、実践的人間としての彼らは、日々、大地——あるいは海——が口を開け、彼らを飲み込んでしまうかもしれないことを知っていた。生涯の終わりにさしかかった頃(十五世紀後半の商人フランチェスコ・サッセッティが、十分に成功に満ちあふれた経歴の後で見出したように)、人は自分の息子に対して打ち明ける、最後の遺言書を書いていることに気づくかもしれない。「運命はわれわれを、どこに落ち着かせようとしているのか、現在われわれ自身の置かれている激動や危険を考えると、わたしには分からない(神よ、われわれを安全な港に導かれますように)[72]」。摂理の力の隣には、喜ばしいものであれ、妬ましいものであれ、どちらとも計り知れない、運命が存在している。サッセッティは神の摂理が彼を祖国へと導いてくれるよう望んだものの、彼はそれを頼ることはできないということを知っていたのである。やがてアルベルティの建築作品の主要なパトロンとなったジョヴァンニ・ルチェッライは、哲学者にして医者でもあったマルシリオ・フィチーノに、人知と勤勉は、摂理の力に抗うことができるかどうかと尋ねている。ルチェッライは、人は運命に真っ向から立ち向かうために賢明さと先見性を働かせることも、この世間と運命との戦いから身を引き瞑想へと隠退することも、また単に運命に人生を支配させることを許し、それに従順であることもできると示唆する、長く多義的な返答を受け取った。フィチーノは、もっとも賢いものとして三番目の選択を勧めていた[73]。

こうした精神的な葛藤は、アルベルティが作品を書き始めた時期には、コジモ・デ・メディチの支配下にあるフィレンツェに起こった政治的変化によって、複雑化していた。メディチ家は、公職者を自分の支持者で埋めるために選挙体制を操作したように、時とともに都市の共和制度を占有していった。彼らはまた、いっそう貴族的な生活スタイルを育成し、ジョヴァンニ・ルチェッライのような有力一族の家長には、経済的あるいは政治的不利益に苦しむことなく、その富を誇示することを許した。実際、メディチ家はかなりの程度、自らの支持者たちの利益のために、都市の財政運営をしていたのである。このように、アルベルティは、フィレンツェの社会的、道徳的伝統の要素――すでに複合的で多様となっていた――が、そのかたちと立場を変え始めていた、まさにそうした時代に作品を著したのだった。(74)

ここで、明確に異なる性格を与えられた話者同士の対話という構造に眼を向けるなら、アルベルティは、サッセッティとルチェッライのような男性たちの分裂した心を、癒しはしないにしても、映し出すように巧妙に対話を設定した。十四世紀に多くの者が行なっていたように、貴紳は、政治的生活の絶え間ないしがらみや危険を避け、私生活では厳格な誠実さを維持することで尊敬を得ながら、自分自身と家族のために生きることを選ぶべきなのだろうか。長老ジャンノッツォは、公的生活は不必要な仕事であり、長い放浪の旅であると非難しつつ、そうだと述べる。「あるときは税を、あるときは経費を整備し、あるときは戦争のための供給、あるときは法の整備や改正を行なわなければならない。様々な任務と政府の活動は常に多大に関連しており、あなたひとりだけでも、支援者の助力を得ても、あなたの望むほどには決してなしとげられないものなのです」。それとも、貴紳は公的生活を選び、公共善に注意を払うことによって尊敬を勝ち取ろうとすべきなのだろうか。若いリオナルドは、同世代の他の者たちが行なったように、この市民共和主義的なキケロ流の方針をとった。「名声は」――と、リオナルドは忘れがたい雄弁さで述べている――「私的な平和の中には生まれず、公的な活動の中で生まれるのです。栄光は、公的な広場で発生するのです。また評判は、多くの名誉ある人々の意見と判断、そして人々の間で育まれるのです」

アルベルティはまた、彼の先祖たちの富の追求による成功を褒め称えた。彼は対話者のひとりに、アルベルティ家は長期にわたって、市の総歳入の三十二分の一という膨大な額の貢献をしてきたと誇らしげに語らせている。アルベルティは、「金と血に値する財産によって」国を獲得することを彼らに可能とさせた、継続的な行動力と危険を厭わない精神について、熱狂的に記述するのである。しかし彼はまた、アルベルティ家と同様に有力な家系の多くは自分たちの財産を「すぐさま使い尽くし、財産は人々が言うように煙の中へと消えてしまって、しばしば貧困、惨めさ、不名誉だけを残してしまう」ことをも認めている。さらには長老ジャンノッツォは、都市生活の特徴について、「都市には大いなる夢の工房がある」(75)と魅力的に伝えている。しかし彼は、田舎の農場での自給自足の生活に結びつけられた品位や清潔さ、健康についてはいっそう雄弁に語っている。さらに、アルベルティは作品を通じて、いくつかの価値について主張している――中でも自由学芸の価値と、常に名誉を追求する必要性についてはは頻繁に強調している。と同時に、彼は、最良の古典書だからといって当代のすべての事例の手引きとなるわけではないこと、また日常生活の混乱と雑音の中にあって名誉への欲求を定義することは容易ではないことを認めている。まぎれもなく、当代の言葉でキケロ流の議論を改作したアルベルティ自身の対話篇は、古典古代の典拠を当代の事例へと適合させるために、それらをいかに創造的に使用しなければならないかを明らかにしたのである。[76]

このようにして、『家族論』第三書は、アルベルティがフィレンツェ人の生活の主要な問題に舞台を設定した、ひとつの劇場と化した。彼自身は、私的で商人的な視点（愛国主義以上に利益を重視する）と、理想主義的な市民イデオロギー的な視点（公的生活を私生活の上に置く）のどちらをも、支持はしなかった。それでも彼は、フィレンツェの貴紳たちに支持された見解の色調にして、また実際には互いにかなりの程度で矛盾していた「フィレンツェの思想の……豊かな多様性」を高く評価していた。[77] そこで対話形式を用いることで、彼はそれらの間にある葛藤を脚色したのである。そのうえ、第三書のいっそう一般化した版を制作した改作者は、さらなる段階へと歩を進めた。すなわち、アーニョロ・パンドルフィーニという同一の人物に両方の立場を割り当てることによって、アルベルティの強調しようとした葛藤を単純化したのである。それはおそらく、ある種の創造的な緊張状態にあって両方の立場を保持しようとした、多くのフィレンツェ人の実際の経験に、より近いものであったであろう。それは少なくとも、ジョヴァンニ・ルチェッライが該当の一節を自分の雑記帳に写したときに感じていたと思われるものなのである。

とはいえ、第三書でアルベルティの表明したすべての見解が、彼としてもっとも重要視したものでさえ、賛同を得たというわけではなかった。『絵画論』でアルベルティは、画家は、白と黒を、それらの色の効果を弱めないように、できるかぎり控えめに使うべきであると書いた。さらに、「色彩を用いて金色を表現したならばいっそうの賞賛を得られる」[78]のだから、金の使用は避けるべきだと述べた。要するに、画家は「倹約《マッセリツィア》」を実践すべきであり、よい画家は色を「惜しみ、倹約する《アヴァーロ・エ・マッサイオ》」[79]べきだというのである。長老ジャンノッツォが『家族論』第三書で論じたように、家長も同様の徳を示すべきなのである。豪奢な家で余分な出費をすることは、必ずしも必要のないものである。また浪費はぜひとも避けなければならず、食卓には「雉《きじ》と去勢牛と山ウズラ」ではなく、理想的には自分たちの土地でとれた「よい家庭料理と、ワインと豊富なパンを絶やさない」ように用意すべきだと論じた。

アルベルティにはしばしば、私生活の理想の尊厳を復興したという功績が認められている。そして彼は「名声と権威」を獲得する方法として、家庭の財産は公共建築と私的建築を装飾するために、正当に使用されうることをリオナルドに議論させた。こうしたアルベルティの提言は、メディチ家の時代に展開したフィレンツェの政治的、社会的慣例《コード》として、新しい大規模な建築のパトロネージに結実する。しかしこれらは、アルベルティの著作の環境に比べ、より変化した環境の中で成長した種子とも言えるものである。ジャンノッツォが奢侈品への過度の出費の例について力を込めて論じたように、アルベルティの調和のとれた財産の使い方〔の記述〕は、ブルーニがアリストテレスの註解で提示したものよりも、過度の消費に対してそれほど共感を示していなかったからである。ブルーニは、適切に資産を用いれば、家長は家を装飾し、生活を享受できると考えたアリストテレスに同意して、「自分の資産にふさわしい」家を建てるよう勧めたのである。なるほど、ジャンノッツォですら、彼の衣服の高い品質と持ちのよさを自慢して、「喜ばしい色彩」と細やかな表面を持つ布地であると誇ってはいる。当時も今と同様、裕福な人々は貧しい人々ほど、日常の消耗品にお金を使ったわけではなかったのである。さらに彼はまた、よく手入れされた古い衣服は、着る人の慎重さに対する名誉となり、また新しい衣服は祭事日のためだけに買い、着るべきであると主張する。ここでもまた、壮大さではなく適正さ《デコールム》こそ、アルベルティにとっての支配的な原則である。「わたしの主要な思いのうちでも、まずもって最初に来るのは、常にそうであったように、わたしの家族をそれぞれの立場に従って身だしなみがきちんと整えられるようにさせることだったのです(80)」。貧しい学生だった時代に、富を顕示されることで非常に気が滅入ることのあったアルベルティは、成熟してからもそれに賛同する方へと傾くことは決してなかったのである。

自分たちの私生活と邸館を芸術作品として作り上げた、フィレンツェの貴紳たちの考え方を代弁したのは、アルベルティではなく、ブルーニの方であった。たとえば、マルコ・パレンティは、ドメニコ・ヴェネツィアーノによって描かれた華麗な婚礼用長櫃《カッソーネ》で市中の家の簡素な部屋を飾り、妻のカテリーナ・ストロッツィに、テンの毛飾りをつけた長い外套、絹のドレス、十七枚のブラウス、そして厳選された孔雀の尾から取られた八百以上もの「眼」で飾られた花輪を与えた。こうした点では、アルベルティは、やがてフィレンツェを席巻することになる、豪奢な消費の開花を予見していたわけではない。それは、彼の好んだ言葉の意味すら変えてしまい、「倹約《マッセリツィア》」は「節約」のみならず、「物持ちのよい消費財」を意味するようになったのだった。[81]

さらに、アルベルティの他の議論、とりわけ芸術的な素材を扱う際の、知性と判断の重要性に対する考えは、家庭生活での倹約についての議論よりもいっそう強い印象を与えたかもしれない。長老ジャンノッツォは、若妻に化粧品の悪害について教えようとした際に、このように芸術との類似を引いている。

> 部屋には、頭部と手だけが純白の象牙でできた、とても愛らしい銀の聖人像がありました。それはいつものように、磨かれて輝き、祭壇の中央に置かれていました。「愛しき妻よ」、とわたしは彼女に言いました。「お前が朝、石膏と石灰、他の塗料などをこの像の顔に塗ったとしてごらん。さぞかしその色彩と白さは引き立つことでしょう。しかし、日中のうちに、風が吹き埃を運んできたら、同じくらい汚くなってしまうかもしれない。夕方にお前はそれを洗い落とし、翌日にはまた塗料を塗り、それからまた洗うことになるでしょう。これを何日も繰り返した後に、何度も磨かれて上塗りされたその像を、お前が売ろうとするなら、どのくらいの値段になるだろうか。お前が生地のままにしておいた以上に、もらえるだろうか」
> 「もっと少ないでしょう」と、彼女は答えました。
> 「その通り」、とわたしは言いました。「というのも、彫像を買おうとする人は、加えたり取り除いたりすることのできる上塗りのために買うのではなく、彫像の品質のよさと素晴らしい腕前を評価しているからそれを買うのです」

ルチェッライ、その他多くの人々に読まれた、アルベルティ作品の縮小テクストである『論考《トラッタート》』のひとつの版は、この一節を若干の変更を加えて挿入している。それは、芸術作品は使われた材料よりも、むしろそれを作るための技量によって判断されるべきである、という見解をはっきりと打ち出した、最初のテクストのうちのひとつであったに違いない。十五世紀後半、フィレンツェのパトロンたちと芸術家たちの間の契約は、芸術家の技量にますます重点を置くようになり、以前の契約で行なわれていたように特別に高価で耐久性のある顔料の使用を要求するよりもむしろ、画家自身が費やさなければならない、あるいは主要人物の顔や手を描くのに要求される時間数を明細化するようになった。『家族論』と『論考』が、芸術家の技量の評価の広範な普及に一役買ったことも、十分ありえたように思われる(82)。

一四五〇年代、アルベルティはついにフィレンツェで建築家としての自己を確立した。これから見ていくように、その頃までに彼はきわめて個人的な、知的、芸術的様式を発展させていたし、彼を取り巻く環境も同様に変化していた。一四三〇年代後半に書かれた『家族論』第四書において、彼はその変化した社会についての新たな理解を発展させたけれども、その理解はパトロネージの役割と有力者からの庇護を得る必要性を強調するものであった。そして彼は、イタリア中の宮廷の、古代や当代《モダン》の建造物に関する建築家、助言者《コンサルタント》として働きながら、その方針を実践へと移したのである。よく知られているように、フィレンツェでは、アルベルティは宮廷ではなく、有力者ジョヴァンニ・ルチェッライの助言者として働き、ジョヴァンニの居住区域であった〔フィレンツェの下位行政区たる〕赤獅子旗区を、当時の都市計画の古典的区域のひとつへと変容させた。ルチェッライ宮やサンタ・マリア・ノヴェッラ聖堂のファサードでは、初めからまったくの新しい建造物を作ることなく、町の建造物の中に新しい強力な方法で介入していくことによって、全体としての都市景観に古典的建築と美意識のリズムを与えることになった。

アルベルティとルチェッライがどのようにして交友を持つようになったかは知られていない。F・W・ケントが示したように、アルベルティは、このフィレンツェ商人に、建築事業の愛好者にしてパトロンとなるよう説得した人物ですらなかったかもしれない(83)。しかし、アルベルティが、町の貴紳たちの精神性をいかによく理解し、それを劇的に描き出していたかということからも分かるように、彼らの趣味と信念は一致していた。『食間作品集』で示したように、アルベルティは、シンボルや紋章としての標章《エンブレム》は、芸術上は魅力的に、また教育上は効果的な方法で、道徳と賢明さの教訓を概括するための強力な力を持っていると見なしていた。彼はまた、『建築論』で論じたように、公的なものであれ私的なものであれ、主要な建造物のファサードは、道行く人々に語りかけるものでなければならないと考えるようになっていた。銘文、浮彫り、神話、そしてシンボルは、エジプトのヒエログリフが、かつて神殿の訪問者に対して行なっていたように、美的な教育ともども道徳的教育を行なうものだったのである。

[図19] ルチェッライ宮ファサード
フィレンツェ

[図20] サンタ・マリア・ノヴェッラ
聖堂外観　フィレンツェ

アルベルティも知っていたように、運命は、機会を提供してくれる反面、すべての人間が争う宿命にあるという危険をもたらすものでもあった。彼は運命に立ち向かって何かをなしとげる人間の能力について明言してはいないものの、宿命によって支配された秩序《コスモス》の中でさえも、自律的な人間の行動のために残しておかなければならないと考えた領域に対して、とりわけ雄弁な一節を捧げている。長老ジャンノッツォがある箇所で言うように、「ある確かな意志と理性の力」以外には、身体と精神、そして時間や、運命の気まぐれに抗するために使うことのできる普遍的で中立的な手段を、誰も持ちあわせてはいないのである。アルベルティがジャンノッツォに語らせたもっとも記憶に残る話は、運命に対してどのように時間を使ったらよいかについての教えを説く形式となっている。

わたしのするようにしなさい。わたしは朝に一日の計画を立て、日中はそれに従い、夜眠りにつく前に、もう一度日中に行なったことを振り返ります。それから、もし何らかの仕事をこなす上で不注意などしていて、すぐにその害を修復できるのであれば、わたしはただちにそういたします。なぜなら、時間を失う、つまり何かをするための時機を逃すよりは、むしろ睡眠を失う方がよいのです。睡眠、食事、その他この種のものは、明日に取り戻し、要求を満たすことができます。しかし、何事かをやらねばならない時宜はそういかないのです。(84)

このように長老ジャンノッツォは、分かりやすい話しぶりをし、また高齢者にして、地元の伝統によく通じているものの、ゴーロ・ダーティのように、神によって聖と俗の部分に分かたれた明瞭な構造として、時間を見てはいない。それに替わって、時間は既存の区分なしに継続する、近代的で分け隔てのない連続体、獲得し使い果たされるものとなった——それは商人の時間であった。(85)

ジョヴァンニ・ルチェッライもまた、彼自身の時間の経験を長老ジャンノッツォの言葉の中に見出し、それを『備忘録《リーブロ・デイ・リコルダンツェ》』に何度か筆写していた。彼はまた自分の息子に、「時間を節約しなさい、なぜならそれはわれわれの持っているもっとも価値あるものだからです」と勧めている。時間だけが——あるいはその無限の使用だけが——摂理よりもむしろ、商人が見ていたような人間同士の出来事を支配している運命と闘うことができるのである。ジョヴァンニはこうした概念をきわめて重大なものと見なしていた。不運に苦しんでいたとき、彼は自らを神に罰せられた者としてではなく、「運命によって打ちのめされた者」[86]として記したのである。

ジョヴァンニ・ルチェッライとアルベルティが彼らのもっとも大きく、また入念になされた言明を、ルチェッライ宮とサンタ・マリア・ノヴェッラ聖堂のファサードに、石で実現した際、二人はこうした教訓を挿入した。アルベルティの好んだ繊細な装飾石細工で作られた、様式化された帆は、両方のファサード上に沿って風に吹かれて進んでいる。ルチェッライ宮の中庭の、格別に素晴らしい「トンド」（円形浮彫り）は、その教訓を明らかにしてくれる。時間は、前髪を持ち、頭の後ろが禿げたコントラポストの女性像である「好機《オッカシオ》」の古典的なイメージで表されている（好機はたった一回のみ訪れ、彼女をつかみ損ねる者は永遠にその機会を失ったのである）。彼女は代わりに、運命の船の帆柱として、帆桁をつかみ、船を先導するのである[87]。

アルベルティが、彼の中心的な主題についてのこの鮮明な視覚的言明を考案したのは、ほぼ確実であると思われる。一四三〇年代に書かれた食間作品である「指輪」の中で、船乗りの風見は、人間の運命のための素晴らしい標章《エンブレム》として役立つことをこう示唆している。「嵐が発生し困難な情況のさなかの船乗りのように、われわれは注意深い航海者でなければなりません。ときによっては航海の予定を変更し、落ち着ける避難場所と波の合間の安全な航路を探さなければならないのです」[88]。一四四〇年代のアルベルティのパトロンであった、フェッラーラ侯爵レオネッロ・デステは、獅子とともに、帆または風見を、彼の標章《エンブレム》のひとつとして使用した。それは、軍人の運命は、偉大な銀行家と同じように不安定な人生を送るものであるということを意味していた。レオネッロはアルベルティの勧めもあって、それを採用したのかもしれない。いずれにせよ新しい建造物のメッセージは、その形式の記念碑性《モニュメンタリティ》に挑戦した――あるいは、おそらく人生の究極の不安定さについての挑戦的な教訓に、モニュメンタルな形式を与えた。宇宙《コスモス》の作用についての新たな思想、また人間の英雄性《ヒロイズム》という新たな理想は、『家族論』の場合は言葉で表されたように、比類なく卓越した視覚的形態をとったのである。

アルベルティも彼のパトロンたちも、キリスト教の信仰を捨てたわけではない。ルチェッライは最後には、偉大なドメニコ会の聖堂（サンタ・マリア・ノヴェッラ聖堂のこと）のファサード（正確には、芸術のもうひとりのパトロンにして運命の信奉者フランチェスコ・サッセッティが、自己の礼拝堂を聖フランチェスコの図像で装飾する希望を聞き入れられなかった際に放棄していたもの）に、風に吹かれて進む帆を用いた。他方、サン・パンクラツィオ聖堂の中に、ルチェッライのための荘厳な聖墳墓〔テンピエットとも呼ばれる霊廟のこと〕を建造した際、アルベルティはそれを壮麗な古代風の銘文と、繊細な象眼の標章《エンブレム》で装飾したものの、そこに運命の帆を含めることはなかった。それでも、パトロンと建築家・知識人〔アルベルティ〕は、新しい道を見出していたのであった。すなわち、彼らは今や、摂理よりもむしろ運命に支配された領域の中で起こる、商人や政治家の日常生活を理解していた。その領域では、複雑な相互関係の中で、運命を享受した人間のみが行動する力である徳を得ることができたし、行動する力によってのみ、人は運命の力に抗い、運命の提供する好機をつかみえたのだった。彼らは確かに、キリスト教徒は神の摂理の寓意としてのみ運命のイメージを使用することができるとしたペトラルカやサルターティには、もはや同意していない。彼らは、言語的にも、また視覚的にも、おそらく新時代《モダン》の生活において最初のものともいえる、感受性の二分化という方向へと移行しつつあった。アルベルティは、一四三〇年代におけるフィレンツェの経験のこうした側面を感じ取って、表現した。そして一世代後に、それに具体的な芸術的形式を与えたのである。(89)

たとえアルベルティがフィレンツェの建築について詳細に記述せず、また学者たちにも高く評価されている、フィレンツェ人の生活のリアルな描写をしていなかったとしても、彼は、当時のフィレンツェの男性貴紳たちが抱いていた深い恐れと野望のいくばくかを、他の誰よりも激烈に表現していた。彼のテクストと建築作品は、彼らを取り巻く世界の説明として、十分に適切なものだったのである。一五一三年、マキャヴェッリは、機転のきく君主と、摂理の体系をはっきりと欠いた新しい秩序《コスモス》を、『君主論』の中に記すことになる。しかしそのはるか以前に、アルベルティは、個人的な回想録とフィレンツェの有力一族の威厳ある建造物に、それを含めていたのである。

『家族論』のきわめて重要な部分――オットー・ブルンナーにとって重要だったほどには、ウェーバーとゾンバルトにとっては重要でなかった部分――は、アルベルティ家のような一族のために、この危険な世界で安寧を見出すためのアルベルティの努力を反映している。とりわけジャンノッツォは、都市に居住する家族でさえも、穀物、ワイン、木材、わら、家禽、魚といった必需品を供給できる郊外の土地を買うことによって、現金貯蓄を使うことなく家計を維持できることを詳細に論じている。彼は経営の心得を、こう詳細に説いている。効果的かつ自立的に農業を行なうには、ブドウの生育のための日に当たる丘陵地帯、干し草を作るための湿潤な土壌、そして穀物を栽培するための平らな畑のある、よい場所を選ばなければならない。その土地は適切な場所に、すなわち洪水に晒されることなく、空気が新鮮な場所に、位置していなければならない。家族は、その郊外の領地を借りるのではなく買うべきである。そうでなければ、最後には地主が、家主の行なう改善と投資の恩恵にあずかることになってしまうからである。また、限られた数の農夫を雇うべきで、彼らを忙しく効率的に働かせ、「小さなごまかし」をして雇い主をだまそうとしないように教育しなければならない。ひとたび購入したのであれば、別荘は最終的に、魅力的であると同時に実際的でもある、きわめてトスカーナに特徴的なやり方で、芸術作品に変えられなければならない。つまり心地よい多種多様な松や他の果樹を植え、「植えられたならより美しく見えるよう順序よく列をなし、苗木を陰でさえぎることなく、また畑に落ち葉をまき散らさないように、そして果実を摘み取る邪魔にならないように」配置されるべきだと考えたのである。

ジャンノッツォは——彼自身、その助言を要約したクセノフォンのように——理想の別荘はあまり遠すぎない郊外にあるべきだと述べている。「わたしは果樹と穀物をたいした困難もなく自宅に届けられるような場所に、土地を持つようにしたい。もしその場所が町に近いのであれば、特にありがたいものであろう。それならば、わたしはそこへ何度となく足を運べるし、物を運ぶために人を遣れるし、果樹と畑とイチジクの木の間を毎朝歩くこともできるからである」[90]。そのような土地は、ジャンノッツォとリオナルドが一度で同意したように、鶏からチーズまで尽きることなく恩恵を供給する、豊富さと楽しみの尽きることのない源泉であり、健康のための運動の機会も与えてくれる、楽園だったのであろう。

『家族論』のこの一節には楽観主義的な調子がうかがわれ、楽しみと利益は容易に調和させることができるということを示そうとして、多くの実際上の困難を言い繕っているように見える。他方、おそらく一四三八年頃に書いたもうひとつの小品『別荘《ヴィッラ》』で、アルベルティは古代の農耕詩人ヘシオドスの謹厳な著作『仕事と日々』を翻案し、農場経営のためのより詳細な教えを説いている。この厳粛な作品は、田舎での楽しみを強調するのではなく、人は「他人を喜ばせるためではなく、自分の家族を養うために別荘を買う」のだと主張することで始まり、骨の折れる仕事のひとつとして農耕生活を記述している[91]。とはいえ、ジャンノッツォとリオナルドの二人《デュエット》による、田舎暮らしの楽しみについての対話は、新しく核心的なものを表現してもいる。十五世紀初頭、メディチ家のような有力な一族——

そのうちのいくつかはアルベルティ自身が助言を行なった――は、郊外に新しい種類の別荘を建て始めた。それは、美しい《オーナメンタル》庭や果樹園のある、城塞のように閉ざされた家というよりはむしろ開放的な家であった。ここで一族は遊びに興じ、ときにはローマ時代のキケロやプリニウスの別荘に似た環境の中で、ジャンノッツォが示したような自給自足の生活を送ることさえできたのである。そのような地所はより装飾的であるべきか、あるいはより実際的であるべきかという問題を、中産市民階級の質素な農場と、貴族階級の田舎の邸宅とを区別することによって、アルベルティはついに解決した。彼はメディチ家でさえもいまだにその所有地から大規模に農作物を生産することを期待していた時代に端を発した、田舎の生活についての新しいイデオロギーと美学をとらえていたのである。(92)

アルベルティは彼の家族の愛した都市に関わることをやめることはなかった。一四四〇年代の対話篇『辛苦からの退避』は、登場人物たちがフィレンツェ大聖堂の内部の美しさと穏やかさを雄弁に賞賛することから始まる。しかし作品の内容自体は、町の風景や外面的な性質についての考察ではなく、むしろ自制に勤しむ一個人の内面の気質を考察するものであった。(93) アルベルティは、かつての古傷や悲哀とともに生産的に生きるための、そしてストア派的な自律と規律を得るための、自己を抑制する規則を作り出すことを自らに課したのである。都市や家族を構築することから、特定の種類の自己を構築することへのこうした転換は、彼の経歴における決定的な転換点と一致してもいた。作品と思想が深く対応していた芸術家たちの多くと同じように、血筋と感情によってフィレンツェ人であったアルベルティは、その熟慮によって宮廷人となったのであろう。そして宮廷において、彼は芸術的活動と知的活動の両面において、新たな領域を見出すこととなる。

第六章

宮廷の芸術家――フェッラーラにおけるアルベルティ

一四四三年、アルベルティは馬をめぐるラテン語の論考を書くのに数日を費やしていた。その作品は、いくつかの点で、フィレンツェで一四三〇年代に制作してきた文学作品の要約――もしくはパロディ――のように読み取れるものである。いつものように彼は、古典古代や同時代の典拠を自覚的に使用した。しかし今回は、「学識ある、洗練されたやり方で」馬の飼育、訓練、医学上の世話について論じたクセノフォンやウェゲティウスのようなギリシア、ローマの著作者たちを挙げながら、核となる情報として引用した古代の著作者たちを賞賛することに注意を払っている。畜産についての十三世紀の詳細な論考の著者ピエトロ・デ・クレシェンツィのような同時代のフランスやイタリアの著作者たちは、それと比べれば「つつましいもの」のように思われた。しかし実際のところ、注意深く研究した後では、それらは「有益で事情に通じた」ものだと判明した。アルベルティは、作品を献呈したフェッラーラ侯爵レオネッロ・デステに、作品をまったく新しいものとしてではなく、現存する様々なテクストのうちに見出したものの「短い摘要」であると説明している――彼はそのことを明確にしていないとはいえ、それらのテクストはフェッラーラの図書館で参照したものだったのだろう[1]。

アルベルティは、以前の作品で行なっていたように、彼の望んだ読者層を同定した序文の一節で、この作品の概要を示すように努めている。そのテクストは、要を得た簡潔なもので、また高水準の普遍性を持つようにあつらえられていた。彼は、こうした次元の解説は、きわめて実際的な主題についての論考としては奇妙に映るかもしれないと説明している。しかし、彼はふさわしい読者を考慮した結果として、そうしたやり方を意図的に適用したのである。「これを読む人々は、わたしは蹄鉄工や羊飼いたちのためではなく、きわめて学識のある、ひとりの支配者のために書いたのだということを念頭に置かねばならない。そしてそのことから、おそらく多数の知識に乏しい人々の求める以上に、こうした簡潔な方法で書いた理由も説明される」(2)。とまれ、ここでもまた、アルベルティは新たな言語――この場合は、馬の生殖と糞について適切に、また雄弁に議論することのできた言語――を生み出した。

しかし、アルベルティの馬に関する論考と、彼のそれまでの諸作品との興味深い類縁は、その内容の面にもっともはっきりと現れている。彼は『絵画論』の中で、ゼウクシスは五人の女性から選び出した特徴を描くことによって、いかにして芸術作品の中に最高度の理想美を作りあげたかについて説明していた(3)。『生気ある馬について』では、注意深く馬種の血統を選ぶことによって、いかにして理想的に美しい馬を実際に生産できるかについて、提示している。「馬たちの両親たる造物者として選ばれるのは、魅力的な外見をし、相応な年齢で、その務めに適しているものであることに留意しなさい」。アルベルティは、飼育者が求めるべき特徴をまずは父馬の中に、次いで母馬の中に注意深く列挙した。そして、ちょうど『家族論』の優生学に関する部分で、生殖の行なわれるべき正しい方法を説明するきまり悪さをものともしなかったように、今度は、馬が交尾するのに適当な時間の選び方、性的な刺激の適切な段階へと雄馬を導くやり方について、詳細に説明したのだった。かつて少年たちの身体的、知的活動をその年齢に適応させる方法を説明したように、今度は、子馬の時期から戦闘や狩猟に使えるようになる年齢に至るまで、年を追って馬の調教方法を詳しく示したのである。そして、少年たちの教育において身体的な強制や行き過ぎた規律を拒絶していたように、ここでも彼はまた、馬は苦痛よりもむしろ喜びを与える方法でもっともうまく調教されると主張している。アルベルティの美学的、教育学的な理想は、人間の世界よりも馬の世界で、いっそう完全に実現できるものだったように見える。ゼウクシスと競った画家は、せいぜい現実にいる人間よりも美しい女性の理想像を描き出すことができるにすぎない。これに対して、馬の飼育者は、理想の雌馬と雄馬を作り出すことができたのである。

これまでと同様に、アルベルティはバランスをとる必要性を主張している。馬にその役目を果たせるようにするには、馬の感情は強すぎても弱すぎてもいけない、調教は過度でも不十分でもいけない、また均衡のとれた気性をし、習性は一定でなければならないと考えたのである(4)。しかしながら、同時に良馬は、有徳な人間のように、目的のある行動に絶えず従事しなければならない。「もしも誰かに」、と彼は述べている、「馬の調教で最初に強調すべき原則は何かと問われるなら、わたしとしては、単純に馬をよく働かせることだと答えるだろう。われわれの祖先は、馬に休息日はあるべきでないとしていた」。理想的な商人のように、理想的な馬は、「あらゆる種類の動きに対して備えており、その体は敏捷に振動し、また脚は地面を打ち、耳は鋭敏で注意深く震えて」いなければならないのである。また、絵画中の理想的な人物のように、理想的な馬は、あらゆる特徴においてその役割に適していなければならないし、その調教は時機、場所、気温、湿度などあらゆる面で身体的、精神的な構造の改善と、理想的に合っていなければならない。かつて人間の卓越についての理論を構築するために、自らの博識と美学を誇らしげに応用したアルベルティは、それらを今度は獣医学に関する君主の顧問として、応用したのである。[5]

こうした〔人間から馬へという議論の対象の〕変化は、衰退と凋落の物語のひとつの章のようにも見える。しかしながら、十五世紀の社会にあって馬への関心は大きく、多くの人間の地位《ステイタス》よりも高い社会的、文化的地位を有していた。他の家畜同様、馬は文明生活にとってなくてはならないものであり、人間よりも代替することの困難なものだった。そのうえ、宮廷において――そしてフェッラーラは文化的にもっとも革新的なイタリアの宮廷のひとつであった――馬は、他の多くの場所以上に重要視されていた。フェッラーラを統治していたエステ家は、馬に乗って戦闘や狩猟に出かけた。彼らは、速度を高めるように馬を調教し、シエナその他の町での「競馬《パリオ》」に参加させ、また自分の馬をお気に入りの芸術家に描かせていた。貴族にして軍人でもあった彼らは、熟練した馬術家でなければならなかった。楽しみと気品を身に備えた乗馬によってこそ、領地における支配者の役割はふさわしく演じられたし、またいくつかの例によれば、外国での出世にも一役買っていた。アルベルティのパトロンだったレオネッロの庶子フランチェスコ・デステは、シャロレーのシャルル公やシャルル豪胆公の名高い北方の宮廷に、何年にもわたって仕えたけれども、そうするためにはよい馬術家であることを必要とした――そして、その宮廷でフランチェスコは、戦争と馬上槍試合において積極的な役割を果たしたのである。[6] アルベルティ自身もまた、馬の美しさについて実に高く評価していた。彼は馬を、彼自身よく設計された建築を特徴づけるべきものと考えていた〈partitione〉、すなわち「すべての部分の均整と調和」を有するイメージとして見ていた。[7] 馬に関する助言を正しいラテン語できわめて優雅に行なう際に、アルベルティは、恵まれた地位である、宮廷での専門技術家としてふさわしい仕事を担っていたと言える——それはまさしく、通常は彼が仲間に加わることを熱望していたエンジニアたちが演じるような類の役割だった。実際、馬とその管理に関するアルベルティの論考は、自身に適った、有益となる役割を見つけることに成功したことを物語っている。そしてそうした役割の中で、彼は人を見る眼のある寛大なパトロンのために、彼の恐るべき技量を駆使できたのである。

　すでにこれまで見てきたように、アルベルティは、一四四〇年代までフィレンツェで、自らの居場所を得るために働いてきた。しかし彼の祖先の仕えていた共和国は、いつも彼を受け入れてくれたわけではない。そこで早くも一四三七年には、彼は明らかに、ひとつもしくはそれ以上の世俗の宮廷——その支配者たちは人文主義者たちの新しい学問と、アルベルティのもっとも賞賛していた画家、彫刻家たちによる新しい芸術を熱心に支援していた——で、多かれ少なかれ同時に、別の道を歩むことを考え始めていた。何年にもわたり教皇庁の一員であった彼は、目上の者や同等の者と、外交的にどのように接したらよいのかをすでに理解していた。またおそらく彼は、パトロネージ関係について熟知し、自分自身の誇りを妥協させることなく他者のために働く方法を知っていたレオナルド・ダーティのような友人たちに、相談したのであろう。ダーティのジロラモ・アリオッティ宛の書簡は、率直にして几帳面という印象を与えるし、そうした感覚をもって、彼らは自分や、アリオッティのように彼らの関心事からはより周縁的な位置にいた者同士で恩顧を交換し合っていた。「しかし、わたしの主人《パトロン》はこのことをご存知ですし、このように何度も煩わせることはわたしの身分にはふさわしくないだろうと思います。バッティスタ・アルベルティは、ひと月以内にここへやって来るでしょう。わたしは事情を彼に知らせましたし、彼は主人にそのことを話してくれると約束しました」[8]。彼らの共通の友人マッテオ・パルミエーリは、一四三〇年代には活動的生の美徳について論じ、後年になるとより観想的で神学的な関心へと転じたが、その彼と同様に、アルベルティとダーティも、世界は変わりつつあると感じていた[9]。一四四〇年代までには、広場や都市で自由になされた能力《ヴァーチュー》の追求は、創意に富む文学や芸術作品を支援できた有力者のパトロネージによって提供される可能性に比べると、はるかに彼方にある理想のごとく感じられるようになってきていたのである。こうしてついに、アルベルティは宮廷で名をなすための綿密な計画を立てるに至った。ここでいっそう注目すべきなのは、彼が精密に、また規律をもってその計画に従事したということである。一四四〇年代半ばまでに、彼はフェッラーラ宮廷での絶大な文化的権威という地位を占めるようになっていた。さらに重要なことに、彼は宮廷人としての新しい生き方を確立し、それは彼をはるか彼方にまで誘うことになったのであった。[10]

教皇庁の一員にして、実質的に聖職録を持つ者として、アルベルティは純粋に宗教的な経歴を選ぶこともできたはずである。彼の『聖ポティトゥス伝』は、明らかに読者である何人かの聖職者の興味を引きつけ、彼らに好意的に受け入れられていた。また一四三〇年代半ば以降、彼と教皇庁の同僚たちは特権的な地位を占有するようになっていたし、その地位からは、当時のもっとも活気に満ちた教会の発展を見渡すことも、望むならそこに参加することもできた。一四三一年以来その地位にあった教皇エウゲニウス四世は、暴動によって一四三四年にローマから追放され、教皇庁とともにフィレンツェに移動することを余儀なくされていた。ずっと開かれ続けたままのバーゼル公会議は理論上、教皇権自体に挑戦したように、実際上も教皇の権威に対して永続的な異議申し立てを行なった。しかしエウゲニウスは、一四三七年までには、その権威をいくつかの新しい局面で見事に再提示していた。まずもって、彼は完成したフィレンツェのサンタ・マリア・デル・フィオーレ大聖堂の献堂式を主宰した。続いて、バーゼル公会議との激しい対立の後、対トルコへの支援を切実に必要としていたビザンティン皇帝とコンスタンティノポリス総主教に、フィレンツェあるいはイタリアの他の場所――バーゼルでも、公会議によって提案された他の都市でもない――へ、ラテン教会〔カトリック教会〕との新たな統一交渉を行なうため来訪するよう確約させるのに、何とか成功した。一四三七年の十一月までには、ギリシア人たちは彼らの平信徒、および総主教と皇帝という精神的支配者たちに先導されて、その旅程についた。続く二年間、エウゲニウスは、フェッラーラとフィレンツェで彼らとの交渉を進め、明らかに神学的な討論の側面（キリストの神性）と、象徴的な行為（服従の形式）というあまり明確ではない側面について、意見を取り交わした。アルベルティは、教皇や教皇庁とともに、まずはエウゲニウスが一四三七年の大半をすごしたボローニャへ、続いてフェッラーラへと移った。神学と典礼をめぐる議論に参加した多くの有力なパトロンたちの存在のおかげで、彼やその他の才能を持つ者たちは、確かに出世を望むことができたのだった。[11]

こうした時期における教皇庁という社会は、素晴らしく、また華々しくさえあった。アルベルティの友人ラーポ・ダ・カスティリオンキオは、その社会を天上における天使の位階の、地上における等価物——すなわち完全なるもの、ないしは人間の到達しうる完全性にもっとも近いもの、として記述している。

> 教皇庁の司祭は、人間に付与されている威厳の中でも、最高のものです。われわれはここに何よりもまず、神の座所であり、神に次いでわれわれが有する偉大な存在である教皇を見るでしょう。教皇は、人間による決定で選ばれるのではなく、聖なる威光と神によって、また神自身の御声と権威によって選ばれるのです。次に続くのは、使徒たちの階級に相当する、傑出した素晴らしい枢機卿の聖職者集団です。彼らは、教皇が職務を遂行するのを助けるばかりでなく、教皇庁に光彩を添えているように思われます。それから、大司教、司教、総大司教、教皇庁書記官、ほとんど果てしない数の他の階級へと続いています。彼らがミサや他の聖務を執り行なうために集まり、堂々たる教皇座に座る教皇とともに、階級に応じて座り、また様々の多彩な声で賛美歌や詩篇を歌えば、誰しもそうした光景や音色に心を動かされずに、無慈悲だったり、粗野、残忍、もしくは神に対して残虐だったり、背いたり、また不信心でいることはできないでしょう。宗教的な感情は、驚異と甘美な喜びが魂を満たすように、見ている者の精神を司るべきなのです。奇跡に満ちた光景で満たされない眼、賛美歌の信じがたいほどの甘美さや調和に満たされない耳はないでしょう。地上でこの光景よりも美しく、より偉大で神聖で、賞賛に値し、また詳細に記録されるに値するものはないでしょう。そこに出席している人々や、生まれつき歓喜したり賛美したりする能力を持っている人々ばかりでなく、教会内の壁自体もそうしているように見えるのです。(12)

天球をジェシカに指し示し、その調和を記述したシェイクスピアのリオナードのように〔ともに『ヴェニスの商人』の登場人物〕、ラーポは教皇庁を、完全で永遠の、霊感を与える力を持つ生に満ちた豊かなものとして表現したのだった。

実際には、ラーポは、長く複雑な対話の中からの引用であるこの一節の示唆することよりも、はるかに曖昧《アンビヴァレント》な感情で教皇庁を見ていた。(13) 一方、アルベルティは自分自身の考えを持っており、それについて語ることになる。階級と序列に関する公然たる不正の被害者であることを自覚し、また彼の眼には腐敗し堕落したものとして映った教会への批判的な観察者であったアルベルティは、公会議のための準備をしたことから、その時代の聖職者への、弾劾にも等しいものを書くことを思い立ったのである。十月十三日から十七日の間にかけて、彼は二人の親族――フランチェスコ会のパオロ・ディ・ヤコポ・アルベルティと、法律家兼司教で後に枢機卿となるアルベルト・ディ・ジョヴァンニ・アルベルティ――による対話篇『司教《ポンティフェクス》』を著した。『家族論』の場合のように、アルベルティは自身の理論を表明することではなく、自ら「きわめて宗教的であり、重要な教訓的要素に満ちた」ものとして特徴づけた家族の議論を記録することを強調した。カルロ・アルベルティに献じられたこの作品は、理想的な支配者の美徳と義務を含む、多くの話題にわたるものを扱っていた。しかし、アルベルティは――生活の実際的なあらゆる詳細について語るその風刺的な傾向と魅力によって、しばしば同時代の読者たちから不信心の烙印を押されたとはいえ――二人の対話者の台詞を通して、何よりも自身を熱心なキリスト教徒と映るように配慮していた。彼は敵たる悪魔の策略について事細かに探査した――その敵たるや、「武器であれ火であれ、どんな種類の力も恐れない。彼から攻撃されたなら、堀を見つけ、またたとえ谷を見つけたとしても彼を撃退することはできない。強固に武装した衛兵たちでさえも、邸宅のもっとも私的な部分、内密の部屋から彼を閉め出すことはできない。それは人々を底知れぬ絶望へと突き落とすのです」。そしてアルベルティは、対話者である二人の聖職者――一方は托鉢修道会の一員であり、他方は「世俗の」聖職者で、俗世で重要な職務に就いていた僧――を、キリスト教的規律の理想の人物像に仕立て上げたのだった。

『家族論』におけるジャンノッツォと同様、パオロとアルベルトは、悪徳に抗する最良の防御である自己修練の技術について記述している。二十歳にして成熟に達し、十全な自己認識を持ってからというもの、アルベルトは、ミサという日常の行為を、本質的なものと見なしていたと説明している。というのも、ミサはあらゆるかたちの悪徳から守ってくれるよう、神に祈らせるからである。彼は、悪魔が退散する前に身を潜めているかもしれない、自分の住まいのあらゆる場所をくまなく調べる。フランチェスコ会士であるパオロの返答は、アルベルトがただ示唆するだけだったことを明らかにしてくれる。すなわち、善良な商人が、未払いの勘定や残った仕事について記憶をひとつひとつたどるように、善良なキリスト教徒は、自分の心に罪がないかを毎晩細かに調べなければならないのである。「あなたのおっしゃっていることはよく分かります。わたしは悪徳が身を潜めているかもしれない、あるいはそれを隠してしまうことができる心の中のすみずみを、見て回らなければならないのです」(14)。アルベルティの禁欲主義は、単に内なる世界のものではなかった。彼の考えでは、積極性《アクティヴィティ》と自制は、経済生活と同様に、宗教生活においてきわめて重要な役割を果たすべきものだったのである。

しかしアルベルティは、対話の主人公たちを〔聖職者の〕典型のような人物というよりは、むしろ理想の人物として設定した。両者ともに、対話を通じて、高位聖職者への経歴を歩んでいる誰にとっても、自らを堕落させるような影響から精神と魂を守ることがいかに困難であるかについて、繰り返し説明している。高位聖職者は、家長のように、大きな家の主として振舞わなければならないのである。パオロは、〔家政について〕ジャンノッツォが主張したように、迅速に十分な給与を支払うことは、使用人に雇い主と同じだけ忙しく働かせ用心深くさせるための、賢明な方法でも義務でもある、と主張している。しかし――と、彼は続ける――高位聖職者の家は、特殊な問題を引き起こす特殊な性格を持っている。その成員はといえば、血縁者ではなく、雇われた召使たちからなっている。聖職者は、徳のある者だけを引きつけ、その雇用期間中に彼らをしつけるために、きわめて勤勉に振舞わなければならなかった。しかもそうした場合でさえ、自分の仕事を完全に知られることのないように、思慮をもってある特定の職務の秘密を守ることが必要とされた。さらに、仕事によっては、持続的に遂行するのが難しいと判明するものもある。パオロはアルベルトに、裸行者であるインドの伝説上の賢人たちの中に、法定代理人としての任務を果たすのに十分に「賢く、節度があり、禁欲的でもある」人物を探してみるよう勧めている。もっとも厳格に処置してさえも、活動的で誠実な人物の間に、怠惰や、不実、私欲がこっそりと入り込むことを阻止することはできないのである。

ある程度の距離からは、教皇庁はおそらく地上にもたらされた天使の聖歌隊のように見えたことであろう。しかし実際の教会の仕事は、その中心にあっても各教区にあっても、司教やその協力者たちに委ねられていた。そして、誰も司教制家族体《エピスコパル・ハウスホールド》の長を羨むことはなかった。というのも、アルベルトの記述にあるように、司教は世俗の家長たちの持つあらゆる任務を負っているにもかかわらず、血縁と家系の伝統によって家長に付与されていた、すべての恩恵を奪われていたからである。

　家を司ることは、家長よりも司教にとって厳しいものなのでしょう。家長は、彼から生まれて彼に育てられる、あるいは彼に愛と信頼で結びついている親近者の中で育てられる自分の子孫の世話をしなければなりません。彼は、親族をよい方向へ導くために、自分の意志で行なうことのできる多くの適切な方法を持っています。説諭すること、矯正すること、遺言書から彼らを除くと言って威嚇するといったことです。何よりも家長は、血縁によって結びつき、一緒に暮らし、適切な振舞いを身につけ、強情がらずに両親の言葉に従順な親族を、徳へと導くことに、実際に喜びを見出せるのです。しかし、われわれ司教は、まったく異なる状況に直面します。われわれが最初に自分の教区のことを考えるときには、必要とする数の召使をそろえることができるように、どこからでも人を集めなければなりません。こうしてかたちをなす家族は、異なる言葉を話し、異なる慣習に従い、異なる国で育った人々から構成されています。彼らはあなたに仕えたいのではなく、自分自身のための利益を得ることを切望しています。彼らは労働を恥じているのではなく、恐れているのです。威嚇や契約でも、こうした扱いにくい魂を難なく従順にすることはできないでしょう。(15)

親族と生活をともにする経験をほとんど持たなかった〔アルベルティのような〕亡命者の無邪気さのほどは、血縁で結びついている親族集団に対する、こうしたアルベルティの理想化のうちに表れている。しかし、彼の描いた高位聖職者たちの生活は、冷酷に淡々と語られるリアリズムそのものである。司教の公邸は、明らかに理想主義者たちのための場所などではなかった。テクストの最後——そこでアルベルトは、「いつものように、われわれの市民たちが、われわれに助言を求めている問題について聞くことのできる大広間」に移動する時がやって来たと述べている——は、在俗司祭を並の範囲の策謀家へと結びつけていた、俗世との関連を強調しているのである。

　アルベルティの二人の対話者が述べているどんな特殊な問題よりも厄介で、潜在的にいっそう有害であったのは、その高い職務ゆえに聖職者に要請される、生活様式全般であった。大家族の主《あるじ》として、聖職者は、裕福になりたい召使に対してだけではなく、入口に群がる物乞いに対しても、邸宅を開いておかなければならなかった。親切めかした振舞い《ホスピタリティ》は、社会の無秩序を生んだのである。しかしそれはまた、聖職者たちに、高水準の生活を送るための言い訳をも提供した。アルベルティの対話者たちはどちらも、あまりにも多くの司教と他の高位聖職者が、一般信徒と変わりなく、絶えずつきまとう富と権力という罪に身を投じていることを認めている。アルベルティの対話篇のもっとも生き生きとした一節は、贅沢によって堕落した聖職者を記したものである。彼らは僧であるにもかかわらず、もっとも高価な絨毯が眼の前に敷かれ、あらゆる陸と海でとれたご馳走が皿に盛られ、高価な貴金属と器でテーブルが飾られていなければ、食事の席に着こうとはしなかった。教会はあまりにも多くの泥酔した司教たちに満ち、「その額と顔は紅潮し、眼は酩酊のために充血していた」。またあまりにも多くの偉ぶった司教たちが、自分たちを崇敬する態度をとる者でなければ、言葉をかけられるのを嫌がり、聞き取りにくくわざと声の調子を落とすようにして人々に返答を与えていた。アルベルティが記したように、教会の高位者には多くの偽善者が含まれていた。彼らは「首を曲げ、肩を落とし、手をだらりとさせて」歩くことによって、自分たちの神聖さを見せつけたものの、徳の高い敬虔な者はごくわずかだったのである。

　要するに、教会は、人生を成功と徳に満ちたものにしたいと願う人々を引きつけるというよりも、むしろ追い払ってしまったと言えるかもしれない。その豪奢さは、信仰心をくじくものであった。なかんずく、教会は若い学者たちには何の希望をももたらさなかった。聖職者のうち、彼らの召命に理論的に必要とされる教養を身につけ、またそれを愛している者などほとんどいなかった。それゆえ、パオロが最後に指摘しているように、学識ある者たちは、満たされぬままに取り残されたのだった。アルベルトはフランチェスコ会士パオロに同意して、学者はもっとよい待遇を受けるべきだとしている。彼は、学者は「乙女たちのゆるぎなき純潔、あるいは寡婦の涙、または修道僧たちの断食や隠者の栄誉」よりも、実際に教会に貢献していると論じるのである。[16] とはいえ、彼は人文主義者たちの状況が実際に改善されるどんな見通しも示してはいない。

　他の多くの事例と同じように、この場合にも、アルベルティの採用した対話形式は、問題となる基本原則に関する、彼の心の中の本質的な疑念を映し出してはいない。教会における異なる立場にもかかわらず、二人の対話者たちは、聖職者の生活と規律――あるいはその欠如――をめぐるあらゆる重要な問いに対して、意見を一にしている。むしろ、アルベルティは世俗の宮廷での成功を追求するという自身の公的な決意を素早く、文章のかたちにまとめるために、対話形式を選んだようにみえる。彼は『司教《ポンティフェクス》』を執筆したと同じ一四三七年に、『家族論』に第四書を加えている。ここでも彼は対話形式で著し、またそこでは、『家族論』の〔第四書〕以前の書で行なっていたように、基本的な立場同士の葛藤を作り上げるためではなく、物語を語るために対話形式を使用した。第四書は、ちょうど一四〇〇年前後の年代に設定された、話中の挿話である詳細な語り、すなわちアルベルティなる人物はどのようにして世俗の宮廷や教皇庁で高い地位を得るようになったかについての語りから始まる。こうした主人たちに仕えれば容易に名誉を損なわれえたけれども、アルベルティは自身の名誉をけがすことなく世俗的な役目を手際よくなしとげるのである。

レオン・バッティスタが議論の舞台として設定した夕食の直前に、いかに家族を守るかや、都市における成功と名誉の性格についてすでに議論していたアルベルティ家の人々は、新しい話題を始める。もうひとりの仲間で、機知に富んだブートの登場に活気づけられて、彼らは友愛について議論するのである。彼らの議論は、もっとも重要な友愛を可能にする性質から、関係を終わらせるための適当な方法まで、多くの論点に言及している。しかし、前半部分の中心的な主題は、支配者と臣下の間の友愛である。公的な生活を経験した家族の一員であるピエロは「わたしがそうしたように、君主の内密な私室にも入る道を見出し、君主の善意や友愛によって、拒否される危険をおかさずに、必要を適え願いを満たせるだけそこに留まる」にはどうしたらよいかについて、バッティスタとカルロに説明する役割を担っている。言い換えれば、アルベルティの対話者たちは、最初から、感情に訴える間柄というよりもむしろ手段としての友愛について話している。つまりは、実際的な特定の目的をなしとげるために、冷静にその一員となることを選択する関係としての友愛なのである。

十分な方向性と目的の定まった活動としての友愛――あるいはその獲得――は、当然のことながら、洗練された技巧《テクニック》を発達させて適用することを必要とする。ピエロは、青年たちは「ほとんど記述されることのなかった、わたしの様々に異なる工夫、めったに使われない常道をはずれたやり方を、喜んで学ぶでしょう」と請け合っている。彼はそれらを「市民生活において、人々とつきあうためのもっとも有効な方法」として勧めている。後に対話篇の中で、他の話者たちはピエロがただ示唆するだけだったことを明らかにしている。それは、主に道徳的な言葉で友愛を扱った古代文学は――古代の政治がらみの歴史家たちは、社会的結束を形成しそれを維持するのに有効な実例をなお提供することができたとはいえ――現実世界での「現実的な方法と人々の習慣」に関して、提供すべき何の実践的な助言もないということである。

ピエロは実に興味深い話を語っている。ミラノ公ジャンガレアッツォ・ヴィスコンティ、ナポリ王ラディスラオ、教皇ヨハネス二十三世の三人の偉大な支配者たちと、いかにして親しくなったかについての話である。これら三人の例は、フィレンツェの読者たちの注意を引きつけるよう、巧妙に選ばれている。ジャンガレアッツォとラディスラオはともに、前者は一四〇二年に亡くなるまで、後者は一四一〇年代に、アルベルティ家を追放したフィレンツェ共和国と戦争を行なっていた。コンスタンツ公会議によって教皇権を放棄させられたナポリ人のヨハネス二十三世は、一四三〇年代にフィレンツェ領へ隠居したものの、不信仰から男色まで事実上ありとあらゆる罪状で告発されている。有力なフィレンツェの家系の一員は、こうした人々に立派に仕えられたと論じながら、ピエロ――そしてアルベルティ――は、才能と行動力によって人は生まれ故郷から実に遠い場所にまで行けるのだ、と示しているわけである。

ピエロは、ジャンガレアッツォに仕えていた頃には、政治上の困難を避けることを簡単だとは思わなかったこと、一瞬気まぐれな教皇ヨハネスの宮廷に仕えていた頃には、「そこにはいつでもにして恩顧を得たり失ったりするため、も、教皇にいっそう気に入られている者に対して憎悪を抱き、解雇しようとする件の陰謀があった」と、その危険を認めている。ピエロが述べるように、宮廷人の運命は登山家の運命に似ている――登山家は、突破しなければならない新しい岩壁に絶え間なく直面するし、その各々は前のものよりも滑りやすく、また砕けやすいのである。細部にたゆまぬ注意を払い、常に厭うことなく自身を順応させることによってのみ、ピエロは高い地位を保つことができた。王侯の従者というサメたちのたくさんいる水中を泳ごうとする宮廷人は――著しい共通点を選んでピエロが指摘しているように――絶えず用心していなければならないし、ちょうど血統のよい猛禽を訓練する鷹匠のように、厳しく技を磨かなければならなかった。たったひとつの失敗でも転落をもたらしかねないのである。

わたしが公爵［ジャンガレアッツォ］のところに出仕していた頃は、常に警戒怠りなく、絶え間ない苦労を味わいながら何が起きているかを正確に観察し、彼に同席しなければならないときにはいつでも、遅れたり出席し損ねたりすることのないようただちに馳せ参じることを、難儀で面倒きわまりないと思っていました。ラディスラオと一緒のときには、ほとんど心の安らぐ暇はなく、自分自身の活動や用事に決まった時間を割くことができないことを、ひどく煩わしく感じていました。どこであろうと彼のお側近くに侍るよう、とても強く求められたので、それによってわたしは、偉大な人物の恩顧を受けるという修練は鷹の訓練のようなものだ、という諺は真実であると思い知った次第です。一回の飛翔だけで、彼を手におえない、おかしなものにしてしまうかもしれないのです。一回のわずかな過ち、間違ったほんの一言（あなたがた教養人なら書物中の何千もの例を知っているでしょう）、いやたった一度の卑しい一瞥でさえも、君主が最初は非常に寵愛していた者に対して、激しい憎悪の感情に陥ってしまう原因となりうるのです。

宮廷生活は、鷹の訓練法のように手際のよさと柔軟性を必要とする。宮廷人は、彼自身と支配者の人格を形成するすべての振舞いを台無しにしてしまうような苛立ちを起こしたりせずに、堂々たる意志によって支配される、優れた麗しい存在になるように訓練しなければならないのである。

とはいえ、そうした危険にもかかわらず、宮廷生活はまた多大な報酬をも提供する――それは大変な労力を要する経歴の最後に、落ち着いてもっともよく味わえる報酬である。ピエロは、彼がこれらのきわめて異なる君主たちの寵愛を勝ち得た技量を、どれだけ蓄えているかを雄弁に説明している。彼の独立旺盛な心と機敏な機知はジャンガレアッツォを喜ばせる一方、彼の語るところによれば、熊狩りの際の犬の使い方をよく知っていたことで、ラディスラオの命を救うこともできた。二世紀後のサン゠シモンのように、ピエロ――あるいはアルベルティ――は、宮廷人はすべての注意を君主の意志に集中させなければならない、またたとえそうすることは厳しい自己修練を要するときでさえも、常に同席していなければならないと強調している。宮廷人は成功する自己を作り上げるというピエロの説明は、ジャンノッツォの説明ほどは知られていないものの、それと多くの共通性がある。

わたしは大いなる忍耐を発揮し、ほとんど信じがたいほど毅然たる態度を示さなければなりませんでした。君たちに保証するが、わたしは他の用件があるふりをしながら、こうした御仁たちに会って挨拶するためだけに、丸一日食べ物も口にせず、待ち続けることもしばしばでした。彼らの眼にさらによく思われるのに役立つ機会、日々ますます知遇を得て、彼らとより親しくなるのに適しているように見える、どんな機会をも、勤勉を欠くために逃すなどということは、どうしても避けたかったのです。さらに念を入れて、わたしのことをうんざりだなどと思わせぬよう、必ず何らかの新しい期待の種を抱かせてから、暇乞いをすることにしていました。つまり、わたしは謙虚さと彼らへの敬意によって好意を持たれるようにする一方で、わたしを眼にするのは幸せなことなのであって、常に何らかの新しい貢献を与えてくれる存在なのだと思われるよう、印象づけていたのです[17]。

ピエロの逸話は、アルベルティ家に言い伝えられた伝統から派生したものかもしれないし、またそうでないのかもしれない。しかしそれらは、レオン・バッティスタ自身、世俗の宮廷での生活は安寧なものであるという幻想を、その仕事に乗り出そうとしていたときでさえも、抱いてはいなかったことを示している。むしろ、彼はピエロのように手際よく注意を怠らない、貴族の航空管制官となるために、持てるすべての力を集結させて自分自身を訓練したし、うごめく宮廷内部へと向けた確かな注意力によって、不協和音や衝突を防ぐことができたのであろう。

一四三八年にアルベルティが記した自伝は、歩き方、乗馬、そして話術の技芸を優雅に行ないたい——それも何の苦労もなしにやっていると見えるように行ないたいという希望を強調している[18]。そう語ることで、アルベルティは、自分は栄誉を得られるのだという彼の件の信頼感〔自信〕ばかりでなく、すでにすごしてきた環境より有望ではあっても同様に危険な新しい環境の中で、成功しうる自分自身を実現したいという格別の願望をも表明している。『家族論』第四書の最初の方で、リッチャルドは友人を作るのに役立つ資質を定義しようとしている。美徳は、財産がそうであるように確実に役立ち、貧困は確実にそれを妨げる、と彼は述べる。しかし、本当に重要な資質とは「わたしにはどのような呼び名も見出せない、人を引きつけ、他の人よりもその人を愛させる何ものかです。それは、どこかは分かりませんが、たとえば顔つきや眼差し、作法、またある種の優雅さと謙虚さに満ちた魅力を与えているその人の存在に属するものです。それはまったくもって筆舌に尽くしがたいものなのです[19]」。アルベルティは自伝を書いたとき、自分は世俗の優美さというこうした神秘の振舞いをなしとげたと信じていたし、あるいは信じようとしていた——それは、百年後にバルダッサーレ・カスティリオーネが「さりげなさ《スプレッツァトゥーラ》」と呼ぶことになる、あからさまな労苦を表に出さずに行なわれるものと非常に近い状態のものなのであった。

アルベルティは、普通の人生行路以上のものを心に思い描いていた。彼は、自分の仕えたいところがどんなところかも分かっていた。一四三〇年代以降、侯爵としてポー河流域のフェッラーラを支配していたエステ家は、イタリアの政治舞台と人文主義者の学芸世界の双方に多大な印象を与えていた。フェッラーラという都市自体も非常に魅力的であった。それは航行可能なポー河の支流にあって、ヴェネツィアとボローニャの間という便利な場所に位置し、フィレンツェよりもはるかに小さく、住民はおそらく三万人を超えることはなかったし、製造業の中心地になることもなかった[20]。しかしフェッラーラは、商人や大使たち、また北方から中部イタリアへとやってくる人々にとっての停留地として役立っていた。豊かな農場や牧草地に囲まれ、裕福でよく統治されたフェッラーラは、経済的な仲介者であることに加えて、政治的な役割をも果たした。その外交力で知られるエステ家は、交戦状態にある南北の広範な諸国家間の平和条約を交渉するのに慣れていた。一四四一年の死まで侯爵であったニッコロ三世は、世評によれば、敵方の大使を泊める宿屋を見つけることから、政治的妥協を可能にするうまい言葉を考案することまで、ありとあらゆる手はずを整えられたという。言い換えれば、エステ家は、この時期——ヨーロッパ最初の駐在大使の時代であり、近代的な最初の不可侵条約であるローディの和約の時代——にその永続的なかたちが作られた、職業的外交という新しい政治的、文化的な戦略活動を生み出すのに一役買ったのだった[21]。乗馬と狩猟、鷹狩りによって鍛えられた、強固で有能な軍隊を備え、当時の新しい戦法に熟達し、醜いながらも印象的な容貌を持ち、家臣や寵愛した者に対してさえたちまち恐ろしい暴力をふるう傾向のあったエステ家は、もっともカリスマ的なルネサンスの専制君主に属していた。彼らは、ギリシア、ラテン両教会の来るべき公会議にとって明らかに適した主催者であり、フェッラーラもまた好ましい開催地だったのである[22]。

エステ家は——ナポリのアラゴン王アルフォンソやウルビーノのフェデリゴ・ダ・モンテフェルトロとともに——革新的な芸術家や学者に強力なパトロネージを行なった最初のルネサンスの支配者でもあった。一四三七年十月の教皇庁のフェッラーラ到着の頃までには、町はすでにいくつかの印象的な芸術作品と建築を誇っていた。キエフ大主教のイシドールに公会議まで随行したロシア人のひとり——彼はすでにリューベックやニュルンベルクといった、豊かで壮麗な北方の都市を見ていた——は、町を統治する巨大な城によって支配されたフェッラーラの中心地区で出会った、高い技術と荘厳な建築の印象深い結びつきを見て、その驚きをこう記している。

教皇の御所には、石で作られ時計と巨大な鐘で飾られた、広場から聳《そび》える大きな高い塔があります。鐘が鳴ると、町の至る所で聞こえます。塔の正面には、二つの入口を持つ柱廊があります。鐘の鳴る時間には、天使が塔から柱廊の頂上に顔を出すのです。それはまるで生きているかのように眼前に現れます。そしてトランペットを演奏した後、天使は他の入口を通って塔へと戻ります。天使とトランペットを見る者は誰しもその音色を聞くでしょう。また時間になると、天使は鐘に近づきそれを鳴らします。[23]

十五世紀を通じて、エステ家は常にイタリアにおける偉大な宮殿の建設者であり、視覚芸術の熟練した目利きとなっていた。公会議の開催以前でさえも、エステ家は古典教育と人文主義文学の有能な庇護者となっていたのである。一四二九年、彼らはもっとも博識で有能な人文主義の教師グァリーノ・ダ・ヴェローナをフェッラーラに呼び寄せることに成功し、そこで彼は優れた、名高い人文主義の学校を開いていた。[24] 一四三一年以降、レオネッロ・デステはグァリーノの弟子として七年間をすごしている。彼は古典的なラテン語を読むことに加えて、書くことも身につけ、熱心な蔵書家にすらなったのだった。

一四三〇年代末には、フェッラーラはますます活性化していた大学や豊かな個人蔵書、活発で魅力的な知的サークルを誇るようになっていた。個人の邸宅は、洗練され心地よい生活スタイルを提供し、それは都市と田舎を結びつけていた。たとえばアルベルティの友人ラーポは、彼や彼の友人にしてその支持者であったアンジェロ・ダ・レカナーティが、公会議の間にどのように一緒に食事をし、ローマ教会を苦しめた困難について嘆き、昼食後には近くの心地よい庭を散歩したかを、記している。「そこで、木々とブドウ畑の合間をいくらか歩いて疲れたところで、わたしたちは草の上に座り、以前と同じように話を始めたのでした」。[25] フェッラーラ人の別荘はジョヴァンニ・アウリスパやジョヴァンニ・グァレンゴの別荘のように、申し分なく蒐集され適切に収納された、素晴らしい蔵書を収容していた。公会議の間、ミラノの学者アンジェロ・デチェンブリオの回想では、グァレンゴはレオネッロと彼のすべての宮廷人たちを別荘に招待した。前の晩にグァレンゴが見事な銀の器に集めた露で洗った、今年最初のイチジクを味わった後で、訪問者たちは、彼の図書室への階段を登った。その床と本棚に、彼は芳しい白と紫の花をまき散らしていた。[26] 心地よい飾りつけは、明らかに生き生きとした議論を促進させた。デチェンブリオのフィクションめいた説明によれば、間食を楽しんだことで、レオネッロと彼の友人たちがキケロの読み方をめぐる詳細な議論に参加することが妨げられることもなかったのである。

よりささいな典拠からも、フェッラーラは活気ある知的生活の場となっていたと確認できる。医者であったウーゴ・ベンツィは、グァレンゴよりも賓客に対していっそう周到なもてなしを行なった。哲学的関心を持つすべてのギリシア人の公会議訪問者たちに豪勢な昼食をふるまった後で、ウーゴはテーブルを片づけさせ、「ギリシア人が論破しようと決めたいかなる立場も、これを擁護するつもりであると断りつつ、プラトンとアリストテレスが彼らの著作の中で意見を異にするあらゆる哲学的な話題」について、自分と議論させようとした。その議論は何時間も続いたものの、ラテン人であるウーゴが博学なギリシア人たちとの討論に勝利することができた。エステ家の宮廷は――後に教皇ピウス二世となったエネア・シルヴィオ・ピッコローミニがこの逸話を記して述べているように――「常に学識者を歓迎していた」(27)のである。言い換えれば、フェッラーラは、アルベルティの特別な技量や主要な関心事に完全に当てはめることのできる文化的機会を提供したのであった。この町には、彼の繊細で引喩に富む散文や、その土台となっている新しい文体の理想を高く評価する能力を持つ、学者やパトロンたちが集まっていたのである。

一四三〇年代半ばまでには、フェッラーラとフィレンツェのサークルの間には定期的な接触があった。レオネッロ自身、一四三五年にはフィレンツェを短期間訪れている。また同年五月、彼の兄メリアドゥーセと、詩人ボイアルドの祖先に当たる博学な宮廷人フェルトリーノ・ボイアルドは、フィレンツェの「教皇庁のより奥まった場所での」活気ある議論に、「高い資質をもつ何人かと一緒に」参加した。ポッジョは、ローマの歴史家リウィウスを十分に賞賛し、その作品の年代の幅や扱った題材の多岐にわたる範囲、そしてプルタルコスや他のギリシア人が何と言おうと、彼をもっとも偉大な歴史家にした素晴らしいラテン語の散文について議論した。ボイアルドもまたそれに賛同している。修道院図書室の偉大な探求者であったポッジョが、すでに流通している三十冊よりも、多くのリウィウスの書物が存在するという信憑性の高い情報を聞いたと言い始めたとき、ボイアルドは当初それに異議を唱えた。しかし、ポッジョが彼の聞いた噂、すなわち「ゴシック体の混合したロンバルド書体で書写された」リウィウスの百冊の書物を含む写本が、ダキアのどこかのシトー派修道院で見つかったという噂を詳細に報告すると、ボイアルドは関心を示すようになった。彼は報告書を自分の博学な君主へ送るようポッジョに要請している。

他の蒐集家たちと同様に、レオネッロはポッジョの熱狂に感化された。二年後、彼はポッジョから聖ヒエロニムス書簡の高価な写本を購入している。この古写本は、当時ボローニャにあった教皇庁での別の機会の対話の中でも話題となり、そこで蒐集家のジョヴァンニ・アウリスパは、それをレオネッロに売るようポッジョに勧めていた。[28] さらにレオネッロは、リウィウスの歴史書の三巻本のセットものをも購入して読みふけり、それを賞賛した。それはフィレンツェの書籍商ヴェスパシアーノ・ダ・ビスティッチによってそろえられたもので、冒頭ページは絡み合う白いブドウの葉状装飾――当時制作されたフィレンツェの書物でもっとも流行していた様式――で飾られていた。レオネッロは、フェッラーラの装飾画家たちによる、複雑に入り組んだ網目模様を好んでいたにもかかわらず、フィレンツェこそが概して誤りの少ない古典写本のもっとも豊かな源泉であると認めざるをえなかったのである。[29] この学識ある君主の素晴らしいラテン語の文体と、学問への虚飾ない愛情が、ポッジョに彼を敬愛させたことに何ら不思議はないであろう――もっとも、ポッジョ自身がその能力を疑問視していたフェッラーラの学者や蒐集家たちが、彼はレオネッロにあまりに高い金額で聖ヒエロニムスの写本を売りつけたと文句を言ったときには、いらだたしく感じたのではあったけれども。[30]

とはいえ、フィレンツェとフェッラーラの知識人の間のすべての交流が、友好的だったわけでも、礼儀正しいものだったわけでもない。実際、一四三五年には、ポッジョとグァリーノの間で鋭い文学論争が勃発している。ポッジョは、一四三三年までフィレンツェを支配していたアルビッツィ家体制《レジーム》による、侵略的な対外政策を心底嫌っていた。自分はフィレンツェの新たな当代の統治者たるメディチ家側の人間であることを示そうとして、ポッジョは平和の人スキピオこそ、古代の英雄のうちもっとも偉大な人物であると主張した。町を統治した最初のメディチ家の当主コジモに対する賞賛を記述した他の人文主義者たちも、彼を平和をもたらす者として常々表現していたのである。しかしながら、軍隊の勇敢さを賞賛していた支配者たちに仕え、彼らの教師でもあったグァリーノは、フィレンツェのもう一方の面を好み、その著作を若いレオネッロとともに読んだカエサルを賞賛した。[31] 議論は数か月にわたって続き、その過程でポッジョは、少なくともひとつの力強い文書を作成していた――それは、スキピオによって代表される類の共和国の自由が、古代ローマで文学と芸術を育むのに重要な役割を果たしたことを論じた長い書簡であった。しかしながら、たいていの場合、その論争は、ポッジョとグァリーノに――古典古代の著作中に、彼らの好む現代のどんな教訓でも読み取る能力とともに――彼らの多大な修辞学の技量と鋭い機知を誇示させるものであった。一時など、その論争は人文主義者の学芸世界の平穏を脅かすほど、非常に熾烈なものとなっている。学究肌のイギリス人でグロスターの公爵であったハンフリーは、ポッジョとグァリーノ両者の学識を褒め称えたものの、グァリーノの「痛烈で、あまりに中傷的な文体」を批判している。しかしながら、一四三六年の五月までには、レオネッロの仲裁と学識ある若きフェッラーラの司教座参事会員フランチェスコ・マレスカルコのおかげで、平穏が取り戻された(32)。これ以降、フィレンツェとフェッラーラの人文主義者たちは、親密な関係を享受した――一四四〇年代には、ポッジョは自分の息子ジャン・バッティスタをフェッラーラの教養人たちに紹介し、ともに学ばせている。

アルベルティは結局のところ――『家族論』第四書が明白に示しているように――直接的なアプローチは、支配者に接近する手段をもたない人間にとって最良の方法ではないと断定した。その代わりに――ピエロに議論させているように――人は当の君主の恩顧によってすでに高い地位を得ている、善良な意志を持った仲介者を見つけるべきであるとした。そのような仲介者は、その地位によって他者を――なかんずく君主が自分の自由な時間を進んで費やすよう助長することのできる者を――昇進させることができる権力を誇示しなければならない。ピエロは、一般的に言って、機転のきく宮廷人が、正直な斡旋人の趣味に話と行動を合わせることによって君主へと近づき始めることを、こう説明している。「わたしは、公爵との友愛に到達するには、彼の旧友や現在親しい者たちのひとりをうまく利用する必要があると思いました。そのような人物は、君主が通常従事している重要な公務でいつもより忙しくない時期に設けられた機会であればいつでも、ふさわしい時間と適切な方法で、わたしを紹介する仲介者となってくれるでしょう」

さらに、具体的な実例に対するアルベルティ家の好み――『家族論』で繰り返し表明されている――に従って、ピエロはどのようにしてこの原則を実践に移したかという話を、詳細に語っている。

彼［ジャンガレアッツォ］は善人をこよなく愛し、高貴な人々にとっての父親のごとき人物でした。そこでわたしは、彼を取り巻くあらゆる人々のうち、君主の覚え、特にめでたく、また誰よりも君主の秘密や私事について影響力を持つと、他の多くの人々から聞いていたひとりの人物を選びました。この人物は、わたしとしても嫌気など覚えることなく、十分に親交を深められましたし、また彼は根っから頼りになる人物で、しかも彼にとってわれわれアルベルティ家という名前は歓迎すべきものでした。さらに、彼は非常に運命に恵まれた地位に就いていたので、自分の持っているものに執着して、あるいは後にわたしを利用することを期待して、わたしのために彼のパトロンを紹介したり、その貴重な鷹揚さにあずかれるようにしてくれるのに手間取ったり、尻込みしたりするということはありませんでした。というのも、あなたたちも知ってのとおり、ある者たちはあまりに吝嗇なので、彼らとしていささかの影響力を持っている君主の存在や言葉をおすそ分けするのを渋り、あなたに高い報酬を強要しないでは、君主に会う機会など与えないものだからです。またしばしば、彼らは自分たち自身のためでなければ、君主の好意を少しでも使うことを避けるのです。そこでこの人物フランチェスコ・バルバヴァラは、知性にあふれ高貴な作法を備えた、君主側近の僕で、親切にして寛大、そして友情をわたしに授けるのを決して厭わなかった人でしたから、わたしとしても訪問と挨拶を重ねて、根気強く交際を深めた人物だったのです。彼は詩人好きだったので、わたしはときおり、記憶している限りの様々な詩人の詩、とりわけわれわれのメッセール・アントニオ・アルベルティの詩を朗誦したものでした。甘美な成熟に満ち溢れ、多くの繊細さと優美で彩られた彼の詩は、この教養人を喜ばせました。というのも、われわれの他のトスカーナの詩人たちと同様、アントニオの作品は、詠まれ、賞賛されるに十分値するものだからです。それから日を追うごとに、わたしは徐々にバルバヴァラの親友となっていき、その結果、彼はわたしを助け、わたしの栄誉と財産を増加させる何らかの道を見つけたいと望むまでになったのでした。そこでわたしは彼に胸襟《きょうきん》を開き、彼のおかげで君主への接近もかない、ありがたくも温かい歓迎を受け、足繁く近づく機会を得たというわけなのです。(33)

仲介者と交流を持つこと——斡旋者に自分の受けている恩顧を隠し立てせずに、そのいくつかを共有すること——は、彼の上にいる君主と友好関係を結ぶことよりも、たいがいは難しかった。それはいかにその人物を喜ばせるかということについての、絶え間ない思考を必要としたのである。「このわれわれの友人バルバヴァラとでさえも、ミラノ公の君主同様に、わたしは大いなる忍耐を働かせ、ほとんど信じがたいほど意志を強くしていなければならなかったのです」。しかし、その目論みは明らかに割にあうものだった。ちょうど聖人にとりなしてもらうのにふさわしい祈禱者が、信仰するキリスト教の神の恩寵を得ることができたように、寵臣との適切な関係は機転のきく宮廷人に、同様の恩顧を手に入れさせたのである。「そして、ご承知のように、わたしたちは、自身の勤勉と技量によってばかりでなく、わたしたちの支持者の熱意と巧妙さによっても大きくなるのであり、彼らの奉仕は、わたしたちの権威、尊厳、そして力を同時に増大させるのです」。多くの同時代人たち同様、アルベルティは、自分自身を個人的な業績や長所に基づいて経歴を構築した真の独創的な個人としてではなく、すでに高い地位を占めている人々の助力によってのみ前進しえる、複合した階級《ヒエラルキー》の一員と見なしていた(34)。十五世紀のイタリアでは、人々は神に対してではなく、聖人への恩寵のために祈りを捧げた。そしてまた、支援を得るためには、君主に対してではなく、その確かな寵臣に対して祈っていたのである。

さて、この時期の宮廷人は常に、フェデリゴ・ダ・モンテフェルトロやアラゴン王アルフォンソのような君主の視線にさらされていた。その勢いは宮廷に浸透する太陽のような存在であったため、君主はいつでも、部下の誰からでも自分たちの温情を撤回できた――黒を身につけることを好んだアルフォンソが、シエナ大使が宮廷に着てくる過度に美しいにしき織《ブロケィド》を台無しにしようとして、若い従者たちに彼に体をこすりつけるよう命じたときのように(35)。しかしながら、『家族論』の一節でのアドヴァルド・アルベルティの説明にあるように、太陽は地球に影響を及ぼす唯一の惑星ではなかったのである。そこで彼は、宮廷生活の技法を編み出すのはかなり難しいということを明らかにするために、宮廷における友好関係の研究と天文学研究との密接な類似を引き出している。

ああ、リオナルド、十分な幅と広がりで、この問題について本当に議論できるようになるまでには、さらにいかに多くの情報を必要とすることでしょう。それはまるで、天文学者たちから、火星は軍隊の勢いと戦いの結果を左右すると聞いた学生のようなものです。また水星は知識の諸分野を立ち上がらせるとともに、心の機微と素晴らしい技芸を司り、木星は宗教家の儀式と魂を取り仕切り、太陽は俗界の役職や諸公領の上に君臨し、月は旅と女性および民衆の間に精神の変動を促し、土星はわれわれの心の作用と企てを沈み込ませて遅らせる――そして、そのようにして学生はそれら各々の特徴と力を知ることでしょう。しかし、天での配置とそれらの上昇に応じた効果をいかに評価するか、それらの光線はどのように互いに好ましい、あるいは不都合な影響を及ぼすか、またそれらの〔天空上の〕合《コンジャンクション》はいかによき、ないし悪しき運勢を生み出すことができるかなどについて知らないならば、確かにその人は〔天文学者ではあっても〕占星術師とは言えないでしょう。こうしたありのままの原理を単純に認識することは、その技法のどんな理解にも不可欠です。しかし、それを認識したとしても、天が産出する見込みのあるものごとを予測し理解しようとする場合に必要な、ほとんど無数の法則、他の領域〔を学ぶ可能性〕への端緒を得たにすぎません。同様に、あなたの言うもっとも優れた著作者たちの与える〔友愛をめぐる〕たいそう有益な多数の例や格言も、われわれの必要としているすべての助けは与えてくれないのです。(36)

言い換えれば、宮廷は単なる一世間ではなく宇宙《コスモス》であり、それを理解するには、深遠で精力的な知性による努力を必要とした。そして宮廷人は、光と暖かさを発するまばゆい星々に、断固とした眼差しを向ける、宇宙研究家《コスモグラファー》のようでなければならないのである。

社会的な序列《ヒエラルキー》からなるこの夜空にあって、星の位置にまで昇りつめることは、権力の勢力分布図を描き出すことよりもずっと困難なことであった。それは、一本のロープをたぐって登るというよりも、むしろ複雑な積荷用の網に沿ってはい上がるようなものである。少なくともこれが、アルベルティが一四三七年にレオネッロ・デステの恩顧を得ることを目指して働き始めた際に取った挙動であった。そうすることによって――すなわち、彼の作品の登場人物たちが助言したように、友好関係を、分析され活かされる実際的《プラグマティック》な事柄として取り扱うことで――アルベルティは確かに、同様の方法で占星術師が惑星の合《コンジャンクション》について扱った際に行なったと同様に、自分自身もしくは他人の理想を汚すことはなかった。彼は単純に、社会を支配する力を構成的なやり方で扱おうとしたのである。

ここで、北東に位置するフェッラーラを見渡したとき、アルベルティは少なくとも四人の異なる人物を、自身の意志を通すことができ、それぞれに助力を求めることのできる存在と見なしていた。第一に、彼はレオネッロの兄メリアドゥーセと友好を結んだ。彼らの友好関係はおそらく、メリアドゥーセの一四三五年のフィレンツェ滞在の時期に始まり、そこでは古典主題についての議論も行なわれていたようである——それはたとえば、アルベルティも参加していたかもしれない、ポッジョによって記されたリウィウスに関する対話のようなものであっただろう。一四三七年に、『フィロドクスス』の改訂版をレオネッロに献呈した際、アルベルティは、メリアドゥーセを親しい個人的な友人として言及している。その献呈書簡で、彼はメリアドゥーセとの関係を、自分自身の業績以上に、レオネッロの恩顧を受けるための鍵となるものと見なしていたことを明言している。「わたしは、わたしの物語が、あなたの愛する兄君の望みや判断以上に、あなたの心を動かすと思うほど身のほどしらずではありませんでした」[37]。言い換えれば、アルベルティは、フィレンツェを離れる前にはすでに、会話と手紙の両方を通じてエステ家宮廷との接点を紡ぎ始めていたのである。

ポッジョもまた相当に影響力のある適切な仲介者となった。卓越し、敬愛される学者にして、善意に満ちたアルベルティのもっとも古い友人だった彼は、アルベルティと同様、レオネッロに提供される書物のすべてが、君主の上質で精選された蔵書室に受け入れられるわけではないことを理解していた[38]。それゆえに、一四三七年の十月十二日のレオネッロへの書簡において、彼はアルベルティの戯曲の「優美さと魅力」を賞賛すると同時に、著者アルベルティのレオネッロへの敬愛の念について書きそえているのである[39]。アルベルティには、古典的な教育を受けた若い君主であれば、彼の古代演劇の再構築について、関心と熱意をもって歓迎してくれるだろうと考えるだけの、あらゆる理由があったことになろう。

アルベルティは教皇庁とともに、フィレンツェから目的地〔フェッラーラ〕のほんの二十マイルのところにあるボローニャへと移動した際に、三番目の気取りのない仲介者と緊密な親交を持つようになった。それはポッジョの永遠の友人となる偉大な教師グァリーノであった。教皇庁とともにボローニャに住んでいた一四三七年の間、アルベルティは周囲にいる僧侶や高位聖職者の俗物性に、徐々に悩まされるようになっていた。そして直接的に鬱憤を晴らした対話篇『司教《ポンティフエクス》』のみならず、動物への愛好を表現することで人間への嫌悪を示した、皮肉で風刺的な形式のさらなる小品集を著すことに安らぎを求めた。たとえば、アルベルティ自身の犬への賛辞の中では、人間には見出せない動物の性質を礼賛している。どんな言葉でも素早く習得でき、勇敢にして活発であり、よく修練されているために、アルベルティの犬は、それぞれに致命的な欠点のあったいかなる古代の人物よりも有徳なのであった。アリストテレスは強欲で、プラトンは淫乱、キケロは野心的、カエサルは暴虐で、カトーは好色である。しかるにアルベルティの犬は、すべての徳を備え、いかなる悪徳をも持ってはいない。それは、どんな一個人の身体にも決して現れることのない、理想的な美を具現化さえしているのである。ゼウクシスはある理想の女神の表現を生み出すために、五人の乙女たちを吟味せざるを得なかった。しかし「わたしの犬は非常に端正な容貌をしているため、ゼウクシスであればクロトンの乙女たちから取り上げて絵画に描いたあらゆる美しさと優美さを、その容貌から引き出すのは容易であろう[40]」

　さて、皮肉文学の巨匠であるギリシアの著作者ルキアノスは、アルベルティがこの風刺的な傾向を持つ作品を制作するための着想を与えた。そして今やアルベルティに近いところにいたグァリーノが、蠅に関するルキアノスの風刺賛辞のラテン語版を著した際、アルベルティは喜びと熱意をもって作品が書かれたことに感謝している。この並はずれて機知に富んだ作品は、彼の病を癒しただけでなく、自身の長大な蠅の礼賛を書く霊感源ともなったことを明言したのだった。それは絢爛たる賛辞作品であり、そこでは虫たちをその敬虔さ（常に最初にミサに出席していたため）や、勇敢さ（どんなに大きく強い相手だろうと他の生物に進んで果敢に立ち向かったため）、そして知性（ピュタゴラスの数学的な発見をいち早く評価し、その鮮やかに飾られた羽根がプトレマイオスの地図の原型となったため）という意外な特質のゆえに礼賛している。アルベルティの気のきいた言葉《ジュ・デスプリ》は、彼の趣向を公にしたものであり、それはときに機知を好むという点で、一、二世紀のギリシアの、いわゆる「第二のソフィストたち」による度を超した修辞にも通ずる、グァリーノや他の人々と共有していた趣味でもあった[41]。

　フェッラーラにおいて、アルベルティがもっとも独特の方法で近づいた第四番目の誠実な仲介者は、参事会員のフランチェスコ・マレスカルコであった。マレスカルコ自身は、ラテン語の精巧な著作を制作しなかったとはいえ、グァリーノの弟子として文語体の専門家という名声を享受していた。むしろ、ニッコロ・ニッコリのように——ポッジョから彼らの書簡コレクションを献呈された後、マレスカルコは彼らのやりとりを熱心に読んでいた——マレスカルコは、ポッジョの書物を発見する能力と、蔵書を豊かにするための優れた筆写の知識を活用しながら、新しく発見されたり翻訳された古典の著作を蒐集していた[42]。ニッコリと同じくマレスカルコもまた、同時代人によって書かれたテクストを編纂しており、彼の意見は非常に影響力のあるものであった。ポッジョが、実際に著作者として十分に確かな地位を確立していた一四五七年に至ってもなお、マレスカルコから不満を示されることは、たとえ温厚な表現であったとしても、困惑を感じるのに十分なものだったのである。

わたしの小品『運命の多様性について』を一晩のうちに眠らずに読まれたというあなたの手紙を受け取りました。そしてあなたは、一点を除いてはまったく素晴らしいものだとおっしゃるものの、そこはわたしもまた不確かさを認めているところです。実際、不毛な畑に種をまくことは、種も労力も無駄になってしまうため愚かなことであるように思われるのです。[43]

ポッジョは、『運命の多様性について』をリミニの専制君主シジスモンド・マラテスタに献上しようとしていたが、これは明らかにマレスカルコが助言を行なったものであった。もはや若くないポッジョは、ラテン語著作の多くの小作品を世間に流通させる前に、敬愛した校訂者の賛成をなおも得ようとしていたのである。

この話が示すように、マレスカルコの関心と彼の社会的な権威は、単なる学識と修辞学の域を越えて、その振舞いにまで及んでいた。ポッジョがスキピオとカエサルの歴史的、道徳的評価について議論していたフェッラーラの学者シピオーネ・マイネンティは、フィレンツェでの対話において、マレスカルコが博識であるばかりでなく、「非常に好ましい人柄と美徳を持ちあわせた[44]」人物であることをポッジョに保証している。結婚の際には大変愛情を込めて祝詞を書き、その後も何十年もの間接触を維持しつつ、マレスカルコは長年にわたってポッジョと温かい個人的親交を保つようにしていたのだった。そして、彼は教師であるフィリッポ・ティフェルナーテのようなポッジョの年若い友人を、一四四〇年代のフェッラーラの宮廷社会の中に紹介するよう努めた。[45]ピエロ・アルベルティがアルベルティの対話篇で非常に温かい賞賛を送った、ミラノの宮廷人フランチェスコ・バルバヴァラのように、明らかに、マレスカルコは現実生活における自らの役割を、敬愛する学才を持った異郷人たちにふさわしい、フェッラーラにおける知遇の貯蔵場の門戸を開けることであると考えていたのである。もちろん、この行動の方針は無邪気なものでも非現実的なものでもなかった。マレスカルコのような人物の受けていた恩顧は、眼に見えるかたちとなるよう、活かされなければならなかったのである。[46]

それゆえ、アルベルティはマレスカルコをそうした特有の能力を持つ者として選んだのだった。いまだボローニャの教皇庁で働いていた一四三七年十二月の四日間に、アルベルティは百の小話からなるひとまとまりの『寓話集』を制作した。そのジャンルの創始者であると考えられてきたギリシア人イソップへの架空の書簡において、アルベルティは批評的な意見、すなわち「判断」を求めた。書簡を通じてアルベルティはイソップからのある程度の返答を受け取る。イソップは短い返答の中で、アルベルティの寓話集を読んだ者は誰でも、イタリア人は知性に欠けている――たとえ実際には死すべき運命にある人間でいくらかの知性を誇ることができる者はわずかだとしても――などと主張した人々が誤っていたことが分かるだろうと述べている。アルベルティを糾弾した人々は、彼の皮肉と機知が実のところは美徳であったということを単純に理解しそこねていた。この作品は、ある学問的な遊戯の中の一手段を明確にかたち作っていた。すなわち、読者は初めから、アルベルティの作品をその文脈と同様、論調としてどのように読むかという問題に直面させられていたのである。

アルベルティは、献辞となるイソップとの書簡を収めた寓話集をマレスカルコに献上した。献呈文において彼は作品を花束として記述しているが、それはおそらくはあまりにも早く摘み取られたものだったにもかかわらず、マレスカルコのような学識と趣味を備えた人物を喜ばせるようなものであった。また、寓話集の一側面として、特にその簡潔さについてこう弁明しているが、その弁明の言葉は示唆に富むものである。

もしわたしの寓話集が、あなたにとってときにいささか解しがたいように思われたのであれば、わたしがとても苦労した簡潔さに免じてお許しいただかなくてはならないでしょう。簡潔にすることは、とかく分かりにくくなりがちだと言われています。そしてわたしは、寓話集は特に短くしなければならないと考えました。ところが、それらはとても短いために、それらを何度も読み返したとしても、さほどあなたを飽きさせることはないでしょう。したがって、それらの意味を理解するためにささいな部分に自ら集中してみることをあなたにお願いいたしましょう。というのも、一度そのようにしてみれば、そこにとてつもない喜びを見出されることと思うのです。

アルベルティは、馬に関する作品で行なったように、一読者あるいは彼自身そうだったように学識があって理解の早い少人数の読者層のために書いていた。彼は、食間作品のひとつ「指輪」で記述した、象徴的な意匠が彫られた指輪のように、それに出会った読者の好奇心をそそり、刺激すること、また単純に読ませるだけでなく、そのメッセージを読み解かせることを作品において目論んでいたのである。これは学識ある宮廷人たちにねらいを定めた、いわば同人文学のようなものであった。

　アルベルティ作品の内容は、献呈文で保証したことを十二分に裏づけている。実のところ、小品のいくつかは、一四二〇年代にポッジョや彼の学識ある友人たちがローマの教皇庁の「嘘の工房《ブジャーレ》」で議論していた類の冗談にすぎなかった。アルベルティの寓話のひとつは、たとえばこう進んでいく。「脚の不自由な男は、長すぎる片脚の一部分をもっとむらなく歩けるように切ってもらいました。いったん切られてしまうと、自分が全然歩けなくなり、地面に横たわっていることに気づいたのです」。また別の寓話はこう始まる。「真鍮は、自分が金と同じだけの価値があるのかと尋ねました。〈ではあなたは、金がしばしば晒される火の熱さに耐えることができますか〉と宝石細工師は尋ねました。〈それほど高い評価を得ることは、わたしにはたいして重要なことではないのです〉と真鍮は答えたのでした」。こうした物語は、人間の愚かさと身分不相応のものを望もうとする人間を恥じ入らせるという趣向を強調する、人文主義者の冗談集《ジョーク・コレクション》の常套手段を生み出した。また別の話では、賢すぎるのに感銘を与えないことが、軍旗に対する騎兵隊長の不満だった。そこで隊長は、なぜその旗が、敵に向かって進攻する際には常にうしろに後退しているように見えたのか、連隊が逃げ去る際には、いかにも賞賛するように敵に向かって旗をはためかせているように見えるのかと尋ねた。軍旗は、わたしは裏切り者ではないけれども、勝利者を賞賛するのが好きなのです、とあっさりと返答した。これは、生き生きとした物語ではあっても、ある複雑な教訓を明らかに秘めているとは言いがたいものである。

　とはいえ他の事例では、アルベルティの寓話はより精巧である。それらは『食間作品集』の縮小版となり、食間作品と同様に道徳や賢明についての基本的な教訓を説いたのである。アルベルティは自ら八十八番目の寓話を特に楽しんでいた。

湖は、雲が山々の間から大気に昇り、頭上にたちこめると、それらは山に違いなく、しかも自分の上に崩れてくると思い、恐怖のあまり青くなりました。結局、雲が水に変わり、雨として降り注いで湖を豊かにすると、「わたしにとって大きな恵みとなってくれるものを恐れるとは、わたしは何と愚かだったのでしょう」と湖は言いました。

他のいくつかの話も、この話のように同様の方法で、度が過ぎた野心の愚かさ、知性の薄弱さや、感覚というものの不正確さを強調している。たとえば、「神聖なるものは、人間の牢獄には決してとらえることなどできないのです」と影に教えられるまで、手のひらで太陽の光線をとらえようとしていた少年の寓話がそれである。

アルベルティの関心や執着は、この新しい形式に凝縮された、刺激的な表現に見出される。たとえば、時間の経過を観察することの永遠の必要性は、梨を食べる少女についての冗談の主題となった。少女は、果物が一番おいしそうな食べ頃に見えたにもかかわらず苦い味がしたため、実際に熟したときにはさぞやおぞましい様子になってしまうだろうと不満を述べる。すると梨は「おそらくあなたは年月が成熟と単純に関係するとお思いなのでしょう[47]」と答えた。また、アルベルティの宗教的偽善への嫌悪は、危険な航海から無事に船を故郷へ帰還させた後、船のいくつかの部分を神々への奉納物として献上しようと決めた船長の話のように、一連の寓話の霊感源となった。その話では、竜骨《キール》、帆柱、錨が、皆自分を選んで名誉を与えてくれるよう船長に頼んだ。しかし彼は、それがもっとも安価であったという理由で、代わりに舵を選んだ、というものである。

すべてのうちでもっとも刺激的なのは、自然そのものを獰猛で残酷なものとして、つまりは調和に満ちた統一体としてではなく、万物に対する万物の戦いとして表現した数々の寓話である。「一匹の虫は、自分がその場所から生まれてきた胡桃《くるみ》を貪り食べていました。〈あなたを産んであげたわたしを傷つけるとは何と恩知らずなのでしょう〉と胡桃は言いました。虫は答えました。〈もしあなたが、わたしを餓死させるためにわたしをこの世に産んだのであれば、あなたは間違ったことをしたということになりましょう[48]〉」。このような物語では、アルベルティの悪に対する皮肉な感覚は、絶え間ない葛藤の中、ほとんどダーウィン的世界観で表現されている。

またアルベルティは、寓話の中で絵画や彫刻に言及する方法を見出した。『絵画論』では、彼は、ナルキッソスの神話は絵画の起源の寓意であると論じていた。美しい少年が水の表面に揺らめいて映った自分自身の像をしっかりと抱きしめようとしたように、画家は自ら眼にする世界の、絶えず変化する像をとらえようとしたのである。以下のアルベルティの寓話のひとつは、その神話と絵画の起源についての示唆をはっきりと裏返して見せている。「ある魚は、何としても木に登りたいと望みました。その願いに駆り立てられて、池の表面に映っていた木々に跳びあがったため、こうして映し出されていた木々の像は壊れてしまいました。木々は、〈見せかけの木々でさえあなたから逃げてしまうほど、あなたは正気を欠いているのでしょうか〉と尋ねました」。またもうひとつの寓話は、ある芸術的ジレンマを表現したものである——偉大な芸術家は、本物のように見えるものだけでなく、現実に生きているものを創造したのだろうか？　それとも、彼は、ごく普通の素材を用いて制作しつつ、間違いを犯せばそれを修正する、ごく人間的な職人なのだろうか？　「プラクシテレスが制作したヴィーナス像が無遠慮な視線で彼を見続けていたとき、彼は何度も彼女に視線の欠点を直してくれるように頼み、促し、また説得し、懇願し、ついには脅しさえもしました。とうとう彼は自分こそが鑿《のみ》でその欠陥を取り除かなければならないと悟ったのでした」。さらに他の寓話は、水路に泥を堆積させ、やがて植物を生育させるという自然界のプロセスや、異なる物質は熱によって違った働きをするといった、自然の作用についてのアルベルティの知識を明らかにしている。(49)

　ルネサンスの宮廷では、アルベルティの適用した謎めいた刺激的な文体は、ある明確な機能を持っていた。エステ家の人々とその廷臣たちは——十五世紀のヨーロッパで同じ階級に属していた実際上すべての人々が行なっていたように——紋章としての標章《エンブレム》への趣味を発展させた。たとえばレオネッロは、獅子、豹、目隠しをした山猫を、貨幣やメダルに付す個人の紋章として用いた。その内容と形態において、こうした貴紳の血統と階級についての図像は、こんな風に解読することが要求されたのである。

> 風にはためき翻っている山猫の目隠しの布は、レオネッロの名高いインプレーザの〈vela〉、すなわち帆をもヴェールをも暗示する、二重の意味を持った言葉を想起させる。インプレーザとしては不明瞭で曖昧なこの象徴的な言葉は、「汝の見るものを眺めるべからず(Quae vides ne vide)」という銘文《モットー》の選択に影響を与えたように思われる。(50)

　寓話集を簡潔で謎めいたものとしつつ、アルベルティは、自身もエステ家の評価した能力を持っていることを示すために、もっとも効果的で可能な方法でそれらを用いたのだった。他の多くの技量に加え、象徴を巧みに取り扱うことに価値が置かれていた宮廷にあって、彼は象徴体系の専門家であった。謎解きを尊重した人々に対して、彼は数えきれないほどの問いを提供したのである。

アルベルティの謎かけ話の中でも、明らかにアルベルティ自身だと分かる獅子が登場し、彼自身の経験を連想させる苦闘をくりひろげる寓話ほど印象的な――またフェッラーラ宮廷の人々の注意を引くように慎重に選ばれた――ものはなかった。別の獅子が天国に入る権利を保証されていると教えられた一頭の獅子は、「栄光への希望に燃えて」他のすべての獅子たちを凌駕するために、「達成するのがもっとも困難なあらゆる任務」をなしとげたとアルベルティは語っている。すでに運命は決まっているのに、なぜそれほど骨を折って働いているのかと嫉妬深い傍観者に聞かれると（栄光を獲得するためのアルベルティに特有の意志と、一般に徳の高い者が立身出世したためしはないという認識を込めて）、「わたしにとっては、その最高の仕事を得たことだけで十分でしょう」と答えた。ローマの道端や作業場の端から端までをひとりの奴隷に連れられてきたもう一頭の獅子は、アルベルティがその批評で示した見解を直接的な方法で表明した。ペガサスよりも早く走れ、豹よりも高く跳べ、雄牛を打ち負かすことすらできるのに、人間などに仕えるために身を低くするのはなぜかと尋ねられると、その獅子は、それによって友人たちを助け、中傷の言葉でほえまくる人々を軽蔑することができるからだと答えた。さらに、もうひとつの獅子に関する寓話は、演技者《パフォーマー》としてのアルベルティの自己感覚を明確にする。一頭の獅子は、大理石の円盤を投げ、大理石の巨大なボールを回し、卵を手際よく操って劇場の観客を驚かせた。ある批判者は、その獅子の操った三つすべては、丸いために扱いやすかったのだと抗議した。「その通りです、事に通じたお方」と獅子は答えた。「あなたのおっしゃる通りです。けれども、わたしの操ったのは、ボールではなく壊れやすい丸い卵であることに注意しなければなりません」[51]。フェッラーラ侯爵と同じように、アルベルティは動物界の中に、自己の感覚を独創的で刺激的な方法で表現することのできるものを探し出したのだった。それはなおも獅子であり、レオン・バッティスタの名前と同時に、レオネッロの名前にも言及したものだったのである。流暢なラテン語散文の下に、男性宮廷人の忘却された言葉のささやきを聞くこともできよう。

アルベルティによる多方向からの働きかけは、驚くほど功を奏した。アルベルティは、ローマその他の町に移った際にもフェッラーラに滞在したりしているし、フェッラーラ公会議の間のみならず、一四四〇年代にも同様にフェッラーラで時をすごした。彼はメリアドゥーセ、レオネッロと同様、エステ家の人々に、彼らに提供するための独自の価値ある貢献ができるということを確信させたのだった。それに加えて、彼らの特定の要求や関心を高く評価していることを示すために、技術者、目利き、著作者としての自分自身の作品をかたちにした。レオネッロが亡くなる一四五〇年までには、アルベルティはフェッラーラにおける趣味や実践に対して、強力な影響力を持つようになっていた。そして彼自身の経歴は、後に決定的となる方向へと行路を進めたのである。

アルベルティは、まず初めに『絵画論』の著者として、すなわち古代の画家や彫刻家たちはどのようにして作品に取り組んだのか、そして古代の統治者たちがどのようにして彼らの作品を、自身の優れた美意識と市民に与える効果のために用いたのかについての、深い見識ある視覚芸術の目利きとしてフェッラーラでの地位を確立した。レオネッロが侯爵としてニッコロの後を継いだ直後の一四四一年には、非常に卓越した二人の画家、ピサネッロとヤコポ・ベッリーニが、フィレンツェ方式に則って、レオネッロの肖像画を描くという競作を行なった。しばらく後になってその出来事について記したアンジェロ・デチェンブリオは、レオネッロに彼らの競争について詳細にわたって説明させている。それによると、彼はその競争を画家と批評家の共同作業という、アルベルティの理想とするシステムをフェッラーラに築きそこねた試みのようなものであると見なしていた。

古代には……画家や詩人たちは、ほぼ対等の寛容さで報酬を与えられ、また賞賛されていました。芸術家たちは互いに作品を見せ合い、その後それらを修正していたのでした。一方今日では、周知のように、彼らは競争によって互いに消耗してしまっているのです。われわれの時代のもっとも優れた画家であるピサネッロとヤコポ・ベッリーニが、最近わたしの肖像を描いた際、彼らがいかに様々な点で異なっていたかを覚えておいででしょう。ひとりは痩せた容貌を強調し、もうひとりは痩せていないにしろ、より色白に描いた。そして、彼らはわたしの希望をほとんど聞き入れることはなかったのです。

芸術パトロネージの社会的システムは、明らかにアルベルティの望んだようには機能しなかった。競争は建設的なものとなるよりも、むしろ中傷的な批評を招いたのである。しかしながら、同じくらい明確に、フェッラーラの宮廷と芸術家たちは——必ずしもレオネッロ自身に限らず——アルベルティの著作とその中心的な主題に通じるようになっていた。少なくともデチェンブリオの言うところによれば、レオネッロは、二つの肖像画についてどちらが優れているかを説明していないにしても、微細な方法で比較するという批評言語を自在に使うことができたのである。

後に同書においてレオネッロは、まったくのアルベルティ的な用語で以下のことを詳細に論じている。すなわち、熟練した芸術家は、人体の内部構造を知り、描こうとする人物を詳細な準備素描で作り上げなければならないし、また骨や筋肉は絵画となって現れないとしても、眼で見える表面の下にあるものとして正確にとらえられていなければならない、というものである。

多くはないにしても、古代の画家を模倣しようとする画家たちがいます。彼らはまず初めに、どの部分についても、自然の規則よりも、他の部分と近くも遠くもないように、描こうとする身体のすべての寸法を注意深く計測します。それから、体のどの部分が緊張し収縮すべきであるか、またどの部分は緩み、ほとんど見えないように身体に沈み込んでいるのかを実に巧みに考慮するのです。そのため、人物が立っていようと座っていようと、あるいは横たわっていようと、いかなる体の動きを表現するにしても、結局自然に適性が備えられるのです。それから最後に、衣服や身体の外側にある装身具類を描きます。たとえば、もしあなたがアイアスとヘクトールが戦っているところを描こうとするならば、まずは裸体で素早く、また十分に描き、その後素描に従って英雄たちの動きにふさわしい位置を定めてから衣服と鎧を配さなければならないでしょう。

フェッラーラ人の美意識は――ちょうどデチェンブリオの作品中でレオネッロが語ったように――純粋にアルベルティの考えに従ったものではなかった。アルベルティは、髪と衣服の描写を、動きを表現するという画家の仕事にとって非常に重要なものと見なしていた。デチェンブリオによると、レオネッロは対照的に、優れた芸術作品は裸体を表したものであると主張している。結局衣服は変えられるものであり、しまいには滑稽に見えるようになってしまう可能性がある一方、「自然の技巧は至上のものであり、どんな時代の流行にも左右されない」という。デチェンブリオの描き出した批評家としてのレオネッロは、そのかなり信憑性の高い詳細にもかかわらず、完全に実像に忠実であるというわけではない。彼の記述したレオネッロは、「壁に掛かっているガリア・トランスアルピナ〔アルプスの北西地域〕のタピスリー」について、フランドルの織工には技術が欠けているという理由からではなく、「その織工と図案家は、絵の出来よりもタピスリーの色合いの豪華さと取るに足らない魅力にはるかに専念していた」という理由で非難している。中でも、彼らが古代史からの偽作の場面――「まだ薔薇色をして生きている舌のある」トラヤヌスの頭部の発見についての中世の伝説のような――あるいは古典古代の神話からの歪められた人物たちを頻繁に描写していることについて、こう述べている。「彼らは、アレクサンドロス大王の馬ブケパロスを、クルティウスが記述したような牛の顎を持ったものではなく、プルートーあるいはカロンの何頭かの地獄の馬、あるいはイアソンの、足鎖をかけられた火を噴く雄牛として表現しました。そして、至るところでこうした北方の人々の愚行が行なわれているのです」。確かにアルベルティは、フランドルのタピスリーを、彼の提唱した構図と目的という最低限の定型基準に対応しそこなった、取るに足らない見苦しい図像として非難したのかもしれない。ところが現実のレオネッロはといえば、それらを熱心に蒐集し、かなりのお金を費やしていたのである。[52]

アルベルティは、フェッラーラの都市――何年もの間客として歓迎された、壮大で堅固に要塞化された城でさえも――を、たちまちのうちに心酔させたというわけではなかった。彼の助言は、レオネッロに影響を与えたものの、必ずしもそのあらゆる決定を方向づけたというわけではない。フェッラーラ宮廷は折衷的なままであった。レオネッロのお気に入りの芸術家の中には、ピエロ・デラ・フランチェスカやマンテーニャのような、アルベルティの様式的理想に厳密に一致した作風の革新的な画家たちが含まれていた。とはいえ、レオネッロがあらゆる画家のうちでもっとも好んだピサネッロは、イタリア風の様式とより伝統的な様式を優美に融合させていた。完全に正確ではないにしても、デチェンブリオの記述したレオネッロは、アルベルティに教化されたことに留まらず、彼自身の趣味と関心を発達させた君主として記述された際には、歴史的現実性に即していたと言えよう。[53]

宮廷内でアルベルティの担った役割は支配的なものではなかったとしても、それでもやはり重要なものであった。長い間、レオネッロとその廷臣たちは、アルベルティの理想と、彼らに霊感を与えたフィレンツェでの実践のいくつかを吸収していた。たとえば、一四四三年、レオネッロは、ピサネッロとヤコポ・ベッリーニによってかつて行なわれた単純な肖像画の競作よりも、はるかに規模の大きな公共の芸術事業を行なうことを決定している。フィレンツェ市は、何年にもわたって中心的な公共空間に、フィレンツェ洗礼堂門扉のように、強力な宗教的、政治的責務を有する芸術作品を備えてきた。それらの公共芸術作品のいくつかは、明白に町の歴史における偉大な政治的、軍事的功労者を称えることを意図していた。たとえば、イギリス人傭兵隊長ジョン・ホークウッドに捧げられた、絵画によるパオロ・ウッチェッロの偉大な記念碑は、いまでもフィレンツェ大聖堂の身廊に位置している。この作品によってウッチェッロは、ラテラーノ聖堂の側近くにあったマルクス・アウレリウス像によってローマを訪れるすべての人々に知られていた、古代の騎馬像を復興したのである。後にドナテッロはこの形式をパドヴァへともたらし、そこで傭兵隊長ガッタメラータの独立したブロンズ騎馬像を制作している。

一四四三年、レオネッロは同様の文化的コンクールを執り行なうことを決めた。彼は、ローマの凱旋門の模範に倣った建造物の上に置かれるはずの、父ニッコロ三世のブロンズの騎馬記念像を委託した。それは大聖堂に面したエステ家宮殿のすぐ前に置かれていたものと考えられる。

アルベルティはレオネッロに助言を与えたか、もしくは計画を考案する着想を与えさえもした可能性は十分に考えられる。アルベルティは、すでにフェッラーラで建築や工学《エンジニアリング》の専門家としての地歩を確立していた。『建築論』では、彫像は市民を鼓舞し教育するのに役立つ際立った場所——広場のような——に、市の費用によって設置されて、その「偉大な卓越性と完全性」を例証するものであるとしつつ、公共彫刻の重要な役割を強調している。彼は中でも、凱旋門の設置に関心を払い、それを公共空間へと通ずる道の地点を規定するための、視覚的に劇的な装置と見なしていた。さらに、フェッラーラの完成された凱旋門に施された浮彫り装飾は、アルベルティの最初の主要な建築設計である、リミニのサン・フランチェスコ聖堂の凱旋門に類似している。この装飾は、フェッラーラでも定期的に活動していた写本装飾家で彫刻家兼建築家のマッテオ・デ・パスティによって制作された。その全体としての設計デザインは、アルベルティの考え方を映し出していた可能性も高いように思われるのである。[54]

ともあれ、コンクールは布告された。フィレンツェ洗礼堂門扉のためのコンクールのように、何人かの芸術家たちは予選への参加を明確に示した。たとえば、ヤコポ・ベッリーニのロンドンにある素描帖中の二つの素描は、一方は鷲を、もう一方はエステ家に関連づけられる紋章学的な動物を付した騎馬記念像である。[55] それらは、おそらく彫像のためのベッリーニの構想を表すものであろう。二人のフィレンツェ出身の芸術家——アントニオ・ディ・クリストフォロとニッコロ・バロンチェッリ――は、明らかに決勝への進出者として選ばれた。ブルネレスキとギベルティが洗礼堂門扉のために行なったように、彼らは「像《イメージ》」――おそらくは三次元の「雛型《モデッロ》」を制作した。しかし一方がはっきりと他方よりも優れているという者はいなかった。つまりは、「多くがその各々について好意的に語っていました。ある者はそのうちの一方をよりよいと評価し、他の者はまた別の方をよいとしていたのです」。それでも選出は行なわなければならなかった。

とはいえ、もっとも単純な判断基準である、彫像がその対象とどれだけ類似しているかという基準も、公文書がいささか当惑して告白しているように、決着をつけるには不十分なものであった。「それぞれが前述の君主に似ており、両方とも非常に端正な容貌をしている。したがって、そのうちのどれがよりふさわしく優れているのかについての判断は、多大な努力と絵画の専門家によってのみ行なわれうる」。一四四三年十一月二十七日、決定権のある十二人の長老団のうちの十一人が、レオネッロの要求によって二つの雛型を審査するために集まった。アントニオへの支持を示す白豆とニッコロへの支持を示す黒豆が与えられ、長老団は六対五で前者に投票した。(56) それは慰めで終わらせるには、あまりにも僅差であった。

この微妙な経過の中で、専門的な助言を求められたのはアルベルティだった。実際、彼はまさにそのコンクールから着想を得た『生気ある馬について』の序文で、こう説明している。

市民たちは、あなた様［レオネッロ］の父君の騎馬像を莫大な費用をかけて広場に設置することを決め、最良の職人たちがその最良の事業のためにコンクールを行ないました。あなた様のご命令で、彼らはわたしが絵画と彫刻を少なからずたしなんでいることから、審査の助言者としてわたしを選んで下さいました。見事な技量で制作された芸術作品を繰り返し吟味した後に、わたしは馬の美しさと形態の両方について、そしてより広くは彼らの気性と習性について本格的な作品を書くべきであると考えたのです。(57)

したがってアルベルティの参加は、芸術に関する彼の専門的見解と、自然――少なくとも馬――についての知識と関連づけられたものであった。

コンクールの実際の結果は、アルベルティの助言がどのような形式のものだったかを示唆するものとなっている。アントニオはより多くの票を得たとはいえ、彼とニッコロは彫像を共同制作している。アントニオは人物を、ニッコロは馬の部分を制作した。アルベルティが、ニッコロの雛型の馬がより優れていると主張しつつも、折衷案を示唆したことは大いにありうるように思われる。ブルネレスキに非常に苦い思いをさせた、フィレンツェのコンクールよりも遺恨のない解決を調停することによって、彼は専門的批評家の有力人物として自らを確立したのである。

　ニッコロ三世は、その地位にふさわしいベレー帽と杖を身につけ、レオネッロが公式の「ポッセッソ」（都市占有行進）、すなわち都市の指揮を執る儀式の際に行なったのと同様に、馬に跨った、実に堂々たる人物として表現されている。壮麗に装飾された門には、ニッコロの外交官としての技量を称える、「イタリアに三度平和をもたらした者」というラテン語銘文が付された。それはアルベルト・デステからニッコロへ、ニッコロからレオネッロへと権力が移行した係累を強調するものであった[58]。コンクールが実際に行なわれ、そして意見らしきものが表明されたという事実は、おそらくアルベルティと、彼のもたらした芸術生活や芸術作品に対するフィレンツェの手本の影響力を物語っている。長老団の人々は、理想的な美をもっとも見事に達成し、特定の個人に確実に似せて描くことのできる——それはアルベルティが芸術家に与えた二つの相反する要請であった——芸術家たちを意識的に見分けようとしていた。そして審査が困難であると分かると、芸術についての専門家として定評のある人物を参加させることが必要であることに全員が同意したのだった。アルベルティの著作中のその出来事の記述と、長老団の審議を記録している古文書の中の出来事の記述は、すべての点で一致しているわけではない。それどころか、文書にはアルベルティの名前も登場していない。しかしそれでも、彼の芸術についての新しい見方が印象的に存在していること、そして芸術的実践に影響を与えたことは、疑いようのないことなのである。

　アルベルティはまた、この同時期のフェッラーラでよく知られるようになっていた、新しい芸術形式を創り出すのに重要な役割を演じたように思われる。一四三八年にピサネッロは、片面にフェッラーラ公会議のため当地を訪れたビザンティン皇帝ヨハネス八世・パレオロゴスの肖像を、裏面には狩りの装いをして、路傍の十字架の前で祈りを捧げる騎乗の皇帝を刻んだブロンズ・メダルを制作した。この作品は、学者および芸術サークル、なかんずく古物研究家たちの間でよく知られていた様々な先例に由来している。十四世紀以降、ローマ史に興味を抱いていた学者たちは、ローマ皇帝の肖像が刻まれた貨幣を蒐集していた。レオネッロも古代の宝玉や貨幣を熱心に蒐集した——またそうした蒐集を行なったイタリアで最初の君主だったようである。デチェンブリオが、侯爵は古代世界のそうした遺物が文書記録を補完する方法となることについて、知的で理解のある小談話を述べていたと記述したのも、事実とまったくかけ離れていたわけではなかったのである。「わたしはしばしばブロンズ貨幣——ブロンズは金や銀よりも一般に豊富に残存していた——に刻まれた、皇帝たちの頭部を眺めることに大変な喜びを感じます。それらはスエトニウスその他の人物の容貌の記述に劣らず、わたしに深い感銘を与えるのです。後者の〔文章の記述による〕場合は、心でそれを感じるだけなのです」[59]。一般的見地からして、ピサネッロは、自作メダルを、当代においてそのような古物に匹敵するものと見なしていたように思われる。それらは、古代芸術の形式を復興すると同時に、続く時代のために真実のギリシア皇帝の姿を記録する適切な方法だったのである。

　多くの形跡から、ピサネッロと他の芸術家たちが一四四〇年代に手がけたこうしたメダルその他多くの作品の制作には、アルベルティが着想を与えていたという見解が裏づけられる。当初からピサネッロのメダルにははっきりと署名が刻印されていた。たとえば、ヨハネス八世のためのメダルの裏面には、ラテン語とギリシア語の両方で「画家ピサネッロの作品」[60]と明言されている。画家として後世に自分の作品を伝えうると主張することで、ピサネッロは、アルベルティによって『絵画論』の中で芸術家に帰された、歴史的役割を正確に果たしたのだった。

　しかしその結びつきは、芸術上の実践と理論の一致よりもずっと緊密なものである。すでに見たように、アルベルティは、おそらく肖像が表された古代の宝玉の形式に範を採った、よりサイズの大きなメダルあるいは金属板《プラケット》形式の自刻像を制作している。アルベルティによるこれらのメダル制作が、フェッラーラ宮廷に接近することを目論んだものであったことも十分にありうる。寓話集と同じく、その肖像は、レオン・バッティスタ・アルベルティとレオネッロ・デステとのつながりを際立たせている。そこでの芸術家は、フェッラーラの支配者のもっとも明確な特徴である、しっかりとカールのかかった「獅子のような」髪型で表されている[61]。肖像メダルにはまた標章《エンブレム》が添えられている。芸術家の肖像に加えて、形態的には古代風のマントを肩の部分で止めた結び目を繰り返す、鷹の翼を備えた有翼の眼が見られる。それは後にマッテオ・デ・パスティによって制作され、アルベルティ自身の手稿にも部分的に再登場する、刺激的で難解な図像であった。そして彼は、ピサネッロと同じように古典書体の大文字で〈L.BAP.〉と署名を刻んでいる。アルベルティの金属板《プラケット》と同一のものではないにしても、ピサネッロの最初のメダルは同一方向での実験的な歩みを示しているように思われるのである。

ピサネッロとマッテオ・デ・パスティがメダルを一般的な形式にした一四四〇年代を通じて、彼らはアルベルティの先例をさらに重要な方法で変化させた。アルベルティの自刻像とは違って、ヨハネス八世のためのメダルのように、後の作例は円形となった。多くのメダルは、アルベルティの金属板《プラケット》と同じく肖像と標章《エンブレム》の両方が表されているとはいえ、それらは通常、彼の金属板《プラケット》のように並置されるのではなく、メダルの両面に刻印された。アルベルティが示した先例は基本的なものであり続け、個々のメダルはしばしば、少なくとも芸術家に助言を行なう図像学者としての彼の直接的な参加を明らかにしているように思われる。ピサネッロがレオネッロのために八個ほどからなる一連のブロンズ・メダルを制作した一四四三年に、アルベルティは、フェッラーラでニッコロ三世像についての助言を行なっていた。この頃ピサネッロが制作したメダルのうちの一点は、表面にレオネッロの肖像、裏面は童子《プットー》によって音楽〔の楽譜〕を見せられているか、あるいは歌を教えられている一頭の獅子を表している——これはアルベルティに馴染みのモティーフの組み合わせである。獅子の後ろには、メダルの制作年である一四四三年と刻印された石板が見え、さらにアルベルティにとって中心的な象徴的図像が表されている。それは食間作品のひとつ「指輪」で示されたように、環境に適用する必要性をうまく表現している帆と風見である。船乗りが嵐の天候の中、安全な港もしくは少なくとも波間の安全な航路を見つけるために船を装備するように、賢明な政治家は、政治的な嵐によって脅かされたときにはいつでも、その成り行きに順応しなければならないのである。もしこのメダルがレオネッロの政治的機敏さを賞賛するものであるならば——またそれが彼のお気に入りの標章《エンブレム》となるものを与えたとすれば——もうひとつのメダルは、彼に道徳的な教訓を与えた。レオネッロの勧めで書かれた道徳に関するイタリア語の論考『テオゲニウス』の中で、アルベルティは、賢明な人間は自分がいかに憐れむべき、無力な存在であるかを悟らなければならないと述べている。裸でこの世に生まれ出た存在として、その身体——そしてそれを取り巻くあらゆる富と光彩——は、空の容器でしかないことを学ばなければならないのである。ピサネッロは、第二の肖像メダルの裏面に、レオネッロを地面に横たわる裸体の男性像として表し、その背後には、アルベルティのまた別の教訓を視覚的形態で具現化した、花々の入った大きな金属の容器のような像を用いている。[62]

マッテオ・デ・パスティも同様に、メダルを統治者ではなく学者グァリーノに捧げることによってアルベルティの先例に倣った。彼は表面に、グァリーノを見事に突き出した額を持つ肖像として表している。アルベルティ同様――またピサネッロやマッテオ・デ・パスティによって、メダルで永遠性を与えられた世俗の統治者たちとは違って――グァリーノはローマ風の衣装を身につけている。裏面には、縁の部分に芸術家の署名が記され、中央には非常に優美な姿勢で盾と棍棒を手にした少年像が見事な噴水の上に乗る姿で表されている。それはもうひとつの謎めいた、いまだに解読されていない図像である。[63]

メダルの流行は、リミニのマラテスタ家からマントヴァのゴンザーガ家その他のイタリアの宮廷中に、急速に広まった。ピサネッロとデ・パスティは――その作品は、大部分の宮廷芸術家たちの作品同様、多くのパトロンたちに彼らの提供した、持ち運びのできる娯楽物であった――おそらくは自らも、それらを携帯していた。そのようにして、彼らはフェッラーラでアルベルティによって始められた〔新たなジャンルの〕発展をほぼ正確に推進し、遠い未来に古物となった際に鮮明な歴史記録となるものを自らの時代のために創り出すというアルベルティの人文主義的な学識と、彼の芸術的な力量の両方を、生かしていくことになった。後世の古物研究家たちは、アルベルティの標章《エンブレム》の意味を明らかにするために、あらゆる洞察力を備える必要があったかもしれない。しかし少なくとも、どれがピサネッロの作品で、どれがマッテオ・デ・パスティの作品かは確実に知っていただろうし、チリアコ〔・ダンコーナ〕やトラヴェルサーリが行なったように、文書記録にまったく基づかないプラクシテレスへの帰属について推測する必要はなかったのである。

さて、アルベルティがフェッラーラのパトロンたちのために制作した全作品のうちもっとも意義深いのは、一四五二年一月のメリアドゥーセの死よりも前のある時期、そしておそらく一四五〇年十月のレオネッロの死の前にメリアドゥーセに献呈された『数学遊戯』である。この短い論考は、実践数学や工学《エンジニアリング》に関する文献への、アルベルティのもっとも直接的な貢献であった。ここで彼は、マレスカルコとレオネッロの興味を引きつけるために、これまで使用していたものとは異なる文体の効果に到達しようと努めている。彼は、ラテン語ではなく、自ら自由に註釈し、選び抜いたイタリア語で書いた。彼はこう説明している。「わたしは、できる限り率直に書くように最善を尽くしたとはいえ、こうした問題はきわめて微妙なものであるということを思い出さなければなりません。読者がそれらを理解するために十分に注意を保たなくともよいくらいに、明瞭な方法でそれらを扱うことは、ほとんど不可能なのです」。作品の終盤では、「自分で望むようには、言いたいことを、明白かつ率直に述べる方法を見出せなかったために」、工学《エンジニアリング》に関する「古代の」著作者たちの作品に彼が見出した、多くの魅力的な問題と方法を省いたことを告白している。その説明はときに、ほとんど日常会話であるかのように単純なものであった。ときおり彼は、それらが事実上会話で取り上げられたことを示唆するようにして、問題に注意を向けている。実際、ある箇所では、「あなたがわたしにお尋ねになったところへ戻りましょう」と述べ、また後には、「石が投げられる地点を見ずに爆弾の狙いをつける方法を、どのようにあなたに示したかを思い出します」[64]とも述べている。自分の図解《ダイアグラム》と説明文は専門家以外には暗号のようであろうと繰り返し述べていたシエナのエンジニア兼著作者のタッコラとは異なり、アルベルティは『数学遊戯』の至るところで、特殊な訓練を受けていない貴族たちが、特別な努力をしなくとも内容を理解できる水準で記述することに、最善を尽くしているのである。学識あるフランチェスコ・マレスカルコに向けて書いたときには、アルベルティは意図的に散文を難しく、また挑発的にもしていた。レオネッロの中心的な関心のひとつである馬について議論したときには、読者が専門家であったことから作品を簡潔にしている。他方『数学遊戯』は実際に、実践的有用性というよりもはるかに近づきやすいものとなっている。アルベルティは明らかにエンジニアとしてよりも宮廷の従者として書き、パトロンに負担をかけることなく、工学《エンジニアリング》の用語と技術で遊戯を行なっていたのである。[65]

この自ら課した制限にもかかわらず、アルベルティはメリアドゥーセを楽しませる、たくさんの「非常にまれなこと」を見出した。彼は少なくとも三つの基準に基づいて、扱う話題を選んだ。第一に、彼ははっきりと提示され、比較的単純に解くことのできる問題を選択した。作品には、テクストの順を追って規則的に言及される線描による図解《ダイアグラム》が付され、「この図のように」として示された特定の技法を何度も明示している。アルベルティは、『数学遊戯』で記述した測量術や軍事技術をメリアドゥーセに教えようとして、素描を使用したことも十分ありうるように思われる。塔の高さを測るための（いくつかの方法のうちの）ひとつを記述する際、アルベルティはその図解の中で、ひとりの男性がヴァティカンのオベリスクを測量しているところをはっきりと描いている。[66]アンジェロ・デチェンブリオは、一四五〇年代もしくは一四六〇年代の著作の中で、グァリーノが――おそらくアルベルティに代わって――オベリスクの構図と由来に加えてその測量について議論した宮廷内の対話を詳述している。そこでは、アルベルティの示したような図解が、あらゆる側面を明らかにするだろうと述べている。アルベルティの著作が、生徒に何らかの図《イメージ》を図解的に提示し解説していた、一連の非公式な授業に由来していると想像するのは、もっともなことのように思われる。

またアルベルティは、視覚的に提示できる論題のみならず、自在に使うことのできる広範な技術を持ちあわせていない生徒でも解くことのできるものを選んだ。メリアドゥーセは、アルベルティとともに学習し始める前に、明らかに相似三角形の幾何学を理解していた。それゆえアルベルティは、建物の高さ、河幅、井戸の深さ、畑の面積、そして対象物間の距離の測定という問題を、メリアドゥーセが特別な努力をしなくとも解くことができる、相似三角形の問題へと還元させている。これらの異なる問題への解答は、何度も同じ単純な定理へと集約されているのである。そして、ひとつの問題が「理解するのに骨の折れるもの」となってしまったとアルベルティが感じたときには、そのことを詫びることさえしている。

解答のやさしさと同様、楽しさもまたアルベルティの選択において重要な役割を果たしていた。ある箇所で彼は「ここではあなたにとって快いものだけを説明することに決めています。ですから、このような難しいことは脇に置いておきましょう」と述べている。それゆえ、彼が「非常に楽しい」と記述した仕事である、ローマその他の都市の地図の制作方法のように、特に楽しめると思われる問題についてはかなりの時間と紙面を費やしたのだった。彼は、ひとりの金細工師がシラクーサのヒエロンを欺そうと試みたことを証明するために、アルキメデスがどのようにして大気中と水中で王冠の重さを量ったかについての、機知に富んだ話を詳述した。「古代の人々がヒエロンについて書いたことから」、とアルベルティは述べている――「あなたがたは多くの喜びを得るでしょう」。また、ある一定の期間に規則的に水を噴霧させるために空気圧を利用した水時計は、「もっとも面白い遊び」であると述べている――彼のこの議論は、オルガンを演奏したり、訪問者に水を浴びせるために、十五世紀後半から十六世紀にかけてのイタリアの庭園に密かに設置された、多くの水力装置を予見するものであった。[67] それは驚異としての科学、娯楽としての科学技術である。アルベルティには、宮廷の環境で適用された彼の幾何学の手引きを、一連の遊戯と称する十分な理由があったのである。

とはいえ、彼の選択した論題の主要な動機は、実用性を帯びたものであった。アルベルティはその大部分において、河川の三角州に町を築いた小戦闘国家の支配者の、実際に直面しそうな問題を取りあげたのである——それは、不定型な土地の計測法、フェッラーラとボローニャ間の領土の検分と道路の計測法、河川と水路の水が河岸を浸食するのを防ぐ方法、堂々たる公共の時計を用いた時の告げ方といったことである[68]。要するに、アルベルティは、メリアドゥーセとその弟が技術者の助言をもっとも必要とした、まさにそうした問題について、興味深く、ときに洗練された解決方法を与えたのである。ここでは、馬に関する著作で行なったように、アルベルティはエステ家の技術顧問という役割を担った。つまり、彼は宮廷生活に直接関連していた多くの分野における専門的見解を、魅力的に、そして難なく勧める手腕と結びつけることのできる顧問であった[69]。こうした助言も、実際に使われることを意図していた可能性は低いかもしれない。しかし、それはおそらくアルベルティへの信任を確かなものとし、有用な技術用語をメリアドゥーセに身につけさせたことであろう。

少なくとも、かつてアルベルティは、自らの持つ多彩な技量《スキル》について、はっきりと言及していた。水道橋の建設法を記述しながら、彼はメリアドゥーセに、この複雑な問題については自著の『建築論（de architectura）』（後に『建築論（De re aedificatoria）』に題名が変更された）の中で詳しく論じており、その作品は「あなたの名高い弟君にして、わたしの君主レオネッロ様」にじかに依頼を受けて書いたものであると、述べている[70]。アルベルティは、フェッラーラでの滞在期間を通して、『数学遊戯』で簡潔に取り扱った問題を、一時的な関心に留まらせなかった。彼は、エンジニアと建築家の単なる観察者ではなく、そのうちのひとりとなったのである。他の人々と同じく、人文主義者と古物研究家としての自分の仕事を補完するものと見なしていたこうした能力によって、彼はきわめて高いものであった当初の目標に十分に値するだけの地位と自己を手に入れたのだった。その新しい技術によって、彼はいくつかの宮廷で重宝され、また歓迎され、ついには教皇庁とフィレンツェでいっそう有力な地位を得ることともなったのである——また明らかに、アルベルティ家の名が要求したものとしての、強力な名誉の感覚を妥協にさらすことなく、それをなしとげた。アルベルティは宮廷での栄達のための脚本を残したばかりでなく、それを演じたのだった。「栄光を愛する者」を意味する『フィロドクスス』の著者は、ついに彼自身の劇の主人公となったのである。

第七章

失われた都市——古物研究家アルベルティ

一五三五年七月十五日にローマ近郊を照らした太陽を誰よりもありがたく感じていたのは、軍事建築家デ・マルキであった。他の天候では厳しい状況だっただろうが、太陽が出てくれたおかげで視界は良好になったのである。デ・マルキは、仲間の考案した潜水具を着用し、ネミ湖の浅い水中に身を沈めた。ネミはローマ近郊、アルバーニ丘陵の火口に風情よく澄んだ水を湛えた小さな湖である。デ・マルキは、考案者が熟慮の末ヘルメットに嵌め込んだ「手のひら大の」透明ガラスごしに眼を凝らし、小魚の群が水の作用でほとんど怪物じみた大きさに見えるのを観察した。潜水具の具合は上々であった。デ・マルキは三十分ほど水の中に潜ってから水面に戻ってきたものの、このとき彼の上半身の白い肌着と白の羽毛で飾られた絹の帽子は濡れずに乾いていた。得意満面の連れの者どもは、その羽根飾りに手を伸ばし、記念に持っていこうとした。

とはいえ、最初の潜水は万事成功というわけではなかった。デ・マルキは水の中で、耳をかなり激しく傷めた。まるで誰かが頭に針を突き刺したようだった、と彼は記している。また鼻と口からの出血もおびただしく、本来は白く乾いていたはずの肌着を汚した。何よりもやっかいだったのは魚である。むろんデ・マルキとて、実際の魚は水の中で見るときほど大きくないことは、よく分かっていた。しかし彼は、かつてある漁師が半ズボンを木の根にひっかけてアルノ河で溺れるのを見たことがあったため、潜水の準備を行なう際に、半ズボンを身につけないことにしたのだった。しかし彼はストリップを演じるどころではすまなかった。ボローニャから来た彼は、自分が三十分間は息継ぎなしで持ちこたえられると分かっていたが、何か食べる必要はあると考えていた。それでパンとチーズのサンドイッチを自分で作ったのだった。ひからびたパンがぼろぼろこぼれると、魚がパンくずに引き寄せられてきた。魚は、デ・マルキの「誰もがお察しの体の一部」を直接襲撃してきた。手で振り払おうとしても、魚は「いわば本拠地にいるようなものだから」、まったく意に介することなく、あの部分にちょっかいを出し続けた。デ・マルキの最初の水中探検の経験は、やわな人間を萎縮させたであろう。

しかしデ・マルキは諦めなかった。口と耳を縛った上で、再び湖の底に戻ったのである。そして予期していた通り、彼は水中に没した貴重なモニュメントを見つけたのだった。それは二艘のローマ時代の船の残骸で、ほぼ一世紀前に著名な古物研究家フラヴィオ・ビオンドはその記録を残していた。一時間ほど潜水する間、デ・マルキは常に眼を見張り、興奮していた。彼の調べたところでは、鉄製の釘はひどく腐食していたものの、ブロンズ製の釘は、まるで前日に鋳造されたかのようにきれいであった。また船体を調査すると、ローマの船大工たちは、何種類かの木を組み合わせて船体を作り、鉛の板と布を層状に重ねたものでそれを覆っていると分かった。彼がロープを船体に結びつけると、湖上の作業員たちは巻き上げ機を回し、船全体ではなく、二頭の屈強な騾馬の背に積める程度の船体の一部をどうにか引き上げた。

デ・マルキはまた、一方の船に「よく分からない部分」があるのを目撃した。あえて調査はしなかったが、彼はそれを「船上に建てられていた館」の遺構と見なした。つまるところ、この船は屋形船のような構造をしていたということである。こうして、デ・マルキはこの水中考古学最初期の冒険で、勇敢かつ綿密な仕事ぶりを示した。ギヨーム・ド・ロレーヌとは違い、この潜水具の考案者は――彼自身も船を探索したにもかかわらず――難破船の内部にまで入ろうとはしなかった。したがって、彼は船内に金属製の梁が通っているのを目撃したとするギヨームの所信を確認することはできなかった。しかしこうして水中の暗闇で行なわれたデ・マルキの冒険は、彫刻家兼金細工師のベンヴェヌート・チェッリーニが、コロッセウムで悪魔を召喚すべく行なった印象的な夜歩きに匹敵するものであった。十五世紀のエンジニアたちが作り上げてきた英雄的な伝統に心から同調していたデ・マルキは、軍事建築についての論考の中に、他の大部分はまったく無関係な主題を扱っているにもかかわらず、自身の冒険談を長々と挿入した[1]。

ネミ湖に沈んでいた二艘のローマ船は、カリギュラの所有していた歓楽用の遊覧船であった。実に全長七十メートルを超すその船は、驚くほど保存状態が良好であった。

十八世紀から十九世紀の間、この遺構に刺激されて夢見がちに復元を目論む者は後を絶たず、ついに一八九五年にはこれらの船を調査したダイバーの眼の前に、見事なブロンズ像が姿を現すに至った。最終的に両船は一九二八年と一九三二年に引き上げられた。これはファシズム考古学の途方もない事業のひとつであり、引き上げ作業には湖の水位を下げることまでが必要とされた。残念ながら二艘の船は、一九四四年五月、ドイツ軍がローマに撤退する際に破壊された。しかしながら一九三〇年代に作成されたこれらの船についての全記録は、古代の造船術についての生きた情報源となっているのである[2]。

デ・マルキは、湖上の無人ボートをうまく配置して巻き上げ機を設置した。彼自身理解していたように、これはレオン・バッティスタ・アルベルティが水上で行なった先例に従ったものだった。さらに彼の潜水もまた、この先駆者に対する敬意の表明であった。アルベルティによるかつての湖底調査の試みは、彼の幅広い考古学事業のひとつにすぎなかったとはいえ、もっとも劇的なものであった。アルベルティは長い年月を経るうちに、要人に仕える有能な「お抱え専門家」となっていた。彼のたずさわった業務のひとつは、古代遺物についての専門的意見を提供することだった。そうする中で彼は、十四、十五世紀を通じて発展した学問、つまりは古物研究の形成に寄与したのだった。この学問の推進者たちは、自分たちの住む都市のいにしえの姿を探索した。彼らは廃墟となった建物やかつてそれらを飾っていた美術作品の同定を試み、そうすることで、忘れられた慣習や制度を再構成し、それらの成り立ちや最初の発展の歴史を整理しようとした。内容的に無味乾燥で専門性が強かったとはいえ、ときに銘文の複写や古代遺跡の細密画で豪勢に飾られた彼らの著作は、古代社会の失われた社会的・文化的慣習のありとあらゆる詳細をかき集めた。古代に対するこうしたアプローチはアルベルティを虜にした。こうして彼は人生の半分以上をかけてこの学問を追求し、古物研究という学問に、その後数世紀にわたって受け継がれることになる外形を与えることになったのである。

古物研究推進の気運はヨーロッパの土壌、とりわけ一面に遺跡の広がるイタリアの環境からじかに沸き起こった。イタリアは都市の地面の至るところで、歴史の多層構造《パリンプセスト》をなしていた[3]。中世を通じて古代ローマの水道橋や石棺、橋、浴場、教会に改築されていた神殿、共同住宅として再開発されていた円形闘技場は、その土地の人々や旅行者に好奇心を引き起こしてきた。とりわけローマという都市は「世界の中心《カプト・ムンディ》」であり、ロマン主義に満ちた遺跡の一大コレクションであり続けた。それはまた郷愁を誘う、広大で奥行きのある風景でもあった。過去はローマの街路の至るところに存在していた。都市の覇権をめぐって闘争した封建時代の豪族たちは、コロッセウムやローマ時代の「インスラ」、すなわち集合住宅に自分たちの拠点を置いた。古代ローマの驚異について書き記した案内書は、旅行者をコロッセウムやパンテオン、スピナリオ像やヴァティカンのオベリスクに導き、それらについての愉快で荒唐無稽な話を披瀝した。しかしながら正しい情報もまた流布していた。中世フランスの物語写本に描かれたローマの建築物の細密画ですら、それら記念碑についてのある程度直接的な知識を反映している。十四世紀までには、多くのローマ史の著作者や都市の訪問者たちは、古代の兵士や武器をあしらった浮彫りを持つトラヤヌス帝記念柱やコンスタンティヌス帝凱旋門に関して、それらは石に刻まれた文字通りの「歴史」であることを理解していた[4]。

十四世紀以降、ペトラルカのような先進的な学者たちは、建築や彫刻に示された過去を、体系的に精査するようになった。彼らは古くからローマの英雄たちと結びつけられてきた、それぞれの遺跡についての伝統的な物語を単に焼き直すのではなく、歴史の特定の時代においてローマの全容はいかなるあり様であったかを描き出そうと努めた。ペトラルカは年代考証の点で若干の誤謬を犯しながらも、共和政ローマに関する詳細な描写を叙事詩『アフリカ』の中に挿入した。ルネサンスの古物研究家たちは、過去の蒐集家の著述から拾い集めた情報を受け売りするのではなく、直接に記念碑を調査して仕事を行なおうとした。すでに見たように、ポッジョ・ブラッチョリーニは教皇庁の知的世界のみならず、アルベルティの友人やパトロンからなるサークルでも中心に立っていた。彼はまた古物研究の形成にも一役買った。ポッジョの自邸は古代彫像の断片でいっぱいであった。彼はひるむことなく古代の銘文を解読し、筆写した。そんな作業をしていたおかげで、イタリアの真昼の太陽に照りつけられたり、若いご婦人方の質問ぜめに耐えなければならないことすらあったとはいえ、それでも彼は作業をやめはしなかった。一四三一年から一四四八年にかけて、ポッジョはローマの遺構に関する大部の論考を執筆した。これは彼自身ともうひとりの教皇秘書アントニオ・ロスキの間で交わされる対話のかたちをとっている。この『運命の変転について』は、アルベルティが最初に出合った頃の古物研究文化がいかなる様相を呈していたかを、ありありと伝えている。

ポッジョは自身の著作をもって、新たな学問の設立表明とした。彼はフォロ・ロマーノやパラティーノ丘を描写し、カピトリーノ丘から眺められたローマの廃墟を朗々と呼び起こすことから始める。かつてその一帯は共和政ならびに帝政ローマの中心地であったものの、時の経過と侵略者によって、崩落した梁と円柱の山積する荒野と成り果てていた。次いで叙述は、彼の果敢にいどんだ試み、すなわち廃墟を選り分け、かつて歴史の紡がれた場所を特定する作業に至る。一度ならずポッジョは、自分は都市建築の破壊者と化していた当代《モダン》のローマ人たち――彼らは完璧に残されていた建物を石切り場とし、それらを燃やして石灰を生産していた――とは一線を画する存在であると自己表明している。しかしそれだけでなく、彼は自分にとっての学問上の先達たちからも独立していることを明らかにする。他方、ペトラルカはその深い学識をもってしても、ケスティウスのピラミッド――紀元前一世紀の保存状態のよい石碑であり、現在もなおプロテスタント墓地の近くに立っている――に関し、これをレムスの墓廟とする伝統的な説明を受け入れていた。しかもそこに存在する銘文には、本来の設立者の名や、これがその設立者の記念碑として建てられたものであることが明記されていたにもかかわらずである。

対話篇の中で、ポッジョは自身にこう発言させている――「思うに、ペトラルカは灌木に覆い隠された銘文を解読することを重要とは考えず、巷の意見に従った。銘文を読解するということにかけては、彼の後に続く人々の方が、学識の点では劣っていたとしても、より勤勉である」。こうした想像上のやりとりにおいて、ポッジョの対話相手をつとめるロスキは、この慎み深い友を賞賛することで応じる。ポッジョは学識や雄弁においてはペトラルカと張り合うことはできないかもしれない。しかし彼は材料を蒐集し、それらをより広範な学者仲間の利用に供することで、古代ローマ研究を一変させた。ひとりで行なう細々とした調査に代わって、学際的調査による共同作業の形態が打ち立てられたというのだ――「ポッジョよ、君はローマの内外に存在する私的、公的建造物から銘文を採集して小冊子を編み、学者たちが利用できるようにしたけれども、その際に君が示した細心の注意と正確さには、ほとほと頭の下がる思いだ[5]」。こうしてポッジョは正しい結論を得るための新たな基準として、個々人による証拠の精査を重視する、という考えを打ち立てた。と同時に、彼は新しいタイプのテクストを生み出すことにもなった――千年以上昔の石や碑文から抽出した確固たる事実や立論、証拠を自ら調査し、その成果を報告として含むようなテクストである。この種の学問は、歴史物語を書くのとは異なり、才能と経験を兼ね備えた一個人によってなされた仕事には依存せず、構成員たちが互いに協力し合うようなひとつの共同体の行なう仕事に立脚しなければならない。古物研究は、ポッジョの実践がそうであったように、確かな基盤に基づく一連の新たな基準と磨きぬかれた方法を備えるようになったかに思われた。それぞれの世代は直前の世代の成果を訂正し、改良することで、そうした基準や方法論をさらに洗練させようとしていたのである。

しかし実のところ十四、十五世紀のほとんどの古物研究家たちは、記念碑を直接調査することがあっても、それを数ある研究方法のひとつとして用いたにすぎなかった。誰しも、そうした遺跡が、解釈上の混乱や錯誤によって不可解なものになっていること、そしてときにそうした誤謬は、遺跡の壁を伝う蔦や茨の繁みよりも分厚い皮膜となって覆いかぶさっていると分かっていた。しかしポッジョやその同業者たちは、いまだに、中世の旅行案内書や前代の碑文集、さらにはローマの狭い歩廊つき街路を行き来する何千という人々の間でなおも口にされていた口承伝統などから情報を引き出すことを、やめてはいなかった。それゆえ、彼らは古くから伝わる伝説の一部を繰り返した。ポッジョは、ローマの驚異に関する書が述べるように、テルスの神殿はフォロ・ロマーノにあると信じていた。またテヴェレ河沿いの円形建築を誤ってウェスタ神殿と同定もした。それでも彼は精通者であり、専門家なのであった。通常のローマ人たちは、市内の大きな建造物であれば何であれすべて浴場と見なし、新参者に誤った情報を提供していた[6]。学識豊かな大部の書を執筆し、もっぱら古代ローマの制度や地誌を明らかにせんとしたビオンドのごとき有能な古物研究家ですら、トラステヴェレのような人口密集地帯が、以前はどのような役割を果たしていたのかについて、説明すべき言葉をほとんど何も持たなかった。カンプス・マルティウスのような古代ローマの町の重要かつ特色ある一帯に光をあてることができたのは、ただ偶然の発見のみだった。たとえば、アルベルティの死から数十年後、ある床屋が便所の穴を掘っているときに、偶然アウグストゥスの巨大日時計の断片を発掘したように。ルネサンス時代に実施された大規模な発掘作業はごくわずかである。古代の地誌や他の要地について、多くの学者は、経験よりは文献を頼りに考えることをやめていなかった。彼らは探索、発掘した廃墟建築や破損した芸術作品、銘文の断片などを正確に復元しようとしたけれども、ルネサンス時代の古物研究家について調査した現代の研究者の何人かは、そのような彼らの仕事に対し、おおむね否定的な評価を下している[7]。

とはいえ、この勢いよく一気に発展した学問についてのいかなる簡潔な論述も、複雑かつ矛盾に満ちたその状況を正確に説明することは困難である。たいていの新しい学問分野の場合がそうであるように、古物研究は、現に存在する多種多様の実践から発達した。この学問の成立に関わった人々に含まれるのは職人や学者、芸術家、文献編纂者などであるが、彼らの互いに相手を見つめる眼差しには、それぞれの職業を分け隔てる社会的格差によって溝の深まった不信感が漂っていた。加えて古物愛好家は、どんなタイプであれ、自身の目新しさを大げさに主張し、問題含みの方法を適用し、正当化されていない仮定をでっち上げた。しかしながら、彼らの過ちはほとんど驚くにあたらない。新たな学識や学問の創始者というものは、常に、各自のスピリット・オブ・セント・ルイス号を完成させる前に、まずは数機のヒンデンブルク号を飛行させるものである〔新たなことを創始しようとする人は誰しも、成功を収める前に人騒がせな失敗を起こしてしまうものだということ〕。歴史家は彼らが古代遺跡を作図し分析する際に、どのような成功もしくは失敗をなしたかを判定しなければならない。しかし同時に、彼らの仕事の原動力となった関心の所在をも理解しようと努めるべきである。そうした関心によって彼らは特定の問題に取り組むよう導かれ、またある点に注目し他の点は省略もしくは看過するよう促されるものだからである。

そのような作業を行なう方法のひとつは、アルベルティのような先駆者の著作において、彼らの学問的営為が次第にかたちを整えつつあった状況を踏まえながら、その実践内容を検証することである。

アルベルティは自身を模範的な古物研究家と見なしている。つまりは記念碑をじかに調査することから知識を得た学者だということである。『建築論』において、彼は一度ならず、近代建築の優れた模範となりうるのは急激に消滅した古代建造物の遺構のみだと述べている。

一方、古い事物の実例が神殿や劇場に託されて残存しており、それらから、あたかも最高の教師たちによるかのように、多くのことを教えられた。しかもそれらの実例が日々消されていくのを、わたしは涙なしに見ることはできなかった。さらにまた昨今の人々は、この上なく優れた作品に秘められた、きわめて厳格に検討された理論的方法を賞するよりも、無用の新しい妄想に酔って建築する方が多かった。こうした諸事実から、いわば生活と知識に関するこの分野が、やがて徹底的に消滅するのではないか、ということを誰も否定できなかった(8)。

幸いなことに、アルベルティは、そうした建造物の消えてなくなる前に、それらの基礎となる原理を習得し、遺跡を救済するための活動を体系的に押し進めたのだった。

何らかの点で賞賛されている古代建築のうち、わたし自身そこから何かしら学べることがないかを探るために、その場で探求しなかったものは何ひとつなかった。それゆえ、わたしはくまなく探索し、考究し、測量し、輪郭線による描画を集めることを止めなかったし、その各々が示す工夫あるいは技術を根本的に習得し、かつそれらに精通した。書き示されるべき事項に関する重い責任感は、知見への渇望と楽しみによって和らげられた。(9)

要するに、ここでアルベルティは、彼の建築論は文献の精読と同じくらい、記念碑の入念な調査に基づいていると述べているのである。彼は再三、プリニウスやウィトルウィウスのような「著作者よりも古代人の作品からより多く学んだ」と註記しているけれども、これは驚くべきことではない。なぜなら彼の直接知っていた遺跡の大多数は、帝政期の建築群、すなわちウィトルウィウスの死後に建てられた建築に属していたからである。(10)『建築論』では全編にわたり、ローマの街路の表面仕上げから屋根の傾斜度に至る、ありとあらゆる事柄についての詳細な観察が散りばめられている。アルベルティは学者および著作者としての最大限の意欲をもって、新たな建築理論づくりに励んだが、その理論の土台を形成していたのは、彼が古物研究家として行なった遺跡調査の成果だったのである。

アルベルティのテクストの最初期の読者たちは、彼が古代の手本に倣い、それらに関する自らの専門知識に自信を持っていることをただちに理解した。とはいえ、そのようなときでも、この分野の権威たらんとする彼の主張に対しては、異論の出ることもあった。フィレンツェの学者兼著作者アントニオ・マネッティは、引用したばかりの大胆な一節を、自身がその伝記を書き、英雄視していたブルネレスキに対するあてつけと解釈したようである。おそらくこの一節が引き金となって、彼はアルベルティよりもむしろ件のフィレンツェの建築家〔ブルネレスキ〕を、ローマ考古学に関する最初の第一人者《マスター》と記述したように思われる。マネッティの記すところでは、ブルネレスキの「何百年も前から」、古代の建築術に対して注意を払うものは誰もいなかった――「われわれの時代にバッティスタ・デリ・アルベルティがしたように、異教徒の時代にも建築術について何らかの指針を与えた著作者はいたかもしれないが、それらは一般的なことを超えるものではない」。こうしてマネッティは、十五世紀の最初の十年間に、いかに――アルベルティではなく――ブルネレスキとドナテッロが古代建築研究の開拓者となったかについて論じたのである。

興味深いことに、こうしたアルベルティに対する反論は、アルベルティ自身の著作を補完するものでもある。すなわち、アルベルティがどのようにして自身の古物研究の技術を発展させたかという点について、間接的ながら有益な方法で明らかにしてくれるのである。マネッティの語るところによると、ブルネレスキは洗礼堂の第二門扉装飾の仕事をギベルティと共同で引き受けることを拒否した後、ドナテッロとともにローマに向けて出立した。彼らは、自分たちの欲深で野心的な妻たちに煩わされることなく、また上品な服装や振舞いにも頓着することなく、後世のジャーナリストならボヘミアンと呼ぶであろう生活を送り始めた。そしてさながら、フランスの風刺作家兼写真家のナダールやその仲間の「水飲み族」〔ボヘミアンたちのこと〕といった十九世紀の非順応主義者たちが芸術に没頭したときのように、並々ならぬ熱意と厳格さで古代研究に没頭した。この二人のフィレンツェ人は常に行動をともにし、金細工師として得た金を共同で使い、ローマのあらゆる古代遺跡の平面図や立面図、実測図などを制作した。

ローマやその周辺郊外の多くの場所にあるほとんどすべての建物について、幅や長さなどを測り、また見積もって確認することのできる際には高さをも推測して、彼ら〔ブルネレスキとドナテッロ〕は二人一緒に、ざっとそれらの素描を行なった。彼らは多くの場所で、建物の骨組みの基礎工事やその種類を見るために――すなわちそれらは四角なのか、いくつ角があるのか、完全な円なのか楕円形なのか、どんなかたちによっているのかを見るために発掘させた。また可能であれば、高さの基礎となる土台と土台の間の大きさを測定して高さを推測したり、また同様に基底部分からエンタブラチュアや屋根の高さを推測した。そして羊皮紙を四角に切った断ち落としに、フィリッポだけが分かるような数字と文字を書き込んだ。(11)

彼らのこうした活動は、ローマの人々にはかなり奇妙なものに映ったらしく、有り金すべてを発掘に費やす、このみすぼらしくて無愛想な二人のフィレンツェ人青年のことを、宝探しの人たちに違いないと誤解したほどであった。ブルネレスキが不意に行なったという旅行についてのマネッティの報告は、しばしばその信憑性が疑問視されており、その一部については史実を記録していない可能性もある。とはいえ逆説的なことに、その記述は古代遺跡研究家とし

てのアルベルティの活動を、きわめて正確に描写している
ように思われるのである。
唯一現存するアルベルティの建築素描は浴場を描いたも
ので、これは古代建築の習作ではなく、同時代の建造物の
平面図、おそらくウルビーノのフェデリゴ・ダ・モンテフ
エルトロの宮殿のためのものである。[12] にもかかわらず、こ
の平面図と建造物を描いたそれ以前の数点の素描――そ
れらの大半は模写によって伝えられている――から、わ
れわれは、『建築論』を上梓する前にアルベルティが描い
たはずの平面図や立面図がどのようなものであったかにつ
いて、何がしかの示唆《ヒント》を得ることができる。彼はそうした
素描が古物研究にとって必要不可欠の手段と考え、生涯重
視し続けた。一四七一年になってもなお、ベルナルド・ル
チェッライに同伴してローマ周辺を案内して回ったとき、
彼らは一緒にカラカラ浴場の基礎部分を平面図に起こし
た。ルチェッライは、「ディオクレティアヌス帝浴場とア
ントニヌス帝浴場において男女は別々の場所を割り当てら
れていた」ことを「図」で明らかにし、さらに他の場所の
素描も制作したと述べている。[13] つまりアルベルティは、古
代の史跡や事物の素描からなる一冊もしくは数冊のノート
を作成していたと思われるのである。それらの素描帖は、
マルティン・ヘームスケルクなどの後代の古物蒐集家や芸
術家がしばしば制作したような遠近法による建築素描では
なく、むしろ平面図と立面図が大半を占め、石棺浮彫りか
ら取った人物像や意匠で飾られていたことであろう。[14]
したがって、アルベルティは、著作者および学者として
の職歴の最初から、古代世界より伝わる有形の遺物を徹底
的に研究していたのである。そのうえ彼は、こうした作業
を、様々な分野の専門家たちと共同で行ない、それらの人
たちから特定の関心や技能、感性を取り入れていった。ア
ルベルティが『絵画論』の中で論じた、枠つきヴェールに
よる遠近法作図装置のように、彼が率先して行なった技術
的鍛錬は、その知覚力を鋭敏なものにしたし、限界づけも
した。こうした訓練は、彼がどの遺跡に注目するかといっ
たことや、それらにどのような評価を下すかといったこ
となどに対して、決定力を与えたのである。『絵画論』は、
アルベルティがいかに他者の眼を通して、古代の諸側面を
見ることを学んだかを記している。彼はこう書いている。

ローマではある浮彫りが人々に賞賛されている。その
作品では死せるメレアグロスが運び去られており、運
搬人たちはずっしりとした重みを感じているように見
える。運ばれている男は、四肢すべてがまさに死んで
いるようである。手、指、頭などすべての部分が下に

垂れ、あらゆるところがぐったりとしている。こうして死せる身体というものが表現されている。[15]

アルベルティがここで権威ある意見として引き合いに出している逸名の人々が誰であるかを明らかにするには、多少の分析が必要である。アルベルティがこの作例、すなわちメレアグロスの石棺を取り上げたのは、これがある文学上の模範と一致するからである。ダンテは『煉獄篇』の中で、生と死の違いを描きわける能力こそが偉大な芸術のしるしであると述べている。アルベルティがこの作品を取り上げたのには、こうした文学的動機があったのである。[16]

　浮彫りに関心をもっていた古物研究家は、アルベルティだけではなかった。ポッジョやブルーニにギリシア語を教えたビザンティン学者マニュエル・クリュソロラスは、コンスタンティヌス帝凱旋門やトラヤヌス帝記念柱に施された浮彫りのかけがえのない歴史的価値を強調している——「[それらにおいては]古代の人々がどのような武器を使用し、どのような衣服を身につけていたか、執政官たちはどのような記章をつけていたか、軍隊はどのように配置されたか、戦いの様子や包囲された都市、設営された野営はどんなだったかをはっきりと見てとることができる。……ヘロドトスや他の何人かの歴史家たちは、こうした事柄を書き留めたということで、きわめて価値ある仕事を行なったと考えられている。しかしこれらの彫刻においては、当時の様々な民族の間に存在したあらゆる事柄を見ることができるのであり、それゆえそれは完全かつ正確な歴史といえるのである」[17]。またビオンドは、フィラレーテの名で知られる彫刻家兼建築家アントニオ・アヴェッリーノが構想した近代の物語場面《ヒストリエ》を熱烈に賞賛した。それは彼がサン・ピエトロ・バジリカ聖堂のために制作した、銀で覆われたブロンズ門扉を飾る作品である。ビオンドが言うには、フィラレーテがこれらの浮彫りによって披瀝した職人技はあまりに「申し分のない」ものだったので、十分な報酬を受け取ることとなった。門扉装飾のために使われたブロンズと金の費用の四倍もの額にのぼったにもかかわらず、給金はすみやかに支払われたのである。[18] こうしてフィラレーテの作品は、高価な材料よりはむしろ芸術家の技量こそが作品に真の卓越性を与えるのだ、というアルベルティの根本信条のひとつを例示しているのである。

　とはいえアルベルティは、浮彫りについての議論の中で、そこに見られる職人技をビオンド以上に賞賛している。アルベルティが、古代ローマのメレアグロスの石棺において写実的な細部に注目して分析するのは、メレアグロス像のかたち、すなわち「垂れ下がる」四肢であり、これにより死というものの外観が――逆説的なことに――生き生きと表現されているのである。なるほどクリュソロラスもまた、こうした「再現の技」を高く評価してはいた。そうした技は自然そのものの技に匹敵すると彼は考えていた――「表された人、馬、都市、軍隊、胸甲、剣、甲冑はあたかも現実のように思われ、また本当に人々が捕らえられ、逃亡し、笑い、泣き、興奮し、怒っているように見える」[19]。しかしクリュソロラスは、こうした視覚的な成果を得るために古代の彫刻家たちの用いた方法についてでは、細かく言うことはなかった。対照的にアルベルティは、肉づけされた筋肉や骨、肉体、毛髪について、輪郭をひとつひとつたどるように思い描き、自分が眼にしたものを言い表す言葉を見出した。彼にとってローマは、羊皮紙よりも耐久性のある石によって記録された、三次元世界の過去の記憶ではなかった。あるいは単にそれだけのものではなかった。彼にとってローマは、高く評価されるべき芸術作品だったのである[20]。

先の一節のアルベルティは、絵ではなく言葉を使って、十五世紀初頭の芸術家たちがペンや絵筆でやっていたのとほとんど同じことを行なっている。つまりは古代彫刻の輪郭をとらえるだけでなく、表現力をも身につけるということである。残念ながら、この時代の芸術家が手がけた古代作品の素描はほとんど残されていない。とはいえ、十六世紀の芸術家兼美術史家ジョルジョ・ヴァザーリは、この問題と大いに関連する、ある話を伝えている。そこには、アルベルティが眼にし、制作したであろう資料がどのようなものであったかが示唆されている。ヴァザーリによると、十五世紀初頭のある日、ドナテッロはフィレンツェ大聖堂前の広場で、ブルネレスキや他の職人たちと話をしていた。ドナテッロが言うには、自分は先頃ローマからフィレンツェに帰る旅の途中、大聖堂の大理石製ファサードを調べたいと思い、オルヴィエトに立ち寄った。彼はまた近隣のコルトーナをも訪れ、その町で「一点の大理石浮彫り」を見たという（これは「当時としては珍しいことだった。なぜなら今でこそ大量に発掘されている古代彫刻も、この時代はまだ掘り起こされていなかったからだ」とヴァザーリは註記している）。ドナテッロの話に興奮したブルネレスキは、誰にも行き先を告げることなく着の身着のまま、ただちにコルトーナに向けて出立した。その地で彼は件の石棺――おそらくインドのディオニュソスの浮彫りをあしらった、今なおコルトーナに現存する石棺――の「ペン素描を制作」し、フィレンツェに帰還した。これほどの「芸術に対する愛」は、彼の友人や仲間のドナテッロをも驚かせたという[21]。

この例でまさにヴァザーリが記述したように、数十年の間に芸術家たちが、鑑定家という新しい役割を担うことになっていたことは間違いない。ギベルティとドナテッロは古代彫刻を蒐集し、手に入れた作品についてチリアコやニッコリと同じように議論した。一四二〇年代の終わり頃、ある逸名画家（しばしばジェンティーレ・ダ・ファブリアーノとされることもある）が、ローマ時代の浮彫りに基づく一連の素描を制作した。この画家はオリジナルに自由な変更を加え、欠損部分も好きなように補足している。しかしながら彼もまた、アルベルティを感動させた、件の輪郭と動きに対する興味を示しているのである。同様に一四三〇年代にギリシアを旅行したチリアコは、パルテノン神殿のフリーズで眼にした「瞠目すべき図像」のラフ・スケッチを描いた。イタリアに帰った彼は、自分が実際に体験した美的効果の少なくとも一部を思い描き、それを見るものに伝えることのできる芸術家が数多くいるのを発見した。チリアコはこうした人たちを雇って、調査した彫刻や建築のより精巧な素描を制作させ、古代趣味を共有するパトロンに献呈できるようにした。[22] メレアグロスの石棺についてのアルベルティの短い言及は、彫刻の何をどのように見るかについて、おそらく彼がブルネレスキ宛書簡の中で賞賛している当の芸術家から学んだことの何がしかを、示唆しているのである。

アルベルティの古物研究熱の二番目の対象は、古代および近代の銘文に対する愛情、つまりは石の表面に左右対称に刻まれた不朽の言葉に対する愛情であった。彼がこの情熱をかき立てられたのは、一四五〇年代とその後に企図した計画によってである。『建築論』の中でアルベルティはひとつの章を銘文にあて、彼がポッジョやチリアコからどれほど学ぶところ大であったかを示している。アルベルティは礼拝堂の献辞銘文を大いに尊重している旨を表明し、教会の壁面に刻まれた文字は「哲学的」――すなわち道徳的――メッセージを教示するものであると力説する。これと連動して、ポッジョやその他の人々同様、彼もまた象徴言語として理解されるエジプトのヒエログリフに若干の注意を向けている。発見されたばかりの古代後期のホラポロンのテクスト――これは古物研究家によるもうひとつの発見であった――に従い、アルベルティは眼、コンドル、蜂などの図像に言及し、それらは祭司によって神、自然、王を示すために用いられたと述べている。

石に刻まれたもうひとつの神秘的な文字列は、エトルリアの銘文であった。彼はこれをトスカーナの、廃墟と化した町や墳墓で眼にした――彼は碑文をめぐる章で書いている。「それら文字はギリシア語に似ており、またラテン語にも似ている。しかし何を意味するのか誰ひとり判読できない」[23]。この場合、アルベルティの古物研究家としての関心は、彼の知っていたフィレンツェの学者たちのそれと同調している。すなわち、ブルーニ――彼はローマ滅亡という出来事のせめてもの慰めは、帝国に征服されたエトルリアや他のイタリア諸都市の社会的、文化的エネルギーが解放されたことにあると考えていた――に始まり、レオナルド・ダーティに至る学者たちのことである。ダーティは古代に由来する町として知られていたモンテプルチャーノで一点のテクストを発見し、これを夢中になって調べた。このテクストは「先祖の言語」で、「傑出した浧しい男」であるバクス・ピッコローモが対ローマ戦役を起こすために、どのようにしてポルセンナと結託したかを叙述していた。ダーティがこの文献をラテン語に翻訳し、ピウス二世に献呈したのは偶然ではない。ピウスの本名はエネア・シルヴィオ・ピッコローミニであり、間違いなくピウスは、エトルリア時代の自身の先祖の英雄的事績について深い興味をもって読んだであろう[24]。他方、アルベルティの方は、エトルリアの銘文に具体的ではっきりとした神話的装いを与え、時を経るに従い、様々な特徴をそれに付け加えていった[25]。このフィレンツェ人古物研究家〔アルベルティ〕は、古い神話を雲散させただけではない。彼はギリシア・ローマ神話以前に存在し、何らかのかたちで深遠さにおいてまさっていた、なじみのない未知の古代を呼び覚ますことで、新しい神話の創出に貢献したのである。ポッジョと違い、アルベルティは自分が銘文の知識を引き出した典拠を明らかにしていないし、どのようにして様々な文書を集め、それらを検証したかについても語ってはいない。とはいえ明らかに、彼はポッジョやその他の教養ある友人たちから数多くのことを学んでいた。これら学識ある人々は、審美眼をも兼ね備えていたのであり、石に刻まれた古代の言葉の内容ばかりでなく、その形状に対する関心をも分け持っていたのである。

アルベルティが一四五〇年代以降に手がけたファサードの銘文を見ると、彼が他の古物研究家とどのような接触を持っていたかについて、より詳しい状況を知ることができる。リミニのテンピオ・マラテスティアーノ、フィレンツェのサン・パンクラツィオ聖堂にある聖墳墓〔テンピエットのこと〕、同じくフィレンツェのサンタ・マリア・ノヴェッラ聖堂、これらの建物にはいずれも、堂々と目立つ長い銘文が大文字で記されている。アルベルティがこの仕事に取り組む以前から、芸術家、写字生、学者たちは、新奇な形状の大文字を創案しようと様々に試みてきた。彼らは通例、写本や彫刻、あるいは銘文の複製などでそのような大文字を用いた。アルベルティの大文字は建築作品上の配置の点で、古代の流儀を直接模倣している。エンタブラチュアの上に目立つように配置されたこれらの巨大な銘文――サンタ・マリア・ノヴェッラ聖堂正面の文字列は高さ五十センチにもなる――は、アグリッパを記念したパンテオンに見られるような、古代の傑出した銘文にも視覚的に対抗しうる、ルネサンス期最初の作例である。言い換えれば、その後十八世紀に至るまでの古物研究家たちがそうであったように、公に呈示された書体は、アルベルティの古典様式に対する感覚を規定し、かつ表明してもいたのである[26]。

アルベルティの文字様式に対する近代の評価は様々である。ジョヴァンニ・マーダーシュタイク――自身が優れた活字デザイナーであり、文字様式の歴史の該博な研究者でもある――は、これらの課題に対して、アルベルティはいかに注意と知性を注ぎ込んでいたかを強調している。たとえば、聖墳墓に掲げられた文字は、基礎となる明快な幾何学性をあらわにしており、均質である。これは石工が、刻印する形体を配置するために、それ自体コンパスや尖筆で精確に作図された型取り図案または型板を使用していたことを示す、明白な証拠である。ローマ時代の手本に比べると、アルベルティの文字は、高さとの比において非常に肉細であるとはいえ、その着想は明らかに古典的である。つまり彼は、ローマ時代の銘文で用いられていた形式に、構成的な幾何学性を結合させようとしていたのである。芸術家兼数学者であったルカ・パチョーリは、印刷にも結びつく、厳密な作図による最初のアルファベット書体を考案したが、その彼がアルベルティとともに生活し、彼から学んだ日々を心からの懐かしさとともに感謝するとしているのは、決して驚くべきことではない[27]。

しかしながら、現代におけるもっとも優れた書体史研究者のひとりアルマンド・ペトルッチは、アルベルティの銘文を分析し、それらの着想が古典的というよりはフィレンツェ式に則っていると判断している。トスカーナの伝統を古代風《アッランティカ》に改変した独自のものだというわけである[28]。確かにアルベルティの使用した書体のすべてが、古典の手本に遡るわけではない。彼の幅の狭い〈E〉と幅広の〈O〉のかたちは、古代の先例から逸脱している。さらにこの点がはっきり確認できるのは、サンタ・マリア・ノヴェッラ聖堂の銘文で使用されている略語である。それはローマ時代の石工ではなくキリスト教写字生の書き方を再現しているのである。場所や仕事の手間、時間を節約するため、キリスト教の筆記者は鼻子音の〈m〉や〈n〉を表すのに、その文字の直前の母音の上に水平線を引くことで代用した。たとえば〈am〉を〈ā〉の字で表すわけである。ペトルッチにとってアルベルティの作品は、北イタリアにおいてジョヴァンニ・マルカノーヴァなどの古物研究家、あるいはアンドレア・マンテーニャのような芸術家がなしとげた、大文字書体の進化の本流からは外れた、トスカーナ流ともいうべきものだったのである。(29)

しかしながら、ここで引き合いに出した研究者たちの誰ひとりとして、明白な問題点と思われる事柄、すなわちアルベルティが最初に古代書体の研究に着手したのは、いつ、どこで、いかにしてであったのかという問題を検討しているわけではない。大文字書体は十五世紀の古物研究家にとって、大きな関心事であった。ポッジョのような当代の銘文蒐集家は、大文字の正しいかたちについて思いをめぐらさずにいることはできなかった――もっとも彼は、複写する碑文のかたちよりは内容に関心を持ち、自身で文字を書くときは書体にかなり無頓着ではあったけれども。アルベルティはローマの銘文を蒐集していたポッジョと親しかっただけでなく、フェッラーラ／フィレンツェ公会議に出席し、アルベルティの一四四一年の「桂冠競技会《チェルタメ・コロナリオ》」に参加したチリアコとも親交があった。チリアコはアルベルティに匹敵するほどの強い関心を古代彫刻と建築に抱き、様式や成立年代を見分ける鋭い眼識をもってそれらを研究した。しかし彼はまた、銘文の解読に関しても専門的知識を持っていた。チリアコの考えでは、銘文は、文学作品ではまずめったに書かれることのない重要な情報、たとえば地名の本来の呼称や、都市に住んでいた太古の住民を特定するための情報などを提供してくれるのである。古代人たちは刻印された公共のメッセージを通して、もっとも率直かつ誠実に今日の世界に語りかけてくれている、とチリアコは信じていた。様々な都市を文字テクストに変容せしめたそれらのメッセージは、学識と知性をもってそれらを解読しようとする者に対し、今なお「神々しき古代」の断片を提供してくれるのである。チリアコがヴェルチェッリのある教会で墓碑銘を筆写していたとき、無知な司祭に作業を中断されたことがあった。このときチリアコが口にした言葉は、古物研究のもっとも雄弁な定義といえるものであった――すなわち、彼の職は学者としての仕事に留まらず、予言のかたちを取ることもある、しかも未来よりむしろ過去に向けられた予言だというのだ。「わたしはとっさに、自分はアポロンの神託を聴くうちに地下の死者をよみがえらせる術を学んだ者であると答えた。このように言うと、わたしは、無知ゆえに困惑し、呆然としたままの彼を残してそこを立ち去った。しかしわたしは、自分の学問からは決して立ち去ってはいけないと考えたのだった」[30]。この古物研究学の創始者にとって、銘文が古代に対する関心以上のものであることは明白なのであった。

ふんだんに残されているチリアコの自筆稿本は、彼がいかにしてローマの銘文を筆写し解釈したかを今なお物語っている。彼の筆写した、アンコーナのトラヤヌス帝碑文（現ベルリン）は、著しい特徴を数多く備えている。特に目立つのは、しばしば〈A〉よりもはるかに幅を狭めて書かれた〈E〉、非常に幅があるためにほとんど正円に近い〈O〉（これらはいずれもローマ時代の碑銘の慣例に反する）、中心の角が文字の底線にまで達している〈M〉（これは古典の先例に従っている）などである。そしてこれらの特徴のいずれもが、テンピオ・マラテスティアーノとフィレンツェにおけるアルベルティの記銘に再び現れているのである。

さらに別の証拠も、チリアコを直接リミニのテンピオ・マラテスティアーノに結びつけてくれる。アルベルティはこの神殿のための新しいファサードを、一四五〇年代に設計している。チリアコは一四四九年にリミニを訪れており、神殿設計の一部を担当した。この建物の両側面の壁に刻まれた記銘は、ナポリに由来する著名なギリシア語碑文を採用したものである。おそらくこれを解読したのはチリアコ自身であり、その文字は彼のギリシア語書体を部分的にまねて刻印されているように思われる[31]。

これらの証拠から、一連の結論を導き出せる。古典の書式に対するアルベルティの関心は、一四三〇年代後半に端を発する。彼はチリアコの稿本により、古典の文字が備えるべきかたちに関する最初のイメージを得るに至った。こうしてアルベルティの後年の実験は、チリアコの先例に立脚することになったのである。言い換えれば、文字という視覚的な証拠はアルベルティを特定の時代の慣習にしっかりと――ちょうど言葉による浮彫り彫刻の説明がそうであったように――結びつけるのである。さらにこれらは、アルベルティの過去との関わりあい、過去に対する感覚までを明らかにしているといえる。彼は古代を実地調査によって研究しただけでなく、チリアコやポッジョといった同業者の記した〔碑文その他の〕ヴァーチュアルなかたちにおいても研究を行なった。そして大半の仲間たちがそうであったように、彼はこれら二つの情報源を、実質的にはっきりと区別することはなかった。それはちょうど、近世イタリアの博物学者たちが同様の熱意と信念をもって、森や海から蒐集した生物の実物標本、芸術家が原則的に実物から写生した植物や動物の図、空想的な怪物を描いた稚拙な版画や素描などを、区別なく研究材料としたのに似ている。すなわちアルベルティの古物研究の方法は、一世紀後、ボローニャの陳列館でウリッセ・アルドロヴァンディが採用した方法にきわめて近いものだったのである。[32]

アルベルティは、一四四〇年代にローマに戻る前から、この都市の遺跡地区の地図を作成し、発掘する準備を戸外と図書館の双方で十分に進めていた。彼の仕事仲間の多く、とりわけローマの遺跡研究に没頭していた教皇庁のメンバー――ポッジョを筆頭とする――も、同じ関心を共有していた。そこで交わされた議論は激しいものであった。たとえば、いずれもローマ史と教皇史の専門家であったビオンドとマッフェオ・ヴェジオは、聖ペテロの磔刑が行なわれた場所をめぐって、長々と議論を交わした。ビオンドはペテロの処刑場所を、サン・タンジェロ城から距離的に近いヴァティカン近辺に設定した。一方、ヴェジオはジャニコロの丘を登った地点にそれを置いた。この大きな丘は、古代の中心地区からテヴェレ河を渡った位置にあり、ローマの教皇庁地区を上から威圧するように聳《そび》えている。彼らの議論は芸術作品にも取り入れられた。すなわち、フィラレーテの手になるポルタ・アルジェンテア〔今日サン・ピエトロ大聖堂の中央にあるブロンズ門扉のこと〕の磔刑図において、双方の説が具体的に示されているのである。フィラレーテは目立つ舞台設定として、ビオンドが事件の場所に特定したサン・タンジェロ城やテレビン松、「メタ・ロムリ〔ロムルスのピラミッド〕」を意味する空想的な塔などを前景に配置した。しかし彼は、ペテロの磔刑をジャニコロの丘に据え、バッカスの浮彫り装飾のある古典様式の宮殿――ネロがそこから処刑を眺めた――を、湾曲するテヴェレ河の上に配置した点で、ヴェジオ説を支持してもいる。エウゲニウス四世時代のローマで実施されたもっとも精巧かつ高額な彫刻事業は、このように最新の学術論争を反映していた。こうした環境にあって、古物研究家の専門知識は、時代とのつながりをはっきりと有していたわけである。[33]

一四四〇年代にビオンドは、アルベルティをこの活気あふれる社会的、知的世界へと導き入れた。ローマ建築と制度に関するきわめて該博な研究者であったビオンドは、ローマ古代史とイタリア史の両方を統合的に扱った、初めての著作を上梓した。アルベルティと同様、彼もフェッラーラのエステ宮廷と緊密な関係を保持し、その地をよき古典趣味の中心地と見なしていた。レオネッロ・デステに宛てた一通の快活かつ能弁な書簡の中で、ビオンドはローマで開かれたある晩餐会について記している。それはプロスペロ・コロンナがシジスモンド・マラテスタのために催したもので、会場となったのは通称「マエケナスの庭園」、すなわちアウグストゥス帝と同時代の富豪であり、詩人ホラティウスがその芸術保護活動を賞賛した人物の所有していたと考えられている庭園であった。ビオンド自身もこの会に招待されたが、彼の考えでは、それは客人たちと食事をするためではなく、彼らとローマ古代史について議論を交わすためであった。この学問人は上流社会ではいつも気苦労を強いられていたわけである。しかしその場の客が彼を紳士としてではなく、競技者《プレイヤー》として見ていることが分かっても、ビオンドの情熱が冷めることはなかった。

何といっても、この晩餐会の舞台ほど古物研究家にとって刺激的なものはなかった。コロンナの会が催された場所は、ある広場に面し、道路を登った地点にあった。この道路にはコロンナが発掘し、修復したモザイク大理石をあしらった歩道が付いていた。おそらく彼らはクイリナーレの丘の上の、一六二五年に破壊された「メーサの塔」周辺に座っていたのだろう。地元の言い伝えに従って、ビオンドはこの塔を、そこからネロが炎上するローマを眺望した塔であると見なした。この場所は「ローマで唯一、市の全景を眼にすることのできる場所である」、と彼は述べている。(34) 歓談の最中にシジスモンドはレオネッロのある決断について語った。それは彼の言葉で言えば「ローマ皇帝の流儀にならった硬貨」を発行するというもので、すなわちこれはレオネッロ自身の肖像を配したメダルを製造するということであった（ビオンドはこれらのメダルの表にはレオネッロの名前と肖像があしらわれることを知っていたが、その裏面に何が表されるかは覚えていなかった）。ここでコロンナはレオネッロの「聡明さ」と「古代的慣習の模倣」を朗々と賞賛した、とビオンドは報告している。当代のメダルと古代の慣習、フェッラーラとリミニ――アルベルティの人生においてそうであるように、これらすべてが以上の会話の中で一堂に会しているのである。(35)

ローマに関するこうした知識のすべてがアルベルティに様々な機会をもたらし、それと同時に取り組むべき課題をも突きつけたのであった。彼は教養ある仲間と連れ立って、道を歩くことがよくあった。しかし彼が会話の内容を主導したいと思うならば、自分なりの専門知識が必要となった。そのため彼は新たな学問への道程に乗り出したのである。アルベルティがローマの正確な「絵《ピクトゥーラ》」あるいは地図を描いたとき、彼は従来の古物研究家の誰も採用しなかったような、専門的、科学的技術を駆使して見せた。そして彼は自身の成果を、短いラテン語の著作『都市ローマ記』に注いだのである。これまで塔や屋上開廊、倒壊した柱、堂々たる教会などの寄せ集めだった地図を、アルベルティはすっきりとした一連の明快な表と地図座標に変貌させてみせた。彼の書を紐解くだけで、「普通の知性を備えた人なら誰でも、きわめて巧みに適当なやり方で、平面上に意のままに、［都市の］図を描くことができる」、と彼は述べている(36)。テクストの言語や内容を総合すれば、この書はどのような読者を想定しているかが明らかになる。彼は少なくとも、類似するテクストである『絵画の初程』のラテン語版において同様の主張を行なっている。すなわち、この手短な挿絵なしの教本があれば、「腕がなく図を描くことができない」人であっても、「きわめて造詣の深い学者が賛同する」ような絵画を制作することができる、と彼は誇らしげに述べている。彼は『絵画の初程』を教皇庁のもうひとりの仲間であるテオドロス・ガザに献呈し、『建築論』の中でこの書を基本文献として言及した。とはいえもう一方の著作（『都市ローマ記』）は、実制作者よりはむしろ知的な読者を相手に書かれたものであった。明らかに『都市ローマ記』には、教皇庁に仕える彼の同業者に対し、ことのほかに専門的な奉仕をなそうというアルベルティの意図が表されている。彼はそれを、自身の独自な創造物と考えていた(37)。彼はメリアドゥーセ・デステに測量法と水力学を教えたように、今度は教皇庁に仕える仲間に地図制作法を教授しようとしていたわけである。

しかしながら、『都市ローマ記』は単なる地図以上のものである。それはひたすら観察とデータ記録を取り続けた結果として成就した著作であり、その間にアルベルティは、新たな地図制作法を発展させるべく、工学《エンジニアリング》の伝統と精密科学の双方を利用したのである。おそらくもっとも初期に使用された工学技術は比較的単純である。『数学遊戯』の中で、アルベルティはひとつの道具を説明している。この道具はもともと「投石器《トラボッコ》」と呼ばれる発砲式の武器を、目標に命中させるために考案されたものだった。ここで彼は、この道具を、「ローマの描写の際にわたしの作成したような、土地の図面」を制作するという、より「喜ばしい」目的のために利用するにはどうすればよいかを示している。アルベルティはこう示唆する。まず木製の円盤を取り上げる。円盤の外周は四八グラドゥス（度）および一九二分に分割して印が刻まれ、中央には鉛錘糸が取りつけられている。次に塔や鐘楼など、土地の多くの場所の見える平坦な場所に、円盤をしっかりと設置する。鉛錘糸を動かして、門など所与の建物の見える方向を確定する。そして盤上の角度を記録する。次に「器具を動かさず、君自身が動いて、角度を見よ」とアルベルティは注意する(38)。この測定を異なる二地点から行なうことで、「都市図」を作成するために十分なデータを引き出すことができるのである。次に都市の図面を紙の上に配置し、学者は当初の観測地点に対応する位置に目盛りのついた三つの小円盤を置く。それ

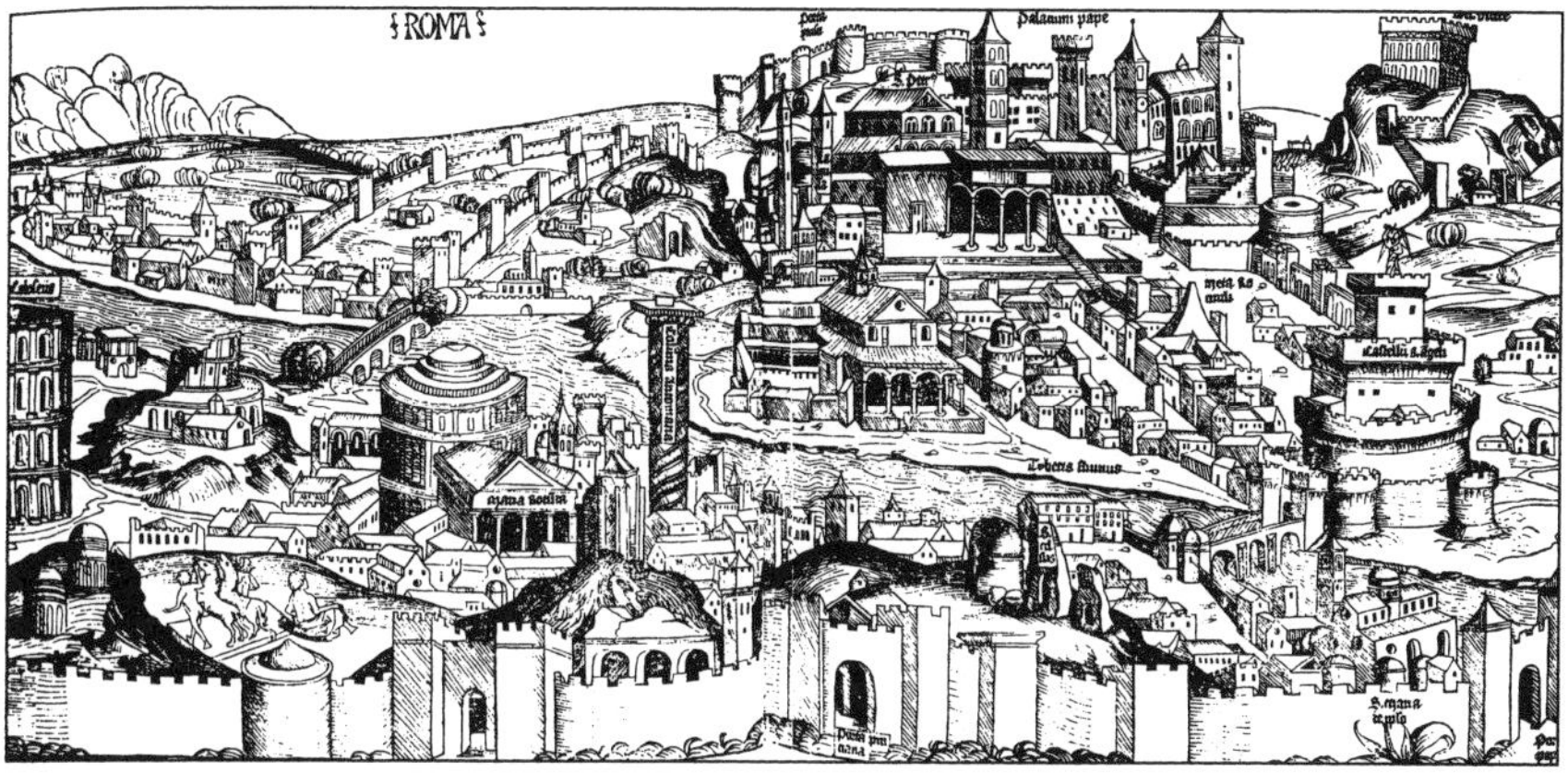

[図21]ローマ景観　ハルトマン・シェーデル　『ニュルンベルク年代記』　プリンストン大学　稀覯書・特別蒐集部

から彼は計測表を使い、三地点それぞれから主要な建築物に対応する地点に線を引く。三つの円盤のうちの任意の二つから引いた線が交わる場所に、問題の建築物は配される。もし疑問が生じたなら、三組目のデータにより誤りがないかを確認することができる。

アルベルティの地図作図法は、実在する道具や技術を大いに利用したものである。オリゾン――尺度を測定するためにアルベルティの用いた円形の道具――は、アストロラーベに似ている。これは伝統的な天文学の器械であり、空よりはむしろ地上に照準を合わせて使用される。とはいえ、この測量技術を使った人間は、アルベルティが最初というわけではない。タッコラの素描帖には、同様の道具を使って地表を計測しようとする測量技師の図が、多数登場する。またアルベルティの記述する地図は、当時航海士たちの使用していた専用の地図――いわゆるポルトラーノ地図――に、よく似ている。ポルトラーノ地図は、十三、十四世紀のヨーロッパできわめて有用な航海用具として標準使用された地図である。これらの概略図は、船乗りたちに、彼らの向かおうとしている港が配された厳密な地図座標を提示するものではなく、むしろ航海中の彼らの従うべき方位角を示すものであった。言い換えれば、これらの地図は、ロンドンの公式地下鉄路線図にやや似たところがあり、世界全体の実際の形状を再現しようとはしないのである。しかしながら、このタイプの地図によって、まず最初に地中海の海岸線が、その後は他の海域の海岸線が正確に表示されるようになり、旅行者はコンパスを使うことで、A地点からB地点へ移動する際の実用的な指示を、そこから得ることができるようになったのである。このきわめて有用な地図がどのような作図システムを――そのようなものがあったとして――下敷きにしているかは、いまだ明らかではないし、実際のところ、どこで、どのようにしてこれらが制作されるようになったのかも、正確には分からない。しかし海図制作者は、船長や旅人などから報告と修正を受けていたため、時の経過とともにポルトラーノ地図が絶え間ない進化をとげたことは周知の事実である。したがってこれは、実務的で有用な作図技術の形成過程をうかがい知るための、格好の事例と言えるのである。(39)

アルベルティ自身、地図制作に関して、海事との類比を用いている。彼が言うには、所与の塔から所与の陸標に線を引く者は、二十度二分、あるいは三十二度ちょうどなどのように、印をつけるが、これは「あちらの塔からこちらの地点に船で航行しなければならない人が、やはり二十度二分、あるいは三十二度零分などのように、風向に目星をつけて測定する」のと似た作業である。(40)船乗りと彼らの地図制作技術は、教皇庁のサークルでもよく知られていた。インドに関する浩瀚《こうかん》な書をものしたポッジョ、ポルトガル人の大西洋探検史についての本の執筆を企画していたビオンド、この両者は現役の船乗りたちとじかに接触していた。アルベルティもまた、彼なりに船乗りと接触を持っていた。しかしながら、彼ひとりが船乗りや操縦士と会話を交わしていたわけではないにしても、船乗りの地図制作技術を、大洋や大陸ではなく、都市図の問題に適用したのはアルベルティが最初だったと思われる。こうして彼は、現存する二つの応用科学を大いに創造的な方法で融合させ、概略的ながらもきわめて有用な地図を手に入れたのである。

とはいえアルベルティは、『都市ローマ記』を作成するにあたり、さらにいっそう野心的かつ数学的によりいっそう優れた作図技術を考案した。彼は自分の気に入っている測量器具を、より複雑に改良して使用することで、これをなしとげた。その器具は、円周の縁に目盛りのついた円盤、およびその円盤の中心点につけて動かすことのできる、目盛り入りの定規からなっていた。この器具はただひとつの観測地点、すなわちカピトリーノの丘に設置されることになっていた。観測者は壁や門、その他の建造物の位置を記録しなければならない。すなわち(円盤の縁についた目盛りで測ることのできる)零地点からの角距離、および(円の中心部に零の目盛りがついている定規で測ることのできる）中心部からの相対距離を書き留めるわけである。こうして観測者はカピトリーノからローマのあらゆる門、教会、橋までの相対距離、あるいはこれら各々の構造物の間の距離を記録することができる。言い換えれば、それぞれの地点は、単一の極座標システムの中に正確な位置を与えられることになるのである。カピトリーノの丘を基準点とすれば、『都市ローマ記』の使用者の誰でも、都市の円形図の概略を作成できるのであり、その図ではあらゆる場所と建物が適切な位置を与えられるのである。この時代、地図は複写を重ねるごとに不可避的に変形や歪曲を被るものだったが、ここでアルベルティはデータを確実に伝達する方法を発見したのであった。それは特定の古代都市の全体図ではなく、抽象的な数学的データを伝えるという方法であったとはいえ、それらのデータをもとにすれば、学者にせよ細密画家にせよ、失われた世界の全容に——微弱で図式的ではあるが——生命を取り戻させることができたのである。[41]

多くの研究者が『都市ローマ記』について指摘しているることながら、この第二の、より洗練された測量技術は、十五世紀初頭に大流行した豪華本のひとつ、すなわちプトレマイオスの『地理学』で論じられていた地図作図法に類似している。[42] 紀元二世紀にギリシア語で書かれたこの書は、古代科学のもっとも独創的な偉業のひとつであった。そこには詳細な地図や、アルベルティの著作と同様の地理座標の一覧表があり、およそ八千もの地域が掲載されている。十四世紀のビザンティンの学者たちはこの書を復元して、豪華な地図を挿入したし、十五世紀初頭になると、フィレンツェ人の学者ヤコポ・アンジェリは、このプトレマイオスのテクストをラテン語に翻訳し、教皇アレクサンデル五世に献呈した。こうして本書は、当時もっとも広範に流布した学術書のひとつとなった。ポッジョはある対話篇の中で、この素晴らしい挿絵入りの本が、どれほど書物や画像に精通した者たちの関心を引きつけたかを伝えている——「［一四三五年の］夏、教皇エウゲニウスがローマからフィレンツェに向けて出立してしまったので、いつもの習慣からわたしは、貴顕の士であるニッコロ・ニッコリのもとを訪問した。彼の家は学者たちの憩いの場となっていたのである。その家でわたしは、博識なカルロ・マルズッピーニと国家の主導的人物にして傑出した市民であるコジモ・デ・メディチに出会った。彼らはプトレマイオスの『地理学』を吟味しているところだった[43]」。アルベルティ自身、プトレマイオスの地図のことはよく知っていた。一四四〇年代前半に書かれた哄笑礼賛文学『蠅礼賛』でも、『地理学』

に付された色彩豊かな地図は高く評価されている。蠅の翅の美しい模様は——と、アルベルティは皮肉に示唆する——古代の地理学者の手本として利用された。「数学者プトレマイオスは、彼の世界図を蠅の翅から写し取ったということだ。蠅の翅には、ガンジス河、ダニューブ河、ナイル河、ポー河が見事に描かれているというのだ。そこではこれらの河が山から流れて海に達し、洪水となって人々に押し寄せる様子を見ることができる。三角、四角、六角をなして美しく描かれた河は、互いに直角に交差する平行線を作り出す」[44]。この古代地理学者の世界地図は、おそらくアルベルティの都市図の手本となっただろうし、正確な座標系を原理とするプトレマイオスの地理学は、アルベルティの精密な極座標システムのモデルとなったのであろう。

ここでもまたアルベルティは、かつては別々のものだった科学的方法をひとつに統合している。ローマの城壁の測量を図で表すとき——それは明らかに簡単な作業ではない——彼は次の二つの地点の座標を提示する。一方は「角（anguli）」と呼ばれる地点、すなわち壁の直線部分が交差する点、もう一方は、「頂端（auges）」と呼ばれる点、すなわち弧を描いて連続する壁が、カピトリーノの丘からもっとも遠く離れる地点である。このアルベルティの奇妙な用語は、この方法とそれが発展した時期を見きわめるための証拠を、かすかではあるが確実に提供してくれる。「頂端（aux）」（auges の複数形）は、古典ではなくアラビア・ラテン天文学の言語から取られた専門用語である。それは惑星の遠地点、すなわちその星が地球からもっとも遠く離れた地点を示す。アルベルティはこの語を、湾曲する壁が地図の中心であるカピトリーノの丘からもっとも遠く離れる地点を表す用語として採用した。そうすることで、この語をきわめて上品で拡張された意味において利用したのである。すなわち、彼にデータを与えてくれる「数学的道具」と方法が、実は天文学の世界からもたらされたものであることを、慧眼な読者に示唆しようとしているのである。

前述したように、アルベルティの測量器具は当時の標準的な天文学道具であるアストロラーベと類似していた。加えて彼自身、優れた天文観測者であり、また同時代の天文学の大家たちからも尊敬を勝ち得ていた。一四六一年から一四六七年にかけて、ドイツの若い数学者ヨハネス・レギオモンタヌスは、ベッサリオン枢機卿の援助によってローマで活動していた。この地で彼は、ギリシア語とラテン語で書かれた天文学書と数学書を研究し、イタリア人の同僚たちと議論を重ねた。フェッラーラの占星術師ジョヴァンニ・ビアンキーニ宛の書簡で、彼は当時の天文学における中心課題のいくつかを論じている。とりわけ、春分点の歳差運動の性質と割合の問題、そしてこれと関連性の強い黄道傾斜（太陽の軌道が天の赤道と交わる角度）の問題が取り上げられている。後者は太陽の最大傾斜、つまり太陽が天の赤道の北または南に達したときの最大角距離によって規定される。この書簡の中でレギオモンタヌスは、太陽の最大傾斜角の変化に関する様々な説を論じており、その中には当時イスラムの天文学者サービト・イブン・クッラに帰されていた説も含まれている。サービトによれば、太陽は十五世紀半ばに二十四度二分で最大傾斜角に達するはずであった。しかし実際には、レギオモンタヌスと彼の師であるゲオルク・フォン・ポイエルバッハは、最大角が二十三度三十分にすぎないことを発見した。さらに彼はこう述べている――「わたしはしばしば、フィレンツェのパオロ［・トスカネッリ］師と［レオン・］バッティスタ・アルベルティが、彼ら自身この問題を慎重に観測した結果、二十三度三十分を超えることはないと分かった、と言っているのを聞いた」[45]。レギオモンタヌスは、十五世紀西洋のもっとも優れた天文学者である。彼はその技術的基礎をかたち作り、コペルニクスがそれを大成させたのである。彼はアルベルティやトスカネッリを相手に、観測天文学についての様々な議論に耽った。レギオモンタヌスは同時代人が古代文献の解釈を間違えたり、数学の技法を誤用したときは、厳しく批判するのを常とした。彼はまた教皇庁のもうひとりの外国人であるトレビゾンドのゲオルギオスを侮辱するのに加担した。というのも彼が手がけたプトレマイオスの天文学手引書『アルマゲスト』の訳と註解に、誤りがあったからである。しかしレギオモンタヌスは明らかに、アルベルティを有能な天文学者集団に加わるべき数少ない人間のひとりと見なしていた[46]。アルベルティはまたトスカネッリのことも知っていた。『食間作品集』の第一書はトスカネッリに捧げられており、いかにもアルベルティらしく、自作品の「校訂〔改善〕」を依頼する、親愛感に満ちた書簡が付されている[47]。またアルベルティの『匿名伝』は、彼がトスカネッリに宛てた他の書簡について言及し、その中で彼はフィレンツェと教皇庁の差し迫った未来について予言をしている。明らかにこの二人は、天文学の情報だけでなく、占星術による未来の予言に関しても、技術的情報を交換していたのである[48]。

後年の彼の著作『彫刻論』の中で、アルベルティは天文学者としての彼の仕事と、『都市ローマ記』で推奨した非天文学用途での器具の使用の関係について、遠まわしな言及を行なっている。彼は彫刻の輪郭を数に還元するには、どのように『都市ローマ記』で提示した方法を――同じ極座標システムに従いながら――利用すればよいかを説明する。同様の方法は、天文学でも用いられると彼は註記する。

それらを所有している人は、所与のいかなる肉体であれ、その輪郭、諸部分の置かれた場所や配置を、確実にいともしっかりと印でしるすことができる。それで、いわば翌日ではなく、ずっと歳月を経た後においても、当の肉体を当の場所に置き、再び随意に、その肉体の全体もわずかなものすらも、以前あった所に正確に配し、設置できないことなどないのである。たとえば、もしも君がたまたま指を伸ばし、水星《メルクリウス》の星とか、今しがた初めて新しく現れた月を指し示して、君の指先の指輪や肘の角度、その他、その類のものが空間のどの位置にあるかをしるしたいとする。われわれの道具を使えば、わずかの誤ちも起こることなく、またそれはこういうものだという点に疑いを持つこともなく、君はそうすることができるのである。(49)

言い換えれば、『都市ローマ記』はアルベルティの仕事の第二段階をしるすものであり、ここにおいて彼は、同僚の古物研究家たちの要求を満たすために、ローマ帝政期においてもっとも洗練をきわめた二つの計量的学問——天文学と地理学——から引き出した方法を融合させたのである。

こうした環境は、翻って、多くの研究者たちの指摘してきた点を説明する手助けとなる。すなわち、アルベルティは極座標システムおよび円形都市図を採用したという点である。それ以前のローマの円形地図は、中世の円形世界地図と同様、作図法上の理由というよりは、イコン的あるいは象徴的理由でそのようなかたちを取っていた。それらは「世界の中心《カプト・ムンディ》」たらんとするローマの主張を具現化したものだった。すなわち、そのような地図は、現実の都市の物理的形状を再現するのではなく、宇宙のミクロコスモスとしての象徴的形体を描き出しているのである。したがって、それらが『都市ローマ記』の正確な極座標地図のモデルとして利用されたということはありえない。その点ではプトレマイオスの『地理学』における多角形座標もまた、モデルではありえなかった。しかしアルベルティもよく知っていたように、天文学者はその観測結果を、南北の天球に星座を配した円形の図の中に書き込むのを通例とした。恒常的な観測の成果を反映した当代最初の円形天空図は、ウィーンで一四四〇年頃作成された。(50)ちょうどアルベルティがローマで活動していた頃である。したがって、アルベルティが西洋都市においてもっともしっかりと宇宙論に立脚した地図を厳密に作図しようとしたとき、この計量的に正確な天球図が心中に去来していたということも、大いにありそうなことであろう。

アルベルティがいつ頃これら二つの地図制作術——単純な方は『数学遊戯』において、より複雑な方は『都市ローマ記』の中で描写されている——を考案したか、はっきりしたことは分からない。またいずれが先かも確かではない。単純な方が一四五二年以前に作られていたことは、これが『数学遊戯』に記述されていることから明らかである。また彼がより複雑な方を、一四三九年以前に考案したということは考えがたい。なぜなら、『都市ローマ記』には一四四〇年代に建てられたジャニコロのサン・オノフリオ聖堂の座標が含まれているからである。(51) 実用数学の伝統と数学的地図制作の伝統に由来するそれぞれの技術は、いずれも一四三〇年代までには彼の知るところとなっていた。彼が簡単な方をまず考案したというのは、大いにありそうなことである。それはより伝統的な方法に基づいており、『都市ローマ記』で提示された複雑な技術よりもはるかに記述が容易だからである。また『都市ローマ記』で一覧化した全計量データを、一四四〇年代と五〇年代のローマ滞在期に蒐集したと見るのは妥当であろう。しかしアルベルティはいかにしてこの特殊な数学装置を開発したのか、その詳細はいまだ明らかでない。

はっきりしているのは、アルベルティが一古物研究家として、一四四〇年代のローマに衝撃を与えたということである。それはちょうど彼が数年前に、一画家として周囲に強い第一印象を与えたのに似ている。彼は、今度はフィレンツェや北イタリアで身につけた専門技能を適用し、様々な技術的問題を鮮やかに、公然と解決してみせたのである。こうして彼は真に新しい何ものかを知的共同体の仲間に提示し、疑いなく多くの同時代人を感服させたのであった。『都市ローマ記』は地図制作の規則を述べたもので、都市景観を描くための方法ではなかったが、しかし芸術家たちは、ローマの記念建造物の光景で壁面や写本ページを飾るとき、確かにアルベルティの方法を用いたのである。少なくとも、初期のローマ景観図のうち、もっとも印象的なもののひとつは、アルベルティの方法とデータを利用している。一四五七年、カピトリーノの丘からヴァティカンの庭園に観測ポイントを移動させながら、ユークリッドのラテン語版写本を装飾していたその芸術家は、トラステヴェレとテヴェレ河対岸に広がるローマ中心部の劇的な光景を描いてみせた。彼の作品は、アルベルティの発見に基づくばかりでなく、その誤りまで引き継いでいる。彼はアルベルティのデータに従い、ある時計塔をテヴェレ河の間近に配したが、実際のこの建物は河からやや距離のあるカンポ・デ・フィオーリに建っていたのである。(52)アルベルティが地図制作の仕事において示した厳密さとそれによってもたらされた比類なき知の基盤は、たとえ古物研究家たちが自分流に作業をする場合であってすら、何十年もの間、深い畏敬の念を与え続けた。自身が真摯な古物研究家だったベルナルド・ルチェッライは一四七一年になってもなお、アルベルティが「数学的機械」を使って手に入れた、ローマの城壁の「位置と尺度」に関する独自の知識に特別な賛辞を捧げていたのである。(53)

　おそらくその数学的、技術的力量を鮮やかに提示したことによって、アルベルティは古物研究家として得た機会の中でももっとも劇的な好運を勝ち得ることとなった。ネミ湖から・艘の沈没船を引き上げるという仕事である。(54)早くも一四四四年、プロスペロ・コロンナ枢機卿はビオンドに沈没船について語っており、地元の漁師によって採取された糸杉の厚板やブロンズ製の釘などを見せていた。(55)コロンナはやがて、湖には実のところ二艘の船が沈んでいると知った。しかし八方手を尽くして地元民が船を水から引き上げようとしたものの、魚獲網を使っても――それらは誤って船体にからまってしまった――船にしっかりロープを結びつけても、うまくはいかなかった。たいそうもっともなことながら、枢機卿は「四方を高い山で囲まれた小さな湖でこの巨大な船は何をしていたのか」をいたく知りたがった。そこで、ビオンドの説明によると、一四四七年に「彼はわたしの友人レオン・バッティスタ・アルベルティを雇い入れた。彼は現今の傑出した数学者であり、たいそう豪華な書物である『建築論』を執筆した人である」。ここでビオンドとコロンナが使っている言葉は意味深い。コロンナはアルベルティを「数学者」として雇ったというのである。こうしてその優れた学問的能力を披瀝したことによって、アルベルティは、ビオンドの協力とコロンナの支持を得ることができたのである。

　アルベルティはさっそく黙々と仕事に取りかかった。彼は湖を横切るように空のワイン樽を列にして浮かべた。これを巻き上げ機の浮き具として利用し、そこから鈎針つきのロープを湖に垂らそうというのだった。

　船乗りの中心地ジェノヴァから、人間というよりは魚のような人夫が数人雇われた。彼らの任務は、湖の底深く潜水し、船体がどれくらい残っているか、また保存状態はどの程度かといったことを確認すること、さ

らに［船を］掘り返し、確保するために鉤針を使ってロープを湖底に引き入れることである。(56)

こうして専門性に長けた技術者たちは湖面に待機し、難破船を引き上げるための機械を操作することになった。『建築論』におけるこの事業の記述は、ビオンドの説明をあらゆる細部に至るまで裏づけてくれる。とはいえ後の学者たちを残念がらせたのは、アルベルティが『船《ナウィス》』の題で予定していた単独の著作が未完に終わったことである。この書の中で、アルベルティは事業の結果について詳述することを望んでいた。(57)とはいえ、彼は『建築論』の中で、港の防御用に使用される浮き台の技術について論じており、これはネミ湖で使われた器具と同様に空の樽に載せられるものであった。さらに彼は、橋の迫台の水位より低い場所で作業をする方法について述べているが、これも同様の経験と関わっているのであろう。アルベルティはまたある場所で、ジェノヴァ港の入口に隠れていた岩石を除去した男について語り、彼は息継ぎなしで非常に長い時間水中に潜れたから、それも可能だったのだと述べている。間違いなくこれは、彼のためにネミ湖に潜った「人間というよりは魚のような」ジェノヴァ人のひとりから聞いた話であっただろう。(58)明らかにアルベルティは、自分の雇い人の指導のためばかりでなく、彼らの特殊技能について質問するためにも時間を割いていたのであり、そのようなとき彼は、自伝の中で誇らしげに語っているような職人技に対するこの種の関心を、ありありと示したのであろう。

開始予定時刻が訪れると、教皇庁全体が、魅力的な岩肌の湖畔に向け、船を見物するための遠征に出かけた。アルベルティの雇った人夫たちが引き上げ機でロープを引っ張る間、枢機卿と人文主義者たちはその場面に立ち会っていた。船はゆっくり体を起こし始めた――と、そう思った瞬間、作業人の加えた力のために船体は崩れた。こうして船の舳先だけが水面まで引き上げられた。にもかかわらず、ビオンドによれば、「ローマ教皇庁の気高く聡明なすべての人々」は、この断片がどのような構造になっているのかを見て楽しんだ。調査は簡単ではなかった。船体の外側は鉛丹《えんたん》を塗った粗麻糸で防水加工されていた。さらにそれは防水剤を染み込ませた厚い毛織物で被覆され、先端には多数のブロンズ製の釘で固定した鉛の薄板がついていた。(59)技術を駆使した、こうした多層構造《パリンプセスト》を観察する機会は多くなかったとはいえ、ビオンドとアルベルティは、船体にこれほどの耐水性と耐火性を与えた製造プロセスを詳細に復元しようと試みた。(60)

アルベルティは、ローマ人が顔料の固着剤として蠟を使っていたことに触れ、これらの技術を、絵の具の保護のために亜麻仁油を使用する当代の手法と比較している。[61]ビオンドは、ローマの船大工が使用したブロンズ製の釘について、「それらはまったくの無傷でたいへん光沢があるので、あたかもたった今、鍛冶屋の金床から持ってきたもののように見える」とし、その保存状態の完全さに驚嘆している。さらに二人はともに、湖底に潜った人夫によってもたらされた、もうひとつの発見について論じている。ビオンドはこう記している。

> 長さ二キュビットの非常に厚くて硬い鉛管は、連結部品で接続され、どんな長さにも好きなだけつなげられるようになっている。管のそれぞれには上品な文字が刻印されており、この船の造営者はティベリウス帝であったことを示しているように思われる。レオン・バッティスタの考えはこうだった。ネミの町では今日も水車が回っており、きれいな泉水がたいへん豊富に湧き出るけれども、その水は長く連結したこれらの管を通ってはるばる湖の中央まで運ばれていたのだろう。思うに、前述の船の甲板には大きく広い家屋があつらえられており、この水はそこで使用するはずのものだったのであろう。[62]

アルベルティはまた、管の部位が連結されている仕組みについて論じ、さらに、それらをローマ人が行なったように湖底に設置するにはどうすればよいかを説明したという。[63]

長い間ネミは、訪れる学識者たちを魅了し続けた。彼らはそこに、優雅なピクニックを楽しむための気持ちのよい森林を求めてやってきた。たとえばベルナルド・ベンボは、自身の所有する、まさに『建築論』写本の余白に、ネミ湖を訪問したことを記録している。[64]沈没船から採取された木製の梁は湖畔にそのまま置かれ、何度も調査された。一四六三年の春、ピウス二世が湖を訪れ、「たいへんな喜びとともに」船の残留品を検分した。古代に関心を持つ他の人々と同様、ピウスには、船の建造についてビオンドやアルベルティが試みた説明は、信じがたいものに思えた。しかし彼は、沈没船に残された家屋を水上遊覧御殿になぞらえた逸名の案内人の話は興味をもって聞いた。そのような水上の館をボルソ・デステはポー河に、ルドヴィコ・ゴンザーガはミンチオ河に、プファルツ選帝侯たちはライン河に浮かべていたのだった。さらにこの案内人は、ビオンドもアルベルティも書かなかったことを教皇に話した――「湖底に潜った潜水夫の話では、船倉で、四つの輪で固定

［図22］《ヴァティカンのオベリスクを調べる古物研究家》　ジョヴァンニ・マルカノーヴァ『集成』　プリンストン大学　稀覯書・特別蒐集部

された鉄または銅製の櫃、および鍍金ブロンズの蓋のついた陶製の壺を見たということです[65]」。この教皇の案内人がアルベルティその人であった可能性は大いにある。というのも彼は、少なくとも、ピウスがアルバーニ丘陵で行なったこの種の古物調査旅行に、一部同行しているからである。おそらく彼は船に残された金属製の物品についてジェノヴァの潜水夫たちから聞いていたのだが、宝探しの人々が難破船に近づくのを避けるために、この事実を隠しておいたのだと思われる。こうして議論はやむことなく続けられた[66]。

　不運な結果に終わったこの水中考古学の経験は、アルベルティやその同時代人たちの実践していた古物研究とはいかなるものだったかを、よく示している。まず第一に分かるのは、きわめて見世物的な考古学調査が組織的に計画され、演劇的に上演されたということである。明らかにコロンナは、時間と水の力に対してアルベルティがうまく勝利を収められるかどうかを見るために、教皇庁の仲間をできるだけたくさん連れて湖に出向いた。これは、半世紀後、教皇シクストゥス五世がヴァティカンのオベリスクの移転を、エジプトの神々に対するキリスト教の神の公的勝利として演出した事蹟に似ている[67]。さらにこの話からは、早くも十五世紀半ばには、古物研究家たちは共同作業を行ない、互いの仕事を補完し合っていたと分かる。船殻の工法や鉛管の連結法、管に刻まれた文字の書体などを調査する中で、文献読解を本領とするビオンドは、現物調査を重視する方法を採用するようになった。こうした事柄を述べた部分で、彼はアルベルティから聞いた話を報告しているのかもしれない。加えて、ビオンドは後年の著作『ローマの勝利』で、当代の船舶とローマ時代のそれとの比較を試みているが、これもアルベルティから着想を得た題材であろう。そこでビオンドはこう記している。ローマ人は一万点のアンフォラを収容可能な船舶を有していた。しかし現在、アラゴンとヴェネツィアのガレー船はせいぜい四千ほどのアンフォラを積めるというだけで「奇跡と考えられている」。「すべては変わってしまったということだ――船にせよ用語にせよ」。すなわち、様々な船の種類やその構成部位を示すために使われる言葉について、ビオンドは専門的知識を持っていたものの、そうした専門用語ばかりでなく、造船術もまた変貌をとげた――しかもこの場合は悪い方に変化した――ということである。[68] とはいえ、この二人の知的な交流は双方向的なものであった。アルベルティは、ユリウス・カエサルがネミ湖に別荘を建設しようとして果たせなかったことをスエトニウスの話から引用しているが、おそらくこの知識はビオンドから借用したものであろう。というのも、ビオンドはすでに件の一節を想起し、利用していたからである。[69] 十五、十六世紀を通じて、古物研究はその学際的ともいうべきスタイルを保持していた。古物研究の専門家ピッロ・リゴリオの仕事はその好例であろう。彼は主に人文主義者というよりは、芸術家として訓練を受けた人間であった。イタリア語でものを書き、機会があればいつでも教養において勝る学者たちとともに仕事をしたけれども、しかし彼自身もまた独立した学者であり、自分で文献記録を読み、批判し、改訂を行なうことすらできたのである。[70]

つまるところ、十五世紀ローマの古物研究は、学者的な営為であるばかりでなく、科学的、技術的営為でもあった。古物研究家たちは、当時知られる限りもっとも精巧な工法と材料分析を、しかもきわめて実践的な目的をもって研究対象に投入した。彼らは古代船舶について、残存する証拠を研究しただけでなく、新しい船の建造も試みた。一五二五―二六年、人文主義者ヴェットール・ファウストは、当代の五段櫂船を建造するようヴェネツィア政府を説得するために、ローマ時代の浮彫りと同時に、ネミ湖で発見された証拠品をも引き合いに出した。その試みは大成功を収めたので、ファウストは――彼は唯一船舶のみを専門とするギリシア人学者であった――人気の顧問造船技師

となったほどだった。(71)

　アルベルティのネミ湖探索の記録は、彼の行なった魅力あふれる遺跡地帯の調査について、鮮明で奥行きのある説明を与えてくれる。他の出典はこれほど完全でも詳細でもないとはいえ、一四四〇年代に彼が別の場所でも――たいていはローマ市内であった――同様に徹底的な調査を行なったことを示している。たとえば、ミラノの人文主義者アンジェロ・デチェンブリオによる『文芸の洗練について』の長い一節には、十五世紀に旧サン・ピエトロ・バジリカ聖堂に隣接して立っていたオベリスクの調査についての記述がある。デチェンブリオの説明によると、このオベリスクを調査した人物は、伝説に取り巻かれたこの記念碑について、フェッラーラの宮廷の人々に説明する際、オベリスクにまつわる中世の様々な神話の一切を軽蔑とともに切って捨てたという。これはやや残念なことに思われる。というのも、これら誤りとはいえ空想力に満ちた話には、ユリウス・カエサルの遺灰が先端の真鍮製の球に納められているといった広く信じられてきた話ばかりでなく、詩人ウェルギリウスがその魔術的な力を行使し、もともとエルサレムのソロモン神殿にあったオベリスクをローマまで移動させた、などという奇想天外な伝説までが含まれていたからである。デチェンブリオの調査官は、ライバルたちがいたずらにオベリスクの側面を砕き、どのようなつくりになっているか見定めようとしたのを嘲笑する。オベリスクの柱体は空洞であると彼は主張し、さらにはそのオベリスクを、立ったままの状態で他の場所に移動することも可能だろうとまで主張する。矩形の柱体の二側面に刻まれた銘を一語ずつ分析しながら、彼はそれがユリウス・カエサルについてではなく、アウグストゥスとティベリウスに言及したものであることを明らかにする。とはいえ古代ローマの事業において、オベリスクが何の目的に供されていたか、そのテクストからは分からないことを、彼はいつにない率直さで認めている。

　デチェンブリオの説明の中では、このローマ遺跡の調査官はフェッラーラの教師グァリーノ・ダ・ヴェローナということになっており、この書の他のほとんどの部分でも、彼は発言者の役割を演じている。しかしながら、史実上のグァリーノは古物研究の仕事にはほとんど関心を示さなかった。彼はオベリスクの全長などといった馬鹿げた問題に興味を示すニッコロ・ニッコリを嘲笑したくらいであるが、デチェンブリオの架空のグァリーノは、むしろそのような問題に関心を示しているのである。一方、デチェンブリオはまた、フェッラーラの宮廷で大きな人気を博していたアルベルティの著作からも話の材料を取り、この書の他の部分に挿入している。したがって、先の一節もまたアルベルティの現存しない著作から採用された可能性は大いにあると思われ、おそらくそれは、アルベルティが一四四〇年代と五〇年代に行なった研究に基づく遺跡調査報告だったのであろう。[72]

こうしたアルベルティの準備研究に光を当てた上で『建築論』を吟味するなら、この書の静謐な古典様式は、継ぎ目と裂け目を見せ始める。再三にわたって、沈没船の概要や、特定の遺跡や建築物についての報告書の内容——それは単独の形ではついに出版されることはなかった——は、アルベルティのよどみないラテン語の外面を、ほんの一、二秒の間、かき乱すのである。たとえばアルベルティは、キルクス・マクシムス〔古代ローマの大競技場〕について記述しながら、落胆してこう述べている——「それは破壊されており、昔はどんなものであったか、まったくといっていいほど推測不可能である」。これは次の世紀に、ピッロ・リゴリオによって共有されることになる印象であった。リゴリオは、キルクスの中央を占める「領域」の標準的な寸法を算出するために、似たような他の遺跡——彼はその名を挙げていない[73]——を測定しなければならなかった、と告白している。しかし一四七一年にアルベルティは、ベルナルド・ルチェッライと他のフィレンツェの要人を連れてローマを回ったとき、キルクスの「底を深く掘り」進めていけば、「ほとんど地中に埋まっている、ヌミディアの石の巨大な断片を容易に見る」こともできるだろうと説明していた。その断片はフラミニアのオベリスクの一部だったが、このオベリスクはその後すぐに再び失われ、一五八七年まで発見されることはなかった。[74]明らかにアルベルティは、『建築論』の短いコメントが示唆するより多くの仕事をこの荒れ果てた地で行なっていた。非常に広い範囲にわたる古代建築の実践的知識に関する彼の淡々とした論述は、ローマの街道、土台、下水溝、送水路、アーチ、壁、モザイク、前廊、大理石仕上げなどの詳細な実見調査や、そのときどきの発掘に基礎を置いていると思われるのである。

とりわけ眼を引くのは、パンテオンに関するアルベルティの論評である。彼は常にこの神殿を、無類に美しく、高価な材料を見事な技術で使いこなした建物として論じている——「アグリッパの柱廊玄関で今日まで残っているのは四十ペースの銅の梁による小屋組である。もっとも、賛嘆されるべきなのは、並はずれて大きい出費のためか、あるいは人工の妙のためなのかは知らない」。彼はこの神殿に関する文献上の記録をも調べており、かつて屋根は鍍金ブロンズ瓦で覆われていたというプリニウスの言及に触れている。また格間を施した巨大な円蓋《ドーム》の構築法については、古代のいかなる典拠も説明していないと述べて落胆している。さらに彼は建築家の建築工法に特別な賛辞を送る。

荘厳のためには、神殿の壁をきわめて厚く築くべし、と考える人は誤っている。なぜなら、十分以上に太った体を誰が非難しないでいよう？　さらに加えて、採光の有効性も、レンガが厚いと無にされるのである。パンテオンの神殿は、壁に厚みが必要であったけれども、無類の名建築家が構造の骨組みを一系統にして、残余の部分を塞がずにおいた。こうして経験不足の者が一般に塞いできた空間を残して、そこにニッチや入口を配した。この手法で経費を減少し、重量の難問も避け、さらに建築に優美を添えた。[75]

アルベルティはリミニのサン・フランチェスコ聖堂の円蓋を架構するにあたり、パンテオンに対する賞賛の念を表明した際に、自分はいかなる単一のモデルにも依拠していないと力説している——「わたしとしては、［批判する者よりも］浴場やパンテオンやあらゆる高貴な建築を建てた人々の方に信頼を置いておりますし、さらにはいかなる人間よりも、理性に全幅の信頼を寄せているのです」[76]。おそらくアルベルティは、先のオベリスクと同様、パンテオンについても詳しい遺跡報告を執筆したと思われ、後年は随時、その書から細目を引き出していたのであろう。

アルベルティ自身、一四四〇年代にパンテオンを調査し始めるきっかけとなった原因も特定できるかもしれない。ビオンドはその『ローマ復元』の中でこう述べている。

おお、教皇エウゲニウス、猊下のお力添えと出資によって、古代の地震で亀裂が入り、崩壊の危機に瀕していたパンテオンの驚嘆すべき穹窿は修復されました。参事会は欠落箇所が銅板で被覆されているのを、歓びをもってご覧になられました……。明らかに他を凌駕するこの壮麗な聖堂は、周囲を取り囲む汚い出店によって何世紀もの間、建物を支える高い柱を隠されてきました。今やこれらすべてが一掃され、柱基から柱頭までがあらわとなり、この驚くべき建築の美を明るみに出しております。さらに神殿前の広場におけるティボリ石の舗床と今日カンプス・マルティウスへと続く街道によって、その美は増大しております。[77]

これらの口当たりのよい賞賛の言葉は、修復過程において出来《しゅったい》したに違いない物議については、お茶を濁している。パンテオンはローマ建築の特徴の中で、もっとも目立つものであった。中世を通じて、この建物にまつわる無数の伝説が育まれており、たとえばローマ人たちは、これを建てたのは悪魔だと説明していた。悪魔が汚物で巨大な丘を積み上げ、その上に自立する巨大な円蓋のついた神殿を建立したというのである。伝説はまた、地元民に、床下には宝が埋蔵されており、建物の中央部分を片づければ金がわき出るのだと語っていた(78)。さらに建物の前の広場は、戦いの場であった。聖堂参事会に属する司祭たちは、出店や周囲の美観を損ねるさいころ遊びで利益を得ており、道路を管理している市の行政官たちと紛争を起こしていた。行政官は教皇の後ろ盾のもと、広場を清潔で秩序ある美しい状態に保とうとしていたのである。一四四二年、エウゲニウスの命により――さらに一四五七年にもう一度――行政官たちは出店を破壊した。店に陳列された臓腑、オリーヴ、ワインなどが、パンテオンの柱を隠していたからである。しかし結果は受動的抵抗と能動的抵抗の両方を呼び起こし、結局は出店が建て直されるのを眼にするだけに終わった(79)。ビオンドは、こうした紛争については何も言及していない。

ビオンドはアルベルティにも言及していない。しかし、アルベルティがこの修復の過程で、パンテオンを研究したことは大いにありうる。さらに彼は修復計画の考案者のひとりであった可能性すらあると思われるのである。両者のパンテオン評価は緊密に呼応し合っている。両者ともに、その建築工法を常ならぬ詳細さで書き留めており、二人がそれを一緒に調査した可能性は高い。記録には残されていないものの、おそらくアルベルティは古代建築を含む建築事業の顧問として、教皇庁に出仕していたのであろう。さらに彼がエウゲニウスのパンテオン修復を少なくとも目撃したことは明らかと思われ、またこの建物の構造を詳細に調査する機会に恵まれたというのもありそうなことである。パンテオンは基礎から円蓋に至るまで、アルベルティの入念な調査の対象となり、その美しさの理由と構造の秘密を解き明かすことが調査の目標とされたのである。アルベルティが自著の中でほんの少し触れただけの他の多くの遺跡も、修復事業ほどではなかったかもしれないにせよ、詳細な調査の対象であったに違いない。彼の著作で述べられることのなかったこれらの研究の多くの痕跡が、彼の建築に光彩を添えている(80)。失われた古代都市をよみがえらせられれば、それに越したことはない。ローマの元老院議員が歩いた場所で、今は豚が草を食むのを見て、アルベルティは何度も考えたであろう――「戻り来よ、純白に輝けしもの」、と。

他の古物研究家と同様、アルベルティはときおり襲ってくる郷愁の念を感じながら仕事をした。「過ぎ去った時代の歴史的建造物」や「眼と心を賞賛で満たすような時代と事蹟の記録」は、その土地をことのほかに美しくすることを、アルベルティは知っていた。ちょうどクリストフォロ・ブオンデルモンティによる東地中海の劇的な記述『エーゲ海諸島の書』に生き生きと活写された、トロイの遺跡がそうであったように[81]。アテネの城壁の建立に用いられた巨石について記述したとき、アルベルティは「至るところで崩落した巨大な城壁」のことを心に描いていたのかもしれない。それはチリアコ・ダンコーナが一四三六年に初めてアテネ入りしたときに目撃したもので、彼はこの経験を手稿本で報告した。稿本はその後広く流布し、ヨーロッパで初めて廃墟の魅力をロマン主義風に喚起した、十五世紀末の伝奇小説『ポリフィロの夢』において視覚的にも文学的にも再作品化されることとなった[82]。アルベルティによる「アテネの」古代神殿、すなわちパルテノン神殿のかたちについての議論もまた、おそらくチリアコの報告を読んだことに由来するのであろう。彼は誰しもそうであるように、倒壊した柱の美を感慨深く眺めたことであろう。おそらくそうした気持ちはフォロを歩いているときだけでなく、チリアコの稿本を読んだときにも湧き上がってきたのであろう[83]。

ポッジョとその友人たちは、遺跡と世の無常について観想したけれども、それと同時に彼らは、そうしたものに過度に心を痛める人間を皮肉ることもあった。チリアコ・ダンコーナは明らかにその専門性ゆえにすっかり感覚を歪めてしまっており、ローマの滅亡をこの上ない感慨をもって嘆き悲しんでいたようである。アントニオ・ロスキは、彼をミラノのある男と比較した。その男は辻物語師《カンタストリエ》の歌を聴くと泣き始めた。それは「七百年前に戦いで命を落としたロランの死を歌ったものだった」。彼は帰宅してもなお涙を浮かべ、夕食時になっても悲嘆して泣いていた。なぜなら「キリスト教徒の唯一の守護者であるロランが死んだ」からである[84]。ポッジョやロスキと同様、アルベルティは遠い過去を嘆き悲しんで大量の時間と労力を浪費するには、あまりに明晰な感覚の持ち主だった。彼の建築関連文書の研究はローマでは見ることのできない過去にまで広がり、さらにごく最近の時代にまで下ってくることもあった。彼は、遠い過去に遡り、エトルリア人の神殿建築形式を再構成しようとした。そのため、その該博かつ独創的な補遺において、建築の起源の歴史を推論し、展開した。この部分は、古くから彼の優れた読者であった二人の人物、フィラレーテとマネッティの注意を引いた。これと同様に、アルベルティが当時の都市構造をどう見ていたかという点を明らかにする、あまり議論されることのない次の一節は注目に値する。

見張塔は適切な位置に築かれ、妥当な輪郭線をもって作られるなら、独特の装飾となる。それらは孤立しすぎず相互に遠くから見通せるように、かつ堂々と屹立させる。しかし二百年前から最近までずっと、いかにも塔の建造欲は過大で、きわめて小さい城市においてまで同様であった。これには賛成しかねる。どの家長も塔なしですませなかったことは明らかであり、こうして塔の林は至る所に聳《そび》えていた。星座の運行のために人間の魂は変わったと見なす人々もいる。三百年から四百年前まで宗教熱は盛んで、人間にとって宗教建築を建立することより、さらに重要なことは何も見出されないほどであった。これ以上言う気はないが、当今のローマで、半数以上が崩壊したと思えるのに、なおわれわれの調べた宗教的建造物は二千五百を越え、さらにイタリア全土で競うように更新されているのをわれわれは見ているけれども、ここにはいったい何があるのか？　われわれの子供の頃、木で組み上げられるのを見てきたものを、いかに多くの都市が今は大理石に更新したことか？[85]

このイタリアの都市景観に関する簡略ながらも生き生きとした描写から分かることは、アルベルティが都市建造物を多層構造《パリンプセスト》、つまりは歴史の層として見ていたということである。彼はそれらの層を引き剝がし、年代を定め、分析しようとしたのである。その古典趣味は明らかに新しい時代の層を調査する妨げとはならなかった。彼は中世のトスカーナその他のあらゆる場所で発展した都市景観の特徴的なかたちを確認した。たとえサン・ジミニャーノやその他の都市において、塔建築が行き過ぎた状態に達したのを嘆いたとしても、彼は中世の建築を古代のそれと同じくらい綿密に調査したのである。アルベルティは彼が述べる建築の流れに対して、人づてに得た歴史的な説明、つまりは「星座の運行」という説明すら与えている。間違いなくこれは、木星と土星の間で二十年に一度生じる大合《グレート・コンジャンクション》を言おうとしたもので、アルベルティの時代には占星術師や偉大な聖職者が大シスマ〔教会大分裂〕を説明するために引き合いに出すか、あるいは異端者がバビロンと化したローマ教皇庁の崩壊を予言するために口にする言葉であった。そしてこれら星辰の出来事によって、中世における塔建築の流行とルネサンスにおけるそれらの改装事業の流行は説明されると主張されたのだった[86]。こうして再び、古物研究の実践において、自然哲学は文献学と融合していたのである。

「残るのは記憶のみ」――この寂しい言葉は常に古物研究家の常套句だったけれども、今日ではとりわけアルベルティにこそふさわしい。なぜならアルベルティの考古学的作品の大部分は、彼の研究した大理石やモザイクと同様、今や人々の忘却に晒されているからである。アルベルティの記念門に対する情熱と後の時代の建築形態に対する関心、運動する四肢や〔ひるがえる〕髪毛をあしらった浮彫りに対する好み、これらすべてを見事に融合させたテンピオ・マラテスティアーノですら、未完成のまま残された。しかしながら、彼はより長く存続するものをも創造した。アルベルティは過去の建築物の技術的、科学的解釈と文字記録の文献学的解釈の両方を実践した。また彼は、古代遺跡の直接の研究を、同時代の美術作品におけるそれらの創造的再利用に結びつけた。さらに専門的知識を持つ顧問として富裕者たちに仕え、彼らを古代巡礼の旅に案内した。ピウス二世は自身も優れた古物研究家であり、アルバーニ丘陵に隠されていた遺跡を鋭敏に発見したアルベルティに賛辞を送った。一四五〇年の聖年にローマにやって来たジョヴァンニ・ルチェッライは、朝を教会ですごし、午後は都市を見学した。ルチェッライがローマ市民の庭園や邸宅で古代の遺物を見て回ったとき、案内役をつとめたのはアルベルティだったということも大いにありうる。ディオクレティアヌス帝浴場の壮麗な柱やアーキトレーヴを見せたり、パンテオンのポルティコの美しい柱やブロンズの梁に注意を促したのは彼だったかもしれない。アルベルティは『建築論』の中で、残存するローマの舗床モザイクの断片に描かれた花や植物を高く評価している。一方、ルチェッライは後期古代のサンタ・コスタンツァ聖堂の礼拝堂の、輝かしく彩色された天井モザイクに「魅力的な動物、鳥、葉」が描かれているのを見て賞賛しているが、これを指し示したのもアルベルティだったかもしれない。ルチェッライの息子ベルナルドは後年、いかに彼とドナート・アッチャイウォーリ、ロレンツォ・デ・メディチはローマの銘文の解釈をめぐって活発に議論を交わしたかを楽しげに思い起こしているが、彼らが一四七一年に行なったこの旅行にも、アルベルティは同行したのだった[87]。ピウスの言葉を借りるなら、こうした人たちはアルベルティを〈vir doctus et antiquitatum solertissimus indagator〉――すなわち「学者にして比類なく熟達せる古物研究家」として賞賛したのである[88]。

アルベルティはかくして、自身が邸宅に伺候した教養ある建築パトロンに対して、理想的な「古代遺跡顧問」として身を処した[89]。彼は十六世紀の新たな専門的古物研究家――たとえばフラ・ジョヴァンニ・ジョコンドのような――と目された人に課されていた、あらゆる仕事をすでに行なっていた。ちなみに、フラ・ジョヴァンニは銘文を採集し、カエサルやウィトルウィウスを編纂し、才能と技量を等しく使って橋を建立した。そのような彼を、友人でパトロンでもあったギョーム・ブデは「卓越した建築家、とりわけ古物研究家」として賞賛している[90]。アルベルティの古物研究の技術的な内容は、そのほとんどを、『建築論』のささやかながらも意味深長な細目から推測できるはずである。しかし多くの補足的な情報源は、それを歴史的背景に位置づけてくれる。アルベルティは素描や銘文の蒐集よりも長続きする何ものかを創造した。彼はルネサンスの宮廷、バロック時代のアカデミー、啓蒙主義時代のサロンにおいて、何百年もの間、顕著であり続けることになる社会的タイプの最初の手本となった。すなわち、あらゆる宮廷の必要とする専門家であると同時に、特定の関心を共有する学者や建築家、芸術家に提言することのできる博識な学者でもある、そのようなタイプの人間である。アルベルティがそうであったように、そうした人々は、文献学的判断と技術的判断、あるいは学者の知識と鑑定家の眼をいつも両立させようとした。ネミ湖の水をかき分けたアルベルティは、フランチェスコ・デ・マルキの大胆な潜水の中だけでなく、後の無数の古物研究家の物静かな人生の中にも生き続けることとなった。そうした人たちの技術上の実践や専門家としてのあり方は、建築家や画家のそれと同じくらい「アルベルティ的」であったといえるのである[91]。

第八章
アルベルティの建築術

フラヴィオ・ビオンドは当代のローマを古代都市と同じくらい魅力的であると考えていた。ある日、彼は（後に自らレオネッロ・デステ宛の長い書簡で述べているように）プロスペロ・コロンナ枢機卿主催の狩猟会に参加した。それは人間と犬が入り乱れながら一日中競争を繰り返す催しで、その模様をイメージとして再現するには、シュルレアリストばりに人間と動物の四肢を寄せ集め、ウッチェッロ風の絵に仕上げるのが最適であろう。狩猟家たちがアルバーニ丘陵の塔にのぼり、ラティウム地方全域を見下ろしたとき、コロンナは「無人の塔や記念碑、要塞を指し示しながら、十二マイル離れたローマがいかにわれわれの足元まで広がっているように見えるかを［われわれに］示して見せた。それらの建造物は辺り全域にまんべんなく広がっていたため、さながら塔の森あるいは城の森といった風情だった」――この雄弁な言葉は、ベノッツォ・ゴッツォリの描いたほぼ同時代の都市景観にぴったりと重なり合う(1)。アルベルティは『建築論』の中で、塔が中世イタリアの都市風景を席巻するに至った速さを強調している。対照的にビオンドは中世都市の視覚的なインパクトを伝えるために、森という強力なイメージを利用している。その森は古代都市の廃墟の上に、はびこる巨大なキヅタのごとく成長したが、今やそれも荒れ果て、混乱を呈していたのである(2)。

このような記述を試みるのは、ビオンドにとっては珍しいことではない。彼は建築やその成立の背景を批判的に検証することを専門としていたからである。ある日、彼はピウス二世によってヴァティカンの正面に設置された豪華な石の階段を降りていると、その階段を設計した建築家フランチェスコ・デル・ボルゴに出会った。教皇の決断によって、階段を降りる人から見て右の位置に聖ペテロの像、左に聖パウロの像を設置することになっていたけれども、ビオンドはこの決定を痛烈に批判した。ビオンドの指摘によれば、一枚の紙の「正しい《ライト》」面は、右眼やものを書く手の方向に一致している。建物も同様に、それに背を向けて出て行く人の視点からではなく、正面に立ってそれを見る人の立場から考えるべきである。ペテロは右側に見えるべきであるが、それは「われわれがトラヤヌス帝の手がけたローマ市内からテヴェレ河に架かる橋を渡り、ハドリアヌス帝の記念碑的建造物であるサン・タンジェロ城の下を通り、さらにサン・ピエトロ・バジリカ聖堂へと向かい、玄関口の下の大理石階段に向き合う地点に立ったとき、まさにそう見えるべきなのである。ちょうど何かものを書こうとする人間の前に紙が〔正しく〕置かれるように、われわれが「階段を」昇ろうとするときは、それらの彫像が〔正しい位置関係で〕視界に飛び込んでくるのだ[3]」。結局ビオンドは議論に負けるとはいえ、しかしこの記述のあるレオネッロ宛の書簡は、初期ルネサンス時代にローマの街道を歩いた人が受けとめた感覚をありありと伝える記録となっている。ビオンドは同時代の建築家たちの作り上げた物質としての建築ばかりでなく、それらに接近する人々に与える心理的作用についても真剣に考えていたのである。

建築に関するこの種の正確で詳細な註釈は、十五世紀のイタリアで広く磨きをかけられた技術であった。たとえばチリアコ・ダンコーナは、自分の訪れたイタリアの諸都市について多くを語り、それと同時にそこで見た記念碑や銘文についてもたくさんの記録を残している[4]。しかしアルベルティほど、建築の問題を扱うための言語を鍛え上げ、それを豊富な理論と経験の上に基礎づけた者はいない。一四四〇年代から五〇年にかけて、彼は建築についての独立した論考としては当代で初めてとなる著作『建築論』の執筆に着手した。人文主義者、考古学者、古代および近代美術の目利きとしての経験に基づき、彼は建築やその造営者、機能などに関する一連の興味深い理論を作り上げた。さらに建築家としての彼は、理論を実践に移し、十五世紀におけるもっとも独創的な私的および公的建築を創造した。

アルベルティと同時代の絵画、彫刻との関係を再構成するには、時計職人並みの細部への注意深い眼差しと息詰まるような慎重さで、証拠の断片をかき集めることが必要だろう。これとは対照的に、彼の建築家としての仕事の起源と進展は、そのもっとも包括的な論考、数々の文書記録、彼の設計した一連の建築物などによって記録されている。少なくとも状況の見通しはこちらの方が明るそうではある。しかし文書記録が豊富に――あるいは比較的豊富に――存在するにもかかわらず、アルベルティの建築家としてのキャリアは今なおあらゆる点で激しい論争の対象となっている。近代最初の建築論でアルベルティが詳細な議論を通して表明している美学的、都市論的理想をどのように解釈すべきか、といった一見きわめて単純に思える問題ですら、学者たちは反目し合っているのである。

　近代の学術書における多面鏡には少なくとも二人のアルベルティが映っている。そのうちのひとり〔のアルベルティ像〕が、モダニスムの高揚期に生み出されたのも偶然ではない。このアルベルティは、聡明で影響力あるドイツ人亡命学者ルドルフ・ウィットコウアーが「建築原理」と呼んだ一定の統一的な諸原理に基づき、総合的な理論を編み出した。彼は宇宙論に起源を持ち、幾何学的比例論によって表される一連の公理を作り上げた。あらゆる公共建築を統制する単純かつ明晰な形態は、この公理によって案出される。このアルベルティは、建築家を、不規則な事物に数学的秩序をもたらす神のごとき人物として描き出す。理念的には、彼は都市を無からまるごと創り出すこともできよう。建築家は完璧な土地を選び出し、全住民を職業や階級によって選り分け、それぞれ決められた区域に配分する。彼は、公共行事や公的礼拝に適した調和を建築に与えるための基礎的枠組みとして、球、アーチ、円蓋《ドーム》といった数学的に完全な形式を用いる。さらに彼は、見通しのよい広場、高台、立派な道路といった空間の修辞学を配置し、これらの構造体が間違いなく見る者に劇的な印象を与えるようにするだろう。こうしてアルベルティは建築家の役割を社会や空間の総指揮者として際立たせる。このようなアルベルティを、同時代のレオナルド・ダ・ヴィンチからロバート・オーウエン、ペーター・ベーレンスに至る、偉大な理想郷《ユートピア》思想家群像の最初のひとりと見なす学者がいる一方、他の研究者の中には、トンマーゾ・カンパネッラからほとんど一足飛びにル・コルビュジエやロバート・モーゼスに至る、一連の専制的暗黒郷《ディストピア》思想家の最初の人物と評価する者もいる。

　第二のアルベルティは、地方様式や建設環境を尊重する時代に育った、近年の新しい世代の学者の中に出現した。このアルベルティが表象するのは、コンテクストの重視、場所や建築、都市の歴史との深い関わり、伝統の尊重などである。彼の作品は、現代住宅設計の単体構造ではなく、前世紀末の多様な歴史主義や現代のより柔軟性のあるポスト歴史主義を指向しているのである。この場合の彼は、近代都市を切り刻み、ずたずたにした都市計画者たちの祖先ではなく、欧米の都市遊歩者――たとえばフランツ・ヘッセル、アルフレッド・ケイジン、ジェイン・ジェイコブズといった都市空間の真摯な観察者――の祖先なのである。

二種類の視覚的証拠によって、こうした正反対の意見は正確に把握できる。十五世紀に制作された三点の板絵（ボルティモア、ウルビーノ、ベルリン）とピエロ・ディ・コジモの絵（サラソタ）は、総合化《トータライジング》しようとするアルベルティを提示している（実際にこれらの絵の考案者をアルベルティだったと見なす研究者もいる）(5)。これらの絵では、左右対称の建築が、人気のない、豪華に舗装された広場に面して建っている。この上なく優美なファサードは、十分な大きさと一貫した様式によって仕上げられており、中世都市風の小さめで雑多な住宅を文字通り脇に押しのけているかに見える。しかしこれらの板絵のそれぞれは、重要な点で異なっている。ウルビーノの板絵は、描かれている「建築構造の量感と堅牢さに力点を置いている」のに対し、ボルティモアのものは、そこにあからさまに描かれた公共広場の広大さを強調している。ベルリンの板絵において鑑賞者は、前景を占める天井の低い開廊《ロッジア》から向こうを覗き込むように強いられる。そのためこの作品からは、他の二点の板絵以上に、実際にルネサンス都市を見たときの視覚的インパクトがありありと伝わってくる。しかしながら、これら三点の板絵はいずれも「都市の舞台背景の外観を描いて」おり、柱、アーチ、堂々とした古代の記念碑的建造物が、大都市の式典上の核となる空間を強調している。建築原理の硬質な世界がまざまざと描き出されているのである(6)。

対照的に、現実となった理想都市であるピエンツァは、教皇ピウス二世が先祖伝来のコルシニャーノ村を記録的な速さで発展させた都市であり、一度ならずこの町は、地域の情報や美的感性を重視する第二のアルベルティを示す格好の事例と見なされてきた。中央広場の見事な劇場空間に面して立つ公共建築は、単一の様式的枠組みに嵌め込まれてはいない。実際、そこに見られる多種多様な時代様式は、各建築の機能に対する歴史的関連性を明らかにしている。大聖堂は近隣シエナのはるか巨大な大聖堂を意識し、そのファサードの様式を模倣している。また市庁舎の様式は、その政治的役割と同様、中世イタリアの独立都市国家の時代に遡るものである。そこからきれいに舗装された中央広場を横切って対面するピッコローミニ館は、ピウス二世に代表されるルネサンス君主の新たな富と力を明らかにしている。ピウス二世の新しい広場に合流する街路は、古くて狭く、曲がりくねっているため、仮にそれらが大きく直線的で壮麗だった場合よりも、見る者にいっそう劇的なインパクトを与える結果となっている。こうした分析においてピエンツァは、古い形態を押しつぶす新様式の世界ではな

［図23］《理想都市》　マルケ国立美術館　ウルビーノ

く、相対するものの調和を石で表象しているのである。[7]

要するに、アルベルティはひとりではなく二人いる。そして、これら近代の歴史家の創り上げた二人の人間と、歴史上のアルベルティが実際に手がけた建築物との関係もまた、やはり議論の的となっている。何人かの学者たちは、しばしば薄弱な根拠の上に、『建築論』の一節に漠然と対応しているようなすべての十五世紀の建築計画をアルベルティに結びつけている。しかしたとえば、彼がピエンツァに関与していたことを示す文書記録は存在しない。優れたルネサンス文化研究者たちは、しばしばあたかもアルベルティがピエンツァで監督者的役割を果たしたことは疑問の余地のない既定事実であるかのように書いているけれども、実際のところ両者の結びつきは、都市の形状とアルベルティの建築論中の説明との比較考量――それらのいくつかはきわめて妥当である――に基づいているにすぎないのである。またアルベルティがニコラウス五世のような尊大なルネサンス期のパトロンの命令に恭しく従ったとは考えられないという人たちもいる。[8] この第一のアルベルティは、あらゆる種類の計画に単一の個人様式と一貫した設計原理をおしつける、まるで十五世紀のマイケル・グレイヴスとでもいうべき役柄である。他方、第二のアルベルティは彼を歓迎するいかなる組織にも所属することを拒む、つまりはルネサンスのグルーチョ・マルクスといった風情で、暗がりにたたずんでいるのである。これら二人のアルベルティの輪郭を互いに一致させるのは容易でない。

しかも近年の建築史家や都市史家の表したもっとも独創的な著作では、これらのいずれもさほど支持されてはいないのである。映画批評はもうしばらく前から、映画という芸術形式においてかつては誇らしげに「作者」の肩書きを身につけていた映画監督の地位を、多くの共作者の中のひとりという立場にまで格下げしてきた。映画という芸術形式では、ひとりだけで作品のすべての部分を仕上げることはできないからである。同様に新しいタイプの都市史および建築史は、自律性や創造性などを建築家に帰する余地をかつてに比べてはるかに減じ、さらに特定の——あるいは複数の——建築物の美的性質しか考慮しない解釈にも異論を唱える。たとえば建築史と軍事史の専門家ニコラス・アダムスは、ピウス二世が抜本的な法的、財務的手段を用いることで、新たにコルシニャーノの中心部を儀礼的都市に再編したことを明らかにした。教皇と枢機卿たちは強制買収によって、古くからの住民を住居から退去させた。一方、教皇と枢機卿が調達する食料需要は田園都市における伝統的な農業経済を変貌させ、破綻寸前にまで追い込んだ。ファサードからファサードへと外側から眺めるなら、ピエンツァはあたかもウィーンの環状道路《リングシュトラッセ》の初期型といえそうな風情を呈している。それは建築様式で見る西洋文化史の縮図であり、過去に対する深い敬意に満たされた者の作品である。しかしながら古文書記録を通じ、ピウスが土地所有形態や食物価格にもたらした急激な変化という観点から見た場合、町はあたかも石の革命、あるいは異質な環境に理想の格子を無理やり押しあてたように見えるのである。要するに、たとえアルベルティがピウスの丘上ユートピアの設計に手を貸したのだとしても、その功績の本質はいまだ不明瞭なままなのである。(9)

『建築論』はアルベルティの著作の中でも圧倒的な量と学識を備えた書物であり、他に与えた影響も群を抜いていた。多くの学者がこの書物を解釈し、アルベルティによる古代および中世の原資料の利用法、特定の建築および装飾形式に関する彼の議論、都市や遺跡におけるアルベルティの経験と著作との関係などの点に光を当ててきた。しかしそれらの誰ひとりとして、『建築論』の内容の驚くべき乱雑ぶり——それらは読者を驚嘆させ、ときに落胆させる——については、十分に論じてこなかった。アルベルティの言語の古典的明晰性、あるいは整然と体系づけられた近代的書物を提供するという——一部は実現したともいえる——著者の真摯な誓いのおかげで、本書を初めて手に取る者は、様々な内容が年代的な一貫性もなくぎっしり積み重なった中身に、無防備のまま対面することになる。したがって『建築論』全体の源泉、発展過程、複雑さなどを中心に検討し、この著作はどのように、どこで、いつ形成されたかを示そうとするなら、アルベルティの意図と業績を明らかにする一助ともなろう。

まずは伝記的な面から始めたい。アルベルティが実際にこの書物を執筆したのはいつ、どこであり、またその理由は何だったのだろう？　外的証拠はわずかである。すでに見たように、彼は『数学遊戯』において、献呈の相手であるメリアドゥーセ・デステに対し、「殿下の弟君にしてわが主でもある令名高きレオネッロ閣下の求めに応じ」建築書を執筆したと述べている。[10]メリアドゥーセの没年は一四五二年、レオネッロのそれは一四五〇年である。したがってこの一節は、『建築論』の執筆時期を一四四〇年代に結びつけるものであろうし、本書を、宮廷におけるアルベルティの通常の奉仕活動の一環として説明づけることにもなるだろう。つまりこの書は、『数学遊戯』の中ですでに扱われていた問題のいくつかを、さらに広範囲かつ体系的に論じたものということになるわけである。この可能性を確証するための証拠は、ビオンドから得られる。なぜならビオンドはこの数年後、『建築論』をすでに完成した著作として語っているからである。さらにピサの年代記作者マッティア・パルミエーリからも、同様の確証は可能である。パルミエーリによれば、アルベルティは一四五二年に教皇ニコラウス五世にこの書を「献上」し、サン・ピエトロ・バジリカ聖堂の拡張計画を放棄するよう説得したということである。[11]したがって、近年では権威ある研究者の多くが、『建築論』は実質的に十五世紀半ばには完成していたと論じており、フェッラーラで着手した計画の最後の仕上げを、ニコラウスへの奉仕活動の一部として行なったと考えている。ニコラウスは建築事業を自身の教皇職務の中心の柱とした、最初のルネサンス教皇であった。[12]

アルベルティが、『建築論』で扱った諸問題に長い時間をかけて関心を払ってきたことは、多くの証拠から確認できる。彼は常々、いろいろな都市や建築物を好んで見学していたようである。一四三〇年代初頭、『文芸研究の利益と不利益』を執筆しながら、彼はこう不平を漏らしている——文献の研究は人文主義者から、「自由人にとってもっとも気高く、価値のある悦び、すなわち都市や田舎を逍遥し、様々な神殿や劇場、城壁、建築物の数々を調査し、もともと魅力的で気持ちのよい堅牢な土地や、人間の手と頭脳によって美化され、敵襲に対する防御を強化された土地を見学する悦び」に浸るための時間を奪ってしまう、と。[13]この若い人文主義者は、都市めぐりができなくなるというので、真剣に長い時間をかけて取り組んできた自身の文献研究を苦々しく思っているわけである。「書物を引きずって旅するわけにはいかない。また無我夢中で見知らぬ土地を見聞しているときに、大量の読書を通常通りにこなすのも」ほとんど無理な話である。要するにアルベルティは、二十代半ばにして建築の世界に眼を向け、思索することを望んでいたのである。

『絵画論』のイタリア語版を献呈する際に、ブルネレスキに対して宛てた一四三五―三六年のアルベルティの書簡には、都市の中心部を前にしたときの、彼の研ぎ澄まされた反応が実例として示されている。できたばかりのクーポラを現代人による最高の偉業と認めながら、アルベルティは、教養ある旅行者がどのようにそれを眺め、考えるかを説明している。『数学遊戯』は、おそらく『絵画論』脱稿後まもなくして着手されながらも、一世代後まで完成されなかった著作であるが、この著作では「都市の観察者《フラヌール》」は測量師に変貌している。ここでアルベルティは、都市の場所を科学的に調査する方法を教示する。この書の最初の問題は次のように始まる――「もし広場の端から反対の端にある塔の高さを視覚のみで測定したいのなら、以下のようにすべきである」。[14]『建築論』の中の多くの部分は、暗示的にせよ明示的にせよ、アルベルティが建造に立ち合った一四三〇年代および四〇年代の建築事業に言及している。たとえば、彼はサン・ピエトロの古代の糸杉製の門扉がほぼ完璧な状態で保存されていることを熱心に記述しているけれども、これは一四四三年にフィラレーテがそれらの古い門扉を〔自作の新しい門扉に〕置き換えた際のことに当たり、したがってここでは、アルベルティは銀扉《ポルタ・アルジェンテア》の設置を現場で眼にしたことが暗示されていることになる。またアルベルティがパンテオンの改修を実地に見聞したことも、明らかである。

この著作はまた、若き日のアルベルティが顧問技術者としての任務を果たす中で関心を示したに違いない、多くの技術的問題にも触れている。たとえば第五書で、彼は船のタラップを瞬時に釘の密生する障害物に変貌させ、船内に搭乗できないようにする仕掛けについて記述している。またこれと関連する第二の考案物は、侵入者に襲われた船の乗組員が、小槌で一打ちするだけで甲板全体をばらばらに解体し、抵抗する間も与えず敵を船倉に落とし込む仕掛けであった。[15]こうした笑いを誘うような破壊装置は、タッコラやロベルト・ヴァルトゥリオのような技師を第一人者とする、非道な軍事技術の世界に属している。この二人の技術者は現実もしくは空想の戦争機械を考案し、それらを解説するための想像力あふれる本を執筆することに専心した。円熟した『建築論』の著者は、今なお、一四三〇年代に「絵画の奇跡」で教皇庁を驚嘆させた、若き発明家の姿を裏切っていなかったのである。

このようにアルベルティのきわめて野心的な著作は、一四三〇年代から彼の親しんできた関心や経験に根ざすものであった。とりわけ、一四三〇年代以降に従事してきた古物研究家および考古学者としての経験は、彼に古代建築に関する莫大な知識をもたらした。とはいえ、彼や他の人々が建築や都市設計の問題に注目するようになったのには、少なくともさらに二つの要因があった。ひとつは都市形態や建築事業の発展である。確かに十五世紀初頭のイタリアの諸都市は、前世紀のような、とりわけ一三四八年のペスト襲来以前のようなはっきりとした劇的変貌はとげなかった。前世紀といえば、都市の人口がピークに達し、城壁は最大域に拡張され、巨大な聖堂や公共建築が都会の空を背景に屹立した時代である。とはいえ、こうした人口の増加や経済の成長期に始まった、壮大かつ高額な費用を要する都市計画のほとんどは、フィレンツェやミラノの巨大な大聖堂がそうであったように、ルネサンス時代にはまだ完成していなかった。場合によってそうした建築計画の遂行は、通常では考えられないような技術的問題を引き起こした。それはまた、建築家に何ができるかという差し迫った問題を提示するものでもあった。

一四〇〇年のミラノにあって、北ヨーロッパ出身の専門家ジャン・ミニョーは大聖堂の扶壁の設計に複雑な幾何学原理を適用することを主張した。彼は唯一、「学知(scientia)」に基づく厳密な解決法である背の高い飛梁のみが、安定した構造を生み出すだろうと熱弁し、「厳密な知《スキエンティア》なき単なる手技《アルス》は無益である」と主張した。ミラノ人たちはこれに負けないくらいの激しさでこう反論した——われわれの伝統的な方法、すなわちその手技の実践から会得した「暗黙知」は、現実がそれを証明しているように、美しさと耐久性を兼ね備えた構造を作り出すことができる、と(もっともこれに続く論争では、彼らも学識者の意見を引いてはいる)。これらの議論は、専門家同士で行なわれたものであったにしても、大聖堂を管理する事業監督局の一般構成員によっても議決される必要があった。洗礼堂門扉についての議論と同様に、ミラノおよびフィレンツェの大聖堂をめぐる議論は、建築家とはどのような仕事に従事する者かという問いを、あからさまに提起したのである。(16)

私的な建造物もまた、技術の領域ではそうでないとしても、倫理的、美的領域において新たな挑戦をもたらした。

早くも十四世紀には、イタリアの諸侯や有力者たちは市内の資産を統合し、それらを壮麗な邸宅に変じた。[17] 十五世紀の最初の十年間に、古典的規範は大きな役割を担うようになり、装飾様式もますます大胆になっていった。ジョルダーノ・オルシーニ枢機卿は、ローマのモンテ・ジョルダーノにある一族の拠点に豪華な宮殿を建設し、その宮殿の広間を装飾させるために、一四三〇年頃のもっとも革新的なフレスコ画家のひとりであったマゾリーノを雇った。[18] マゾリーノのフレスコ画には、ローマ市の全景（現存せず）が含まれていた。ジョルダーノは個人の建築計画を企てただけでなく、そうした建築物にふさわしい、より広範囲な都市景観に対する感覚をも涵養していた。一四三〇年代から四〇年代になると、こうした計画は新たな規模で行なわれるようになり、一族の長は巨大宮殿のはしりともいえる建物を建造した。近代都市の一区画分ほどもあるそれらの宮殿は、ついにはフィレンツェや大部分のローマの都市景観のあり様を決定づけるようになった。ビオンドは一四五〇年頃の著作で、都市の廃墟に遺跡として残る古代ローマのいかなる宮殿も、ミケロッツォが一四四四年に着手したメディチ宮以上に「いっそう壮麗な」ものではないと断言している。[19] これらの新しい建築形式は、建築面のみならず知的な面においても、新たな基盤を要求した。穏健な説教師ですら大商人の欲望や虚栄を日ごと非難するようになった社会では、豪奢な建築は見た眼にも言葉の上でも納得のいく正当化が必要だったのである。フィレンツェにおける宮殿建設の第一段階のただ中にあった一四五七年、ある著述の中でジョヴァンニ・ルチェッライ——彼自身目利きであり、建築事業は財産運営のもっとも知的な手段であると考えていた——は、ジョルダーノ・オルシーニの「素晴らしい人物像に満ちたフレスコ画や、ガラスの代わりに雪花石膏でできた窓などを備えた、たいへん魅力的な広間」に対して、おしみない賞賛の意を表明している。[20] 新しい宮殿を「壮麗さ」の模範的行使として取り上げるこの種の意見が増加し始めると、学者たちはその正当化の根拠をアリストテレスやキケロの著作に追い求めるようになった。[21] すでに見たように、アルベルティ自身『家族論』の中で、ある程度の豪奢は身分の高い者の邸宅においては排除されるべきでないと認めていたのである。

同じ頃、一点の重要な古代文献が、次第に影響力を発揮し始めていた。というのもその著作は、それ自体の意義もさることながら、周辺に群がる一連の関連文献にとっても魅力ある強烈な中心をなしていたからである。その書とは、ウィトルウィウスの『建築論』である。著者は紀元前一世紀のローマの専門家であり、パトロンの中ではとりわけカエサルのために仕事をした。その『建築論』は中世の時代にかなり広い範囲で流布していた。しかしほとんどの読者は、建築形体や構成要素に関する過度に技術的で、ひどく原形の損なわれたギリシア語を使った専門用語を解読する立場になかった。人文主義者たちは、この古代の大家の言わんとしたことを読解し、応用しようと懸命に努力した。たとえばペトラルカは、自身のウィトルウィウス写本に説明上の註や相互参照などを付し、丹念に註釈を施した。彼はこのローマの著作者の用いた美的性質を表すギリシア語、たとえば「調和（eurythmia）」や「均整（simmetria）」などの言葉に強い関心を持った。こうした用語は初期のラテン語読者たちを当惑させた言葉であり、ペトラルカもまたプリニウスの『博物誌』からこれらを知ったのであった。ペトラルカの弟子たち、すなわちボッカッチョのような文学者だけでなくジョヴァンニ・ドンディのような技術者までもが、やはり魅力と有益性を感じながら『建築論』を読んだ。[22] 十五世紀になると、この書のより技術的な部分が注目を集めた。ミラノの書記局に仕える学者であったピエル・カンディード・デチェンブリオは、たとえば「クシュストス（xystus）」は庭園の一部を指すといったように、ウィトルウィウスの使用したギリシア語建築用語の定義集を編纂した。しかし彼もまた、ドーリス式やイオニア式柱頭、エンタブラチュアなどの図を部分ごとに描写し、それぞれの名称を明示するときには中世初期の先例に従っていた。[23]

ウィトルウィウスが学者にとって身近なものになるに従って、彼らは自分たちの周囲の建築の状況をいっそう注意深く見つめるようになった。ウィトルウィウスによってもたらされたのは、難解とはいえ豊富で具体的なデータを伴った、古代の建築工法や戦争形態、自然学などについての貴重で詳細な情報ばかりではない。建築についての思考法もまた、道しるべとして示された。ウィトルウィウスは詳細な美学用語のみならず、さらに注目すべきこととして、建築が鑑賞者にもたらす印象を記述する際に使われる、言葉の用法に関する正しい知識をも提供した。ウィトルウィウスの考えでは、一般的な建築原理と特定の地域環境の双方が常に考慮されなければならない。たとえば、ある建築に対してどの様式がふさわしいかは、その建築に近づく人に与えられる効果によって決まる――「豪華な室内に対応して、同じく似つかわしい立派な玄関が作られている場合は、適切さが慣習に従って発現しているのである。室内が優雅な様相になっているのに入口が低く卑しげであるならば、それは適切さを持つとは言えない」。現実の都市が計画、建設されるとき、歴史と慣習が美的原理や高尚な様式と交錯し、干渉し合うのは必然であることに、ウィトルウィウスは気づいていた。たとえば、ローマ人はギリシア人の、柱廊に囲まれた方形の公共広場という形式を採用することはなかった。なぜなら「公共広場で剣闘士の競技が催される慣習が先祖代々伝えられているからである」。そしてまた、都市の家族と田舎の家族、職人と農夫、男と女では異なった種類の邸宅や部屋、つまりそれぞれの機能に合わせて差別化した空間が必要であることを簡単明瞭に説明している。『建築論』を指針にする者は誰でも、都市を繊細で矛盾をかかえた芸術作品として見ることを学んだ。それは、芸術的伝統の要求することと社会的慣習の承認することの双方をよく心得た人々が、その中に住み、行動し、絶えず評価を下す芸術作品なのである。ウィトルウィウス主義者はもはや読者以上のものであった。彼らは鋭敏で学識ある建築風景の観察者となったのである。ウィトルウィウスは彼らに、自分と同じように建築物を調査するよう教えた。すなわち建築物をもろもろの結節点——知的な建築家が一般的な規定や原理を、特定の場所の条件や特定の使用者の需要に合わせて適用する場——として調査するのである。[24]アルベルティはその活動の核心部分において、すなわち明らかに対立する二つの理想——普遍的、数学的比例と局所性、地域特性への順応——を、創造的緊張関係において保持するという点で、もっともウィトルウィウス的であった。

ウィトルウィウスは単独で読まれることはめったになかった。一般に人文主義者たちは古代文献を比較対照し、類似点を記録したり、一方で得た情報を他方で補完するために使用した。『建築論』のように新たな主題に関する重要作品が参照しやすくなると、他の文献も新たな活力と意義を注入されることとなった。たとえば、ウィトルウィウスは『建築論』第六書で、都市および郊外におけるローマの個人住宅について詳細な議論を展開している。物質的、文献的証拠が明らかにするところでは、ウィトルウィウスの教養ある読者たちは、これらの議論をすぐさま小プリニウス書簡における幾多の言説に結びつけた。小プリニウスは書簡の中で、彼の別荘のうちの二棟——一棟はアペニン山脈、他はコモ湖畔にあった——について記述しているからである。[25]

一四二〇年代に、ブランダ・カスティリオーネ枢機卿は、ミラノから二十五マイルほどの距離にある、ヴァレーゼ近郊カスティリオーネ・オローナの村に、彼の伝記作者が言うところの「ひと連なりの」革新的建築を建設した。[26]この建築複合体には小さな集中式聖堂——その単純な比例関係《プロポーション》は、ファサードを区画する片蓋柱によって視覚的に強調されている――や、二棟の宮殿、より大きな参事会聖堂などが含まれる。ここでパトロンと建築家は、左右対称性や古典的建築形式の強調という点で、明らかにウィトルウィウスに依拠している。しかしそればかりでなく、彼らは小プリニウスにも基づいている。なぜなら小プリニウスのコモ湖畔の別荘は、この地からさほど遠くない位置にあったからである。彼らがウィトルウィウスを知悉《ちしつ》していたことは、丘上の目立つ位置に建てられた大きい方の参事会聖堂を飾る前廊や柱廊、司教館の主入口として機能する立派なアトリウムなどに示されている。一方、彼らが小プリニウスにも共鳴していたことは、壮麗な庭園の見取り図において、邸館の客室の扉がじかにそれら庭園のひとつに開放するよう設計されている点や、建築群全体の配置において、居住者が耕作地や流水などを含む魅力的な風景を展望できるよう配慮されている点などに示されている。そうした風景においては、小川のせせらぎが聞こえ、狩猟する人や犬の眼の前に実際に鹿が姿を現すこともあったのである。ウィトルウィウスと同様、彼らは町を、印象的な舞台設定の総体として理解した（加えて彼らはウィトルウィウスの推奨に従い、その町を強固な防衛設備で固めた）。また小プリニウスと同様、彼らは「現実世界と建造された世界との間に強い垣根を」設けないように、すなわち「建築の内部と外部の区別を曖昧に」するように努めていた[27]。

　ブランダの建築群がまだすべて完成していなかった頃、ある完璧な観察者が絶妙のタイミングで現れた。一四三一年十二月、ボローニャ出身の教養ある愛書家でミラノ大司教でもあったフランチェスコ・ピゾルパッソは、一週間ほど、ブランダ枢機卿とともにすごした[28]。彼が別の枢機卿ホアン・セルバンテスを世話したことについて述べた長文の書簡は、一篇の見事な都市計画論の様相を呈している。文面は凝っているが、それはブランダとその建築家が仕事の際に依拠した文学的典拠を意識的に模倣しているからである。ピゾルパッソは小プリニウス書簡とウィトルウィウスのいずれをも写本で所有していた[29]。そして、カスティリオーネ・オローナにおける自然および人工の驚異を描写する際に、これらの写本で見つけたあらゆる適切な形容詞を動員した。彼は参事会聖堂のドーリス式円柱を賞賛することで、自身の建築技術用語に対する精通ぶりを誇示しようと気を使っている（実際には、この聖堂の円柱と半円柱の上の柱頭は中世の作である[30]）。しかしブランダ枢機卿を鼓舞したのと同じテクストを彼が丹念に用いているところから、両者がラテン語で書かれた堅固な建築文化の継承者であったと分かる。さらにピゾルパッソは、この長文の書簡において、ブランダの活動内容についても記している。したがってこの書簡は、ある個人の読者に宛てた私的な手紙として書かれたのではなく、これ自体公表を予期した文学的著作として書かれたものであることは明らかである。ピゾルパッソがこの書簡の起草に細心の注意を払っていたことは、他の書簡に示されている。その中で彼は、ナポリの人文主義者アントニオ・パノルミータに、先の書簡で彼の用いた専門用語のいくつかについて助言を請うている。そして彼は完成したこの著作を、教皇庁のある有力者に即座に贈っているのである。[31]

このように建築の実験と古代文献の調査は、すでにアルベルティが仕事に着手する前から、互いに作用と影響を与え始めていた。『建築論』の序文で、アルベルティは、建築は十五世紀の人々の会話の中で中心的な主題となっていると述べる。それは、パトロンや建築家たちが新たなレベルで醸成しつつある芸術であり、またそれ以外の人々は、もっぱらできあがったものを批評する楽しみを得ているという。

ところで、家を建てるについての心配りと、理に合った方法とが、大いに人気を惹き、いかに深くわれわれの心に根ざすものか、ということは、特に以下のことの中に見受けられる。すなわち、資金があるのに何も建築計画を抱かない人とか、建築に関する発案を持ちながら、いわば人間の自然の要求に押されて喜んで発表したくなることを、差し控える人とかを見出すことはできないのである。またわれわれは、他の仕事に忙しい最中でさえ、いかにしばしば知的に心中で数々の建築を想起せざるをえないことだろう！　また個々の他人の建築を見たとき、ただちにわれわれはその寸法を目測し検討し、さらに各人それぞれの能力なりに、その作品をいっそう優雅にするには、何を取り去り、付け加え、あるいは移動させるべきかを吟味し始め、自ら口に出しもする。反対に、作品の切れ味がよく、見事に仕上げられているとすれば、それを大変気持ちよく、心弾む思いで眺めない人などあろうか？[32]

この一節は、アルベルティのサークルに属する他のメンバーたちが、ちょうど近代都市の「過剰に洗練された」住人たちが食べ物や映画、バレエを話題にするときと同じように、実践的な経験や洗練された理論、鋭敏な批評などを織り交ぜながら建築について議論していたことを示唆している。[33]

建築に関心を抱く学者として、アルベルティは、彼以前の同業者もそうであったように、当然ながらウィトルウィウスと対面しないわけにはいかなかった。実際、彼は早くも一四三〇年代にはウィトルウィウス研究に着手していた。『絵画論』では、このローマの著作者〔ウィトルウィウス〕を、人体比例や天然顔料に関する古代の見解を知るための典拠として参照している[34]。アルベルティ自身の『建築論』が、〔ウィトルウィウスの〕『建築論』という偉大な範例から出発しているのは驚くべきことではないし、アルベルティ自身も注意しながらこの関連性を強調している。ウィトルウィウスと同じく、アルベルティもまた著作を十書に分けて、都市や個々の建築、要塞、個人住宅、構成要素、細部装飾などについて記述し、さらにそれらを作るための技術的説明だけでなく、都市や建築を論じるための込み入った批評用語も提供している。ウィトルウィウスと同じく、彼もまた建築を建てるべき自然環境に関する豊富な情報を提供し、太陽や雨や風が建造物やその住人、使用する人たちにどのような長期的影響を与えるかを追究している。さらにまたウィトルウィウスと同じく、彼も個々の建築形式のみに拘泥するのではなく、それらが建設される場のより幅広い文脈や、都市を移動する人が所与のファサードや開放空間にどのように対峙するのかといった点にまで目配りをしている。

驚くべき視野の広さを誇る亡命歴史家にして、古代、近代の都市とその建造者の専門家でもあったリチャード・クラウトハイマーがかなり以前に示唆したところでは、当初アルベルティは、ウィトルウィウスに一種の広範な註釈を付し、逐一同じ題材を扱った批評的概論を作成するつもりでこの仕事に着手したのかもしれない[35]。少なくともこれと類似するひとつの事例を、同時代から引き合いに出すことができる。ゲオルク・フォン・ポイエルバッハとその高弟ヨハネス・レギオモンタヌスが、プトレマイオスによる難解な天文学専門書『アルマゲスト』をより多くの人々に近づきやすいものにしようと決意したとき、彼らはその書を章ごとに註釈を付した標準的な形式でまとめるのではなく、梗概のかたちで編集した。この批評的概論はプトレマイオスの原理や方法を解説し、新たな図を提供するとともに、より時代の近いイスラムおよび西欧の天文学者の著作をもとに、専門的な加筆、訂正をも行なっている。彼らの仕事は大成功を収めた。十六世紀の天文学者たちは、天文学をプトレマイオスの原典からではなく、むしろこの『梗概』から学んだのであり、コペルニクスもまたそうした数多くの天文学者の中のひとりにすぎなかった[36]。したがって、アルベルティが、これと似たような著作を意図して作業を始めたということはきわめてありうることのように思われる。こうして彼もまた、一連の厳格な数学的原則に加えて、場所が建物に与える——あるいは建物が場所に与える——視覚効果についての感覚的説明をも行なう結果となったのである。

とはいえアルベルティが古代作品を単純に模倣したような作品を制作することは、まずほとんどなかった。自身の説明によると、彼はウィトルウィウスをよく知れば知るほど、文章の読解をはなはだ困難にする数々の筆写上の誤りに、たびたび混乱、困惑、いらだちを感じるようになった——「そうした多くの不幸の中で、辛うじてウィトルウィウスの存続を得たのである。それは疑いもなく、きわめて経験豊かな者の著作である。しかし、いかにも長い年月に痛めつけられ、ぼろぼろになって、多くの箇所で欠落があり、大部分を欠いた箇所も多い」。あるいはまた、入手したテクストの文体のおかげで、彼はその内容にしっくりこないものを感じた、とも述べている。さらにやっかいだったのは、数多くの重大な誤りが存在したことであり、そのため、かつては正しく理解されていたに違いない著者自身に対しても、信頼がゆらいでしまうことだった。常に様式に対する審美眼を持っていたアルベルティは、このローマ時代の建築家〔ウィトルウィウス〕のラテン語文体にも、断固とした異議を唱えずにはいられなかった。とりわけ著作の中の、名詞の誤りと考えられる部分を彼は嫌がった。一方でアルベルティはウィトルウィウスが建築家に対して突きつけた要求、すなわち建築家は諸々の学問や技芸についての該博な知識を身につけるべきであるという要求を拒否した——もっとも、ウィトルウィウスの言うのは、どの分野においても、また素描芸術においてさえ、基本技術をそこそこに身につければ十分である、ということであったのだけれども。他方、アルベルティは、ウィトルウィウスの作品は明晰な概念の秩序を欠いているとも主張していた。

そこで、アルベルティは古典期から競合《エミュレーション》の呼び名で知られる、一連の模倣戦術を採用した[37]。この古代の建築家を引用したり、彼の説に従うときですら、その権威に挑戦し、ウィトルウィウスの「テクスト自体は、彼が〔まともな〕ラテン語もギリシア語も書かなかったことを証している。そのため、われわれにとっては、彼はわれわれが理解できないことを書いたというよりも、何も書かなかったも同然なほどである」と述べている。アルベルティは他の理由でも、ウィトルウィウスを暗示的あるいは明示的に批判している。ウィトルウィウスは、水を人類の社会や文化の源として賞賛した。これに対してアルベルティは、水は人類の救済者であると同時に敵でもあることを繰り返し強調している。造りのよい家は水を分散させる装置のような役割を果たさなければならない、と彼は何度も力説している。その考えによれば、水は建造物に開いたどんな小さな割れ目にも浸透する力を持っているから、傾斜した屋根、敷き詰められた瓦、効率のよい排水溝は、あらゆる文明生活に不可欠なのである。これらを描写する際のアルベルティの口調は、背信貴族を非難するときのマキャヴェッリのそれにも似た、ぞっとするような魅力をたたえている。ここでも他の箇所でも、アルベルティは、専門の建築家との接触から得たことだけでなく、数々の実践的問題に対処してきた経験からも意見を引き出しているのである。

さらに重要なことに、アルベルティは議論の配列を古代の手本とは大幅に変えて、自己の著作に適用している。ウィトルウィウスのテクストは、建築形式や他の建築事業に関する議論を構成の軸としながら、ひとつの仕事内容から他へと議論を進めていく。これとは対照的に、アルベルティは三つの主要概念、すなわち「フィルミタス」、「ウティリタス」、「ウェヌスタス」——構造、機能、意匠の美——を中心に、著作を構成するとともに、著書の前半で分析される様々な種類の建築形式や構造に関する議論を、後半における装飾に関する議論と区別している。[38] さらに彼は、クインティリアヌスの弁論家論をモデルとして、その著作全体に骨格を与えている。弁論家が「着想」をもって臨む主題選択についてクインティリアヌスが論じるようなところで、アルベルティは建築家が扱うべき形体について説明する。クインティリアヌスが、論説を構成する様々な方法——それらによって「配列」は形成される——について論じるところで、アルベルティは建築形態をそれぞれの都市や建築物に適用する方法を分析する。クインティリアヌスが演説の文体の飾りつけである「措辞」について論じるところでは、アルベルティは建築の飾りつけである「装飾」についての詳細な研究を提示する。その説明の過程に見られる様々な議論の食い違いや非一貫性から察するに、アルベルティがここでもまた、一学問の基礎モデルとして修辞学に眼を向けたことは明らかだと思われる。[39] 実際、アルベルティの著作は、ひとりの先達に対する大掛かりな批判、すなわち『絵画論』以上に古代の原典に不遜な態度で対峙した声明文《マニフェスト》だったと言えるのである。もっとも、この先達なくして『建築論』は書かれなかっただろうとはいえ。

アルベルティのウィトルウィウスに対する数々の異論は、一四四〇年代に彼の行なった古代建築の調査に基づいている。「神殿や劇場などの古代作品の実例が残存しており、それらから、あたかも最高の教師たちによるかのように、多くのことを教えられた」と彼は述べている。[40] さらに詳細な調査を目的とする計画を実行し、その対象はラヴェンナのテオドリクス王の霊廟からローマ郊外の水道橋にまで及んだことを明らかにしている。古典文献全体の精通者たることを目指す人文主義者にとって、体系的な読書は不可欠であるのとまったく同じ理屈で、建築家は素描の蒐集に基づいて、実践を行なうべきであるとアルベルティは説く。人文主義者のノートが、整然と系統立てられた古代文献からの抜粋でいっぱいになっているように、建築家のノートに貯め込まれた素描も、簡単に取り出して効果的に再利用できるよう整理されているべきである。建築家はあらゆる主要建築作品の寸法や比率を計測すると同時に、それらの「配列」や「場所」、「種類」をも記録すべきである。[41]アルベルティ自身の素描帖は現存しないものの、こうした忠告は徐々に標準的な建築実践に浸透してきていたものだった。ここでもまたアルベルティは、若い時代の自分に立ち返っているのである。すでに一四三〇年代に、アルベルティは人文主義者の習慣を取り入れ、測定用の裸体図や身体部分図の素描帖を編集するよう画家に説いていた。『建築論』の知的源泉は、技術者、批評家、古物研究家としてのアルベルティの初期活動にあったのである。

とはいえ、すべては源泉だけにあるわけではない。『建築論』の内容の多くは、一四四〇年代末から一四五〇年代初頭にローマで形成されたものだった。またその一部は、今日この著作の完成年代と考えられている日付よりも後の時代に位置づけられる。アルベルティは、概念の明晰性ばかりか学識の面でも、ウィトルウィウスに打ち勝とうと奮闘したため、長期にわたる入念な文献調査を何年間も続けることとなった。ウィトルウィウスは自身の建築家としての経験だけでなく、広い分野にまたがる文献典拠も利用した。とりわけ――様々な種類の木材の長所と短所についての議論のような――建築家にとって重要ではあるにしても、自身にとっては専門外となる技術的問題を論じるときなどはそうであった。たとえば、水に必要とされる性質を分析するくだりで、ウィトルウィウスはこう記している――「これらの事実のうち、あるものはわたし自身これを確かに見、あるものはギリシアの書物に書かれているのを発見した。これらの書の著者は、テオフラストス、ティマイオス、ポシドニオス、ヘゲシアス、ヘロドトス、アリステイデス、メトロドロスである。この人たちは非常な注意力と無限の努力をもって、場所の特質、水の特性、天空の特色は天界の傾斜によって、このような具合に配分されていることを書物によって公表した」[42]。アルベルティは、ウィトルウィウスの百科全書的要綱――それによれば、建築家は幅広い学問の権威者であらねばならなかった――を拒絶した。しかしアルベルティは、もっとも優れた石の種類から最悪の墓の種類に至るありとあらゆる主題に関して、やはり似たような権威者たちのリストを引用し、またそれらに取材した逸話を集めることで、彼自身の知識を繰り返し披瀝した。ある箇所で彼は次のような展望を述べている。

> ここでわれわれは、建築の仕事に役立つことを列挙する中で、古代の学者たち、特にテオフラストス、アリストテレス、カトー、ウァロ、プリニウス、およびウィトルウィウスが論じた事柄を報告しよう。なぜならば、実際これらの事柄は、天分に恵まれた学識者によってというよりは、むしろ長い経験によって習得されるものであるから、彼らのように最高の入念さで記録を残した人々に取材されるべきであろう。したがって、最高の著作者たちが多くの様々の場所で論じたことを、われわれは集めることにしよう(43)。

いわばアルベルティの権威づけの要求は、古代記念碑の素描のみならず文献典拠にも、しっかり根づいているのである。彼は自身の読んだ事柄を、自分の眼で見た事柄と比較するのが常だと述べている。『絵画論』におけるように、ときおり彼は古代の権威を、直接的な研究と関連のないもの、あるいはそれより劣るものとして退けることがあった――「水の性質や水が人体に及ぼす良きまたは悪しき影響について、古代の歴史家たちの残した驚くべき多くの情報に関して、さらに言及することは可能だろう。しかし、それらは少数例であり、目下の議論の適切な例示というよりは、知識の誇示の方に役立つものであろう(44)」。それでもなお『建築論』全体の織り目は、キルトのそれであってタピスリーのそれではない――すなわち、様々な出典からの編み合わせであって、継ぎ目のない一編の構図《コンポジション》を提示するものではないのである。これは多くの読者が、難解な知識を継ぎ足した部分を読み飛ばすときに、潜在的に気づいている事実である。

中でも次の一節を検討してみればよい。

> スパルタ人は城壁に囲まれた都市を持たぬことを自慢した。すなわち、この市民の武力と精鋭を確信し、また法をもって保護されておれば、十分と見なしたのである。反対にエジプト人やペルシア人は、なるべく大きな城壁で囲み、都市を防備すべきと考えていた。というのも他の人々と同様、ニヌスやセミラミスも都市周壁として、厚さは最上部に二台連結した馬車を引き上げられるほどの幅を持ち、高さは百クビトゥムを越すものを望んだからである。ティルスには高さ百五十

ペースの周壁があった、とアルリアヌスが記している。また、聞くところでは一重では満足せず、さらに多くの周壁を作った人々もいる。たとえば、カルタゴ人は三重の壁で都市を囲んだ。またデイオケスはケバタナの町を、高い場所を占めていたにもかかわらず、七重の壁で囲んだ、とヘロドトスは言う[45]。

ここでアルベルティは、一連のギリシア人著作者——当時彼らのほとんどは、現在ほど世に知られておらず、また当代の建築家の仕事と直接関係のある人はまずいなかった——から引用した文章を並べて見せている。おそらく彼は、これらに関連する引用文を、「場所」を意味する見出し（locus）の「城壁」という項目の下、ノートに蓄積していたのであろう。アルベルティはひとつの章を組み立てるとき、自身の集めた題材を取り出すことから始め、場合によっては、他の著作でもそうだったように、目的に合うようときにはそれらを修正することもあった[46]。言い換えれば、『建築論』は、人文主義者による厳密な抜粋、比較、編集に基づく建築学を形成しているだけではなく、標準的な人文主義者の方法——精読、文章要約、備忘録作成、巧みな翻案といった、十五、十六世紀の学問研究の実践において核をなす「テクスト註解の永久自己循環」——にも基づいているのである[47]。

加えてアルベルティの利用した典拠から、われわれはほぼ確実に、彼が活動した場所や環境を特定することもできる。彼が通常何度も引用した一連のギリシア語テクストの一部ですら、長大で難解な著作を数多く含んでいるのである。

・アッリアノス『アナバシス』（『アレクサンドロス大王東征記』）。アレクサンドロス大王の歴史、紀元二世紀の著作。
・ディオドロス・シクルス『歴史叢書』。博識な著者により紀元前一世紀後半に蒐集された、地理学、民族誌、神話学に関する膨大な題材を編纂した書物。
・ヘロドトス『歴史』。地中海世界に関する幅広い調査とペルシア戦争の物語からなる。紀元前五世紀中頃の著作。
・プラトン『法律』。大哲学者による、理想国家のための特異で暗い青写真。
・テオフラストス『植物誌』。アリストテレスの一番弟子による、植物学に関する浩瀚《こうかん》な専門書。著者は紀元前三世紀初めに没した。
・トゥキュディデス『歴史』。ペロポネソス戦争に関する、

学殖の深い詳細な同時代史。(48)

この印象的なリストからは、アルベルティの著作活動の性質と編年についてかなり多くのことも明らかとなる。これらのうちの数編は、かなり早くから、ラテン語に翻訳されていた。ディオドロス・シクルスなどはその例で、アルベルティはこれをポッジョのラテン語訳で読んでいた。この訳本は、最初の草稿が一四三〇年代に遡る(とはいえ最終稿は、一四四九年まで完成しなかった)。しかしながら、他の文献は、ずいぶん後までラテン語訳を利用することはできなかった。実際、エウゲニウス四世やニコラウス五世の後押しと資金援助を受けて教皇庁の人文主義者たちがそれらを翻訳して、ようやくラテン語でも読めるようになったのである。(49)

たとえばトレビゾンドのゲオルギオスは、プラトンの『法律』とエウセビオスを、一四五〇年と一四五一年に翻訳した。ロレンツォ・ヴァッラは、ラテン語版トゥキュディデスを一四五二年に完成させ、同年ヘロドトスの翻訳に着手したものの、こちらはニコラウスの死後まで完成しなかった。テオドロス・ガザがテオフラストスの翻訳を行なったのは一四五三—五四年であった。これらは十五世紀半ばまでは、ギリシア語で参照することも困難な文献であった。したがってニコラウスは翻訳者たちが利用できるように、それらの文献の写本を何部も制作させねばならなかった。さらに当該の書物のうち数点は、非常に難解であった。アルベルティ以上にギリシア語に精通していたヴァッラですら、トゥキュディデスの悪名高い難解な言葉遣いに、辟易しているほどである。(50) アルベルティは間違いなくギリシア語を知ってはいたけれども、通常は翻訳書を用いて仕事をした。彼がホメロスに親しんでいたことは、彼自身一四四〇年頃の複数の作品で明らかにしているものの、これは十四世紀のレオンツィオ・ピラトによる『イリアス』のラテン語訳を徹底的に研究したことに基づいている。(51) 明らかにこうした研究は、アルベルティの成熟期になされたものだった。そして彼は、新たな文献が友人たちのひとりによって参照の容易なラテン語に翻訳され、自分の手元に届けられたときはいつでも、並々ならぬ熱中ぶりを示したのである。(52)

一四五〇年代の学者にとって、アルベルティの利用した文献すべてを参照できた場所といえば、ローマであり、この都市をおいて他にはなかった。ニコラウス五世は教皇庁のあらゆる人員の参照に供するための図書コレクションとしてヴァティカン図書館を創設し、規模と質において古代アレクサンドリア図書館に匹敵するものをめざした。ニコラウスは所蔵図書を収納するための一連の部屋を提供し、マゾリーノはそれらを見事なフレスコ画で装飾した。この図書館は、一般用と個人専用の閲覧室を分けている点で、その後のすべての図書館の原型となった。[53] ニコラウスの委嘱した翻訳本は、ギリシア語原典とともに、このコレクションに配架されていた。ロレンツォ・ヴァッラは一四五二年に、自身のトゥキュディデスのラテン語訳写本をこの図書館に寄託している。他の写本を訂正する際の底本として利用してもらうことを考えてのことだった。教皇庁の高位のメンバーは（少し後の記録から知れるように）図書館から書物を借りる権利を持っていた。本を借りるときは鎖も一緒になっており、通常それで、本を長椅子にしっかりつなぎ止めることになっていた。これは文献が貸出し本であることを厳密に示すための印でもあった。したがってアルベルティが『建築論』のための文献中心の調査を行なったのは教皇庁の一知識人としてであったこと、加えて、その仕事の――すべてではないにしても――ほとんどを、一四五二年以降に行なったことはほぼ確実と思われるのである。[54]

『建築論』は他の重要な局面と同様に、アルベルティの教皇庁での経験を反映しており、おそらくは教皇自身とのつきあいの経験もまた、影響しているに違いない。彼は一四三〇年代の大半をフィレンツェですごした。彼の知るフィレンツェは、十四世紀にまで遡る意識的な都市設計案に沿って成立していた。この世紀以降、徐々にフィレンツェ国家は都市権力の劇場に変貌をとげていたのである。フィレンツェ人たちは、大聖堂や政庁宮殿のような巨大な建物を造営した。彼らは可能であれば必ず、それらの建築を単純な比例体系に従って設計した。すなわち、かたちの上で左右対称をなし、各構成部位を統一化し、単純かつ分かりやすい縦横比でその外観を構成したのである。[55]

これらの決定にあたっては、美的感覚が重要な役割を果たした。立派な街道や壮麗な建築によって、国内外に対する都市の威信は増大した。十四世紀に発布されたある法令は、この都市の城門のひとつから金細工師の聖堂であるオル・サン・ミケーレまでの経路となる「完全な直線道路」を「フィレンツェ市の美と利便性を強化するために」建設することを定めている。しかし政治もまた重要な関係を持っていた。視覚的な印象を強めるために選択された構造物や空間には、たいてい何らかのイデオロギー上の役割が負荷されていた。早くも一三三〇年代には、シニョリーア広場の舗装を再びやり直すことを命じた法令が発布されている――「なぜなら、この広場は当市の他のいかなる広場あるいは街路よりも美しくかつ均質であることが求められるからである」。コムーネの権力を体現する、圧迫するような角形の要塞の前に広がる空間は、他国の君主や大使に対して、この都市の富と権力を印象づける場であり、また市の日雇い労働者たちに対しては、彼らを雇用し搾取することになる強力な同業者組合員の力を見せつけ威圧する場でもあったので、そのような空間は高度な政治的機能に見合うだけの形式的な美を備えていなければならなかったのである。[56]

とりわけ注目すべきことに、フィレンツェ人たちはすでに十四世紀には、ウィトルウィウスとアルベルティが一般的な言葉で論じていた事柄、すなわち、建築の効果は人々がそれを見るときの視点に左右されるということに気づいていたらしい。早くも一三三九年七月、大聖堂事業監督局は、はっきりと遠近感の問題を考慮に入れ、もしアディマーリ通り（現在のカルツァイウォーリ通り）および洗礼堂と大聖堂の間の広場の地面の高さを低くすることができれば、「前述の聖堂はがぜん美しさを増し、高々と屹立して見えることになるだろう」と提言している。[57]建築史家マーヴィン・トラクテンバーグの説得力ある説明によれば、こうした考えこそが、大きな広場やそれを見下ろすようにして立つ建築物の設計を規定していたのである。大聖堂の正面やサンタ・マリア・ノヴェッラ聖堂、政庁宮殿などの作り出すことになる水平、垂直の視角について熟慮することによって、それらの立つ広場に通じる道路をどの位置に造営するかは決まってくる。ジョットや他の同時代の画家と同様、中世末にフィレンツェの大規模な建築計画を指導した俗人たちは、測量幾何学や光学の原理を知悉《ちしつ》していた。さらにまた画家たち同様、彼らは構造物が見る者に与える印象について熱心な考察を行なっていた。[58]ブルネレスキはフィレンツェに見られる都市の幾何学性から、遠近法板絵を制作するという着想を得、また初めてフィレンツェを訪れたアルベルティは大いなる高揚感で満たされた。とはいえフィレンツェは、この二人の生まれる以前からすでに、文字通りの意味で芸術都市だったのである。当然ながらこうした方向を追求していくということは、直線道路や統一性のあるファサード、慎重に選択された視点などに対する洗練された眼を養うことであった。錯綜して曲がりくねった小路でできた古い街並みは、国家の決議により切り開かれ、これらの新たな要素が――もちろん制限された範囲内ではあったとはいえ――敷設されたのだった。

教皇庁のメンバーたちは、以上のような実例を理解するのに、とりわけ特権的な立場にあった。というのも、彼らは一四三六年にフィレンツェ大聖堂の献堂式に参加したからである。この壮麗な儀式は、市内に参列に来たあらゆる人々の注目を集めた。これら〔教皇庁からの〕参加者のほとんどは、アルベルティの建築に対する関心を共有しており、様々な建築形式やそれらが感情に与える衝撃をどうにかして言葉で書き留めようと努めた。ある人文主義者――おそらくジャンノッツォ・マネッティか、アルベルティの友人だったラーポ・ダ・カスティリオンキオだと思われる――は、この献呈式についての詳細な記録を書き残しており、上品で効果的なラテン語の修辞を散りばめながら、式の開催にあたっていかにフィレンツェ人たちと教皇が互いに協力したかを叙述している。

　この著者は、まず舞台の中でも常設的な要素について説明することから始める。それから大聖堂そのものを細心の注意をもって観察し、その形態の裏に隠された論理を理解しようと最大限の努力を払うのである。

　何度も観察した後、わたしはこの聖なる教会の驚嘆すべき架構が多少なりとも人体のかたちを有しているという結論に達した。なかんずくこの建築を念入りに眺める者は誰でも、胸から足先までの人体の姿かたちと、入口から穹窿の先端まで広がるこのバジリカ聖堂の矩形空間は互いに似ていることに気づくであろう。さらに穹窿の周囲に配された残りの空間が、頭から胸までの人体の上部にきわめてよく似ていることは明白である。この比較を明らかにするには、誰かある人を教会の奥に配し、その頭が東に向くように、また両腕がそれぞれ反対方向、すなわち一方が北を、他方が南を向くように、さらにその脚が西を向くようなかたちで配するとよい。そしてこのような方法で人体を配置するなら、たちどころにこの比較は完全に適切なものであることを認めずにはいられなくなるであろう。したがって、もしわれわれの教会のかたちが人体に似ているのだとすれば、この建築がなしうる限りもっとも高貴かつ美しい外観を与えられていることは誰にも否定しえないと思われる。なぜなら他のあらゆるものにまして、人体が最高の形状を有していることは明らかだからである。[59]

　この著者は自身の眼にするものをただ単に眺めるだけでなく、測定と評価をも行なっている。彼はこの聖堂の規模の大きさを賞賛する。また主要な分節がはっきり目立つように配慮されている点も高く評価している。たとえば、いかに「方形に加工された巨大な石柱」は聖堂を「およそ三つの身廊に」仕切っているかといった事柄である。さらに彼は下から眺めたブルネレスキの円蓋に、完全なる天球と――横幅より縦の長さが長いため――十字架のかたちとの視覚的類似性を見出した。つまり彼は明らかに算術や幾何学、あるいは装飾などの言語で書かれたテクストとして建築を理解しているのである。彼が自身のノートに書き留めていた古典の逸話が今や役に立つ。比較すべき事例は枚挙にいとまない。アテネ市民がその兵器庫を誇りとしたように、フィレンツェ人たちはその偉大な聖堂を誇ることになろう、とこの著者は主張する。(60) この見解はブルネレスキの実際の意図をいささかも明らかにしないかもしれないとはいえ、しかしそれはアルベルティが活動した、より広範囲な状況《コンテクスト》の一部を確かに形成していたのである。

十四および十五世紀イタリアの都市設計は、通常、たとえばフィラレーテが対称形で設計した理想都市《ユートピア》を現実のものとしたスフォルツィンダのような、完全に新しい都市の創建には取り組まなかった。むしろ既存の建築を再編し、古い街区に人眼を引くまっすぐな道路を新たに敷設することが必要と考えていた。というのも、そうした古い地区では、小路が絡み合い、アーケードが建物の正面に影を落とし、よどんだ空気に満ちたほんの一メートルばかりの空間が道路の両側を分け隔てていたからである。この著者が説明したように、フィレンツェ人たちは大聖堂の献呈式を、自分たちの町を横切る新たな道路を劇的に演出するためのよい機会と考えた。彼らはすでにドメニコ派の聖堂であるサンタ・マリア・ノヴェッラ――教皇庁の人々はこの聖堂に滞在した――から大聖堂へと直結する道路を、「純白のよく磨かれた石」で舗装していた。そこで彼らは地面から三フィートの高さに、二つの聖堂の間の全行程をカバーする木製の通路をこしらえた。種々の芳香性の木の葉で覆われ、教皇の紋章で装飾されたこの巨大な架構物は、音楽家や壮麗に着飾った政庁の人員、紫衣と宝石を身にまとった教皇のための豪華な舞台として供された。教皇に大聖堂の除幕を祝ってもらうために、これらの参列者はこの通路を通り、国家および教会の闘士として市中を横断するのである。

この詳細な報告によれば、フィレンツェ市および教皇庁の当局は、見物人全員が――彼らがどこに立っていようと、あるいは歩いていようと――圧倒されるような、都市の壮観《スペクタクル》を演出するよう協力し合った。

この聖堂は……考えうる限りのあらゆる装飾が施されている。また通路も見事に架構され、これ以上のものは想像しえないほどの飾りつけがなされている。われわれの時代における国王、帝国、教皇、神の繁栄のすべてを、驚くべき手法で披瀝するにあたり、不足しているものは何もなかった。もっとも、例外として、道の両側の壁は様々な種類の掛け布や立派なタピスリーで覆うべきであったとはいえ。こうした作業はあまりに申し分なく行なわれたため、それを眼にする誰しもが、あらゆる装飾の極地はここに体現されていると考えた。さらにこれは完全に人前に公開するかたちで執り行なわれたため、見物人たちは、通路を渡っていても、街路をのんびり歩いていても、あるいは大聖堂の中をぶらついていても、視覚と嗅覚の双方をくすぐるあらゆる種類の歓喜に沸き立ち、様々な愉悦に満たされたのである。(61)

こうした大聖堂落成にまつわる壮大な精神的行事は、感覚に対する強い刺激を伴い、またそれによっていっそう激しさを増した。さらに行事は建物の内部に至るまで続けられ、そこでは荘重な多声音楽が聴衆全員を忘我の域に連れ去っていた。一般に当時の人々は、こうした処置の生み出す効果に対する上述の著者の判断に同意見であった。豪華な衣装と宝石に飾られた行列が、市の中心部を横切る歩道橋の上を進み、これにより〔サンタ・マリア・ノヴェッラという〕主要聖堂と大聖堂との関係、あるいは教皇庁のローマと教皇党《ゲルフ》の牙城たるフィレンツェとの関係が強調されるのを見る人々は、こうした行事が与える効果を決して忘れなかった。レオナルド・ブルーニは、その自伝的な『回想録』において、これらの行事のことを詳しく記述し、ブルネレスキの円蓋よりも強い関心を向けていた。

エウゲニウス四世にとって、あるいはトスカーナの聖職者トンマーゾ・パレントゥチェッリ、すなわち後のニコラウス五世にとっても、この出来事の壮大さと効果から学んだ教訓は忘れられないものだった。ローマに戻ってきた教皇庁のメンバーは、同じように都市景観の諸部分を再設計する決議を下した。専門官吏であると同時に教皇庁顧問であり、芸術家たちの友人、専門測量士、技師、古物研究家でもあったアルベルティが、『建築論』においてフィレンツェの都市化と建築の教訓を明確化したとき、彼はある程度議論の展開に合わせてそれらの内容を取り入れた。先の二人の教皇は、知的および美的助言がまさに必要であり、アルベルティならばそれを提供できると理解していたのである。

要するにアルベルティがこの重要な著作を執筆したのは、一四四〇年代後半から五〇年代前半にかけて、彼がヴァティカンやサン・タンジェロ城に群居した学者たちのひとりとして活動していた時期であった。彼ら学者たちは、古典を研究し、論争し、ときに殴り合いの喧嘩をし、さらにライバルを始末するために刺客を送りつけることもあった（この時代の学術論争は実に命がけだった）。アルベルティはこうした特別な知的環境で調査を行なったばかりでなく、そこで活動していた特定の知識人たちに声をかけ、彼らのもっとも重要な関心ごとについても論じ合った。

　たとえばアルベルティは、ウィトルウィウスのラテン語の文体に大いに泣かされた。ウィトルウィウスの文章はあまりに理解不能な表現――その大半はギリシア語だった――に満ちているため、本来のラテン語としての特性も散文としての明晰性も、ともに失われているというのがアルベルティの考えだった――「彼はあまり教養の高い文章を書いてはいなかったのである。たとえば、ギリシア語と見なされたかったのであろう、とラテン人は言い、ギリシア人はラテン語で述べられたもの、と告げる。さらにそのテクスト自体は、彼が〔まともな〕ラテン語もギリシア語も書かなかったことを証している」[62]。アルベルティは、技術的な事柄を表すのに適切なラテン語の専門用語を見つけるのが困難であると繰り返し強調しており、ときには新しい言葉を作り出す必要性すらあると感じていた。たとえば、柱についての議論で彼はこう書いている。

> 使用される言葉が不十分な場合、用語を作らなければいけない。その場合、似ているものから名称をつけるのこそ最善だろう。われわれのトスカーナでは、少女が髪を結び整える細い帯を平縁《ネクストゥルム》と呼ぶ。したがって、円柱下端で環状に回っている指輪のような細い帯を、もしよければ平縁と呼ぼう[63]。

とはいえ彼自身は、ウィトルウィウスとは異なり、「適切なラテン語と理解しうる言葉で」書いていると主張していた[64]。

　初期の人文主義者たちは、ウィトルウィウスを古代の著作者であるとともに古典的な作家とも見なしていたので、ペトラルカは、なぜこのローマの建築家はその文章のまずさを弁明したがるのか理解できなかった[65]。一方、ラテン語の知識にかけては高い水準に達していると自ら主張し、同時に新たな専門用語をも作り出す権利を要求するほどであったアルベルティは、教皇庁の仲間のひとりロレンツォ・ヴァッラと同じ立場をとった。ヴァッラは、古典の直接の研究に基づき、ラテン語の正しい統辞および用法の規則を確立することにその生涯の大半を費やしていた。その仕事の成果は、影響力のある大部の著作『ラテン語の優雅さ』において論じられた。彼は前置きとして、こう力強い主張を行なっている――よきラテン語とは「偉大なる秘跡」、すなわち内的知性の恩寵が外部に見えるかたちとなって現れたもの、あるいは少なくとも真正の観念が完全な言葉となって具現化したものである、と。ウィーンの批評家カール・クラウスの先祖を十五世紀まで遡ればかくやとばかりに、ヴァッラは、誠実で正確な語り口をしっかりと心がけることこそ、数多くの混乱や誤用を排除することになると主張する。たとえば、「宗教的」という言葉は、本来、あらゆる敬虔なキリスト教徒を指す言葉だったので、もっぱら聖職者にのみ充てるよう運用すべきである。しかしまた彼は、何かが新しく考案されると新語が必要になることをも認識していた。時計や釣り鐘のような当代の技術的発明品は古代ローマには存在しなかった。したがって、わざわざ古典語を使ってまわりくどい言い回しをするよりは、たとえば「ホロロギウム（horologium、時計）」や「カンパーナ（campana、鐘）」のように、新たな言葉を作り出した方がよい。こうした事例について詳しく論じてから、次にヴァッラは他のもうひとりの教皇庁の人文主義者であったジョヴァンニ・トルテッリに対する議論を素描する。トルテッリは『正書法について』という浩瀚《こうかん》な辞書を出版していた。[66] アルベルティは、自分の教養を誇示したいと願っていたばかりでなく、純粋主義と新造語の間でバランスを取ろうとも努めていたので、自己の知るローマの人文主義者たちの標準的な言語、すなわち教養あるイタリア人を弁護する場合に使うのと同じ言語で語った。アルベルティの言葉は額面どおりに受け取られるべきで、自己の著作が美しいラテン語で書かれ、そこに喜びを感じることこそ、彼にとっては非常に重要な関心事だったのである。

翻ってこれらの事実は、アルベルティの著作のより大きな目的について何ごとかを示唆している。ときおり彼は、自分は実践的知識を提供するのだと述べ、さらには「職人として」語るのだと主張することすらあった。[67] とはいえ実のところ、彼は磨きのかかった文学的なラテン語を書いていたので、それを独力で読める職人などほとんどいなかったのである。さらに彼は、主に技術分野から建築に関わるようになった人々ばかりでなく、学問世界から建築に携わるようになった人々にも語りかけているつもりであった。アルベルティは『建築論』の読者に、「あらゆる技芸の中でも建築家にとって有益であり、また必須ですらあるのは絵画と数学である」と述べる。その主張によれば、建築家が最初に思い描いた計画に含まれる誤りを明らかにしてくれるのは、眼に見えるかたちで正確に描写された建築図あるいは模型をおいて他にはない。しかし建築家は必ずしも絵画の達人である必要はないとも彼は言う。建築家の素描や模型は、彼の建てようと思うものを忠実でありのままに描写したものであるべきで、人の眼をあざむく遠近法の訓練である必要はないのである。建築家の素描に求められる技術は、きわめて基礎的なものである。「わたしは彼が絵画においてゼウクシスであること、算術においてニコマコスであること、あるいは幾何学においてアルキメデスであることを要求しはしない」とアルベルティは書いている。「われわれが以前に著作した『絵画の初程』を習得していれば十分ということにしよう(68)」。手引きの必要な読者は、アルベルティ自身の執筆した入門書『絵画の初程』を読むだけでよい。これらのわずかな基礎から出発しても、彼は建築術を完璧に習得することができるのである。

『絵画の初程』は番号づけされた命題からなる短い論考で、挿図はなく、最初に俗語で執筆された。アルベルティはこの著書を、教皇庁の仲間であったテオドロス・ガザのためにラテン語に翻訳した。彼はこれを一種の著名画家教本であると説明し、絵画技法にまったく馴染みのない者でも、この小論によって有能な素描家になれるという(69)。この著書は広く人口に膾炙《かいしゃ》し、その読者には鋭敏な哲学者ニコラウス・クザーヌス枢機卿も含まれていた――彼自身の有名な図書館に本書の写本が現存しているのである(70)。このテクストと『建築論』を並べてみるのは非常に示唆的である。いずれのテクストも、すでに高い技術を習得した、素描の専門家または関連芸術の専門家が読むことを想定して書かれたものではない。代わりに両者とも、教養ある読者を意図して書かれているのである。この点はたとえば、『建築論』における以下の意味深い一節に示されている――「本書はただ職人のためだけでなく、この高貴な技芸に関心を持つあらゆる人々のためにも書き進めているのであるから、人を楽しませることを意図した物語をときおりはさむのも好ましいであろう(71)」。彼がここでユーモア感覚をくすぐろうとしている対象は、大規模な建築計画において監督者の役割を果たす、アルベルティ自身のような人々だったに違いない。またそれ以外にも、アルベルティが再三言及する、建築を批評したがる大多数の者も対象者だったろう。たとえば、彼はどんな人でも――たとえ精通者でなくても――建築についてはとかく批評したがるものだと正しく指摘している。また著作の初期の流通範囲から推して、本書のさらなる執筆対象には、進歩的なパトロンも含まれていたのであろう。

『建築論』は大部で高価な書物に発展した。あまりに膨大で費用もかかったため、写本の制作には、中世の大学の書物界において伝統的だった方法がときおり用いられた。

すなわち各写字生に一束のページが割り当てられ、彼らは急いでそれを筆写するのである。現存する初期の写本のほとんどは、贅沢品として少数の為政者たちのために注文、生産されたものだった。彼ら為政者たちは、最初のルネサンス宮殿を建造し、ストゥディオーロ〔書斎〕あるいは小室に身を落ち着けた。大きな蓮の中心に輝く宝石ともいえるそれらの書斎は、都市や風景、書物、科学器具などを精巧な遠近法で描写した寄木細工で装飾された。たとえば、フェデリゴ・ダ・モンテフェルトロは、彼の図書室のために特別に装飾された写本を所有していた。数十年後、ロレンツォ・デ・メディチは、一四八六年に出版された『建築論』の初版印刷本の一部を手に入れる見込みができると、いても立ってもいられなくなり、印刷所から折丁〔製本の際に印刷された紙をページ順になるように折ったもの〕が仕上がる度に、それらをかき集めては耽読した。彼は製本、装丁され、一冊の本になるまで待つことができなかったのである。アルベルティがこの書を執筆した意図の少なくとも一部は、マキャヴェッリをしてルネサンス期のもう一点の素晴らしい技術書、すなわち『君主論』を執筆せしめた動機と同じものであった——つまり、アルベルティは建築助言者として雇用されることを望んでいたのであり、物として豪華で、かたちとして非の打ち所のない書物を、自身の能力の証として利用したのである。[72]

要約しよう。『建築論』は編集に長い年月を要した。本書で扱われている問題やこれに反映している影響関係は、北イタリア、フィレンツェ、フェッラーラにおけるアルベルティの初期活動ばかりでなく、一四四〇年代と五〇年代のローマの環境にも由来する。またこの書は専門の建築家に対してというよりはむしろ、自分の仕事を管理することを望む為政者、聖職者、知識人たちに向かって書かれた。少なくともひとつの推論は妥当であろう。すなわち、アルベルティはその著作を単一の衝動に従って、あるいはただひとつの問題を論じるために執筆したという見解は、およそ受け入れがたいということである。

『建築論』は一冊の書物ではなく、数冊の書物をまとめたものといえる。それらのいくつかは他の篇と強い緊張関係にあり、それらのきしる音がはっきりと聞こえてきそうなほどである。とはいえ古典建築に関する規範的文献として、この書における建築形態や部位についての精密で一貫した論述は、幅広い世代の建築家や建設者にきわめて有益であることが明らかになり、そのため建築家たちは十八世紀に至るまでこの書を改訂し続けることになった。アルベルティは、ウィトルウィウスに秩序を適用し、その明らかな矛盾を糊塗《こと》しながら、理想としての古典様式を確立し、その内実を詳細に論じた。実践においてどのような翻案が必要になろうとも、建築家たちは数世代にわたり、優れた構造物はそれらの用途を明示する古典的形式において、あるいは調和をもたらす縦、横、高さの単純な比例においてその特質が示されるとするアルベルティの主張に照らし合わせて、自分たちの作品を判断することとなった。

　アルベルティは、想像上の古典世界に読者を引き込む。それは前廊、凱旋門、神殿、劇場の立ち並ぶ都市であり、高さと様式のそろったファサードで取り巻かれた道路、柱廊で囲まれた広場――そこで老人たちは意見を交わし、保母は子供たちの遊びを見守っている――が備わっている。彼はドーリス式円柱とイオニア式円柱の見分け方について、あるいは神殿とバジリカの区別について、明快な説明を行なった。おそらく彼の説明がなければ、ほとんど誰もウィトルウィウスを正しく読むことはできなかっただろうし、残存する古代建築を適切に理解することも不可能であっただろう。アルベルティは優れた建築の主要な特質は「均整《コンキンニタス》」にあると考えた。これは各部分がたいそう調和し、相互に補完するようなかたちになっているため、全体を破壊することなく、そこに新たに何かを付け加えたり、抜き去ったりすることの不可能な状態のことである。[73]ウィトルウィスの著作は、経験の命ずるままにひとつの主題から他の主題へと話が移り変わるが、アルベルティはそれとは異なり、いかに建築のあらゆる面が――都市全体などの大規模なものから、個人の部屋などの小規模のものまで――同一の原理に従うべきかという点を明らかにすることを目的に、論を構成している。また彼は理想都市についての考えを明らかにし、それはただひとりの為政者とひとりの都市計画者によって、場所の選択、道路計画の立案、君主の邸宅から下水道――この二つにアルベルティは非常に注目している――に至る、あらゆる構造に対する適切な空間と配置の割り当てがなされるような都市であるとする。彼はまた、はっきり論点としては取り上げないものの、そうした都市では居住区分離政策が施行され、各種の手仕事職人や各社会組織の構成員には、それぞれ特定の地区が割り当てられることになろうと示唆している。また個人の住宅では、公と私、男と女、諸々の空間はあらかじめ配分された機能や利用者に応じて厳密に分離されるだろうと彼は考えたけれども、これはローマや他の都市で次に来る二、三世代の人々がやがて実現する居住形態であった。[74]読者はこうした一連の理想に対し、それに付随して持ち込まれる仮定次第で様々な反応を示す。しかしアルベルティの新古典主義的ヴィジョンの力強さを否定する者は、いないであろう。事実、それはヴィンケルマンやジェファーソンの時代においてなお、建築家やパトロンに霊感を与えるほどの力を持っていたのである。

とはいえ、アルベルティの著作のかなりの章において、しばしば彼と同一視される古典主義的イデオロギーの反映は内容的にも形式的にも希薄である。ウィトルウィウス同様、あるいはときにはもっと詳細に、彼は自然哲学、植物学、地質学の領域から多くの問題を取り上げて論じている。これらの議論を統合しているのは——もしそういうものがあるとするなら——アルベルティの、建築はそこに住む人間を再形成すべきであるという主張である。フィレンツェにおいても他の都市においても、よくできた邸宅は「高貴な家族」を保護してきた、と彼は序文で述べている。建築は単に、雨水を下に流し、下水を排出するよう設計された水力学装置として機能すればよいのではなく、健全な状態を促進するよう計画された健康維持装置としても稼働すべきである。邸館の中央部に位置する会合室として割り当てられる部屋は、そこに集まる「老人《セニオレス》」が体力を温存できるような場所でなければならない。回廊は、そこで祈りを捧げる孤独な修道僧や尼僧に光と空気を送り、同様に病人に対しては病院が、家畜には農家が割り当てられる。田園の別荘における心地よい庭園、歩道、前廊は、家族全員の健康を促進する。都市邸宅の寝室に飾られる絵画は、夫と床をともにする妻が凛々しい子供を生むのに役立つし、また病人に対しては高熱を冷ます手助けとなる。[75]「あなたがたは、その実によって彼らを見分けるであろう」(『マタイ伝』、七・一六)——アルベルティが繰り返し述べるように、建築の検査項目はその装飾様式にのみあるのではなく、とりわけ、それを見る人、あるいはそこに住む人にどのような影響を与えるか、という点にも存するのである。建築の美すら、効果に依存することをアルベルティは認めている。「均整《コンキンニタス》」は、健康や優生学と同様、見る人の眼の中に存在するのである。

建築に関するこれら二つの考え——純粋主義と治療学——が互いに緊張関係にあるのは必然である。アルベルティは一方において、特定の様式の独自性を賞賛している。しかし他方において、彼は文脈《コンテクスト》やそれぞれの構造物の機能、立地条件などの絶対的重要性を主張している。この二組の要請をバランスよく保つために、彼は絵画に対してそうしたように、建築に対してもひとつの知的モデル、すなわち修辞学と詩学という姉妹芸術を引き合いに出す。アルベルティの説明によれば、建築家は画家と同様、基本的に知的役割を担っている。その仕事は実践的ではなく概念的《コンセプチュアル》なものである(実際、アルベルティは建築家に、誤りや遅延に対する非難を一身に引き受けることがないよう、自身の手がける計画の建設工事にあたっては、単独の責任者となるのを避けるよう推奨している）。そしてその仕事の本質は、状況に合わせて原理を適用することにある。

文筆家と同じように、建築家は批評家と共同すべきである。素描や模型をできる限りたくさんの批評家に見せ、自分の誤謬を、建築全体のような大がかりかつ高額な事業になった段階で正すのではなく、素描のようなささやかな段階で訂正するよう心がけるべきである。また文筆家と同様に、建築家は精緻な解釈学を習得すべきである（これはアルベルティが定期的に立ち戻る主題であった）。場所の特性を読解するには、幅広いスキルを必要とする。建築家は計画中の建築の基礎がしっかり大地に固定されるよう確信を得るために、大地そのものの解釈法を学ぶべきである（アルベルティは「あるスペイン人」に言及している。彼は優れた「観察力と洞察力」を持つことで評判となっており、その力のおかげで地上の水流と同じくらいはっきりと地下水脈を見つけることもできた）[76]。橋を建設する場合、流れは比較的おだやかで、障害物が堆積しない場所に橋台を配置するよう、建築家は水の流れを精査する必要がある。また井戸を掘る場合は、隠された水の存在を示す「手がかり」を見つけなければならない。別荘を建設するときは、その地方の気候を読むべきである。さらに既存の建築を改装するときは、損傷を示すひび割れとその原因を解釈しなければならない。

建物の物理的配置は非常に重要であるとアルベルティは言う。なぜなら、それは構造の堅牢さと居住者の安寧を確実なものにするだけでなく、建築の効果をも大きく決定することになるからである。アルベルティによれば、建築家はすべての構造を、それによって生み出される印象がもっとも強調されるような具合に配置しなければならない。宮殿と神殿を高く孤立した場所に配置することによって、建築家はそれらに「威厳《ディグニタス》」を与える。同じことを郊外の別荘に対して行なうことにより、今度はそれらの建築物は居住者に対し、山々や丘陵、庭園などの健全な眺め、あるいは「花咲く草むら、日当たりの素晴らしい平地、涼しい陰を多く抱く林、澄みきった泉、小川また水浴の場所」などの眺望を提供する[77]。しかし建築家はまた、建物が訪問者に適切な感興を確実に与えるよう配慮したりもする。

> きれいな道と心地よい環境に恵まれた、町に近い場所が人々には好まれよう。またこの種の建造物が喜ばれるのは、都市から出向く者の眼前に心弾むような外観が展開し、あたかも訪問者を魅惑し、待ち受けている

かに思われる場合であろう。したがって、わたしはそのような建物を少し高いところに建て、建物までの道はごくゆったりとした上りになるようにするだろう。道は勾配も緩やかで、訪問者たちは自分たちがどれほど高いところまで来たか気づかず、いつのまにか田園地帯が一望できる場所に到着していたという具合にしたいものである[78]。

　道は盛り上がった土手に建造されるべきである。そうすることで旅行者に変化に富む眺望を提供し、強い印象と気晴らしを与えるのである[79]。この書の最後の一節では、建築物の効果を増強あるいは減少させるには、遠近法が重要であることが繰り返されている[80]。アルベルティにとっての効果とは、建築の質を測るための究極の試金石の役割を果たすものだった――「注意して眺める人々は、再三の発見と賛嘆のうちに長時間の観賞に引き込まれてしまい、立ち去る間も繰り返し見返さない訳にはいかない」。息をのんで黙って演説を聴く人には、話の弱点あるいは退屈な部分などを見つけることはできない。それと同じで、口をぽかんと開けて建築に見とれる人は、その建物のちょっとした欠点には気づかない。とはいえ、こうした効果によって、その建築の作者の卓越した技術は確認されるのである。

　これらの効果を実現するために、建築家は文筆家と同様、自分の建築を取り巻く物理的環境に留まらず、それ以上のものを常に心に思い描いておく必要がある。彼はまた、その建築や居住者の社会的機能を理解していなければならないし、寸法、様式、装飾などがぴったりくるように仕事を適合させる必要もある。絵画でもそうだったように、建築においても、アルベルティは適正《デコールム》さという考えの重要な役割を強調している。彼の説明によれば、「建築においてもっとも賞賛すべき事柄は、何が適切かということに関する優れた判断である」[81]。建築家は、以下のようなときには常に、この感覚を適用すべきである――すなわち、公共広場、劇場、競技場、神殿などについて、それぞれにふさわしい場所を選ぶとき、支配者が王なのかあるいは専制君主かによって判断する――王であれば、その邸宅は市の他の建築と隣接することになるだろうし、専制君主の邸宅は断固として分離されたままにされるだろう――あるいは統治者や私人の邸宅にふさわしい大きさを選択するとき、聖堂内の画像のために主題を選択するとき、ある建築の一部をその季節ごとの役割や社会的機能のために割り当てるとき、などである。

　適正《デコールム》さは計画全体の妥当な規模を決定する。アルベルティは、高級娼婦であったトラキアのロドペーが自身のために建設した巨大な墓廟を批判する。なぜなら、彼女の生業はこのような大きな記念碑に値しないからである。しかし勇敢な女王アルテミシアが夫のためにやはり贅を尽くして建てた墓廟に対しては、非難の矛先を向けるのを控えている。なぜなら彼女の社会的地位は、それを正当化するからである。[82] そして同様の文学的理法が設計過程のこまごまとした部分を統括すべきなのである。アルベルティは、建築のあらゆる部分が建築家の配置した場所にうまく適合していることを重要と考え、その重要性を強調するために、ホラティウスの『詩論』――この著作はあらゆる学者に、また多くの職人によく知られていた――の一節を引き合いに出す。

> 建物の最小部分といえども、それ自体の適切な場所に置かれていれば、見た眼に美しさをもたらす。しかし無関係で、似つかわしさも適切さも欠くような場所に置かれたならば、たとえ優美な物であっても、その値打ちは下がる。もしそれほどでもない物であれば非難される。自然の生成物を見てみたまえ。もし小犬の額に偶然ろばの片耳がついていたとしたら、あるいはまた、もし一本の足は非常に大きく、あるいは片方の前足が巨大であったり、あるいは反対に非常に小さかったりすれば、それはまさしく異形というほかない。

建築家は、自分の仕事を行なう目下の環境に複合的な様々の観点から縛りつけられている――建築家の仕事をこう定義するために、アルベルティは弁論家の規則を引用する。

> 自分の引き受けた仕事の性質、提供できる技術、与えたい印象などについて考えておくべきである。あるいは計画の規模はどれくらいか、どれだけの賞賛、報酬、感謝、名声を得られるかなどについても、あらかじめ計算しておくべきである。またこれとは逆に、たいした経験も賢明さも熟慮もなく仕事に取りかかるときには、どれほどの侮辱、憎悪を受けることになるのか、いかにのうのうと、公に、明白かつ長期間にわたって自己の愚昧の証明を同胞の前に晒すことになるか、これを考えるべきである。[83]

ここで重要視されているのは、完璧な比率の建築物を生み出すことではなく、可能性を計算することである――建築においては、他の人間活動におけると同様に、どのような要素を選択するかは、その周囲の状況や他に与える感情効果によって決まるのである。

アルベルティは適正さ《デコールム》の原理により、自身の古典主義と状況主義の両方を柔軟なものにすることができた。彼はしばしば質素を賞賛し、やはり再びホラティウス風に、〈Odi sumptuositatem〉――「わたしは過度な豪奢を嫌悪する」と主張した。しかし彼はまた、自分の惚れ込んでいるパンテオンのような古代建造物特有の壮麗さに対しては、それを褒め称えることもあった。神殿や凱旋門は、哲学を教示し、武勇を言祝《ことほ》ぐ機能を果たすのだとすれば、それらに豪華な装飾を施してはいけない理由などないように彼には思われた。適正さ《デコールム》の原理により、この建築家は豪華な材料を過度に、もしくは不適切な対象に用いることを避けるようになった。同様に、建築の状況には自然環境ばかりでなく、既存の建築環境も含まれるというアルベルティの認識は、どのような構造も理想の環境に配置すべしとする彼の主張をがらりと転回させることとなった。新しい建築を建てるために古い建築を壊し、空間を作ることは、それらの建築の所有者たちの間に不必要に不和をもたらすことを彼は知っていた。さらに建築は、質的に好ましくない目下の環境を緩和するよう設計されるべきである。要するに、アルベルティの原則は、公衆の反応に服従する部分を含んでおり、こうしてそれらの原則の持つ本来の厳密性と均一性は、劇的に和らげられているのである。アルベルティが執筆に長い時間をかけ、様々な経験を組み込んだ、この大部の『建築論』は、おそらく普遍妥当性を持つ美学原則だけでなく、それらの原則を限りなく多様な現実生活に適応させるための、高度に状況依存型な方法をも読者に提供したのである。(84)


アルベルティの著作は、自身で取り扱った問題に関する長年にわたる思考の成果を取り入れている。それは、ひとつの権威あるテクストから学んだ事柄の単純な繰り返しではないし、また単一の都市建築の調査に基づくものでもない。トスカーナに蓄積された都市計画に関する充実した遺産――アルベルティはそれをフィレンツェ滞在期からよく知っていた――ですら、特定の主義信条というよりは、一般的な着想をもたらしただけだった。伝統的にフィレンツェ政府は、二点の間にぴんと張ったロープのごとくまっすぐで、歩行者を遠方の風光明媚な陸標まで連れて行くような、長い道路を理想と考えていた。対照的にアルベルティは曲がりくねった道路を好んだ。なぜなら、それは歩行者に眺めの一部を、見え隠れしながら変わりゆく姿で提示するからである。こうして歩行者は不意に、すべての眺望を見通すことのできる絶好の場所に到達するのである。(85)

アルベルティは、観察者としてというよりは予言者としてものを書くことも珍しくなかった。十五世紀初頭は、彼ともっとも深い関わりのあった二つの国家——ローマとフィレンツェ——が、その政治的覇権を大きく拡張した時代である。これらの強大な都市は、地方の開発に乗り出し、郊外の地所となったそれらの土地に、枢機卿や商人たちは都会の熱気、喧騒、暴力から避難したり、彼らの嫡出もしくは庶出の家族の必要とするものをあつらえたりできるようになった。この種の別荘生活が発達し始めるのは、ようやく一四五〇年代になってからである。[86] にもかかわらず、アルベルティは、あらゆる都市の家族は田舎に邸宅を持つことが必要であるという考えを徐々に養うようになっていた。プリニウスと自身の美学に基づいて、彼は近代別荘の古典的理想となるかたちを設計した——すなわち防壁のない、庭園で囲まれた田舎の邸宅であり、それらは訪問者の眼を楽しませ、居住者にも愉悦を与えるために高い場所に建設されるのである。アルベルティの死後、ローマとフィレンツェが別荘および庭園文化の中心地となったとき、貴族の準郊外居住者たちはアルベルティが数十年前に考案していた原則を実践に移した。都市の観察者は、郊外庭園の予言者でもあった。アルベルティは数多くの主張を、事例というかたちで暗示的に提出した。それに判断を下すのは読者であり、また判断する中で、各自の趣味は形成されるのである。彼が以上のようなことを行ない、また、一見相矛盾しているように見える事柄を、実り多い緊張関係の中で主張することができたのは、彼がその風格のある普遍的なラテン語によって、同時代のパトロンだけでなく、想定された後の時代の人々にも語りかけていたからである。[87]

アルベルティは、専門官吏として見事な文章を提示し、フランチェスコ・ディ・ジョルジョやフィラレーテに始まり、パラーディオやセルリオに至る、その後の実践的建築家たちに計り知れないほどの実りをもたらした。これらの建築家は、アルベルティの復活させたジャンルを受け入れ、そこに彼ら独自のきわめて重要な見解を付け足した。またアルベルティのなしえなかった詳細な実践的情報や精密かつ豪華な挿絵を付け加え、このジャンルに彼らなりの変容をもたらした。アルベルティは、絵画においてそうだったように、建築においてもひとつの知的制度を創造した。とはいえ、その発展が最高潮に達したのは彼の死後であり、逆説的にも彼の著作とウィトルウィウスの著作がほぼ同時に印刷本として公刊されたとき、ようやく真の姿を現したのである。[88]

したがってアルベルティの諸原理に関する解釈は、おそらく常に——本質的な点においても強調点においても——意見が一致することはないだろう。とはいえ、一群の解釈はとりわけ重要である――すなわち数点の「建築作品」というかたちで物理的に提示されたアルベルティ自身の解釈である。彼は一四五〇年から没年まで、それらの建設に携わった。彼が行なったのは、実際に建築を設計し、既存の構造物を改修または再利用し、場合によってはまったく一から新たに建造するという作業だった。こうして論争の書『建築論』の著者は、自身の唱道した事柄を実践にも移した――あるいは移そうとした――のだった。今やわれわれは、もっとも鋭い議論を喚起したアルベルティの著作からさらに論争の多い領域とも言える、石で表現された彼の教説に眼を転じるとしよう。

第九章

建築家と都市計画者

一四七〇年、アルベルティは、北イタリアの都市マントヴァの支配者ルドヴィコ・ゴンザーガに宛てて、書簡をしたためた。彼の書いた最後期の文章のひとつであるこの書簡は、熟練の設計者＝企業家＝建設者の声を響かせている。彼は、サン・タンドレア聖堂のための自らの設計案を売り込もうと、その美しさばかりでなく経済性について、抜け目なく訴えかけている。

ところで近頃、殿下と市民の皆様は、サン・タンドレア聖堂に関して、ある建設計画をご討議中と伺いました。その主たる目的は多くの人々が〔聖遺物である〕キリストの血を見ることができるような広い空間を作り出すことにあるとのこと。わたしはマネッティの原案を拝見いたしました。それは好ましいものではあったものの、ただ殿下のご意向にはそぐわないのではないかと思われました。そこでわたしもまたこの計画について検討し、同封いたします原案を作成するに至った次第です。本案の方が収容力と耐久性に優れ、見栄えよく、いっそうの満足感をもたらすものでございます。にもかかわらず費用はかなり抑えることが可能です。古代の人々は、この種の寺院をエトルリア神殿と呼んでおりました。(1)

この書簡に示されているのは、その眩惑するような簡潔な話法といい、自ら復元した古代の範例を誇らしげに持ち出すあたりといい、老人として今なお旺盛な活動を続けるアルベルティの姿である。彼はここで、自分を十年以上雇ったパトロンに計画案を提示し、十分費用を抑えながら高い美的価値を実現できると持ちかけている。この古代ギリシア、ローマ、エトルリア建築の探求者は、過去から引き出した自らの理論を新たに実践で応用したいと今なお望んでいるのである。

この書簡に信念のゆらぎは見られない。自分は現役の建築家であり、その専門知識は建築技術の細部にまで及んでいる、とアルベルティは自負している。文書資料や古い記録から、彼が設計あるいは設計協力した建築物を数点確認することができる。すなわち、リミニのサン・フランチェスコ聖堂、フィレンツェのルチェッライ宮、サンタ・マリア・ノヴェッラ聖堂、サン・パンクラツィオ聖堂内の聖墳墓、サンティッシマ・アヌンツィアータ聖堂後陣、マントヴァのサン・セバスティアーノ聖堂とサン・タンドレア聖堂などである。同時代や後の人々は、他の事業もまたアルベルティが関与していると考えた。たとえばローマのニコラウス五世によるヴァティカンおよびボルゴ地区の建築群再建のための——ほとんど実現しなかった——草案などである。多くの研究者は、ピエンツァにおけるピウス二世の理想都市の設計に、アルベルティが一定の——場合によっては大きな——役割を果たしたと考えている。もっとも、彼をこの事業に結びつける記録は何ら残されていないのだけれども。[2] もちろん、アルベルティの活動の中心をなすこの分野においても論争は絶えない。ルネサンス建築の厳密な研究者たちは、リミニのサン・フランチェスコ聖堂のような、同時代の記録によってアルベルティへの帰属が確認される教会ですら、彼が重要な役割を果たしたことを認めようとしなかった。[3] とはいえ、ほとんどの研究者は、今なおアルベルティのことを、強い影響力を発揮した『建築論』の著者であるばかりでなく、根本的に新しい様式を現に創造した人物でもあると考えている。着想において古典的なその新しい様式は、次世紀以後、イタリアの諸都市を広範囲にわたって徐々に変貌させたのである。[4] この古典的簡潔性を志向する理論家の生涯と作品においては——もっとも名声を博している分野においてすら——簡潔に説明できるものは、ほとんど存在しないのである。

すでに見たように、アルベルティは一四四〇年代後半までには、『建築論』執筆の仕事に取りかかっていた。彼はこの著作のためにローマで基礎的な調査を行ない、その地で古代と中世の建築物を検証し、またちょうどこの頃、エウゲニウス四世とニコラウス五世の後押しで利用できるようになったヴァティカンの比類なき図書コレクションや、それ以外の図書館にある文献を探索した。一世紀ほど前の学者たちは、アルベルティがこの長大な理論書の計画を実制作の仕事と相前後して行ない、双方を同じローマの

[図24] アルベルティ　サン・タンドレア聖堂ファサード　マントヴァ

環境で、同じ時期に行なったと考えていた。ルネサンス美術研究の先駆者であり、あえて大胆な説を提示することも辞さなかった学者ゲオルク・デヒオが百年以上前に指摘したように、一四四七年に教皇となったニコラウス五世は才能ある学者を集め、書物を蒐集しただけでなく、ローマの都市自体を再建した——あるいは再建しようとしていた。(5) 一四五〇年の聖年を祝うべくローマを訪れる巡礼者が殺到したことで、潤沢な資金が舞い込み、すぐさま野心的な計画が始まった。フィレンツェの人文主義者ジャンノッツォ・マネッティは、そのニコラウス五世の伝記の中で、教皇がローマやその他の場所に、いかに「多くの巨大な建物を建造した」かについて詳述している。ニコラウスの考えでは、教会と町は、ローマを脅かし続けるナポリのような外部勢力からの攻撃を防御する必要がある。また恐ろしい市民暴動に対しても防衛しなければならない。ニコラウスの前の教皇〔エウゲニウス四世〕は、市民騒乱のせいで散々に石を投げつけられ、追われるように町から小船で逃亡したのである。しかしながらこの町は象徴的威厳を表すもの、あるいは信仰心を強化するものも必要とする。そしてそれらは、そうした目標に特化した建築作品によってもたらされるであろう。したがってニコラウスは市の城壁を再建し、伝統的に巡礼者が贖宥《しょくゆう》を得るために立ち寄る四十の「指定参詣」聖堂を修復した。また教皇庁の所在地を、伝統的に歴代教皇が拠点としてきたラテラーノ宮殿から移転し、市の中心部からテヴェレ河を渡ったところにあるヴァティカンに置いた。ローマのこの地区は十四世紀に繁栄を見せたものの、十五世紀には荒廃に陥っていた。サン・ピエトロ聖堂の近くですら、ほとんど商業は行なわれていなかった。この場所にニコラウスは「新しい居住区を創建」し——マネッティは朗々と頌詞を吟ずるようにこう記している——防衛力の高い壮大な教皇宮殿を建設することで地区の守備固めとした。そしてついにニコラウスは、サン・ピエトロ・バジリカ聖堂そのものの再建を計画するに至ったのである。(6)

一方、マネッティによれば、ボルゴ地区にニコラウスが建造することを計画したのは、サン・タンジェロ城からサン・ピエトロまで延びる、壮麗で斬新な都市複合建築に他ならなかった。スウェーデンの聖ビルギッタ——この神秘主義者の、聖なる都市としてのローマというヴィジョンは、ニコラウスに強い印象を与えたようだ——のように、彼は、まとまりに欠け、ほとんど荒廃した現実のローマの中に、小さいながらも壮麗な理想都市を実現することを構想した。若い頃からよく知悉《ちしつ》していたトスカーナの都市計画を手本としながら、教皇は秩序ある公共空間を建設する決意をした。三つの堂々たる街道が二つの大広場に連結されることになった。広場の一方はこの地区の北端にあり、他方は南端にあった。職業別に分離された居住区を組織的に設定することで、それぞれの街道は、一定の特色と社会的水準を与えられることになる。ニコラウスの計画では、銀行家や織物商などの高貴な職業は、中央の街道に沿って配置されるはずであった。およそ似たり寄ったりの邸宅が並ぶ両側の街道のうちの一方では、中流の職人が手仕事に励むことになろう。また、もう一方の街道にはさらに低い階層の人々が割り当てられる予定であった。建築に統一性を与えることで、都市景観の全体が無秩序に陥るのを防ぐこともできよう。商店は押し並べて一階に店を構え、上階は居住スペースに割り当てられる。各街道の左右両側にそれぞれ設けられる計六列の柱廊は、地域を美化し、通行人を雨や日光から守るとともに、居住者の店舗や住居に光をもたらす。新しいサン・ピエトロの前の広場の中心には巨大な彫刻群像が立ち、新しきソロモン神殿としての聖堂の役割を言祝《ことほ》ぐであろう。ヴァティカンのそばに中世期から立っていたオベリスクは、四福音書記者のブロンズ像の上に置かれ、サン・ピエトロ・バジリカ聖堂の主門を演出することになろう(7)。

　ニコラウスが指名した作業監督者たちを指揮し、この計画全体を統括する立場にあったのは、大建築家ベルナルド・ロッセリーノであった。彼は一四五一年に教皇庁からの召還に応じ、ニコラウスの主任建築家として文書記録に登場する。しかし度重なる災難に見舞われたため、ニコラウス時代のローマはこの計画を完遂させることができなかった。ニコラウスがどうにか実現できたのは、当初の計画のほんの一部にすぎない。しかし彼は死を前にして熱のこもった演説を行ない、枢機卿たちに自らの方針を説明した。まず巨額の資金を建築に費やしたことについて弁明した後、彼は自身が熱中した、さらに壮大な展望を描き出す。教皇の主張によれば、これら多額の費用を要する事業は、彼個人の「豪奢やいたずらな栄光」の希求を表明しただけの代物というわけではない。むしろ巨大な建造物は公共の信仰心を促進する。それらは文盲の人々、したがってローマ教会の起源や歴史について書物から学ぶことのできない人々に対し、「いわば神自身の作り給われた、朽ちることのない記念碑、あるいは永遠の証言ともいうべきもの」を提示するのであり、すなわちそれは、人々の信仰を守り育てる動かぬしるしとなるのである。同時に、彼が建設した要塞は、「国外の敵に対して、あるいは、常に共謀して破壊を望み、甚大な被害をもたらす手管で教会の権威に楯突く国内の反逆者に対して」教会を防御するのに必要とされる(8)。教皇は、自身の理想都市が、精神的意味においても字義通りの意味においても、信仰の支えとなることを望んでいたのである。

デヒオが述べているように、アルベルティはニコラウス傘下の教皇庁高官として活動した。彼の建築書は大規模かつ組織的な都市計画を主張したものである。したがって、アルベルティはニコラウスの建築学および都市計画学部門の顧問として仕えていた、とデヒオは推測する。ニコラウスのローマが完成していたなら、都市計画における近代最初の偉大な実験となっていたことだろう。実現したのはほんの一部にすぎなかったが、それでもそれらは、後の教皇がローマの儀礼に関わるもろもろの地区を再建しようと試みる際に、手本と目されるようになった。こうしたきわめて実際的な取り組みのただ中で成立したアルベルティ自身の『建築論』は、きわめて体系的な論考というだけでなく、実際の都市計画の手引書でもあったのである。

デヒオの著作以後、一世紀以上を経て、ニコラウス時代のローマはこれまで以上に学問的考察の対象とされるようになった。近年の研究は、十五世紀半ばのローマの都市景観に、デヒオ自身ほとんど知ることのなかった、様々な輪郭線や陰影を与えた。なるほど十五世紀のローマは悲惨と無秩序から、すなわち教皇庁がアヴィニョンにあった一三〇九年から一三七七年までの苦難の時代、またそれに続く、教皇が再びローマに恒久的に居を定めようとして行なった紛争の時代、常にこの町があえいできた悲惨と混乱から回復を見せた。マルティヌス五世の在位期間以後、教皇庁は次第にローマにしっかり拠点を置くようになり、経済成長と知的活動が促進された。しかしローマを訪問した教養ある人々は、これまで何世紀もの間そうだったように、町の状態を見て唖然とした。ピエル・パオロ・ヴェルジェリオはこう書いている――「丘陵部に住んでいる人はいない。平地と河沿いの区画だけが人々の居住地である。彼らが新築した貧弱な邸宅は、崩壊した古代住居の跡に遺された強固な基礎の上に建てられたものだ」。人口は最低から徐々にではあるが増え続け、二万人に達するまでになった。しかし教皇が思い描いていたような都市の秩序は、不十分にしか回復しなかった。犯罪の発生率は引き続き高く、有力貴族たちは互いに抗争に明け暮れ、封建領主による襲撃、強姦、住居略奪、ブドウ畑の焼き討ちなどは常態化したままだった。[9] 加えて教皇のイニシアチブはあらゆる面で、古くからの特権に浴した地区や教会の抵抗にあった。それらの人々の乱雑でたくましい商業生活は、雑草と同じくらい根絶しがたく、生命力旺盛だったのである。

一四五〇年の聖年は、大量の巡礼者を都市に運び、莫大な財貨を教皇の金庫にもたらした。そのため教皇の債務は帳消しとなり――様々な要因のひとつではあるとはいえ――これはひとつの転機となった。明らかにニコラウスは、種々の共同作業からなるこの長いドラマにおいて中心的役割を果たした。ローマはこうして、西洋キリスト教社会において伝統的な地位、すなわち巡礼の終着地であり、宗教儀式の舞台でもあるという地位を回復し、教皇はローマに対する新たな支配体制を獲得したのであった。伝記作者たちが、ニコラウスを太陽に喩えながら、彼の計画に見られる黙示録さながらのラジカルな性向を強調するとき、彼らはニコラウスが持していた何らかの自己意識について言い表しているのである――すなわち、殉教者たちの後継のひとりである殉教教皇としての意識であり、彼が事物の不動の秩序を回復せんとして過激な「フラティチェッリ」〔フランチェスコ会から分岐した、極端な清貧の追及を旨とする異端派〕を弾劾したのもこの意識からだった。[10] しかしこの都市の長期にわたる複雑な回復過程が頂点を迎えるのはずっと後のこと、すなわちシクストゥス五世、ウルバヌス八世、アレクサンデル七世といった、彼とはまったく隔絶した時代においてである。その多くの後継者たちと同様、ニコラウスが自らなしとげた事柄は、歴史家が想像するよりはるかに控えめなものであった。[11]

ピサ生まれのトスカーナ人として、ニコラウスは、フィレンツェやシエナの政府がいかにして街区を形成し、またいかにして建築物を、信仰や富、公衆秩序などが動的に絡み合う象徴的布置《ヒエログリフ》に配したかを知っていた。すでに彼の先人たるエウゲニウス四世は、建築や芸術事業に投資を行なっていた。それに教皇庁の多くのメンバーは、町の神聖にして政治的な空間を熱烈に祝する、フィレンツェ大聖堂の献堂式にも参列していた。十五世紀半ば頃、ローマの人文主義者や芸術家たちは、自分たちの都市をもまた新たな光のもとで見るようになった。瓦礫《がれき》の山積する過去の自分の影としての町ではなく、また崩れた柱の散らばる、物憂く荒廃した庭としての町でもない、統一的かつ有機的な生ける都市としてローマを眺めるようになったのである。すでにこの都市は、急成長する効果的な交通の動脈と結節点を備え、さらにそれ以上の発展を必要としていた。[12]

こうした観念は、物理的にも制度的にも劇的な効果をもたらしていた。一四二五年三月三十一日、教皇庁当局は、町の道路の見通しを維持し、邸宅のファサードの高さが最低基準値に達するよう管理することを任務とする「道路管理官《マジストリ・ウィアルム》」の権限を刷新した。[13] しかし彼らは恐るべき困難に直面することとなった。マルティヌス五世が彼らに任務を課した教皇勅書は、町の荒れ果てた状態を雄弁に物語っている。しかしこの教皇――自身コロンナ家の人間であり、古くから町を支配してきた一族のメンバーであった——は、教皇の権限を復興させると同時に、ローマの商業活動をも再活性化するという課題に立ち向かった。彼はこの都市に関する深い知識を動員し、近頃重要な公務をなしとげた「貴顕の士」を道路管理官に任命した。教皇は啓示のごとく次のような職務を彼らに任じた。すなわち、「市中の様々な場所と工房に住み、そこで作業を行なう肉屋、魚屋、仕立屋、皮革商その他の職人は、皮や腐った肉や魚だけでなく腸や胃、頭部、脚、骨、血液をも、道や通り、広場、その他公私の場所に投棄し、隠匿する行為を日常的に繰り返している」ので、彼らを取り締まるべしというものである。[14] この広範囲かつ律法主義的な指令は、いかなる法令にも劣らず画一的ではあるが、にもかかわらず、一四二〇年代だけでなくその後の数十年間にわたり、ローマを訪れる者の足元で鈍い音を発し、彼らの鼻を異臭で襲った柔らかな物体のあり様をまざまざと描き出している。象徴の都市ローマが語りかけるものは、古代帝国の栄光や初期キリスト教会の原初的信仰心だけに留まらなかった。通りにひしめく鷲とライオンの頭部で飾られた様々な標識は、筆記用具や祈禱具、その他の商品を広告し、邸宅の正面を覆いつくしていた。多くのローマの街路において、外側に張り出すように開放された各々の柱廊玄関《ポルティコ》——それらの大半は、幅一メートルか二メートルほどにすぎない——は、交通の流れをひどく遮断し、訪問者は乱雑で魅力に乏しい町の外観に困惑の眼差しを向けるのだった。[15] 一四七五年になってもなお、フェランテ・ダラゴーナがローマを訪れたとき、彼はシクストゥス四世に対し、柱廊玄関《ポルティコ》が道路を塞いでいる限り、あるいは道幅が狭すぎて通行に支障をきたしている限り、あなたはこの町の君主を名乗るべきではないと釘を刺している。[16] それに、古くからもつれ合った伝統的な諸権利が、商売や地主を保護していた。地主は、近隣同士のつきあいを基本とするローマの活気ある生活にとって彼らの活動はなくてはならないものと考え、高位の担当部局が、秩序と厳格さと清潔という新しい理想を実現しようとして彼らの一掃を図ろうとしたときには、激しい抵抗を示した。パンテオンの柱と柱の間に置いたテーブルで魚を売ったり、サン・ピエトロの外にたむろする疲れきった旅行客に宗教関連商品を売りつけるなどして、やっとのことで生計を立てていた商人たちは、ローマの記念碑をもっと見やすくするという名目で彼らの仕事場の明け渡しを要求する動向に対しては、楽しげな顔をするはずもなかった。[17]

数多くの実務的困難があったにもかかわらず、教皇庁は社会においてのみならず都市の建築空間においても再び自己を主張するようになった。教皇は都市全体の再建を指揮する立場になかったとはいえ、ここぞという場所に関しては戦略的に自らの象徴的存在を配して際立たせた。ニコラウスはカピトリーノの丘に崩れんばかりの姿で立っていた市の集合建築を再建した。セナトーリ宮には印象的な窓を設置し、その建物の各隅には、最終的に一基しか完成しなかったとはいえ、フォロの廃墟を眼下に据えて聳《そび》え立つ塔を建造した。塔にはっきりと浮彫りで刻まれた教皇の紋章は、これが彼の業績であり、また教皇の新たな権力と権威の表明であることを確証している。同じように印象的なのは、ニコラウスが同広場にセナトーリ宮とは斜め向きになるように建造したコンセルヴァトーリ宮である。他の多くの都市でも模倣されたこの建築複合体は、都市行政における教皇の役割を力強く主張している[18]。一四六二年、ピウス二世は「道路管理官」の権限を更新したが、このときは新しい勅書が市の至るところで布告されたばかりでなく、「カピトリーノの門前」にも掲示された。こうすることで、規定について知らなかったとは誰にも言わせぬような、対策が取られたのである。

教皇権力はすでに、中世の教皇たちが居住したラテラーノ宮殿の外にまで拡散していた。トラステヴェレには、天使の彫刻を戴いた再建後のサン・タンジェロ城や、（古代都市の中心部と教皇の新ローマを結ぶ）アドリアーノ橋の端の要塞化した門が、ヴァティカンにある教皇の新邸への入口をしっかりと防御していた[19]。サン・タンジェロ城内の壮麗な教皇邸は、包囲戦時における避難所であり、またそこから都市を眺望し、誇示することのできる見晴らし台でもあった[20]。もちろん市の大部分は空き地のままになっていた。豚や羊がいまだにフォロをうろうろしていたが、この状態は二十世紀まで変わることはなかった。丘陵地にあるものといえば、まばらに点在する庭園や避暑用の邸宅くらいであった。人の居住地域は昔ながらの無秩序がほとんどそのまま残されていた。アルベルティよりずっと後の時代まで、それらの地域はスラム社会の温床であり、喧騒はやまず、犯罪はほとんど野放し状態であった[21]。こうした教皇の尽力に対する地域の反目は、最後のローマ人教皇マルティヌス〔五世〕の死後、公式・非公式に勢力を結集した。しかし人々がより密集して居住する古代の中心部やボルゴでは、フィレンツェと同じように、印象的な建造物や整備された街路と橋のネットワークによって、象徴に満ちた新しい都市システムの外観が描き出されるようになっており、それはまた、ニコラウスやその僚友たちの期待の眼差しにもおぼろげながらイメージされていた姿であった。こうした都市システムのおかげで、荘厳な行進を演出することもできたのであり、また教皇の死亡時や外国の君主の来訪時、あるいは巡礼者の大群が押し寄せてきたときなどにも、その格別の重要性を見せつけることが可能となるのだった。幸先のよい現況から推測するなら、この町の輝かしい未来も夢物語ではないというのが、ニコラウスの見通しであった。神聖ローマ皇帝フリードリヒ三世が戴冠のためにローマを訪れた一四五二年のような重要な機会においては、教皇は事をとり仕切る主領のように振舞った。フリードリヒが絶好の展望地点からローマの光景を見るために市外に停留したときも、教皇はヴァティカンから出て彼を出迎えるようなことはしなかった。皇帝は今や、教皇が自分よりも強大な権力を手にしていることを認め、それに付き従うほかなかった。市内で自身を迎える壮麗な行進に感銘を受けた皇帝は、枢機卿たちに頭を下げ、帽子を取ったうえで、一行を歓待するために派遣された役人である元老院議員と抱擁を交わした。この町がときおり現出させる壮麗さが今まさに尊敬の念を喚起する――そのあり様がここにはっきり示されているのである。(22)

しかしこれらの変化は、ニコラウスの伝記作者たちが仰々しく美辞麗句を並べて主張するほどには、統一性や荘厳に満ちていたわけでなく、また首尾よくことが運んだわけでもなかった。(23) 都市史の専門家たちは、自らの研究方針を徹底的な批判的検証に委ねてきた。ニコラウスは同時代の大計画に実際に関与していたのかどうか、またもしそうならそれはどの程度か――こうした疑問を確定しようとして、散在し、ときに記述の曖昧な現存古文書資料を渉猟してきたのである。彼らは、教皇の計画――および教皇や他の人々がその計画に読み取った意味――が、時を経るに従い変化した点に関し、説得力のある議論を行なった。そしてかつてはニコラウスに帰されていた計画すべてについて、それらが彼自らの発案になるわけではないことを明らかにしてきた。ポンテおよびパリオーネ地区――テヴェレ河の湾曲部に位置する、サン・タンジェロ城対岸の一帯――にあったフィレンツェの銀行家・商人の共同体は、かなり大がかりないくつかの都市再開発を企画し実施したが、これはニコラウスの支持とおそらくは補助金の下賜によって実現した可能性が高い。個人主導による急進的な事業よりも、協同事業という柔軟性と漸進性をともなった都市建設への介入の方が、むしろ一般的だったのである。

それればかりでなく、ニコラウス自身の事業も、誇張に彩られた伝承が述べるほどには急進的でなかったことが、精細な検証によって明らかにされてきた。ニコラウスは綿密に織り込まれたローマの社会・政治構造を深くわきまえていた。したがってそうした構造に改変を加えるのは、よほどの理由がある場合に限られていた。彼は最初期のトレヴィの泉を創設した。それは小ぢんまりとした矩形の水盤で、数基の放水口と碑文を備えていた。この泉のおかげで、ヴィルゴ水道の新鮮な湧水が住民に供給され、古代ローマ行政機構のひとつが復活したのであり、この事業においてニコラウスが示したのは教皇の慈愛に他ならない[24]。同時に彼は、これとは別種の象徴的な振舞いをも示した。一四五三年、サン・タンジェロ城とその頂部に立つ彫像は、それまでにはなかった威嚇的な意味を帯びるようになった。というのもこの年、ニコラウスは自分に敵対するローマの謀反人ステファノ・ポルカリを城の狭間胸壁から絞首刑に処したからである[25]。彼はポルカリ家の反乱分子が所有していた財産をプロスペロ枢機卿の兄弟であるアンジェロ・コロンナに分与し、こうしてコロンナ家との和睦を成立させようと試みたらしい[26]。ヴァティカンとその周辺地域に関わるニコラウスの計画ですら、この都市に完全な変容をもたらすことはなかった。ローマの街路や地区はすでに、血縁者間のつながりばかりでなく、貧富の違いや職業によってもある程度区分けされていた。ニコラウスが建設しようとした種別に統一された労働者用住居や長く壮麗な前廊などは、一般的なローマ建築の慣習に統一性と改良を加えようとした姿勢を示したもので、そうした慣習の差し替えを図ったものではなかった。すなわち、ローマの街並みを特色あるものとしている、店舗や居住空間、表向きのファサードの連結はそのまま破壊せず保護した上で、室内に陽の光を導入し、往来の流れを円滑にしようと図ったのである。彼の事業はすべて、教皇の政治的立場の脆弱性に対する当然の反応であり、同様にボルゴ地区の危機的な経済状況に対する理に適った反応――これらはいずれも一四五三年に顕在化した――とも理解しうるのである[27]。

こうしてニコラウスの活動におけるアルベルティの役割の程度と中身もまた議論されることとなった。強力な状況証拠により、彼がこれらの事業において積極的役割を果たしたことが示唆されている。たとえば『数学遊戯』や『建築論』の中で、アルベルティは水の供給に対する並々ならぬ関心を示している[28]。十六世紀には、これらの著作が間接的ながらも強い裏づけとなって、アルベルティがトレヴィの泉建設事業の顧問として仕えたという報告がなされていた[29]。サン・タンジェロ橋に対して、アルベルティが長く関心を払い続けていたことは、もっと的確に跡づけることができる。かつてアルベルティの蔵書であり、キケロの対話篇『老年について』や他の著作を収録した版本（現在はヴェネツィアに保管されている）には、彼の特徴的な書き込みが残されており、一四五〇年の聖年に起きた恐ろしい出来事が記録されている。[30]十二月十八日土曜日の日没時、サン・タンジェロ橋上でボルゴ地区に出入しようとしていた巡礼者たちが群集となって膨れ上がったため、約二百人が圧死し、その他にも百人あまりが河に投げ出され、溺死または傷で死亡したという。アルベルティはこう記している。「死亡者の数はあまりに多く、想像を絶するほどである。少年、男性、老人、女性、娘など、貴賤の別を問わずあらゆる年代の男女が死亡した。忘れがたい事件である」[31]。彼は橋の構造や基礎を徹底的に調査し、『建築論』に詳述した。この橋について彼は「誠に銘記すべき作品」と述べた上で、「廃墟」――この言葉で彼は橋脚とアーチを指している――しか残されていないことを嘆き、かつてこの橋には梁で支えられた屋根が架せられていたことを想起している。[32]いたずらにアルベルティを賞賛することのなかったジョルジョ・ヴァザーリは次のように註記している。

わたしの素描集に収められている彼の何枚かの素描に見られるように、彼は素描によって自らの考えることを巧みに表現した。それらの紙葉には、サン・タンジェロ橋やその橋を夏の日射しと冬の雨風から守るために考案された開廊形式の覆いが素描されている。この覆いは教皇ニコラウス五世の命によって建造され、また教皇はローマ全市に同様のものを造らせようとしたが、その死によって中断された。[33]

したがって、こうした仕事の依頼がニコラウスによるものだったのか、フィレンツェの商人であり投資家でもあったトンマーゾ・スピネッリ（彼とアルベルティは共通の弁護士を雇っていた）によるものだったのか、あるいはこれら両者によるものだったのかはともかくとして、アルベルティがこの橋とその周辺地域の再建計画に何らかの役割を果たしたと推測する理由は十分にあるといえよう。[34]

しかしながら、この点に関するもっとも有名な文書は記述が曖昧である。ピサの著作者マッティア・パルミエーリの手になる年代記の一節は、アルベルティとニコラウスの関係を伝えているが、その口調は、アルベルティの助言が教皇の思考に何らかの作用を及ぼしたとはいえ、必ずしもそれは肯定的な作用でなかったことをほのめかしているからである。

教皇はまずはヴァティカンの丘を、ついで教皇宮殿を、テヴェレ河とハドリアヌス霊廟〔サン・タンジェロ城〕に至る強固な壁面で取り囲む事業に着手した。教皇はこれにより内部の人々の安全を確保しようとしたのであり、仕事の大部分は完成した。

教皇はサン・ピエトロ・バジリカ聖堂をより壮麗なものにしようと欲し、深い基礎を築き、十三ブラッチャ（およそ十メートル）もの壁を建造した。しかし、古代のいかなる壁面にも匹敵するこの偉大な事業を彼はレオン・バッティスタの勧めにより中断してしまった。ついで教皇の早すぎる死により、この計画には終止符が打たれた。

鋭く明敏な知性を備え、学識と技芸をわきまえた学者であったレオン・バッティスタ・アルベルティは、自身が執筆した建築に関する学術書を教皇に提示した。(35)

この短い文章は、記憶に基づいて書かれたものらしく、また間違いなく出来事のずっと後になって記録されたものであるが、様々な仮説に対する十全な根拠を示すものとされてきた。教皇についての造詣が深く、著作も多い歴史家ルードヴィヒ・フォン・パストールは、これこそがデヒオのジグソー・パズルに欠けていた一片であると考えた。すなわちアルベルティの『建築論』こそが――教皇はこの書を一四五二年に受け取り、ただちに眼を通した――教皇の壮大な計画に着想を与えたと論じたのである。十五世紀ローマに関する先駆的で、今なお必須の研究を残したキャロル・ウィリアム・ウェストフォールは、アルベルティがニコラウスに助言したという点には同意する。しかし彼はまた、アルベルティが一四五二年に先立つ数年前からローマに滞在していた点に着目し、ニコラウスが完成後の『建築論』を読むまで、その著作について知らずにいたとは考えにくいと述べている。ウェストフォールはこう論じる。ニコラウスは一四四七年に即位したとき、おそらくすでに建築計画を構想していたのであり、その後、たとえ教皇や伝記作者たちが――建築家とは創造的な思索家であるというアルベルティの考えを理解していなかったばかりに――公的にはその仕事を彼の功績に帰していないとしても、アルベルティが教皇の構想をまとめ、他の人間がさらに手を加えた上で実現したのであろう、と。(36) また千年にわたるイタリア建築史に関する才気あふれる碩学であった故マンフレード・タフーリは、近年、これとは反対の見解を支持する踏み台としてパルミエーリのテクストを取り上げている。タフーリは、エウジェニオ・ガレンにならい、アルベルティの思考の影の部分、すなわち嘲笑と風刺を好む傾向を強調する。教皇庁においてアルベルティは孤立者《アウトサイダー》であり、ニコラウスの都市計画に反対する立場にあったのではないか——タフーリは、パルミエーリや他の文献にそうした疑いを確証する根拠を見出すのである。

タフーリはこのテーゼを発展させるにつれ、いかなる学問分野の常識をもくつがえす瞠目すべき成果に達した。彼はそのほとんどがこれまでの建築史家の誰ひとりとして注意を払ってこなかった文書を細大漏らさず再検討し、世紀半ばのローマにおけるアルベルティの役割を根本から考え直した。巨大彫像や他の大プロジェクトを批判したアルベルティの文章を『建築論』から引きながら、タフーリは、アルベルティがボルゴ地区やサン・ピエトロ・バジリカ聖堂に関するニコラウスの計画の発案者でないばかりでなく、その賛同者ですらなかったことを明らかにする。タフーリによれば、こう考えることによって、なぜアルベルティが最初、サン・ピエトロの再建に対する否定的見解を教皇に進言し、ついで自分の著作を提示したのかが説明されるのだという。アルベルティは自身が信奉する厳格性の美学に従って教皇を教育しようとしたのであり、特定の誤った美的判断が下されるのを予防するばかりでなく、パトロンが従うべき諸原理をも明らかにしようと願っていたのである。(37)

さらに挑発的なことに、タフーリは、アルベルティの著作のうち二点がニコラウスのローマ統治に対する積極的な反論を提示していると主張する。伝統的に十五世紀ローマ史の研究者たちはニコラウスの教皇在位期を文学と諸芸術の黄金期とは言わないまでも白銀時代と見なしてきた。すでに見てきたように彼の気前のよい文芸保護活動により、中世の間、西洋ラテン世界では知られていなかった相当数のギリシア語文献が次々に翻訳されるようになり、また世俗的・学問的著作の一大コレクションの礎が築かれたことで、その後のヴァティカン図書館が形成された。文人たち《リテラーティ》は、われ先にと彼の善行と学識を賞揚した。書籍商ヴェスパシアーノ・ダ・ビスティッチ——顧客や作家たちの生涯をこまごまとゴシップ風に記した彼の列伝は、自ら個人的に入手した詳細な情報に基づいている——は、ニコラウスの教養と敬虔さを強調している。ヴェスパシアーノによれば、ニコラウスの活動は、古代アレクサンドリア図書館の崩壊以後もっとも大規模なものとなる図書館を建造しただけに留まらなかった。彼はまた自分のために翻訳させた著作を自ら精読し、註釈までつけた。たとえば、トラヴェルサーリが新たに格調高く訳した偽ディオニュシオス・アレオパギタ著作集であるが、ニコラウスはこの訳書について、そこにはまったく註が付されていないけれども、中世の訳書を膨大な註釈に照らし合わせながら読むよりも明快であると述べている。(38) こうしてアルベルティも参画した広範な文化復興について、その功績の大部分がしばしばニコラウスに帰されてきたのである。

タフーリと他の研究者たちは、今や硬貨のもうひとつの面に照明を当てるようになった。ニコラウスの前任者エウゲニウス四世は、すでに、アルベルティの友人であったフラヴィオ・ビオンドやトレビゾンドのゲオルギオスのような革新的な学者を支援していたが、これら二人はニコラウスのもとではいずれも厚遇されなかった。デビオはアルベルティをニコラウスの側近と見なしたものの、タフーリはこの時期に関し、彼もまた教皇庁内で孤立していたと主張する。[39] アルベルティが一四四〇年代と五〇年代初頭に執筆した二点の主要文学作品、すなわち、想像力に富む長編風刺作品『モムス』と実話をもとにした劇的な小編『ポルカリの陰謀』——この作品はローマに自由を再興すべく決起したステファノ・ポルカリの企てを題材としている——は、いずれも、タフーリによれば、著者のくすぶり続ける不満を示している。

一四四〇年代に執筆された『モムス』は、オリンポスの神々が繰り広げる絢爛かつ陰鬱な寓意であり、全体的な筋立てや登場人物の多くはアルベルティのお気に入りの作家ルキアノスから取られている。作品ではモムスの物語が長々と語られるが、モムスとは「嘲笑の神であり、ときに疎外された不満分子でありながらときに面従腹背の廷臣として立ち振舞う」[40]。他の神々の追従癖にうんざりしたモムスはユピテル打倒を目論むが失敗し、天界から追放される。地上でモムスは人間たちをうまく丸め込み、神々への供物奉納をやめさせる。ついで「賞賛」という名の女神を暴行し、奇怪な子「ファーマ（風評）」を生み落とさせた。懐柔により天界に戻されたモムスは、酒宴の席上、哲学者をこき下ろす一方、物乞いを褒め称えるという、いかにもアルベルティらしい才気煥発な演説を行なう。モムスがユピテルに宇宙を作り直すよう提案すると、この神々の長（ユピテル）はヘラクレスやユノの忠告を退け、彼の助言を受け入れる。しかしモムスにはさらなる侮辱が待っていた。すなわち、彼はオリンポスの女神たちによって去勢され、海に面した断崖で鎖に縛られてしまうのである。人類は大神殿を建造し、神の姿を彫像で表すことにより、神々の心をなだめようとする。人々は一連の壮麗な祭儀で新しい建築を祝すが、アルベルティはその祭儀の模様を詳細に趣深く記述する——「様々な階層の市民の一団と、続く婦人や若い娘の一行が町の浄化を執り行なう。松明《たいまつ》を手に、夜の闇を明るく照らす。柱廊に立つ処女たちは町を飾り、神々を詩歌と舞踏で崇拝する」[41]。人間たちの儀式に魅了された神々は地上に舞い降り、この新しい大劇場で、それぞれ自分の像の下に身を落ち着ける。この劇場に眼を瞠り、魅せられたユピテルは、建築家たちを哲学者よりもはるかに賢明な、宇宙の真の統率者として賞揚する。だがここでアイオロスが風を引き起こし、大きな嵐となったため、神々の像は損壊し、なぎ倒されてしまう。クピドが「希望」の上に落ち、その翼の片方を破壊するが、クピド自身も傷を負う。ユピテルは両脚を宙空に投げ出す格好で頭から倒れ、その鼻をへし折られる。悲惨な経験で眼が覚めたのか神々は天界に帰ってゆく。ここに至ってユピテルは、モムスが彼に正しい支配に必要な法規を記した書字板を手渡していたことを思い出す[42]。

アルベルティは、ルキアノスや他の作家から多くの文章を自由に借用して作り上げたこの手の込んだ寓意を通して、ある真剣なメッセージを伝えようとしたのだろう、と久しく研究者たちは考えてきた。初期の一写本や印刷版のひとつに確認される『君主論』というもうひとつの題名は、ここに厳粛で確固たる諸原理を見出すよう読者に教唆しているようにも思われる。これらの点はある程度、物語の中で明らかにされている。モムスはユピテルに手渡した書字板の中で、こう助言している――王とは「公生活においては壮麗さを顕示し、私生活においては倹約に努めるものである」[43]。十六世紀にアルベルティのスペイン語訳を出した翻訳者は、こうした教唆的文章を取り上げながら作品をいくつかの章に分割し、政治的註釈を施した[44]。一方、皮肉と否定的言辞でたたみかける一連の物語にそうしたまっとうな教訓を読み取るのはばかげていると主張する者もあった[45]。さらに十五世紀以来、モムスをナポリの人文主義者で廷臣のバルトロメオ・ファチオと同定する読者がいたこともあり、研究者によっては本作品を政治・倫理論としてのみならず、実話小説《ロマン・ア・クレ》として読もうとして、そのための解釈の鍵を見出そうと試みてきた。たとえばユピテルをエウゲニウス四世とニコラウス五世の両者に同定し、その野心的ながら悲運に終わる計画をフェッラーラ＝フィレンツェ公会議やローマ再建と同一視するのである[46]。

一四五三年に起こった教皇に対する陰謀を息もつかせぬ調子で記述した小編『ポルカリの陰謀』において、アルベルティはポルカリその人のことを、予期されるような鬼畜同然の扱いではなく、やや共感をこめた調子で描写している。聡明であるが苦悩に満ちたこの男は、古代ローマの一族の出自であった。その家族の起源があまりに古いため、構成員の何人かはマルクス・ポルキウス・カトー直系の子孫を名乗り、自分たちのことをポルカルスではなくむしろポルティウスと呼称したほどである[47]。一四五〇年代のローマには、フィレンツェですでに出現していたような大規模な「古代風」宮殿がいまだ存在しなかった。ポルカリのような一族は質素な都市住宅に住み、自分たちの紋章を壁に掲げていた[48]。しかしローマ人なら常にそうであったように、彼らはこの都市がかつて手にしていた自由と権力を決して忘れてはいなかった。ポルカリはフィレンツェその他の都市の要職に就いて働き、各地のキケロ的共和制の伝統をじかに知っていた。そしてローマが教皇の専制に屈している状況にことのほか激しい苦痛を感じていた。一四四七年のエウゲニウス四世の死後、彼は繰り返しローマ市民を説得し、武器を取っていにしえの自由を取り戻すよう訴えた。ニコラウスは有能な人物に対する懐柔策として、彼をローマから離れた町の総督に任命した。ポルカリが次にローマに帰ってきたとき、ナヴォナ広場での恒例行事だった謝肉祭を彼は革命に転じようと試みた。エネルギーに満ちた謝肉祭という機会には、通りという通りが公衆の型破りな行動の舞台となるからである。しかし〔目論みは失敗に終わり〕こうしてまたも今度はボローニャへと飛ばされたポルカリは、その地で教皇に対する武装陰謀団を組織し、再びローマに戻ってきた。さして大きくもない彼の邸宅は数百人の信奉者でいっぱいになり、直接行動の準備が整えられた。しかし陰謀は密告される。兵士たちがポルカリの立てこもる家を攻撃した。ポルカリ自身は最初は逃亡をはかり、姉妹が衣装箱に彼をかくまったものの、ついに捕らえられ、尋問もそこそこにすぐさま絞首刑に処せられた[49]。

『ポルカリの陰謀』はこの劇的な出来事をラテン語書簡形式で綴ったものである。作中アルベルティはことの推移を、よく知られたローマの歴史家サルスティウスがカティリーナ陰謀事件を語ったときのように、簡潔でありながら感情の込もった散文で述べてゆく[50]。サルスティウスと同様、アルベルティは自身の所見をくだくだしく差し挟むようなことはせず、作中の発話者たちにそうした意見を語らせている[51]。またやはりサルスティウスと同じく、彼はこの悪魔的人物に驚くほど大きな共感を寄せている。ポルカリは英雄的な風貌で立ち現れ、信奉者たちに向かって教皇の専制を弾劾する堂々たる演説を行なう。またいかにも古典共和政期を思わせる論調で、司祭や外国人たちが権勢を掌握しているがゆえに、ローマ市民は先祖の高潔な生活に立ち返るのを阻害されていると訴える。

> しばしの間、彼はその身に激しい苦痛を感じていることを、顔の表情や所作、ため息などで示した。それから彼は手を前に伸ばし、周囲を見渡すと、ここに集まった優秀な市民の中で、自らの境遇、あるいは祖国の現況に満足している者はいるかと聞いた。万民が被っている苦難について涙を流さず考えることのできる者

はいるだろうか？　なるほど、人は悲嘆にくれながらも祖国に住む自由さえ得られるなら、貧困や服従、虐待、侮辱といったものに耐えるすべも学ぶであろう。しかし敬虔さの模範であることを自ら公言する者どもが、今までにない非道な所業を発案したのだ。彼らはローマ人に市民であることを許さないというのだ。それどころか無実の人間に罪をかぶせ、追放し、処刑する。イタリアはどこもかしこも流罪の人間であふれ、この都市自体から市民が消えてしまった。市内にいるのは異邦人ばかりで、あえて祖国愛を表に出そうものなら罪人として糾弾されることになる。[52]

長らく教皇庁とそれが支配する教会、その物質主義、高位聖職者の傲慢ぶりに対する内部からの批判者であり続けたアルベルティは、今やそうした嫌悪を、共和主義者による自由の要求に結びつけた――あるいはポルカリをしてそれらを結合せしめたと言うべきかもしれない。彼はブルーニ同様、そのような自由への要求こそが有徳の生活を送るための必須の条件と考えていたのである。[53]　タフーリはその学問的魔法によって、久しく近代都市計画の予言者と称えられてきたアルベルティを、尊大な権威や伝統的自由への脅威に対する辛辣な批評家に変貌させる。社会を専制国家の侵略から守ってくれるものこそ、そうした伝統的自由なのだ。この解釈は、特に――唯一ではないが――イタリアの学者たちから広範に支持された。[54]

タフーリの説はアルベルティをニコラウスによるローマ再建事業の外部に置くばかりでなく、過去の解釈では扱いきれなかったいくつかの矛盾に納得のいく説明を与えてくれる。たとえば、なぜニコラウスの建築計画にまつわる古文書記録は、いずれもその計画をアルベルティではなく、常にロッセリーノと結びつけてきたのかといったことである。さらにこの説によって、『建築論』の多くの文章の意味も理解可能となる。アルベルティは本書で折につけ、厳格さと節約の美徳を賞賛している。彼が公的・私的を問わず古代の建築を特徴づけている「質素」を引き合いに出すときの熱心さは、他の場所で構造や装飾の壮麗さを語るときの熱意と変わらない。アルベルティは初期キリスト教の典礼と教会の簡潔性について、ことのほか感情を込めて言及している。

わが宗教の初め、われわれの先祖にあっては、善良な人々が集まり、正餐をともにするのが慣わしだった。それは料理で満腹するためではなく、ひとつには交友の中で心をなごませ、また善言で気持ちを満たされ、美徳への熱意を秘めて家路につくためであった。したがってここでは、食膳に供されているきわめて質素なものを、消費するというよりむしろ味わいながら、神聖なものごとについての朗読や説教に聞き入ったのである。各人は万民の救済と徳を涵養することに対する渇望に燃えた。最後に人々は、それぞれの資財に応じて中央に供え物を置いて立ち去った。(55)

アルベルティは、自分の時代の大聖堂よりも、ひとつの祭壇と厳粛な礼拝からなる、初期の荘重かつ簡潔な教会を好んでいたことがここで明らかにされている。『司教《ポンティフェクス》』の著者の声は、今なお『建築論』の様々な文章に響き渡っているのである。それは、狭間胸壁や金箔や荘厳によってこそ、キリスト教徒は神の下に召されるのだというニコラウスの信念とはおよそ心情的に相容れない文章といえよう。

かつての誇張と過度の単純化に対する矯正として、タフーリの議論はきわめて示唆的かつ貴重であるとはいえ、翻って彼の主張にも、ある程度の留保は必要である。確かに『モムス』は、教皇の計画の仰々しさにねらいを定めているところはある。アルベルティは、ユピテルが、彫像や宝石、その他様々な愉悦の品で飾られた、神々のための豪華な住まいを創造するさまを描写している。ユピテルは、人類を卑しめることで神々に満足感を与えようと目論んでいたのであり、これはその一環であった。こうした企図をさらに強化するため、ユピテルは人間を死すべきものとし、かつ病気をも免れない存在にする。しかし新しい世界(あるいは都市)を創造することへの異論は、パトロンに対してと同様に建築家に向けても発せられる。アルベルティはヘラクレスの口を通して、そうした発言を行なっている。

もし、再建設によって大衆を喜ばせたいとか、あるいは巨額の費用に対する見返りとしてなによりも公衆の喝采を得たいと思ったとしても、あなたの事業に全面的には賛同しない者も必ず出てくるだろう。あるいは高貴な神々の中には、新しいものごとよりもかつてあった姿により大きな喜びを感じるものも必ずやいるであろう。現在のわれわれの世界をかくも精巧に作り上げた古代の偉大な建築家たちは時の経過とともに物故したが、どんな一群の職人たちも、すでに建造され、非常に大きな充足感を与えてきたこれらの建物よりもさらに優美かつ壮麗で耐久性のある建築を作り出すことは不可能と考えている。もしあなたが現今の建築家たちを試したいと思うなら、たとえばユノ門などを考えてみればよろしい。彼らの腕前のほどが、たちどころに分かろうというものだ。明らかに彼らはこれをただ単に崩壊させるために建造したのだ、などと世評では言われているが、実のところ、これはまったく正しい意見に思われるのだ。(56)

これは一芸術家の自嘲である。この芸術家は、自身に対する批判者の声は神の声であると固く信じており、またこの上なく独創的な新しい建築ですら、それが設計された既存の環境に適合しなければ失敗であることを理解している。さらに彼は、自分の最良の創造物ですら、その命運は他者の判断にかかっていることをよくわきまえているのである。

アルベルティがユノ門という空想の建物を風刺したとき、彼はニコラウス五世が現実に建造したトッリオーネ〔城砦の中心の塔〕を揶揄していたのかもしれない。「新塔」として知られるその塔は、巨大な円形構造をしており、ニコラウスは一四四七―四八年にその建造に着手した。古い教皇宮殿と、ちょうど建造に取りかかろうとしていた新宮殿の体面を守り、強化することがその目的であった。しかし一四五四年八月三十一日、塔が崩壊し、少なくともひとりが死亡した。塔は再建が必要であった。マネッティはそのニコラウス伝の中でこの不名誉な事実を控えめに記している。それによると、教皇は当初、塔を百キュビット〔約五十メートル〕以上の高さにすることを望んでいたものの、建築学上の理由からもっとずっと低くするよう決断したのだという。(57)

しかし他の一節は、アルベルティ自身を嘲笑の的にしているようだ。モムスは、手本にしたルキアノスと同様、アルベルティの中心概念のひとつである適正《デコールム》さの基準をからかう。曰く、雄牛は角の先端に眼を付け加えることで改良されるだろう。そうすれば、より効果的な一撃をくらわすことができるようになるからだ。また家は車輪の上に建てるのがよい。そうすれば危険から急いで逃げることもできるからだ。彼はまたアルベルティが好んだゼウクシスの選択に関する逸話をもじり、若い女性たちに向かって、神の形成外科手術を祈願せよと教示する。そうすれば、あらゆる欠点がきれいに取り除かれ、誰もが一様に美しくなろうというわけである。また自らを美しく飾る方法についても女性たちを指導し、顔の血色をよくし、髪にウェーブをかける方法を説明する。しかしこの種の技術に対しアルベルティは、他の登場人物の口を借りてではあるが、これまでに何度も非難の声をあげていたのである。(58)

アルベルティの自己パロディがその鋭さの絶頂を極める

のは、モムスが物乞いの技術について大演説を行なうときである。奇怪なブレヒト的言い回しにより、物乞いこそはあらゆる技芸の頂点であると彼は述べる。その実践者は手を動かす必要もなく、社会の残りの人々からの支えだけを頼りにできる唯一の技芸だからである。(59) モムスによれば、逆説的なことに公共の空間を実際に享受できるのは、物乞いをおいて他にはない。

わたしは、物乞いよりも王の方が財産をつぎ込んでその恩恵を享受できるとは考えません。物乞いは劇場や柱廊《ポルティコ》玄関など公共施設の一切を所有しています。他の者たちは、広場に腰を下ろすことも、多少大きな声でおしゃべりすることもできません。彼らが公の場で行動するときは、人々の視線を恐れて常に規範に従った行動をとり、勝手気ままな振舞いを控えるのです。それに引き換え物乞いよ、お前は広場の真ん中で横になり、気兼ねなく大声でしゃべり、何でも好き放題やってしまう。(60)

要するにアルベルティは、自ら主催する祝宴に、屈強な物乞いを亡霊として召喚している。この幽霊はわがもの顔に登場し、彼の理想都市の平穏な秩序を破壊する。彼の体は神殿の下に敷かれた石畳のきれいな線に割って入り、さらにその声は公共の静寂を破って鳴り響く。上記のモムスの論評が、『建築論』に描かれた理想の都市秩序に対する批判というよりはむしろ、ニコラウスに対する反論を意図していると考えるのは難しい。初期の『司祭《ポンティフェクス》』のように、モムスは傲慢で狭量な教皇庁の住人を嘲笑する。だがルネサンス時代の複雑な風刺文学のほとんどがそうであるように、この作品は他にも数多くの目的を内包している。最近提示された見解では、アルベルティは、プロメテウスをもとにモムスの人物像の一部を作りあげた。この半神は人間のために神々から火を盗み、その咎《とが》で永遠の責苦を受けた。アイスキュロスは悲劇『鎖に縛られたプロメテウス』の中でこの話を力強く語っている。ラテン語訳が存在しなかったため参照困難だったこの典拠は、ビザンティン学者にはよく知られていたとはいえ、アルベルティの同時代人に言及されることはほとんどなかった。もしアルベルティがこの作品に眼を通したとしたら、この場合もやはり、自分の教皇庁での立場上、手にすることのできたギリシア語テクスト版を参照したということであろう。彼はまた、人間生活における技術と発明の役割について両義的な考えを持っていることも、これまで以上にはっきりと強調している。(61) 彼は自分が選んだのが宮廷人としての道であることをよく理解するとともに、巨大建築の建設や事業を性急に進め——彼自身たびたびそれを賞賛することがあったとはいえ——自然を支配下に置こうとする人間の営為が、大災害をもたらすことになるのではないかと本気で恐れてもいた。だからこそアルベルティは、自身の痛烈な皮肉の対象から己を除外することは決してなかったのである。

加えて『建築論』はタフーリの解釈を必ずしもすべて支持するわけではない。タフーリが依拠するポルカリの演説は、明らかに著者が非難の眼を向ける謀反人の性質を示している。ポルカリに対するアルベルティの態度が複雑であるのは間違いない。彼はここに記される事件が発生した直後に筆を取ったと述べており、事件に対する最終判断は下せないとしている。事実、彼は社会的実践と倫理にまつわる難問に取り組む際に、人文主義者のよく用いる方法を採用した。すなわち問題の「両側面から《イン・ウトラムクエ・パルテム》」議論を進めるのである。これを達成するためにアルベルティは、物語内の壇上につぎつぎと発言者を上がらせる。動揺と悲痛にとらわれた教皇庁の外国人メンバーたちは、ポルカリが都市の秩序と彼ら自身に対し、脅威を与えたと非難する。何人かのローマ人がこれに異をとなえ、ローマは今なお堅固な政治的・文化的中心であり続けていると主張する。さらに別の人々は、反乱はまだ収束せず、ニコラウスの強力な弾圧にもかかわらず、ポルカリを模倣する者が現れるのではないかとの懸念を表明する。最後にアルベルティ——あるいはその代弁者——は、いずれの主張が是認されるべきかは分からないと白状する。ニコラウス五世の「威厳《マイエスタス》」と敵対者の憤怒のいずれが勝利を収めるかは不明だが、彼は教皇の専制もそれに対する暴力的反抗も承認しない。[62]このテクストはタフーリが言うように教皇庁の孤立者《アウトサイダー》の作品かもしれないが、ひょっとしたら、どうしても妥協するしかない自らの立場に苦りきった批判的内部関係者《インサイダー》の作であるのかもしれない。

アルベルティの作品同様、それらが成立する元となったコンテクストもまた、タフーリが示唆する以上に複雑である。時とともにニコラウス五世は、たいていの支配者と同様、何かと猜疑心が強くなり、専横な振舞いがやや目立つようになった。人文主義者たちにとって教皇庁は危険な場所であった。なぜなら教皇の愛顧という名の綱の上をどこまでも渡り続けなければならないからである。しかしそれはやりがいのあることであった。ニコラウスの愛顧を得た者の中でも唯一ポッジョだけは、エウゲニウスを含むニコラウスの前任者たちが「学者の知性を支援し、報奨を与えるという話には、首を横に振らない」ことに気づいていた。[63]ニコラウス時代、教皇庁はタフーリの記述するような陰鬱なパノプティコン――蜘蛛の巣のようなかたちをした中央集権システムであり、中央に君臨する権力欲に憑かれた蜘蛛が全体の監視を行なう体制――に堕すことはなかった。何人かの芸術家や人文主義者は、エウゲニウスから授かっていた教皇じきじきの愛顧をニコラウス時代には享受することができなかった。しかし、たとえばプロスペロ・コロンナやデストゥートヴィルのような特に力のある枢機卿が新しいパトロンとなり、彼らに支援の手を差し伸べるようなことがあっても、人文主義者たちは引き続き教皇に気に入ってもらえるような事業に関わり続け、再びその懐に呼び戻されることを期待して、それらの仕事を教皇に献呈した。たとえばビオンドは、ニコラウスの即位とともに愛顧を失ったが、プロスペロ・コロンナやエステ家から支援を引き出し、その後の大部分の年月を、ローマ市内と近郊に留まり続けた。そしてなおも自著の『詳説イタリア』を教皇に献じているのである。したがってアルベルティは、教皇庁に仕える多数の専門家のひとりとして不定期に顧問の仕事を続けたとしても、必ずしも教皇のお気に入りの学者である必要はなかったのである。

さらにニコラウス時代の教皇庁は、内部の人間同士で、ある程度の知的な議論を行なうことが奨励された。ニコラウス自身は、宗教関係の書物の中でも、とりわけ偽ディオニュシオス・アレオパギタの著作を愛読していた。偽ディオニュシオスの書は、宇宙と教会の秩序に関する後期ネオプラトニスムの論考であり、聖パウロによって改宗したアテネ人の著作といわれていたものの、実際は六世紀に書かれたものだった。ロレンツォ・ヴァッラはディオニュシオスの著作が偽書であることを宣告したが、ニコラウスは教皇秘書として働いてもらうためにヴァッラを雇い続けた。ニコラウスの教皇庁においてヴァッラは自身の批判的見解をさらに後押ししてくれる人物を見つけた。アルベルティの友人のひとりテオドロス・ガザである。ヴァッラと同意見だった彼は、自分たちの見解を支持する新しい証拠をギリシア語の文書から見つけ、ヴァッラに与えた。そして教皇宛の献呈書簡において、恭しくもってまわった言い方で、自分なりの批判的見解を明らかにした。(64)

要するに十五世紀半ばの教皇庁は、知識人が権力に対して真実を語るのがはばかられるような、言語やイデオロギーの牢獄ではなかった。ナポリのアルフォンソ・ダラゴーナの宮廷では人文主義者たちが王の名高い「書物の時間」の席上、互いに相手を言葉でこき下ろした。そして、こうした他の議論好きの人文主義グループと同様、教皇庁においても、激しい口論は頻繁に行なわれていたのである。他の場所でもそうだが、この学芸の女神《ミューズ》たちのつどう鳥かごでも、寵愛を受ける人間は定期的に止まり木から脱落した。だがそれでも議論が完全に抑圧されることは決してなかった。多くの場合、愛顧を失った結果陥る最悪の結末は、死ではなく、地方の農園での田舎暮らしであったり、文化的にも収入面でも劣る宮廷に左遷させられたりすることであった。トレビゾンドのゲオルギオスの遭遇した運命がまさにそれであった。[65] ニコラウスはポルカリにも同様の対処を試み、市の外に追い出した。教皇が暴力に訴えるのはどうしてもそうしなければならないときに限られていたのである。

アルベルティは『建築論』の学問的な部分を、ニコラウスが新たに設立したヴァティカン図書館で編纂したことはすでに述べた。ニコラウスのローマ関連事業はアルベルティのいう都市の理想像と一致しないとの一般的見解があるけれども——たとえばそれは、アルベルティが健康によい場所を選択することが重要と強調したのに対し、低地にあるボルゴ地区は、熱病の発生することでよく知られた湿地帯であった点などに窺われる——しかしこのような見解は、アルベルティを正しく理解していないことに起因するのである。一般原則に縛られることを嫌う彼は、建築家やパトロンに、すでにある環境や状況に合わせて原理原則を適用することを要請する。彼がヴァティカンをエルバ島に再建するよう教皇に提言したとは思えない。部外者《アウトサイダー》は部内者《インサイダー》であるはずがないとする意見は、結局のところ、厳密な検証に耐えないのである。

ではアルベルティはニコラウスの事業とどのような関係にあったのだろう。ニコラウスが保存しようと望んだ古代建築とトレヴィの泉のような新規事業、これら双方に関与する顧問として仕えたというのが、可能性としては高いだろう。『建築論』にはアルベルティが基礎工事と壁体に情熱的な関心を抱いていたことが示されている。彼は旧サン・ピエトロ・バジリカ聖堂を徹底的に研究した。常に北風に晒されてできた壁面の損傷を調査したり、「多くの礼拝堂」がいかに聖堂を支持し、湿気を遮断するのに役立っているかを説明したり、「円柱に支えられた側壁が垂直面から外れ、屋根の崩壊を招きそうであるとき」、建物を支えるための詳細な計画を提示したりした。[66]

アルベルティは礼拝堂を検証したとき、損傷した壁面の近くに立つヴァティカンのオベリスクをも同時に調査したかもしれない。他の建築家たちが、オベリスクに関し、まだ垂直に起立しているにもかかわらず柱身を撤去すべきと提案したことに触れ、アルベルティはその計画を痛烈に嘲笑している。おそらくアルベルティが念頭においていたのは、巨大円柱運搬の専門家アリストーティレ・フィオラヴアンティであっただろう。また間違いなく彼は、ニコラウスのボルゴ計画に関する討論を聞いていただろうし、おそらくは参加もしただろう。[67]アルベルティは回顧的視点から自分の役割を誇張しているかもしれない。しかし様々な証拠を集めてみると、パルミエーリの説明が正しく裏づけられるのであり、アルベルティが顧問として仕えたこと、またサン・ピエトロの再建工事続行に否定的意見を提示したことが示唆されるのである。

また同じ証拠から第二の、よりラジカルな説も支持される。アルベルティはニコラウスが最後に示したほとんど終末論的ともいえるローマ像、すなわち新しきエルサレムとしてのローマを言葉巧みに賞賛し、支持していたのではないかということである。この幻影《ヴィジョン》は彼の宇宙論的言語の中心に位置するもので、死後、マネッティや他の伝記作者たちが教皇の文化事業を熱烈に賞揚したのもこの点においてであった。[68]確かにアルベルティは、過度に壮大で費用のかかる計画をたびたび非難し、またオベリスクの移動を可能と考えた連中を揶揄している。しかしまた、彼は豪華な材料や大規模な構造物はそれぞれ本来の役割があることを繰り返し認めてもいるのである。トラヤヌス帝記念柱やマルクス・アウレリウス帝記念柱、あるいはパンテオンに対してアルベルティが示すのは、ただひたすら尊敬の念である(もっとも、エジプトのピラミッドは侮蔑していたけれども)。[69]それに彼はマネッティとも意見交換を行なっていたと思われる。ニコラウスのローマ計画を記述し称揚する際、マネッティはアルベルティの専門用語を利用しているからである。[70]

これまでほとんど注目されてこなかった、アルベルティの著書とニコラウスの事業の間に見られるひとつの符合は、ここで検討するに値する。アルベルティは、現在ならさしずめ道路に関するゼロトレランス方式〔どんな些細な規律違反にも罰則を与える方式のことで、不寛容方式とも訳される〕とでも呼べそうな計画について説明している。

イタリアの王侯の中には、ぼろぼろの衣服で戸口から戸口へと施しを求めて廻るような物乞いが自身の都市に永住するのを許容しなかった例もある。そのような者が町にたどり着いたときは、三日以上無職のまま市内に留まることは許されないとただちに通告された。なぜなら誰でも、たとえ身体に障害を持つものでも、仕事を手に入れ、何らかのかたちで共同体の役に立つことは可能なはずだからである。たとえば盲人は綱作りの工房でなら足手まといになるまい。一方、重病に冒されている者は、入市管理局の役人に引き渡され、様々な組織の下位聖職者の保護の下におかれた。こうすることで彼らがいたずらに物乞い行為により善良な市民をわずらわせたり、その嫌悪を催させるような外見で迷惑をかけたりしないよう講じたのである[71]。

この一節は、アルベルティの読者には保守的どころか急進的に見えたであろう。十五世紀後半から十六世紀前半の西洋人文主義者の中でも、とりわけ理想主義的といえるエラスムス、モア、ビベスといった学者はいずれも、度しがたい物乞いを追放または監禁するのは正しい社会秩序の構築に必須の方策であると述べている。彼らは貧困者に仕事を与えることが必要と認識し、犯罪は生来の悪性より極貧に起因することが多いと論じた。だがこれらの人々は、危険な貧困者を労役所に収容し、そこで生活の糧を与え、他者に危害を加えないようにさせることこそ、都市の路上でヨーロッパ人を待ち受けている危険を減少させる確かな治療薬であると考えた。継続的な活動と産業を尊ぶアルベルティなら、以上の意見に同意したであろう[72]。

さらに、アルベルティのこの一節が具体的な出来事に言及している点は重要である。一四五〇年五月三十日、フィレンツェの高位聖職者ロセッロ・ロセッリは、コジモ・デ・メディチ宛の書簡でこう述べている。「あなたにニュースをお伝えしましょう。この土地は泥棒の巣窟です……。サン・ピエトロに向かう道路には、壁に沿って貧者の掘立て小屋がたくさんあるのをご存知でしょう。そこにたむろする貧者の中に、両脚を失ったために尻を地面につけて移動する者がおります。このならず者が夜中に自らの手で六人の人間を殺し、その所持品を奪ったのです[73]」。換言すれば、ボルゴそのものが醜悪でぞっとするような乞食であふれていたのであり、彼らが聖年に訪れる巡礼者たちを脅迫し、よき秩序と教皇の収益を危機に陥れていたのである。ニコラウスはこの危険を排除するために、極端な行動に出た。ロセッリも報告しているように、彼は掘立て小屋を焼き払わせ、脚のない殺人者を処刑し、その仲間を追い払ったのである[74]。

アルベルティはこの劇的な解決法を都市秩序の理論に転換した。もっとも、教皇には、実際の行動には明らかに見て取ることのできない、経済的合理性への理由づけを与えてはいるけれども。彼はボルゴ地区を浄化するという教皇の願いだけでなく、地上における聖なる都市という巨大なヴィジョンにも大いなる共感を抱いていたかもしれない。事実、教皇や仰々しい建築に対する彼個人の感情はどうあれ、それらの実現に向けて共同作業を行なったということは十分ありうる。結局、後知恵で考えるなら、何にもまして共同作業こそが、倫理面や美的な面で不快感を引き起こす原因となったのかもしれない。もっと若い頃のアルベルティは、共同作業とは芸術的実践を社会で実現するための手段であり、他者と競争した場合に被るであろう損害を事前に回避するための方策と考えていた。しかし壮年になってからの彼は、共同作業にもそれなりに意に満たない点が出てくることを理解するようになったのであろう。

このように、アルベルティの都市論は、実地の専門技術と経験による柔軟性の双方を反映したものであり、これこそまさに彼が『建築論』で詳細に論じ、推奨した事柄であった。対照的に彼自身の建築は、ニコラウスのローマで建造されたいかなる建築物よりも完全に、彼の古典的原理を具体化していると多くの批評家は見ている。ルドルフ・ウィットコウアーや後続する多くの研究者たちはこう論じてきた——アルベルティは自分が設計する建築において、その古典主義理論を深く洗練された手法で実践した。建立されたのは、多くの場合、周囲の建物から突出するほど巨大な建築であり、そのファサードや比例には彼が愛好する簡潔な幾何学が具体化されている。こうして偉大な建築の基礎となる宇宙的調和が表現されたのだ、と。

以上のような解釈はいくつかの危険を孕んでいる。まず第一に、アルベルティの建築作品を何か彼がひとりで作り上げたもののように想定している点、まるで彼は自身の諸原理が建築作品によって単純かつただちに実現しうると考えていた、もしくはそう望んでいたかのようである。だが実際は、『建築論』でも示唆されているように、彼は他の人間と共同作業で活動するのが常だったのである。もちろんアルベルティの計画は、依頼主たちが提供する資金に依存していた。たとえば、シジスモンド・マラテスタ、有能な傭兵だった彼は、一四四八年に強敵アルフォンソ・ダラゴーナを打破した。名高いリミニのテンピオ・マラテスティアーノは、一部この勝利を記念して着手された可能性がある。あるいはジョヴァンニ・ルチェッライ、フィレンツェの貴紳にして芸術通でもあった彼は、市内の居住区で公私にわたる一群の事業全般に出資した。そしてまたマントヴァの支配者ルドヴィコ・ゴンザーガなど。これらの人々は、しばしば作品に対する報酬をアルベルティに支払っている。彼らはまたアルベルティを側近のひとりと見なし、住まいや生活の糧をあてがうなどして歓待した。さらにまた必要な奉仕を提供しえる、高度な専門知識を有する専門家としても厚遇した。

アルベルティの関与した事業はそれぞれ再構成や評価の点で問題をかかえているが、十数年にわたる調査の結果、大まかな編年が可能となった。一四五〇年かその後、おそらく一四五四年までのある時期に、アルベルティはリミニの君主にして教皇の傭兵隊長であり、伝説的なまでに残忍な支配者でもあったシジスモンド・マラテスタのための仕事を開始した。シジスモンドはリミニを堂々たる要塞で防備し、彼の寛容さを称えた銘文でそれを飾った。また市の中心にあるサン・フランチェスコ聖堂をどこか神殿を思わせる建築に変貌させた（それゆえその非公式名称はテンピオ・マラテスティアーノとなった）。アルベルティが設計した巨大で厳格なファサード、躍動的な浮彫りで装飾された内部の六つの礼拝堂――踊る人物像をあしらったそれらの浮彫りは、おそらくアゴスティーノ・ディ・ドゥッチョとマッテオ・デ・パスティの手になる作品である――あるいはシジスモンドの愛人イゾッタ・ノガローラの豪華な墓など、これらの要素により聖堂は壮観をきわめ、ちょうどこの聖堂が記念するシジスモンドとイゾッタの恋物語のように、伝説的な印象すら与えるものとなっている(75)。

ヴァザーリはこの聖堂の外観をアルベルティの設計とすることに関して、あるいは瞠目すべき成果を示す建築であることに関して、微塵も疑念を抱かなかった。彼はこう記している。

> レオン・バッティスタはリミニのシジスモンド・マラテスタ公のもとに赴き、サン・フランチェスコ聖堂の模型、特に大理石で作られたファサードの模型を作り、また市の名士たちのための墓所を含む大きなアーチ列を備えた南側の側面部を作った。要するに彼は、この建物をその堂々たる風格においてイタリアで最も有名な聖堂に仕上げたのである(76)。

アルベルティは古いレンガ造りのフランチェスコ派の聖堂を、見事な仕上げを施したイストリア産大理石の外殻で包んだ。彼は旧来のファサードを抑制のきいた新しい厳格なファサードで覆い、その下半分を聖堂の近くにあるアウグストゥス凱旋門から借用した四基の半円柱で分割した。さらに建物の両側にはそれぞれ長い側壁をあてがい、そこに壁龕《へきがん》を設けた。これらの壁龕は、旧壁面の窓に光を通し、また南側壁では石棺を収容するスペースを作り出している。石棺にはビザンティンのプラトン主義者ゲミストス・プレトンや軍事技師ロベルト・ヴァルトゥリオなどの学者や文人が納められている。建築全体は、「当時までに建てられたいかなるルネサンス建築よりも明白な古典主義様式で」仕上げられている。この分野の専門的訓練を受けたわけではない初学者の仕事としては、驚くべき成果という他はない[77]。

しかし多くの細部が不明なまま残されている。聖堂内部の作業は一四四七年に開始された。一方、アルベルティがこの仕事に関与し始めたのは、それよりも後、おそらくは一四五〇年かあるいは一四五三年である。おそらくその理由は、聖年に触発されたシジスモンドが、事業を大規模に進めることを思い立ったからであろう。しかし、しばしば指摘されるように、内部の彫刻群は、動きのある身体や髪と衣装の表現豊かな使用など、明らかにアルベルティ好みの傾向を示しているとはいえ、聖堂内部の意匠に対してアルベルティがどの程度の指揮指導を行ないえたか――もしそのような機会があったとして――は明らかでない。シジスモンドはアルベルティの計画のすべてを完成させることはできなかった。建物は、イタリアでは二番目の規模となる巨大な円蓋《ドーム》を戴く予定であった。またファサードは渦巻装飾を両脇に配し、それにより礼拝堂の屋根を隠すことになっていた（その形状も議論の対象となっている）。アルベルティは石棺を収納した壁龕をファサードに穿つつもりだったと多くの学者は考えているものの、文書記録からそれを証明することはできない。アルベルティは、たくさんの地元芸術家や職人と仕事を進める中で数々の実践的困難に直面した。また彼が頼らざるをえなかったパトロンは、建築資材をラヴェンナから大量に盗んで調達するような人物だった。とはいえそれでも彼は『建築論』で解説したタイプの神殿、すなわち、その未完成の姿ですら畏怖の念を引き起こし、周辺地域を圧倒する建築を創造した。この仕事によって彼が名声を博したとしても驚くにあたらない[78]。

数年間、アルベルティはフィレンツェで活動した。富裕な毛織物商人ジョヴァンニ・ルチェッライがこの地で彼を雇い、自身の大邸宅のファサードや、サンタ・マリア・ノヴェッラ聖堂の新ファサード、サン・パンクラツィオ聖堂設置のエルサレム聖墳墓教会の縮尺モデルなどを設計させた。ルチェッライが自分の望む建物をすべて購入し、それらを統合するまでには長い年月を要したため、アルベルティによる〔ルチェッライ宮の〕ファサードは二期に分けて設計・建設され、それでもなお未完成のまま残されることとなった。一方、サンタ・マリア・ノヴェッラと聖墳墓はより完成に近く、フィレンツェ産大理石による驚くほど精巧な仕上がりと、古いタイプのフィレンツェ建築に対する視覚的関連性をありありと示している[79]。

これらの建築においてアルベルティは、普遍的原理と古代の範例を現実の状況に合わせて適用するという離れ業を見事にやりとげている。ルチェッライ宮は、メディチ家時代のフィレンツェで建てられた大家族の拠点として随一の例である。その分厚い切石積みのファサードは、彼らの地位を表明し、居住者のプライバシーを人眼から守る。[80] アルベルティは、比較的狭い道路で作業する必要のせいで困難を感じることもあったとはいえ、おそらくコロッセウムに取材した片蓋柱と梁の厳格な古典主義を利用することによって、ルチェッライ宮に自らの刻印をはっきり残した。フィラレーテは早くも一四六〇年代に、「加工した石を積み上げ、完全に古代の手法で作られたファサード」に注意を促している。[81] またサンタ・マリア・ノヴェッラ聖堂のファサードでは、その簡潔な比例と青光りする装飾とともに凱旋門のモティーフを創出しており、ヴァザーリによれば、アルベルティの死後数年してこの計画がついに完成したとき、眼の肥えたフィレンツェ市民もその意匠には満足したという。[82]

アルベルティは明らかにこれ以外の設計依頼も、同じように引き受けた。たとえば彼の親友であったウルビーノのフェデリゴ・ダ・モンテフェルトロからの依頼などである。しかしルドヴィコ・ゴンザーガこそは、彼の後半生における主要なパトロンとなる人物であった。ルドヴィコのために彼は二つの非常に独創的な建築を建立した。ひとつは一四六〇年に着手した集中式プランによるサン・セバスティアーノ聖堂である。もうひとつは町の中心に位置する巨大なサン・タンドレア聖堂である。奥行きのある格間穹窿と美しく仕上げられた片蓋柱を備えたそのファサードは、使用された建築語彙はまったく異なるものの、壮大さにおいてサンタ・マリア・ノヴェッラ聖堂のそれに匹敵する。ルドヴィコは、アルベルティがフィレンツェのサンティッシマ・アヌンツィアータ聖堂のために設計した巨大な円形の後陣に対しても支援した。[83] 一四七〇年代までにアルベルティは、ルドヴィコから唯一無比の信望を勝ち得るまでになっていた。このパトロンは、あらゆる批判者から建築家を擁護した。彼のアヌンツィアータ聖堂のための設計案を非難する者は、円形デザインが伝統的な十字形よりも美しいということを分かっていないだけなのだ、とルドヴィコは主張した。またアルベルティのサン・タンドレア聖堂の構想が完全には理解できなかったとき、ルドヴィコはすぐにマントヴァに来て説明するようこの建築家を急き立てている。[84]

アルベルティは顧客に対し、ある一定量の務めは果たした。共同作業で参加した事業において彼の担った役割がどのような性質のものだったのか、正確なところを知るのは難しい。通常彼が引き受けたような君主のための仕事で、その君主の権力の基盤が、優れた官僚的手腕にあるのではなく、政治家や軍事司令官のようにその人個人の能力におかれているような場合、彼は規定の契約書に従って一本調子に仕事をするのではなく、むしろ内々の助言を与えることがよくあったように思われる。しかしいくつかの点ははっきりしている。

第一にアルベルティは、自分自身のことを建築設計に有能な人間と考えていた。『建築論』の中で彼はこう記している。

> 優れた建築家の実践してきた以下のような習慣は常に推奨されるだろう。すなわち、素描や下絵だけでなく木材か何かの材料で作った模型を用意し、今から取りかかる作品について、専門家の意見も尊重しつつ、その全体や各部の寸法などを再三再四熟考すること。こうした検証を行なうまでは、懸念事項や費用などの問題に進むべきではない[85]。

優れた模型にはいくつか備えるべき性質があると彼は主張する。すなわち、派手さや色彩を抑え、平明かつ簡素であること、無装飾であること、眼を欺いて浮彫り効果を与えるような画家の技法を控えることなどである。模型において強調されるべきは「構想した人間の創意であって、模型を制作した人間の熟練した腕前ではない」からである。言い換えるなら、アルベルティ自身はあくまで構想を担当したのであって、模型の制作はしなかったということだろう。しかしアルベルティは模型に対して、全体的な構想だけでなく、設計上の重要な細部についても、逐一作者の意図を明らかにしてくれることを期待している。事実、模型を使えば、「円柱、柱頭、柱礎、軒蛇腹、破風、上張り、床仕上げ、彫像、建築の構造や装飾に関するその他のもの、これらの配置と総量をいっそう明瞭確実に把握すること」が可能となるのである。

建築は社会性ならびに共同制作的性格の強い芸術である。絵画や著述にもそのような面はあるが、建築の場合はなおいっそう顕著である。アルベルティが考える建築家とは次のような人間である。建築家は最初の構想にあった誤りを「校訂〔改善〕する」ために他人の力を借りる。「したがって、上記のような模型を作り、それをきわめて入念に、君自身また他の人とともに検討し、再三精査して、作品中に何が、どんな性質がどこにあるか、どれだけの大きさを占めるか、何の用に立つかといったことに関して承知していないものは、もはや何ひとつないはず、というところまで徹底させるのも当然であろう[86]」。建物をあまりに大きな規模で建てたり、ファサードを不適切なほどごてごてした装飾で覆ってしまうと、事態は容易に悪化すると彼は指摘する。そのような適正《デコールム》さの破壊を避けるためには、屋根の勾配の技術的誤りを避けるのと同じで、模型を共同で精査することが推奨される――「いくつかの縮尺模型を用いて、二度、三度、四、七、十度と時間をおいて再び取り上げ、君の提案のあらゆる部分がどうなるかを再考しておきたい。それは最下部の基礎から最上部の屋根まで作品のすべてを見渡し、隠れていようが表立っていようが、大きかろうが小さかろうがあらゆる部分について、それらの場所や配置、数などをどのようにすればもっとも適切で効果的となるか長期間にわたって何回も考えぬき、解決していない部分、確定していない部分がないという状態になるまで行なうのである」[87]。画家と同じで建築家も、批評家の共同体の助けがあってはじめて、最高の仕事をすることができる。この共同体には、ある構想を作業用図面に変換できる専門的な建築施工者と計画に内在する美的特質を批判できる建築家の両方が含まれるのである。

先述のように残された証拠からは、いつアルベルティが、その関与性の明らかな最初期の事業であるリミニのテンピオ・マラテスティアーノの仕事に着手したのかを正確に知ることは難しい。また完成した聖堂をどのようなかたちにするつもりだったのかも確かなことは分かっていない。しかしひとつはっきりしていることがある。すなわち、アルベルティは自身の計画の中心的な特徴を具体的に示した模型を用意したということである。というのもパトロンや施工者として仕えていたデ・パスティ、その他の人々が参加した議論において、この模型のことが話題になっているからである。一四五四年十一月十八日、アルベルティはローマからデ・パスティに手紙を書き、聖堂のかたちの細部についていくつか議論している。彼は開口一番、彼の模型が引き起こした論争について概ね好意的に考えていることを明らかにする。「謹啓。あなたの手紙はいくつかの理由からたいへん歓迎すべきものでした。閣下がわたしの期待どおりに取り計らって下さり、皆様とよく協議されたとのこと、これを伺い、ことのほかうれしく思っております」[88]。しかし次にアルベルティは「マネット」の提示した批判、すなわち、円蓋の高さはその幅の二倍にすべきであるとの批判に対し、自身の模型を弁護し始める。アルベルティは、古物研究家としての専門知識と彼本来の美的感覚の二つを動員して、こう述べる。「わたしとしては、マネットよりも、浴場やパンテオンやあらゆる高貴な建築を建てた人々の方に信頼を置いておりますし、さらにはいかなる人間よりも理性に全幅の信頼を寄せているのです」[89]。ここで理性とは数学的原理に基づく美学を意味しており、建築の各部分間の関係を調整する役割を果たすものである。たとえば、「付け柱の寸法や比例」に加えたいかなる変更も「音楽全体に不協和音をもたらす」のである。言い換えるなら、アルベルティはその恐ろしいほどの知的能力を総動員して、彼の学識と理論的武器が自由にできるすべての切り札を使い、自身の論点を優位に立たせようとしているのである。同じ激しさと断固たる姿勢をもって、彼はファサードのデザインに片蓋柱を採用したことや屋根の一部を渦巻装飾で隠そうとしたこと、円形窓を穿つのを拒否したことなどについて、弁明している。[90] 共同制作という作業形態をとっていたとはいえ、それが即、どんなことにでも譲歩する態度につながるわけでなかったのは明らかである。

　事実、アルベルティはきわめて野心的な提案をいくつか具申しており、その中には急進的な内容も含まれていた。たとえば、一四六〇年に彼はルドヴィコ・ゴンザーガに書簡を送り、「サン・セバスティアーノ、サン・ロレンツォ、開廊《ロッジア》、ウェルギリウス」のデザインを完成させたと伝えた。これは、マントヴァのサン・ロレンツォ聖堂と隣接する広場の再設計を骨子とする包括的な事業のことを述べたものである。アルベルティの視野には、この都市の古代詩人——マントヴァ人ウェルギリウス——の彫像や、『建築論』で説明されているような広場に面する柱廊なども入っていた。[91] 少なくとも世俗君主のために働くときのアルベルティは、ためらうことなく大規模な計画を推し進めたのである。

　同時代の人々の中には、アルベルティは失われたローマ建築を再生することで、都市の中心街の様式——その基本的な外観——を変容させようとしていると考える者もいた。フィラレーテは、古典建築最大の功労者の地位に関してはこれをブルネレスキに与えたものの、古典建築の新たな芸術の精通者のひとりとしてアルベルティを描写している。フィラレーテの議論によれば、文芸においては当代における古典復興のおかげで、様式上の革命が生じた。「たとえば古代建築は現代建築と比較しうる。それはちょうど文芸でも同じで、キケロやウェルギリウスの文体は、この三、四十年来の文芸で使用されてきた文体と比較しうるのである。概して現代の著作は、以前よりずっと卓越した手法で実践されるようになった。何世紀をも経て、散文は再び雄弁さを取り戻したのである。キケロや他の尊敬すべき人々が残した古代の様式に従うだけで、ここまでの向上がなしとげられたのだ」。彼が言うには、建築でもこれと同じことが起こった。この点を証明するために、フィラレーテが何よりもまず引き合いに出す証拠は、ルチェッライ宮の新ファサードである。かくしてアルベルティの作品は「古代の実践」に従う建築の例として取り沙汰され、同時にそれは人文主義者の仕事とも完全に軌を一にするものと見なされたのである。

新しい様式の唱道者がたどる道ゆきは必ずしも平坦なものではないことをフィラレーテは知っていた。というのも、その種の人間はパトロンを教育しなければならなかったからである。フィラレーテはある対話を紹介する。そこではある君主が美学的助言を求めてこう語る。「実のところわたしにはこれらの違いがよく分からない。しかし事柄によっては、あるものの方が他のものより好ましいと分かることがある。たとえばどこかの柱だとか、アーチや扉、穹窿のどれそれ〔が好ましい〕といった場合のように」。これに対し建築家は、どのようなアーチが好ましいと思うかを君主に尋ねる。そこで君主が先端のとがったものより「湾曲したアーチの方がわたしにはずっと好ましい」と答えると、建築家は彼の素朴な選好も確かな直観に基づいていると説明する。ローマ時代のアーチに見られる、視界の妨げとならない曲線形状は、とがって折れ曲がったゴシック期のアーチより美しい。加えて、ローマの浴場施設の遺構がはっきり示すように、それは耐久性においても優れているとフィラレーテは主張する。(92)

現実のアルベルティは、フィラレーテの魅力的な物語《フィクション》に登場する建築家と同じ役目を果たすことがたびたびあった。彼もまた、自分のパトロンに何らかの美的教育を授けようとしたり、あるいは、ラジカルな革新に対して少なくとも寛容な態度で接するよう求めたりした。アルベルティの設計したフィレンツェのサンティッシマ・アヌンツィアータ聖堂の円形後陣――そのデザインは、型通りのギリシア十字形を採用した別案との競争に勝って採用された――の施工を担当したピエロ・デ・トヴァリアはこう記している。「バッティスタ氏は繰り返しこう述べておられます――後陣はこれまで例がないほどきわめて美しい建造物になるだろう。この建築が理解できないという者もいるが、それはその者たちがこのような建造物を見慣れていないからである。しかし完成した建築を見れば、十字形プランよりもずっと美しいというだろう」。ルドヴィコ・ゴンザーガの息子フランチェスコは枢機卿であり情熱的な愛書家でもあったので、「古代様式」についてかなり詳しく知っていた。しかし彼にとっても、アルベルティが集中式で設計したマントヴァのサン・セバスティアーノ聖堂は理解しがたいものだった。彼はそれが「古代の手法に基づく」ものであることを認めたものの、但し書きとして、あくまでその建築は「バッティスタ・アルベルティ殿の空想的ヴィジョンの産物」であり、「彼がこの建築をどのようなものにしたいと考えているのか、教会か、モスクか、シナゴーグか、わたしには分からない」と付け加えている。[93] 言い換えれば、アルベルティは、その独創的な模型や議論をもってしても、費用を負担し方針を決定する立場にある人々をすぐさま説得することができないという状況にしばしば遭遇していた。そのような人たちが建設現場を訪れ、困惑や不満を感じたりするのを避けるためにも、模型を作り、議論し、その結果を設計過程にフィードバックさせる段階を設けることが何よりも大切だったのである。

アルベルティは建造中の建物を現場で監督することはなかった。つねに建築施工担当者が設計と建設作業の間に入った。テンピオ・マラテスティアーノの場合、ひとまず完成した部分に関していえば、マッテオ・デ・パスティやその他の人々がアルベルティの設計を実際に施工した。フィレンツェの「マルモラリウス（大理石専門の石工）」だったジョヴァンニ・ディ・ベルティーノは、サンタ・マリア・ノヴェッラ聖堂のファサードを飾る驚くほど精巧な〔大理石製の〕帆船のイメージ、星、幾何学模様、蔓草模様を制作した。しかし建築現場から遠く離れているということは、その建築に対する無関心を意味していたわけではない。教皇庁の一員として、アルベルティは通常、フィレンツェやマントヴァ、リミニの建設現場を不定期に訪れる以上のことはできなかった。したがって彼は自分の設計を実際に施工する建設担当者に、建物の全体的な輪郭を配した木製模型だけでなく、重要な細部を示した素描をも預けた。場合によりアルベルティは、これらの建築施工者と多くの事業で、きわめて実務的な面から共同制作を行なうこともあった。たとえば一四五四年、アルベルティがリミニを訪れた際、彼とデ・パスティはもうひとつ別のシニガリア要塞建設事業で共同作業する機会を得た。デ・パスティはアルベルティの素描の一点について「この上なく美しい」と記している。それはアルベルティがテンピオ・マラテスティアーノのために設計した、魅力あるコンポジット式柱頭のひとつを描いたもので、人間の頭部像があしらわれていた。[94]

アルベルティは、他の多くの建築の場合にも同じような厳密さで設計図を制作したと思われる。『建築論』が明らかにするように、アルベルティはパンテオンの格間天井を詳細に調査した。事実彼は、その上品な表面模様を廉価かつ効率的に複製する方法をも編み出している。彼がマントヴァで建造した最後の大規模教会建築であるサン・タンドレア聖堂は、玄関口に架構されたアーチの下面が格間で覆われている。これが彼のパンテオン研究を実践に適用したものであることはほぼ確かだろう。[95] 共同制作という性格にもかかわらず、アルベルティの建築は、彼の信念、あるいは歴史的知識と技術的熟練の独特な結合を垣間見せているのである。

さらにアルベルティの制御外にあったもうひとつ別の要素が、計画の進行に影響を与えた。その要素とは現場状況《コンテクスト》、すなわち各建物が建設されることになっている既存の環境である。われわれが知る限りただひとつの事例において、アルベルティはすでに存在する建築構造をほとんどあるいはまったく考慮することなく、計画の構想・施工を行なった。小さくて宝石を思わせる大理石製の聖墳墓は、彼がジョヴァンニ・ルチェッライのために制作したもので、フィレンツェに元来存在したサン・パンクラッツィオ聖堂の内部に完全に収まっている。それは、エルサレムにある本来の聖墳墓教会を範として、全体の形態を構想する必要があった。おそらくアルベルティはこの建築を設計し、そこに奇妙に不釣り合いな天蓋《カノーピー》を配するに際して、巡礼者の記録や素描を参照したのだと思われる。しかし続いてこの小神殿のファサードとなる、より広い部分の意匠では、フィレンツェの彩色大理石と古典的銘文を配し、ゴシックと古典様式をないまぜにした驚くほど躍動的な表面仕上げを施した。そしてこの意匠は、彼が周囲の建築に合わせたわけでも、またこの新建築の機能がそれを必要としたわけでもなく、あくまで彼自身の選択によって考案されたものだったのである。

アルベルティはときおり、既存の建築構造や作業過程で発生した技術的問題に強く束縛されることがあった。ルチェッライ宮の建造にあたっては、彼は立地環境の問題を考慮しなければならなかった。というのも、〔狭い道に面しているため〕遠くからファサードを見ることができないという立地上の問題や、連結させようとしていた邸館すべてを所有者が買いそろえるのに比較的時間を要したという問題もあったからである。リミニのテンピオ・マラテスティアーノとフィレンツェのサンタ・マリア・ノヴェッラ聖堂ファサードの設計では、既存の中世的構造に古典的形態を適合させなければならなかった。また装飾も、各地方の建築伝統――それらの標準様式や強調点はそれぞれまったく異なっている――に合わせることも必要だった。マントヴァのサン・セバスティアーノ聖堂の建設で彼は、水が毛管現象により教会の地下から壁を通して染み出てきているのを発見した。建築の構造があまりに水気を含んでしまうため、彼は当初の計画を大幅に変更せざるをえず、聖堂地下室に窓を設けて空気の流れをつくり、建物の乾燥に資するようにした[96]。

資金――あるいはその欠如――は、現場状況と同じくらい重要な問題を提示する。フィレンツェでアルベルティはある優秀な石工と仕事をした。この石工は注意深く選ん

[図25] アルベルティ　サン・セバスティアーノ聖堂ファサード　マントヴァ

[図26] アルベルティ　テンピオ・マラテスティアーノのファサード　リミニ

だ立派な石を驚くべき正確さで成形し、アルベルティのきわめて精妙で独創的な構想を大理石で実現することができた。この石工の仕事があってはじめて、アルベルティの「運命」像も、風を孕んだ帆船として見事に表現されたのである。対照的にリミニでは熟練した作業員や質のよい材料は手に入らなかった。シジスモンド・マラテスタが自身の神殿に必要な美しい石を手に入れるためにしたことといえば、周辺地域の教会から石を略奪してくることくらいであったが、それらの教会は、ラヴェンナに残存する古代末期美術の栄華のひとつとして知られるものであった。したがってイストリア産の石で作られた神殿ファサードを飾る半円柱は、寄せ集めの材料を大雑把に組み合わせてできたものなのである。さらに悪いことに、シジスモンドは、アルベルティの全体構想が完成するはるか以前に、資金を消尽してしまった。こうしてアルベルティがファサードのために構想していた二階部分も、教会の東端に造営される予定だった鉛板ぶきの巨大な円蓋も、ついに建造されることはなかった。

全体的に見ると、以上のような制約によって、アルベルティは実践的建築家としての方向性を示すようになり、また重要な点において自身の理論的原理から逸脱するようにもなった。理論家としての彼は、優れた設計の建築が持つ有機的性質を能弁に語ったものだった。ファサードは建築に対し、皮膚が動物に対して持っているのと同じような役割を果たす。つまりは下にある骨や筋肉の構造に無理なく適合した外被のようなものである。さらに建築全体は、水漏れしないように、あるいは陽光が差し込むように設計されていなければならないし、また公私の空間や開放および閉鎖空間などもひととおり備える必要がある。要するに、快適な生活を促す一貫性のある構造体として機能するよう設計されねばならないのである。[97]

とはいえ実際のところ、アルベルティは何にもましてファサードの芸術家だった。すなわち建物の外観を根本的に様変わりさせる外壁の考案者であって、これに対し、有機的な生活システムとしての内部組織をじかに手がけることはなかったのである。アルベルティ建築の建設過程はここでは解決できない様々な謎を提示している。しかし彼のファサードを詳細に検証するなら、日々の実践におけるアルベルティの「建築原理」の適用方法について、新たな光を当てることができよう。リミニのサン・フランチェスコ聖堂の再建に着手した一四五〇年頃、つまりその活動歴の最初期の頃から、彼は好みの教会ファサードの形態として、凱旋門形式という誰の眼にも明らかな古典的構造を選択した。彼が手がけた凱旋門モティーフの一作例は、サン・フランチェスコ聖堂の外壁を覆っている。またサンタ・マリア・ノヴェッラ聖堂における第二の作例は、壮麗な彩色大理石で装飾され、さらにサン・タンドレア聖堂における第三の作例は、キリストの血の聖遺物を祝福するために造営された。この強力な美的選択をなすにあたり、アルベルティは自身の古典主義を適度に表現している。その古典主義とは、フィラレーテが述べたような、装飾の「古代様式」再生に対する関心であり、さらにそれは彼が人文主義者として専心したラテン語の「古代様式」とも緊密に対応するものであった(98)。アルベルティがその様式的語彙の主要な要素を、自身が熱心に研究した古代建築に見出していたのは間違いない。またこれも確かなことであるが、ときおり彼は、故意にこれらの古典的要素を、ライバルの誰かが好むその土地特有の様式に差し替えることもあった。アルベルティが、ジョヴァンニ・ルチェッライの豪邸に着手したとき、ミケロッツォをはじめとする建築家たちは、すでに、フィレンツェの宮殿ファサードの標準となる形式を確立していた。すなわち、重厚な粗石積みによる正面、上下方向における三層構成、三列に並ぶ径間による水平方向の強調、各層に配される奇数個の窓などである。こうしたファサードは、富と権力をまざまざと見せつけ、名門一族を一般のフィレンツェ市民から区別させた。とりわけこの時代、かつては宮殿の地上階に通じる入口となり、通りに対して開かれていた店舗は、今や閂《かんぬき》のかかった窓と閉じた堅牢な扉に差し替えられ、こうして、この種の私生活用の巨大な記念碑に住む少数の人々は、外部の喧騒に満ちた路上生活から隔離されるようになったのである(99)。この課題に対して自分なりの解決法で取り組んだアルベルティは、これまでとは異なる種類の大規模ファサードの手本を、コロッセウムにおけるアーチとそれを挟む堅固な片蓋柱の連続に見出した。彼の「古代様式」は、古代において最大規模かつもっとも人口に膾炙した記念碑に由来するのである。

しかし、彼はなぜ教会の中でもとりわけ目立つ面〔ファサード〕に凱旋門を配することにしたのか、その選択の理由は当然ながらもっと複雑である。アルベルティはローマの神殿建築を直接の調査によって知悉《ちしつ》していた。またチリアコの報告や素描によって、パルテノンその他のギリシアの神殿にも通じていた。したがって彼は神殿の前面、すなわち自分が凱旋門を設置した場所に、古代人は、列柱によって支えられた柱廊玄関《ポルティコ》を配していたことを誤りなく知っていた。また彼が付け柱や片蓋柱を必要とした場所に、アテネ人は独立円柱を使用していたことも分かっていた。一方、これとは対照的なのが凱旋門である——それは、特定の軍事的業績を記念することを意図して、人眼を引く外観で自立する、半円筒穹窿構造を備えた建築である。アルベルティは、その外面を「物語《イストリア》」、すなわち記念する出来事を描いた浮彫りで覆うことを推奨していた(100)。

ある矛盾がここに現れる。アルベルティは自分の建築が古典的要素によって構成されていると確かに考えていた。マッテオ・デ・パスティに対し、リミニのサン・フランチェスコ聖堂の模型に表された構想を堅持するよう指示したとき、彼は「浴場やパンテオンを建造した人たち」に信頼をおくことを強調した。しばしば指摘されるように、テンピオ・マラテスティアーノの正面は、現地の古代遺跡であるアウグストゥス凱旋門をじかに参照しているのかもしれない。サン・セバスティアーノ聖堂の場合は、おそらく十五世紀に素描が流布していたオランジュ凱旋門と関連があろう。しかしこうした参照は——すでに理由は明らかであるが——場違いな印象を受ける。なぜキリスト教聖堂の中央門に、有名か地方作品かはともかく、異教の凱旋門が重ね合わせられなければならないのだろうか?

理由のいくつかはもちろん実践的なものである。先述のアルベルティの考えによれば、建築家は現場にすでに存在する建造物に即して仕事をしなければならない。たとえばリミニやフィレンツェでは、既存の条件ゆえに彼はファサードを付け足す以上のことはできなかった。彼はまた自分ならライバルよりも廉価で作品を仕上げることができると自己喧伝することもあった。このような主張を行ないながら、アルベルティは自分が古典の伝統の中にいると感じたであろう。彼は『建築論』の中で、一度ならず、いかに古代人が美しさばかりでなく経済的にも優れた仕事を行なっていたかを説明している。彼が、柱頭や刳形の仕上げ作業を、柱を建て終わった後に行なったのもそのためである。すなわちそれは、古代の大理石職人が、石の模様と模様、色と色を合わせるためには細心の注意を払ったにもかかわらず、眼からずっと遠い場所に置かれる石に関しては、手を抜いてもばれないということであえて磨くのを怠った、というのと同じ理由によるのである(101)。パルテノンはいわずもがな、パンテオンにあるような列柱廊も、アルベルティが実際に建てた柱や片蓋柱で飾られた壁面よりもずっと費用がかさんだに違いない。リミニでは列柱廊を造営することはまず無理だっただろう。凱旋門は真っ先にアルベルティの関心を引くものだったかもしれない。なぜならそれは彼自身の奇特なほど経済的な古典主義を実によく体現していたからである。

しかしアーチは、他の形状と同様、象徴的な意味を持っている。たとえばフィラレーテは対話篇の中で、ある建築家がパトロンに対して円形アーチの優越性を説く話を紹介

[図27]《勝利の行進》　ジョヴァンニ・マルカノーヴァ『集成』　プリンストン大学　稀覯書・特別蒐集部

している。とりわけ凱旋門はある偉大な人物の業績を称えるものだった。もっともなことであるが、古物研究家は門を凱旋行列と関連づけた。重装備を身につけ、死んだ敵兵からまき上げた戦利品を運びながら、歓喜に満ちたローマ兵士の大軍が行列となって凱旋門の下をくぐるさまを思い描いたのである。この凱旋門のかたちを教会の正面にあてがい、パトロンを賞賛する銘文を刻印したとき、アルベルティはそれらを、ささやかな現代版アウグストゥス広場《フォーラム》とでもいうべきもの、すなわち石に刻まれた祝典に変じた。アルベルティの教会はパトロンの名を惜しみなく称揚しているのである。

だが同時に、凱旋門は第二の都市計画上の意味を持っていた。『建築論』の中で彼はそれを「常に開かれた都市門」として定義づけている。門は「道が公園や広場に突き当たる所、特に王の大通りがそうなる所」に立てられるべきである。(102) つまり凱旋門は、公共空間のひとつを他から分割する、建築による句読点を形成するのである。十五世紀において教会は、道路や公園と同じくらい公的な空間であった。毎日、一日中、入口は開いており、典礼聖歌が鳴り響くだけでなく、たくさんの人間が喧《やかま》しくおしゃべりをする場でもあった。人々は教会を集会所かあるいは大通りであるかのように利用していた。とするなら、少なくともアルベルティは凱旋門のことを教会に適切なモティーフと考えていたということはできるだろう。なぜなら、それは当時の教会の使われ方に適っているからである。適正《デコールム》さという根本原則によって、凱旋門の使用は擁護されていたということである。

しかし、問題はまだ残されている。凱旋門がなお古典世界を象徴していたことは、十五世紀の芸術家の中でももっとも偉大な古典主義者であった二人、すなわちヤコポ・ベッリーニとアンドレア・マンテーニャの作品に疑問の余地なく示されている。ベッリーニのパリの素描帖とマンテーニャの失われたパドヴァのフレスコ画には、凱旋門が再三登場する。ベッリーニの場合、それは圧倒的な大きさで表され、マンテーニャの場合は、恐ろしいほど冷徹かつ幾何学的な形態で描かれている。それらは洗礼者ヨハネやキリスト、弟子たちの生涯や受難の背景を提供するだけでなく、全体として古典世界の標章《エンブレム》ともなっている。凱旋門は帝国、異教、ローマの正義などを、これらがキリストの生涯に関わり、キリストの死を編成するのに応じて、表象する。これら宗教美術における古典的凱旋門の使い方には、アルベルティの使用法に欠けているように見える論理的明晰性と理解しやすさがある。それらはほとんどアルベルティの建築に対する批判のようにも見えるのである。

とはいえ、同時代人がアルベルティの選択を非難したことを明らかにするような証拠は残されていない。ピウス二世はシジスモンド・マラテスタを嫌っていた。列聖の権限を持つ教皇はその反対の権限も持っていてしかるべきと論断し、シジスモンドに対し存命中に地獄行きを宣告したほどである。ついで彼はテンピオ・マラテスティアーノをも非難した。しかし彼が異を唱えたのは、アルベルティがそこに凱旋門モティーフを使用したことに対してではない。彼はこう書いている――シジスモンドはその教会を「異教芸術で満たした。その程度があまりにはなはだしいので、それはキリストの至聖所とは思われず、むしろ異教の悪魔崇拝者の神殿であるかに見える」と。さらに彼は墓を設営し、「異教の形式で」銘文を添えたが、それは「神のごときイゾッタに捧ぐ」という文句であった。したがってピウスにとっては、アゴスティーノ・ディ・ドゥッチョの手になる古代の神々と黄道十二宮の象徴の彫刻、それにイゾッタの墓の墓碑銘こそが、この教会を冒瀆しているのである。しかし彼は、建築自体の「しかるべき壮麗さ」についてはシジスモンドに異をとなえることはない。つまりそれは「気品ある神殿」なのだ。ピウスにとって、シジスモンド・マラテスタが汚らわしい装飾を下品にあしらったこの教会は、疑いなく壮麗な建物だったのである。[103]

ピウスがこの建築を以上のように理解するようになった要因は、この神殿のファサードが近隣の凱旋門、すなわちアウグストゥスが紀元前二七年に建立した凱旋門と関係していた点にある。この関係は久しい以前から認識されていた。古代のフラミニア街道からリミニ市内へ中央門から入る者は、誰でもアウグストゥス凱旋門を通り、大きな楕円形の広場に出る。サン・フランチェスコ聖堂はその右側に立つ。アルベルティが凱旋門のかたちを教会に再利用したとき、彼はこの二つの建物の関係を暗示した。また十五世紀において建築に精通していた者は、これとはまた別の関連性をも想起したかもしれない。アルベルティがそうだったように、ローマに詳しい者なら誰でも、コンスタンティヌス帝が一基ではなく二基の大きな凱旋門を建立したことを知っていた。第一は、単独で自立する凱旋門である。浮彫りで覆われたその門は、皇帝の軍事的大勝利を記念し、コロッセウム近くのウィア・トリウンファリス（勝利街道の意で、現在のヴィア・ディ・サン・ジョルジョ）に架かっていた。二つ目はサン・ピエトロ・バジリカ聖堂の巨大な十字路に立っていたもので、キリストの勝利というさらに大きな出来事を記念していた。この最初のキリスト教皇帝は、ルネサンス時代にそう理解されていたように、国家の式典とキリスト教の二つの目的から凱旋門形式を利用し、首都の再編成という彼の業績を強調しようとしたのだった[104]。

シジスモンド・マラテスタは、後にピウス二世によって破門されるとはいえ、十五世紀半ばまでは教皇代理だった。早くも一四三二年には教皇軍の指揮をとり、ウルビーノ伯とマラテスタ家傍系の軍と戦った。その後、彼はフィレンツェ大聖堂の献堂式に参列し、一四五〇年まではニコラウス五世と親密に活動した。ニコラウスは一四七七年に教皇勅書を発布した。これにより、サン・フランチェスコ聖堂にイゾッタが礼拝堂のための基金を献納することが認可され、その修復に取りかかることが可能となった。シジスモンドは、新たに再建された教会をローマの凱旋門と結合したとき、自らをキリスト教皇帝の地位にある者と見なしていたのかもしれない――そしてアルベルティも、あるいはピウスですら、やはり同じように彼を見ていた可能性はあるだろう。確かにアウグストゥスはコンスタンティヌス〔のようなキリスト教皇帝〕ではなかった。しかし彼はキリストが誕生したときに、正しく世界を支配していたのである。したがって上述の結びつきは、あながち牽強付会とはいえないかもしれない[105]。

要するに凱旋門は、アルベルティやそのパトロンに、魅力ある形式的特徴、あるいは都市空間の効果的な分節点という以上の意義をもたらしていたということである。凱旋門はそれと重ねられた建築を、他の、それ自体も歴史的・象徴的意味を持つ地元の建造物に結びつける。アルベルティの徹底して古典主義的なファサードは、ローマの凱旋門や橋を誇りとする都市の中心部に建ち、伝統についての物語や古代との結びつきについての物語を聞かせてくれる。また、彼がサンタ・マリア・ノヴェッラ聖堂に与えた、根本的に別種の凱旋門は、その装飾における多彩色の輝きを通して、フィレンツェの都市景観の中心に位置する洗礼堂や他の建築群と関連し合っているのである。

したがってアルベルティ建築の視覚言語は、彼の文学作品の文字言語と驚くほど類似している。それはまた、一連の創造的暗示を明らかにし、また伝統的形式を巧みに再形成し、新しい機能を吹き込む方法を提示する。その文学作品と同様、彼の建築は緊張と矛盾を内包しているかもしれない。『建築論』のある長い一節においてアルベルティは、神殿とは正反対の視点から、教会について明確に論じている。そこでアルベルティは、知人のロレンツォ・ヴァッラの意見に同意し、自分たちの時代の教会に見られる、圧迫するような壮麗さを非難しているのである。彼は郷愁と取り返しのきかぬ喪失感をにじませながら、初期キリスト教について語る――曰く、その頃の信者たちは、少人数で上下の区別なく集まったけれども、それは素朴な勤行や聖饗式に従事したり、貧者の求めに応じて金銭を与えるためで、寄付を集めたり饗宴を催すためではなかった。[106] この一節は、楽観的な調子の多いアルベルティの文章の中で、悲嘆な面持ちの一挿話といった趣向で異彩を放っているが、しかし彼はこの一節を削除することはなかった。おそらくここには、修辞的装飾はその最大限の力を発揮しても、それだけでは不十分なのだという彼の認識が示されているのであろう。さもなければこれは、いかにも彼らしい肩のこらない皮肉といったところかもしれない。もしそうならこの建築家は、自分自身、あるいは自分の野心あふれる創造物に対しても、その皮肉の舌鋒を弛めることは決してなかったのである。

エピローグ

アルベルティは後期の著作『暗号論』で、こう想起している。

以前、ヴァティカンの教皇庭園でわたしはよくダーティと話をする機会があった。いつものようにわれわれは文学について議論していた。やがて二人は、例のドイツ人の発明家を高く評価するということで意見が一致した。その人は最近ある印字技術を考案したのだが、その機械を使えば大きな版型でページを印刷することが可能となり、おかげで三人の人間が百日も稼動すれば、所定の原テクストを二百部以上も刷ることができるようになったのだ。(1)

二人の間で交わされる技術革新についての熱心な議論は、すぐさま最近のもうひとつの発明である暗号術へと話題を移してゆく。短い文章だとはいえ、疑いなく上記の一節は、一四六五年、すなわち二人のドイツ人聖職者スヴァインハイムとパナルツがイタリアで最初の印刷機を設置した年からそれほど時を経ないうちに、アルベルティがこの新発明に関する情報を、眼あるいは耳を通して入手していたことを明らかにしている。今や老いを迎えていたものの、彼はなおこれらの外国人が自身の環境に導入した新しい技術に対し、数十年前にブルネレスキの円蓋《ドーム》に対して感じたのと同じくらいの強い関心を抱いていた。この老学者は、若い頃に持していた希望にあふれる理想を、なおも信奉していた。その理想が内包するのは人類の創造的エネルギーに対する明るい見通しであり、彼本来の文化的ペシミズムもこれによって駆逐されていたのである。

アルベルティはその平穏な晩年においても、気力や好奇心、昔からの関心を失っていなかった。一四七二年の死まで、彼は若い頃に心を奪われた技術的問題に関わる研究をなお続けていた。イタリア語で書かれた道徳に関する対話篇『首長論』〔ここでの首長とは、著者によれば「一族の卓越した治者」といったほどの意味〕で、彼——あるいはアルベルティの名で登場する彼の代弁者――は、他のいかなる研究にもまして、徳の追求こそ優先されると主張する。しかし彼は絵画と彫刻をも、価値ある芸術として賞賛する。技術者の行なう実践的追求は、大いに実用的価値があるというのだ。「休みなく知性を働かせ続けることは不可能であるから、それに携わることが歓びを感じさせるような名誉ある企画において、何かものを作るのは非難されるべきではないだろう。たとえば数学の器具を考案するとか、土地や海洋調査で国家に利する道具を制作するといった類のことである」。また彼はこう指摘する――ある論理を構築する人間は、専門の水力学技師を見習うべきである。なぜならそういった技師たちは、水の流れを作り出すうえでもっとも迂回と障害の少ない経路を選択したと確信するまでは、実際に水路を開く作業に取りかからないからである。(2)

こうした〔技術的問題に関する〕言及は、単に思弁的になされたわけではなかった。彼は人生の最後まで建築家として活動したばかりでなく、芸術論にも関心を持ち続けた。たとえば一四六〇年代には『絵画論』の補足となる小編『彫刻論』を執筆した。著述に着手したのは一四五〇年頃のようである。(3) 以前の著作と同様、ここでもアルベルティは彫刻が作られる素材について、あるいは彫像や塑像の技術についてはほとんど――あるいはまったく――注意を向けていない。その代わりに彼の取り上げるのは、若い人文主義者であった頃は等閑視していた問題、すなわちこれらの芸術の起源の問題である。現実の対象に似せて像を作ることを目的とするあらゆる芸術は、自然そのものの自発的営為から生じた、と彼は論じる。しかし最終的にはいずれの技芸も、自然が提示するものに改良を加える人間側の営為に支えられている。

自然によって生み出された物体から、その似姿や類似物を作品にまとめようとする人々の諸芸術は、以下のようにして始まったとわたしは信じている。彼らは、かつておそらく、幹や土くれ、またその類の物言わぬ物体から、いくつかの輪郭を観察してみた。するとそれをわずかに変更することで、自然の本当の相貌と非常によく似た何ものかも表されたのである。そこで彼らは熱心に心を傾けて観察を行ない、本当の類似物としての外見を欠いているように見えるのを知って、それを完全なものとするため、そこに付け加えるか除くかすることで、さらに完璧なものとしうるかどうかを試し始めた。こうして当の物に促されつつ、輪郭線や表面を修正したり取り去ったりして、その目的を達成したのである。喜びも決してなくはなかった。確かにそこから、類似物を作るという人々の研究は、その元の材料に、手がけた類似物を作り出す手助けとなるものを見出さないときですら、その材料から気に入った似姿を表すというところにまで、日ごとに達していったのである。(4)

古代の著作者たち、とりわけプリニウスは「偶然の作り出すイメージ」の存在について記していた。レオナルド・ダ・ヴィンチのようなルネサンスの画家たちは、自然を模倣する偶然の営みから何らかの着想を得ることもあったようである。たとえばスポンジを壁に投げつければ、そこに残された染みが偶然のイメージもしくは似姿を想起させ、それをもとに作品を制作することができるわけである。(5) しかしアルベルティは彫刻と絵画のいずれにおいても、空想的あるいは想像的な要素を強調しなかった。(6) むしろここでは、『絵画論』でもそうだったように、彼は古代修辞論の伝統から言葉やイメージを引き出している。彼は、弁論術同様に彫刻もまた、腕のよい制作者たちの専心のおかげで次第に発展しえたばかりでなく、高い知的、社会的地位をも要求しうる技術になったと示唆しているのである。(7) 例によって共同作業や「校訂〔改善〕」を含む人々のたゆまぬ努力が、自然をより完全なものとした。対象との類似性をきわめて高いレベルで達成するような作品は、アルベルティの考える理想的な創造者の共同体のひとつによって生み出される。それぞれの素材の要求するものを判断する能力や作品を相互に評価するための一連の原則を彫刻家が発展させたからこそ、彫刻は進歩してきたのである。(8)

『絵画論』でもそうだったように、アルベルティは、自分のことを彫刻家ではないと認めつつも、哲学者としてものごとを論じるのを拒絶する。やはりここでも彼は第三者として、すなわち「友人の画家たちや彫刻家たち」を手助けする者として著述する。彼も認めるように、類似性それ自体は複雑で定義づけが困難である。なぜならそれは、たとえ顔つきや体形が変わっても、「種族との類似において、いつも恒常的で変わることなく保持される」生来そなわった神秘的な性質に基づいているからである。しかしそれは彫刻の実践とは別種の問題と考えられるので、彼はこれ以上このテーマに深入りするのを差し控える。それゆえ『絵画論』と同じく『彫刻論』もまた――著者自身は制作を専門とする人間でなかったとはいえ――実践の書を意図して執筆された書物ということになる。ここでもまたアルベルティは、実践経験をそなえた批評家として自ら振舞い、彫刻家にとっての理想的共同体においては、制作者ばかりでなく思考を明確化する人間も含まれるという持論を改めて示唆するのである。

彫刻家は二種類の類似物を実現する必要があると彼は言う。ある彫刻家は像を「概して人間と似たように、しかしまったく未知の人間に見えるように」制作する。他の者は「単に人間ではなく、たとえばカエサルとかカトーとか、この振舞い、この身なりをしている特定のこの人の、体全体の容貌や顔を模倣し表現しよう」と努める。いずれの目標もたいへんな苦労を要するけれども、それは各身体の部位やそれら相互の位置関係が、姿勢や動作でいかようにも変化するからである。それゆえアルベルティは、経験的データを蒐集するための二種の相補的な方法について詳細な解説を提示する。この点に関して、彼はまたも新たな専門用語を考案する。すなわち「ディメンシオ」（身体各部の計測）と「フィニティオ」（身体の曲線や直線の記録）である。

アルベルティの議論によると、彫刻家は自分が調べる身体の比例を確定しなければならない。そのためには木製の定規と直角定規を使用する。それらの定規は「尺」――頭から足先までの身長を六分の一等分した長さ――ごとに目盛りがふられている。こうすることで彫刻家は各寸法の完全で正確な比率を記録できるようになる。それぞれの四肢や関節のかたちや変化を記録するのは、当然ながら単純な計測よりもはるかに困難である。しかしアルベルティはこの困難な作業のために、お気に入りの工学器具、すなわち「ホリゾン」と呼ばれる円形の器具を利用する。これは縁に目盛りのついた円盤であり、円の中心にはまっすぐな指示棒が回転するような仕掛けで取りつけられ、さらにこの指示棒からは鉛錘器が細糸で吊り下げられている。二次元平面上の作業として、かつてアルベルティはローマの地図を作成するためにホリゾンを使用した。今度は三次元空間での作業として、この器具が使用可能であることを彼は示してみせる。これを利用することで、身体のあらゆる部位の位置をひとつの座標システムにおいて決定することができ、「背中の肩甲骨の間にあるくぼみ」の位置ですら確定可能となるのである。その計測はきわめて正確であるから、得られたデータを使い、対象の身体を複製するとか、あるいは彫像の半分をある場所で制作し、残りの半分を別の場所で作った後、それらを組み合わせるといったことも可能となる。

言い換えれば、彫刻家の主要課題は経験的に解決しうるということである。人体の詳細な調査を二次元ではなく三次元で、概念図式によらず測定で行なうのである。かくしてアルベルティは、「技巧や思慮を働かせて作品を完成させるために、生きたモデルから計測する」よう彫刻家に奨励する。実のところ彼自身はさらにその先まで進んでいた。アルベルティはある測定結果の一覧表を提示し、それは――彼の主張によると――数多くの個体を実測で分析し、それらを慎重に選別したうえで導き出したものだという。それは、ゼウクシスの選択という本来の物語に対して、ある種の計測面での改定を加えた作業と言えよう。

そこでわれわれは、できるだけ、単にあれこれの人体からではなく、自然によってより多くの人体に、あたかも定まった部分関係のように付与されている最高の美を測ったり書きしるしたりするよう努め、クロトンにおいて女神の似姿を制作する際に、何人ものいとも美しい乙女たちから、あらゆる際立って優美なかたちの美しいところを選んで作品に移し変えた人の例をまねた。それでわれわれも、識者の判断によれば最も美しいと見なされている多くの人体を選び、それらのディメンシオネスを取り上げた。それからわれわれは、それらを互いに比較し、度を越したり越されたりしている場合には極端なものを退け、中間のものを取り出した。[9]

ウィトルウィウス以来、著作者たちは、人体の比例は宇宙の調和を表していると主張してきた。ヴィラール・ドンヌクールは人間を対象とする比例や輪郭を定めるための概略的で簡便なシステムを解説していた。しかし明らかにアルベルティは、人体研究を純粋に経験的な教練《ディシプリン》へと変貌させた。[10] そして彼が提示した技術は、同時代および後の時代の読者たち――たとえば生来、専門用語を好む性癖のあった学者アンジェロ・ポリツィアーノは、彫刻家の作業に関するアルベルティの記述を引用している――や、レオナルドのような彫刻家たちに感銘を与えた。[11]

実際、アルベルティによる理想的な〔人体〕計測のリスト――そしてまた『彫刻論』の一写本に付された挿絵――は、人体比例に対する伝統的価値観から引き出されたものである。[12] また彼は、自己の初期の思想に含まれていた多くの要素を今なお保持していた。たとえば、個々の人間を比較し取捨選択を行なう研究は、単一の人体には決して形象化しないような美のより高品位なかたちを創り出す、という彼の信念などである。しかしアルベルティの企図は、さらに急進的な面を備えていた。彼は彫刻家の仕事を経験的で検証可能なものと規定し、その仕事を厳密に遂行するための技術を考案した。こうして彼はそれを、短いが総じて明晰な一編のテクストに要約したのだった。そのテクストは『絵画論』とは異なり、特定の彫刻計画に照準を合わせたものではないらしく、彼が一四四〇年代以降に、測量士、建築家、技術的問題の著作者として得たあらゆる経験を体系的に利用して仕上げられた著作なのである。(13)

したがってアルベルティは彫刻を、語の当時の意味合いにおいて工学《エンジニアリング》の一分野とした。そして彼は、技術に対する消えることのない信仰を、少なくともまた別種の高度に啓示的な方法で明らかにした。読書界に『絵画論』を注目させるために、彼は俗語版とラテン語版の双方を、その名前がこの著作の権威づけとなるような人物、すなわちブルネレスキとジョヴァンニ・フランチェスコ・スフォルツァに献じた。『彫刻論』の出版に際しては、彼はこれを教皇庁の同僚であったアレリア司教ジョヴァンニ・アンドレア・ブッシに献呈した。例によってアルベルティは、ご希望であれば何なりと「訂正したり、変更したり、完全に抹消なさったり」するようブッシに願い出ている。(14) 彼があえてブッシに依頼しなかったこと——しかしほぼ間違いなくしてほしいと望んでいたこと——は、一四六八年にスヴァインハイムとパナルツの編集顧問となっていたブッシに、同じくこの著作も印刷機に回してもらいたいということだった。(15) 晩年のアルベルティは、同時代の芸術、技術活動を改良するための最後の仕事を準備するに際し、今なお新技術の助けを借りることを望んでいた。数点の『彫刻論』写本に付された短い献辞から判断するなら、彼はまた、修辞学と絵画のような他の技芸との間の類比《アナロジー》に関する信念をも捨ててはいなかった。彼は以下のような意見を述べている。

著述においては、最高のテクストを知悉《ちしつ》する者が作家になるのではなく、適材適所でどんな文章でも引き出してくることのできるほど、あらゆる文学作品に習熟した人間がなるのである。(16)

アルベルティは主な活動の拠点をローマやウルビーノ宮廷、マントヴァなどに置いていたが、フィレンツェをも引き続き訪問していた。俗語およびラテン語詩の註釈で名高いクリストフォロ・ランディーノは、アルベルティが若きロレンツォ・デ・メディチのサークルで行なわれた文学談義で主導的立場を取っていたと述懐している。アルベルティはその晩年の『首長論』の舞台を、一四六〇年代後半から七〇年代前半にかけて、変動の時代を迎えていたフィレンツェに設定した。(17) 自ら慎重に説明するように、彼はこの対話篇について、自身の一族の出身地に対する彼なりの見解を、熟考のうえで言明した著作と認識していた。ある晴れた日、サン・ミニアート聖堂から歩いて坂を下り、アル

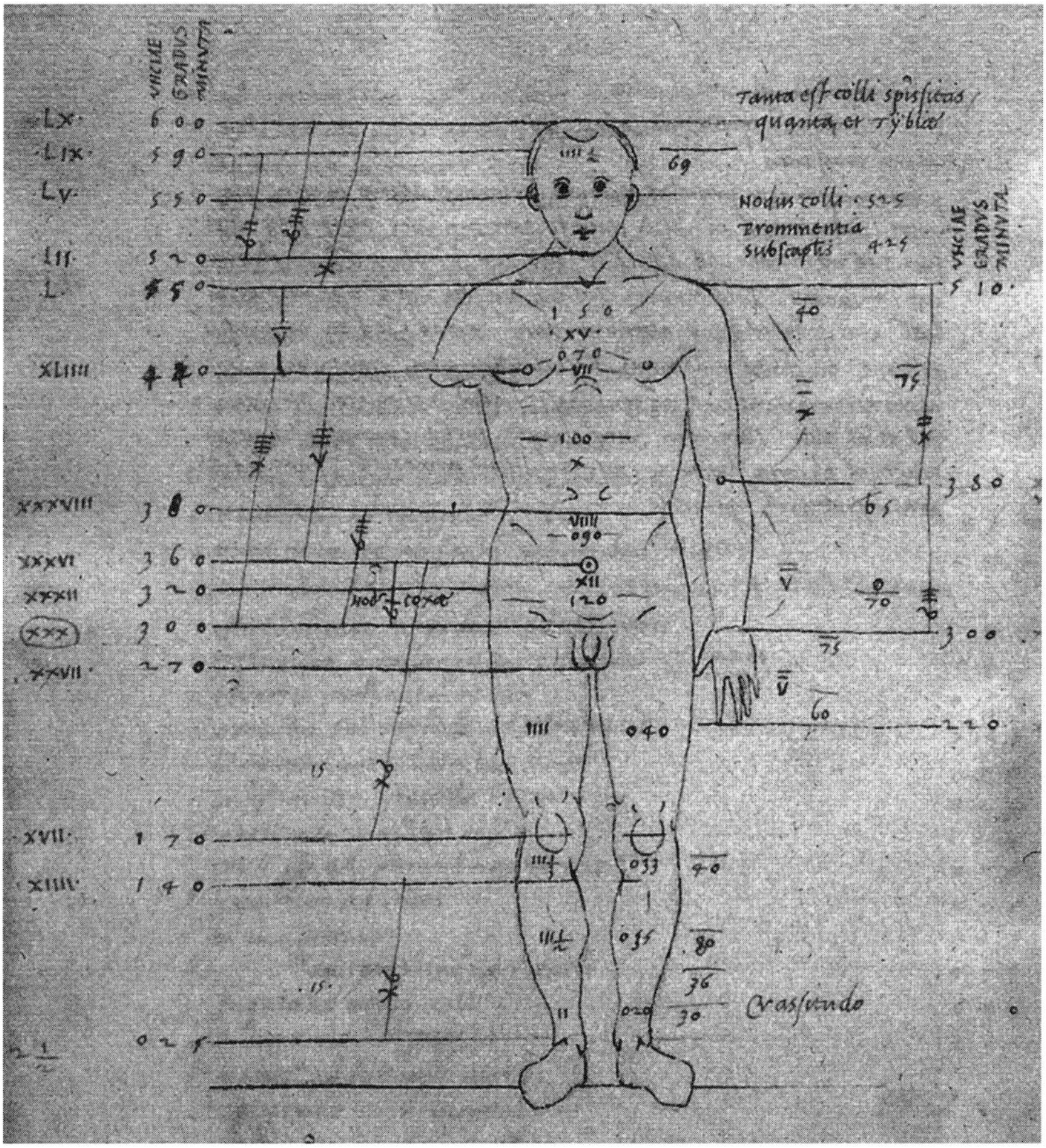

［図28］作者不詳　《人体比例のスケッチ》（アルベルティ『彫刻論』の挿図）　オックスフォード大学　ボドレイアン図書館

ノ河にかかる橋の上まで来たとき、登場人物のアルベルティは、友人のニッコロ・チェッレターニとパオロ・ニッコリーニに出くわす。彼らは荒れた河の様子をやや心配げに眺めるが、アルベルティの甥たちが合流すると、一同は邸宅の炉端に退避し、そこで様々な価値やそれらを実践する方法についての長い議論を始める。このような、公的な場から私的な場への移動、あるいは晴朗な都市の街路から家族の邸館への移動という流れは、この作品全体の議論の行方を予示するものと言える。

対話におけるアルベルティと彼の代弁者たちは、メディチ家支配の数十年、フィレンツェで流行するようになった新たな贅沢を容赦なく非難する。ニッコロは以前には見られなかった豪奢な生活への熱狂を批判し、それが田園生活を破壊したと指摘する。かつてはもっとも富裕な者ですら、一台の寝台と若干の食器程度しか別荘に持ち込まなかった。しかし今は狂気が支配している。各邸館は住人が必要とする以上の数の寝台を備え、食堂と食卓は高位聖職者のそれにも勝るとも劣らない豪華さである。バッティスタ〔・アルベルティ〕は「傲慢」を攻撃する。傲慢によって、「新たな慣行が作られ、習慣と経験によって確立された秩序は破壊されるようになった」。フィレンツェ政府が一四六〇年代末に導入した新しい税制は、政府が「公的権限により個人の財布から金を奪い取る」ことを可能にしており、何にもまして「我慢のならない」ものに他ならない[18]。あらゆる社会的、政治的革新は、たとえ服装の変化といった明らかに害のないものでも、はなはだしい出費をもたらし、あったとしてもごくわずかな利益しか生まない。アルベルティは何十年も揺らぐことなく信奉してきた断固たる政治上の保守主義を、明らかに捨てていないのである。

フィレンツェの何人かの保守主義者は、メディチ家を、この町の古くからの構造に堕落をもたらす者と考えていた[19]。もとより、アルベルティは秩序の固い信奉者であり、メディチ支配の「見えざる主権」に挑戦するつもりは毛頭なかった。事実、都市は単独の統治者を必要とすると彼は認めており、そのような支配者は「手にする権威によって、高潔な生活の中で同胞市民を支配することが可能となり、また祖国の法律に背く者を罰する権能を持つ」のである[20]。一四七〇年頃にこれを書いていたアルベルティは、いにしえの家族に対するロレンツォの真摯な考え方を知っていたのかもしれない。メディチ家の権力を拡張し深化させることになる本当に新しい慣例が敷設されるのは、まだ数十年先のことなのである[21]。

しかし『家族論』とは対照的に、若者は市中に出るよりは家族の中にいた方が、市民生活の送り方をよく学べるだろうとも彼は述べる。都市はその存立基盤を偶然に負っているのに対し、家族は愛情に負っており、その「主たる絆」は「敬虔と慈愛」によって成り立っている。それぞれの大家族が形成する社会の縮図のつましい「主任司祭」として奉仕した後であれば、人は「身内および共和国内において高い地位を獲得すること」ができるだろう。[22] フィレンツェはアルベルティ自身の告白によると、寡頭政治となったのであり、この対話に参加している人間のような良家に生まれた少数の「幸運な若い男性」だけが、公共生活に参画する望みを持つこともできる。共和国は自らの高貴さを進展させたものの、『家族論』において分離していた公的世界と私的世界の区別は、どうやら瓦解し互いに入り交じるようになったのである。[23]

とはいえ、時代は変わったというアルベルティの認識は、諦念を意味しているのではない。今なお彼は、活動は常に善であり、無為は悪であると訴える。さらに彼は若者に対して徳を追求するよう促す。若者はよき著作者を研究しなければならないし、また、より厄介なことではあっても、年長者の賢明な助言にも耳を傾けるべきである（年長者は逆に彼らの仲間と楽しむことを学ぶべきである）。そしてひとたび高い見識が得られたならば、人は世のほとんどの事柄において、適切なバランスを追求すべきことを理解するだろう。たとえば、富はもっぱらそれによって有徳の行為が実現する場合にのみ、関心を向ける価値がある。自分自身を常に治療のための監視下に置くことにより、あらゆる営みで均衡を取るならば、彼らは精神的および肉体的健康を保つことができよう。[24]

以上の助言に従う若者は賢明な人間となり、行政官あるいは他の職業に従事する中で、「徳のある人間であることを示す」ことができよう。しかし彼には、抽象的な原理を認識する以上のことが求められる。賢明さというものは、少なくともそれが真実のものであるなら、それにふさわしいかたちをとって姿を表すに違いないにしても、場合によっては、それはまったく人眼につかないこともありうる。そこでアルベルティと友人たちは、若者たちに処世訓を与える。「今の君たちくらいの年齢の頃、わたしは乗馬が好きだった」とバッティスタ〔・アルベルティ〕は言う。

それで馬のことが話題になると、わたしは耳をそばだてて聞いたものだ。思慮深い気品ある老人がこう言った――「ものごとには、それを首尾よくなしとげるために、全身全霊、注意を怠らず、最高の熱意をもって取り組まなければならないことがある。思うにそれをうまく行なうということは、それを眼にする人たちに好ましく見えるよう、優雅さと気品を兼ね備えつつも、大いに慎ましい様子で振舞うことに他ならない。そのようなものごとに該当するのは、乗馬や舞踏、道の歩行、その他これに類する事柄である。しかしとりわけ必要なのは、この上なく入念な配慮とあらゆる正統な作法にのっとり、君たちの身振りや顔つき、動き、全体の身なりを制御することだ。そうすれば、それが頭で考案した技巧の所作とは誰も思わず、見る者は、君たちの賞賛すべき立ち振舞いは生まれながらにして自然に具わったものと見なすことになる[25]」

アルベルティの言う「気品ある老人」とはむろん、かつての自分自身のことである。というのも、この聡明な学者兼宮廷人〔アルベルティ〕は、三十年以上も前に早々と執筆した自伝の中で、立ち居振舞いの技術に関する同様の助言を行なっていたからである。

仮に『彫刻論』のアルベルティを今なお野心的な技術《テクノロジー》愛好家であるとするなら、『首長論』のアルベルティは今なお両義的な道徳家《モラリスト》と言える。すなわち、社会の堕落に対する批判においては過激であるが、それと同時に革命的な試みに対する憎悪にかけては保守的なのである。それゆえ今なお彼は、初期の時代もそうであったように、効果的な演技《パフォーマンス》や説得の技術、あるいは魅力的なファサードを備えた建築――それは建物の下にいる人間の純粋な美徳を表す――は、政治的、社会的権力の王国の鍵であると考える。さらに今なお彼は、初期の時代と同様、この芸術を真正のものと考える。すなわち、独自の厳格な規律と高い基準を備えた芸術であり、真の倫理規則と必ずしも対立しない芸術ということである。なぜなら、本当に洗練された演技者《パフォーマー》のみが一族の有機的「身体」の統治者として、あるいは国家の人工的「身体」の統治者として君臨しえるからである。

一四七二年のアルベルティは、一四三〇年代の彼と同じように、今なお〔広い意味での〕主任建築家《マスター・ビルダー》であった。彼は教会の建造を行なったが、同時にそれは慎重に規定された新たな社会的、政治的集団や職業組織、新しい儀礼的慣習を創造することにも貢献した。そしてこれらの新たな要素は、次世紀にはヨーロッパ中の宮廷に広まることとなる。彼は今なお名声を求めていた。そしてまた彼は、その名声が外部世界、すなわち自らかつて引き合いに出した「公共広場」においては得られないこと、しかし明確に規定された一定のサークルの内部でなら見つかることを知っていた。そのようなサークルのメンバーは彼の努力を是認し、「校訂〔改善〕」もしてくれたからである。個人主義と名声崇拝の予言者にして自己創造の綱渡り芸人でもあったアルベルティは、今までも常にそうであったように、もし自分が観客を見失ったなら、照明《ライト》は消え、幕は下ろされ、もはや観客の心を動かすこともできぬまま、ひとり暗やみに呆然とたたずむしかないことを知っていた。驚くほど生産的な活動を行なったその晩年、彼は常に変わらず多忙な日々を送っている。おかげで彼は、いつも自身を脅かしていた倦怠や抑鬱状態に関わらずにいることができた。しかし彼はなおそれ以上の活動を行なった。彼は最後まで自らの人生を、自覚的な演技《パフォーマンス》と、苦難続きの孤立した青年時代から彼をとらえていた諸問題についての絶え間ない省察に捧げていた。豊かで感度のよい社会を創造するために払ったアルベルティの終生の努力は、彼が石で作り上げたもの以上に、その理想をより完全なかたちで表している。すなわち、自ら深く尊重した修辞学に基づき、創作法のみならず、知的・芸術的共同体のあらゆる形式に対してひとつの手本《モ》／模型《デル》を作り上げることこそが、彼の理想だったのである。

訳者あとがき

本書は近年のアルベルティ研究の成果を象徴する名著と言ってよい、Anthony Grafton, *Leon Battista Alberti, Master Builder of the Italian Renaissance*, Hill and Wang, 2000 の全訳である。

著者のアンソニー・グラフトンは、一九五〇年生まれのアメリカを代表する歴史家のひとりで、シカゴ大学に学び、豊かな才能に恵まれた彼は非常に若くして、同大学で博士号を取得した。謝辞にさりげなくあるように、『忘却された時代のフィレンツェ』などの今日「古典」と化した著作で、アメリカのルネサンス研究を主導した大歴史家エリック・コクレインは、シカゴ時代の著者の恩師でもあった。その著者はコーネル大学で短期間教えた後、一九七五年以降はプリンストン大学に移り、現在はその歴史学教授を務めている。また二〇〇七年以降、名高い観念史学誌（Journal of the History of Ideas）の編集に携わるとともに、二〇一一年からの一年間、名誉あるアメリカ歴史学会会長を務めるなど、アメリカのもっとも卓越した歴史家としてなお第一線で活躍中である。彼はルネサンスを中心とした近世における古典伝統や学問の歴史、自然哲学などの研究で名高く、ジョセフ・スカリジェやジロラモ・カルダーノの研究のように、過去の巨匠の眼を通して、思わぬ角度から歴史を生き生きと照射する技にたいそう優れていることでつとに知られる。本書もそうした研究のひとつであると言えよう。

グラフトンの著書や共著、論文の類はたいそう多岐にわたるので、本書以外の若干の著書のみを挙げれば、

- *Joseph Scaliger: A Study in the History of Classical Scholarship*, 2vols, Oxford University Press, 1983-1993.
- *Forgers and Critics. Creativity and Duplicity in Western Scholarship*, Princeton University Press, 1990.
- *Defenders of the Text: The Traditions of Scholarship in the Age of Science, 1450-1800*, Harvard University Press, 1991.
- *Commerce with the Classics: Ancient Books and Renaissance Readers*, University of Michigan Press, 1997.
- *The Footnote: A Curious History*, Harvard University Press, 1997.
- *Cardano's Cosmos : The Worlds and Works of a Renaissance Astrologer*, Harvard University Press, 1999.〔『カルダーノのコスモス』、榎本恵美子／山本啓二訳、勁草書房、二〇〇七年〕
- *Bring Out Your Dead: The Past as Revelation*, Harvard University Press, 2001.

- *What Was History?: The Art of History in Early Modern Europe*, Cambridge University Press, 2006.
- *Worlds Made by Words*, Harvard University Press, 2009.

本書の主題であり、「万能人」の原型とされてきたレオン・バッティスタ・アルベルティの研究は、テクスト解釈の難解さもあって、たいそう手間暇のかかる世界であるため、一九九八年には国際アルベルティ学会（SILBA）が創設され、『アルベルティアーナ』といった専門誌が出るなど、地道な努力が重ねられてきた。力点が置かれてきたのは、特に難解なラテン語テクストの多様な近代語への翻訳・註解の試みで、今日では多くのテクストはこうしたかたちでも接近可能となっている。しかし本書はアルベルティ研究の現状から見ると、近年出版されたアルベルティ関係の著作として、最初に挙げるべきものであることにまず疑問の余地はない。というのも、アルベルティの「知的」生涯を、詳細にきちっとたどってみせた研究書は――個別分野の詳細な研究は膨大にある反面――実は意外なほど少ないので、今でもそうした研究は、イタリアなら一八八二年に公刊されたジロラモ・マンチーニの『レオン・バッティスタ・アルベルティの生涯』、フランスなら一九三〇年に公刊されたポール＝アンリ・ミシェルの『L・B・アルベルティの思想』といった、各時代を代表する労作になってしまうのである。

戦後、アメリカで一九六九年にジョーン・ガドールの『レオン・バッティスタ・アルベルティ――初期ルネサンスの万能人』という研究書が出版された。これも大変な労作ながら、しかしアルベルティの知的世界を精彩に描いたガドールの関心は、主に科学的、合理的な、また視覚芸術を主としたアルベルティ像にあるのに対して（したがって、エピローグが「人間の計測」と題されているのも当然であろう）、本書は文字通りに若い時代から晩年までの巨匠の全業績を見事に、しかも刺激的な見解を縦横にちりばめつつ、バランスよく描いているのである。その意味で本書は、ガドールを新たに補完しているのみでなく、それ以後なされた、この人文主義者をめぐるもっとも優れた知的伝記と化している。研究はコロンビア大学その他でなされた講義から出発したようで、グラフトンはアルベルティの古典学研究に広く洞察を働かせると同時に、十五世紀の社会と美術との関係にもよく眼を注いでいるので、当然のことながら、副題にある〈Master Builder〉には建築における「主任建築家《カポマエストロ》」のニュアンスが込められているとともに、それ以上にルネサンス文化の「主任建築家」でこそあったという意義を強調してもいよう。邦訳ではあえて「イタリア・ルネサンスの構築者」とした所以である。

著者は全九章に分けられた章で、一四三〇年代の自己の探究から、晩年の建築企画や都市プラニングに至る、アルベルティの創造的生涯の多様な段階をたどろうとする。大きな特色はアルベルティのそれをイタリア都市世界の変容の徴候と見なし、人文主義や視覚芸術の先端の展開を反映したものと捉え、フィレンツェのパトロンたち、教皇庁、北イタリアの宮廷に至る人文主義者とその社会との深い関連を、わたしたち現代人にも通じやすいように描いていることにあると言えよう。

本書は彼の主要業績を最新の研究成果を意識しつつ、著者の鋭い着眼を重ね合わせて、生き生きと描こうというものであるから、本書の内容は読めば一目瞭然で、くだくだしい説明は特に必要あるまい。ごく簡単にだけ触れておけば、第一章の「レオン・バッティスタ・アルベルティとは何者ぞ——一四三〇年代における自己《アイデンティティ》の形成」は、ブルクハルトから現在に至る様々なアルベルティ観、アルベルティ研究の優れた梗概にもなっているといってよい。著者は最初期のラテン語喜劇『フィロドクスス』などいくつかのテクストを用いるとともに、ここでは一四三八年のいわゆる『匿名伝』、すなわち古典註解モデルに基づく三人称の、一般に彼の「自伝」と目されているテクスト（これを彼の自伝でないと疑う研究者はほとんどいない）の世界を詳細に検討してもいる。この伝記はブルクハルト以来よく用いられた資料で、伝統をいかに革新していく者であったかの導入部にもなっていると言えよう。第二章「人文主義——学問のもたらす利益と不利益」はアルベルティの初期の有名な著作のタイトルを意識したもので、キケロ的、ペトラルカ的理想から一四三〇年代の教皇庁書記官としての初期時代への知的進展と活動をたどり、第三章「新技術から美術へ——エンジニアたちの間のアルベルティ」は、出発点として『絵画論』序文から始めつつ、アルベルティの美術観の前提に横たわる工学《エンジニアリング》の問題へと広範な歴史的パースペクティヴを意識して、独創性豊かに論じている。さらにこの問題は、第四章「絵画論——アルベルティと批評の起源」において、人文主義のハンドブックのように、このテクスト自体を解読するという巧妙な読みにも連なっていく。第五章「フィレンツェを解釈する——読解から復元へ」は奇妙なタイトルに見えるものの、要するにアルベルティとフィレンツェ社会の関連を探究しようとしているので、むろんその中心は彼の主著『家族論』にある。さらに第六章「宮廷の芸術家——フェッラーラにおけるアルベルティ」では、エステ家宮廷はいかにアルベルティの思考や著作活動を再形成化することになったかを物語るとともに、第七章「失われた都市——古物研究家アルベルティ」において、アルベルティの古代遺物（遺跡）の考古研究家としての熱情や企画を描くことへと続いていくことになる。さらに第八章「アルベルティの建築術」はむろん、彼のモニュメンタルにして最高傑作である、かの『建築論』を論じたもので、第九章「建築家と都市計画者」は一四五〇年代以降の、個々の聖堂からローマの都市計画に至る多様な現実の芸術企画を再考しているわけである。そして最後に「エピローグ」を付していて、これはアルベルティの晩年とその遺産を簡単にたどるという構成になっている。

本書は原著のペーパーバックスの他に、さらにペリカン・ブックスにも入ったほどで、一般読者にも読みやすい著作に相違ないし、二〇〇三年には『レオン・バッティスタ・アルベルティ——万能の天才』としてイタリア語にも翻訳されている。とはいえ、もとより啓蒙書ではなく、アルベルティ研究の重要な必読文献はすべて完全に押さえられている。古典学者、人文学者、古物研究家といったアルベルティ像に加えて、芸術理論家、実作者、工学家、実験家といったアルベルティの世界を重層的に描き出すことは、決して容易な技ではないので、本書の最大の意義は、一般にあまりなじみのない貴重なテクストその他を自在に駆使しつつ、アルベルティという存在の総体を精彩に提示してみせたことにこそあるのは疑いを入れない。

ここでいささか私事を記させていただけば、訳者自身、何度かアルベルティの知的伝記あるいは全体像を描いてみたいと思ったこともあった。しかしいろいろと熟慮した末にあきらめざるをえなかったのは、こうした野心的な仕事に挑戦する人があるとすれば、それは彼の世界全体に均衡よく鋭敏な視線を傾注できる、嗅覚鋭い歴史学者の領界であろうと思わざるをえなかったからで（その意味で、わが国でも、アルベルティなる世界そのものに着目したのが歴史家の池上俊一氏の『万能人とメディチ家の世紀――ルネサンス再考』、講談社、二〇〇〇年――後に『イタリア・ルネサンス再考――花の都とアルベルティ』と改題――であったことは、ごく自然なことであったろう）、美術史家、思想史家、建築史家、科学史家といった分化された専門家では個々の細部に固執しすぎて、カメレオンのごとく多様な相貌を持つ「万能人」アルベルティを前にして、はじき飛ばされてしまうだろうと考えざるをえなかったからである。その意味で、本書はアルベルティを理解し、研究するうえで、必須の重要な手本になっているとも言えよう。

翻訳に際しては、第一、二章を足達、第三、四章を森、第五、六章を佐々木、第七、八、九章、エピローグを石澤で分担して草稿を作り、文体、用語その他、かなりばらばらだった草稿の統一を森の手で行なった。その際、本書はしばしば凝った書き方をしているので、イタリア語訳をも参考に大胆な意訳を含め、できるだけ読者に分かりやすくすることを第一義とするよう心がけた。また何箇所か著者自身の明らかな錯誤と思われるところは、ペダンティスムを避けて特にテクスト中に断ることなく、これを訂正している。なお著者は様々な原テクストを、セシル・グレイソンその他の優れた英訳から引用するのみならず、文脈に合わせて自身で巧妙に英訳して引用したりもしている。それゆえ、本書の邦訳は、これらのテクストに基づいていることをお断りしておきたい。とはいえ、そのままではときに唐突で分かりにくいところも出てくるので、邦訳のあるものについては、タイトルその他を含めて、文脈上必ずしもそのままのかたちではないにせよ、それらを参照、適宜利用させていただいた。なかんずく下記の訳者の方々には、特にお礼を申し上げておきたい。

- 『絵画論』、三輪福松訳、中央公論美術出版、一九七一年
- 『新イソップ寓話集――アルベルティの寓話』、前之園幸一郎監修、小学館、一九八〇年
- 『建築論』、相川浩訳、中央公論美術出版、一九八二年
- 『芸術論』、森雅彦編著、中央公論美術出版、一九九二年
- 『文学研究の利益と損失』（『原典イタリア・ルネサンス人文主義』所収、池上俊一監修）、名古屋大学出版会、二〇〇九年
- 『家族論』、池上俊一／徳橋曜訳、講談社、二〇一〇年

（『家族論』の一部は、『イタリア・ルネッサンス期教育論』、前之園幸一郎／田辺敬子訳、明治図書出版、一九七五年にも所収）

最後に、刊行が大幅に遅れてしまったにもかかわらず、根気強く叱咤激励し、編集その他で非常なご迷惑をおかけした芝山博氏に、この場をかりて心より深謝申し上げる次第です。

二〇一二年七月

訳者を代表して　森雅彦

アルベルティ　イタリア・ルネサンスの構築者

2012年 9 月 10 日　印刷
2012年 9 月 30 日　発行

著　者　アンソニー・グラフトン
訳　者©森　雅彦
足達　薫
石澤　靖典
佐々木　千佳
発行者　及川　直志
印刷所　株式会社　三陽社

発行所　株式会社 白水社
101-0052 東京都千代田区神田小川町 3 の 24
電話 03-3291-7811(営業部), 7821(編集部)
http://www.hakusuisha.co.jp
乱丁・落丁本は、送料小社負担にてお取り替えいたします。

振替 00190-5-33228　松岳社 株式会社 青木製本所

Printed in Japan

ISBN978-4-560-08241-6

訳者略歴

森雅彦（もり・まさひこ）
1952年生まれ。東北大学大学院文学研究科博士課程後期単位取得退学。宮城学院女子大学学芸学部教授。著訳書：『アルベルティ　芸術論』（中央公論美術出版、新装普及版、2011年）、ヴァザーリ『芸術家列伝3　レオナルド・ダ・ヴィンチ、ミケランジェロ』（共訳、白水社　Uブックス、2011年）他。

足達薫（あだち・かおる）
1969年生まれ。東北大学大学院文学研究科博士課程後期単位取得退学。弘前大学人文学部教授。著訳書：ジュリオ・カミッロ『劇場のイデア』（ありな書房、2009年）、サルヴァトーレ・セッティス『「古典的なるもの」の未来』（ありな書房、2012年）他。

石澤靖典（いしざわ・やすのり）
1968年生まれ。東北大学大学院文学研究科博士課程後期修了。山形大学人文学部准教授。博士（文学）。著書：『都市を描く——東西文化にみる地図と景観図——』（共著、東北大学出版会、2010年）他。

佐々木千佳（ささき・ちか）
1974年生まれ。東北大学大学院文学研究科博士過程後期修了。同助教を経て同専門研究員、尚絅学院大学他非常勤講師。博士（文学）。著書：『知識のイコノグラフィア——文字・書籍・書斎』（共著、ありな書房、2011年）他。

人名索引

サ行

タ行

ナ行

ハ行

マ行

ヤ・ラ行

原註

第1章

(1)　この舞台――一度も上演されることのなかった喜劇のために，アルベルティによって想像された――は，そのようにして実現された喜劇舞台の視覚化としては最初の例である．E. Battisti, "La visualizzazione della scena comica nella commedia umanistica," *Rinascimento e barocco* (Turin, 1960), 96-111 at 102-104を参照せよ．アルベルティの思想と言語における劇場の役割については，下記の見事な論考を参照せよ．L. Cesarini Martinelli, "Metafore teatrali in Leon Battista Alberti," *Rinascimento*, 2d ser., 29 (1989), 3-51.

(2)　"L. B. Alberti, *Philodoxeos fabula*. Edizione critica a cura di Lucia Cesarini Martinelli," *Rinascimento*, 2d ser., 17 (1977), 111-234, 150.

(3)　アルベルティの『フィロドクススの物語(*Philodoxeos fabula*)』からの引用は，すべて註(2)で引用したマルティネッリ版による．当該箇所は順に，pp. 144, 162, 184-85, 202-204に見られる．

(4)　アルベルティの生涯について，とりわけ，G. Mancini, *Vita di Leon Battista Alberti*, 2d ed. (Florence, 1911) は，今なお基本的で包括的な作品である．さらにまた，C. Grayson, in *Dizionario biografico degli italiani*, s.v. L. B. Alberti; C. Grayson, "Leon Battista Alberti: Vita e opere," in *Leon Battista Alberti*, ed. J. Rykwert and A. Engel (Milan, 1994), 28-37, repr. in C. Grayson, *Studi su Leon Battista Alberti*, ed. P. Claut (Florence, 1999), 419-33; R. Tavernor, *On Alberti and the Art of Building* (New Haven and London, 1998)．マントヴァで行なわれた上記大展覧会のカタログ，*Alberti*, ed. Rykwert and Engelは，豊かな最新の参考文献情報を提供してくれる．優れた二次資料の参考文献は，M. Jarzombek, *Leon Battista Alberti : His Literary and Aesthetic Theories* (Cambridge, Mass., and London, 1989) と，L. B. Alberti, *Apologhi*, ed. M. Ciccuto (Milan, 1983) に見られる．アルベルティの建築上の業績に関する過去の文献については，G. Mirolli, "Saggio di bibliografia albertiana," *Studi e documenti di architettura* 1 (1972), 11-56.

(5)　J. Burckhardt, *Die Kultur der Renaissance in Italien: Ein Versuch*, ed. L. Geiger, 11th ed. (Leipzig, 1913), I, 154-56.

(6)　J. Gadol, *Leon Battista Alberti: Universal Man of the Early Renaissance* (Chicago, 1969).

(7)　とりわけ，E. Panofsky, *Renaissance and Renascences in Western Art* (New York and London, 1972) を参照せよ．

(8)　R. Wittkower, *Architectural Principles in the Age of Humanism* (London, 1949; 3d ed., 1962, repr. 1967).

(9)　J. von Schlosser, "Ein Künstlerproblem der Renaissance: L. B. Alberti," *Akademie der Wissenschaften in Wien, Sitzungsberichte* 210, 2 (1929)．さらにまた，R. de Mambro Santos, *Viatico Viennese* (Rome, 1998) をも参照せよ．アルベルティを芸術の実践者と見なす扱い方と，アルベルティを理論家と見なす，*Die Kunstliteratur*, ed. O. Kurz (Vienna, 1924) におけるシュロッサーの扱い方は好対照である．イタリア語訳は，*La letteratura artistica*, tr. F. Rossi, 3rd ed.

(Florence, 1977; repr. 1979), 121-29.

(10) この点についてはとりわけ，E. Garin, "Studi su L. B. Alberti," *Rinascite e rivoluzioni* (Bari, 1975), 133-96; M. Tafuri, "'Cives esse non licere': The Rome of Nicholas V and Leon Battista Alberti. Elements Toward a Historical Revision," *Harvard Architectural Review* 6 (1987), 60-75; M. Tafuri, *Ricerca del Rinascimento* (Turin, 1992), chap. 2; Jarzombek, *Alberti*.

(11) ブルクハルトの方法については，E. H. Gombrich, *In Search of Cultural History* (Oxford, 1969). さらにまた，P. Ganz, "Jacob Burckhardts *Kultur der Renaissance in Italien*. Handwerk und Methode," *Deutsche Vierteljahrsschrift für Literaturwissenschaft und Geistesgeschichte* 62 (1988), 24-59.

(12) これらのブルクハルトからの引用は，W. Kaegi, *Jacob Burckhardt: Eine Biographie* (Basel/Stuttgart, 1956), III: 666, 658.

(13) M. P. Gilmore, "Introduction," in *Renaissance Princes, Popes and Prelates: The Vespasiano Memoirs*, tr. W. George and E. Waters (New York, Evanston, and London, 1963).

(14) この点については，Alberti, *Opere volgari*, ed. A. Bonucci (Florence, 1843), I, lxxxix n.. ボヌッチは18世紀の学者ルドヴィコ・アントニオ・ムラトーリの『イタリア著述家大全(*Rerum italicarum scriptores*)』の第25巻から，このラテン語テクストを転写し，イタリア語による対訳を付した(Alberti, *Opere volgari*, xc-cxvii).

(15) 最初の引用は下記のものによる．R. Fubini and A. Menci Gallorini, "L'autobiografia di Leon Battista Alberti: Studio e edizione," *Rinascimento*, 2d ser., 12 (1972), 21-78 at 76. もうひとつ別の翻訳は，R. Neu Watkins, "L. B. Alberti in the Mirror: An Interpretation of the *Vita* with a New Translation," *Italian Quarterly* 30 (1989), 5-30 at 15. これら2つの論考は，アルベルティの自伝についての詳しい情報を含む，鋭い註釈を提供してくれる．第2の引用については，Fubini and Menci Gallorini, "L'autobiografia," 76-77; Watkins, "L. B. Alberti," 16.

(16) M. Baxandall, "Alberti's Self," *Fenway Court* (1990-91), 31-36を参照せよ．

(17) これら4つの引用については，Fubini and Menci Gallorini, "L'autobiografia," 73, 77, and 76; Watkins, "L. B. Alberti," 12, 15, and 14-15.

(18) G. Gorni, "L. B. Alberti e le lettere dell'alfabeto," *Interpres* 9 (1989), 257-66 at 260.

(19) これら2つの引用は，Fubini and Menci Gallorini, "L'autobiografia," 68-70 and 71; Watkins, "L. B. Alberti," 8 and 9.

(20) Cf. C. Kallendorf, "From Virgil to Vida: The *Poeta Theologus* in Italian Renaissance Commentary," *Journal of the History of Ideas* 56 (1995), 41-62.

(21) これらの引用は，下記のものに収められた，ブルーニの著作の翻訳による．D. Thompson and A. F. Nagel, *The Three Crowns of Florence* (New York, Evanston, San Francisco, and London, 1972), 57-83. そのテクスト原文については，L. Bruni, *Humanistisch-philosophische Schriften* (Leipzig and Berlin, 1928; repr. Wiesbaden, 1969), 50-69.

(22) C. Quillen, *Rereading the Renaissance* (Ann Arbor, 1998)を参照せよ．

(23) この段落の3つの引用は，Diogenes Laertius, *Lives of the Philosophers*, 1.27; 1.26; 1.23. Fubini and Menci Gallorini, "L'autobiografia"をも参照せよ．

(24) これら2つの引用は，Fubini and Menci Gallorini, "L'autobiografia," 74 and 75; Watkins, "L. B. Alberti," 12 and 13.

(25) 伝統的な修辞学の技へのアルベルティの傾倒については，今日の包括的な下記の試論を

参照せよ．B. Vickers, "Humanismus und Kunsttheorie in der Renaissance," *Theorie der Praxis*, ed. K. W. Forster and H. Löcher（Berlin, 1999）, 9-74.

（26） *Trivia senatoria*, in Alberti, *Opuscula*, ed. G. Massaini（Florence, 1502）．アルベルティの車輪の中世における先例である「ウェルギリウスの車輪」については，E. Faral, *Les arts poétiques du XIIe et du XIIIe siècle*（Paris, 1924）, 87; M. Carruthers, *The Book of Memory*（Cambridge, 1990; repr. 1992）, 251-53. より近代的な概念装置については，E. F. Goffman, *The Presentation of Self in Everyday Life*（Garden City, 1959）.

（27） Fubini and Menci Gallorini, "L'autobiografia," 55は，ラーポの証言は『匿名伝』によると指摘している．

第2章

（1） いずれの引用とも，L. B. Alberti, *De commodis litterarum atque incommodis*, ed. L. Goggi Carotti（Florence, 1976）, 46-47, 60-61.

（2） Ibid., 78-82. アルベルティの『文芸研究の利益と不利益』は，学問は公的生活においてほとんど，いやまったく役に立たないと主張し，さらに効果的に演説する技としての修辞学のような，実践に応用することを前提とする領域よりも，哲学的瞑想の純粋な領域を好んでいる点で，イタリアの人文主義者たちの著作の慣習とは著しく隔たっている．こうしたことに関する議論については，C. Grayson, *"De commodis litterarum atque incommodis," Modern Language Review* 83（1988）, xxxi-xlii, reprinted in C. Grayson, *Studi su Leon Battista Alberti*, ed. P. Claut（Florence, 1999）, 389-405; J. Oppel "Alberti on the Social Position of the Intellectual," *Journal of Medieval and Renaissance Studies* 19（1989）, 123-58; M. Regoliosi, "Gerarchie culturali e sociali nel *De commodis litterarum atque incommodis* di Leon Battista Alberti," *"Sapere elè potere": Discipline, dispute e professioni nell'Università Medievale e Moderna. Il caso bolognese a confronto*, I: *Forme e oggetti della disputa delle arti*, ed. L. Avellini（Bologna, 1990）, 151-70; A. Jori, "L'eden capovolto. Patologia del sociale nel *De commodis* de Leon Battista Alberti, " *Civiltà Mantovana*, 3rd ser., 29（1994）, 131-39. この著作――通例ではアルベルティの『匿名伝』の執筆年代に基づいて1428年頃に書かれたとされる――を，1430年代初頭に位置づけ直そうとする興味深く，そして可能性のある試みについては，L. Boschetto, "Nuovi documenti su Carlo di Lorenzo degli Alberti e una proposta per la datazione del *De commodis litterarum atque incommodis*," *Albertiana* 1（1998）, 43-60. ボスケットは可能性を考慮していないとはいえ，自作を執拗に改訂したアルベルティはこの作品の草稿を1428年に書き，後にそれを改訂したという可能性も考えられる．

（3） 下記の文献を参照せよ．D. Hughes, "Distinguishing Signs: Ear-Rings, Jews and Franciscan Rhetoric in the Italian Renaissance City," *Past and Present* 112（1986）3-59; V. Groebner, "Losing Face, Saving Face: Noses and Honour in the Late Medieval Town," tr. P. Selwyn, *History Workshop Journal* 40（1995）, 1-15; V. Groebner, "Inside Out: Clothes, Dissimulation and the Arts of Accounting in the Autobiography of Matthäus Schwarz, 1496-1574," *Representations* 66（1999）, 100-21.

（4） 下記の文献を参照せよ．A Neri, in *Giornale Ligustico di archeologia, storia e letteratura* 9（1882）, 165; A. Mancini, "Nuovi documenti e notizie sulla vita e sugli scritti di Leon Battista Alberti," *Archivio storico italiano*, 4th ser., 19（1887）, 190-212 at 191.

(5)　Alberti, *De commodis*, ed. Goggi Carotti, 105.
(6)　Goggi Carottiによる註釈，さらにまた，Boschetto, "Nuovi documenti."
(7)　大学の誕生と学生たちの社会的向上心については，総じて下記の文献を参照せよ．A. Murray, *Reason and Society in Medieval Europe*（Oxford, 1978; repr. with corrections, 1985）, pt. 3. マリーその他多くの人々によって示されたように，このテクストで記述されたイタリアの現象は全ヨーロッパ的規模の発展の中では，特殊な事例であった．
(8)　この点については，P. F. Gehl, *A Moral Art: Grammar, Society and Culture in Trecento Florence*（Ithaca, 1993）; P. Grendler, *Schooling in Renaissance Italy: Literacy and Learning, 1300-1600*（Baltimore, 1989）.
(9)　Alberti, *De commodis*, ed. Goggi Carotti, 86.
(10)　たとえば，P. Herde, "Politik und Rhetorik in Florenz am Vorabend der Renaissance. Die ideologische Rechtfertigung der Florentinischen Aussenpolitik durch Coluccio Salutati," *Archiv für Kulturgeschichte* 47（1965）; J. E. Seigel, *Rhetoric and Philosophy in Renaissance Humanism: The Union of Wisdom and Eloquence, Petrarch to Valla*（Princeton, 1968）; R. Witt, *Coluccio Salutati and His Public Letters*（Geneva, 1976）; R. Witt, *Hercules at the Crossroads*（Durham, 1985）; L. Martines, *Lawyers and Statecraft in Renaissance Florence*（Princeton, 1968）.
(11)　この点については総じて，P. O. Kristeller, *Renaissance Thought and Its Sources*, ed. M. Mooney（New York, 1979）; Murray, *Reason and Society*; N. Siraisi, *Medieval and Early Renaissance Medicine*（Chicago and London, 1990）.
(12)　たとえば，N. Siraisi, *Taddeo Alderotti and His Pupils*（Princeton, 1985）; Martines, *Lawyers and Statecraft*.
(13)　A. Beccadelli, *Hermaphroditus* II.1, ed. F. Wolff-Untereichen（Leipzig, 1908）, 68. より近年の版本としては，D. Coppini, I（Rome, 1990），また散文訳については，M. de Cossart, *Antonio Beccadelli and the Hermaphrodite*（Liverpool, 1984）, 45. ベッカデッリは，元来はまったく非古典的なラテン語の押韻で表現されていた感情に古典的な形式を与えた．この点については，Murray, *Reason and Society*.
(14)　Alberti, *De commodis*, ed. Goggi Carotti, 69.
(15)　Alberti, *De commodis*, ed. Goggi Carotti, 89. 本棚の象徴的価値や，それらの支えた分厚い規範的なテクスト群については，B. Scala, "Dialogus de legibus et iudiciis," ed. L. Borglia, *La Bibliofilia* 42（1940）, 252-82.
(16)　Alberti, *De iure*, in C. Grayson, "Il *De iure* di Leon Battista Alberti," *Tradizione classica e letteratura umanistica: Per Alessandro Perosa,* ed. R. Cardini, E. Garin, L. Cesarini Martinelli, and G. Pascucci（Rome, 1985）, 173-94, repr. in Grayson, *Studi*, 373-88, at 377（引用テクストは9-10行）.
(17)　この重要なテーゼはP・O・クリステラーによって提唱，そして証明された．たとえば，P. O. Kristeller, "Humanism and Scholasticism in the Italian Renaissance," *Byzantion* 17（1944-45）, 346-74, repr. in *Renaissance Thought and its Sources*, ed. Mooney.
(18)　イタリアにおける托鉢修道士たちの役割については，Hughes, "Distinguishing Signs"; G. A. Brucker, "Monasteries, Friaries and Nunneries in Quattrocento Florence," *Christianity and the Renaissance*, ed. T. Verdon and J. Henderson（Syracuse, 1990）, 41-63; N. Rubinstein, "Lay Patronage and Observant Reform in Fifteenth-Century Florence," in ibid., 63-82.

(19) この点については何よりも，たとえばP・O・クリステラーによる古典的な研究などを参照せよ．P. O. Kristeller, *Studies in Renaissance Thought and Letters* (Rome, 1986), II, 209-38; C. Vasoli, *Tra "Maestri" umanisti e teologi* (Florence, 1991).

(20) たとえば，D. Lesnick, "Civic Preaching in the Early Renaissance," in *Christianity and the Renaissance*, ed. Verdon and Henderson, 208-25. さらに偉大な著作である，I. Origo, *The World of San Bernardino* (New York, 1962) の他，下記の著作をも参照せよ．F. Mormando, *The Preacher's Demons* (Chicago and London, 1999).

(21) Petrarch "Epistula posteritati," *Opere*, ed. G. Ponte (Milan, 1968), 886-900. 英訳については，*Petrarch: A Humanist Among Princes*, ed. D. Thompson (New York, Evanston, and London, 1971), 1-13. ペトラルカの手本としたオウィディウスの箇所は，Ovid, *Tristia*, IV, 10.

(22) この点については，P. de Nolhac, *Pétrarque et l'humanisme*, 2d ed., 2 vols. (Paris, 1907); C. E. Quillen, *Rereading the Renaissance* (Ann Arbor, 1998). また優れた要約は，L. D. Reynolds and N. G. Wilson, *Scribes and Scholars*, 3rd ed. (Oxford, 1991), 128-34. 15世紀のたいていの人文主義者たちが，学者および著作者としての自らの経歴を形成しようとする際に，ペトラルカをモデルに選んだという議論については，J. E. Seigel, *Rhetoric and Philosophy in Renaissance Humanism*, section II. アルベルティがペトラルカに負うものについてはとりわけ，D. Marsh, "Introduction," in L. B. Alberti, *Dinner Pieces*, tr. D. Marsh (Binghamton, N.Y., 1987), 1-11, esp. 1. そこでは「ペトラルカはアルベルティの文学的野心のための重要なモデルを提供したのであり，アルベルティはペトラルカの名前を挙げていないにしても，ペトラルカからの影響はアルベルティの中に広く浸透していた」と指摘されている．

(23) 人文主義文化の多様な側面の包括的な検討については，R. Sabbadini, *Il metodo degli umanisti* (Florence, 1922); E. Garin, *L'Umanesimo italiano* (Bari, 1952); Kristeller, *Renaissance Thought and its Sources*, ed. Mooney; Seigel, *Rhetoric and Philosophy*; A. Grafton and L. Jardine, *From Humanism to the Humanities* (London and Cambridge, Mass., 1986); Reynolds and Wilson, *Scribes and Scholars*; J. Hankins, "The Popes and Humanism," *Rome Reborn*, ed. A. Grafton (Washington, New Haven, London, and Vatican City, 1993), 47-85; F. Rico, *El sueño del humanismo: De Petrarca a Erasmo* (Madrid, 1993). イタリア内外における人文主義のほとんどの側面についての有益な論考を収めているものとして，A. Rabil, ed., *Renaissance Humanism: Foundations, Forms, and Legacy*, 3 vols. (Philadelphia, 1988).

(24) Gehl, *A Moral Art*; Grendler, *Schooling in Renaissance Italy* を参照せよ．

(25) この点については，P. O. Kristeller, "The Modern System of the Arts," *Renaissance Thought* (Princeton, 1980), II; E. Garin, *La disputa delle arti nel Quattrocento* (Rome, 1982); P. Rossi, *Philosophy, Technology and the Arts in Early Modern Europe*, tr. S. Attanasio, ed. B. Nelson (New York, Evanston, and London, 1970).

(26) G. Mancini, "Nuovi documenti e notizie sulla vita e sugli scritti di L. B. Alberti," *Archivio storico italiano*, 4th ser., 19 (1887), 201-205; R. Cessi, "Il soggiorno di Lorenzo e Leon Battista Alberti a Padova," in ibid., 5th ser., 43 (1909), 351-59; *Dizionario biografico degli italiani*, s.v. L. B. Alberti, by C. Grayson. バルツィッツァの学校については，さしあたって，R.G.G. Mercer, *The Teaching of Gasparino Barzizza* (London, 1979).

(27) 下記の文献に収録された，バルツィッツァのロレンツォ・アルベルティ宛書簡を参照せよ．Mancini, "Nuovi documenti," 203.

(28) Antonio Beccadelli, *Hermaphroditus*, ed. Coppini, I, xci を参照せよ（そこでベッカデッリは，バルツィィッツァならある不在の友人にこの詩を捧げるのは正当だと思うかもしれないと指摘し，自ら『ヘルマフロディトス』以外の詩もアルベルティに捧げたかもしれないことを示唆している）.

(29) P. Findlen, "Humanism, Politics and Pornography in Renaissance Italy," *The Invention of Pornography*, ed. L. Hunt（New York, 1993）, 49-108 at 83-86; B. Talvacchia, *Taking Positions*（Princeton, 1999）.

(30) Beccadelli, *Hermaphroditus*, II.37, ed. Wolff-Untereichen, 130-34; ed. Coppini, I, 137-38. 散文形式の英訳は，De Cossart, *Antonio Beccadelli*, 62-63.

(31) Beccadelli, *Hermaphroditus*, I.19, ed. Wolff-Untereichen, 30; ed. Coppini. I, 38-39. 散文形式の英訳は，De Cossart, *Antonio Beccadelli*, 33.

(32) J. Morelli, *Operette*（Venice, 1820）, II, 271-72.

(33) Alberti, *De commodis*, ed. Goggi Carotti, 37-38.

(34) Goggi Carroti（ed. *De commodis*, 38 n. 3）は，キケロの『ブルートゥス』の，以下の箇所との並行関係を指摘している．Cicero, *Brutus*, 302の，「彼は広場で会話をしたり，外に向かって演説することなくして，一日たりともすごすことはなかった（*nullum enim patiebatur esse diem quin aut in foro diceret aut meditaretur extra forum*）」．さらにまた，Cicero, *Brutus*, 305の，「わたしは毎日のように書き，読み，論評し，わたしは弁論術の訓練にのみわが身を狭めて満足しなかった（*cotidieque et scribens et legens et commentans oratoriis tantum exercitationibus contentus non eram*）」

(35) G. W. Pigman, "Barzizza's Treatise on Imitation," *Bibliothèque d'Humanisme et Renaissance* 44（1982）, 341-52. さらにまた，M. Baxandall, *Giotto and the Orators*（Oxford, 1971）.

(36) Mancini, "Nuovi documenti," 203.

(37) 総じて下記の文献を参照せよ．A. Moss, *Printed Common-Place Books and the Structuring of Renaissance Thought*（Oxford, 1996）; A. Blair, "Humanist Methods in Natural Philosophy: The Commonplace Book," *Journal of the History of Ideas* 53（1992）, 541-51; Blair, *The Theater of Nature*（Princeton, 1997）．より広範な文脈については，W. Ong, "Commonplace Rhapsody: Ravisius Textor, Zwinger and Shakespeare," *Classical Influences on European Culture, 1500-1700*, ed. R. R. Bolgar（Cambridge, 1976）, 91-126; Z. S. Schiffman, "Montaigne and the Rise of Skepticism in Early Modern Europe: A Reappraisal," *Journal of the History of Ideas* 45（1984）, 499-516. さらにとりわけ，W. Schmidt-Biggemann, *Topica universalis*（Hamburg, 1983）; F. Goyet, *Le sublime du "lieu commun"*（Paris, 1996）.

(38) いずれの引用も，Guarino da Verona, *Epistolario*, ed. R. Sabbadini（Venice 1915-19）, II, 270; I, 594-95.

(39) 人文主義者たちによる創造的な文学的再利用の実践についての個別研究としては，たとえば下記の文献を参照せよ．J. W. O'Malley, *Praise and Blame in Renaissance Rome*（Durham, 1979）; C. Kallendorf, *In Praise of Aeneas*（Hanover and London, 1989）; G. McClure, *Sorrow and Consolation in Italian Humanism*（Princeton, 1991）; K. Gouwens, *Remembering Rome*（Leiden, 1998）.

(40) ベッカデッリの果たした役割については，R. Sabbadini, "Cronologia della vita del Panormita e del Valla," in L. Barozzi and R. Sabbadini, *Studi sul Panormita e sul Valla*（Florence, 1891）, 23;

Sabbadini, *Un biennio umanistico* (*1425-26*) *illustrato con nuovi documenti, Giornale storico della letteratura italiana*, supplement 6 (1903), 112; G. Ponte, *Leon Battista Alberti: umanista e scrittore* (Genoa, 1981), 148-57, esp. 149.

(41) "L. B. Alberti, *Philodoxeos fabula*. Edizione critica a Cura di Lucia Cesarini Martinelli," *Rinascimento* 17 (1977), 111-234, at 146-47.

(42) この文章は，Alberti, *Profugiorum ab aerumna libri iii*, in *Opere volgari*, ed. C. Grayson (Bari, 1960-73), II, 160-62. さらに下記の詳細な分析を参照せよ．R. Cardini, *Mosaici* (Rome, 1990), 4-5.

(43) これら3つの引用は，Alberti, *De commodis*, ed. Goggi Carotti, 111-12, 88, 93; cf. 96.

(44) Alberti, "*Philodoxeos fabula*, ed. Cesarini Martinelli," 146.

(45) この段落における引用は，Alberti, *De commodis*, ed. Goggi Carotti, 72-73.

(46) 総じて下記の文献を参照せよ．G. Holmes, *The Florentine Enlightenment* (New York, 1968; new ed., Oxford and New York, 1992); J. Gill, *The Council of Florence* (Cambridge, 1959). C・チェレンツァは，アルベルティの知っていたはずの教皇庁について，詳細かつ見事な記述を提供している．C. Celenza, *Renaissance Humanism and the Papal Curia: Lapo da Castiglionchio the Younger's "De curiae commodis"* (Ann Arbor, 1999), chap. 3. この時期の教会の置かれていた状況については，さらに総じて下記の文献を参照せよ．R. W. Southern, *Western Society and the Church in the Middle Ages* (Harmondsworth, 1970); G. Bossy, *Christianity in the West, 1400-1700* (Oxford, 1985). イタリアの状況については，下記の著書に収められた重要な諸論考を参照せよ．*Christianity and the Renaissance*, ed. Verdon and Henderson. さらにまた，*Women and Religion in Renaissance Italy*, ed. D. Bornstein and R. Rusconi (Chicago and London, 1996).

(47) わたしは，Celenza, *Renaissance Humanism* の中にある，素晴らしい記述に従った．さらなる詳細については，J. D'Amico, *Renaissance Humanism in Papal Rome* (Baltimore and London, 1983); P. Partner, *The Pope's Men* (Oxford, 1990).

(48) Lapo da Castiglionchio, Jr., *De curiae commodis*, ed. and tr. in Celenza, *Renaissance Humanism*, 173 (翻訳は変更した).

(49) R. Trexler, *Public Life in Renaissance Florence* (New York, 1980); V. Breidecker, *Florenz, oder: "Die Rede, die zum Auge spricht": Kunst, Fest und Macht im Ambiente der Stadt* (Munich, 1990; 2d ed. 1992).

(50) 総じて下記の文献を参照せよ．Herde, "Politik und Rhetorik"; H. Baron, *In Search of Florentine Civic Humanism*, 2 vols. (Princeton, 1988); Witt, *Salutati* and *Hercules*.

(51) E. Walser, *Poggius Florentinus* (Leipzig and Berlin, 1914); Holmes, *Florentine Enlightenment*.

(52) A. Ryder, "Antonio Beccadelli: A Humanist in Government," *Cultural Aspects of the Italian Renaissance: Essays in Honour of Paul Oskar Kristeller*, ed. C. H. Clough (Manchester and New York, 1976), 123-40; J. Bentley, *Politics and Culture in Renaissance Naples* (Princeton, 1987).

(53) V. de Matteis, s.v. Stefano Fieschi in *Dizionario biografico degli italiani* を参照せよ (参考文献もある).

(54) たとえば，1444年のアリオッティのバルトロメオ・ザバレッラ宛書簡を参照せよ．G. Aliotti, *Epistolae et opuscula*, ed. G. M. Scarmalius, 2 vols. (Arezzo, 1769), I, 96.「わたしが教皇庁を離れたがるのには多くの理由がある．たとえば，もしあなたが心の平和と安寧を望み，無垢に暮らし，あなたの良心に恥じることなく公正でありたいと願うならどうだろう．あなた

はここでは平和など見つからない．なぜならここには平和はなく，喧嘩が絶え間なく起こり，訴訟騒ぎの雑音が絶え間なく耳に飛び込んでくるからである．あなたが余暇を研究に捧げることを望んだとしても，この雑音と喧騒の中に，いかなる余暇がありえるだろう．あなたが名誉を望み，より高みにあるものを手に入れようと望むなら，それは野心という悪徳である．そして野心は理性によって抑制されなければならない．さらに加えてこの場合，あなたは，生まれの卑しい貧乏人にとって，栄光に到達するのが昨今ではいかに困難であるかを知るだろう．とすれば，わたしはこの教皇庁といかなる関係を結べばよいのだろう．教皇庁では知性はまどろみ，感覚は鈍り，時間は浪費される．門の外で待っているだけで余暇はすべて失われるのである」

(55)　1436年6月24日の，ラーポのアンジェロ・ダ・レカナーティ宛書簡（Paris, Bibliothèque Nationale, MS lat. 11388, fol. 27 ro）. 書簡の公刊は，F. P. Luiso. "Studi su l'epistolario e le traduzioni di Lapo da Castiglionchio iuniore," *Studi italiani di filologia classica* 8（1899), 205-99 at 229.

(56)　1436年6月16日の，ラーポのアンジェロ・ダ・レカナーティ宛書簡（ibid., 24 ro）．公刊は，Luiso, 227.

(57)　1435年後半の，ラーポのミラノ公宛書簡（ibid., 37 vo.）.

(58)　この引用については，マヌエル・クリソロラス宛書簡の中で，ヤコポ・アンジェリによって書かれた鮮明な記述を参照せよ．L. Dati, *Epistolae xxxiii*, ed. L. Mehus（Florence, 1743), 61-95, 67-70.

(59)　総じてHolmes, *Florentine Enlightenment*を，さらにまた今なお古典的なポッジョの伝記，Walser, *Poggius Florentinus*, chaps. 5-8を参照せよ．

(60)　Poggio Bracciolini, *Facetiae*, ed. and tr. M. Ciccuto（Milan, 1983), 406-408.

(61)　1452年5月4日のポッジョ・ブラッチョリーニとトレビゾンドのゲオルギオスとの間の高名な論争の詳細については，J. Monfasani, *George of Trebizond*（Leiden, 1976), 109-11.

(62)　総じてF. Rico, *Nebrija frente a los bárbaros*（Salamanca, 1978）を，さらにまた，S. Rizzo, "Il latino nell'Umanesimo," *Letteratura italiana*, ed. A. Asor Rosa, V: *Le questioni*（Turin, 1986), 379-408を参照せよ．個別研究については，B. L. Ullman, *The Humanism of Coluccio Salutati*（Padua, 1963), chap. 7. 近代世界における，後のラテン語の歴史については，F. Waquet, *Le latin ou l'empire d'un signe, XVI*[e]*-XX*[e] *siècle*（Paris, 1998).

(63)　R. L. Kaster, *Guardians of Language*（Chicago and London, 1986).

(64)　L. B. Alberti, *The Family in Renaissance Florence*, tr. R. N. Watkins（Columbia, S.C., 1969), 82. テクスト原文は，*Opere volgari*, ed. Grayson, I, 71. Cf. C. Grayson, "'Cartule e gregismi' in L. B. Alberti," *Lingua nostra* 13（1952), 105-106, repr. in C. Grayson, *Studi su Leon Battista Arberti*, ed. P. Claut（Florence, 1998), 45-46. さらにまた，G. Billanovich, "Leon Battista Alberti, il *Grecismus* e la *Chartula*," in *Lingua nostra*, 15（1954), 70-71.「カルトゥーラ」はテクストブックとして広く用いられた詩のことである．「グレキスムス」はベテューンのエーベルハルトの手になる文法書のことである．

(65)　R. Pfeiffer, "Küchenlatein," *Philologus* 86（1931）455-59, reprinted in Pfeiffer, *Ausgewählte Schriften*, ed. W. Bühler（Munich, 1960), 183-87.

(66)　J. Perry, "A Fifteenth-Century Dialogue on Literary Taste: Angelo Decembrio's Account of Playwright Ugolino Pisani at the Court of Leonello d'Este," *Renaissance Quarterly* 39（1986), 613-34.

(67) M. Baxandall, "Bartholomaeus Facius on Painting. A Fifteenth-Century Manuscript of the *De viris illustribus*," *Journal of the Warburg and Courtauld Institutes* 27 (1964), 90-107.

(68) S. Rizzo, "Il latino del Petrarca nelle *Familiari*," *The Uses of Greek and Latin: Historical Essays*, ed. A. C. Dionisotti et al. (London, 1988), 41-56.

(69) Nolhac, *Pétrarque et l'humanisme*, II, 92. クィンティリアヌスは『弁論家の教育』(*Institutio oratoria*, X.iii.32-33) の中で,「校訂における手抜き (*pigritiam emendandi*)」を生じさせうる空白部分の欠落について警告した.「経験からたいそう真実である (*Verissimum et expertum*)」と書いたペトラルカの記述は, Paris, Bibliothèque Nationale, MS lat. 7720, fol. 91 versoにある.

(70) ペトラルカのドナート・デリ・アルバンツァーニ宛書簡については, *The Renaissance Philosophy of Man*, ed. E. Cassirer, P. O. Kristeller, and J. H. Randall (Chicago and London, 1948), 48. ここでペトラルカはスエトニウスの『ネロ』(Suetonius, *Nero*, 52) を引用している. テクスト原文については, Petrarch, *Le traité de sui ipsius et multorum ignorantia*, ed. L. M. Capelli (Paris, 1906), 16. 2つの直筆写本が現存し, いずれもペトラルカが記述した訂正を含んでいる. 下記の文献をも参照せよ. P. Rajna, "Il codice Hamiltoniano 493 della R. Biblioteca de Berlino," *Rendiconti dell'Accademia dei Lincei*, 5th ser., 18 (1909), 479-508.

(71) Ullman, *Salutati*, 22. さらにまた同著者の, *Studies in the Italian Renaissance* (Rome, 1955), 241.

(72) F. Biondo, *Scritti inediti o rari*, ed. B. Nogara (Vatican City, 1927), 146-47.

(73) Pius II, *Memoirs of a Renaissance Pope*, tr. F. A. Gragg, ed. L. C. Gabel (New York, 1959), 323. ピウスはこう省察を続けている.「わたしたちと同じことを語る人もおそらくいるだろう. そしてそれは正しいのである. なぜなら, たとえわたしたちの書くものが真実であっても, 重要なものも重要でないものも同じように並べ立てたなら, わたしたちから雄弁は失われてしまうし, その結果として, 粗野でまとまりを欠く物語を作り出してしまうことになるからである. おそらくいつか誰かが, ビオンドの書いたものに光を照らしてくれるだろう. そうすればわたしたちはそれを組み立て直し, 他の人々の苦労の成果を刈り取ることになるだろう」. 実際, ピウスの『回想録 (*Commentarii*)』は, この領域の専門家のひとりであるジャンナントニオ・カンパーノによる, 事後の編集判断に委ねられた. カンパーノはこの教皇の雄弁に満足したと告白している. 彼の判断については, Campano, *Opera* (Venice, 1502), II, fols. II recto-III verso, reprinted in *Epistolae et poemata*, ed. J. B. Mencke (Leipzig, 1707), 1-13. なかんずく, 彼の結論を参照せよ.「わたしは余分に見えるものを取り除くこと, 混乱したように見えるものを修正すること, 曖昧に示されたように見えるものを明確化する権限を与えられた. しかし, テクスト全体はとても優雅で上品であり, その特質を改善するための外的な修正を施す必要はないし, そればかりか, それを模倣せんとするあらゆる人を絶望させることだろう」

(74) 1437年4月8日の, ラーポのビオンド宛書簡を参照せよ. M. Regoliosi, "'Res gestae patriae' e 'res gestae ex universa Italia': La lettera di Lapo da Castiglionchio a Biondo Flavio," *La memoria e la città*, ed. C. Bastia and M. Bolognani (Bologna, 1995), 273-305, at 292-93. この版本は下記の以前の版本, M. Miglio, *Storiografia pontifica del Quattrocento* (Milan, 1975), 189-201を超えているとはいえ, ミリオの註解 (31-59) はなお重要である.

(75) E. H. Gombrich, "From the Revival of Antiquity to the Reform of the Arts: Niccolò Niccoli and Filippo Brunelleschi," *Essays in the History of Art Presented to Rudolf Wittkower*, ed. D. Fraser

et al. (London, 1967), 71-82, reprinted in E. H. Gombrich, *The Heritage of Apelles* (Ithaca, 1976), 93-110.

(76) L. Valla, *De voluptate*, ed. M. Panistella Lorch (1977), 188-90.

(77) Tacitus, *De oratoribus*, 2-3.

(78) *Texts and Transmission*, ed. L. D. Reynolds (Oxford, 1983), 410-11; P. Burke, "Tacitism," in *Tacitus*, ed. T. A. Dorey (New York, 1969), 149-71; K. C. Schellhase, *Tacitus in Renaissance Political Thought* (Chicago and London, 1976).

(79) P. Stadter, "Niccolò Niccoli: Winning Back the Knowledge of the Ancients," *Vestigia: Studi in onore di Giuseppe Billanovich*, ed. R. Avesani et al. (Rome, 1984), II, 747-64. さらにまた，B. L. Ullman and P. A. Stadter, *The Public Library of Renaissance Florence* (Padua, 1972); E. Garin, *La biblioteca di San Marco* (Florence, 1999).

(80) たとえば，J. Alsop. *The Rare Art Traditions* (New York, 1982), 322-36.

(81) Vespasiano, "Vita di Niccolò Niccoli," *Vite di uomini illustri del secolo XV* (Florence, 1938).

(82) M. C. Davies, "An Emperor Without Clothes? Niccolò Niccoli Under Attack," *Italia Medioevale e Umanistica* 30 (1987), 95-148.

(83) L. Bruni, *Dialogi ad Petrum Paulum Histrum*, ed. S. U. Baldassari (Florence, 1994), 254-55 (翻訳については，*The Humanism of Leonardo Bruni: Selected Texts*, ed. and tr. G. Griffiths, J. Hankins, and D. Thompson [Binghamton, N.Y., 1987], 73). この多くの論争を生んだテクストの解釈についてはとりわけ，D. Quint, "Humanism and Modernity: A Reconsideration of Bruni's *Dialogus*," *Renaissance Quarterly* 38 (1985), 423-45.

(84) フィレンツェ人文主義に関する，もっとも偉大な研究者のひとりであるハンス・バロンは，その解釈作業の多くの部分の基盤に以下のような仮説を置いた．それによれば，ブルーニは『対話集』の序文と第1書を執筆した後，政治と文化をめぐる重要な諸問題についての考え方を変え，第2書は彼の新しい見解を表明している．たとえば下記の著作を参照せよ．Hans Baron, *The Crisis of the Early Italian Renaissance*, 2 vols. (Princeton, 1955; 2d ed., Princeton, 1966); *From Petrarch to Leonardo Bruni* (Chicago, 1968); *In Search of Florentine Civic Humanism*, 2 vols. (Princeton, 1988). より近年の研究は，ブルーニはこの作品全体をひとつの哲学的・文学的統合体として構成したことを明らかにしている．Quint, "Humanism and Modernity"; L. B. Mortensen, "Leonardo Bruni's *Dialogus*: A Ciceronian Debate on the Literary Culture of Florence," *Classica et Mediaevalia* 37 (1986), 259-302. バルダッサーリによる前掲版本 (*Dialogi*) の序文をも参照せよ．さらにまた研究史の概観と鋭い洞察をなすものとして，J. Hankins, "The 'Baron Thesis' after Thirty Years and Some Recent Studies of Leonardo Bruni," *Journal of the History of Ideas* 56 (1995), 309-38.

(85) 引用は，*Renaissance Princes, Popes and Prelates*, ed. M. P. Gilmore, tr. W. George and E. Waters (New York, Evanston, and London, 1963), 400による．ただし翻訳は変更した．テクスト原文については，Vespasiano, *Vite*, 501.

(86) Poggio Bracciolini, *De infelicitate principum*, ed. D. Canfora (Rome, 1999), chap. 17, 13. 下記の文献を参照せよ．H. Harth, "Niccolò Niccoli als literarischer Zensor: Untersuchungen zur Textgeschichte von Poggios *De avaritia*," *Rinascimento* NS 7 (1967), 29-53 at 29-30; G. Germano, "Nota critica al testo," in Poggio Bracciolini, *Dialogus contra avaritiam*, ed. G. Germano (Livorno, 1994). これは十全な研究を約束するものになっている．

(87) この対話篇とその文脈については，下記の英訳版とその序文，その他を参照せよ．B. G. Kohl and R. W. Witt, *The Earthly Republic* (Philadelphia, 1978); Walser, *Poggius Florentinus*, 110-34; H. Baron, “Franciscan Poverty and Civic Wealth as Factors in the Rise of Humanistic Thought,” *Speculum* 13 (1938), 1-37, その増補改訂として，*In Search of Florentine Civic Humanism*, I, chaps. 7-9; D. Marsh, *The Quattrocento Dialogue* (Cambridge, Mass., 1980); J. W. Oppel, “Poggio, San Bernardino of Siena and the Dialogue *On Avarice*,” *Renaissance Quarterly* 30 (1977), 564-87; H. M. Goldbrunner, “Poggios Dialog über die Habsucht. Bemerkungen zu einer neuen Übersetzung,” *Quellen und Forschungen aus italienischen Archiven und Bibliotheken* 59 (1979), 436-52.

(88) 1429年6月10日の，ポッジョのニッコリ宛書簡を参照せよ．*Two Renaissance Book Hunters*, ed. and tr. P.W.G. Gordan (New York and London, 1974), 142-46 at 143, 145 (翻訳は変更した)．テクスト原文については，Poggio Bracciolini, *Epistole*, ed. H. Harth, 3 vols. (Florence, 1984-87), I, 115-18 at 115, 118. アルベルティの出入りしたサークルのもうひとりのメンバー，アンブロージョ・トラヴェルサーリもまた，若い著作者たちの求めに応じてラテン語のテクストを「校訂」した．たとえば1432年3月16日の，トラヴェルサーリのニッコリ宛書簡を参照せよ．*Latinae epistolae*, ed. L. Mehus (Florence, 1759; repr. Bologna, 1968), VIII.1, 350-51.

(89) 1437年4月8日の，ラーポのフラヴィオ・ビオンド宛書簡については，Regoliosi, “‘Res gestae patriae,’” 292-93. 1443年5月23日の，レオナルド・ダーティのトンマーゾ・チェッフィ宛書簡については，Dati, *Epistolae xxxiii*, ed. L. Mehus (Florence, 1743), 22-25 (たとえば，特徴的な言及として，p.25にこうある．「もっとも，あなたならこう語るだろう．ダーティは誰のことについても何も考えない，と．しかしあなたは間違っている」)．1432年3月16日の，トラヴェルサーリのニッコリ宛書簡をも参照せよ．*Latinae epistolae*, ed. Mehus, VIII.1, 351.

(90) ギリシア文学に関するアルベルティの知識の程度――そして彼のギリシア語力――は，いまだに明確ではない．アルベルティは通常はギリシア語から新たにラテン語に翻訳されたものを利用していた．このことはD・マーシュの，15世紀におけるアルベルティその他のルキアノス読者および再利用者たちについての詳細な研究で明らかにされている．D. Marsh, *Lucian and the Latins* (Ann Arbor, 1998)．アルベルティのギリシア文学についての知識は，大規模なものではなく，主として翻訳に基づいていたことを示すさらなる証拠については，L. Bertolini, “*Grecus sapor*” (Rome, 1998).

(91) L. B. Alberti, *Vita S. Potiti e Musca*, ed. C. Grayson (Florence, 1954)．ルネサンスにおけるルキアノスについては，C. F. Robinson, *Lucian* (London, 1979); E. Mattioli, *Luciano e l'umanesimo* (Naples, 1980)．さらに何よりも，Marsh, *Lucian*.

(92) この「病める者」からの2つの引用は，L. B. Alberti, *Dinner Pieces*, tr. D. Marsh (Binghamton, N.Y., 1987), 116, 119. テクスト原文の公刊は，*Intercenali inedite*, II, ed. E. Garin (Florence, 1965).

(93) この点についてはとりわけ，Baron, *In Search of Florentine Civic Humanism*, chaps. 7-9.

(94) Kohl and Witt, *Earthly Republic*を参照せよ．

(95) これら2つの引用は，Alberti, “Wealth,” *Dinner Pieces*, tr. Marsh, 52-53, 175-76. アルベルティの政治的保守主義については，Marsh's notes, 239, 241, 257.

(96) これらの引用は，Alberti, “Garlands,” in ibid., 103, 211-12, 217; cf. p. 232 n. 4. アルベルティのプルタルコスからの引用については，D. Marsh, “Textual Problems in the *Intercenales*,”

Albertiana 2 (1999), 125-35 at 133-35.

(97) 下記の文献を参照せよ．Alberti, *De commodis*, ed. Goggi Carotti, 42 and n. 15; Alberti, *Dinner Pieces*, tr. Marsh, 35; Alberti, *Apologhi ed elogi*, ed. R. Contarino (Genoa, 1984), 46. さらにまた，"Leon Battista Alberti, *Philodoxeos fabula*. Edizione critica a cura di Lucia Cesarini Martinelli," *Rinascimento*, 2d ser., 17 (1977), 111-234 at 147. その『フィロドクススの物語』の「覚書」（コメンタリウム）において，アルベルティは自らのテクストに施した修正の過程をこう記述している．「しかし，哲学研究に基づいて再検討され，さらにわたしの施した校訂によって磨き上げられ，正確なものとなった（*Cum autem ad hec studia philosophie rediissem, hec fabula elimatior et honestior mea emendatione facta.*）」

(98) これらの引用は，Alberti, *Dinner Pieces*, tr. Marsh, 127, 98-125, 67; cf. G. Ponte, "Lepidus e Libripeta," *Rinascimento* 12 (1972) 237-65, 66-69. さらにまた，R. Fubini and A. Menci Gallorini, "L'autobiografia di Leon Battista Alberti: Studio e edizione," *Rinascimento*, 2d ser., 12 (1972), 21-78 at 70には，「彼は，彼の著作を誹謗した者たちに対して，彼らがその意見を彼に面と向かって伝える限りは感謝し，彼の著作をより滑らかにし，彼らの教えによって訂正することができるようになったとして，彼らの努力に謝意を表した」とある．

(99) 1433年頃の，アルベルティのバルトロメオ・ダル・ポッツォ宛書簡を参照せよ．*Opera inedita et pauca separatim impressa*, ed. G. Mancini (Florence, 1890), 272-77.

(100) Poggio, *De varietate fortunae*, in *Visitiamo Roma nel Quattrocento*, ed. C. D'Onofrio (Rome, 1989)．さらに本書第7章を参照せよ．

(101) Alberti, *Vita Potiti*, ed. Grayson; cf. R. Weiss, *The Renaissance Discovery of Classical Antiquity* (Oxford, 1988); E. Cochrane, *Historians and Historiography in Renaissance Italy* (Chicago and London, 1981).

(102) Alberti, *Vita Potiti*, ed. Grayson, 63-64.

(103) *Dizionario biografico degli Italiani*, s.v. Leonardo Dati, by R. Ristoriを参照せよ．

(104) Cochrane, *Historians*を参照せよ．

(105) これら『聖ポティトゥス伝』からの6つの引用は，Alberti, *Vita Potiti*, ed. Grayson, 86, 87, 65, 66, 70.

(106) 総じて下記の文献を参照せよ．G. Nadel, "Philosophy of History before Historicism," *History and Theory* 3 (1964), 291-315; R. Landfester, *Historia magistra vitae* (Geneva, 1972); M. Miglio, *Storiografia pontificia del Quattrocento* (Bologna, 1975); R. Koselleck, "Historia magistra vitae: Über die Auflösung des Topos im Horizont neuzeitlich bewegter Geschichte," *Vergangene Zukunft* (Frankfurt, 1984), 38-66; E. Kessler, "Das rhetorische Modell der Historiographie," *Formen der Geschichtsschreibung*, ed. R. Koselleck et al. (Munich, 1982), 37-85. より広範な文脈については，Cochrane, *Historians*.

(107) たとえば，M. Carruthers, *The Book of Memory* (Cambridge, 1990); J. Hamburger, *The Visual and the Visionary* (New York, 1998); P. Tinagli, *Women in Italian Renaissance Art* (Manchester, 1997), chap. 5.

(108) Alberti, *Vita Potiti*, ed. Grayson, 83, 引用は72.

(109) 本書第5章を参照せよ．

(110) 引用は，Alberti, *Vita Potiti*, ed. Grayson, 78-79, 88.

(111) 本書第5章を参照せよ．

(112) Baxandall, *Giotto and the Orators*; cf. C. Smith, *Architecture in the Culture of Early Humanism* (New York, 1992).

(113) これら「絵画」からの3つの引用は，Alberti, *Dinner Pieces*, tr. Marsh, 56, 54, 57.

第3章

(1) アルベルティのブルネレスキ宛書簡は，フィレンツェ国立図書館にある（Florence, Biblioteca Nazionale, Cod. II. IV. 38, fols. 120 recto-136 verso）．これはイタリア語版の『絵画論』を含む4つの写本のうちのひとつでもある．イタリア語のテクストは（末尾のアルベルティの註記によれば）1436年7月17日に完成した（L. B. Alberti, *Opere volgari*, ed. C. Grayson [Bari, 1960-73], III, 299）．アルベルティは『絵画論』自体を——今日ヴェネツィアのマルチアーナ図書館にある，キケロの『ブルートゥス』の写本に記しているように（Venice, Biblioteca Marciana, Cod. Lat. 67, cl. XI）——1435年8月26日に完成させた．この書き込みには，“Die Veneris ora xx 3/4 quae fuit dies 26 Augusti 1435 complevi opus de Pictura Florentiae”，すなわち「1435年8月26日，金曜日，xx 3/4時，フィレンツェの絵画についての作品を完成する」とある．これはラテン語版，イタリア語版いずれのことなのかは分からない（ibid., 305）．しかしアルベルティが1435年頃までにいずれかの言語でテクストを著し，1年以内にイタリア語版を完成していたことは明らかである．大多数のラテン語版写本は，アルベルティが1440年代初頭に完成した改訂版に由来している．

(2) 大多数の研究者たちの受け入れている見解は，アルベルティは1435年までにラテン語のかたちで『絵画論』を完成し，やがてフィリッポ・ブルネレスキに献呈した1436年7月以前にイタリア語のかたちで『絵画論』を完成させたというものである．こうした点については，C. Grayson, “Studi su Leon Battista Alberti,” *Rinascimento* 4 (1953), 45-62 at 54-62, and “The Text of Alberti's *De pictura*,” *Italian Studies* 23 (1968), 71-92. 両者とも下記のグレイソンの著作に再録されている．*Studi su Leon Battista Alberti*, ed. P. Claut (Florence, 1999) 57-66, 245-69. 刺激に満ちた反論は，M. Picchio Simonelli, “On Alberti's Treatises of Art and their Chronological Relationship,” *Yearbook of Italian Studies* (1971), 75-102. 論者はイタリア語版の優先性を示そうとしているものの，イタリア語のそれをラテン語からの翻訳だと見る下記のN・マラスキオの詳細なテクスト分析ほど一般に受け入れられてはいない．N. Maraschio, “Aspetti del bilinguismo albertiano nel *De pictura*,” *Rinascimento*, 2d ser., 12 (1972), 183-228. ごく近年のものとして，J. M. Greenstein, *Mantegna and Painting as Historical Narrative* (Chicago and London, 1992), 235-36 n. 1; J. M. Greenstein, “On Alberti's ‘Sign’: Vision and Composition in Quattrocento Painting,” *Art Bulletin* 79 (1997), 669-98 at 669. 異なる定式化としては，D. Rosand, “*Ekphrasis* and the Renaissance of Painting: Observations on Alberti's Third Book,” *Florilegium columbianum*, ed. K.-L. Selig and R. Somerville (New York, 1987), 147-63 at 147 n. 1. しかしL・ベルトリーニの指摘した「研究の現状」（スタトゥス・クアエスティニス）に関する要約は，堅固ないくつかの内的証拠によって，イタリア語テクストの優先性は支持されると強調している．*Leon Battista Alberti*, ed. J. Rykwert and A. Engel (Milan, 1994), 423-24を参照せよ．

(3) イタリア語テクストについては，L. B. Alberti, *On Painting and On Sculpture*, ed. C. Grayson. (London, 1972), 32. これは下記のものにも見出されよう．Alberti, *Opere volgari*, ed. Grayson, III, 7-8. 英訳テクストについては，Alberti, *On Painting and On Sculpture*, ed. Grayson, 33（翻訳は変更した）．

(4) Pliny, *Ep*., 6.21.1-3.「わたしは――何人かの人たちのように――われわれ自身の時代の知的な人々を侮蔑することなく，いにしえの人々を礼賛する者のひとりです．自然は，いわば疲弊していて，今日賞賛に値するものを何も生み出さないというのは真実ではないのです．たとえば最近，わたしの聞いたところによると，ウェルギリウス・ロマヌスはいにしえの喜劇に基づく喜劇を朗読していて，わずかな聴衆に，それも将来は手本として役立ちうるほど非常によくできていると言ったそうです」

(5) Lucretius, *De rerum natura*, 2.1150-53.

(6) この点については，J. Bialostocki, "The Renaissance Concept of Nature and Antiquity," *The Renaissance and Mannerism: Studies in Western Art. Acts of the Twentieth International Congress of the History of Art*（Princeton, 1963), II, 19-30, esp. 20. アルベルティは自然という言葉を創造ばかりでなく，「芸術作品の成長同様に，人間や動物，植物の生命を導き支配する生ける力」を意味するという，積極的な意味で用いている．さらにまた，H. W. Janson, *Apes and Ape Lore in the Middle Ages and the Renaissance*（London, 1952), chap. 10.

(7) この点についてはとりわけ，E. H. Gombrich, "A Classical Topos in the Introduction to Alberti's *Della Pittura*," *Journal of the Warburg and Courtauld Institutes* 20（1957), 173. さらにこの一節のきわめて詳細な検討として，C. Smith, *Architecture in the Culture of Early Humanism*（New York, 1992). アルベルティはマヌエル・クリソロラスに負うているというスミスの議論は，堅固なテクスト上の依存関係に基づく証拠ではなく，この事例を証明するわけではない漠たる類縁に基づいている．しかし彼女の全テクストをめぐる詳細な解釈は，たとえ確実でないときでさえ価値ある研究となっている．

(8) この点については，Smith, *Architecture*, 22-23.

(9) 本書第2章を参照せよ．

(10) C. W. Westfall, "Painting and the Liberal Arts: Alberti's View," *Journal of the History of Ideas* 30（1969), 487-506. なおギルドの制約からの自由という主張の生じた宮廷の文脈については，M. Warnke, *Der Hofkünstler: Zur Vorgeschichte des modernen Künstlers*（Cologne, 1985), 63.

(11) この点については，A. Manetti, *The Life of Filippo Brunelleschi*, ed. H. Saalman, tr. C. Enggass（University Park and London, 1970), 38-39.

(12) J. Burckhardt, *Die Baukunst der Renaissance in Italien*（Darmstadt, 1955), 19. ここでアルベルティに対して簡潔に行なわれたブルクハルトのアプローチは，後代のいくつかの著作で発展させられた．たとえば，ごく近年のスミスの著書同様，古典であるにもかかわらず今日広く忘れられてしまっている，L. Olschki, *Geschichte der neusprachlichen wissenschaftlichen Literatur*, I: *Die Literatur der Technik und der angewandten Wissenschaften vom Mittelalter bis zur Gegenwart*（Heidelberg, 1919）45-88.

(13) Paris, Bibliothèque Nationale, MS fr. 19093, fols. 6 recro, 9 verso, 15 verso, 24 recto, 24 verso. 図版については，*Carnet de Villard de Honnecourt*, ed. A. Erlande-Brandenbourg, R. Pernoud, J. Gimpel, and R. Bechmann（Paris, 1986; repr. 1994), plates 11, 18, 30, 47-48.

(14) Ibid., fol. 15 verso（plate 29); cf. fol. 5 recto（plate 9）．ヴィラールの用語法の重要性については，E. Panofsky, *Gothic Architecture and Scholasticism*（New York, 1957), 87.

(15) Paris, Bibliothèque Nationale, MS fr. 19093, fol. 1 verso（Villard, *Carnet*, plate 2).

(16) J. Gimpel, *La révolution industrielle au Moyen Age*（Paris, 1975).

(17) 古典的な論考として，L. White, "Medical Astrologers and Late Medieval Technology,"

Viator 6 (1975), 295-308. また近年の見事な総合として，P. Long, "Power, Patronage and the Authorship of *Ars*: From Mechanical Know-How to Mechanical Knowledge in the Last Scribal Age," *Isis* 88 (1997), 1-41. 歴史的な概観については，H. Vérin, *La gloire des ingénieurs* (Paris, 1993). またエンジニアの手になる写本のさらなる研究として，下記の文献を挙げておく．B. Gilles, "Etudes sur les manuscrits d'ingénieurs du xve siècle: Le manuscrit de la guerre hussite," *Techniques et civilisations* 5 (1956), 77-86; Gilles, *Engineers of the Renaissance* (Cambridge, Mass., 1966); B. Hall, *The Technological Illustrations of the so-called "Anonymous of the Hussite Wars": Codex Latinus Monacensis 117, part 1* (Wiesbaden, 1979).

(18) *Prima di Leonardo: Cultura delle macchine a Siena nel Rinascimento*, ed. P. Galluzzi (Milan, 1991). さらにまた，J. J. Berns, *Die Herkunft des Automobils aus Himmelstrionfo und Höllenmaschine* (Berlin, 1996).

(19) *Two Memoirs of Renaissance Florence*, ed. G. Brucker, tr. J. Martines (New York, Evanston, and London, 1967), 78-79. そのテクスト原文については，*Bullettino dell'Istituto Storico Italiano* 92 (1985) の，L・パンディミリオによる版を参照せよ．なお優れた事例研究として，N. Adams, "Architecture for Fish: The Sienese Dam on the Bruna River — Structures and Designs, 1468-ca. 1530," *Technology and Culture* 25 (1984), 768-97.

(20) この点については，Vérin, *La gloire*, 19-42. さるルネサンスのエンジニアによる，自らの技術品を学芸の探求と関連づけたやり方の事例研究として，L. Makkai, "De Taccola à Vercanzio. L'ingénieur de la Renaissance en Hongrie," *Mélanges en l'honneur de Fernand Braudel* (Toulouse, 1973), I, 337-47.

(21) S. P. Lambros, "Ipomnima tou Kardinaliou Vissarionos eis Konstantinon ton Palaiologon," *Neos Hellinomnimon* 3 (1906) 12-50 at 26. その翻訳と広範な文脈の検討については，C. Cipolla, *Clocks and Culture 1300-1700* (New York, 1967), 27; cf. I. Sevcenko, "The Decline of Byzantium seen through the eyes of its Intellectuals," *Dumbarton Oaks Papers* 15 (1961), 167-86.

(22) この点については，C. Cipolla, *Guns and Sails in the Early Phase of European Expansion* (London, 1963); B. Hall, *Weapons and Warfare in Renaissance Europe* (Baltimore, 1997).

(23) M. Taccola, *De rebus militaribus*, ed. and tr. E. Knobloch (Baden-Baden, 1984), 62-63; C. Kyeser, *Bellifortis*, ed. G. Quarg (Düsseldorf, 1967).

(24) アルベルティ自身の技能のリストは，彼を美術家やエンジニアの世界と結びつけて見られうるものだったというほぼ同時期の証拠については，ウィトルウィウスを踏襲しつつおそらく1450年頃に記された，ギベルティの似たようなリストを参照せよ．「彫刻家や画家にあって，以下のような自由学芸の堅固な知識を持っているのは適切である．すなわち，文法，幾何学，哲学，医学，占星術［天文学と占星術］，透視画法［光学と透視画法］，歴史，解剖学，理論，素描，算術」．*I commentarii*, ed. L. Bartoli (Florence, 1998), 46. ウィトルウィウスのリストはやや異なっていた．すなわち素描，幾何学，歴史，哲学，音楽，医学，法学，占星術と天文学である (*De architectura* 1.1.3).

(25) E. Panofsky, "Artist, Scientist, Genius: Notes on the 'Renaissance-Dämmerung,'" *The Renaissance: A Symposium* (New York, 1953), 77-93.

(26) 総じて，Warnke, *Der Hofküunstler*を参照せよ．ただし重要な制約については，E. S. Welch, *Art and Authority in Renaissance Milan* (New Haven and London, 1995), pt. 5.

(27) C. Ginzburg, *Jean Fouquet: Ritratto del buffone Gonella* (Modena, 1996).

（28） Taccola, *De rebus bellicis*. カラー図版は，*Prima di Leonardo*, ed. Galluzzi, III.b.15.

（29） 総じて，P. Panza, *Leon Battista Alberti: Filosofia e teoria dell'arte*（Milan, 1994), 99-112を参照せよ．

（30） R. Fubini and A. Menci Gallorini, "L'autobiografia di Leon Battista Alberti: Studio e edizione," *Rinascimento*, 2d ser., 12（1972), 72, 77. 翻訳は，R. N. Watkins, "L. B. Alberti in the Mirror: An Interpretation of the *Vita* with a New Translation," *Italian Quarterly* 30（1989), 5-30.

（31） たとえば，W. Newman, "Alchemical and Baconian Views on the Art/Nature Division," *Reading the Book of Nature: The Other Side of the Scientific Revolution*, ed. A. Debus and M. Walton（Kirksville, Missouri, 1998), 81-90.

（32） Roger Bacon, *Opus maius*, I.10, ed. J. H. Bridges（Oxford, 1897), I, 23. この一節の十全な翻訳は，Bacon, *Opus majus*, tr. R. B. Burke（Philadelphia, 1928), I, 25. テクストで引用した一節は，Vérin, *La gloire*, 47でも引用されている．しかし彼女は，「単純な人々や無知だと思われる人々はしばしば，アリストテレスが睡眠と覚醒に関する第2書で示しているように，学識者の留意しない重要な事実を知っている」という，ベーコンの留意には言及していない．

（33） 16世紀を通して，ヤン・ファン・デル・ストラート〔ジョヴァンニ・ストラダーノ〕やジュゼッペ・アルチンボルドのような芸術家，また「驚異の陳列室」（クンスト・ウント・ヴンダーカンメルン）の組織者たちは，テクノロジカルな進歩を視覚表象する方途を考案することになる．この点については，U. Bernsmeier, *Die Nova Reperta des Jan van der Straet*（Diss. Hamburg, 1986); T. DaC. Kaufmann, "'Ancients and Moderns' in Prague: Arcimboldo's Drawings for Silk Manufacture," *Leids Kunsthistorisch Jaarboek* 2（1983［1984]), 179-207, repr. in T. DaC. Kaufmann, *The Mastery of Nature*（Princeton, N.J., 1993), 151-73; H. Bredekamp, *Antikensehnsucht und Maschinenglauben*（Berlin, 1993), tr. with corrections by A. Brown as *The Lure of Antiquity and the Cult of the Machine*（Princeton, 1995).

（34） こうした伝統については，W. Van Egmond, *Practical Mathematics in the Italian Renaissance: A Catalog of Italian Abbacus Manuscripts and Printed Books to 1600*（Florence 1980); F. J. Swetz, *Capitalism and Arithmetic*（La Salle, I11., 1987; repr. 1989); I. Rowland, "Abacus and Humanism," *Renaissance Quarterly* 48（1995), 695-727.

（35） 下記の見事な分析を参照せよ．P. Souffrin, "*La geometria practica* dans les *Ludi rerum mathematicarum*," *Albertiana* 1（1998), 87-104.

（36） この点については，L. B. Alberti, *Ludi rerum mathematicarum*, in *Opere volgari*, ed. Grayson, III, 135（「ここで図に見られるように（*come qui vedete la pittura*）」とある）and *passim*.

（37） L. B. Alberti, *De commodis litterarum atque incommodis*, ed. L. Goggi Carotti（Florence, 1976), 88.

（38） *Prima di Leonardo*, ed. Galluzzi, I.b.1. フォンターナについてはとりわけ，E. Battisti and G. Saccaro Battisti, *Le macchine cifrate di Giovanni Fontana*（Milan, 1984).

（39） Albetri, *Opere volgari*, ed. Grayson, III, 163-66.

（40） 本書第7章を参照せよ．

（41） この点については，*Prima di Leonardo*, ed. Galluzzi, II.c.1-2.

（42） この点については，Alberti, *De statua*, 5, in *On Painting and On Sculpture*, ed. Grayson, 122-23.

（43） Alberti, *De pictura*, 19, in *On Painting and On Sculpture*, ed. Grayson, 56（グレイソン版の翻

訳は 55).

(44) Fubini and Menci Gallorini, “L'autobiografia,” 73; Watkins, “L. B. Alberti,” 11.

(45) Cf. Welch, *Art and Authority*.

(46) 近年の2つの検討を参照せよ. H. Rauterberg, *Die Konkurrenzreliefs: Brunelleschi und Ghiberti im Wettbewerb um* die *Baptisteriumtür in Florenz* (Münster, 1996). さらにまた, A. Niehaus, *Florentiner Reliefkunst von Brunelleschi bis Michelangelo* (Munich and Berlin, 1998), 46-60.

(47) G. Pochat, “Brunelleschi and the ‘Ascension’ of 1422,” *Art Bulletin* 60 (1978), 232-34.

(48) G. Dondi dell'Orologio, *Tractatus astrarii*, ed. A. Barzon, E. Morpurgo, A. Petrucci, and G. Francescato (Vatican City, 1960).

(49) たとえば, P. Morel, *Les grottes maniéristes en Italie au XVI*[e] *siècle* (Paris, 1998).

(50) ミュンヘンのclm 197 II, 107 versoにあるこの一節は, しばしば公刊されてきた. F. Prager, “A Manuscript of Taccola, Quoting Brunelleschi, on Problems of Inventors and Builders,” *Proceedings of the American Philosophical Society* 112 (1968), 131-49; M. Taccola, *Liber tertius de ingeneis ac edifitiis non usitatis*, ed. J. H. Beck (Milan, 1969), 15; B. Degenhart and A. Schmitt, with H.-J. Eberhardt, *Corpus der italienischen Zeichnungen 1300-1450*, Teil II: *Venedig, Addenda zu Süd-* und *Mittelitalien*, 4: *Katalog 717-719, Mariano Taccola* (Berlin, 1982), 121 n. 14. さらにまた, 写本全体のファクシミリ版中の, F. Prager, G. Scaglia, and U. Montag (Wiesbaden, 1984), 134-35.

(51) Taccola, *De rebus militaribus*, ed. Knobloch, 121 (見張り台のある船について):「上述の船は, 海戦での訓練や経験を積んだ人ならこの図を見てすぐ分かるように, 敵に対する海戦において戦いの役に立つ (*ac dicte naves in bello marino sunt preliabiles contra hostes tuos prout facile in designo cernitur ab asuetis in guerris marinis expertisque*)」; 159 (見張り台のある軍用車について):「軍事に経験があり精通している人には, どんなふうに車と機械が牽引されるかは, 誰しも知っているはずで, 言う必要はまったくない. それらは牛, 水牛, その他の牽引用の動物によって引かれる (*Notandum est/quod expertis ac doctis de rebus militaribus/non opportet dicere cum quibus ducuntur currus ac machine/quod quilibet debet scire/trahuntur a bobus/bubalis et ab aliis iumentis...*)」; 197 (巻き上げ機について):「建築物を作るために貨物を持ち上げるこの図は, 牛あるいは牽引用の動物によって回される様子を描いて見せた場合は別として, これ以上明瞭に描き出すことはできない. 難しい事柄については, 口頭で説明されたい (*Hoc designum pondera levandi/ad opus faciendi/non potest clarius demonstrari/nisi videatur a bove/sic iumentis girari/dificile est quod oretenus declaretur/et cetera*)」

(52) Taccola, *De rebus militaribus*, ed. Knobloch, 368-69. アルベルティの計測の工夫とその文脈については, 豊かな研究としてとりわけ, G. Scaglia, “Instruments Perfected for Measurements of Man and Statues Illustrated in Leon Battista Alberti's *De statua*,” *Nuncius* 8 (1995), 555-96.

(53) Fubini and Menci Gallorini, “L'autobiografia,” 73; Watkins, “L. B. Aiberti,” 12.

(54) Alberti, *Opere volgari*, ed. Grayson, III, 146, 148, 166.

(55) 実演については, Alberti, *De pictura*, 1.19, in *On Painting and On Sculpture*, ed. and tr. Grayson, 55-56 (翻訳は変更した).

(56) 総じて, N. Pastore and E. Rosen, “Alberti and the Camera Obscura,” *Physis* 26 (1984), 259-69を参照せよ.

(57) O. Pächt, “Giovanni da Fano's Illustrations for Basinio's Epos *Hesperis*, with Two

Appendices by A. Campana," *Studi Romagnoli* 2 (1951), 91-112; cf. J.J.G. Alexander in *The Painted Page: Italian Renaissance Book Illumination*, ed. J.J.G. Alexander (Munich and New York, 1994), no. 30, 91. わたしの利用したのは，Bodleian library, MS Canon. Class. Lat. 81である．実のところ，彩飾画は単一の視覚コードに従ってはいない．フィレンツェの見事な光景は，空間や比例関係の一貫したシステムを創出しているというよりは，イタリアのもっとも壮麗な都市の作り出す印象を喚起するために，白大理石の面を，幻覚のようなカリガリ博士の部屋よろしく，並置している．岸辺に野営する軍隊を描いた別の場面もまた，首尾一貫して高い視点を作り出す結果にはなっていない．テントや槍，幟の多様に交差する輪郭は，軍隊の動きと混乱の印象を生み出している．しかしこれらのイメージにおいても，他のもの同様，幻覚じみた効果は擬似大理石の枠のきわめて特異な使用によって強調されている．

(58) この点については，P. Galluzzi, *Renaissance Engineers: From Brunelleschi to Leonardo da Vinci* (Florence, 1996).

(59) Alberti, *Della pittura*, 1.11, in *Opere volgari*, ed. Grayson, III, 26.

(60) S. Y. Edgerton, Jr., *The Renaissance Rediscovery of Linear Perspective* (New York, 1976).

(61) Alberti, *De pictura*, 1.20, in *On Painting and On Sculpture*, ed. Grayson, 56 (グレイソン版の翻訳は57).

(62) Fubini and Menci Gallorini, "L'autobiografia," 73; Watkins, "L. B. Alberti," 11 (翻訳は変更した).

(63) Manetti, *Life of Brunelleschi*, ed. Saalman, tr. Enggass, 42-47 (引用は44-45)．巧妙な復元については，Edgerton, *Renaissance Rediscovery.* さらにまた，M. Kemp, "Science, Non-Science and Nonsense: The Interpretation of Brunelleschi's Perspective," *Art History* 1 (1978), 134-61.

(64) 目下のところ，J.V. Field, *The Invention of Infinity* (Oxford, 1996) を参照せよ．

(65) Manetti, *Life of Brunelleschi*, ed. Saalman, tr. Enggass, 67-69.

(66) F. Prager, "Brunelleschi's Patent," *Journal of the Patent Office Society* 27 (1946), 109-35.

(67) Cf. Long, "Power, Patronage, and the Authorship of *Ars*."

(68) G. Campori, *Artisti degli Estensi: Orologieri, architetti ed ingegneri* (Modena, 1882; repr. Bologna, 1980), 34-35, 55-56.

(69) 古いテクノロジーと新たなテクノロジーに関する，人文主義者の考察のさらなる展開についてはとりわけ，B. P. Copenhaver, "The Historiography of Invention in the Renaissance: The Sources and Composition of Polydore Vergil's *De inventoribus rerum I-III*," *Journal of the Warburg and Courtauld Institutes* 41 (1978), 192-214.

(70) ドンディの著作は古代の典拠ではなく，13世紀の天文学者であるノヴァーラのカンパヌスの『惑星論 (*Theorica planetarum*)』に基づいたもので，彼はその妙味を賞賛していた (カンパヌスはまた，惑星運行のモデルをも考案した)．疑問の余地なく，ドンディは，彼の著作をアルキメデスの天球よりも優れていると称える友人は彼を公平に扱ってくれていると感じていた．

(71) これら2つの引用は，N. W. Gilbert, "A Letter of Giovanni Dondi dell'Orologio to Fra' Guglielmo Centueri: A Fourteenth-Century Episode in the Quarrel of the Ancients and the Moderns," *Viator* 8 (1977) 299-346, 336 (ラテン語テクスト) and 344-45 (英訳).

(72) たとえば賢明な検討として，R. Krautheimer and T. Krautheimer-Hess, *Lorenzo Ghiberti*, 3d ptg. (Princeton, 1982; repr. 1990), 296-97; R. Weiss, *The Renaissance Discovery of Classical*

Antiquity, 2d ed. (Oxford, 1988), 50.

(73) とりわけ，Seneca, *Epistulac moralcs*, 86, 90.

(74) Manetti, *Life of Brunelleschi*, ed. Saalman, tr. Enggass, 42-43.

(75) Alberti, *Della pittura*, 1.11, in *Opere volgari*, ed. Grayson, III, 26.

(76) とりわけ，豊富な具体例でこの点を主張している，Long, "Power, Patronage, and the Authorship of *Ars*"を参照せよ．

(77) L. Bek, "Voti frateschi, virtù di umanista e regole di pittore. Cennino Cennini sub specie Albertiana," *Analecta Romana Instituti Danici* 6 (1971), 63-105は，両者の論考を緻密に比較している．

(78) C. Cennini, *Il libro dell'arte*, ed. F. Brunello (Vicenza, 1982; repr. 1998), cap. i, 2. チェンニーニの「想像力(*fantasia*)」概念の源泉と限界については，L. Magagnato, "Introduzione," in ibid., v-xxvii at xi-xiv; M. Kemp, *Behind the Picture* (New Haven and London, 1997), 84-90 and *passim*.

(79) Degenhart and Schmidt, with Eberhardt, *Corpus der italienischen Zeichnungen*, esp. 29を参照せよ．

(80) 『絵画論』のある写本(Paris, Bibliothèque Nationale, MS it. 1692, 1 recto)は，註記を有しており，それによればアルベルティはもともとラテン語で著作し，それから──他の誰よりも──「芸術に従事する無学な人々」のためにイタリア語に翻訳したという．しかしこの後代の註記は，内容はもっともだとしても，アルベルティの意図に対するよりどころとなるものではない．下記の文献を参照せよ．R. Watkins, "Note on the Parisian MS of L. B. Alberti's Vernacular *Della Pittura*," *Rinascimento* 6 (1955), 369-72; P. H. Michel, *Un idéal humain au XVI*[e] *siècle: La pensée de Leon Battista Alberti* (Paris, 1930), 22; P. H. Michel, "Le traité de la peinture de Léon-Baptiste Alberti: Version latine et vulgaire," *Revue des études italiennes* (1962), 80-91; C. Grayson, "The Text of Alberti's *De Pictura*," *Italian Studies* 23 (1968), 71-92, repr. in Grayson, *Studi su Leon Battista Alberti*, ed. P. Claut (Florence, 1999), 254-69. とりわけ同方向でのより最近の議論として，M. Baxandall, *Giotto and the Orators* (Oxford, 1971), 126は，『絵画論』は「もともと自由自在に新古典主義的なラテン語を読める人々，すなわち人文主義者のためのものであった」としている．バクサンドールはイタリア語版『絵画論』の意図していた読者については意見を表明していない．

(81) Paris, Bibliothèque Nationale, MS lat. 12052. 特に『絵画の初程』への奥書(*Elementa*, 42 vo)には，「ナポリにてブリュッセルのアルナルドによる．1476年2月11日．日の出前(*Neapoli per Arnaldum de Bruxella. 1476. die 11. februarii. ante ortum solis*)」とある．

(82) ギベルティが光学や遠近法に関する中世の文献を広範に読み，それによって寄せ集めのような『覚書』第3書を著した点についてはとりわけ，K. Bergdolt, *Der dritte Kommentar Lorenzo Ghibertis: Naturwissenschaft und Medizin in der Kunsttheorie der Frührenaissance* (Weinheim, 1988). さらにまた，L. Bartoli, "Introduzione," in Ghiberti, *I commentarii* (Florence, 1998), 33-37.

(83) この点については，M. Kemp, "From Mimesis to *Fantasia*: The Quattrocento Vocabulary of Creation, Inspiration and Genius in the Visual Arts," *Viator* 8 (1977), 347-98.

(84) 日付なしの，G・アリオッティのニッコロ・コルビゾ宛書簡．Aliotti, *Epistolae et opuscula*, ed. G. M. Scaramalius (Arezzo, 1769), I, 406.

(85) 図解は一部の写本には見られる．とりわけパリやフィレンツェにある『絵画論』写本に

ついては，Grayson, “The Text of Alberti's *De Pictura*,” 268-69を参照せよ．また他にブレッシャにある『絵画論』写本など．

(86) Fubini and Menci Gallorini, “L'autobiografia,” 72-73; Watkins, “L. B. Alberti,” 11.

(87) アルベルティと関連づけられている3点の彫刻作品については，Kurt Badt, “Drei plastische Arbeiten von Leone Battista Alberti,” *Mitteilungen des Kunsthistorischen Institutes in Florenz* 8 (1958), 78-87. 3点の作品とは，ワシントンの金属板(プラケット)，ルーヴル美術館にある同種の作品(今日では贋作と見なされている)，ベルリンにあるルドヴィコ・ゴンザーガの胸像(*On Painting*, ed. Grayson, plate VIII) である．D. Lewis, in *The Currency of Fame: Portrait Medals of the Renaissance*, ed. S. K. Scher (New York, 1994), 41-43によれば，「〔ワシントンの作品に〕もっとも近い古代の類例は，大英博物館にあるアウグストゥスの高貴なカメオの肖像で，それはコンスタンティヌス大帝によって『再洗礼』を施され，新しい王冠を付された．このカメオ——あるいはそれと同種のもの——は，大きさ，形状，浮彫りの処理，衣装，図像において，アルベルティの先例をなしている」．ルイスはまたワシントンの作品を「西洋美術における真の里程標のひとつ」と呼び，「それはローマ帝国のカメオのルネサンスにおける最初の主要な復活であり，古代以降最初のモニュメンタルなプロフィール肖像にして，芸術家の自刻像と銘した最初のもの」としている(G.A.M. Richter, *Engraved Gems of the Romans* [London, 1971], 99-100, no. 474.)．さらにまた，J. Pope-Hennessy, *Renaissance Bronzes from the Samuel H. Kress Collection, Reliefs, Plaquettes, Statuettes, Utensils and Mortars* (London, 1965), 7-8 and no. 1, fig. 1; C. C. Wilson, *Renaissance Small Bronze Sculptures and Associated Decorative Arts at the National Gallery of Art* (Washington, 1983), 12; A. F. Radcliffe in *Italian Renaissance Sculpture in the Time of Donatello* (Detroit, 1985), 163-64.

(88) 大多数の研究者は，アルベルティは意図して自刻像の髪を〔レオンという名前に合わせて〕「獅子のように」した，すなわち，文字通りにローマの獅子像の髪を模倣するか，造形的にフェッラーラのレオネッロ・デステ像——彼はやがてその都市を人文主義者の天国にする——を模倣することでそうしたという，クルト・バットの示唆を踏襲している．しかしもっとも同時期の証拠——ピサネッロによるエステ家の初期のメダル作品——は，こうした議論を十分に支持するものではない．アルベルティは自身の髪を密集したマッスとしてではなく，一連の重なり合ってカーブをなすマッスとして表し，個々の髪を示すために大まかな刻みをつけている．これはピサネッロが表したような，獅子の髪の長く柔らかいウェーブとも，レオネッロのびっしりと編んだようなカールとも合致しない．とはいえ，アルベルティが自身の髪を表すために用いたショートカットは，意義深いものである．またその魅力にもかかわらず，肖像は技術的にはいくつかの点で印象深いものではない．

(89) とりわけ豊かな議論として，J. Woods-Marsden, *Renaissance Self-Portraiture* (New Haven and London, 1998), 71-77 (引用は 73).

(90) いくつかの顕著な実例は，*The Painted Page*, ed. J.J.G. Alexander (New York, 1994). *Immaginare l'autore: il ritratto del letterato nella cultura umanistica. Ritratti riccardiani*, ed. G. Lazzi (Florence, 1998).

(91) 総じて，R. Weiss, *The Renaissance Discovery of Classical Antiquity* (Oxford, 1988), 23. ゴルディアヌスは「悪い彫刻家を持っていた(*malum habuit sculptorem*)」というペトラルカの見解については，F. Haskell, *History and its Images* (New Haven and London, 1993), 13.

(92) L. Mehus, ed., *Ambrogii Traversari ... latinae epistolae*, (Florence, 1759; repr. Bologna, 1968),

VIII, Ep. 45 — C. Stinger, "Ambrogio Traversari and the 'Tempio degli Scolari' at S. Maria degli Angeli in Florence," *Essays Presented to Myron P. Gilmore*, ed. S. Bertelli and G. Ramakus (Florence, 1978), 1.271-86 at 277に引用されている——はまた，同年秋に，トラヴェルサーリにステファノ・ポルカリが与えた，ハドリアヌス像を刻んだ 縞瑪瑙（しまめのう）のある金の指輪について記している．さらにA. Traversari, *Hodeporicon*, ed. and tr. V. Tamburini (Florence, 1985), 126をも参照せよ．アリストテレスのような古代の大思想家の肖像（イメージ）を同定しようとする，チリアコのやや後の情熱については，P. W. Lehmann and K. Lehmann, *Samothracian Reflections* (Princeton, 1973), 15ff. (1444年10月以降).

(93) Vespasiano da Bisticci, *Vite di uomini illustri del secolo XV* (Florence, 1938), 500; Krautheimer and Krautheimer-Hess, *Ghiberti*, esp. 13. ギベルティは，実際にはマルシュアスの皮剥ぎを表すこの像を，人間の3つの時代を描いたものと受け取った．

(94) E. Wind, *Pagan Mysteries in the Renaissance*, 2d ed. (London, 1966).

(95) これら「隠された格言」からの2つの引用は，L. B. Alberti, *Dinner Pieces*, tr. D. Marsh (Binghamton, N.Y., 1987), 156, 154. こうした発展の，十全にしてもっとも洞察力のある説明は，B. Curran, "Ancient Egypt and Egyptian Antiquities in Italian Renaissance Art and Culture," Ph.D. diss., Princeton University, 1997, 154.

(96) しかしながら，作品の最後で，アルベルティは明らかに自身の解釈法を問題視している．哲学者の友人たちは笑いながら哲学者に警告する．「君が正しかろうと間違っていようと，他の人々なら判断できるかもしれない．しかし君は，君の見解を異なった精神で受け取る人々もいるのであって，その中には大胆な者も学識豊かで利口な者もいると知っておくべきである」．友人たちはこう指摘する——少年ならば素晴らしい本の上に油をこぼしても，どんな悪いこともしなかったと主張できるかもしれない．哲学者は結局のところ，「ランプが消えるのなら，悪の兆候であろう」と言った．しかしこの場合，ランプはつき続けていた．彼らの見解を取り上げて，哲学者は自身の教えの古拙性や深遠性ではなく，その独創性や機知を主張する．「わたしはこうした格言のいくつかを楽しみのために考案し，またしゃべりながら他の格言を即興で作ったことを否定しない．諸君や他の学者たちが格言を受け入れようとどうであろうと，わたしが怠惰に見えず，わたしの仕事を享受する人々を喜ばせるなら，わたしとしては自分を幸運だと思っている」．言い換えれば，ここでもまた，アルベルティは自身を，ある問題のあらゆる側面を議論できる，修辞学に秀でた人に見せようとしているのである．

(97) これら「指輪」からの3つの引用は，Alberti, *Dinner Pieces*, tr. Marsh, 213, 215, 215-16.

(98) 総じて下記の文献を参照せよ．*The Hieroglyphics of Horapollo*, ed. with an introduction by G. Boas (New York, 1950; repr. with a new foreword by A. Grafton, Princeton, 1993); E. Iversen, *The Myth of Egypt and its Hieroglyphs in European Tradition* (Copenhagen, 1961; repr. Princeton, 1993); E. Iversen, "The Hieroglyphic Tradition," *The Legacy of Egypt*, ed. J. R. Harris, 2d ed. (Oxford, 1971); R. Wittkower, "Hieroglyphics in the Early Renaissance," *Allegory and the Migration of Symbols* (London, 1977), 114-28; C. Dempsey, "Renaissance Hieroglyphic Studies and Gentile Bellini's *Saint Mark Preaching in Alexandria*," *Hermeticism and the Renaissance*, ed. I. Merkel and A. G. Debus (Washington, London, and Toronto, 1988), 342-65; S. Sider, "Horapollo," *Catalogus translationum et commentariorum*, ed. F. E. Cranz, P. O. Kristeller, and V. Brown (Washington, D.C., 1960-), VI, 15-29.

(99) Cf. L. Schneider, "Leon Battista Alberti: Some Biographical Implications of the Winged Eye," *Art Bulletin* 72 (1990), 261-70.

(100) バットは最初のメダルの「獅子のような」髪や，頬と首の粗悪な仕上がりに見られる質の素人性を強調している．この方向の議論はさらに，U. Middeldorf, "On the Dilettante Sculptor," *Apollo* 107 (April 1978), 310-22で取り上げられ，ミッデルドルフもまた強固な図案性，基礎をなす骨格構造の弱々しいモデリング，際立った耳などを強調し，素人の手を物語るとしている．

(101) Alberti, *De pictura*, 58, in *On Painting and On Sculpture*, ed. Grayson, 100: "*Certior enim ac facilior est sculptura quam pictura ... Prominentiae vero facilius reperiuntur sculptura quam pictura*" (tr. ibid., 101).

(102) Alberti, *De pictura*, 35, in *On Painting and on Sculpture*, ed. Grayson, 72: "*[i]n qua vero facie ita iunctae aderunt superficies ut amena lumina in umbras suaves defluant, nullaeque angulorum asperitates extent*" (tr. ibid., 73). これと対照をなすのは，大きくこけたり隆起したりしている顔である．なお観相学についてわずかに触れた2.41 (80, tr. 81)，顔の感情を表現することの困難に触れた2.42 (ibid) をも参照せよ．

(103) ヴァザーリのアルベルティ伝によると，「同じくフィレンツェで，パッラ・ルチェッライの館にあるのは，鏡を使って制作された彼自身の肖像である (*In Fiorenza medesimamente è in casa di Palla Rucellai un ritratto di se medesimo, fatto alla spera*)」．引用と英訳は，Alberti, *On Painting and on Sculpture*, ed. Grayson, 144.

(104) 見事な分析として，Woods-Marsden, *Renaissance Self-Portraiture*, esp. 76-77.

(105) J. Pope-Hennessy, *The Portrait in the Renaissance* (Washington, 1966), 66-69 and fig. 67.

第4章

(1) チリアコについては，P. Brown, *Venice and Antiquity* (New Haven and London, 1996). さらにまた，*Ciriaco d'Ancona e la cultura antiquaria dell'Umanesimo*, ed. G. Paci and S. Sconocchia (Reggio Emilia, 1998).

(2) Francesco Scalamonti, *Vita viri clarissimi et famosissimi Kyriaci Anconitani*, ed. and tr. C. Mitchell and E. W. Bodnar, S.J., Transactions of the American Philosophical Society, 86, pt. 4 (Philadelphia, 1996), no. 101-103, 131-32.

(3) Scalamonti, *Vita viri clarissimi*, 131-32.

(4) この点については，M. Wackernagel, *Der Lebensraum des Künstlers in der florentinischen Renaissance* (Leipzig, 1938). 価値ある註解を付したA・ルックスの翻訳として，*The World of the Florentine Renaissance Artist* (Princeton, 1981), chaps. 11-14.

(5) D. Rosand, "*Ekphrasis* and the Renaissance of Painting: Observations on Alberti's Third Book," *Florilegium columbianum*, ed. K.-L. Selig and R. Somerville (New York, 1987), 147-63を参照せよ。

(6) C. Nauert, "C. Plinius Secundus (Naturalis Historia)," *Catalogus translationum et commentariorum*, ed. F. E. Cranz et al. (Washington, D.C., 1980), III, 297-422; A. Borst, *Das Buch der Naturgeschichte*, 2d ed. (Heidelberg, 1995).

(7) L. B. Alberti, *De pictura*, 2.26, in *On Painting and On Sculpture*, ed. and tr. C. Grayson (London, 1972), 62-63 (翻訳は変更した). さらにまた，L. B. Alberti, *Opere volgari*, ed. C. Grayson (Bari,

1960-73), III, 46-47.

(8) L. Barkan, *Unearthing the Past* (New Haven and London, 1999) を参照せよ.

(9) 下記の文献を参照せよ. C. Cennini, *Il libro dell'arte*, ed. F. Brunello (Vicenza, 1982; repr. 1998); L. Bek, "Voti frateschi, virtù di umanista e regole di pittore: Cennino Cennini sub specie Albertiana," *Analecta Romana Instituti Danici* 6 (1971), 63-105.

(10) Rosand, "*Ekphrasis*" を参照せよ.

(11) Bek, "Voti frateschi" を参照せよ.

(12) アルベルティとチェンニーニについては, Bek, "Voti frateschi" の他に, M. Kemp, *Behind the Painting: Art and Evidence in the Italian Renaissance* (New Haven and London, 1997) の素晴らしい章を参照せよ.

(13) Alberti, *De pictura*, 3. 52, in *On Painting and On Sculpture*, ed. and tr. Grayson, 94-95 (翻訳は変更した); and in *Opere volgari*, ed. Grayson, III, 90-91.

(14) Alberti, *De pictura*, 2.25, in *On Painting and On Sculpture*, ed. and tr. Grayson, 60-61; and in *Opere volgari*, ed. Grayson, III, 44-45.

(15) とりわけ, M. Baxandall, "Alberti's Self," *Fenway Court* (1990-91), 31-36.

(16) とりわけ, H. Mühlmann, *Aesthetische Theorie der Renaissance* (Bonn, 1981) と, さらに同著者による, "Über den humanistischen Sinn einiger Kerngedanken der Kunsttheorie seit Alberti," *Zeitschrift für Kunstgeschichte* 33 (1970), 135 を参照せよ.

(17) ルネサンスの芸術理論に対するこうしたアプローチは, 詩学の役割を強調した古典的な論考, R. W. Lee, "Ut pictura poesis," *Art Bulletin* 22 (1940), 197ff. で, 初めて検討され, これは後に, *Ut pictura poesis* (New York, 1967) として, 書物のかたちで再刊された. アルベルティと修辞学についてはとりわけその, app. 2, "Inventio, Dispositio, Elocutio." アルベルティ作品における古代の文芸理論の役割を明らかにしたものとして, C. Gilbert, "Antique Frameworks for Renaissance Art Theory: Alberti and Pino," *Marsyas* 3 (1943-45), 87-106. 近年の研究は, 『絵画論』の構造やモデルについての見解を異にするとはいえ, 詩学よりも修辞学の方を強調する傾向にある. この点についてはとりわけ, J. R. Spencer, "*Ut rhetorica pictura*: A Study in Quattrocento Theory of Painting," *Journal of the Warburg and Courtauld Institutes* 20 (1957), 26-44; A. Chastel, "Die humanistischen Formeln als Rahmenbegriffe der Kunstgeschichte und Kunsttheorie des Quattrocento," *Kunstchronik* 5 (1954), 119-22; A. Chastel, *Art et humanisme à Florence au temps de Laurent le Magnifique* (Paris, 1959); S. L. Alpers, "*Ekphrasis* and Aesthetic Attitudes in Vasari's Lives," *Journal of the Warburg and Courtauld Institutes* 23 (1960), 190-215; A. Ellenius, *De arte pingendi* (Uppsala and Stockholm, 1960); C. W. Westfall, "Painting and the Liberal Arts: Alberti's View," *Journal of the History of Ideas* 30 (1969), 487-506; M. Baxandall, *Giotto and the Orators* (Oxford, 1971); M. Baxandall, *Painting and Experience in Fifteenth-Century Italy* (Oxford, 1972); N. Maraschio, "Aspetti del bilinguismo albertiano nel *De pictura*," *Rinascimento*, 2d ser., 12 (1972), 183-228, esp. 187-99; D. R. Edward Wright, "Alberti's *De pictura*: Its Literary Structure and Purpose," *Journal of the Warburg and Courtauld Institutes* 47 (1984), 52-71; Rosand, "*Ekphrasis*"; R. Kuhn, "Albertis Lehre über die Komposition als die *Kunst* in der Malerei," *Archiv für Begriffsgeschichte* 28 (1984), 123-78; N. Michels, *Bewegung zwischen Ethos und Pathos* (Münster, 1988), esp. 1-65; P. Panza, *Leon Battista Alberti: Filosofia e teorie dell'arte* (Milan, 1994), 115-26; G. Wolf, "'Arte superficiem illam fontis

amplecti': Alberti, Narziss, und die Erfindung der Malerei," *Diletto e maraviglia*, ed. C. Göttler, U. M. Hofstede, K. Patz, and K. Zollikofer (Emsdetten, 1998), 10-39. M. Gosebruch, "*Varietas* bei L. B. Alberti und der wissenschaftliche Renaissancebegriff," *Zeitschrift für Kunstgeschichte* 20 (1957), 229-38 [なおさらに, *Kunstchronik* 9 (1956), 301-302]; Mühlmann, *Aesthetische Theorie der Renaissance*. C. Smith, *Architecture in the Culture of Early Humanism* (Oxford, 1992) は, アルベルティの思考における修辞学と建築の関連について注意を向けているものの, 『絵画論』の研究家にも提供すべき多くのものを有する. K. Patz, "Zum Begriff der *Historia* in L. B. Albertis *De pictura*," *Zeitschrift für Kunstgeschichte* 49 (1986), 269-87; J. Greenstein, "Alberti on *Historia*: A Renaissance View of the Structure of Significance in Narrative Painting," *Viator 21* (1990), 273-99; J. Greenstein, *Mantegna and Painting as Historical Narrative* (Chicago and London, 1992); S. Deswarte-Rosa, "Introduction," in Alberti, *De la peinture*, tr. J. L. Schefer (Paris, 1992; repr. 1993), 29-44. これらすべては, 古典の典拠を使用する際の, アルベルティの独創性と折衷性を強調している. なおごく近年のものとしては, P. Galand-Hallyn, "La rhétorique en Italie à la fin du Quattrocento (1475-1500)," *Histoire de la rhétorique dans l'Europe moderne, 1450-1950*, ed. M. Fumaroli (Paris, 1999), 131-90 at 151-54. さらにまた, H. Locher, "Leon Battista Albertis Erfindung des 'Gemäldes' aus dem Geist der Antike: der Traktat *De pictura*," in *Theorie der Praxis*, ed. K. W. Forster and H. Locher (Berlin, 1999), 75-107.

(18) この点については, M. Winterbottom, "Quintilian," *Texts and Transmission*, ed. L. D. Reynolds (Oxford, 1983), 332-34.

(19) この点についてはとりわけ, Wright, "Alberti's *De pictura*," および Patz, "Zum Begriff der *Historia*." 異なる見解については, M. Jarzombek, "The Structural Problematic of Leon Battista Alberti's *De pictura*," *Renaissance Studies* 4 (1990), 273-85.

(20) Lee, *Ut pictura poesis* (註17) は, なお古典的な研究であり続けている. 古典の伝統における詩と修辞学の境界の流動性については, Patz, "Zum Begriff der *Historia*."

(21) Cf. Kemp, *Behind the Picture*.

(22) とりわけ近年の著作である, A. Vasaly, *Representations* (Berkeley, Los Angeles, and London, 1993), および M. Gleason, *Making Men* (Princeton, 1996) を参照せよ. R・ウィリアムズは現在, ルネサンス文化における適正さ（デコールム）の包括的な研究に取り組んでいる.

(23) Alberti, *De pictura*, 2.36, in *On Painting and On Sculpture*, ed. and tr. Grayson, 72-73 (翻訳は変更した); and in *Opere volgari*, ed. Grayson, III, 62-63. 他の出典は, *De pictura* 2.43, in *On Painting and On Sculpture*, ed. and tr. Grayson, 82-83 で, これは Quintilian, *Institutio oratoria* 11.3.105 を踏襲している. 十全な検討は, Michels, *Bewegung* を参照せよ.

(24) Alberti, *De pictura* 2.45, in *On Painting and On Sculpture*, ed. and tr. Grayson, 86-87; and in *Opere volgari*, ed. Grayson, III, 78-79.

(25) A. Niehaus, *Florentiner Reliefkunst von Brunelleschi bis Michelangelo* (Cologne, 1998) を参照せよ.

(26) Alberti, *De pictura*, 2.28, in *On Painting and On Sculpture*, ed. Grayson, 64-67; and in *Opere volgari*, ed. Grayson, III, 50-53. 興味深いことに, イタリア語版テクストで, アルベルティはこの点への「驚嘆」に触れている. ラテン語版はただ彼の楽しみについて語っているだけである. ずっと後にレオナルド・ダ・ヴィンチは, 絵画は汚く汗臭い彫刻術よりも秀でているという議論のために, 絵画の悠々とした特色を取り上げている. しかしミケランジェロは, そ

の詩の中で，絵画もまたいかに汚く汗臭いものかを強調することになる．

(27)　ここでの引用箇所は，Alberti, *De pictura*, 1.12, 1.23, 2.43, and 3.36 in *On Painting and On Sculpture*, ed. and tr. Grayson, 48-49, 58-59, 82-83（翻訳は変更）; and in *Opere volgari*, ed. Grayson, III, 26-27, 42-43,74-75.

(28)　L. Ghiberti, *I commentarii*, ed. L. Bartoli（Florence, 1998), 73-74 at 73; cf. 19 and H. van de Waal, "The *Linea summae tenuitatis* of Apelles: Pliny's Phrase and Its Interpreters," *Zeitschrift für Aesthetik und allgemeine Kunstwissenschaft* 12（1967), 5-32.

(29)　Alberti, *De pictura*, 1.1, in *On Painting and On Sculpture*, ed. and tr. Grayson, 36-37; and in *Opere volgari*, ed. Grayson, III, 10-11.

(30)　L. B. Alberti, *Opera inedita et pauca separatim impressa*, ed. G. Mancini（Florence, 1890), 68. このテクストについては，L. Bertolini in *Leon Battista Alberti*, ed. J. Rykwert and A. Engel（Milan, 1994), 424-25.

(31)　Alberti, *De pictura*, 2.47, in *On Painting and On Sculpture*, ed. and tr. Grayson, 88-89; and in *Opere volgari*, ed. Grayson, III, 84-85.

(32)　P. Hills, *The Light of Early Italian Painting*（New Haven and London, 1987), 44. アルベルティの色彩理論についてはさらに，S. Y. Edgerton, Jr., "Alberti's Colour Theory: A Medieval Bottle Without Renaissance Wine," *Journal of the Warburg and Courtauld Institutes* 32（1969), 109-34.

(33)　S. Y. Edgerton, Jr., *The Renaissance Rediscovery of Linear Perspective*（New York, 1975).　さらにきわめて異なるアプローチとして，L. Gérard-Marchand, "Les indications chromatiques dans le *De pictura* et le *Della pittura* d'Alberti," *Histoire de l'Art* 11（1990), 23-36.

(34)　Alberti, *On Painting and On Sculpture*, ed. and tr. Grayson, 72-75; and in *Opere volgari*, ed. Grayson, III, 62-65.

(35)　F. Ames-Lewis, *Drawing in Early Renaissance Italy*（New Haven and London, 1981).

(36)　Alberti, *De pictura*, 3.61, in *On Painting and on Sculpture*, ed. and tr. Grayson, 102-105（翻訳は変更); and in *Opere volgari*, ed. Grayson, III, 102-105.

(37)　アルベルティはすでにマザッチオのフレスコ画を研究していた．しかしマザッチオはサンタ・マリア・ノヴェッラ聖堂にある《聖三位一体》のフレスコ画に見られる聖母の顔のシノピアで，アルベルティの勧めたような技法を用いたのかどうかについて，専門家の意見は一致していない．この点については，E. Borsook, *The Mural Painters of Renaissance Tuscany from Cimabue to Andrea del Sarto*, 2d ed.（Oxford, 1980), 59-60.

(38)　たとえば，F. Borsi and P. Borsi, *Paolo Uccello*（Milan, 1992）を参照せよ．

(39)　これらの引用は，Alberti, *De pictura*, 2.46, 3.52, and 1.12, in *On Painting and On Sculpture*, ed. and tr. Grayson, 94-95, 88-89, 48-49（翻訳は変更); and in *Opere volgari*, ed. Grayson, III, 90-91, 82-83, 26-29.

(40)　とりわけ，Edgerton, *Rediscovery* を，またアルベルティの知っていた様々な伝統とその適用については，D. C. Lindberg, *Theories of Vision from Al-Kindi to Kepler*（Chicago and London, 1976), 149-54 を参照せよ．両著とも過去の膨大な文献案内を供してくれる．さらにまた，D. C. Lindberg, *Roger Bacon and the Origins of Perspectiva in the Middle Ages*（Oxford, 1996).

(41)　Lindberg, *Theories*, 154. さらにまた，J. A. Aiken, "Truth in Images: From the Technical Drawings of Ibn-al-Razzaz al-Jazzari, Campanus of Novara and Giovanni de' Dondi to the

Perspective Projection of Leon Battista Alberti," *Viator* 25 (1994), 325-59.

(42) L. B. Alberti, *Ludi rerum mathematicarum*, in *Opere volgari*, ed. Grayson, III, 136-38.

(43) この点については, Kemp, "Science, Non-Science and Nonsense"; J. Kuhn, "Measured Appearances: Documentation and Design in Early Perspective Drawing," *Journal of the Warburg and Courtauld Institutes* 53 (1990), 114-32; M. Trachtenberg, "What Brunelleschi Saw: Monument and Site at the Palazzo Vecchio in Florence," *Journal of the Society of Architectural Historians* 47 (1988), 14-43.

(44) たとえば, A. Dürer, *The Painter's Manual*, ed. and tr. W. L. Strauss (New York, 1977), 386-93.

(45) さらなる検討はとりわけ, E. Panofsky, "Die Perspektive als 'symbolische Form'", *Vorträge der Bibliothek Warburg* 4 (1924-25), 258-330. C・S・ウッドの重要な序説のあるその英訳は, *Perspective as Symbolic Form* (New York, 1991). さらにまた, Edgerton, *Rediscovery*; J. Elkins, *The Poetics of Perspective* (Ithaca and London, 1994).

(46) たとえば, C. Cennini, *Il libro dell'arte*, ed. F. Brunello (Vicenza 1982; repr. 1998), chaps. 27-28, 25-26 (ただし選択して自然に頼ることをも勧めている).

(47) Alberti, *De pictura*, 2.58, in *On Painting and On Sculpture*, ed. and tr. Grayson, 100-101: and in *Opere volgari*, ed. Grayson, III, 98-101.

(48) Alberti, *De pictura*, 2.31, in *On Painting and On Sculpture*, ed. and tr. Grayson, 68-69; and in *Opere volgari*, ed. Grayson, III, 54-57.

(49) この点については, M. Pardo, "Veiling the *Venus of Urbino*," in *Titian's Venus of Urbino*, ed. R. Goffen (Cambridge, 1997), 108-28.

(50) とりわけ, J. R. Spencer, "Introduction," in Leon Battista Alberti, *On Painting*, tr. J. R. Spencer (New Haven and London, 1956; new ed., 1966); Patz, "Zum Begriff der *Historia*"; Greenstein, "Alberti on *Historia*"; Greenstein, *Mantegna*.

(51) この段落の引用は, Alberti, *De pictura*, 3.60, 2.42, in *On Painting and On Sculpture*, ed. and tr. Grayson, 102-103, 82-83; and in *Opere volgari*, ed. Grayson, III, 102-103, 74-75. キケロの言い回しと, ルネサンスにおけるその適用についてはとりわけ, G. Nadel, "Philosophy of History before Historicism," *History and Theory 3* (1964), 291-315; R. Landfester, *Historia magistra vitae* (Geneva, 1972).

(52) L. B. Alberti, *De commodis litterarum atque incommodis*, ed. L. Goggi Carotti (Florence 1976), 41; L. B. Alberti, *Opuscoli inediti di Leon Battista Alberti*. "*Musca*," "*Vita S. Potiti*," ed. C. Grayson (Florence, 1954), 86-87.

(53) ギリシア, ローマにおける〈historia〉という言葉については, K. Keuck, "*Historia*," Diss., Münster (Emsdetten, 1934); F. Hartog, *L'histoire d'Homère à Augustin* (Paris, 1999).

(54) キケロの使用法についてはとりわけ, Keuck, "*Historia*," 16-19. アルベルティは, *De pictura*, 2.26におけるナルキッソスの物語について——彼はそれをラテン語では〈fabula〉と呼ぶ——イタリア語では〈storia〉として記述しているけれども, これはこうした言葉の意味の可変性を物語るさらなる証拠であろう (*Opere volgeri*, ed. Grayson, III, 46-47).

(55) P. Toynbee, "A Note on *Storia, Storiato*, and the Corresponding Terms in French and English, in Illustration of *Purgatorio* X, 52, 71, 73," *Mélanges offerts à Emile Picot par ses amis et ses élèves* (Paris, 1913), I,195-208; Patz, "Zum Begriff der *Historia*". さらにまた, アルベルティに

おけるダンテ風の要素その他に新たな光を投じようとする，L・バーカンによる近日公刊予定の研究をも参照せよ．

（56） たとえば1431年に，シエナのセル・マリアーノはエルサレムにある聖墳墓教会の門扉のことを，「石で非常に美しく，浮彫りされている（*molto belle, e storiate di petre*）」と記している．

（57） Niehaus, *Florentiner Reliefkunst*, 24-26.

（58） C. Guasti, *Il pergamo di Donatello nel Duomo di Prato*（Florence, 1887）, 19.

（59） R. Krautheimer and T. Krautheimer-Hess, *Lorenzo Ghiberti*, 5th ed.（Princeton, 1990）, 229.

（60） D. S. Chambers, *Patrons and Artists in the Italian Renaissance*（Columbia, S.C., 1971）, 48. オリジナル記録は，Krautheimer and Krautheimer-Hess, *Ghiberti*, 372-73，またその検討として169-73.

（61） Alberti, *De pictura*, 1.21, in *On Painting and On Sculpture*, ed. and tr. Grayson, 57-58; and in *Opere volgari*, ed. Grayson, III, 40-41.

（62） もっとも近年のものとして，Niehaus, *Florentiner Reliefkunst*.

（63） この段落の引用は，Alberti, *De pictura*, 2.37, 2.45, in *On Painting and On Sculpture*, ed. and tr. Grayson, 76-77, 86-87, 74-75; and in *Opere volgari*, ed. Grayson, III, 64-67, 78-81, 64-65.

（64） この点を強調したのは，H. Kaufmann, *Donatello*（Berlin, 1935）, 63-66. アルベルティの表現された〈historia〉の理想とは，クラウトハイマーが明敏に示したように，詳細な規定というよりも，2つの相対する美的理想の妥協物のような処方箋であった．〈historia〉は「老人，青年，少年，婦人，少女，幼児，鶏，犬，鳥，馬，羊，建物，田園を適当に入れ混ぜたもの」を含みつつ，多様でなければならない．しかし多様性には限界がある．それゆえ画家は節度や謙虚さ，高貴さを守らなければならないし，芸術上のもっともな理由なくして，「賑やかに見せたり，少しの空白も残さない」ように試みてはならない．よい〈historia〉は，様々な仕草でポーズした，9，10人の人物であるべきである（2.40）．アルベルティの時代に制作されたフィレンツェの浮彫りパネルの多くは，絵画に対するこうした理想と合致している．アルベルティは，画家と彫刻家は実際上，彼の絵画芸術論で規定されたのと同じ規律に従っていると，はっきり主張していても驚くほどのことではない（2.26）．アルベルティと彼の同時期の芸術についてはさらに，F. Balters, "Leon Battista Albertis 'De pictura.' Die kunsttheoretische und literarische Legitimierung von Affektübertragung und Kunstgenuss," *Georges-Bloch-Jahrbuch* 4（1997）, 23-39.

（65） Sallust, *Jugurtha*, 4.5-6.

（66） 修辞学の伝統とその視覚芸術に対する適用をめぐる，もっとも独創的で影響力のある現代の研究者のひとりであるディヴィット・サマースは，この点を認めている．彼の指摘によると，キケロは彼の修辞学書のひとつではなく，道徳の書である『義務について（*De officiis*）』の中で，画家や著作者は普通の素人に作品を判断するよう請い，できるだけ意図して批評を求めることを勧めている．「画家や彫刻家，また詩人でさえも，多くの人々から批判される点があれば改善できるよう，自分たちの作品が公衆の論評を受けることを望んでいる［1.41.147］」（D. Summers, *The Judgment of Sense*［Cambridge, 1987］, 132-33）．この一節から示唆されるように，古代にあってすら，もっとも広く行なわれた類比は絵画と詩——即興的にではなく完成した作品を生み出すことをめざした2つの芸術——の間のそれであった．実際，修辞学の古典的伝統は，アルベルティの絵画芸術論に，完全なひとつだけのモデルを提供しているというわけではない．

(67) Alberti, *On Painting*, 3.53, in *On Painting and On Sculpture*, ed. and tr. Grayson, 94-97; and in *Opere volgari*, ed. Grayson, III, 92-93.

(68) とりわけ下記の文献を参照せよ. R. Förster, "Die Verleumdung des Apelles in der Renaissance," *Jahrbuch der Königlich-Preussischen Kunstsammlungen* 8 (1887), 29-56, 89-113; 15 (1894), 27-40; R. Förster, "Wiederherstellung antiker Gemälde durch Künstler der Renaissance," ibid., 43 (1933), 126-36; D. Cast, *The Calumny of Apelles* (New Haven and London, 1981); J.-M. Massing, *Du texte à l'image: La Calomnie d'Apelle et son iconographie* (Strasbourg, 1990); D. Marsh, *Lucian and the Latins* (Ann Arbor, 1998), 22-23.

(69) J.A.W. Heffernan, "Alberti on Apelles: Word and Image in *De pictura*," *International Journal of the Classical Tradition* 2 (1996), 345-59.

(70) たとえば, H. Bredekamp, *Sandro Botticelli: La Primavera* (Frankfurt, 1988) や, 過去の文献への豊かな言及のある, C. Dempsey, *The Portrayal of Love* (Princeton, 1992) を参照せよ.

(71) ここでの2つの引用は, Alberti, *De pictura*, 3.62, in *On Painting and On Sculpture*, 104-105 (ラテン語テクストは変更); and in *Opere volgari*, ed. Grayson, III, 104-107.

(72) とりわけ, Ghiberti, *Commentarii*, ed. Bartoli, 14 (利用された箇所のリスト), 19, 23-25, 30, and n. 43, 53, 68, 73. また古典的な研究である, E. H. Gombrich, "The Renaissance Conception of Artistic Progress and Its Consequences," *Norm and Form* (London, 1966), 1-10をも参照せよ.

(73) Pliny, *Natural History*, 35.84, 35.85-86, tr. Jex-Blake.

(74) 引用箇所の翻訳は, Chambers, *Patrons and Artists*, 66. テクスト原文は, Guasti, *Il pergamo di Donatello*, 19.

(75) Ghiberti, *Commentarii*, ed. Bartoli.

(76) とりわけ, Westfall, "Painting and the Liberal Arts," 487-506. こうした発展のたどった広範な文脈と長い過程については, たとえば, P. Burke, "The Italian Artist and His Roles," *History of Italian Art*, tr. E. Bianchini and C. Dorey (Cambridge 1994; repr. 1996), I, 1-28; *The Changing Status of the Artist*, ed. E. Barker, N. Webb, and K. Woods (New Haven and London, 1999).

(77) L. B. Alberti, *Pontifex* (1437年10月13-17日に著された); in Alberti, *Opera inedita et pauca separatim impressa*, ed. G. Mancini (Florence, 1890), at 77.「校訂する (*emendare*)」は法律家アルベルト・アルベルティによって面白い意味で, すなわち道徳的な言葉として用いられている. *"Utrumne igitur, vel hanc ipsam ob rem pontificis quam patrisfamilias cura erit familiaris gravior; quod ille suos ex se et in suorum gremio natos et adultos, sui amantissimos fidissimosque alat; idem suos, si petant, multis possit modis percommode emendatiores reddere monendo, castigando, spem dando adimendorum legatorum atque haereditatum..."* Cf. 113-14. また Alberti, *I libri della famiglia*, in *Opere volgari*, ed. Grayson, I, 309-10 には,「君の意見では, どんな議論においても, 君の言葉で相手の行動を校訂する〔矯正する〕のにふさわしい話し方などほとんどないかのようだ (*Quasi come pochissime ti si avengano in ogni ragionamento attissime vie con parole emendarli*)」とある. 小品『別荘』(ヴィッラ) では, アルベルティは, 排水したり肥料をやることで農地を「校訂〔改良〕」できると述べている (ibid., 359).

(78) B. Facio, *De viris illustribus liber*, ed. L. Mehus (Florence, 1745), 4には, アルベルティの友人ベッカデッリについて,「他の誰も話術や著述における人々の欠陥や美点を, かくも素早くしかも鋭くは指摘しなかった——学識あるレオナルド・ブルーニはこの特質に格別の賞賛

を与えた」とある.

(79)　Alberti, *De pictura*, 2.37, in *On Painting and On Sculpture*, ed. and tr. Grayson, 76-77; and in *Opere volgari*, ed. Grayson, III, 66-67.

(80)　H. Harth, "Niccolò Niccoli als literarischer Zensor. Untersuchungen zur Textgeschichte von Poggios *De avaritia*," *Rinascimento*, 2d ser., 7 (1967), 29-53.

(81)　これら2つの引用は, Alberti, *De pictura*, 2.38, 2.39, in *On Painting and On Sculpture*, ed. and tr. Grayson, 76-77 (翻訳は変更); and in *Opere volgari*, ed. Grayson, III, 66-67, 68-69. さらにまた, 2.37.

(82)　J. Bialostocki, "Ars auro potior," *Mélanges de littérature et philologie offertes à Mieczyslaw Brahmer* (Warsaw, 1966), 55-63.

(83)　重要な論考として, C. Hope, "Artists, Patrons and Advisers in the Italian Renaissance," *Patronage in the Renaissance*, ed. G. F. Lytle and S. Orgel (Princeton, 1981), 293-343.

(84)　A. Warburg, "Sandro Botticelli's *Birth of Venus* and *Spring*," *The Renewal of Pagan Antiquity*, ed. K. W. Forster, tr. D. Britt (Los Angeles, 1999), 95-98を参照せよ.

(85)　Alberti, *De pictura*, 3.63, in *On Painting and on Sculpture*, ed. and tr. Grayson, 106-107. グレイソンはその結論で(106 n. 79), アルベルティはキケロの『ブルートゥス』(18.71)を適用したと指摘している.

(86)　Alberti, *On Painting*, 2.42, in *On Painting and On Sculpture*, ed. and tr. Grayson, 82-83; *Opere volgari*, ed. Grayson, III, 74-75.

(87)　Pliny, *Natural History*, 35.73; Valerius Maximus, *Facta et dicta memorabilia*, 8.11, ext. exempl. 6.

(88)　Cicero, *Orator*, 22.72; Quintilian, *Institutio oratoria*, 2.13.13. Cf. 興味深い議論として, Heffernan, "Alberti on Appelles," 350-52.

(89)　Cf. Baxandall, *Painting and Experience*, pt. 2.

(90)　M. Barasch, *Gestures of Despair in Medieval and Renaissance Art* (New York, 1976), 106-109.

(91)　D. de Robertis, "Ut pictura poesis (uno spiraglio sul mondo figurativo albertiano)," *Interpres* 1 (1978), 27-42.

(92)　Westfall, "Painting and the Liberal Arts," 493.

(93)　Borsook, *Mural Painters*, 77-78; J. Pope-Hennessy, *Paolo Uccello*, 2d ed. (London, 1969); Borsi and Borsi, *Paolo Uccello*, 304-307.

(94)　B. Degenhart and A. Schmitt, *Corpus der italienischen Zeichnungen 1300-1450* 1.2 (Berlin, 1968), 383.

(95)　A. Manetti, *The Life of Brunelleschi*, ed. H. Saalman, tr. C. Enggass (University Park and London, 1970), 54-55.「われわれの時代にバッティスタ・デリ・アルベルティがしたように, 異教の時代において誰かがその方法に規律を与えたにせよ, それは一般的なこと以上のものではなかった」. この段落での2つの引用は46-49.

(96)　M. Baxandall, "A Dialogue on Art from the Court of Leonello d'Este. Angelo Decembrio's *De Politia Litteraria* Pars LXVIII," *Journal of the Warburg and Courtauld Institutes* 26 (1963), 304-26.

(97)　Alberti, *De pictura*, 3.56, in *On Painting and On Sculpture*, ed. and tr. Grayson, 98-101; and in *Opere volgari*, ed. Grayson, III, 97-99.

(98) Cicero, *De inventione*, 2.1; Pliny, *Natural History*, 35.64.
(99) プリニウスは，実際には作品をラキニアのヘラ神殿のものとしている．
(100) Maraschio, "Aspetto del bilinguismo albertiano"を参照せよ．
(101) プリニウスの短いテクストは，当の問題点にたいそう露骨に触れている．ゼウクシスは——と彼は言っている——「アグリジェントの裸体の乙女たちを点検して，5人を選んだ（*ut ... inspexerit virgines eorum nudas et quinque elegerit*）」（*Natural History*, 35.64）．
(102) キケロの修辞学書の標準的な註解を著した4世紀の修辞学者ウィクトリヌスは，この点をはっきりと理解していた．典型的な学校教師である彼は，このたいそう困った問題から生徒たちの注意をそらそうと努めた．このため，彼はキケロのテクストの明確な意図に反して，ゼウクシスを女性の「容貌（*vultus*）」を描く専門家として記述した．
(103) Alberti, *De pictura*, 3.53, in *On Painting and On Sculpture*, ed. and tr. Grayson, 96-97; and in *Opere volgari*, ed. Grayson, III, 92-93. 本来の文章と，グァリーノやラーポによる同時代の翻訳については，Cast, *Calumny of Apelles*, 198-202.
(104) E. Panofsky, *Studies in Iconology* (New York, 1939; repr. New York, 1967), 158-59 at 159.
(105) 明らかに意図した別の誤読の見事な説明として，グレイソン版の*De pictura*と*De statua*, 20-21, 24を参照せよ．また*De statua*, 12, in *On Painting and On Sculpture*, ed. and tr. Grayson, 134-35には，「そこでわたしは単にあれこれの人体からではなく，自然によって多くの人体に，あたかも定まった部分関係のように付与されている完璧な美を測ったり，書き記したりするように努めた」とある．さらに〔イデアとも関わる〕この物語の推移を，見事な知性と機知をもって追跡した古典的な研究として，E. Panofsky, *Idea* (Leipzig, 1924; tr. J. S. Peake [Columbia, S.C., 1968]) を参照せよ．引用は，ibid., 59-60 at 60.
(106) アルベルティを描いた可能性のある肖像の検討としては，それ以前の文献をも含む，R. Tavernor, "La ritrattistica e l'interesse dell'Alberti per il futuro," in *Leon Battista Alberti*, ed. J. Rykwert and A. Engel (Milan, 1994), 64-69; cf. J. Pieper, "Un ritratto di Leon Battista Alberti architetto: osservazioni su due capitelli emblematici nel duomo di Pienza," in ibid., 54-63.
(107) この点については，M. Gosebruch, "Ghiberti und der Begriff von *Copia e Varietà* aus Albertis Malertraktat," *Lorenzo Ghiberti nel suo tempo* (Florence, 1980), II, 269-82; H. van Veen, "L. B. Alberti and a Passage from Ghiberti's *Commentaries*," in ibid., 343-48.
(108) A. Averlino, *Trattato di architettura*, ed. A. M. Finoli and L. Grassi (Milan, 1972), II, 646, 581-86, 662-63, 666, 669-70, and *passim*.
(109) A. Dürer, *Schriftlicher Nachlass*, ed. H. Rupprich (Berlin, 1956), I, 327. 引用と検討は，B. Hinz, "Cnidia, oder: Des Aktes erster Akt," *Der nackte Mensch*, ed. D. Hoffmann (Marburg, 1989), 51-79 at 75, 79 n. 78.
(110) たとえば下記の文献を参照せよ．Lee, *Ut pictura poesis*; Panofsky, *Idea*; T. Frangenberg, *Der Betrachter: Studien zur florentinischen Kunstliteratur des 16. Jahrhunderts* (Cologne, 1990); R. Williams, *Art, Theory and Culture in Sixteenth-Century Italy* (Cambridge, 1997).

第5章

(1) *Two Memoirs of Renaissance Florence: The Diaries of Buonaccorso Pitti and Gregorio Dati*, ed. G. Brucker, tr. J. Martines (New York, Evanston, and London, 1967), 124.
(2) この点については総じて，L. Jardine, *Worldly Goods* (New York, 1996; repr. New York, 1998).

(3) L. B. Alberti, *Opere volgari*, ed. C. Grayson (Bari, 1960-73), I, 367-80.

(4) W. Sombart, *The Quintessence of Capitalism*, tr. M. Epstein (New York, 1915), 104.

(5) M. Weber, *The Protestant Ethic and the Spirit of Capitalism*, tr. T. Parsons (New York, 1958), 194-95.

(6) 下記の価値ある版本を参照せよ. *Della famiglia* by R. Romano and A. Tenenti (Turin, 1969).

(7) Brunner, *Adeliges Landleben und europäischer Geist* (Salzburg, 1949), esp. 208. Cf. V. Groebner, "La forza, i concetti ed il classico. Otto Brunner letto da Gadi Algazi," *Rivista storica italiana* 111 (1999), 227-34.

(8) M. Danzi, "Fra *oikos* e *polis*: Sul pensiero familiare di Leon Battista Alberti," *La memoria e la città,* ed. C. Bastia and M. Bolognani (Bologna, 1995), 47-62.

(9) 下記のたいそう見事なアルベルティの引用を参照せよ. I. Origo, *The Merchant of Prato* (New York, 1957; repr. Boston, 1986), 97, 224, 268.

(10) R. Fubini and A. Menci Gallorini, "L'autobiografia di Leon Battista Alberti: Studio e edizione," *Rinascimento*, 2d set., 12 (1972), 1-78 at 70. さらにまた, R. Neu Watkins, "L. B. Alberti in the Mirror: An Interpretation of the *Vita* with a New Translation," *Italian Quarterly* 30 (1989), 5-30 at 8.

(11) C・グレイソンの下記の説明を参照せよ. Alberti, *Opere volgari*, ed. Grayson, I,78-410. さらにまた, Fubini and Menci Gallorini, "L'autobiografia," 71-72 (cf. Watkins, "L.B. Alberti," 10). 現在のかたちでの『家族論』第4書は, 「桂冠競技会」(チェルタメ・コロナリオ)との直接の関係から実際に1441年頃に制作されたというテクスト上の証拠については, L. Bertolini, "Un idiografo del IV libro della Famiglia," *Rivista di letteratura italiana* 6 (1988), 275-97; Danzi, "Fra *oikus* e *polis*," 53 and n. 22. しかし自伝(1437年あるいは 1438年)の推定制作年代を考慮すると, アルベルティは1430年代に第4書の最初の中心となる部分を書き, 1441年に現在の形式に改訂したという可能性も高いように思われる.

(12) T. Kuehn, *Law, Family and Women: Toward a Legal Anthropology of Renaissance Italy* (Chicago, 1991), chap. 6.

(13) Virgil, *Eclogues*, 10.38-39.

(14) G. Gorni, "Storia del Certame Coronario," *Rinascimento* 12 (1972), 135-81 at 139 n. 2.

(15) Leon Battista Alberti, *The Family in Renaissance Florence*, tr. R. N. Watkins (Columbia, S.C., 1969), 153-54; Alberti, *Opere volgari*, ed. Grayson, III, 156.

(16) Alberti, *Opere volgari*, ed. Grayson, III, 164; Alberti, *Family*, tr. Watkins, 161.

(17) この点については, D. Marsh, *The Quattrocento Dialogue* (Cambridge, Mass., 1980).

(18) この箇所や前段落からの引用は, Alberti, *Opere volgari*, ed. Grayson, I,116-17,141; Alberti, *Family*, tr. Watkins, 120-21, 141.

(19) この点についてはたとえば, C. Bec, *Les marchands écrivains: Affaires et humanisme à Florence, 1375-1434* (Paris and The Hague, 1967); G. Brucker, *Renaissance Florence* (New York, 1968).

(20) L. Trilling, "Manners, Morals and the Novel," *The Liberal Imagination* (New York, 1950; repr. Garden City, 1953), 200-15 at 204-205.

(21) R. Goldthwaite, *Private Wealth in Renaissance Florence: A Study of Four Families* (Princeton, 1968); F. W. Kent, *Household and Lineage in Renaissance Florence: The Family Life of the Capponi,*

Ginori and Rucellai (Princeton, 1971); D. Herlihy and C. Klapisch-Zuber, *Tuscans and Their Families: A Study of the Florentine Catasto of 1427* (Cambridge, Mass., 1986). フィレンツェの家族の構造と結束に関する近年の議論については，とりわけ，L. Fabbri, *Alleanza matrimoniale e patriziato nella Firenze del'400* (Florence, 1991). さらにまた，A. Molho, *Marriage Alliance in Late Medieval Florence* (Cambridge, Mass., 1994).

(22) Alberti, *Opere volgari*, ed. Grayson, I, 205, 219; Alberti, *Family*, tr. Watkins, 197, 209.

(23) この点については，G. Brucker, "Introduction," in *Two Memoirs*; V. Branca, *Mercanti scrittori* (Milan, 1986).

(24) 引用は，Bec, *Les marchands écrivains*, 51. この人物は，ジャンノッツォの意見と類似したことを記している.

(25) Alberti, *Opere volgari*, ed. Grayson, 1, 215-16; Alberti, *Family*, tr. Watkins, 206.

(26) この点については，Herlihy and Klapisch-Zuber, *Tuscans*. 英訳による，1427年のカタストの実例については，G. Brucker, *The Society of Renaissance Florence* (New York, 1971), 6-13.

(27) J. Burckhardt, *Die Kultur der Renaissance in Italien, Ein Versuch* (Darmstadt, 1955), 52-54.

(28) G. Ponte, *Leon Battista Alberti: umanista e scrittore* (Genoa, 1981), 69.

(29) Cf. M. Becker, *Florence in Transition* (Baltimore, 1967-68); D. Kent and F. W. Kent, *Neighbours and Neighbourhood in Renaissance Florence* (Locust Valley, N.Y., 1982). アルベルティからの引用は，Alberti, *Opere Volgari*, ed. Grayson, I,156; Alberti, *Family*, tr. Watkins, 154.

(30) この伝統についてのたいそう有益な概説については，豊富な文献を付した，Xenophon, *Oeconomicus: A Social and Historical Commentary*, ed. S. B. Pomeroy (Oxford, 1994; repr. 1995). クセノフォンの作品の普及については，その68-90. さらにまた，D. Marsh, "Xenophon," *Catalogus translationum et commentariorum*, ed. V. Brown et al. (Washington, D.C., 1992), VII, 177-89.

(31) J. Soudek, "The Genesis and Tradition of Leonardo Bruni's Annotated Latin Version of the ps.-Aristotelian *Economics*," *Scriptorium* 12 (1958), 260-68, 179-80, 182-84; J. Soudek, "Leonardo Bruni and his Public: A Statistical and Interpretative Study of his Annotated Latin Version of the ps.-Aristotelian *Economics*," *Studies in Medieval and Renaissance History 5* (1968), 49-136; J. Soudek, "A Fifteenth-Century Humanistic Bestseller: The Manuscript Diffusion of Leonardo Bruni's Annotated Version of the ps.-Aristotelian *Economics*," in *Philosophy and Humanism: Renaissance Essays in Honor of Paul Oskar Kristeller*, ed. E. P. Mahoney (Leiden, 1976), 129-43; H. Goldbrunner, "Leonardo Brunis Kommentar zu seiner Übersetzung der ps.-aristotelischen Oekonomik: Ein humanistischer Kommentar," *Der Kommentar in der Renaissance*, ed. A. Buck and O. Herding (Bonn, 1975). ブルーニのテクストの翻訳については，Griffiths, Hankins, and Thompson, *Humanism of Leonardo Bruni*, 300-17.

(32) M. King, *Venetian Humanism in an Age of Patrician Dominance* (Princeton, 1986).

(33) ここでは，Danzi, "Fra *oikos* e *polis*"の優れた論考に従っている.

(34) L. B. Alberti, *Profugiorum ab aerumna libri*, ed. G. Ponte (Genoa, 1988), 81-83. Cf. R. Cardini, *Mosaici: Il 'nemico' dell'Alberti* (Rome, 1990).

(35) この点についてはとりわけ，H. Baron, "Leon Battista Alberti as an Heir and Critic of Florentine Civic Humanism," in *In Search of Florentine Civic Humanism* (Princeton, 1988), I, 264-68.

(36) Xenophon, *Oeconomicus* 10.2, 10.3-10, in *Oeconomicus*, ed. Pomeroy, 161-63.

(37) Brucker, *Society*, 195.

(38) Alberti, *Opere volgari*, ed. Grayson, I, 227-28; Alberti, *Family*, tr. Watkins, 216.

(39) I. Origo, *The World of San Bernardino* (New York, 1962), chap. 2; D. O. Hughes, "Distinguishing Signs: Ear-Rings, Jews, and Franciscan Rhetoric in the Italian Renaissance City" *Past and Present* 112 (1986), 3-59. いくつかの起訴の記録については，Brucker, *Society*, 181-83.

(40) 女性に対するアルベルティの見方への異なった観点については，F. Furlan, "L'idea della donna e dell'amore nella cultura tardomedievale e in L.B. Alberti," *Intersezioni* 10 (1990), 211-38; M. Wigley, "Untitled: The Housing of Gender," *Sexuality and Space*, ed. B. Colomina (Princeton, 1992), 327-89; Gisela Ecker, "Leon Battista Alberti: Ordnungen des Hauses, des Sehens und der Geschlechter," *Geschlechterperspektiven: Forschungen zur Frühen Neuzeit*, ed. H. Wunder and G. Engel (Königstein/Taunus, 1998), 348-57; K. Imesch, "Misogynie im literarischen und architekturtheoretischen Werk Leon Battista Albertis," *Theorie der Praxis*, ed. K. W. Forster and H. Locher (Berlin, 1999), 233-73. その社会的背景についてはとりわけ，J. Brown, "A Woman's Place was in the Home: Women's Work in Renaissance Tuscany," in *Rewriting the Renaissance*, ed. M. Ferguson, M. Quilligan, and N. Vickers (Chicago and London, 1986), 206-24 and S. Cohn, "Donne in piazza e donne in tribunale a Firenze nel Rinascimento," *Studi storici* 22 (1981), 515-33.

(41) Giovanni di Pagolo Morelli, *Ricordi*, ed. V. Branca (Florence, 1969), 177-80.

(42) ストロッキアとパンディミリオによる論考については，*Palazzo Strozzi: Metà millennio, 1489-1989*, ed. D. Lamberini (Rome, 1991); C. Klapisch-Zuber, *Women, Family and Ritual in Renaissance Italy*, tr. L. Cochrane (Chicago, 1985); H. Gregory, ed. and tr., *Selected Letters of Alessandra Strozzi* (Berkeley and Los Angeles, 1997).

(43) こうした点については，Rucellai, *Zibaldone*, I, 28-29.

(44) これら3つの引用については，Alberti, *Opere volgari*, I, 235, 232, 234; Alberti, *Family*, tr. Watkins, 223, 220, 222.

(45) Klapisch-Zuber, *Women, Family, and Ritual.*

(46) Griffiths, Hankins, and Thompson, *Humanism of Leonardo Bruni*, 315, 311.

(47) Alberti, *Opere volgari*, ed. Grayson, I, 153-54; Alberti, *Family*, tr. Watkins, 151-53.

(48) F. Biondo, *De verbis romanae locutionis*; M. Tavoni, *Latino, grammatica, volgare. Storia di una questione umanistica* (Padua, 1974), 197-215.

(49) これらの引用は，L. Bruni, *Humanistisch-philosophische Schriften*, ed. H. Baron (Leipzig and Berlin, 1928; repr. Wiesbaden, 1969), 216-21. 英訳については，Griffiths, Hankins, and Thompson, *Humanism of Leonardo Bruni*, 229-34.

(50) L. Bruni, "Vita di Dante," *Humanistisch-philosophische Schriften*, ed. H. Baron, 61. その翻訳については，*The Three Crowns of Florence*, ed. D. Thompson and A. F. Nagel (New York, Evanston, San Francisco, and London, 1971), 71.

(51) こうした論点については，R.フビーニの古典的な論考を参照せよ．R. Fubini, "La coscienza del latino negli umanisti," *Studi medievali*, 3d ser., 2 (1961), 505-50; M. Tavoni, *Latino, grammatica, volgare*; A. Mazzocco, *Linguistic Theories in Dante and the Humanists* (Leiden and New York, 1993); G. Patota, "Introduzione," in L. B. Alberti, *Grammatichetta e altri scritti sul volgare* (Rome, 1996), xiv-xxiv.

(52) Alberti, *Opere volgari*, ed. Grayson, I,154; Alberti, *Family*, tr. Watkins, 152.

(53) G. Cipriani, *Il mito etrusco nel rinascimento fiorentino* (Florence, 1980).

(54) この引用は，G. Aliotti, *Epistolae et opuscula*, ed. F. M. Scaramalius (Arezzo, 1769), I, 33-34. さらにまた44, 45, 67をも参照せよ．これらの書簡は，A. Traversari, *Latinae epistolae*, ed. L. Mehus (Florence, 1759; repr. Bologna, 1968), cols. 1053-58で，容易に参照できる．

(55) この点についてはたとえば，C. Grayson, "Alberti and the Vernacular Eclogue in the Quattrocento," *Italian Studies* 11 (1956), 16-29, repr. in Grayson, *Studi su Leon Battista Alberti*, ed. P. Claut (Florence, 1999), 103-18; A. Cecere, *Leon Battista Alberti, Deifira: Analisi tematica e formale* (Naples, 1999).

(56) この点についてはたとえば，T. E. Mommsen, *Medieval and Renaissance Studies*, ed. E. F. Rice, Jr. (Ithaca, N.Y., 1959), 101-105.

(57) チリアコについては，G. Arbizzoni, "Ciriaco e il volgare," *Ciriaco d'Ancona e la cultura antiquaria dell'Umanesimo*, ed. G. Paci and S. Sconocchia (Reggio Emilia, 1998), 217-33.

(58) これら4つの引用については，L. Bertolini, ed., *De vera amicitia. I testi del primo Certame coronario* (Ferrara, 1993), 224, 226, 254-260, 355.

(59) Alberti, "Protesta," in ibid., 506.

(60) "Diceria," in ibid., 516. 審査員たちは形式的な言葉で，詩人たちは古典の修辞学で定義された三構成である，構想（適当な主題の設定），配列（議論の組み立て），表現（文体）の高い基準に達していると認めていた．

(61) Alberti, "Protesta," 503-13. さらにまた，A. Altamura, *Il Certame Coronario* (Naples, 1952); Gorni, "Storia del Certame Coronario."

(62) Gorni, "Storia del Certame Coronario," 150. この段落の引用は，その149による．

(63) この点についてはとりわけ，S. Niccoli, "Le *Rime* Albertiane nella prospettiva poetica Quattrocentesca," *Interpres* 3 (1980), 7-28.

(64) ダーティについては，*Dizionario biografico degli Italiani*, s. v. Leonardo Dati, by R. Ristori.

(65) L. Dati, *Epistolae xxxiii*, ed. Lorenzo Mehus (Florence, 1743), Ep. xiv, アルベルティ宛書簡，フィレンツェ，1443年6月8日，21-22; pp. xxvi-xxviii, esp. xxviii; Ep. i, ダーティのニッコロ・デラ・ルーナ宛書簡，日付なし，1-2; pp. xlvii-lii and Ep. xxxiii, ダーティのマッテオ・パルミエーリ宛書簡，ラテラーノ，1466年4月4日，59-60; Ep. xv, ダーティのチェッフィ宛書簡，フィレンツェ，1443年5月23日，22-25; Ep. xiii, ダーティとチェッフィのアルベルティ宛書簡，フィレンツェ，1443年6月6日，18-20. なおダーティの尽力していた年代については，明らかになっていない．Cf. *Libro del Poema chiamato Citta di Vita composto da Matteo Palmieri Fiorentino*, ed. M. Rooke, Smith College Studies in Modern Languages, VIII, 1-2 (1926-27); IX, 1-4 (1927-28), I, xi-xvi.

(66) 引用は，C. Grayson, "Leon Battista Arberti and the Beginnings of Italian Grammar," *Proceedings of the British Academy* 49 (1963), 291-311 at 293. アルベルティの文法のテクストについては，*Opere volgari*, ed. Grayson, III, 177-93. さらにパトータによる『文法書（*Grammatichetta*）』の最新の校訂版（前掲註51）の15，またlxvを参照せよ．パトータは，アルベルティの作品の内容について，有益で十分な分析を行なっている．

(67) *Giovanni Rucellai ed il suo Zibaldone* I: G. Rucellai, *Il Zibaldone Quaresimale*, ed. A. Perosa (London, 1960), 3-19, 139 n. 1.

(68) Alberti, *Dinner Pieces*, tr. D. Marsh (Binghamton, N.Y.), 23-27. さらにまた, *Prosatori latini del Quattrocento*, ed. E. Garin (Milan and Naples, 1952), 644-57. このテクストの重要性は下記の論考によって認識された. A. Doren, "Fortuna im Mittelater und in der Renaissance," *Vorträge der Bibliothek Warburg*, II: 1922-1923, pt. 1 (1924), 71-144 at 132-33 n. 128.

(69) Origo, *Merchant of Prato*, chaps. 3-4. さらなる検討については, B. Nelson, *The Idea of Usury* (Princeton, 1949; repr. Chicago, 1969); Nelson, "The Usurer and the Merchant Prince: Italian Businessmen and the Ecclesiastical Law of Restitution, 1100-1500," *Journal of Economic History* 7, supp. 7 (1947), 104-22; J. Kirshner, *Pursuing Honor While Avoiding Sin: The Monte delle Doti of Florence* (Milan, 1978); C. Bresnahan Menning, *Charity and State in Late Renaissance Italy: The Monte di Pietà of Florence* (Ithaca and London, 1993). 聖ベルナルディーノの説教の背景については, J. Kaye, *Economy and Nature in the Fourteenth Century* (Cambridge, 1998).

(70) Brucker, *Society*, 23-24.

(71) Alberti, *Opere volgari*, ed. Grayson, I, 248; Alberti, *Family*, tr. Watkins, 234.

(72) A. Warburg, "Francesco Sassetti's letztwillige Verfügung," *Gesammelte Schriften* (Leipzig and Berlin, 1932; repr. Berlin, 1998), I, 127-58 at 141; "Francesco Sassetti's Last Injunctions to his Sons," *The Renewal of Pagan Antiquity*, ed. K. W. Forster, tr. D. Britt (Los Angeles, 1999), 223-62 at 237.

(73) この点については, Rucellai, *Zibaldone*, ed. Perosa, I, 114-16.

(74) この点についてはとりわけ, Danzi, "Fra *oikos e polis*," 51-52.

(75) これらの引用については, Alberti, *Opere volgari*, ed. Grayson, I, 180, 183-84, 142-43, 202; Alberti, *Family*, tr. Watkins, 175, 178, 143, 194. ジョヴァンニ・ルチェッライによる, このような立場の魅力ある発展については, Rucellai, *Zibaldone*, ed. Perosa, I, 39-43; Alberti, *Opere volgari*, ed. Grayson, I.

(76) この点については, Baron, *In Search*, I, 261-68, 278-80.

(77) B. Vickers, "Humanismus und Kunsttheorie in der Renaissance," *Theorie der Praxis*, ed. K. W. Forster and H. Löcher (Berlin, 1999), 9-74.

(78) Alberti, *De pictura*, 2.49, in *On Painting and On Sculpture*, ed. C. Grayson (London, 1972), 92-93.

(79) Alberti, *Della pittura*, 2.47, in *Opere volgari*, ed. Grayson, III, 84.

(80) Alberti, *Opere volgari*, ed. Grayson, I, 141, 210. さらにまた, A. D. Fraser Jenkins, "Cosimo de' Medici's Patronage of Architecture and the Theory of Magnificence," *Journal of the Warburg and Courtauld Institutes* 33 (1970), 162-70 at 163-64. 引用は, *Opere volgari* I, 202; Alberti, *Family*, tr. Watkins, 194.

(81) M. Phillips, *Marco Parenti: A Life in Medici Florence* (Princeton, 1987); R. Goldthwaite, *The Building of Renaissance Florence: An Economic and Social History* (Baltimore, 1980); *Wealth and the Demand for Art in Italy, 1300-1600* (Baltimore, 1993).

(82) M. Baxandall, *Painting and Experience in Fifteenth-Century Italy* (Oxford, 1972), pt. 1. アルベルティからの引用は, Alberti, *Opere volgari*, ed. Grayson, I, 225; Alberti, *Family*, tr. Watkins, 214.

(83) この点については, F. W. Kent, "The Making of a Renaissance Patron of the Arts," *Giovanni Rucellai ed il suo Zibaldone* II: *A Florentine Patrician and his Palace* (London, 1981), 9-95 at 42-44.

(84) Alberti, *Opere volgari*, ed. Grayson, I,177; Alberti, *Family*, tr. Watkins, 172.

(85) この点については，J. Le Goff, "Labor Time in the 'Crisis' of the Fourteenth Century: From Medieval Time to Modern Time," *Time, Work and Culture in the Middle Ages*, tr. A. Goldhammer (Chicago and London, 1980), 43-52 at 51-52; Baron, *In Search*, II, 52-53; R. Glasser, *Time in French Life and Thought*, tr. C. G. Pearson (Manchester, 1972), chaps. 4-5.

(86) Rucellai, *Zibaldone*, ed. Perosa, I, 18.

(87) Warburg, "Francesco Sassetti".

(88) Alberti, *Dinner Pieces*, tr. Marsh, 215; R. Watkins, "Leon Battista Alberti's Emblem, the Winged Eye and his Name," *Mitteilungen des Kunsthistorischen Institutes in Florenz* 9 (1959-60), 256-58.

(89) K. Reichert, *Fortuna, oder die Beständigkeit des Wechsels* (Frankfurt, 1985); cf. Doren, "Fortuna in Mittelalter."

(90) これら2つの引用については，Alberti, *Opere volgari*, ed. Grayson, I, 194-201, at 198 and 197; Alberti, *Family*, tr. Watkins, 187-93, at 191 and 190.

(91) Alberti, *Villa*, in *Opere volgari*, ed. Grayson, I, 359-63 at 363. その執筆年代とアルベルティによるヘシオドスの利用については，456-57.

(92) この点については，D. Coffin, *The Villa in the Life of Renaissance Rome* (Princeton, 1979), esp. 11; J. Ackerman, *The Villa* (Princeton, 1990), chap. 3.

(93) Cf. M. Baxandall, "Alberti's Self," *Fenway Court* (1990-91), 31-36.

第6章

(1) L. B. Alberti, *De equo animante*, ed. C. Grayson, J.-Y. Boriaud, and F. Furlan, *Albertiana* 2 (1999), 191-235 at 204-207, 232-33を参照せよ（この版は以前のA.Videtta [Naples,1991] に取って代わっている）．アルベルティの用いた典拠については，S. Salomone, "Fonti greche nel *De equo animante* di Leon Battista Alberti," *Rinascimento*, 2d ser., 26 (1986), 241-50. ここでは，その時期翻訳されていなかったクセノフォンの『乗馬論（*Peri hippikes*）』を参照したとされている．上記テクスト版の197を参照せよ．

(2) Alberti, *De equo animante*, ed. Grayson et al., 206-207.

(3) 本書第4章を参照せよ．

(4) Alberti, *De equo animante*, ed. Grayson et al., 209-13, 212-15, 216-23, 225. 最初の段落の引用は，208-209.

(5) Ibid., 146, 150. 最初の引用は，230-31. アルベルティは，『匿名伝』に類似した形式で，他の2つの質問を提示し，また答えていることに注意せよ．2つ目の引用は，214-15.

(6) E. H. Kantorowicz, "The Este Portrait by Roger van der Weyden," *Journal of the Warburg and Courtauld Institutes* 3 (1939-40), 165-80, repr. in Kantorowicz, *Selected Studies* (Locust Valley, N.Y., 1965), 366-80. もっとも1468年の「不吉な日」には，「フランチェスコの駿馬は試合に出ることを拒んだ」という（373）．

(7) この点については，K. Weil-Garris Brandt, "The Relation of Sculpture and Architecture in the Renaissance," *The Renaissance from Brunelleschi to Michelangelo: The Representation of Architecture*, ed. H. Millon and V. M. Lampugnani (New York, 1997), 75-98 at 90.

(8) L. Dati, *Epistolae xxxiii*, ed. Lorenzo Mehus (Florence, 1743), Ep. xix, ダーティのアリオッ

ティ宛書簡，フィレンツェ，1443年11月14日，31-33 at 32.

(9) ダーティ，アルベルティ，パルミエーリの交友関係についてはとりわけ，G. Gorni, "Tre schede per l'Alberti volgare," *Interpres* 1 (1978), 43-58 at 45-53.

(10) 1430年代後半および1440年代初頭のアルベルティの方向転換については，下記の重要な研究を参照せよ．G. Gorni, "Dalla famiglia alla corte: Itinerari e allegorie nell'opera di L. B. Alberti," *Bibliothèque d'Humanisme et Renaissance* 43 (1981), 241-56; G. Ponte, "La crisi della 'compagnia di Corte': L'intercenale *Erumna* e il prologo alla *Famiglia* di L. B. Alberti," *Tradizione classica e letteratura umanistica: Per Alessandro Perosa*, ed. R. Cardini et al. (Rome, 1985), I,159-71; M. Danzi, "Fra *oikos e polis*: Sul pensiero familiare di Leon Battista Alberti," *La memoria e la città* ed. C. Bastia and M. Bolognani (Bologna, 1995), 47-62.

(11) J. Gill, *The Council of Florence* (Cambridge, 1959; repr. with corrections, New York, 1982).

(12) Lapo da Castiglionchio, *Dialogus de curiae commodis*, in *Prosatori latini del Quattrocento*, ed. E. Garin (Milan and Naples, 1952), 190. 作品全体の批評テクストおよび翻訳については，C. Celenza, *Renaissance Humanism and the Papal Curia: Lapo da Castiglionchio the Younger's "De curiae commodis"* (Ann Arbor, 1999). ここでの引用は，130-32.

(13) ラーポの作品とその両義性についての鋭敏で学識ある解釈については，チェレンツァの前掲書の序論，また特に第2章を参照せよ．

(14) 前段落および本段落の引用は，L. B. Alberti, *Opuscula inedita et pauca separatim impressa*, ed. G. Mancini (Florence, 1890), 67-121 at 68, 97, 100-101.

(15) Ibid., 80, 78, 80-81, 77.

(16) Ibid., 119-20. これらの4つの引用については，121, 103-104, 108-109, 107.

(17) これらの6つの引用は，L. B. Alberti, *Opere volgari*, ed. C. Grayson (Bari, 1960-73), I, 269, 270, 283-91, 281, 279, 274; L. B. Alberti, *The Family in Renaissance Florence*, tr. R. N. Watkins (Columbia, S.C., 1969), 252, 264-72, 262, 260-61, 256.

(18) R. Fubini and A. Menci Gallorini, "L'autobiografia di Leon Battista Alberti: Studio e edizione," *Rinascimento*, 2d ser., 12 (1972), 71.

(19) Alberti, *Opere volgari*, ed. Grayson, I, 267-68; Alberti, *Family*, tr. Watkins, 250-51.

(20) この点については，T. Dean, *Land and Power in Late Medieval Ferrara* (Cambridge, 1988).

(21) G. Mattingly, *Renaissance Diplomacy* (New York, 1955).

(22) この点については，E. G. Gardner, *Dukes and Poets at Ferrara* (London, 1904); W. Gundersheimer, *Ferrara: The Style of a Renaissance Despotism* (Princeton, 1973); *La corte e lo spazio: Ferrara estense*, ed. G. Papagno and A. Quondam, 3 vols. (Rome, 1982); *Le muse e il principe* (Modena, 1991); T. Tuohy, *Herculean Ferrara* (Cambridge, 1996); A. Grafton, *Commerce with the Classics* (Ann Arbor, 1997), chap. 1.

(23) *Peregrinatio metropolitae Isidori ad concilium Florentinum*, in *Acta Slavica Concilii Florentini. Narrationes et documenta*, ed. J. Krajcar, S.J. (Rome, 1976), 24. さらにまた，P. Castelli, "'Veni creator spiritus.' Da San Giorgio a Santa Maria Novella: Immagini conciliari," *Firenze e il Concilio del 1439*, ed. P. Viti (Florence, 1994), I, 289-316, at 297 and n. 20.

(24) A. T. Grafton and L. Jardine, *From Humanism to the Humanities* (London, 1986), chap. 1.

(25) Lapo, *Dialogus de curiae commodis*, in *Prosatori latini*, ed. Garin, 174 (cf. Celenza, *Renaissance Humanism*, 108-109).

(26) A. Decembrio, *De politia literaria*, 2.21, Biblioteca Apostolica Vaticana MS Vat. lat. 1794, fol. 47 recto.

(27) Aeneas Silvius Piccolomini, *De Europa*, chap. 52, in *Opera quae extant omnia* (Basel, 1551; repr. Frankfurt a.M., 1967), 450-51.

(28) Poggio Bracciolini, *Lettere*, II: *Epistolarum familiarium libri*, ed. H. Harth (Florence, 1984), 251-52.

(29) Decembrio, *De politia*, MS Vat. lat. 1794, fol. 183 recto.

(30) Poggio, *Lettere*, II, 170, 198-99, 253.

(31) J. W. Oppelt, "Peace vs. liberty in the Quattrocento: Poggio, Guarino and the Scipio-Caesar Controversy," *Journal of Medieval and Renaissance Studies* 4 (1974), 221-65; M. Pade, "Guarino and Caesar at the Court of the Este," *La corte di Ferrara ed il suo mecenatismo, 1441-1598: The Court of Ferrara and its Patronage*, ed. M. Pade, L. W. Petersen, and D. Quarta (Copenhagen and Ferrara, 1990), 71-91.

(32) E. Walser, *Poggius Florentinus, Leben und Werke* (Leipzig and Berlin, 1914), 172 n. 2, 170-71.

(33) Alberti, *Opere volgari*, ed. Grayson, I, 271; Alberti, *Family*, tr. Watkins, 252-54.

(34) たとえば，M. Biagioli, *Galileo Courtier* (Chicago and London, 1993) を参照せよ．

(35) Vespasiano da Bisticci, *Vite di uomini illustri del secolo XV* (Florence, 1938), 71.

(36) Alberti, *Opere volgari*, ed. Grayson, I, 291-92; Alberti, *Family*, tr. Watkins, 272.

(37) "L. B. Alberti, *Philodoxeos fabula*. Edizione critica a cura di Lucia Cesarini Martinelli," *Rinascimento*, 2d ser., 17 (1977), 111-234 at 144.

(38) J. P. Perry, "A Fifteenth-Century Dialogue on Literary Taste: Angelo Decembrio's Account of Playwright Ugolino Pisani at the Court of Leonello d'Este," *Renaissance Quarterly* 39 (1986), 613-43.

(39) Poggio, *Lettere*, ed. Harth, II, 260.

(40) Alberti, *Canis*, in *Apologhi ed elogi*, ed. R. Contarino (Genoa, 1984), 166. 引用は，156-58.

(41) M. Baxandall, *Giotto and the Orators: Humanist Observers of Painting in Italy and the Discovery of Pictorial Composition, 1350-1450* (Oxford, 1971), 78-96; D. Marsh, *Lucian and the Latins: Humor and Humanism in the Early Renaissance* (Ann Arbor, 1998), esp. chap. 5.

(42) ポッジョのニッコリとマレスカルコ宛書簡については，Poggio, *Lettere*, ed. Harth, II, 223. 書物の取得については，ibid., 224, および Walser, *Poggius Florentinus*, 528.

(43) Walser, *Poggius Florentinus*, 307-308 n. 2; cf. 540-41.

(44) Poggio, *Lettere*, ed. Harth, II, 171.

(45) Walser, *Poggius Florentinus*, 224.

(46) ルネサンス社会におけるパトロネージについては，下記の文献を参照せよ．事例研究の古典として，D. W. Kent, *The Rise of the Medici* (Oxford, 1978). 先駆的な方法論的試論として，W. Gundersheimer, "Patronage in the Renaissance: An Exploratory Approach," *Patronage in the Renaissance*, ed. G. F. Lytle and S. Orgel (Princeton, 1981), 3-23. より近年の論文集として，*Patronage, Art, and Society in Renaissance Italy*, ed. F. W. Kent and P. Simons with J. C. Eade (Canberra and Oxford, 1987). さらにまた，Biagioli, *Galileo Courtier*. A. Field, *The Origins of the Platonic Academy of Florence* (Princeton, 1988) をも参照せよ．

(47) L. B. Alberti, *Apologhi ed elogi*, ed. R. Contarino (Genoa, 1984), 46. 前掲の6つの引用は，

44; XXV, 54; LIII, 60; LXXXVIII, 72; LIV, 60; XXXIX, 56.

(48) Ibid., XXI, 52. 本段落の引用は，XXIII, 52.

(49) 下記の文献を参照せよ．C. Baskins, "Echoing Narcissus in Alberti's *Della pittura*," *Oxford Art Journal* 16 (1993), 25-33; M. Wolf, "'Arte superficiem illam fontis amplecti': Alberti, Narziss und die Erfindung der Malerei," *Diletto e Maraviglia*, ed. C. Göttler, U. M. Hofstede, K. Patz, and K. Zollikofer (Emsdetten, 1998), 10-39. 本段落の寓話の引用は，LXXXIII, 70; LXVIII, 66; LV, 62; LVIII, ibid.

(50) Kantorowicz, "The Este Portrait," 168, repr. in *Selected Studies*, 370; Alberti, *Apologhi*, ed. Contarino, XCVII, 74-76. 本段落の引用は，XCIII, 74; XCIX, 76.

(51) これら4つの引用は，M. Baxandall, "A Dialogue on Art from the Court of Leonello d'Este," *Journal of the Warburg and Courtauld Institutes* 26 (1963), 304-26 at 314, 318, 316.

(52) N. Forti Grazzini, "Leonello d'Este nell'autunno del Medioevo. Gli arazzi delle 'Storie di Ercole,'" *Le muse e il principe*, 53-62.

(53) この点については，C. Rosenberg, *The Este Monuments and Urban Development in Renaissance Ferrara* (Cambridge, 1997), 53-54.

(54) Rosenberg, *Este Monuments*; cf. J. Reiss, "The Civic View of Sculpture in Alberti's *De re aedificatoria*," *Renaissance Quarterly* 32 (1979), 1-17.

(55) Rosenberg, *Este Monuments*, 56 and figs. 17-18.

(56) その資料は，Rosenberg, *Este Monuments*, 209 n. 31. しかしA. Franceschini, *Artisti a Ferrara in età umanistica e rinascimentale. Testimonianze archivistiche. Parte I, dal 1341 al 1471* (Ferrara and Rome, 1993), no. 511, 240のように，「両者に（*Pro utraque*）」は「各々へ（*Quod utraque*）」と読解すべきである．

(57) Alberti, *De equo animante*, ed. Grayson et al., 202-203.

(58) Rosenberg, *Este Monuments*, chap. 4の詳細な説明を参照せよ．

(59) Baxandall, "Dialogue," 324.

(60) S. K. Scher, ed., *The Currency of Fame: Portrait Medals of the Renaissance* (New York, 1994), pl. 4 rev.

(61) K. Badt, "Drei plastische Arbeiten von Leone Battista Alberti," *Mitteilungen des Kunsthistorischen Institutes in Florenz* 8 (1958), 78-87.

(62) U. D. Asmus, *Corpus quasi vas. Beiträge zur Ikonographie der italienischen Renaissance* (Berlin, 1977), chap. 1.

(63) Scher, *Currency*, pl. 11 obv. and rev.

(64) 本段落のこれら4つの引用は，L. B. Alberti, *Ludi rerum mathematicarum*, in *Opere volgari*, ed. Grayson, III, 133, 173, 151, 161.

(65) M. Taccola, *De rebus militaribus*, ed. and tr. E. Knobloch (Baden-Baden, 1984), at 159, 133, 140を参照せよ．

(66) 少なくともリッカルディアーナ図書館の写本の中では，そのように表されている．Alberti, *Opere volgari*, ed. Grayson, III, 139.

(67) これら前掲の4つの引用については，ibid., 142, 156, 163, 171, 148. Cf. J. Shearman, *Mannerism* (Harmondsworth, 1967).

(68) Cf. Dean, *Land and Power*.

(69)　『数学遊戯』の典拠とその範囲については, J. K. Gadol, *Leon Battista Alberti: Universal Man of the Italian Renaissance* (Chicago, 1969), chap. 4; L. Vagnetti, "Considerazioni sui *Ludi matematici*," *Studi e documenti di architettura* 1 (1972), 175-79. さらにとりわけ, P. Souffrin, "La *Geometria practica* dans les *Ludi rerum mathematicarum*," *Albertiana*, 1 (1998), 87-104.
(70)　Alberti, *Opere volgari*, ed. Grayson, III, 156.

第7章

(1)　F. De Marchi, *Della architettura militare* (Rome, 1810), chaps. 82-84, I, 90-94; cf. E. Concina, *Navis. L'umanesimo sul mare 1470-1740* (Turin, 1990), 105-107.
(2)　G. Ucelli, *Le navi di Nemi* (Rome, 1950; repr. 1983).
(3)　J. Adhémar, *Influences antiques dans l'art du Moyen Age français* (London, 1939; repr. Paris, 1996); M. Greenhalgh, *The Survival of Roman Antiquities in the Middle Ages* (London, 1989); P. Brown, *Venice and Antiquity* (New Haven and London, 1996), pt. 1. 古物研究の歴史に関する古典的研究としては, A. D. Momigliano, "Ancient History and the Antiquarian," *Journal of the Warburg and Courtauld Institutes* 13 (1950), 285-315, repr. in Momigliano, *Contributo alla storia degli studi classici* (Rome, 1955), 67-106. またモミリアーノの同主題に関する最近の研究として, *Classical Foundations of Modern Historiography*, ed. R. Di Donato (Berkeley, Los Angeles, and London, 1990), chap. 3をも参照せよ.
(4)　G. Seibt, *Anonimo romano* (Stuttgart, 1992). さらに下記の文献に集められた豊富な資料をも参照せよ. R. Weiss, *The Renaissance Discovery of Classical Antiquity* (Oxford, 1969; 2d ed., 1988); C. Nardella, *Il fascino di Roma nel Medioevo: Le "Meraviglie di Roma" di Maestro Gregorio* (Rome, 1997).
(5)　Poggio Bracciolini, *De varietate fortunae*, in C. D'Onofrio, *Visitiamo Roma nel Quattrocento* (Rome, 1989), 69.
(6)　G. Fabricius, *Roma* (Helmstedt, 1670), 105; cf. 3.
(7)　F. Haskell, *History and Its Images* (New Haven and London, 1992).
(8)　L. B. Alberti, *De re aedificatoria* (これ以降, *DRA*と略記), VI.1. 英訳版として, *On the Art of Building in Ten Books*, tr. J. Rykwert, N. Leach, and R. Tavernor (Cambridge, Mass., and London, 1988; repr. 1989), 154 (翻訳は変更した). ラテン語とイタリア語の対訳版として, *L'Architettura*, ed. G. Orlandi, tr. P. Portoghesi (Milan, 1966), II, 441-43.
(9)　Alberti, *DRA*, VI.1, tr. Rykwert et al., 154-55; ed. Orlandi and Portoghesi, II, 443.
(10)　Alberti, *DRA*, III.16, ed. Orlandi and Portoghesi, I, 257; II.8, ed. Orlandi and Portoghesi, I, 137 (石材について); VI.13 *ad fin*, ed. Orlandi and Portoghesi, II, 527 (円柱の設計と型取りについて) には, 「以上のことは古代の書から引用して案出したのではなく, 注意し研究して, 最高の諸作品から観察してきたものである (*Haec a veteribus tradita non invenimus, sed diligentia studioque ex optimorum operibus annotavimus*)」とある. Cf. II.8 *ad fin*, ed. Orlandi and Portoghesi, I, 139には, 「ここで若干の石に関して, 古代の人々の言及したことに触れておくのも意義あることだと考える (*Neque hic praetermittenda censeo digna memoratu quaedam, quae de nonnullis lapidibus veteres meminere*)」(これらの議論は, II.9, ed. I, 139ff.で続けられる) とある.
(11)　A. Manetti, *The Life of Brunelleschi*, ed. H. Saalmann, tr. C. Enggass (University Park and London, 1970), 54 (テクスト原文は55). 翻訳に若干の変更を加えた以下の引用は52 (テク

スト原文は53).

(12) H. Burns, "A Drawing by L. B. Alberti," *Architectural Design* 49, nos. 5-6 (1979), 45-56; R. Tavernor, *On Alberti and the Art of Building* (New Haven and London, 1998), chap. 9.

(13) P. Jacks, *The Antiquarian and the Myth of Antiquity* (Cambridge, 1993), 160, 328.

(14) H. Burns, "Quattrocento Architecture and the Antique: Some Problems," *Classical Influences on European Culture, A.D. 500-1500*, ed. R. R. Bolgar (Cambridge,1971), 269-87; A. Nesselrath, "I libri di disegni di antichità Tentativo di una tipologia," *Memoria dell'antico nell'arte italiana* (Turin, 1984-86), III, 89-147.

(15) Alberti, *De pictura*, 2.37, in *On Painting and On Sculpture*, ed. and tr. C. Grayson (London, 1972), 75 (翻訳は若干の変更を加えた. テクスト原文は74-76).

(16) 1997年春のプリンストン大学, ガウス・セミナーにおける, L・バーカンの未公刊の講演による.

(17) M. Baxandall, *Giotto and the Orators* (Oxford, 1971), 81. クリュソロラスの著作の十全な英訳については, C. Smith, *Architecture in the Culture of Early Humanism* (Oxford, 1992).

(18) F. Biondo, *Roma instaurata*, I.58, in D'Onofrio, *Visitiamo Roma*, 129.

(19) Baxandall, *Giotto*, 81. クリュソロラスの優れた都市解釈の流布については, Smith, *Architecture*; G. Lombardi, "La città, libro di pietra. Immagini umanistiche di Roma prima e dopo Costanza," *Alle origini della nuova Roma. Martino V (1417-1431)*, ed. M. Chiabò et al. (Rome, 1992), 17-45.

(20) Cf. Lombardi, "La città," esp. 33-34.

(21) Nesselrath, "I libri di disegni," 99-100. さらにまた, P. Pray Bober, *Drawings after the Antique by Amico Aspertini* (London, 1957), pt. 1; B. Degenhart and A. Schmitt, "Gentile da Fabriano in Rom und die Anfänge des Antikenstudiums," *Münchener Jahrbuch der bildenden Kunst* 11 (1960), 59-151; G. Schweikhart, *Der Codex Wolfegg* (London, 1986), chap. 1; A. Cavallaro, "I primi studi dall'antico nel cantiere del Laterano," *Alle origini della nuova Roma*, ed. Chiabò et al., 401-12.

(22) より古い時代の参考文献を網羅しているものとして, Brown, *Venice and Antiquity*, 81-91. とりわけ内容の充実したものとして, 下記の文献をも参照せよ. B. Ashmole, "Cyriacus of Ancona," *Proceedings of the British Academy* 45 (1959), 25-41; C. Mitchell, "Archaeology and Romance in Renaissance Italy," *Italian Renaissance Studies. A Tribute to the Late Cecilia M. Ady*, ed. E. F. Jacob (London, 1960), 468-83; E. Mandowsky and C. Mitchell, *Pirro Ligorio's Roman Antiquities* (London, 1963); Weiss, *Renaissance Discovery*; K. Lehmann and P. W. Lehmann, *Samothracian Reflections* (Princeton, 1973). さらにまた, F. Scalamonti, *Vita viri clarissimi et famosissimi Kyriaci Anconitani*, ed. and tr. C. Mitchell and E. W. Bodnar, S.J., *Transactions of the American Philosophical Society* 86, 4 (1996).

(23) Alberti, *DRA*, VIII.4, ed. Orlandi and Portoghesi, II, 697: "*Earum notae imitantur Graecas, imitantur etiam Latinas, sed quid moneant, intelligit nemo.*"

(24) L. Dati, *Epistolae xxxiii*, ed. Lorenzo Mehus (Florence, 1743), lxii-lxvi, esp. lxiii-lxiv.

(25) この点については総じて, G. Cipriani, *Il mito etrusco nel rinascimento fiorentino* (Florence, 1980).

(26) この点については, C. Sperling, "Leon Battista Alberti's Inscription on the Holy Sepulchre in the Capella Rucellai, San Pancrazio," *Journal of the Warburg and Courtauld Institutes* 52 (1989),

221-28. より広い文脈については，E. H. Gombrich, "From the Revival of Letters to the Reform of the Arts," *The Heritage of Apelles* (Ithaca, N.Y., 1976), 93-110.

(27) G. Mardersteig, "Leon Battista Alberti e la rinascita del carattere lapidario romano nel '400," *Italia Medioevale e Umanistica* 2 (1959).

(28) A. Petrucci, "L'Alberti e le scritture," in *Leon Battista Alberti*, ed. J. Rykwert and A. Engel (Milan, 1994), 276-81 at 280-81.

(29) 下記の古典的研究をも参照せよ．G. Mardersteig, *Felice Feliciano Veronese, Alphabetum Romanum* (Verona, 1960); M. Meiss, "Toward a More Comprehensive Renaissance Palaeography," *The Painter's Choice* (New York, Hagerstown, San Francisco, and London, 1976), 151-75; "Alphabetical Treatises in the Renaissance," in ibid., 176-86.

(30) 1441年のチリアコのラグーザ司教宛書簡にある．K. A. Neuhausen, "Die vergessene 'göttliche Kunst der Totenerweckung': Cyriacus von Ancona als Begründer der Erforschung der Antike in der Frührenaissance," *Antiquarische Gelehrsamkeit und bildende Kunst*, Atlas, Bonner Beiträge zur Renaissanceforschung, 1 (1996), 51-68 at 68.

(31) A. Campana, "Ciriaco d'Ancona e Lorenzo Valla sull'inscrizione greca del tempio dei Dioscuri," *Archeologia classica* 25-26 (1973-74 [1975]), 84-102. さらにまた，M. A. Lavin, "The Antique Source for the Tempio Malatestiano's Greek Inscriptions," *Art Bulletin* 59 (1977) 421-22.

(32) G. Olmi, *L'inventario del mondo* (Bologna, 1992). さらにまた，P. Findlen, *Possessing Nature* (Berkeley, Los Angeles, and London, 1994).

(33) J. M. Huskinson, "The Crucifixion of St. Peter: A Fifteenth-Century Topographical Problem," *Jounal of the Warburg and Courtauld Institutes* 32 (1969) 135-61.

(34) Biondo, *Roma instaurata*, I.100, in D'Onofrio, *Visitiamo Roma*, 160-61.

(35) 1446年2月1日の，ビオンドのレオネッロ・デステ宛書簡．Biondo, *Scritti inediti o rari*, ed. B. Nogara (Vatican City, 1927), 159-60.

(36) Biblioteca Apostolica Vaticana, MS Chigi VII 149, fol. 3 verso: "*eaque excogitavi quo pacto, quivis vel mediocri ingenio praeditus, bellissime et commodissime pingere quantacunque voluerit in superficie possit.*" 批評テクストと翻訳は，G. Orlandi in L. Vagnetti, "Lo studio di Roma negli scritti albertiani," *Convegno internazionale indetto nel v centenario di Leon Battista Alberti* (Rome, 1974), 73-137 at 112-27, ここでは112. 現在のテクストとして，L. B. Alberti, *Descriptio urbis Romae*, ed. M. Furno and M. Carpo (Geneva, 2000), 27.

(37) L. B. Alberti, *Elementa picturae*, in *Opere volgari*, ed. C. Grayson III, (Bari, 1960-73), III, 112.

(38) Alberti, *Ludi rerum mathematicarum*, in *Opere volgari*, ed. Grayson, III, 163, 164.

(39) 総じて下記の優れた分析を参照せよ．T. Campbell, "Portolan Charts from the Late Thirteenth Century to 1500," *The History of Cartography* I: *Cartography in Prehistoric, Ancient and Medieval Europe and the Mediterranean*, ed. J. B. Harley and D. Woodward (Chicago and London, 1987), 371-463.

(40) Alberti, *Ludi*, in *Opere volgari*, ed. Grayson, III, 164.

(41) この点についてはとりわけ，Vagnetti, "Lo studio di Roma"; S. Y. Edgerton, Jr., "Florentine Interest in Ptolemaic Cartography as Background for Renaissance Painting, Architecture and

the Discovery of America," *Journal of the Society of Architectural Historians* 33 (1974), 275-92; Jacks, *Antiquarian*, 99-110; M. Carpi, "*Descriptio urbis Romae*: Ekfrasis geografica e cultura visuale all'alba della rivoluzione tipografica," *Albertiana* 1 (1998), 121-42. より広範な文脈については，とりわけ古典的な論考として，J. Pinto, "The Renaissance City Image," *The Rational Arts of Living*, ed. A. C. Crombie and N. Siraisi (Northampton, 1987), 205-54 (この論考は，"Origins and Development of the Iconographic City Plan," *Journal of the Society of Architectural Historians* 35 [1976], 35-50の改定版). さらに重要な一連の検討として，C. W. Westfall, *In This Most Perfect Paradise* (University Park and London, 1974); J. Schulz, "Jacopo de' Barbari's View of Venice: Map Making, City Views and Moralized Geography before the Year 1500," *Art Bulletin* 60 (1978), 425-74; P.D.A. Harvey, "Local and Regional Cartography in Medieval Europe," in *History of Cartography* I, ed. Harley and Woodward, 464-501; S. Maddalo, *In figura Romae* (Rome, 1990); L. Nuti, "The Perspective Plan in the Sixteenth Century: The Invention of a Representational Language," *Art Bulletin* 76 (1994), 105-28; L. Nuti, *Ritratti di città* (Venice, 1996). また下記のカタログをも参照せよ. *A volo d'uccello* (Venice, 1999).

(42) この点についてはとりわけ，Jacks, *Antiquarian*; Carpi, "*Descriptio urbis Romae*."

(43) Poggio Bracciolini, *De infelicitate principum*, ed. D. Canfora (Rome, 1998), 7-8.

(44) Alberti, *Opuscoli*, ed. Grayson, 57. アルベルティは後に，リッカルディアーナ写本中のプトレマイオスの地図に言及した部分を削除している.

(45) アルベルティの天文学用語の使用法については，*Descriptio*, ed. Furno and Carpo, 102-104. 1464年の，レギオモンタヌスのビアンキーニ宛書簡は，M. Curtze, "Der Briefwechsel Regiomontan's mit Giovanni Bianchini, Jacob von Speier und Christian Roder," *Urkunden zur Geschichte der Mathematik um Mittelalter und in der Renaissance*, ed. Curtze, 1 (Leipzig, 1902), 264.

(46) この点についてはとりわけ，N. Swerdlow, "The Recovery of the Exact Sciences of Antiquity: Mathematics, Astronomy, Geography," *Rome Reborn: The Vatican Library and Renaissance Culture*, ed. A. Grafton (Washington, D.C., Vatican City, New Haven, and London, 1993), 125-67, 149-50.

(47) L. B. Alberti, *Dinner Pieces*, tr. D. Marsh (Binghamton, N.Y., 1987), 15の末尾には，「では親愛なるパオロよ，引き続き君の友人レオン・バッティスタを愛されんことを．日々の大切な勤めの合間にこの書をひもとく時間などあったなら，われわれの古くからの友情を思い，ぜひとも校訂してくださるようお願い申し上げます」とある.

(48) R. Fubini and A. Menci Gallorini, "L'autobiografia di Leon Battista Alberti: Studio e edizione," *Rinascimento*, 2d ser., 12 (1972), 21-78 at 76; L. B. Alberti, *Dinner Pieces*, tr. Marsh, 252 n. 3.

(49) Alberti, *De statua*, 5, in *On Painting and On Sculpture*, ed. and tr. Grayson, 123 (Latin 122).

(50) P. Whitfield, *The Mapping of the Heavens* (San Francisco, 1995), 68-69, 75. アルベルティはサン・ロレンツォ聖堂旧聖具室のクーポラを飾る円形の天空図を制作する仕事に手を貸したという説も提示されている. この推測については，J. Beck, "Leon Battista Alberti and the 'Night Sky' at San Lorenzo," *Artibus et historiae* 19 (1989), 9-35.

(51) この点については，Vagnetti, "Lo studio di Roma"; Alberti, *Descriptio*, ed. Furno and Carpo, 98-99, 128.

(52)　写本は，Vat. lat. 2224. さらにまた，Maddalo, *In figura Romae*, 191-99.

(53)　B. Rucellai, *De urbe Roma*, in *Codice topografico della città di Roma*, ed. R. Valentini and G. Zucchetti (Rome, 1940-53), IV, 455.

(54)　下記の文献を参照せよ．Weiss, *Renaissance Discovery*, 113-14; *Dizionario biografico degli italiani*, s.v. Flavio Biondo, by A. Campana; N. Thomson de Grummond, ed., *An Encyclopedia of the History of Classical Archaeology* (Westport Conn.: 1996), II, 800-801 (s.v. Nemi); O. Clavuot, *Biondos "Italia Illustrata" — Summa oder Neuschöpfung*? (Tübingen, 1990), 53; Concina, *Navis*, 4-21. A. M. Brizzolara, "La Roma instaurata di Flavio Biondo: Alle origini del metodo archeologico," *Atti dell'Accademia delle Scienze dell'Istituto di Bologna*, Cl. di scienze morali, Memorie 76 (1979/80), 29-74.

(55)　スエトニウス (Suetonius, *Divus Iulius*, 46) を引用している，1444年11月13日の，ビオンドのレオネッロ・デステ宛書簡 (*Scritti*, ed. Nogara, 156).

(56)　F. Biondo, *De Roma triumphante libri decem* (Basel, 1531), I, 325-26.

(57)　アルベルティは「船」と呼ばれる論考を『建築論』に付け加える見通しだったことについては，Alberti, *DRA*, Prologus, ed. Orlandi and Portoghesi I, 16. これに対する反応としては，たとえばフェッラーラのエルコレ2世に捧げられた下記の著作の，希望的観測を参照せよ．L. G. Giraldi, *De re nautica libellus*, in *Opera omnia* (Leiden, 1696), I, cols. 599-676, at cols. 599-600.

(58)　Alberti, *DRA*, V.12, IV.6; V.12, IV.6, X.12.

(59)　この点については，Ucelli, *Le navi di Nemi*; L. Mariani, *Le navi di Nemi nella bibliografia* (Rome, 1941).

(60)　この点については，Alberti, *DRA*, V.12, ed. Orlandi and Portoghesi, I, 389; Biondo, *De Roma triumphante*, 326.

(61)　Alberti, *DRA*, VI.9, ed. Orlandi and Portoghesi, II, 505.

(62)　Biondo, *De Rama triumphante*, 326: "*Pulchrum autem et pene mirum est videre clavos maiores aeneos, quibus cubitalibus navis constructa erat, ita integros, ita politos, ut nuper a fabri ferrarii incudibus exisse videantur*". 青銅製金具の方が鉄製のものより耐久性が高く，鉄は錆ついて石を脆くしてしまうことについては，Alberti, *DRA*, III.11, ed. Orlandi and Portoghesi, I, 221 に，「銅は耐久性もよく，ほぼ永久である (*aes vero durare et prope aeternum esse*)」とある．

(63)　水導管の連結方法については，Alberti, *DRA*, X.7, ed. Orlandi and Portoghesi, II, 931, 「管の接合部は瀝青を塗って一方を他に差し込む (*Pixidatis commissuris tubuli alter in alterum inibit*)」．また湖の底を横切って導管を設置する方法については，II, 933. ジラルディによる，アルベルティとビオンドの発見の要約は，*De re nautica*, cap. vii, at col. 612.

(64)　C. Grayson, "Un codice del *De re aedificatoria* posseduto da Bernardo Bembo," in *Studi letterari. Miscellanea in onore di Emilio Santini* (Palermo, 1956), 181-88; repr. in C. Grayson, *Studi su Leon Battista Alberti*, ed. P. Claut (Florence, 1999), 119-27.

(65)　*Memoirs of a Renaissance Pope: The Commentaries of Pius II. An Abridgement*, tr. F. A. Gragg, ed. L. C. Gabel (New York, 1959), 319; Pius II, *I Commentarii*, ed. L. Totaro (Milan, 1984), II, 2242.

(66)　博識の百科全書編纂者ラッファエレ・マッフェイの考えでは，後年アルベルティは船の目的に関して意見を変え，それらは娯楽用の屋形船ではなく湖から隣接地域に水を運ぶ給水拠点として用いられたと結論づけた．この点については，R. Maffei, *Commentariorum*

urbanorum ... octo et triginta libri (Basel, 1559), 125; F. Biondo, *Roma ristaurata, et Italia illustrata*, tr. L. Fauno (Venice, 1542), "Annotationi," sig. [HH viii recto].

(67) この点については，E. Iversen, *Obelisks in Exile* I: *The Obelisks of Rome* (Copenhagen, 1968), 19-46.

(68) Biondo, *De Roma triumphante*, 145.

(69) Alberti, *DRA*, II.1, ed. Orlandi and Portoghesi, I, 97.

(70) この点についてはとりわけ，R. W. Gaston, "Introduction," *Pirro Ligorio: Artist and Antiquarian*, ed. R. W. Gaston (Florence, 1988), 11-18.

(71) この点については，Concina, *Navis*; N. G. Wilson, "Vettor Fausto, Professor of Greek and Naval Architect," in *The Uses of Greek and Latin*, ed. A. C. Dionisotti et al. (London, 1988), 89-95.

(72) B. Curran and A. Grafton, "A Fifteenth-Century Site Report on the Vatican Obelisk," *Journal of the Warburg and Courtauld Institutes* 58 (1995 [1996]), 234-48. ローマの遺跡に関するアルベルティの調査と解釈についての詳細な検討は，下記の魅力ある事例研究を参照せよ．L. Pellecchia, "Architects Read Vitruvius: Renaissance Interpretations of the Atrium of the Ancient House," *Journal of the Society of Architectural Historians* 51 (1992), 377-416. さらにまた，H. Günther, "Albertis Vorstellung von antiken Häusern." *Theorie der Praxis*, ed. K. W. Forster and H. Locher (Berlin, 1999), 157-202.

(73) Alberti, *DRA*, VIII.8, tr. Rykwert et al., 279; ed. Orlandi and Portoghesi, II, 753. Cf. P. Ligorio, *Della antichità di Roma*, ed. D. Negri (Rome, 1989), 37には，「キルクスの長さは破壊のためはっきりしたことは分からない．確実で正確な判断は不可能である (*Le misure del Circo sono tanto confuse dalle ruine; che non se puo fare un vero, & certo giudicio*)」とある．

(74) B. Rucellai, *Commentarius in Publ. Victorem de regionibus urbis, RIS, Supplementum II* (Florence, 1770), 1077によると，「われわれがその場所に来たとき，バッティスタ・アルベルティが示してくれたところでは，ここの底を深く掘り進めれば，ほとんど地中に埋まっている，ヌミディアの石の巨大な断片を容易に見ることもできるだろうとのことだった (*Nos autem vidimus duce Baptista Alberto in ea parte ubi fuit fragmenta praegrandia Numidici lapidis pene obruta quae adhuc videre facile est funditus fundentibus*)」．Iversen, *Obelisks in Exile*, 67-69.

(75) Alberti, *DRA*, VII.11, ed. Orlandi and Portoghesi, II, 615. この段落の2つの引用は，VI.11, VII.10, tr. Rykwert et al., 179, 219; ed. Orlandi and Portoghesi, II, 511, 605.

(76) アルベルティのマッテオ・デ・パスティ宛書簡．C. Grayson, with M. Paolo and A. G. Cassani, "Alberti and the Tempio Malatestiano," *Albertiana* 2 (1999), 238-74 at 255. 翻訳は若干の変更を加えたものの，テクスト原文は253.

(77) F. Biondo, *Roma instaurata*, 3.65-66, in D'Onofrio, *Visitiamo Roma nel Quattrocento*, 249.

(78) この点についてはとりわけ，T. Buddensieg, "Criticism and Praise of the Pantheon in the Middle Ages and the Renaissance," in *Classical Influences*, ed. Bolgar, 259-67.

(79) この点については，G. Cugnoni, "Diritti del Capitolo di S. Maria della Rotonda nel età di mezzo," *Archivio della R. Società Romana di Storia patria* 8 (1885), 577-89, esp. 582-83; O. Verdi, *Maestri di edifici e di strade a Roma nel secolo XV* (Rome, 1997), 36; A. Modigliani, *Mercati, botteghe e spazi di commercio a Roma tra Medioevo ed Età Moderna* (Rome, 1998), 95-106, esp. 100-103.

(80) この点についてはとりわけ，P. Williams Lehmann, "Alberti and Antiquity: Additional

Observations," *Art Bulletin* 70 (1988), 388-400; C. Syndikus, "Zu Leon Battista Albertis Studium des Basilica Aemilia auf dem Forum Romanum," *Zeitschrift für Kunstgeschichte* 57 (1994), 319-29. 同様にアルベルティの建築家としての実践のみから明らかになることであるが，彼は様々な種類の石の色や表面に深い関心を持っていた．それはほとんどトラヴェルサーリがラヴェンナの壮麗な記述で示した(*Latinae epistolae*, ed. L. Mehus [Florence, 1759; repr. Bologna, 1968], VIII.52, 420-22)関心を思わせる．

(81) この点についてはたとえば，Weiss, *Renaissance Discovery*, 135-38.

(82) Alberti, *DRA*, VII.2; Staatsbibliothek zu Berlin Preussischer Kulturbesitz, MS Hamilton 254, fol. 84 verso.

(83) Alberti, *DRA*, VI.4, tr. Rykwert et al., 160; ed. Orlandi and Portoghesi, II, 461-63. 前の方の引用は，ibid., VII.2, ed. Orlandi and Portoghesi, II, 541の，「しかし後世を通じて各地で，どんな神殿が作られたかは十分に知られていない．その点でかなり説得力があるようにわたしに思えるのは，アテネの高台にあるもの，およびローマのカピトリウムのそれである(*Quale autem apud quosque per eam posteritatem fuerit templum, non satis constat; mihi quidem facile persuadebitur fuisse, quale apud Athenas in arce, qualeve apud Romam in Capitolio*)」による．Cf. MS Hamilton 254, fols. 85 recto-verso and E. W. Bodnar, S. J., *Cyriacus of Ancona and Athens* (Brussels, 1960), and "Athens in 1436," *Archaeology* 23 (1970) 96-105, 188-99.

(84) Poggio Bracciolini, *Facezie*, ed. M. Ciccuto (Milan, 1983), 200-203.

(85) Alberti, *DRA*, VIII.5, tr. Rykwert et al., 257; ed. Orlandi and Portoghesi, II, 699.

(86) L. A. Smoller, *History, Prophecy and the Stars* (Princeton, 1994).

(87) Rucellai, *De urbe Roma*, 445.

(88) Pius II, *I Commentarii*, ed. Totaro, II, 2232.

(89) 偉大な研究である，R. Krautheimer, "Alberti and Vitruvius," *The Renaissance and Mannerism. Studies in Western Art: Acts of the Twentieth International Congress of the History of Art* (Princeton, 1963), II, 42-52を参照せよ．さらにまた「専門職」としての古物研究家に関する貴重な研究は，T. A. Griggs, "Promoting the Past: The *Hypnerotomachia Poliphili* as Antiquarian Enterprise," *Word and Image* 14 (1998), 17-39.

(90) プリニウス書簡の写本に付されたG. ブデの記述(Bodleian Library Auct.L.4.3)に，「この小プリニウス書簡集は非常に古いパリの版本に基づき，卓越した建築家にして古物研究家のジョヴァンニ・ジョコンドの校訂した稿本である(*Hae Plinii iunioris epistolae ex vetustissimo exemplari Parisiensi et restitutae et emendatae sunt opera et industria Ioannis Iucundi praestantissimi architecti hominis imprimis antiquarii*)」とある．ジョコンドもまたブデとともにウィトルウィウスを読み，古代および近代の建築物や機械について註釈を加えた．この点については，V. Juren, "Fra Giovanni Giocondo et le début des études vitruviennes en France," *Rinascimento*, 2d ser., 14 (1974), 101-15.

(91) 古物研究学のさらなる発展に関しては，すでに引用した著作に加えて，下記の文献を参照せよ．M. Di Macco, *Il Colosseo* (Rome, 1971); V. Farinella, *Archeologia e pittura a Roma tra Quattrocento e Cinquecento* (Turin, 1992); I. Rowland, *The Culture of the High Renaissance* (Cambridge, 1998); N. Dacos, *Roma quanta fuit* (Rome, 1995); *Fiamminghi a Roma, 1508-1608* (Milan, 1995); A. Grafton, *The Footnote: A Curious History* (Cambridge, Mass., 1997), chap. 6; J. Cunnally, *Images of the Illustrious* (Princeton, 1999).

第8章

(1) 1444年11月13日の，ビオンドのレオネッロ宛書簡．*Scritti inediti e rari*, ed. B. Nogara (Rome, 1927), 154-59 at 155-56.

(2) ビオンドのローマ観については，M. G. Biasio, "Memoria filologica e memoria politica in Biondo Flavio. Il significato della 'instauratio urbis,'" *La memoria e la città*, ed. C. Bastia and M. Bolognani (Bologna, 1995), 307-17.

(3) 1461年9月18日および9月30日の，ビオンドのグレゴリオ・ロッリ・ピッコローミニ宛書簡．*Scritti*, ed. Nogara, 202-207 at 206. Cf. R. Olitsky Rubinstein, "Pius II's Piazza S. Pietro and St. Andrew's Head," *Essays in the Hisrory of Architecture Presented to Rudolf Wittkower*, ed. D. Fraser, H. Hibbard, and M. J. Lewine (London 1967), 22-33. さらにまた，C. Frommel, "Francesco del Borgo: Architekt Pius' II und Pauls I: Pt. I," *Römisches Jahrbuch für Kunstgeschichte* 20 (1983), 107-54.

(4) C. Smith, *Architecture in the Culture of Early Humanism* (Oxford, 1992).

(5) この点についてはたとえば，M. Kemp, "Ideal Cities," in *Circa 1492*, ed. J. A. Levenson (New Haven and London, 1991); K. Weil-Garris Brandt, "The Relation of Sculpture and Architecture in the Renaissance," *The Renaissance from Brunelleschi to Michelangelo: The Representation of Architecture*, ed. H. Millon and V. Lampugnani (New York, 1997), 75-98.

(6) R. Krautheimer, "The Panels in Urbino, Baltimore and Berlin Reconsidered" in ibid., 233-57.

(7) この点については，Smith, *Architecture*, chap. 2; A. Tönnesmann, *Pienza* (Munich, 1990).

(8) アルベルティの感じていた解きがたい拘束感については，下記の説得力ある解釈で強調されている．M. Jarzombek, *Leon Battista Alberti: His Literary and Aesthetic Theories* (Cambridge, Mass., and London, 1989). さらにまた，M. Tafuri, *Ricerca del Rinascimento* (Turin, 1992), chap. 2.

(9) この点については，N. Adams, "The Construction of Pienza (1459-1464) and the Consequences of *Renovatio*," in *Urban Life in the Renaissance*, ed. S. Zimmerman and R.F.E. Weissman (Newark, Del., London, and Toronto, 1989), 50-79.

(10) L. B. Alberti, *Ludi rerum mathematicarum*, in *Opere volgari*, ed. C. Grayson (Bari, 1960-73), III,156

(11) 議論全体については，C. W. Westfall, *In This Most Perfect Paradise* (University Park, 1974).

(12) 下記の文献を参照せよ．C. Grayson, "The Composition of L. B. Alberti's *Decem libri de re aedificatoria*," *Münchener Jahrbuch der bildenden Kunst* 11 (196), 152-61, repr. in C. Grayson, *Studi su Leon Battista Alberti*, ed. P. Claut (Florence, 1999), 173-92.

(13) L. B. Alberti, *De commodis litterarum atque incommodis*, ed. L. Goggi Carotti (Florence, 1976), 50-51.

(14) Alberti, *Ludi*, in *Opere volgari*, ed. Grayson, III, 135.

(15) L. B. Alberti, *De re aedificatoria* (*DRA*とも略記), V.12, *On the Art of Building in Ten Books*, tr. J. Rykwert, N. Leach and R. Tavernor (Cambridge, Mass., and London, 1988; repr. 1989); *L'Archittetura*, ed. G. Orlandi, tr. P. Portoghesi (Milan, 1966), I, 391-93. アルベルティの解説に関しては，*DRA*, II.6; ed. Orlandi and Portoghesi, 2,123.

(16) この点については，J. Ackerman, "'Ars sine scientia nihil est': Gothic Theory of Architecture at the Cathedral of Milan," *Distance Points* (Cambridge, Mass., and London, 1991), 211-68; E.

Welch, *Art and Authority in Renaissance Milan* (New Haven and London, 1995), chap. 3.

(17)　総じて下記の文献を参照せよ．N. Adams and L. Nussdorfer, "The Italian City, 1400-1600," *The Renaissance*, ed. Millon and Lampugnani, 205-30.

(18)　Westfall, *Most Perfect Paradise*, 88-89.

(19)　H. Burns, "Quattrocento Architecture and the Antique: Some Problems," *Classical Influences on European Culture, A.D. 500-1500*, ed. R. R. Bolgar (Cambridge, 1971), 269-87 at 273.

(20)　この点については，*Giovanni Rucellai ed il suo Zibaldone*, I, *Il Zibaldone Quaresimale*, ed. A. Perosa (London, 1960), 76.

(21)　A. D. Fraser Jenkins, "Cosimo de' Medici's Patronage of Architecture and the Theory of Magnificence," *Journal of the Warburg and Courtauld Institutes* 33 (1970), 162-70.

(22)　L. A. Ciapponi, "Il *De architectura* di Vitruvio nel primo umanesimo," *Italia Medioevale e Umanistica* 3 (1960), 59-99. 中世とそれ以後におけるテクストの伝播については，C. H. Krinsky, "Seventy-eight Vitruvius Manuscripts," *Journal of the Warburg and Courtauld Institute*s 30 (1967), 36-70; S. F. Weiskittel and L. D. Reynolds, "Vitruvius," in *Texts and Transmission*, ed. L. D. Reynolds (Oxford, 1983), 440-45.

(23)　M. Moressi, "Humanistic Interpretations of Vitruvius in the Fifteenth Century," T*he Princeton Journal: Thematic Studies in Architecture* 3*: Canon* (1988), 81-100.

(24)　この段落の2つの引用は，Vitruvius, *Ten Books on Architecture*, 1.2.6, 5.1.1, ed. T. N. Howe with I. D. Rowland and M. J. Dewar; tr. I. D. Rowland (Cambridge, 1999), 25, 64. さらにまた，"Introduction," esp. 15-17; A. A. Payne, *The Architectural Treatise in the Italian Renaissance* (Cambridge, 1999), chap. 2をも参照せよ．

(25)　P. de la Ruffinière du Prey, *The Villas of Pliny: From Antiquity to Posterity* (Chicago and London, 1994).

(26)　John of Olmüz, *Vita* of Cardinal Branda Castiglione, in "Notiziario," *Aevum* 9 (1935), 474-79 at 477.

(27)　De la Ruffinière du Prey, *Villas*, 26.

(28)　ピゾルパッソについては，A. Paredi, *La biblioteca del Pizolpasso* (Milan, 1961); R. Fubini, "Tra umanesimo e concilio," *Studi medievali*, 3d ser., 7 (1966), 322-70; J. Hankins, *Plato in the Italian Renaissance* (Leiden, 1990), I, 125-26.

(29)　この点については，Paredi, *La biblioteca*, 124-25; Moressi, "Humanistic Interpretation."

(30)　テクストは，Paredi, *La biblioteca*, 181-92，さらにまた，T. Foffano, "La construzione di Castiglione in un opuscolo inedito di Francesco Pizolpasso," *Italia Medioevale e Umanistica* 3 (1960) にも見られる．見事な分析は，Moressi, "Humanistic Interpretations."

(31)　Paredi, *La biblioteca*, 180.

(32)　Alberti, *DRA*; tr. J. Rykwert et al., 4; ed. Orlandi and Portoghesi, I, 11-13.

(33)　M. Baxandall, *Painting and Experience in Fifteenth-Century Italy* (Oxford, 1972).

(34)　L. B. Alberti, *De pictura, in On Painting and On Sculpture*, ed. and tr. C. Grayson (London, 1972), 36, 48; cf. Weil-Garris Brandt, "Sculpture and Architecture."

(35)　R. Krautheimer, "Alberti and Vitruvius," *The Renaissance and Mannerism. Studies in Western Art: Acts of the Twentieth International Congress of the History of Art* (Princeton, 1963), II, 42-52. さらにまた，F. Choay, *La règle et le modèle* (Paris, 1980), tr. as *The Rule and the Model*, ed. D.

Bratton (Cambridge, Mass., and London, 1997); V. Biermann, *Ornamentum* (Hildesheim, Zürich, and New York, 1997); Payne, *Architectural Treatise*, esp. chap. 4.

(36) O. Neugebauer and N. Swerdlow, *Mathematical Astronomy in Copernicus's "De revolutionibus"* (New York, Berlin, Heidelberg, and Tokyo, 1984), 48-54.

(37) A. Grafton, *Commerce with the Classics* (Ann Arbor, 1997), chap. 2を参照せよ.

(38) この点についてはとりわけ, Krautheimer, "Alberti and Vitruvius." アルベルティの作品に加えられている, この構成の強制力については, Choay, *La règle*, chap. 2.

(39) とりわけ下記の文献を参照せよ. V. Biermann, *Ornamentum* (Hildesheim, Zürich, and New York, 1997); C. Van Eck, "The Structure of *De Re Aedificatoria* Reconsidered," *Journal of the Society of Architectural Historians* 57 (1998), 280-97.

(40) Alberti, *DRA*, tr. Rykwert et al., 4; ed. Orlandi and Portoghesi, I,11-13.

(41) Alberti, *DRA*, IX.10, tr. Rykwert et al., 315-16; ed. Orlandi and Portoghesi, II, 855-57.

(42) Vitruvius, *On Architecture*, 8.3.27, tr. Rowland, 103.

(43) Alberti, *DRA*, II.4, tr. Rykwert et al., 38-39; ed. Orlandi and Portoghesi, I. 111.

(44) Alberti, *DRA*, I.4, tr. Rykwert et al., 14; ed. Orlandi and Portoghesi, I. 39. Cf. VI.6, ed. Orlandi and Portoghesi II, 475には,「これらの例は至極簡略化して引用したものであるから, さらに詳しい研究は, それぞれの原著によってもらいたい (*Haec brevissime collecta ab ipsis auctoribus prolixius discenda linquimus*)」とある; I.6, ed. Orlandi and Portoghesi, I.51の不幸な都市を例示した箇所には,「しかし歴史に数多く残るこの種の記録を語り続けるのは, もう止めようと思う (*Sed ista sinamus, quorum refertissimae sunt historiae*)」とある; いっそう鋭い言明としては, II.8, ed. Orlandi and Portoghesi, I. 137に見られる,「しかし, 配置箇所の相違と材質によって何が生じているかは, 使用と経験に基づいて十分知ることができる. こうしたことは哲学的記述や覚書きによるよりも, 古代建築の示す石の効力と長所を通じて, いっそうよく学びうるはずのものである (*Verum hi, quales pro locorum varietate et natura sint, usu et experientia pulcherrime innotescunt, ut iam ex veterum aedificiis cuiusque lapidis vim et virtutem didicisse plenius possis quam ex philosophantium scriptis et monimentis*)」; III.16, ed. Orlandi and Portoghesi, I, 257にある,「以上挙げたことは, プリニウスや特にウィトルウィウスの解説によっている. したがって次に, 古代遺構からわたしが多数の例にわたって入念に集めてきた, 舗装に関することを報告したい. この方が著作者によるものより, はるかに多くのことを理解させてくれた, と確言できるように思うからである (*Haec, quae hactenus recensuimus, ex Plinio atque in primis Vitruvio interpretati sumus. Nunc, quae de pavimentis ex veterum operibus summa et cura et diligentia collegerim, referam; a quibus plura me longe quam a scriptoribus profiteor didicisse*)」

(45) Alberti, *DRA*, 4.3, tr. Rykwert et al., 102.

(46) 詳細な説明は, L. Kanerva, *Defining the Architect in Fifteenth-Century Italy* (Helsinki, 1998), esp. chaps. 3-4.

(47) 下記の文献を参照せよ. A. Blair, "Humanist Methods in Natural Philosophy: The Commonplace Book," *Journal of the History of Ideas* 53 (1992), 541-51; A. Blair, *The Theatre of Nature* (Princeton, 1997); A. Moss, *Printed Commonplace-Books and the Structuring of Renaissance Thought* (Oxford, 1996).

(48) アルベルティが利用した典拠には, 紀元前1世紀後半の博識な著者によって集められた,

地理学，民族誌，神話学関係資料の大編纂書である，ディオドロス・シクルスの『歴史叢書』などの他，さらにエウセビオスの『福音の準備』も含まれる．これは紀元4世紀に書かれたキリスト教護教論に関する大部の著作であり，異教哲学とローマ帝国がイエス出現の下地を作ったことを明らかにしようとしたものである．

(49) 概観については，Hankins, *Plato*.

(50) L. Valla, *Epistole*, ed. O. Besomi and M. Regoliosi (Padua, 1984), 345.

(51) L. Bertolini, *Grecus sapor* (Rome, 1998).

(52) D. Marsh, *Lucian and the Latins* (Ann Arbor, 1998) を参照せよ．

(53) *Rome Reborn*, ed. A. Grafton (Washington, D.C., New Haven, London, and Vatican City, 1993) を参照せよ．

(54) この問題は，O. Hoffman, *Studien zu Albertis zehn Büchern "De re aedificatoria"* (Frankenberg i.S., 1883) によって最初に論じられたものの，論拠とする証拠は限られていた．下記の文献をも参照のこと．E. Garin, *Rinascite e rivoluzioni* (Bari, 1975), 184; Westfall, *Most Perfect Paradise*; Grafton, *Commerce*, 70-73. アルベルティがこれらのギリシア語文献の一部，またはすべてを読んだということはありえるし，蓋然性も高いかもしれない．おそらくその際には，自分よりこの分野に精通したギリシア学者の助けを借りたであろう．マキャヴェッリはギリシア語を解さなかったものの，ギリシア人歴史家ポリュビオスの『歴史』第6巻で提示されたローマ社会論を，この書がラテン語に翻訳される前に何らかの方法で参照している．同様にアルベルティも，アイスキュロス，プルタルコスその他のギリシア人作家から文章を引用しているとはいえ，彼が参照した時点では，これらの著作者のラテン語訳はまだ存在していなかった．親切な友人たちが常に関連箇所を教示したり，引用箇所の内容を要約してくれたのであろう．アルベルティ自身もおそらくは，一部のギリシア語文献を解析したのかもしれない．とはいえ，アルベルティの膨大な数の引用は，ラテン語版の存在を前提とするように思われ，彼はそこから抜粋，分類，再利用していたようにも見える．大変な労力を要する難解なギリシア語文献を使って仕事をするためには，以上のような手段すべてと学識ある助力者を必要としたが，この時点でアルベルティにそれを提供しえたのは，1450年代の教皇庁をおいて他にはなかったであろう．Bertolini, *Grecus sapor*を参照のこと．

(55) 下記の優れた3つの著書を参照せよ．W. Braunfels, *Mittelalterliche Stadtbaukunst in der Toskana* (Berlin, 1953; 6th ed., 1988); V. Breidecker, *Florenz, oder: die Rede die zum Auge spricht. Kunst, Fest und Macht im Ambiente der Macht* (Munich, 1990; 2d ed., 1992); M. Trachtenberg, *Dominion of the Eye: Urbanism, Art, and Power in Early Modern Florence* (Cambridge, 1997).

(56) Braunfels, *Mittelalterliche Stadtbaukunst*, 102 and n. 342; 104 and n. 355. このような空間の創造に関する見事な分析は，Trachtenberg, *Dominion of the Eye*, pt. 3.

(57) Braunfels, *Mittelalterliche*, 128, 252; Trachtenberg, *Dominion of the Eye*, 32.

(58) Trachtenberg, *Dominion of the Eye*, esp. pt. 4.

(59) このテクストはVat. lat. 2919に基づく下記の近年の調査において知られる．G. Manetti, "Oratio," ed. E. Battisti, *Umanesimo e esoterismo* (Padua, 1960), 310-20. これと同じテクストは，Paris, Bibliothèque Nationale, 1616において，ラーポ・ダ・カスティリオンキオに帰されていることに留意せよ．F.P. Lusio, *Firenze in festa per la consecrazione di Santa Maria del Fiore*, 1436 (私家版) は，その著書の中で，このパリ版を編集している．バッティスティはこの作品を公式演説として解説しているものの (208-209)，実際はアンジェロ某に宛てた書簡形式をとっ

ている．加えてラーポの親しい友人，文通相手のひとりはアンジェロ・ダ・レカナーティであった．したがって，この文書の帰属問題についてはおそらく再考を必要としよう．

（60） 下記の文献を参照せよ．C. Warren, "Brunelleschi's Dome and Dufay's Motet," *Musical Quarterly* 59（1973), 92-105; Smith, *Architecture*, 94. S. Zak, "Der Quellenwert von Giannozzo Manettis Oratio über die Domweihe von Florenz 1436 für die Musikgeschichte," *Die Musikforschung* 40（1987), 2-32 は，このテクストに関する，より完全な分析を行なっている．

（61） Manetti [Lapo], "Oratio," ed. Battisti, 315（Lapo, in Luiso, *Firenze*, 30-31).

（62） Alberti, *DRA*, VI. 1, tr. Rykwert et al., 154; ed. Orlandi and Portoghesi, II, 441.

（63） Alberti, *DRA*, VI.13, tr. Rykwert et al. 186; ed. Portoghesi and Orlandi, II, 525. Cf. Alberti, *DRA*, VI.1, ed. Orlandi and Portoghesi, II, 441-45では，「事物の説明や用語の吟味，主題の熟考（*et rerum explicandarum et nominum inveniendorum et materiae pertractandae*)」にあたっての困難さに言及している．

（64） Alberti, *DRA*, V.1, tr. Rykwert et al., 155; ed. Orlandi and Portoghesi, II, 443-45.

（65） この点については，Ciapponi, "Il *De architectura* di Vitruvio."

（66） O. Besomi, "Dai *Gesta Ferdinandi regis Aragonum* del Valla al *De orthographia* del Tortelli," *Italia Medioevale e Umanistica* 9（1966), 75-121.

（67） Alberti, *DRA*, VI.7, ed. Orlandi and Portoghesi, II, 481-83.

（68） Alberti, *DRA*, IX.10, tr. Rykwert et al., 317; ed. Orlandi and Portoghesi, II, 861-63.

（69） テクストは，Alberti, *Opere volgari*, III, ed. Grayson, 109-29. グレイソンはラテン語版とガザへの献辞の年代を，彼らがともにローマに滞在していた時期，すなわち1450-55年に比定した．イタリア語版の献辞において，アルベルティは「おそらく自分では図の描き方を知らない者が，完璧な図案家となるための真の確実な原理や方法を示している（*chi forse per sé non sa designare, e', mostrerà vera e certa ragione e modo a diventare perfetto disegnatore*)」(111) と保証している．ラテン語版では，たとえ読者が「粗野で無学な人間であったとしても，熱意と探究心ある絵画制作について労苦少なく教示するこの方法に従うなら，常に博学な人間が証明を行なうときのように，いとも手短に図を描くことができるのである（*alioquin rudes atque imperiti sint, habeant tamen quo pacto picturae cupidos et studiosos instruant levi labore, talesque brevi reddant quales eruditissimi probare soliti sint...*)」(112) とされる．『絵画論』自体とは異なり，『絵画の初程』は非常に広く熱心に読まれた．Lucia Bertolini in *Leon Battista Alberti*, ed. J. Rykwert and A. Engel（Milan, 1994), 425-26は，グレイソンの年記を採用している．ベルトリーニは正当にも「アルベルティの気持ちでは，『絵画の初程』の読者として選ばれていたのは，彼の近親の学識者たちであった」と指摘している（426)．フィラレーテはこの著作を引用している．アルベルティ自身，*Opera inedita et pauca separatim impressa*, ed. G. Mancini（Florence, 1890）において，逸名の友人が『絵画の初程』を「大いなる熱意と意欲をもって（*summo studio et multa cum voluptate*)」読み始めたと述べている（426)．ブッシはこの著作を評価していた．

（70） Cusanusstift, Bernkastel-Kues, cod. 112.

（71） Alberti, *DRA*, II.11, tr. Rykwert et al., 56; ed. Orlandi and Portoghesi, I, 157-59.

（72） 『建築論』の伝播についてはオルランディの，"Nota sul testo" and "Appendice," II, 1005-28; L. Bertolini in *Alberti*, ed. Rykwert and Engel, *Alberti*, 414-16.

（73） たとえば，Alberti, *DRA*, IX.5, ed. Orlandi and Portoghesi, II, 813; VI.2（II, 447).

（74） 下記の文献を参照せよ．M. Wigley, "Untitled: The Housing of Gender," *Sexuality and Space*,

ed. B. Colomina (Princeton, 1992), 327-89; K. Imesch, "Misogynie im literarischen und architekturtheoretischen Werk Leon Battista Albertis," *Theorie der Praxis*, ed. K. W. Forster and H. Locher (Berlin, 1999), 233-73. さらにとりわけ見事な研究として, K. Weil-Garris and J. D'Amico, *The Renaissance Cardinal's Ideal Palace* (Rome, 1980).

(75) Alberti, *DRA*, V.3, V.7, V.8, V.15-16, V.17, IX.4.

(76) Alberti, *DRA*, III.2, ed. Orlandi and Portoghesi, I,179-81.

(77) Alberti, *DRA*, IV.6, X.4, V.14, X.17, V.2, V.17, IX.2.

(78) Alberti, *DRA*, IX.2, tr. Rykwert et al., 295; ed. Orlandi and Portoghesi, II, 793; V.17, ed. Orlandi and Portoghesi, I, 415.

(79) Alberti, *DRA*, II.5, VIII.1.

(80) Alberti, *DRA*, II.5, VIII.1, and esp. X.17, ed. Orlandi and Portoghesi, II, 1001.

(81) 引用は, Alberti, *DRA*, IX.9, IX.10, tr. Rykwert et al., 315, 314; ed. Orlandi and Portoghesi, II, 855: "*De re enim aedificatoria laus omnium prima est iudicare bene quid deceat.*"

(82) Alberti, *DRA*, I.7, V.1, V.2, VIII.17, I.9, II.2; cf. Kanerva, *Defining the Architect*, esp. 114-17.

(83) Alberti, *DRA*, IX.7, tr. Rykwert et al., 310; ed. Orlandi and Portoghesi, II, 837-39; *DRA*, IX.10, tr. Rykwert et al., 315; ed. Orlandi and Portoghesi, II, 859-61.

(84) とりわけ, Payne, *Architectural Treatise*, 76-70; Biermann, *Ornamentum*, chap. iv.

(85) とりわけ, Braunfels, *Stadtbaukunst*, 101. さらにまた, Smith, *Architecture*; Trachtenberg, *Dominion of the Eye*.

(86) 本書第5章を参照せよ.

(87) 下記の文献を参照せよ. J. Rykwert, "Theory as Rhetoric: Leon Battista Alberti in Theory and in Practice," in *Paper Palaces: The Rise of the Renaissance Architectural Treatise*, ed. V. Hart with P. Hicks (New Haven and London, 1998), 33-50.

(88) とりわけ, Payne, *Architectural Treatise*; *Paper Palaces*, ed. Hart with Hicks.

第9章

(1) L. B. Alberti, *Opere volgari*, ed. C. Grayson (Bari, 1960-73), III, 295; R. Tavernor, *On Alberti and the Art of Building* (New Haven and London, 1998), 159. アルベルティの建築家としての職歴に関するタヴァナーの検討は, 各々の計画の沿革とそれに関連する諸問題を, 詳細かつきわめて明瞭に論じている. 加えてこの研究書では, アルベルティの計画原案の素晴らしい三次元復元図も提示されており, 推論に留まるのは当然のことだとはいえ, 彼の作品に多くの光を投げかけている.

(2) Cf. A. Tönnesmann, *Pienza* (Munich, 1990); C. Smith, *Architecture in the Culture of Early Humanism* (Oxford and New York, 1992). これらの研究者はいずれも, ピエンツァ都市計画へのアルベルティの関与を蓋然性のあることと考え, この都市に関する入念な解釈を支持する根拠として彼の作品を用いている.

(3) M. Jarzombek, *On Leon Battista Alberti: His Literary and Aesthetic Theories* (Cambridge, Mass., and London, 1989).

(4) Tavernor, *On Alberti*に加え, 殊に広い見識を備えた近年の論考として, 下記の文献を参照せよ. アルベルティの各大事業に関する詳細な試論を収録した, *Leon Battista Alberti*, ed. J. Rykwert and A. Engel (Milan, 1994); H. Burns, "Leon Battista Alberti," in *Storia dell'architettura*

italiana: Il Quattrocento, ed. F. P. Fiore (Milan, 1998), 114-65; C. L. Frommel, "Roma," in ibid., 374-433（なお本書の書評は，A. G. Cassani in *Albertiana* 2 [1998], 339-51); J. Rykwert, "Theory as Rhetoric: Leon Battista Alberti in Theory and in Practice," in *Paper Palaces*, ed. V. Hart with P. Hicks (New Haven and London, 1998), 33-50. より古い文献についてはとりわけ，R. Wittkower, *Architectural Principles in the Age of Humanism* (London, 1949; rev. ed., London, 1973).

(5) G. Dehio, "Die Bauprojekte Nikolaus des Fünften und L. B. Alberti," *Repertorium für Kunstwissenschaft* 3 (1880), 241-75. デヒオ以降の学的検討の展開については，M. Tafuri, "'Cives esse non licere.' Niccolò V e Leon Battista Alberti," *Ricerca del Rinascimento* (Turin, 1992), 33-88 at 68 n. 1. また以下に引用する著作に加え，とりわけ，V. Fontana, *Artisti e committenti nella Roma del Quattrocento* (Rome, 1973) を参照せよ．

(6) ジャンノッツォ・マネッティはニコラウスの死後1455年に著した教皇伝の中で，彼の事業について詳細に記している．この伝記は，L. A. Muratori, *Rerum italicarum scriptores* (Milan, 1734), III, 2, cols. 907-60によって，根拠のない補論はつけずに出版された．この書の削除された一節については，L. Onofni, "Sacralità immaginazione e proposte politiche: La vita di Niccolò V di Giannozzo Manetti," *Humanistica lovaniensia* 28 (1979), 27-77 at 73-77. このテクストのラテン語全文は，最近A・モディリアーニの啓発的な註を付して，イタリア語に翻訳されている．G. Manetti, *Vita di Niccolò* V, ed. A. Modigliani with a "Premessa" by M. Miglio (Rome, 1999). モディリアーニはラテン語原典の校訂版も準備中である．

(7) T. Magnusson, "The Project of Nicholas V for Rebuilding the Borgo Leonino in Rome," *Art Bulletin* 36 (1954), 89-115 at 92-94は，ニコラウスの都市計画に関連する部分を編集，英訳し詳細な註を付している．C. D'Onofrio, *Visitiamo Roma nel Quattrocento* (Rome, 1989), 50-53は，マグナソンのラテン語テクストにイタリア語訳を添えて再版している．ニコラウスの事業——そのうち実現したのはどれだけかという問題はさしあたり不問に付すとして——についての詳細な分析はとりわけ，Magnusson, "Project of Nicholas V,"；C. W. Westfall, *In This Most Perfect Paradise* (University Park, 1974).

(8) 下記の文献を参照せよ．D'Onofrio, *Visitiamo Roma*, 56-59; Manetti, *Vita*, tr. Modigliani, 179-88.

(9) P. P. Vergerio, *Epistolario*, ed. L. Smith (Rome, 1934), 216-17. これは，M. Miglio, "Materiali e ipotesi per una ricerca," *Scritture, scrittori e storia* II: *Città e Corte a Roma nel Quattrocento* (Rome, 1993), 26において，註釈付きで引用されている．さらにまた，M. Miglio, "L'immagine dell'onore antico. Individualità e tradizione della Roma municipale," in ibid., 149-61.

(10) とりわけ下記の文献を参照せよ．M. Miglio, *Storiografia pontifica nel Quattrocento* (Bologna, 1975); Onofri, "Sacralità" および"'Sicut fremitus leonis ita et regis ira': Temi neoplatonici e culto solare nell'orazione funebre per Niccolò V di Jean Jouffroy," *Humanistica lovaniensia* 32 (1982), 1-28; H. Goldbrunner, "'Quemcumque elegerit Dominus, ipse sanctus erit': Zur Leichenrede des Jean Jouffroy auf Nikolaus V," *Quellen und Forschungen aus italienischen Bibliotheken und Archiven* 64 (1984), 385-96; S. Simoncini, "Roma come Gerusalemme celeste nel Giubileo del 1450: La Renovatio di Niccolò V e il *Momus* di Leon Battista Alberti," in *Le due Rome del Quattrocento*, ed. S. Rossi and S. Valeri (Rome, 1997), 322-45; Miglio, "Premessa," in Manetti, *Vita*, ed. and tr. Modigliani.

(11) この点についての優れた検討は，C. L. Stinger, *The Renaissance in Rome* (Bloomington, 1985; repr. with a new preface, 1998). 都市計画についてはとりわけ，Frommel, "Roma."

(12) ローマにまつわる観念史についてはとりわけ，C. W. Westfall, *Most Perfect Paradise*; S. Maddalo, *In figura Romae* (Rome, 1990); P. Jacks, *The Antiquarian and the Myth of Antiquity* (Cambridge, 1993); I. Rowland, *The Culture of the High Renaissance* (Cambridge, 1998).

(13) この点については，O. Verdi, *Maestri di edifici e di strade a Roma nel secolo XV* (Rome, 1997).

(14) 法令文については，D'Onofrio, *Visitiamo Roma*, 17-18.

(15) とりわけ，C. Burroughs, *From Signs to Design* (Cambridge, Mass., and London, 1990). ここで著者は15世紀中葉におけるローマの都市景観を，豊富な写真資料とともに，ありありと提示している．

(16) M. Miglio, "La rinascita politica dell'antico," *Scritture, scrittori e storia* II, 188-89.

(17) とりわけ，Verdi, *Maestri*と，素晴らしく内容豊富なA. Modigliani, *Mercati, botteghe e spazi di commercio a Roma tra Medioevo ed età moderna* (Rome, 1998) を参照せよ．

(18) Westfall, *Most Perfect Paradise*, 92-101.

(19) 引用元は，D'Onofrio, *Visitiamo Roma*, 26; cf. C. Burroughs, "Below the Angel: An Urbanistic Project in the Rome of Pope Nicholas V," *Journal of the Warburg and Courtauld Institutes* 45 (1982), 197-207.

(20) Burroughs, *From Signs to Design*, 78.

(21) Frommel, "Roma."

(22) Miglio, "Rinascita politica," 203.

(23) Miglio, "Premessa," およびManetti, *Vita*, ed. Modigliani.

(24) J. Pinto, *The Trevi Fountain* (New Haven and London, 1986).

(25) Burroughs, *From Signs to Design*, 72-76の見事な論述を参照せよ．

(26) Burroughs, *From Signs to Design*, 93-98.

(27) Modigliani, *Mercati*, 276-84.

(28) L. B. Alberti, *Ludi rerum mathematicarum*, in *Opere volgari*, ed. C. Grayson (Bari, 1960-73), III, esp. 139-42; *DRA*, X.2-13.

(29) G. Vasari, *The Lives of the Artists*, tr. J. Conaway Bondanella and P. Bondanella (Oxford and New York, 1991; repr. 1998), 179-80にはこうある．「レオン・バッティスタがローマに居を構えたのは，ニコラウス5世の時代であった．この教皇はその建設事業によってローマ全体をてんやわんやの状態に陥れていたが，アルベルティは親友のビオンド・ダ・フォルリを介して，この教皇の知遇を得た．教皇はそれまで，フィレンツェ生まれの彫刻家で建築家のベルナルド・ロッセリーノを，建設事業の顧問にしていた．……教皇は，この2人のうち，ひとりを助言者として，他のひとりを施工者として用いることによって，多くの有益で賞賛に値する事業をなしとげたのである．たとえば，破壊されていたアックア・ヴェルジネの水路は修復され，今なおその場に見られるあの大理石装飾を付した噴水が，トレヴィ広場に作られた．噴水の装飾には，かの教皇とローマ市民の紋章が表されている」．もちろんこの文書のほとんどは，額面通りに受け取るべきではない．ネッロ・ダ・ボローニャの役割を強調する新出の文書証拠に基づく，これとはまったく異なる説明については，Tafuri, "'Cives esse non licere,'" 39-41.

(30) Manetti, *Vita*, ed. Modigliani, 116-17の説明を参照せよ．

(31) L. B. Alberti, *Opera inedita et pauca separatim impressa*, ed. G. Mancini (Florence, 1890), 308.

(32) Alberti, *DRA*, X.9, VIII.6.

(33) Vasari, *Lives*, tr. Conaway Bondanella and Bondanella, 183. またアルベルティに帰される素描については，Alberti, *On Painting and On Sculpture*, ed. and tr. C. Grayson (London, 1972), 144.

(34) Burroughs, *From Signs to Design*, esp. 42を参照せよ．

(35) M. Palmieri, "De temporibus suis," ed. G. M. Tartini, *Rerum italicarum scriptores* I (Florence, 1748), 241; tr. in Westfall, *Most Perfect Paradise*, 169（翻訳は変更した）.

(36) Westfall, *Most Perfect Paradise*, esp. 167-84.

(37) Tafuri, "'Cives esse non licere,'" esp. 62-67. タフーリの踏襲するアルベルティ解釈についてはとりわけ，E. Garin, *Rinascite e rivoluzioni* (Bari, 1976).

(38) Vespasiano da Bisticci, *Vite di uomini illustri del secolo XV* (Florence, 1938), 35, 48-49.

(39) Tafuri, "'Cives esse non licere,'" *passim*.

(40) D. Marsh, *Lucian and the Latins* (Ann Arbor, 1998), 114. この作品に関するマーシュの意見（114-29）は，優れたものである．

(41) L. B. Alberti, *Momo o del principe*, ed. R. Consolo (Genoa, 1986), 231-34.

(42) 『モムス』の定本は，*Momo*, ed. Consoloである．さらにまた，*Momus oder von Fürsten*, ed. and tr. M. Boenker (Munich, 1993); *Momus ou le prince*, tr. C. Laurens (Paris, 1993).

(43) Alberti, *Momo*, ed. Consolo, 303-304. 引用は，288-89; cf. A Perosa, "Considerazioni su testo e lingua del *Momus* dell'Alberti," *The Languages of Literature in Renaissance Italy*, ed. P. Hainsworth et al. (Oxford, 1988), 45-62.

(44) Marsh, *Lucian*, 127-28.

(45) この点については，Alberti, *Momo*, ed. Consolo, 288-90, nn. 58, 60; cf. P. Laurens, "Préface," in *Momus*, tr. Laurens, 30-33 and *passim*.

(46) 以下に挙げる文献の他に，Cf. Marsh, *Lucian*.

(47) A. Modigliani, *I Porcari* (Rome, 1994), esp. 454-55.

(48) Miglio, "Premessa," in Manetti, *Vita*, ed. Modigliani.

(49) モディリアーニの他に，下記の詳細な叙述を参照せよ．F. Gregorovius, *Geschichte der Stadt Rom im Mittelalter*, 4th ed. (Stuttgart, 1894), VII, 99-102, 127-37.

(50) Alberti, "De Porcariana coniuratione," in *Opera inedita*, ed. Mancini.

(51) R. Fubini and A. Menci Gallorini, "L'autobiografia di Leon Battista Alberti. Studio e edizione," *Rinascimento* 12 (1972), 3-78 at 57; A. G. Cassani, "*Libertas, frugalitas, aedificandi libido*: Paradigmi indiziari per Leon Battista Alberti a Roma," in *Le due Rome del Quattrocento*, ed. Rossi and Valeri, 296-321 at 310-11.

(52) Alberti, "De porcariana conjuratione," *Opera inedita*, ed. Mancini, 260.

(53) 実際，アルベルティ版の演説はおそらくイデオロギー上もっともポルカリの立場に忠実であろう．Modigliani, *I Porcari*, 495を参照せよ．

(54) とりわけ，Cassani, "*Libertas*" およびSimoncini, "Roma come Gerusalemme" を参照せよ．いずれも，*Le due Rome*, ed. Rossi and Vaieriに所収．

(55) Alberti, *DRA*, VII.13, tr. Rykwert et al., 229; ed. Orlandi and Portoghesi, II, 628-20.

(56) Alberti, *Momo*, ed. Consolo, 36. 引用は，222である．

(57) この点については，A. P. Frutaz, *Il torrione di Niccolò V in Vaticano* (Vatican City, 1956), 11-

22, esp. 18, 20; Manetti, *Vita*, tr. Modigliani, 135-37.

(58) Alberti, *Momo*, ed. Consolo, 34, 64.

(59) 物乞いという存在に対する明晰な分析として，M. Martelli, "Minima in Momo libello Adnotanda," *Albertiana* 2 (1998), 21-36 at 22-31. この分析によれば，アルベルティは托鉢修道士とストア派哲学者の特徴を結合しているのである．

(60) Alberti, *Momo*, ed. Consolo, 122.

(61) L. Boschetto, "Ricerche sul *Theogenius* e sul *Momus* di Leon Battista Alberti," *Rinascimento* 2d ser., 33 (1993), 3-52 at 38-50.

(62) とりわけ，Fubini and Menci Gallorini, "L'autobiografia," 57を参照せよ．

(63) Marsh, *Lucian*, 127 n. 67に引用されている．

(64) J. Monfasani, "Pseudo-Dionysius the Areopagite in Mid-Quattrocento Rome," in *Supplementum Festivum: Studies in Honor of Paul Oskar Kristeller*, ed. J. Hankins, J. Monfasani を参照せよ．さらに読者を推理小説のような関心で引きつける論考として，F. Purnell, Jr. (Binghamton, 1987), repr. in his *Language and Learning in Renaissance Italy* (Aldershot, 1994), chap. 9.

(65) J. Monfasani, *George of Trebizond* (Leiden, 1976), 104-13.

(66) Alberti, *DRA*, I.7, I.10, X.17.

(67) B. Curran and A. Grafton, "A Fifteenth-Century Site Report on the Vatican Obelisk," *Journal of the Warburg and Courtauld Institutes* 58 (1995 [1996]).

(68) Onofri, "Sacralità".

(69) L. Kanerva, *Defining the Architect in Fifteenth-Century Italy* (Helsinki, 1998).

(70) Manetti, *Vita*, ed. Modigliani, 136, 151.

(71) Alberti, *DRA*, V.8, tr. Rykwert et al., 129; ed. Orlandi and Portoghesi, I, 369-71.

(72) たとえば，J. H. Hexter, *The Vision of Politics on the Eve of the Reformation* (New York, 1973) を参照せよ．

(73) D'Onofrio, *Visitiamo Roma*, 48.

(74) Cf. Modigliani, *Mercati*, 276.

(75) L. Rainey, *Ezra Pound and the Monument of Culture* (Chicago and London, 1991).

(76) Vasari, *Lives*, tr. Conaway Bondanella and Bondanella, 180.

(77) C. Hope, "The Early History of the Tempio Malatestiano," *Journal of the Warburg and Courtauld* Institutes 55 (1992), 51-154.

(78) テンピオ・マラテスティアーノに関する文献は膨大で論争も絶えない．C. Ricci, *Il Tempio Malatestiano* (Milan and Rome, 1924) は過去の古典的研究で，1974年にリミニで再版された．その補遺でP. G. Pasini, "Cinquant'anni di studi sul Tempio Malatestiano" は研究史を概観している．前掲したHope, "Early History" は，聖堂の建造史全体をたいへん詳細に論じ，これ以前の二次文献や考古学上の証拠をふんだんに利用しながら，多くの定説に変更を加えている．Tavernor, *On Alberti*は，問題全体を徹底的に洗い，第6章において，「アルベルティ・グループ」〔Joseph Rykwert とRobert Tavernorの主導によって発足した，バス大学およびエジンバラ大学を拠点とするアルベルティ建築研究グループ．1990年代以降，コンピュータによるアルベルティ建築の復元などを行なう〕によるアルベルティの計画原案復元図を提示している．これはホープのそれとはしばしば異なるものとなっている．こうした議論に関

する近年の検討は，A. G. Cassani, “Il disegno scomparso,” *Albertiana* 2（1998）, 259-74. 目下のところ，もっとも遺漏なく参照できる諸資料関係については，O. Delucca, *Artisti a Rimini fra Gotico e Rinascimento*（Rimini, 1997）.

（79） Tavernor, *On Alberti*, chap. 7を参照せよ．ルチェッライ宮およびロッジアについてはさらに，B. Preyer, “The Rucellai Loggia,” *Mitteilungen des Kunsthistorischen Institutes in Florenz* 21（1977）, 183-97, および “The Rucellai Palace,” *Giovanni Rucellai ed il suo Zibaldone* II: *A Florentine Patrician and his Palace*, ed. A. Perosa（London, 1981）, 156-225.

（80） R. A. Goldthwaite, *The Building of Renaissance Florence*（Baltimore and London, 1980）.

（81） A. Averlino detto il Filarete, *Trattato di Architettura*, ed. A. M. Finoli and L. Grassi（Milan, 1972）, I, 227-28. ヴァザーリは設計をアルベルティに帰し，これを批判している．Vasari, *Lives*, tr. Conaway Bondanella and Bondanella, 180-81. アルベルティとルチェッライ宮との関連をめぐる論争については，Tavernor, *On Alberti*.

（82） Vasari, *Lives*, tr. Conaway Bondanella and Bondanella, 180-81.

（83） アルベルティがゴンザーガ家のために設計を手がけた建築群の歴史についても，やはり激しい論争がある．それらの建造もまた，大部分はアルベルティ不在の状況で進められ，彼の死後かなりの時を経て，ようやく完成している．特にサン・タンドレア聖堂はアルベルティの原案とは大きく異なっている．総論については，Tavernor, *On Alberti*, chap. 8. 重要な文献としてはさらに，E. S. Johnson, *S. Andrea in Mantua: The Building History*（University Park and London, 1975）; R. Lamoureux, *Alberti's Church of San Sebastiano in Mantua*（New York and London, 1979）; A. Calzona and L. Volpi Ghirardini, *Il San Sebastiano di Leon Battista Alberti*（Florence, 1994）.

（84） この点については，Johnson, *S. Andrea*, 64; Tavernor, *On Alberti*, 159.

（85） Alberti, *DRA*, II.1, tr. Rykwert et al., 33-34; ed. Orlandi and Portoghesi, I, 97.

（86） Alberti, *DRA*, tr. Rykwert et al., 34; ed. Orlandi and Portoghesi, I, 99.

（87） Alberti, *DRA*, IX.8, tr. Rykwert, et al., 313; ed. Orlandi and Portoghesi, II, 847.

（88） C. Grayson, with M. Paoli and A. G. Cassani, “Alberti and the Tempio Malatestiano,” *Albertiana* 2（1998）, 237-74 at 255（テクスト原文は253）.

（89） 「マネット」はアントニオ・マネッティとも，ジャンノッツォ・マネッティともされてきた．いずれの解釈も可能である．

（90） Grayson, “Alberti and the Tempio.” 問題の円形窓は，円蓋を支える円筒形部分（ドラム）に穿たれる窓とも考えられてきたものの，おそらくここでは，身廊に配するものを念頭においていると思われる（Hope, “Early History”を参照せよ）.

（91） この点については，W. Forster, “Templum, Laubia, Figura: L'architettura di Alberti per una nuova Mantua,” in *Alberti*, ed. Rykwert and Engel, 162-77.

（92） これら2段落での引用は，Filarete, *Trattato*, I, 229-31.

（93） これら2つの引用は，Tavernor, *On Alberti*, 159, 143.

（94） Delucca, *Artisti*, 357, 338.

（95） Alberti, *DRA*, VII.11, tr. Rykwert et al., 222; ed. Orlandi and Portoghesi, II, 614-15 n. 4.

（96） とりわけ，Tavernor, *On Alberti*を参照せよ．

（97） ここで論じた緊張を解決しようとする真剣な努力については，V. Biermann, *Ornamentum*（Hildesheim, Zurich, and New York, 1997）.

(98) アルベルティ建築に関する古典的研究である，Wittkower, *Architectural Principles*は，この点に焦点をあてている．

(99) とりわけ，Goldthwaite, *Building of Renaissance Florence*を参照せよ．

(100) Alberti, *DRA*, VIII. 6, tr. Rykwert et al., 268; ed. Orlandi and Portoghesi, II, 723.

(101) Alberti, *DRA*, VI.10, tr. Rykwert et al., 177-78; ed. Orlandi and Portoghesi, II, 505-507.

(102) Alberti, *DRA*, VIII.6; tr. Rykwert et al., 265, ed. Orlandi and Portoghesi, II, 717-19.

(103) Pius II, *Memoirs of a Renaissance Pope*, ed. L. C. Gabel, tr. F. A. Gragg (New York, 1959), 110.

(104) R. Krautheimer, *Rome: Profile of a City, 312-1308* (Princeton, 1980), 26-31, 114.

(105) この点についてはとりわけ，Burroughs, *From Signs to Design*; A. Calzona, "Leon Battista Alberti e l'immagine di Roma fuori di Roma: Il Tempio Malatestiano," in *Le due Roma*, ed. Valeri and Rossi, 346-63.

(106) Alberti, *DRA*, VII.13, tr. Rykwert et al., 229; ed. Orlandi and Portoghesi, II, 627-29.

エピローグ

(1) Alberti, *De cifra*, in *Opera inedita et pauca separatim impressa*, ed. G. Mancini (Florence, 1890), 310.

(2) Alberti, *De iciarchia*, in *Opere volgari*, ed. C. Grayson (Bari, 1960-73), II, 265. 引用は242.

(3) この著作に対して提示された年代推定については，J. Andrews Aiken, "Leon Battista Alberti's System of Human Proportions," *Journal of the Warburg and Courtauld Institutes* 43 (1980), 68-96; Alberti, *De statua*, ed. and tr. M. Spinetti (Naples, 1999), 9-13; M. Collareta, "Considerazioni in margine al *De statua* ed alla sua fortuna," *Annali della Scuola Normale Superiore di Pisa*, 3d ser., 12 (1982), 171-87; L. Bertolini in *Leon Battista Alberti*, ed. J. Rykwert and A. Engel (Milan, 1994), 414-15, 421-23; Alberti, *De statua*, ed. M. Collareta (Livorno, 1998), 48-49; O. Bätschmann, "Leon Battista Alberti: *De statua*," in *Theorie der Praxis*, ed. K. W. Forster and H. Locher (Berlin, 1999), 109-28.

(4) Alberti, *De statua*, in *On Painting and On Sculpture*, ed. and tr. C. Grayson (London, 1972), 120-21 (翻訳は変更した).

(5) 古典的論考である，H. W. Janson, "The Image Made by Chance in Renaissance Thought," *Essays in Honor of Erwin Panofsky*, ed. M. Meiss (New York, 1961), 254-66を参照せよ．Cf. A.W.G. Poséq, "Alberti's Theory of Primitive Sculpture," *Mitteilungen des Kunsthistorischen Institutes in Florenz* 33 (1989), 380-84.

(6) この点については，*On Painting and On Sculpture*, 21-22の，グレイソンによる序論を参照せよ．

(7) Collareta, "Considerazioni," 174および彼の校訂本中 の36を参照せよ．

(8) さらにまた，F. Balters and P. Gerlach, "Zur Natur von Albertis *De Statua*," *Kunsthistorisches Jahrbuch Graz* 23 (1987), 38-54.

(9) Alberti, *De statua*, 4-12, in *On Painting and On Sculpture*, ed. and tr. Grayson, 132-33, 122-23, 124-29, 128-33, 132-35.

(10) Cf. E. Panofsky, "Die Entwicklung der Proportionslehre als Abbild der Stilentwicklung," *Monatshefte für Kunstwissenschaft* 14 (1921), 199-219; F. Saxl, "Science and Art in the Italian

Renaissance," *Lectures* (London, 1957), I,111-24 at 115-17.

(11) Collareta, "Considerazioni" および Bertolini (前註3) を参照せよ.

(12) Cf. P. Morselli, "The Proportions of Ghiberti's Saint Stephen: Vitruvius's *De Architectura* and Alberti's *De statua*," *Art Bulletin* 60 (1978), 235-41; Aiken, "Alberti's System"; G. Scaglia, "Instruments Perfected for Measurements of Man and Statues Illustrated in Leon Battista Alberti's *De statua*," *Nuncius* 8 (1995), 555-96.

(13) Cf. Collareta, "Considerazioni" および Bertolini (前註3).

(14) アルベルティのブッシ宛 (日付なし) 献辞は, *On Painting and On Sculpture*, ed. Grayson, 118-19.

(15) Cf. *De statua*, ed. Collareta, p. 49.

(16) M.P. Simonelli, "On Alberti's Treatises of Art and their Chronological Relationship," *Yearbook of Italian Studies* (1971), 75-101 at 97-98. このテクストの執筆年代は不詳である. アルベルティの主張によると, 同様に画学生は自ら絵筆をとることを期待しうる前に, 彼の手引書『絵画の初程』を習得していなければならない. ここでの老アルベルティは, 『文芸研究の利益と不利益』の著者としての青年期に劣らず, 人文主義者としての面目を保っている.

(17) アルベルティは洪水について記録し (*Opere volgari*, ed. Grayson, III, 187-88), また税制改定についても言及している (262). グレイソンによると前者は1465年以降の年代を示唆し, 後者は1469年以降を示唆する (442). しかし後者は1470年の「モンテ・コムーネ」という国債や, 「モンテ・デレ・ドーティ」という嫁資基金の改革を意味する可能性もあるだろう. こうした制度は, 一般のフィレンツェ市民に犠牲を強いる半面, ロレンツォの支持者からなる小集団に大きな恩恵をもたらすものだったため, 猛烈な反対を押し切って導入されたのだった. この点については, L. F. Marks, "The Financial Oligarchy in Florence under Lorenzo," *Italian Renaissance Studies*, ed. E. F. Jacob (London, 1960), 123-47. なお著作の題名 (*De iciarchia*) はアルベルティの造語のひとつで, ギリシア語の〈oikos〉(家政) と〈archeia〉(支配あるいは統治) による.

(18) L. B. Alberti, *De iciarchia*, in *Opere volgari*, ed. Grayson, II, 203. 引用は262. なおアルベルティの言及していると思しき改革については, Marks, "Financial Oligarchy."

(19) Cf. A. Brown, "Lorenzo and Public Opinion in Florence: The Problem of Opposition," in *Lorenzo il Magnifico ed il suo mondo*, ed. G. C. Garfagnini (Florence, 1994), 61-85.

(20) Alberti, *De iciarchia*, in *Opere volgari*, ed. Grayson, II, 195. さらにまた, A. Brown, *The Medici in Florence* (Florence and Perth, 1992), 230.

(21) 下記の文献を参照せよ. F. W. Kent, "Lorenzo, ... amico agli uomini da bene. Lorenzo de' Medici and Oligarchy," in *Lorenzo*, ed. Garfagnini, 43-60; W. J. Connell, "Changing Patterns of Medicean Patronage. The Florentine Dominion During the Fifteenth Century," in ibid., 87-107. また次第にメディチ家と共生し, 彼らに奉仕するようになる人文主義者たちの過程についての優れた研究として, A. Field, *The Origins of the Platonic Academy of Florence* (Princeton, 1988).

(22) Alberti, *De iciarchia*, in *Opere volgari*, ed. Grayson, II, 265-66.

(23) 喚起力のある下記の分析を参照せよ. H. Baron, *In Search of Florentine Civic Humanism*, (Princeton, 1988), I, 281-85.

(24) Cf. M. Baxandall, "Alberti's Self," *Fenway Court* (1990-91), 31-36 at 31.

(25) Alberti, *De iciarchia*, in *Opere volgari*, ed. Grayson, II, 229-30.